顾问：杨焕成　张家泰

嵩岳寺塔

上

河南省文物建筑保护研究院　编

杨振威　张高岭　著

科学出版社

北　京

内 容 简 介

本书以嵩岳寺的历史沿革、价值评估、地质勘察、考古调查和嵩岳寺塔的塔基、天宫、地宫的考古发掘、勘察修缮设计方案、修缮工程，以及嵩岳寺塔院的选址布局、塔的形制、设计理念等为主要内容编写而成，尤其书中对嵩岳寺塔的营造尺度、设计构图原理、塔的形制和建筑文化内涵等进行了深入细致的探讨研究，给以后学术界进一步研究嵩岳寺塔带来了很大的启发。另外，本书精选收录了多年来学术界对嵩岳寺塔研究的诸多相关文章，同时书后又附录了关于嵩岳寺塔的大量测绘图纸、彩色现状照片、历史老照片、细部装饰纹样和碑刻拓片等内容，资料翔实，图文并茂。

本书适合建筑历史、文物保护、风景园林、艺术设计等领域的专业技术人员以及高等院校相关专业的师生参考阅读。

图书在版编目（CIP）数据

嵩岳寺塔（上、下册）/杨振威，张高岭著；河南省文物建筑保护研究院编. —北京：科学出版社，2020.9
ISBN 978-7-03-065893-7

Ⅰ.①嵩… Ⅱ.①杨… ②张… ③河… Ⅲ.①佛教-寺庙-古建筑-介绍-登封 Ⅳ.①TU-098.3

中国版本图书馆CIP数据核字（2020）第155784号

责任编辑：吴书雷 / 责任校对：邹慧卿
责任印制：肖 兴 / 封面设计：北京美光制版有限公司

科学出版社 出版
北京东黄城根北街16号
邮政编码：100717
http://www.sciencep.com

北京汇瑞嘉合文化发展有限公司 印刷
科学出版社发行 各地新华书店经销

*

2020年9月第 一 版 开本：787×1092 1/8
2020年9月第一次印刷 印张：70 插页：90
字数：1 580 000
定价：1500.00元（上、下册）
（如有印装质量问题，我社负责调换）

序 言

近日，河南省文物建筑保护研究院的同仁，将多年努力编写的《嵩岳寺塔》一书初稿，送我审阅，并嘱我作序。鉴于我对嵩岳寺塔的热爱和与河南省文物建筑保护研究院的感情，虽我已是98岁高龄的老人了，但焉能推辞，欣然应允。我阅读其初稿后，深感此书内容全面，资料翔实，研究成果丰硕，图文并茂，不但有勘察、考古清理、修缮保护的技术报告篇，还有学术研究篇，在前人研究成果的基础上，经过深入钻研，能够大胆地提出自己的观点，研究成果富有创新性，实为一本具有资料性、学术性、实用性为一体的好书，做到了文物建筑保护学研一体化，可喜可贺。

嵩岳寺塔为我国历史上遗留下来的优秀古代建筑，是华夏文物建筑遗存中的一朵奇葩，更是人类共同拥有的世界文化遗产。在我国建筑、考古、艺术研究，以及古代建筑发展史和中华文明进程中都具有代表性、标志性的地位。嵩岳寺塔是我国现存最为古老的高层密檐式砖塔，反映着我国古代劳动人民的建筑营造智慧和中华民族灿烂的古代文化；其独特的十二边形平面、精湛的艺术造型和最早选用的空体结构，都有着历史唯一性，有非常重要的历史、艺术、科学价值，早在1961年就被国务院公布为第一批全国重点文物保护单位，将其核定为最高保护级别的不可移动文物；2010年被联合国教科文组织列为世界文化遗产。

新中国成立至今70年，文物保护工作取得了旧中国无法比拟的巨大成就。作为一个文明古国，我国保存在地上的文化遗产极为丰富，建国初期的文物工作重点主要是颁布了一系列保护性的政策、法令，以便在全国基本建设过程中做好文物保护工作。于1960年国务院105次全体会议通过了《文物保护管理暂行条例》，同时通过了包括嵩岳寺塔在内的第一批共180处全国重点文物保护单位名单。"文化大革命"时期，许多珍贵文物遭到破坏，文物保护工作经历了一次大的曲折，但在周总理的关怀和广大文物工作者的努力下，绝大多数全国重点文物保护单位都被较好地保存了下来，其中就有这座举世闻名的嵩岳寺塔。

为了加强对文物的保护，继承中华民族优秀的历史文化遗产，促进科学研究工作，进行爱国主义和革命传统教育，建设社会主义精神文明和物质文明，1982年11月由全国人大常委会公布了第一部《中华人民共和国文物保护法》，为加强文物保护管理研究提供了法律武器，自《文物保护法》颁布以来，文物保护工作进入了一个新的历史阶段并取得了显著的成绩。嵩岳寺塔作为我国第一批文物保护单位，国家多次对其进行修缮保护。特别是1984~1991年间，经国家文物局批准，并拨付维修专款，由河南省古代建筑保护研究所（现河南省文物建筑保护研究院），对嵩岳寺塔进行详细的本体和地质勘测，并对塔基、地宫、天宫进行了考古清理，取得了丰富的历史和现状资料，在此基础上制定了嵩岳寺塔整修计划和实施方案，按照《中华人民共和国文物保护法》中"不改变文物原状"的修缮原则，历经7年的全面修缮保护，使该塔巍然屹立于中岳嵩山。

为更好地保护研究这座距今1500年的密檐塔鼻祖，近年河南省文物建筑保护研究院的研究者，又采用三维激光扫描仪和无人机三维倾斜摄影测量等现代测绘方法，对嵩岳寺塔的现状进行精细复测，取得了更为精确的数据。在这些基础之上，对大家比较关心和亟待解决的嵩岳寺塔相关问题，用了大量的篇幅进行分析研究，提出了新的论点和观点，所做保护和研究工作值得充分肯定。

在《嵩岳寺塔》付梓之际，写以上感言，以表祝贺。期待早日出版，以飨读者。是为序。

谢辰生

2019年10月9日　于北京

前　言

嵩岳寺塔，坐落在河南省登封市城西北太室南麓，是嵩岳寺建筑群中的主体建筑，也是我国早期佛教建筑的重要标志性建筑实物。《魏书》记载是由北魏宣武帝给其工力，令当时全国最高僧官沙门统僧暹和当地最高行政长官河南尹甄琛，会同博览诸书、笃好佛理、雅爱山水、又兼巧思的逸士冯亮周视嵩高形胜之处，营造的林泉既奇、营制又美、曲尽山居之妙的閒居佛寺中的佛塔。其始建于北魏永平四年（511）十二月至延昌二年（513）十一月之间，完工于北魏正光元年（520），如按完工年份计算，至2020年我国这座古老的密檐式高层砖塔已经1500岁了。嵩岳寺塔所处之地是天地所合、四时所交、风雨所会、阴阳所和的风水宝地；周围环境是背负嵩岭，合抱如倚，临虚朝阳，俯瞰二熊，诸山排列如拱，溪水潺流绕门，苍松翠柏，景色秀丽的嵩山太室胜境。嵩山是五岳之尊、宗教名山，为我国佛教的策源地，对佛教传播起到了极大的推动作用，嵩岳寺塔便是实物例证中的一颗璀璨明星。

我国佛教为汉传佛教，由陆路和海路两条线路传入我国汉地，陆路经古印度西北地区和西域诸国沿古丝绸之路传入，海路直接传入我国南方，在广州登陆后北上中原。佛教在我国的历史长河中，经与我国本土文化融合发展后壮大，营造出了独具中国特色的佛教文化，丰富并影响着我国传统文化，在发展过程中虽经历兴衰，但仍能与儒、道两本土教一起成为我国三大主要宗教之一。关于佛教何时初入我国汉地，古来一直没有定论，学界多有西汉末和东汉初之争，任继愈先生研究认为"从现有史料分析，佛教在西汉末已经西域传入我国汉地，到东汉以后逐渐在社会上流行。因此，如果不断定具体年月而笼统地说佛教在两汉之际输入中国内地，也许更符合实际"[1]。《魏书·释老志》载："案汉武元狩中……获其金人，帝以为大神……不祭祀，但烧香礼拜而已。此则佛道流通之渐也。及开西域，遣张骞使大夏还，传其旁有身毒国，一名天竺，始闻有浮屠之教。哀帝元寿元年，博士弟子秦景宪受大月氏王使伊存口授浮屠经。中土闻之，未之信了也"[2]，在北朝人魏收看来佛教在西汉传入我国汉地的说法并不一定可信。魏收认为东汉明帝"遣郎中蔡愔、博士弟子秦景等使于天竺，写浮屠遗范。愔仍与沙门摄摩腾、竺法兰东还洛阳。中国有沙门及跪拜之法，自此始也。愔又得佛教四十二章及释迦立像。明帝令画工图佛像，置清凉台及显节陵上，经缄于兰台石室。愔之还也，以白马负经而至，汉因立白马寺于洛城雍门西"[3]，这时是佛教正式传入我国汉地之始，此说北魏人杨衒之也认为"白马寺，汉明帝所立也。佛教入中国之始"[4]，南朝梁僧人僧祐亦说"自大法东流，岁几五百"[5]，说明南北朝古人当时均认为佛教是在东汉初始传入我国汉地。我国佛教在"汉魏法微，晋代始盛"[6]，自"东晋十六国以来，政府自觉地支持佛教的发展，给予出家人诸如免税、免役等便利和特权，汉人沙门迅速猥杂膨胀起来"[7]，经过十六国发展的小高潮后，至北魏得到了广泛的传播发展，虽有北魏太武帝拓跋焘后期"灭佛"事件的影响，但北魏仍是我国佛教发展史上的一个鼎盛时期，此时佛教建筑的发展速度和规模也达到了空前盛况，《魏书·释老志》载："魏有天下，至于禅让，佛经流通，大集中国，凡有四百一十五部，合一千九百一十九卷。正光已后，天下多虞，王役尤甚，于是所在编民，相与入道，假慕沙门，实避调役，猥滥之极，自中国之有佛法，未之有也。略而计之，僧尼大众二百万矣，其寺三万有余"[8]。

佛塔建筑因佛教而产生，同时随佛教传入我国汉地，并在我国传统建筑文化的基础上，发展出了多种独具中国特色的佛塔，并深深地影响着我国传统建筑文化的发展。《魏书·释老志》载："自洛中构白马寺，盛饰佛图，画迹甚妙，为四方式。凡宫塔制度，犹依天竺旧状而重构之，从一级至三、五、七、九。世人相承，谓之'浮图'，或云'佛图'"[9]，并且多部历史文献也同样记载白马寺这座佛塔是我国的第一座佛塔，其形制为窣堵坡[10]。从历史记载看我国最早的佛塔概念是源自古印度地区的佛塔，大约在东汉初随佛教传入我国汉地，这种窣堵坡式佛塔也应是最早传入我国的佛塔，但此种佛塔在我国汉地文献记载和遗存实物中并不是主流，而是被另外两种类型的佛塔所占据。据《三国志·刘繇传》记载东汉末期"笮融信仰佛教，大起浮图祠，垂铜槃九重，下为重楼阁道，可容三千余人"[11]，可知笮融造这座塔是以我国传统木构建筑为基础的佛塔，其形象应是与什邡汉代画像砖上的楼阁式佛图[12]和湖北襄樊樊城菜越三国早期墓出土的佛塔陶模型[13]类似，再从北魏石窟、造像中雕刻的佛塔形象及考古发掘的北魏佛塔建筑遗址看，这种塔在北魏及以前时期已成为我国佛塔的主流类型。除上述两种佛塔外，北魏石窟和佛造像上还大量出现另外一种单层的佛塔。这三类早期佛塔的形制，犹如《弥沙塞部和醯五分律·第五分杂法》所载："听有四种人应起塔，如来、圣弟子、辟支佛、转轮圣王。诸比丘欲作露塔、屋塔、无壁塔。欲于内作龛像，于外作栏楯。欲作承露盘"[14]中的露塔、屋塔、无壁塔这三种塔。第一种为露塔，"就像桑吉大塔那种露天所建之样式"[15]，也如东汉白马寺中的佛塔，即窣堵坡（Stūpa），为安葬舍利的舍利塔，音译有窣堵坡、数斗波、苏偷婆、兜婆、塔婆等，意译有塔、圆坟、方坟等，也应是如《摩诃僧祇律·十三跋渠竟》中"迦叶佛塔。下基四方周匝栏楯，圆起二重，方牙四出，上施槃盖，长表轮相"[16]的式样。第二种无壁塔，"是在塔上方以木或竹搭一顶棚，唯棚下无墙壁，就像帕鲁德大塔栏楯上的浮雕塔"[17]，内安置小窣堵坡或佛像的单层佛塔，传入我国后革新发展，在北魏云冈、龙门等石窟中多有此塔形象，建筑实物如河南安阳灵泉寺北齐双石塔。第三种屋塔，从古人翻译的名字看，是一座有内部空间的高层或多层建筑，应是佛精舍或称塔枝提（caitya）类佛塔，同印度巴特那近郊库木拉哈尔出土石板上的佛精舍和佛陀伽耶佛塔类似，内可以安置佛像或其他佛教法物。据《摩诃僧祇律·十三跋渠竟》载："如是作壁、作户扇、作户楣格、作白泥、作五种画。……为迦叶佛作精舍，一重二重乃至七重，雕文刻镂，种种彩画"[18]，同书又载："吉利王为迦叶佛塔四面起宝枝提，雕文刻镂，种种彩画。今王亦得作枝提，有舍利者名塔，无舍利者名枝提。如佛生处、得道处、转法轮处、般泥洹处、菩萨像、辟支佛窟、佛脚迹，此诸枝提得安佛、华盖、供养具。若有言佛，贪、欲、嗔、恚、愚、痴已断用，是精舍供养为，得越比尼罪，业报重，是名塔枝提"[19]，又《根本说一切有部毗奈耶杂事》云："缘在室罗伐城时，诸苾刍于夏雨时，旋绕制底，有泥汙足。佛言：应可布砖，上以碎砖和泥打之，复安礓石灰泥。塔大难遍"[20]，可知塔枝提、佛精舍、制底和佛塔在这儿有同一概念。这种佛塔形制传入我国汉地后，在我国传统木构楼阁式建筑的基础上，发展得最为绚丽多彩，丰富了我国传统建筑文化，成就了我国高层、多层木楼阁式佛塔，即"土木宫塔"，成为我国早期佛塔的主要建筑形式，也是最具我国传统建筑特征的佛塔，并影响传播到东南亚的朝鲜、日本等国家地区。北魏嵩岳寺砖塔就是在我国木构楼阁式佛塔的基础上革新发展形成，亦是在我国社会环境、传统文化、传统建筑营造技术和佛教文化发展到一定阶段的必然产物。

《魏书·释老志》记载北魏皇帝及众人极力崇佛，大量建立塔寺。从北魏道武皇帝拓跋珪时期便开始礼佛，并在国都平城立塔建寺，建造了北魏第一座佛教寺院。明元皇帝拓跋嗣践位，继续崇佛法，在京邑四方，建立图像。文成皇帝拓跋浚即位，便下诏在国境诸州郡县内各建佛塔一座，任其财用，不制会限，还修复了往日所毁的佛塔寺院。献文皇帝拓跋弘对佛教敦信尤深，览诸经论，每引诸沙门与论理要，在国都平城构高三百余尺，基架博敞，天下第一的平城永宁寺七级佛图。孝文皇帝元宏时期造平城建明寺、建方山思远寺等佛寺，自北魏兴光（454～455）至承明元年（476）国都平城内新旧寺院达1百多所，僧尼2千余人，国境内寺院6千多所，僧尼7万7千多人。宣武皇帝元恪更是笃好佛理，每年常于禁中，亲讲经论，广集名僧，标明义旨，北魏延昌二年（518）寺数增加到1.2万多所。孝明皇帝元诩时期，灵太后在熙平元年（516）起洛阳永宁寺，佛图九层，高四十余丈，其诸费用，不可胜计。到东魏武定（550）全国佛寺发展到3万多所，僧尼200多万人，出现如此之多的佛教寺院建筑，多与当时社会流行的佛教"祈愿成佛"思想有关。此时期佛教建筑的建造像雨后春笋拔地而起，正如《洛阳伽蓝记》载："逮皇魏受图，光宅嵩洛，笃信弥繁，法教愈盛。王侯贵臣，弃象马如脱屣，庶士豪家，舍资财若遗迹。於是昭提栉比，宝塔骈罗，争写天上之姿，竞摸山中之影；金刹与灵台比高，广殿共阿房等壮。岂直木衣绨绣，土被朱紫而已哉！"[21]从上述北魏佛教发展可以看出，佛教在北魏时得到了皇权的极力拥护，国家给予人力、财力、物力的大力支持，高大佛塔林立于世，佛教建筑建造速度和数量惊人，达到了历史的高潮，这也促进了佛塔营造技术突飞猛进，使佛塔建筑宏大壮丽、巧夺天工，宛若极佛境界。嵩岳寺塔即是在"舍资财若遗迹"来建造佛寺的北魏社会环境下，由极力崇佛的宣武帝元恪殚极国财营造的皇家"广大佛刹"。

嵩岳寺塔距今已1500岁了，其健硕优雅的身姿依然屹立东方大地，居于嵩高"天地之中"。它的存在标志着我国砖构高层密檐塔史至少已有1500年，表明北魏佛教建筑的繁荣，印证了文献记载北魏佛教历史的盛况，并体现着我国古代劳动人民高超的建筑营造技术和智慧意匠。它作为我国优秀的古代建筑遗产和世界建筑之林中的璀璨明星，其优美的造型和丰富的内涵意义，享誉古今和海内外。唐代李邕撰碑云："发地四铺而耸，陵空八相而圆，方丈十二，户牖数百。规制一绝。"[22] 明代傅梅曰："梵刹俯临双阙，浮图高出九城。"[23] 清代冉觐祖形容为"貌若插孤挺耳。"[24] 梁思成、刘敦桢二位先生称它的"外轮廓轻快秀丽，为我国单层多檐式塔的鼻祖。"[25] 罗哲文先生称其"建筑结构、艺术造型又称绝响，从古塔的各个方面讲，都是堪称第一。"[26] 张驭寰先生称它是"我国现存最古的高层砖石楼阁式塔建筑，是世界名建筑之一。"[27] 萧默先生说它是"中国现存最古之塔，也是最早的密檐塔，且是唯一一座十二角形塔的孤例，而风姿绰约，造型完美，更令人瞩目。"[28] 这些赞誉殊荣都来自于它优美绝伦的形制外观、深厚的建筑文化和悠久绵长的历史积淀。它作为我国现存最古的此类型砖塔，拥有诸多世界"第一"，在建筑、考古、美学等领域中占据着重要地位，引来世界各地研究者的瞩目和探究。其塔的建造年代和形制结构问题，是前辈学者们历来关注的焦点，诸家从不同的角度对其进行分析研究，各抒己见，因嵩岳寺塔完整的现状资料一直未全部公布于世，导致研究者对相关问题争论颇多。萧默先生说"此塔一出，长期以来，因其在建筑史上的地位，一直引起建筑史界的极大关注。探讨嵩岳寺塔和密檐塔的渊源及其演变过程，实具有颇大学术意义，至少牵涉到密檐塔的文化涵义，佛教的演变及其与建筑的关系和中外文化的交流，也即不只是解决一个'是什么'、更主要是一个'为什么'的问题，非徒一塔一时一事也"[29]，对嵩岳寺塔的研究不仅关系着我国密檐塔的渊源和演变，其隐含的设计构图原理和传统营造思想，对研究我国多、高层佛塔和楼阁式建筑具有重要意义。在1984~1991年国家第一次对嵩岳寺塔进行了全面勘察、修缮，我单位作为负责主体，有责任将嵩岳寺塔资料和研究成果公布于世。鉴于上述原因，决定组织编撰出版《嵩岳寺塔》一书。

本次编著《嵩岳寺塔》我们深知困难重重，研习不易，也诚如萧默先生所讲"兹事体大"[30]，职责使然，鼓励我们全力以赴。自2017年3月开始启动课题工作，历经约43个月，完成了《嵩岳寺塔》全书的编写工作。全书由勘察篇、修缮篇、研究篇、附录及图版五部分组成。第一部分勘察篇和第二部分修缮篇共7章40节，这两部分意在说明嵩岳寺塔"是什么"，主要内容是考古探察调查、建筑勘察、材料试验和修缮工程等技术报告资料，以纪实整理为主，本部分内容是第一次相对完整地将嵩岳寺塔现状资料公布于世，可使研究者对嵩岳寺塔有一个相对全面的认识。第三部分研究篇共7章30节，主要是解释"为什么"，其中嵩岳寺塔建造年代、营造渊源、布置格局、建筑空间、形制结构、营造尺度、设计构图原理，以及隐含的建筑文化等，都是大家比较关心和亟待解决的问题。通过此次分析研究，对嵩岳寺塔的研究我们提出了诸多新论点和观点。特别是嵩岳寺塔的营造渊源、设计尺度、空间、构图原理和建筑文化，早期研究多无涉及，此次对其全面剖析，是本书的难点、重点和创新点。第四部分是附录，收录了与嵩岳寺有关的诗词、人物和与嵩岳寺塔相关的研究文章及大事记等。第五部分为测绘图、照片、拓片等图版内容，是嵩岳寺塔的基础资料，相对完整地呈现了嵩岳寺塔20世纪和21世纪的相关照片、图纸和拓片等。

总之，本书能够顺利编写完成，是几代人共同努力的结果。文中对嵩岳寺塔的建筑艺术、结构力学、材料科学，以及与同类塔的比较等诸多问题研究上仍有不足；另外，由于寺院其他建筑遗址未经考古发掘，研究上也尚未涉及。虽然有上述的诸多不足和缺憾，但仍希望将此次对嵩岳寺塔资料整理形成的成果呈现给大家，能为研究者提供方便。

在嵩岳寺塔有关问题的研究上，免不了会有值得商榷的地方，我们在此抛砖引玉，愿与同行共勉，共同为祖国文物建筑的保护研究事业贡献微薄力量。

杨振威　张高岭
2019年10月　于郑州

参 考 文 献

[1] 任继愈主编. 中国佛教史 [M]: 第一卷. 北京: 中国社会科学出版社. 1981: 45.
[2][3] (北齐) 魏收撰. 魏书 [M]: 卷一百一十四. 北京: 中华书局. 1974: 3025、3026.

[4] 尚荣译注. 洛阳伽蓝记 [M]. 北京：中华书局. 2012：276.

[5] （梁）僧祐编撰，刘立夫、胡勇译注. 弘明集 [M]：序. 北京：中华书局. 2011：2.

[6] （梁）僧祐编撰，刘立夫、胡勇译注. 弘明集 [M]：后序. 北京：中华书局. 2011：333、334.

[7] （梁）僧祐编撰，刘立夫、胡勇译注. 弘明集 [M]：前言. 北京：中华书局. 2011：4.

[8][9] （北齐）魏收撰. 魏书 [M]：卷一百一十四. 北京：中华书局. 1974：3048、3029.

[10] 萧默著. 敦煌建筑研究 [M]. 北京：文物出版社. 1989：155.

[11] （晋）陈寿撰，（宋）裴松之注. 三国志 [M]：卷四十九. 北京：中华书局. 1999：875.

[12] 张同标. 关于什邡画像和襄樊陶楼并非佛塔的辨析（上）[J]. 中国美术研究. 2017（1）：86-99.

[13] 襄樊市文物考古研究所. 湖北襄樊樊城菜越三国墓发掘简报 [J]. 文物. 2010（9）：4-20.

[14] （南朝宋）罽宾三藏佛陀什共竺道生等译. 弥沙塞部和醯五分律 [M]：卷二十六. 中华律藏：第一卷. 北京：国家图书馆出版社. 2009：259.

[15] 李崇峰. 佛教考古——从印度到中国 [M]. 上海：上海古籍出版社. 2015：16.

[16] （东晋）天竺三藏佛陀跋陀罗共法显译. 摩诃僧祇律 [M]：卷第三十三. 中华律藏：第二卷. 北京：国家图书馆出版社. 2009：266.

[17] 李崇峰. 佛教考古——从印度到中国 [M]. 上海：上海古籍出版社. 2015：16.

[18][19] （东晋）天竺三藏佛陀跋陀罗共法显译. 摩诃僧祇律 [M]：卷第三十三. 中华律藏：第二卷. 北京：国家图书馆出版社. 2009：265、268.

[20] （唐）义净译. 根本说一切有部毗奈耶杂事 [M]：卷十四. 中华大藏经：卷三十九. 北京：中华书局. 1994：123.

[21] 尚荣译注. 洛阳伽蓝记 [M]：原序. 北京：中华书局. 2012：1.

[22] （宋）李昉撰. 文苑英华 [M]：卷八五八. 北京：中华书局，1966：4530.

[23] （明）傅梅撰. 嵩书 [M]：卷十七韵始篇六. 续修四库全书：七二五·史部·地理类. 影印上海图书馆藏明万历刻本. 上海：上海古籍出版社，2002：305.

[24] （清）张圣诰等. 登封县志 [M]：卷十上游嵩顶记. 四库全书存目丛书（第214册）：史部. 影印北京大学图书馆藏清康熙三十五年刻本. 济南：齐鲁书社. 1996：43.

[25] 刘敦桢. 河南省北部古建筑调查记 [J]. 中国营造学社彚刊第六卷第四期. 中华民国二十六年（1937）：99. 梁思成著. 中国建筑史 [M]. 梁思成全集第三集. 北京：中国建筑工业出版社. 1985. 51.

[26] 罗哲文. 中国古塔 [M]. 北京：中国青年出版社. 1985：228.

[27] 张驭寰. 中国古代高层砖石建筑——嵩岳寺塔和其他 [C]. 中国古代科技成就 [M]. 北京：中国青年出版社. 1995：648-652.

[28][29][30] 萧默. 嵩岳寺塔渊源考辨——兼谈嵩岳寺塔建造年代 [J]. 建筑学报. 1997（4）：49-53.

目 录

序言 .... 谢辰生 i
前言 iii

·勘 察 篇·

第一章　嵩岳寺塔概述 003
  第一节　嵩岳寺塔环境概况 003
  第二节　嵩岳寺塔历史沿革 004
  第三节　嵩岳寺塔价值 007
  第四节　嵩岳寺塔三维激光扫描和空三倾斜摄影勘测 010

第二章　嵩岳寺塔建筑形制结构 016
  第一节　嵩岳寺塔台座、阶基、基础、踏道形制结构 016
  第二节　嵩岳寺塔基座、塔外部第一层塔体形制结构 017
  第三节　嵩岳寺塔外部第二至十五层塔体形制结构 020
  第四节　嵩岳寺塔塔刹形制结构 024
  第五节　嵩岳寺塔内部形制结构 026
  第六节　嵩岳寺塔构造做法及材料 030
  第七节　嵩岳寺塔主要残损病害 032

第三章　嵩岳寺塔区域地形地貌、地质勘察 042
  第一节　嵩岳寺塔区域地形地貌、地质概况 042
  第二节　嵩岳寺塔院内地球物理勘察 046
  第三节　嵩岳寺塔院外地球物理勘察 058
  第四节　嵩岳寺塔塔院地质雷达勘探 069
  第五节　嵩岳寺塔塔院工程地质勘探 074

第四章　嵩岳寺塔勘察、清理、调查报告 082
  第一节　嵩岳寺塔基探察报告 082
  第二节　登封嵩岳寺塔地宫清理简报 089
  第三节　登封嵩岳寺塔天宫清理简报 096
  第四节　登封嵩岳寺塔勘测简报 101
  第五节　嵩岳寺遗址考古调查报告 112
  第六节　在嵩岳寺旧址发现的瓦件 116

第五章　嵩岳寺塔材料实验和倾斜观测报告 120
  第一节　嵩岳寺塔砌砖热释光年代测定 120

第二节	嵩岳寺塔土、石材实验	123
第三节	嵩岳寺塔砖试验分析	125
第四节	嵩岳寺塔黏合材料实验分析	127
第五节	嵩岳寺塔修缮用黏合及灌浆材料	130
第六节	嵩岳寺塔变形测量报告	131
第七节	嵩岳寺塔塔体自重计算分析	135
第八节	嵩岳寺塔倾斜分析	137

第六章　嵩岳寺塔附属建筑及附属文物 ... 141
第一节　嵩岳寺塔附属建筑 ... 141
第二节　嵩岳寺塔附属文物 ... 142

• 修　缮　篇 •

第七章　嵩岳寺塔修缮保护工程 ... 153
第一节　嵩岳寺塔整修计划 ... 153
第二节　嵩岳寺塔整修总体方案 ... 155
第三节　嵩岳寺塔本体修缮工程 ... 159
第四节　嵩岳寺塔防护保护工程 ... 166
第五节　嵩岳寺塔周围环境整治及其他附属工程 ... 177
第六节　嵩岳寺塔修缮工程验收工作 ... 184
第七节　整修嵩岳寺塔工作简报 ... 185
第八节　嵩岳寺塔保护管理工作 ... 194

• 研　究　篇 •

第八章　嵩岳寺塔主要历史遗留问题考 ... 199
第一节　嵩岳寺塔几个"悬而未决"问题的探讨 ... 199
第二节　《嵩岳寺碑》碑文校勘 ... 205
第三节　嵩岳寺塔历史建制沿革考 ... 209

第九章　嵩岳寺塔建筑选址与格局 ... 221
第一节　嵩岳寺塔建筑选址探源 ... 221
第二节　嵩岳寺塔建筑择地与风水格局 ... 227
第三节　嵩岳寺塔院历史格局 ... 231
第四节　嵩岳寺塔院与古印度地区塔寺格局的渊源 ... 238
第五节　嵩岳寺塔院与我国西域古国和汉地早期塔寺格局的关系 ... 242
第六节　嵩岳寺塔院格局的形成 ... 247

第十章　嵩岳寺塔建筑空间 ... 251
第一节　嵩岳寺塔与古印度地区佛塔建筑空间的关系 ... 251
第二节　嵩岳寺塔与我国早期佛塔建筑空间的关系 ... 254
第三节　嵩岳寺塔建筑空间的营造 ... 258

第十一章　嵩岳寺塔形制流变 ·· 266
第一节　嵩岳寺塔形制研究现状和佛塔类建筑类型概念 ·················· 266
第二节　嵩岳寺塔与窣堵坡式佛塔形制的关系 ······························ 269
第三节　嵩岳寺塔与无壁式佛塔形制的关系 ································ 275
第四节　嵩岳寺塔与佛精舍类建筑形制的关系 ······························ 281
第五节　嵩岳寺塔与我国汉地多层楼阁式佛塔的关系 ······················ 286
第六节　嵩岳寺塔地宫形制渊源 ··· 298

第十二章　嵩岳寺塔营造尺度分析 ·· 309
第一节　嵩岳寺塔营造用尺考 ··· 309
第二节　嵩岳寺塔营造的控制尺寸和调整误差允许值 ······················ 318
第三节　嵩岳寺塔外部主要尺寸折算 ·· 320
第四节　嵩岳寺塔塔内主要尺寸折算 ·· 330

第十三章　嵩岳寺塔形制和建筑文化 ··· 334
第一节　嵩岳寺塔外部十二边形平面的形成 ································ 334
第二节　嵩岳寺塔塔内平面的形成 ·· 342
第三节　嵩岳寺塔外部层数和高度的形成 ···································· 343
第四节　塔内层数及高度尺寸的形成 ·· 349
第五节　嵩岳寺塔形制建筑文化渊源和佛教思想的社会基础 ············ 350

第十四章　嵩岳寺塔设计构图原理分析 ······································ 353
第一节　嵩岳寺塔设计构图主控尺寸 ·· 354
第二节　嵩岳寺塔整体设计构图 ·· 355
第三节　嵩岳寺塔局部设计构图 ·· 358

· 附　　录 ·

附录一　嵩岳寺相关诗词、传说、人物 ··· 373
附录二　相关批复文件 ··· 378
附录三　嵩岳寺塔相关研究文章 ··· 391
附录四　嵩岳寺塔历史事件及大事记 ··· 472

后记 ·· 475

测绘图目录

图 001　嵩岳寺塔南立面图
图 002　嵩岳寺塔南北剖面图
图 003　嵩岳寺塔基座平面图
图 004　嵩岳寺塔基座仰视图
图 005　嵩岳寺塔基座南立面图
图 006　嵩岳寺塔基座南北剖面图
图 007　嵩岳寺塔外部第一层平面图
图 008　嵩岳寺塔外部第一层仰视图
图 009　嵩岳寺塔外部第一层南立面图
图 010　嵩岳寺塔外部第一层南北剖面图
图 011　嵩岳寺塔外部第二层平面图
图 012　嵩岳寺塔外部第二层仰视图
图 013　嵩岳寺塔外部第二层南立面图
图 014　嵩岳寺塔外部第二层南北剖面图
图 015　嵩岳寺塔外部第三层平面图
图 016　嵩岳寺塔外部第三层仰视图
图 017　嵩岳寺塔外部第三层南立面图
图 018　嵩岳寺塔外部第三层南北剖面图
图 019　嵩岳寺塔外部第三层平面图
图 020　嵩岳寺塔外部第四层仰视图
图 021　嵩岳寺塔外部第四层南立面图
图 022　嵩岳寺塔外部第四层南北剖面图
图 023　嵩岳寺塔外部第五层平面图
图 024　嵩岳寺塔外部第五层仰视图
图 025　嵩岳寺塔外部第五层南立面图
图 026　嵩岳寺塔外部第五层南北剖面图
图 027　嵩岳寺塔外部第六层剖面图
图 028　嵩岳寺塔外部第六层仰视图
图 029　嵩岳寺塔外部第六层南立面图
图 030　嵩岳寺塔外部第六层南北剖面图
图 031　嵩岳寺塔外部第七层平面图
图 032　嵩岳寺塔外部第七层仰视图
图 033　嵩岳寺塔外部第七层南立面图
图 034　嵩岳寺塔外部第七层南北剖面图

图 035　嵩岳寺塔外部第八层平面图
图 036　嵩岳寺塔外部第八层仰视图
图 037　嵩岳寺塔外部第八层南立面图
图 038　嵩岳寺塔外部第八层南北剖面图
图 039　嵩岳寺塔外部第九层平面图
图 040　嵩岳寺塔外部第九层仰视图
图 041　嵩岳寺塔外部第九层南立面图
图 042　嵩岳寺塔外部第九层南北剖面图
图 043　嵩岳寺塔外部第十层平面图
图 044　嵩岳寺塔外部第十层仰视图
图 045　嵩岳寺塔外部第十层南立面图
图 046　嵩岳寺塔外部第十层南北剖面图
图 047　嵩岳寺塔外部第十一层平面图
图 048　嵩岳寺塔外部第十一层仰视图
图 049　嵩岳寺塔外部第十一层南立面图
图 050　嵩岳寺塔外部第十一层南北剖面图
图 051　嵩岳寺塔外部第十二层平面图
图 052　嵩岳寺塔外部第十二层仰视图
图 053　嵩岳寺塔外部第十二层南立面图
图 054　嵩岳寺塔外部第十二层南北剖面图
图 055　嵩岳寺塔外部第十三层平面图
图 056　嵩岳寺塔外部第十三层仰视图
图 057　嵩岳寺塔外部第十三层南立面图
图 058　嵩岳寺塔外部第十三层南北剖面图
图 059　嵩岳寺塔外部第十四层平面图
图 060　嵩岳寺塔外部第十四层仰视图
图 061　嵩岳寺塔外部第十四层南立面图
图 062　嵩岳寺塔外部第十四层南北剖面图
图 063　嵩岳寺塔外部第十五层平面图
图 064　嵩岳寺塔外部第十五层仰视图
图 065　嵩岳寺塔外部第十五层南立面图
图 066　嵩岳寺塔外部第十五层南北剖面图
图 067　嵩岳寺塔外部第十五层俯视图
图 068　嵩岳寺塔塔刹立面图

图 069　嵩岳寺塔塔刹剖面图
图 070　嵩岳寺塔塔刹俯视图
图 071　嵩岳寺塔内部第一层剖面图
图 072　嵩岳寺塔内部第一层南北剖面图
图 073　嵩岳寺塔内部第二层平面图
图 074　嵩岳寺塔内部第二层仰视图
图 075　嵩岳寺塔内部第二层南北剖面图
图 076　嵩岳寺塔内部第三层平面图
图 077　嵩岳寺塔内部第三层仰视图
图 078　嵩岳寺塔内部第三层南北剖面图
图 079　嵩岳寺塔内部第四层平面图
图 080　嵩岳寺塔内部第四层仰视图
图 081　嵩岳寺塔内部第四层南北剖面图
图 082　嵩岳寺塔内部第五层平面图
图 083　嵩岳寺塔内部第五层仰视图
图 084　嵩岳寺塔内部第五层南北剖面图
图 085　嵩岳寺塔内部第六层平面图
图 086　嵩岳寺塔内部第六层仰视图
图 087　嵩岳寺塔内部第六层南北剖面图
图 088　嵩岳寺塔内部第七层平面图
图 089　嵩岳寺塔内部第七层仰视图
图 090　嵩岳寺塔内部第七层南北剖面图
图 091　嵩岳寺塔内部第八层平面图
图 092　嵩岳寺塔内部第八层仰视图
图 093　嵩岳寺塔内部第八层南北剖面图
图 094　嵩岳寺塔内部第九层平面图
图 095　嵩岳寺塔内部第九层仰视图
图 096　嵩岳寺塔内部第九层南北剖面图
图 097　嵩岳寺塔内部第十层平面图
图 098　嵩岳寺塔内部第十层仰视图
图 099　嵩岳寺塔内部第十层南北剖面图
图 100　嵩岳寺塔门大样图
图 101　嵩岳寺塔倚柱大样图
图 102　嵩岳寺塔塔龛大样图
图 103　嵩岳寺塔地宫与塔基座墙体关系图
图 104　嵩岳寺塔地宫平、剖面图
图 105　嵩岳寺塔地宫东壁壁画线描图
图 106　嵩岳寺塔地宫南壁壁画线描图
图 107　嵩岳寺塔地宫西壁壁画线描图
图 108　嵩岳寺塔地宫北壁壁画线描图

现状照片目录

现状照片 01　嵩岳寺全景
现状照片 02　嵩岳寺塔院全景
现状照片 03　嵩岳寺塔院鸟瞰一
现状照片 04　嵩岳寺塔院鸟瞰二
现状照片 05　嵩岳寺塔塔院俯视
现状照片 06　嵩岳寺塔全景
现状照片 07　嵩岳寺塔立面
现状照片 08　嵩岳寺塔仰视
现状照片 09　嵩岳寺塔阶基、基座
现状照片 10　嵩岳寺塔基座、第一层塔体
现状照片 11　嵩岳寺塔基座
现状照片 12　嵩岳寺塔第一层塔体
现状照片 13　嵩岳寺塔南塔门
现状照片 14　嵩岳寺塔南塔门仰视
现状照片 15　嵩岳寺塔塔门门楣
现状照片 16　嵩岳寺塔塔门券
现状照片 17　嵩岳寺塔倚柱
现状照片 18　嵩岳寺塔倚柱柱础
现状照片 19　嵩岳寺塔倚柱柱头
现状照片 20　嵩岳寺塔塔龛
现状照片 21　嵩岳寺塔塔龛座
现状照片 22　嵩岳寺塔塔龛塔顶
现状照片 23　第二面塔龛壸门狮子
现状照片 24　第三面塔龛壸门狮子
现状照片 25　第五面塔龛壸门狮子
现状照片 26　第六面塔龛壸门狮子
现状照片 27　第八面塔龛壸门狮子
现状照片 28　第九面塔龛壸门狮子
现状照片 29　第十一面塔龛壸门狮子
现状照片 30　第十二面塔龛壸门狮子
现状照片 31　嵩岳寺塔第十一面塔龛内壁画
现状照片 32　嵩岳寺塔上部十五层密檐
现状照片 33　嵩岳寺塔上部十五层密檐及塔刹
现状照片 34　嵩岳寺塔第一至九层密檐
现状照片 35　嵩岳寺塔第六至十五层密檐及塔刹
现状照片 36　嵩岳寺塔第一、二、三层塔体
现状照片 37　嵩岳寺塔第三、四、五层塔体
现状照片 38　嵩岳寺塔第五、六、七层塔体
现状照片 39　嵩岳寺塔第七、八、九层塔体
现状照片 40　嵩岳寺塔第九、十、十一层塔体
现状照片 41　嵩岳寺塔第十一、十二、十三、十四层塔体
现状照片 42　嵩岳寺塔第十三、十四、十五层塔体
现状照片 43　嵩岳寺塔第十四、十五层塔体
现状照片 44　嵩岳寺塔塔刹
现状照片 45　嵩岳寺塔塔刹鸟瞰
现状照片 46　嵩岳寺塔门窗一
现状照片 47　嵩岳寺塔门一券洞
现状照片 48　嵩岳寺塔门窗二
现状照片 49　嵩岳寺塔门窗三
现状照片 50　嵩岳寺塔塔门彩绘
现状照片 51　嵩岳寺塔由额、阑额彩绘一
现状照片 52　嵩岳寺塔由额、阑额彩绘二
现状照片 53　嵩岳寺塔内第一层
现状照片 54　嵩岳寺塔内佛台遗留构件
现状照片 55　嵩岳寺塔内第二层
现状照片 56　嵩岳寺塔内第三层
现状照片 57　嵩岳寺塔内上部空间一
现状照片 58　嵩岳寺塔内上部空间二
现状照片 59　嵩岳寺塔内上部空间三
现状照片 60　嵩岳寺塔内第十层穹窿顶
现状照片 61　嵩岳寺塔内小洞及木棍
现状照片 62　嵩岳寺塔地宫一
现状照片 63　嵩岳寺塔地宫二
现状照片 64　嵩岳寺塔地宫穹窿顶
现状照片 65　嵩岳寺塔地宫壁画
现状照片 66　嵩岳寺塔地宫唐代题记
现状照片 67　嵩岳寺塔地宫墙体与夯土墙一

现状照片 68　嵩岳寺塔地宫墙体与夯土墙二	现状照片 81　原通往嵩岳寺塔院山门的道路
现状照片 69　嵩岳寺塔地宫宫门	现状照片 82　嵩岳寺塔、离宫遗址、南辅山鸟瞰
现状照片 70　嵩岳寺塔南正立面	现状照片 83　嵩岳寺塔、离宫遗址、南辅山俯视
现状照片 71　嵩岳寺塔西正立面	现状照片 84　塔院与西岭建筑遗址间的山道
现状照片 72　嵩岳寺塔北正立面	现状照片 85　西岭建筑遗址
现状照片 73　嵩岳寺塔东正立面	现状照片 86　西岭建筑遗址俯视
现状照片 74　嵩岳寺塔内第二层塔壁展开	现状照片 87　西岭建筑遗址遗迹
现状照片 75　嵩岳寺塔地宫墙壁展开	现状照片 88　西岭建筑遗址古柏树
现状照片 76　嵩岳寺塔院现山门	现状照片 89　南辅山
现状照片 77　嵩岳寺塔院内塔北三座殿	现状照片 90　南辅山建筑遗址俯视
现状照片 78　嵩岳寺塔院白衣殿	现状照片 91　南辅山建筑基址
现状照片 79　嵩岳寺塔院大雄宝殿	现状照片 92　2019 年热释光年代测定砖 1
现状照片 80　嵩岳寺塔院伽蓝殿	现状照片 93　2019 年热释光年代测定砖 2

彩色老照片目录

彩色老照片 01　嵩岳寺全景一（南至北）
彩色老照片 02　嵩岳寺全景二（南至北）
彩色老照片 03　嵩岳寺全景三（东北至西南）
彩色老照片 04　嵩岳寺塔院全景一（西南至东北）
彩色老照片 05　嵩岳寺塔院全景二（东北至西南）
彩色老照片 06　嵩岳寺塔院全景三（西南至东北）
彩色老照片 07　嵩岳寺塔院全景四（西南至东北）
彩色老照片 08　嵩岳寺塔院全景五（西至东）
彩色老照片 09　嵩岳寺塔院前景（南至北）
彩色老照片 10　嵩岳寺塔、山门（南至北）
彩色老照片 11　嵩岳寺塔全景一（西南至东北）
彩色老照片 12　嵩岳寺塔全景二（东南至西北）
彩色老照片 13　嵩岳寺塔全景三（南至北）
彩色老照片 14　嵩岳寺塔全景四（北至南）
彩色老照片 15　嵩岳寺塔塔体
彩色老照片 16　嵩岳寺塔上部塔体
彩色老照片 17　嵩岳寺塔局部
彩色老照片 18　嵩岳寺塔塔刹
彩色老照片 19　嵩岳寺塔门窗一
彩色老照片 20　嵩岳寺塔门窗二
彩色老照片 21　嵩岳寺塔门窗三
彩色老照片 22　嵩岳寺塔阑额彩绘
彩色老照片 23　嵩岳寺塔门彩绘
彩色老照片 24　嵩岳寺塔门窗彩绘
彩色老照片 25　嵩岳寺塔院山门及前景
彩色老照片 26　嵩岳寺塔与原清代山门关系一（东至西）
彩色老照片 27　嵩岳寺塔与原清代山门关系二（西至东）
彩色老照片 28　嵩岳寺塔院前道路及东南角国槐一（东至西）
彩色老照片 29　嵩岳寺塔院前道路及东南角国槐二（西至东）
彩色老照片 30　嵩岳寺塔院大雄宝殿、伽蓝殿
彩色老照片 31　西岭建筑遗址
彩色老照片 32　西岭建筑遗址和南辅山
彩色老照片 33　塔基探沟 T1 一
彩色老照片 34　塔基探沟 T1 二
彩色老照片 35　塔基探沟 T2 一
彩色老照片 36　塔基探沟 T2 二
彩色老照片 37　塔基探沟 T2 三
彩色老照片 38　塔基探沟 T2 夯土层
彩色老照片 39　塔基探沟 T3
彩色老照片 40　塔基探沟 T4
彩色老照片 41　塔基探沟 T5
彩色老照片 42　塔基南门探坑
彩色老照片 43　塔基西门探坑
彩色老照片 44　塔基地宫内盗洞探坑
彩色老照片 45　嵩岳寺塔地宫
彩色老照片 46　嵩岳寺塔地宫宫室
彩色老照片 47　嵩岳寺塔地宫甬道、宫门
彩色老照片 48　嵩岳寺塔地宫甬道
彩色老照片 49　嵩岳寺塔宫室门壁板壁画
彩色老照片 50　嵩岳寺塔地宫穹窿顶壁画（一）
彩色老照片 51　嵩岳寺塔宫室穹窿顶壁画（二）
彩色老照片 52　嵩岳寺塔地宫唐代题记
彩色老照片 53　嵩岳寺塔地宫清代题记
彩色老照片 54　嵩岳寺塔塔刹第 1 号天宫及出土文物位置
彩色老照片 55　嵩岳寺塔塔刹第 2 号天宫及文物位置
彩色老照片 56　嵩岳寺塔塔刹第 1 号天宫出土舍利罐
彩色老照片 57　嵩岳寺塔塔刹第 1 号天宫出土银塔
彩色老照片 58　嵩岳寺塔塔刹第 1 号天宫出土白瓷盘
彩色老照片 59　嵩岳寺塔塔刹第 1 号天宫出土白瓷盘题记
彩色老照片 60　嵩岳寺塔塔刹第 1 号天宫出土白瓷葫芦
彩色老照片 61　嵩岳寺塔塔刹第 2 号天宫出土银环

彩色老照片 62　嵩岳寺塔塔刹第 2 号天宫出土舍利罐	彩色老照片 71　嵩岳寺塔修缮后全景一
彩色老照片 63　嵩岳寺塔塔刹第 2 号天宫出土瓷瓶	彩色老照片 72　嵩岳寺塔修缮后全景二
彩色老照片 64　嵩岳寺塔修缮架子	彩色老照片 73　嵩岳寺塔院修缮后全景
彩色老照片 65　嵩岳寺塔修缮中的塔院	彩色老照片 74　嵩岳寺塔修缮后全体人员合影
彩色老照片 66　嵩岳寺塔第十五层及塔刹修缮	彩色老照片 75　嵩岳寺塔修缮工作检查
彩色老照片 67　嵩岳寺塔塔刹修缮	彩色老照片 76　嵩岳寺塔修缮竣工验收专家合影
彩色老照片 68　嵩岳寺塔院西围墙修缮	彩色老照片 77　嵩岳寺塔修缮竣工验收现场一
彩色老照片 69　嵩岳寺塔防滑桩施工	彩色老照片 78　嵩岳寺塔修缮竣工验收现场二
彩色老照片 70　嵩岳寺塔 1989 年修缮标识物	

黑白老照片目录

黑白老照片 01	嵩岳寺全景一（东至西）
黑白老照片 02	嵩岳寺全景二（东北至西南）
黑白老照片 03	嵩岳寺塔全景一（西南至东北）
黑白老照片 04	嵩岳寺塔全景二（西至东）
黑白老照片 05	嵩岳寺塔全景三（东南至西北）
黑白老照片 06	嵩岳寺塔全景四（南至北）
黑白老照片 07	嵩岳寺塔全景五
黑白老照片 08	嵩岳寺塔塔龛及塔檐
黑白老照片 09	嵩岳寺塔基座、第一层塔体
黑白老照片 10	嵩岳寺塔基座墙体
黑白老照片 11	嵩岳寺塔第十五层塔体西南面
黑白老照片 12	嵩岳寺塔第十五层塔体北面
黑白老照片 13	嵩岳寺塔塔刹覆莲（一）
黑白老照片 14	嵩岳寺塔塔刹覆莲（二）
黑白老照片 15	嵩岳寺塔塔刹仰莲、相轮
黑白老照片 16	嵩岳寺塔塔刹相轮、宝瓶
黑白老照片 17	嵩岳寺塔宝瓶
黑白老照片 18	嵩岳寺塔塔门
黑白老照片 19	嵩岳寺塔东塔门
黑白老照片 20	嵩岳寺塔塔门门楣
黑白老照片 21	嵩岳寺塔南塔门门楣
黑白老照片 22	嵩岳寺塔第九面塔龛
黑白老照片 23	嵩岳寺塔第九面塔龛须弥座、方台座
黑白老照片 24	嵩岳寺塔塔龛塔顶
黑白老照片 25	嵩岳寺塔倚柱柱础
黑白老照片 26	嵩岳寺塔倚柱柱头
黑白老照片 27	嵩岳寺塔地宫出土莲花方砖
黑白老照片 28	嵩岳寺塔地宫出土方砖背面
黑白老照片 29	嵩岳寺塔地宫出土龙头筒瓦
黑白老照片 30	嵩岳寺塔地宫出土勾头（一）
黑白老照片 31	嵩岳寺塔地宫出土勾头（二）
黑白老照片 32	嵩岳寺塔地宫出土滴水
黑白老照片 33	嵩岳寺塔地宫出土剑把（一）
黑白老照片 34	嵩岳寺塔地宫出土剑把（二）
黑白老照片 35	嵩岳寺塔地宫出土北魏佛造像正面
黑白老照片 36	嵩岳寺塔地宫出土北魏佛造像背面
黑白老照片 37	嵩岳寺塔地宫出土佛像头（一）
黑白老照片 38	嵩岳寺塔地宫出土佛像头（二）
黑白老照片 39	嵩岳寺塔地宫出土佛像头（三）右
黑白老照片 40	嵩岳寺塔地宫出土佛像头（三）左
黑白老照片 41	嵩岳寺塔地宫出土佛像头（四）
黑白老照片 42	嵩岳寺塔地宫出土比丘头（一）
黑白老照片 43	嵩岳寺塔地宫出土比丘头（二）
黑白老照片 44	嵩岳寺塔地宫出土佛像身（一）
黑白老照片 45	嵩岳寺塔地宫出土佛像身（二）
黑白老照片 46	嵩岳寺塔地宫出土佛像身（三）
黑白老照片 47	西岭建筑遗址莲花头筒瓦（一）
黑白老照片 48	西岭建筑遗址莲花头筒瓦（二）
黑白老照片 49	西岭建筑遗址龙头筒瓦（一）
黑白老照片 50	西岭建筑遗址龙头筒瓦（二）
黑白老照片 51	西岭建筑遗址龙头筒瓦（三）
黑白老照片 52	西岭建筑遗址飞天勾头（一）
黑白老照片 53	西岭建筑遗址飞天勾头（二）
黑白老照片 54	西岭建筑遗址飞天勾头（三）
黑白老照片 55	西岭建筑遗址凤凰勾头
黑白老照片 56	西岭建筑遗址筒瓦
黑白老照片 57	西岭建筑遗址板瓦（一）
黑白老照片 58	西岭建筑遗址板瓦（二）
黑白老照片 59	西岭建筑遗址板瓦（三）
黑白老照片 60	西岭离宫遗址及古柏
黑白老照片 61	元珪石函

拓片目录

拓片 01　宫门西立颊正面、侧面雕刻
拓片 02　宫门东立颊正面、侧面雕刻
拓片 03　宫门门额上壁板雕刻
拓片 04　宫门门额正面雕刻
拓片 05　宫门地栿正面雕刻
拓片 06　门砧雕刻
拓片 07　地宫出土北魏佛造像题记
拓片 08　地宫出土筒瓦（一）
拓片 09　地宫出土筒瓦（二）
拓片 10　地宫出土勾头（一）
拓片 11　地宫出土勾头（二）
拓片 12　地宫出土滴水
拓片 13　地宫出土石刻残片（一）
拓片 14　地宫出土石刻残片（二）
拓片 15　地宫出土石刻残片（三）
拓片 16　地宫出土石刻残片（四）
拓片 17　地宫出土石刻残片（五）
拓片 18　地宫出土石刻残片（六）
拓片 19　地宫出土石刻残片（七）
拓片 20　地宫出土石刻残片（八）
拓片 21　地宫出土石刻残片（九）
拓片 22　地宫出土石刻残片（十）
拓片 23　地宫出土石刻残片（十一）
拓片 24　地宫出土石刻残片（十二）
拓片 25　地宫出土石刻残片（十三）
拓片 26　地宫出土石刻残片（十四）
拓片 27　地宫出土石刻残片（十五）
拓片 28　地宫出土石刻残片（十六）
拓片 29　塔北台阶上大树下出土明代佛雕像题记
拓片 30　塔阶基条砖砖纹（一）
拓片 31　塔阶基条砖砖纹（二）
拓片 32　塔阶基条砖砖纹（三）
拓片 33　塔阶基条砖砖纹（四）
拓片 34　塔阶基条砖砖纹（五）
拓片 35　地宫出土莲花方砖砖纹
拓片 36　地宫出土莲花方砖背面砖纹
拓片 37　铺地方砖砖纹
拓片 38　西岭建筑遗址华头筒瓦莲花图案（一）
拓片 39　西岭建筑遗址华头筒瓦莲花图案（二）
拓片 40　西岭建筑遗址华头筒瓦莲花图案（三）
拓片 41　西岭建筑遗址华头筒瓦莲花图案（四）
拓片 42　西岭建筑遗址华头筒瓦莲花图案（五）
拓片 43　西岭建筑遗址华头筒瓦莲花图案（六）
拓片 44　西岭建筑遗址华头筒瓦莲花图案（七）
拓片 45　西岭建筑遗址华头筒瓦莲花图案（八）
拓片 46　西岭建筑遗址筒瓦龙头图案（一）
拓片 47　西岭建筑遗址筒瓦龙头图案（二）
拓片 48　西岭建筑遗址筒瓦龙头图案（三）
拓片 49　西岭建筑遗址筒瓦龙头图案（四）
拓片 50　西岭建筑遗址筒瓦龙头图案（五）
拓片 51　西岭建筑遗址华头筒瓦凤凰图案（一）
拓片 52　西岭建筑遗址华头筒瓦凤凰图案（二）
拓片 53　西岭建筑遗址勾头飞天图案（一）
拓片 54　西岭建筑遗址勾头飞天图案（二）
拓片 55　西岭建筑遗址勾头飞天图案（三）
拓片 56　西岭建筑遗址勾头凤凰图案
拓片 57　西岭建筑遗址重唇板瓦图案（一）
拓片 58　西岭建筑遗址重唇板瓦图案（二）
拓片 59　西岭建筑遗址重唇板瓦图案（三）
拓片 60　西岭建筑遗址重唇板瓦图案（四）
拓片 61　西岭建筑遗址重唇板瓦图案（五）
拓片 62　西岭建筑遗址重唇板瓦图案（六）
拓片 63　西岭建筑遗址重唇板瓦图案（七）
拓片 64　石函上层北面雕刻
拓片 65　石函上层南面雕刻
拓片 66　石函上层东面雕刻
拓片 67　石函上层西面雕刻
拓片 68　石函束腰雕刻（一）

拓片69　石函束腰雕刻（二）
拓片70　石函束腰雕刻（三）
拓片71　石函束腰雕刻（四）
拓片72　（唐）经幢《佛顶陀罗尼经》（一）
拓片73　（唐）经幢《佛顶陀罗尼经》（二）
拓片74　（唐）《东京大敬爱寺大德大证禅师碑》
拓片75　（唐）《萧和尚灵塔铭》碑阳
拓片76　（唐）《萧和尚灵塔铭》碑阴
拓片77　（唐）《大唐嵩岳闲居寺故大德珪禅师塔记》
拓片78　（清）《金装佛像记》碑阳
拓片79　（清）《金装佛像记》碑阴
拓片80　（清）《金装佛像油画大殿修韦陀殿碑》
拓片81　（清）《重修茄蓝殿记》
拓片82　（清）《重修白衣菩萨殿碑记》
拓片83　（清）《施舍地於嵩岳寺序》

嵩岳寺塔

勘 察 篇

第一章　嵩岳寺塔概述

第一节　嵩岳寺塔环境概况

嵩岳寺塔位于河南省登封市城区西北6公里太室南麓（嵩阳）的嵩岳寺塔院内。地理坐标位置：北纬34°30′06″，北纬113°00′58″。

一、登封市区域环境

嵩岳寺塔所在地登封市位于河南省中部，东北距河南省会郑州市约61公里，登封市域东临新密市，西接伊川县，南与禹州市、汝州市交界，北与偃师市、巩义市毗连。域内交通网络四通八达、方便快捷，有国道207、省道316、323、237穿境而过，郑少洛、永登、焦桐、商登高速公路在境内纵横交错，登封铁路与京广、陇海、焦枝铁路干线相连。域内地形复杂，北有嵩山山脉，南有箕山、熊山山脉，均为东西走向，地势由南、北向中间逐渐降低为丘陵河川，依地形大致可分为深山、浅山、丘陵和平地。气候属亚热带与暖温带的过渡地带，大陆性山地季风气候，四季分明，夏季凉爽、冬季温和。河流属淮河水系，境内有少溪河、书院河、五渡河及颍河等。木本植物繁多茂盛，生态树种有华山松、油松、侧柏、麻栎、刺槐、沙兰杨、泡桐等，灌木主要有荆条、酸枣、白腊条、紫穗槐等。

登封历史悠久、源远流长，我国第一个奴隶制国家——夏王朝最早在阳城（今登封市告成镇）建都，史称禹都阳城。西汉武帝刘彻时期，设立崇高县。三国属魏阳城县。晋为河南郡阳城县。十六国时为阳城县，先后属后赵、后燕及后秦。北魏置阳城郡，领阳城、颍阳、康城三县，又置中川郡，领堙阳、颍阳二县，又改颍阳为临武。后周废颍阳入堙阳，又废中川郡。隋代大业初年（605）改为嵩阳县。唐万岁登封元年（696）年，女皇武则天登嵩山、封中岳，以示大功告成，改嵩阳县为登封县，改阳城县为告成县。五代时属汴州阳邑县。宋为颍阳、登封二县，属河南府。金代将两县合并为登封县，属金昌俯。元登封属河南府路。明、清属河南府。民国前期属河洛道，后期属河南省第十行政督察区，治所洛阳县。建国初期属郑州专区，1994年撤县设市。

域内自然人文环境丰富多彩，有我国著名的五岳之中岳，是世界地质公园、国家级风景名胜区、国家森林公园，被誉为中华文化圣山，天然地质"五代同堂"，还拥有"天地之中"历史建筑群世界文化遗产、"二十四节气"世界非物质文化遗产、少林功夫等众多世界级名片。文物古迹众多，现存国家级重点文物保护单位21处23项，位居全国县（市）单项之首，嵩阳的嵩岳寺塔便位列于这些世界文化遗产和国保文物建筑之中。

二、太室环境

嵩山位于秦岭造山带中部东段，属伏牛山系，横卧中原大地的中部，整个山脉东西绵延近百公里，南北宽20公里，西起洛阳龙门，东至新密白寨，北依黄河，南横颍水，面积达3千多平方公里。嵩山岩层发育完整，古老的前寒武系和相伴而生的岩浆岩出露良好，各期构造运动形迹清晰可辨，从太古界到新生界的地层和岩石均有出露，展示了近30亿年的漫长地质发展史，堪称前寒武系构造典型发育地区之一，是世界上稀有的自然地质宝库。其历经地球发展历史上的太古代、元古代、古生代、中生代、新生代等五代，被地质学界称为"五世同堂"。嵩山发育齐全的岩浆岩、沉积岩和变质岩三大类岩石出露，构成了中国最古老的岩系"登封朵岩"，褶皱、断裂构造形迹纵横展布，反映了历次构造运动的不整合面发育典型、出露集中，主要以褶皱为主，断裂次之，最大的褶皱为登封大背斜、五指岭大向斜，两大断裂将嵩山分为太室、少室和五指岭三部分。其中太室完整的地层序列，错综复杂、纷繁多姿的构造形迹，形成了太室山奇特的地质构造和地形地貌，造就了风光秀丽、奇峰异谷、流泉飞瀑、植被繁茂、古木参天的自然景观环境，引世人瞩目。

太室古称外方，又曰崇高、嵩高、中岳，北魏时专指嵩高，《诗经·大雅·崧高》曰："嵩高惟岳，峻极于天。"[1]《白虎通·巡狩》云："中央为嵩山，言其后大之也？中央之岳独加高字者可高，故曰嵩高。"[2]《文心雕龙·夸饰》载："是以言峻则嵩高极天，论狭则河不容舠"[3]。太室有着优良的自然景观环境，其山峦起伏，峻峰奇异，岩嶂苍翠相间，峰壁环向攒笴，恍若芙蓉之姿，依山峰方位、形状和名人遗迹等，将山峰分为24峰。《嵩书·太室》载："太室，三台在左，轩辕居右，颖水界其前，洛水绕其后。山阳正面望之，浑沦端正，如长城障天，不见崚嶒参差之势；及登绝顶周遭俯瞰，峰岭纷出，脉络分明，如乔木卧生枝干，历历可指。日初出时看见海气，天晴北望黄河，如一定白练铺大地中，自中锋二分之，南多悬崖，北多峻阪，东多断峤，西多重障，至其大洞溶穴，处处有之。"[4]同书《峙胜篇》又载："彼其奠位中土，二气之所均，会四方之所统，宗不徒以其名矣。"[5]等等，古人认为嵩高是五岳之尊、天地所合、四时所交、风雨所会、阴阳所和的风水宝地，代表着高峻、崇高和尊贵之意，引历代帝王将相祭拜和避暑、骚人墨客游历、僧道逸士隐居，积淀了深厚的文化底蕴，成为我国佛教禅宗的发源地、道教圣地和儒学名山。其嵩高之阳寺院宫观林立，分布有诸多佛教、道教、儒教等人文历史资源，举世闻名的嵩岳寺塔就坐落于此，东临始建于东汉明帝时的法王寺，西有北魏的明练寺，南有北魏嵩阳寺（今嵩阳书院）、会善寺等等。

三、嵩岳寺塔周围环境

嵩岳寺塔坐落在太室之阳，三面环山，北倚嵩岭玉柱峰，东西内为东、西岭，外为太室诸峰，南绕双溪河，再南眺望青烟岭、大、小熊山。整个地形为北、东、西为山岭，南为平地河谷，周围植被茂盛，地势北高南低，形成背负嵩岭，合抱如倚，临虚朝阳，俯瞰二熊，诸山排列如拱，溪水潺流绕门，苍松翠柏，景色秀丽的太室胜境。《说嵩·太室上一》曰："太室即嵩也。厥胜在阳，绵亘横漘。兀立尊岩，而少室旁峙。大都岩嶂苍翠相间，峰壁环向，攒笴如芙蓉城，列报於上。正面望之浑沦端整，正如龙眠，稍近则岭壑开绽逼人则，崚嶒参差。或霁雨云屯虚谷霞蒸掩映前后，方见层峦叠巘不可穷际。登其岭周遭俯瞰，峰络岭联峻峻，如吐芷蒩"[6]。嵩岳寺塔周围是山环水抱、负阴抱阳的理想建筑风水格局，也是北魏冯亮等人周视嵩高后认为的形胜之处，在此营造出了"林泉既奇，营制又美，曲尽山居之妙"的闲居寺。

参 考 文 献

[1] 蒋见元、程俊英著. 诗经注析 [M]. 北京：中华书局. 1991：889.
[2] （清）陈立撰，吴则虞点校. 白虎通疏证 [M]：卷六. 北京：中华书局. 1994：300.
[3] （梁）刘勰著，王运熙、周峰撰. 文心雕龙译注 [M]. 上海：上海古籍出版社. 1998：331.
[4][5] （明）傅梅撰. 嵩书 [M]：卷二. 续修四库全书：七二五·史部·地理类（上海图书馆藏明万历刻本影印本）. 上海：上海古籍出版社. 2002：39、38.
[6] （清）景日昣著. 说嵩 [M]：卷之一. 故宫珍本丛刊. 影印清康熙五十五年岳生堂刊本刻本. 中国名山胜迹志第三辑. 台北：文海出版社有限公司. 1934：135.

第二节　嵩岳寺塔历史沿革

一、嵩岳寺塔历史沿革

1. 嵩岳寺塔建制、事迹历史沿革

嵩岳寺塔居于嵩岳寺塔院中央，为嵩岳寺的主体建筑。嵩岳寺始名曰閒居佛寺或称閒居寺，北魏正光元年

（520）牓名，隋仁寿一年（601）改题嵩岳寺，唐武则天时曾为天后宫，亦有閒居精舍、閒居院、岳寺、间居寺等称谓，当地人俗称大塔寺。史书、碑刻记载嵩岳寺塔的历史略有出入，如《魏书·冯亮传》记载閒居佛寺由北魏宣武帝元恪给其工力，命令当时的沙门统僧暹、河南尹甄琛、逸士冯亮等人，在嵩山选择形胜之处营建，建成后的閒居佛寺是林泉既奇，营制又美，曲尽山居之妙，且建筑壮丽、规模宏大。《资治通鉴纲目》记载閒居寺建于北魏永平二年（508）冬十一月。《嵩岳寺碑》记载嵩岳寺为北魏孝明帝的离宫，正光元年（520）首牓其名，塔为北魏所立，发地四铺而耸，陵空八相而圆，方丈十二，户牖数百，规制一绝。《说嵩》记载傅梅以为宣武离宫，明帝始牓为寺，景日昣则认为是宣武已立为寺，而明帝始牓其名而已。"等等。

北魏时期的閒居佛寺，《魏书·冯亮传》载："林泉既奇，营制又美，曲尽山居之妙。"[1]《嵩岳寺碑》记载嵩岳寺在北魏建成时"落落堂宇，踰一千间。济济僧徒，弥七百众。"其营造用尽了国家财力，整个建筑群由塔院、僧院、离宫、逍遥楼等部分组成。塔院内有十五层塔、凤阳殿、无量寿殿、佛像等建筑。塔院西岭上有八极殿建筑群；逍遥楼在寺院之北，旁有菱镜泉、玉池、周围插竹引水；僧院内有食堂、古钟等。其中无量寿殿和菱镜泉，《说嵩》记载为唐武后建造。

北周时期的閒居寺，《嵩岳寺碑》记载北周武帝宇文邕建德年间灭佛法时，此寺曾遭遇破坏。北周宣帝宇文赟时，道教兴起，讨论欲将寺院改为道观，塔用作道教法坛，但最后未改成。

隋朝时期的嵩岳寺，《嵩岳寺碑》记载隋开皇五年（585）寺有僧人300人，仁寿一年（601）寺院又增加僧人150人，仁寿二年（602）在寺院南建造舍利塔。

唐朝时期的嵩岳寺，《嵩岳寺碑》记载唐初遇兵乱在寺院胡作非为，放火烧寺，建筑被损坏，佛像损毁，僧人逐渐减少；武德四年（621）傅奕反佛时期，要拆除寺院，因此寺供军粮有功，特赦保留未遭破坏，还受赏田地和碾房四所。此时将北魏凤阳殿改名七佛殿，在佛像旧址建定光佛堂，在北魏八极殿间西方禅院，武则天时期在无量寿殿内置镇国金铜像。神龙二年（706）唐中宗孝和皇帝在寺南辅山上，为大通神秀追造十三级法牙舍利浮图及灵庙，周围贞柏委郁，并重新粉饰嵩岳寺塔。《大唐嵩岳闲居寺故大德珪禅师塔记》记载唐开元十一年（723），于寺院北岗之东营建大德元珪师浮图。《大唐东京大敬爱寺故大德大证禅师碑铭并序》记载唐宝应二年（763），在寺院之北阜建大德大证禅师塔。《嵩书》记载凤凰台在寺院之右。《说嵩》记载西岭双阜，北曰凤凰台，南曰妆台，因武后而命名。嵩岳寺塔地宫题记记载，唐开元二十一年（733）重修地宫及壁画。清雍正版《河南通志》记载唐兴重为修复。唐朝时嵩岳寺可谓是除北魏外的又一鼎盛之时，寺院有北魏的十五层塔、逍遥楼、无量寿殿、古钟、逍遥台，隋朝的古塔，唐朝的西方禅院、七佛殿、定光佛殿、食堂、凤凰台、妆台、大通秀禅师十三级浮图及有提灵庙等。现寺内仍保存有唐故大德大证禅师碑、萧和尚灵塔铭、佛顶陀罗尼经经幢、元珪石函等唐代遗物。

宋金时期的嵩岳寺，《嵩岳寺感礼罗汉洞记》记载寺内有石山门、常住院，寺后有逍遥台。现塔院内存有宋崇宁元年（1102）立嵩岳寺感礼罗汉洞记残碑一通。

明朝时期的嵩岳寺，《嵩书》记载宋元以后寺院渐堕伟观，至明朝时已荒凉不堪。清雍正十三年（1735）版《河南通志》记载明洪武初经之重修，明末经历战乱，寺残毁尤甚，除浮图塔外，仅余鼠瓦蠹椽，一两座破殿。

清朝时期的嵩岳寺，清康熙八年（1669）版《嵩山志》记载逍遥楼引泉插竹，遗迹尚存。清康熙三十五年（1696）版《登封县志》记载当时仅存一塔一殿，二三残碑而已。然其形势绝胜，可与法王寺相颉颃云。《重修白衣菩萨殿碑记》记载清康熙四十四年（1705）时，寺内有白衣菩萨大士神祠一殿，历代增修补葺。嵩岳寺塔地宫题记记载雍正二年（1724）开启塔下地宫，乾隆八年（1743）封闭。《重修大雄殿记》记载清雍正二年（1724）二月至六年（1728）十月修缮大雄殿，此时寺内惟有一殿一塔。《金装佛像记》记载清雍正五年（1727）重装寺内佛像。《金装佛像油画大殿修韦陀殿碑》记载清雍正六年（1728）重装佛像，油画大殿，修缮韦陀殿，可知此时寺内有大殿和韦陀殿各一座。《重修伽蓝殿记》记载清乾隆九年（1744）时，重整寺院建筑，使大雄连阁、次第改观，禅室、山门顿阔前规，勅改伽蓝殿正南向，居寺之中。此时期寺院内有嵩岳寺塔、伽蓝殿、大雄殿、禅室、山门、白衣菩萨殿、韦陀殿，并且清康熙八年（1669）时逍遥楼遗迹尚存。

中华民国年间的嵩岳寺，刘敦桢《河南省北部古建筑调查记》记载中华民国二十五年（1936）时，除嵩岳寺塔外，塔南有简陋山门三间，北为大雄宝殿及殿西白衣菩萨殿，均为三间，东垣外杂列关帝殿、方丈杂屋等，以及佛顶尊胜陀罗尼经石经幢、石狮、多通碑刻、多尊佛像等。另据采访当地知情人了解，寺院无人管理，破

损严重，附近村民依塔建房，殿宇用作农舍，残垣断壁，满目荒凉。寺内国民党驻军士兵常枪击塔顶山鸽，加之风雨侵袭，致使塔顶砖檐塌毁，多处已成砖堆，塔身东南部有多处裂缝。

新中国的嵩岳寺，国家多次对嵩岳寺文物建筑进行修缮和环境整治。1964年12月河南省文化局拨款清理了塔附近杂乱环境，砌筑砖石结构围墙。20世纪80年代以来，对塔、后殿、围墙等加以整修。1980年修缮大雄殿。1984年至1991年历时7年，由国家文物局批准，考古发掘、清理了塔基、地宫、天宫，全面修缮嵩岳寺塔本体残损、坍塌地宫，塔体安装避雷装置，并在塔南用排桩加固周围地基，南迁山门，扩充院落，重建围墙。在修缮过程中，发现了塔院建塔时的原地面、塔台座等，均埋在现地面下，塔阶基为后建，塔体第十三层以上和塔刹在唐、宋时期进行过维修。今塔院内仍存北魏嵩岳寺砖塔，塔南有山门，塔北大雄殿、白衣殿、伽蓝殿亦称关帝殿，西南有厕所及外围墙，石经幢、元珪石函、石狮、多通碑刻等。塔院西岭上有多处建筑遗迹和北魏、唐代的建筑遗物，及古松树1棵，南辅山上有2座塔建筑基址。

1956年8月28日，河南省人民委员会公布为河南省第一批省级文物保护单位。

1961年3月4日国务院公布为第一批全国重点文物保护单位。

2010年8月1日被联合国教科文组织（第34届世界遗产大会）评审为"天地之中"历史建筑群世界文化遗产。

2. 其他相关事迹沿革

《魏书》记载北魏正光五年（524）秋，胡灵太后欲自下发，出家修道于閒居寺。

北齐高僧僧稠（480～560）曾居此寺。

唐代高僧北宗禅创始人、禅宗六祖神秀和尚（606～706），居于此寺。

唐代高僧元珪（644～716）居于此寺。

宋·欧阳修撰《集古录》记载唐开元二十七年（739）淄州刺史李邕撰《嵩岳寺碑》。宋·郑樵撰《通志》记载唐开元二十七年（739），胡莫书《嵩山寺碑颂》。

《嵩山志》记载唐武则天常栖息此寺。

《说嵩》记载唐武后扈从高宗幸嵩，以寺为行在。

二、嵩岳寺塔调查、勘测、保护、研究沿革

嵩岳寺塔近代的调查研究，始于1921年日本古建筑学家、中国佛教研究者常盘大定[2]，1923年出版《中国佛教史迹》介绍了嵩岳寺塔调查成果，这是对嵩岳寺塔近代最早的专门调查。

我国最早专门调查研究嵩岳寺塔，并发表学术文章的当属刘敦桢先生。1936年6月刘先生与中国营造学社研究生陈明达、赵法参二先生调研嵩岳寺塔，作了认真测绘和历史考证，1937年在《中国营造学社汇刊》发表《河南省北部古建筑调查记》。刘先生判断"塔的建造年代，除前述结构上和式样上各种特征以外，唐·李邕嵩岳寺碑，又谓嵩岳寺者，后魏孝明帝之离宫也。正光元年牓閒居寺，广大佛刹，殚极国财。……十五层塔者，后魏之所立也。发地四铺而耸，陵空八相而圆。方丈十二，户牖数百。与现状大致符合，故断为正光元年（公元五二〇）所造，殆无疑问。同时在现在知道的范围以内，当然要推此塔为我国单层多檐式塔的鼻祖了"[3]，这次调查研究使嵩岳寺塔享誉世界，为嵩岳寺塔以后的保护研究打下良好基础。刘先生是中国科学院院士、建筑史学家，为我国建筑教育及古建筑研究的开拓者之一。1921年毕业于日本东京高等工业学校建筑科，1930年加入中国营造学社，任中国营造学社研究员兼文献主任，对我国华北、西南地区的古建筑调查和系统研究方面奠定了基础。

新中国成立后，1956年河南省文物普查，杨焕成先生对嵩岳寺塔进行了调查和历史资料登记。杨先生是我国古代建筑保护研究的著名专家，从事古代建筑的调查研究和保护工作达六十多年。在古代建筑年代鉴定、河南古建筑"地方特征"、河南省古塔等方面研究颇深，对河南省古代建筑如数家珍，为河南省的文物保护事业贡献了一生。

1964年河南省文化局文物工作队，对嵩岳寺建筑遗址进行调查，张家泰、吕品二先生1965年在《文物》第7期发表《在嵩岳寺旧址发现的瓦件》。张家泰先生是我国古代建筑保护研究的著名专家，主持嵩岳寺塔1986～1991年的修缮工作，并主持编写了嵩岳寺塔"四有档案"。

1985～1991年国家拨付专款修缮保护嵩岳寺塔，由河南省古代建筑保护研究所承担，这是新中国成立后，对嵩岳寺塔进行的第一次全面勘察测绘和考古发掘。

1985年，对嵩岳寺塔进行较为详细测绘，1986年完成实测，设计图纸绘制。1987年在《中原文物》4期发表《登封嵩岳寺塔勘测简报》。1986年对嵩岳寺塔整修方案进行首次论证。

1987年对嵩岳寺塔及周围区域进行地质勘探，并发现地宫。完成塔变形观测。

1987~1988年，对嵩岳寺塔塔基及周围部分进行考古探察、清理。

1988年3月，对嵩岳寺塔地宫考古清理，1992年在《文物》发表《登封嵩岳寺塔地宫清理简报》。4月召开嵩岳寺塔整修方案现场会。

1985年，对嵩岳寺塔塔体进行较为详细测绘，1987年在《中原文物》第4期发表《登封嵩岳寺塔勘测简报》。

1989年，修缮嵩岳寺塔塔刹时发现天宫，同年7月进行考古清理，1992年在《文物》发表《登封嵩岳寺塔天宫清理简报》。国家文物局批复《嵩岳寺塔整修总体方案》。

1989~1991年，修缮嵩岳寺塔。

2015年8月，北京大学考古文博学院、郑州市世界文化遗产保护管理办公室与登封市文物管理局联合对嵩岳寺西岭上的建筑遗址进行考古调查与勘探。

2017年3月，召开《嵩岳寺塔》编纂启动会。

2017~2019年，为配合《嵩岳寺塔》出版，补充嵩岳寺塔的精确数据资料，2017年采用三维激光扫描仪对塔进行了扫描，2018年使用"空三"倾斜摄影测量技术进行了测量。

参 考 文 献

[1]（北齐）魏收撰. 魏书 [M]. 卷九十. 北京：中华书局. 1974：1931.

[2] 常盘大定著，廖伊庄译. 中国佛教史迹 [M]. 北京：中国画报出版社. 2017：173-175.

[3] 刘敦桢. 河南省北部古建筑调查记 [J]. 中国营造学社汇刊第六卷第四期. 中华民国二十六年（1937）：97-99.

第三节　嵩岳寺塔价值

一、总体价值评估

嵩岳寺塔是国务院在1961年公布的第一批全国重点文物保护单位。早在新中国成立前夕，梁思成先生在为人民解放军作战及接管时保护文物之用的《全国重要建筑文物简目》中，将文物建筑的重要等次以圈之多寡表示之，嵩岳寺塔就被标识四圈为最重要者，并注"中国最古之塔"[1]，它的重要性不言而喻。但为使《嵩岳寺塔》编写内容更为完整，我们还是要啰唆一二。

嵩岳寺塔作为我国历史上遗留的优秀古代建筑，从建成至今已历经1500年的时间洗礼，仍屹立于"天地之中"的中原大地上，其拥有着诸多世界"第一"和"唯一"，使之成为中国古塔之最，价值斐然。只有这样的"经典"建筑才能恒久不朽，才能使中国几千年的传统建筑文化传承不息。

嵩岳寺塔整体轮廓十分秀丽[2]，优雅的身姿造型，是建筑与艺术完美结合的杰作，代表着北魏时期砖塔的最高建筑营造技术，以及中国砖构建筑建造的技术水平。其时代风格、外观形制、结构材料、装饰艺术等特征显著，本身既有汲取融合，又有传承创新。这座砖塔融合了阁楼式和密檐式两种塔于一身，是中国大型木结构向砖结构建筑转型的一次成功尝试，形成了北魏时期大型砖结构建筑独有的特征，包含了我国传统木结构、砖结构、土筑结构以及西域等建筑的大量元素和信息。与其他时期的大型砖塔相比，其外观、形制、结构、艺术等有着明显的不同点，也有着后期砖塔的共同特征，为中国大型砖塔的发展打下了坚实的基础，后期密檐式砖塔和阁楼式砖塔能够很好分离，并独立成体系发展，都与嵩岳寺塔的构成密不可分，如密檐部分是中国其他密檐塔仿造的基础，筒体结构选型特别对唐大型砖塔影响极深，塔外部用白灰彩绘饰面，这一特点一直流传到清代等等，所以刘敦桢先生称它为多檐式砖塔的鼻祖[3]。它的存在不但一直影响着中国砖塔的后续营造发展，也影响着后期石窟等建筑的发展，如火珠垂莲柱头形式及尖拱券眉门窗等造型，在北齐的响堂山、天龙山、北周麦积山石窟中都很常见。嵩岳寺塔悠久的历史承载着嵩岳寺的兴衰史，反映着北魏后期皇家和当时社会崇佛敬佛的情况，也是中国佛教发展史上的一个时代缩影。

嵩岳寺塔形制结构大部分保持北魏始建时的原构状态，其完整性和真实性很高。对我国密檐式、阁楼式砖塔和我国传统木结构、砖构建筑的研究，以及北魏建筑的研究都有着特殊的意义，是中国砖结构高层建筑最重要的代表，对中国建筑史和世界建筑史有着不可替代的价值。

总之，佛教传入我国汉地以后，在北魏达到了一个鼎盛的历史时期，佛塔建造也进入了第一个高潮阶段。正如同佛教教义和中国传统哲学相结合而产生出中国的佛教教义一样，佛教建筑也在中国传统建筑的基础上，创造出"中国特有的佛教建筑"[4]，嵩岳寺塔就是经吸收、融合而创造出的我国佛教建筑中最卓越的实例。

二、历史价值评估

嵩岳寺塔始建于北魏永平四年（511）十一月至延昌二年（513）冬，正光元年（520）建造完成，距今已1500年，其经历了中国历史上"三武一宗"四次大型灭佛运动中的三次，它的存在见证了中国二千多年佛教发展史中四分之三的历史，反映着中国佛教的兴衰。

北魏宣武帝元恪用"殚极国财"来营造此塔寺，胡灵太后也在危难之时欲以到此寺出家修行。宣武帝为北魏第八位皇帝，一生非常喜好佛法，每年常在宫中亲自讲论佛经，正所谓"上有所好，下必甚焉"，使得官员、百姓也都更加笃信佛教，到延昌年间（512~515），北魏各州郡的僧尼寺庙共有13727所，僧徒更是不计其数。嵩岳寺塔是这些文字史料记载之外，唯一幸存的建筑实物例证，证明了北魏宣武帝及皇家的佞佛和对佛教的推崇与利用，及北魏时期社会崇佛现象的历史。

嵩岳寺塔是我国现存年代最早的大型密檐式砖塔，并且是塔外观结合了密檐式和阁楼式塔特征的最早实例，也是"唯一一座平面为十二边形的塔"[5]，其"建筑结构、艺术造型又称绝响，从古塔的各个方面讲，都是堪称第一"[6]，更是"南北朝时期唯一现存的建筑实物"[7]，它承载着中国密檐式塔、阁楼式砖塔的起始，以及古塔诸多方面和南北朝建筑的历史唯一。

塔外壁的塔龛和塔室内的壁龛，及砖塔采用筒体结构，在中国砖塔上都是首创性，一直沿用至今。塔身火珠垂莲柱头、八角形壁柱、拱券门、尖拱式券楣、白灰粉饰、彩绘等细部特征，继承并融合了木结构建筑、阁楼式塔、古墓室及石窟等中国早期建筑的部分特点，都是砖塔最早的历史记忆。

嵩岳寺塔的存在和《嵩岳寺碑》对嵩岳寺布局的记载，证实了北魏时期塔院以塔为中心，前塔后殿周围建造辅助建筑形成方形平面布局，以及塔院与寺院其他院落分置的历史格局。

三、艺术价值评估

嵩岳寺塔的建筑造型艺术作为我国古代建筑的经典，从古至今不乏赞美之语。唐·李邕撰《嵩岳寺碑》中有"发地四铺而耸，凌空八相而圆。方丈十二，户牖数百。规制一绝"，并在唐代"重宝妙庄"后，更是"就成伟丽"，这是历史上对嵩岳寺塔最早和最贴切的写照。唐·李白《夜从法王寺下归岳寺》诗曰"双刹夹虚空，缘云一径通。似从忉利下，如过剑门中"，明·傅梅曰："梵жル俯临双阙，浮图高出九城"[8]，清·冉觐祖形容为"貌若插孤梃耳"[9]，都是对嵩岳寺塔耸立高大形象的艺术形容。罗哲文先生称其"建筑结构、艺术造型又称绝响，从古塔的各个方面讲，都是堪称第一"[10]等等，都是对嵩岳寺塔超高艺术价值的肯定。

嵩岳寺塔造型从整体到局部都是精美绝伦，塔体"高耸挺拔，一层塔身以上施叠涩檐十五层，构成很轻快秀丽的外轮廓线，为此塔外观最主要的特征，其局部比例亦能恰到好处"[11]。在外观上下部为宽大的台座、阶基、基座副阶和高大的直立塔壁，上部十五层塔体层层内收、层高逐层降低，形成"下刚上柔"的外轮廓，使塔给人以稳定安全和崇高神秘感。外轮廓又利用"外凸"的密檐和"内收"的矮壁虚实结合手法，消除外轮廓折线带来的转折突兀感，使人在观感上享受到连续的优美"曲线"效果。第一层塔体是全塔细部艺术装饰的重点，塔身转角作八边形倚柱，上置火焰垂莲，下置覆盆柱础和础座；塔壁上砌筑比例匀称的塔龛，龛的壸门内砖雕姿态各异的雄狮，塔门上用极具西域风格的尖拱式券楣；塔檐下置浮雕式的券洞式假门和破子棂假窗，塔顶之刹十分雄健，这些细部艺术既打破了塔身的单调，又产生了对比作用，其娴熟的设计手法，使塔的造型展现出完整精湛、毫无生硬的感觉。塔整体自身比例，整体与局部比例及局部自身比例，均协调一致，并蕴含丰富的文化意义，使其不仅具有"巍峨挺拔之雄，又有婉转柔和之秀，设计艺术水平极高"[12]。嵩岳寺塔作为山林式古刹的重点建筑，其园林营造艺术亦是可圈可点，"外部皆涂有白垩，与背面沉静阴遂的山色，十分和谐"[13]，宛若天成，可谓极佛境界。总之，嵩岳寺塔独具匠心的营造艺术，表现出古代劳动人民的艺术创造才能，受到了古今中外人们的高度赞誉，为中国的建筑艺术史遗留下了重要的一页。

四、科学价值评估

嵩岳寺塔距今已1500多年，历经多次自然灾害和人为破坏，受到了严峻的考验，仍傲然屹立在中华大地，主体结构未有大坏，这本身就说明了嵩岳寺塔具有很高的建筑营造科学技术水平，是当时我国砖构高层建筑最高的建筑技术成就。

首先是建筑营造组织，嵩岳寺塔是北魏宣武帝遣使河南尹甄琛、沙门统僧暹及逸士冯亮共同营造完成。甄琛是时任京城洛阳位阶最高的地方官员，掌管包括登封地区在内的一切事物；僧暹是时任北魏全国最高的僧官，统监全国僧尼事务和教义；冯亮是少博览诸书、笃好佛理，既雅爱山水又兼巧思，结架岩林，甚得栖游之适，颇以此闻。从嵩岳寺塔营造的主要参与人员可以看出，从工程的设计、施工、管理、资金等方面运作一应俱全，整个工程统筹有着科学、有序、严密的组织程序和安排。

嵩岳寺塔是在"周视嵩高形胜之处"选址的基础上营造起来的，建设基地位列嵩前第一形胜之地，塔周围地势高敞，山环水抱，负阴包阳，有着藏风聚气良好怡人的小气候，及有利排水的地势，是科学建筑风水选址之典范。

嵩岳寺塔建在承载如基岩的坚固夯土基础之上，夯土下与稳定的风化岩地基连为一体，形成几乎不用考虑剪力的宽大夯土底板，上将砖砌基础夯筑于夯土之内，类似现代建筑的多柱"靴形联合基础"，使原本超出砖基底压力的基础固若金汤，是古人科学利用不同材料筑基，并完美结合的工程实例。建筑平面采用近似圆的十二边形，形体呈上小下大的近圆锥体，内部为筒体结构，这些科学的工程力学结构选型，使地震、风荷载等自然灾害对塔的破坏降到了最低。材料选用上就地取材，以砖、泥浆砌造，抵抗自然灾害和人为破坏1500多年，其建筑材料选料、制造工艺等方面内含了大量的科技信息。这些都有很高的科技价值和研究价值，尤其是该塔的基础处理方法和砖烧制工艺等，不乏借鉴之处。

五、社会价值评估

嵩岳寺塔作为我国古代建筑的瑰宝，它以诸多的"唯一"和"第一"享誉于世界，更是登封的一张名片。1961年被国务院公布的第一批全国重点文物保护单位，是"天地之中"历史建筑群世界文化遗产的核心建筑，在中国建筑史上具有无上崇高的地位，载入国内外众多建筑与美术著作之中。

嵩岳寺塔吸引着众多国内外建筑学者和旅游者慕名而来。早在1921年日本人常盘大定就来此考察调研。我国建筑界更是众多学者们到此学习研究，特别是我国著名建筑大师刘敦桢先生专门对其勘测研究，并给出了极高的评价。新中国之初，梁思成先生曾向中央政府开列一份必须重点保护的文物清单，根据重要程度，将嵩岳寺塔标上四个圈的最高重要级别。因甄琛参与嵩岳寺塔的建造，被甄姓人视为甄氏天下第一宝塔甄琛塔。由此可以看出嵩岳寺塔在社会上有无比的影响力。

嵩岳寺塔的建筑形制和结构选型被古代和现代建筑设计者争相模仿和借鉴，刘敦桢先生在《河南省北部古建筑调查记》中说"后来的唐代方塔，如小雁塔、香积寺塔等均脱胎于此……"，[14]上海著名的地标建筑金茂大厦和郑州的地标建筑千禧广场主体建筑就脱胎于这个千年前的"模版"等等。

参 考 文 献

[1] 梁思成编. 全国重要建筑文物简目[M]. 梁思成全集（第四卷）. 北京：中国建筑工业出版社. 2001：333.

[2][4] 刘敦桢. 中国古代建筑史（第二版）[M]. 北京：中国建筑工业出版社. 1984：94.

[3][14] 刘敦桢. 河南省北部古建筑调查记[J]. 中国营造学社会刊第六卷第四期. 中华民国二十六年（1937）：99.

[5] 刘敦桢. 中国古代建筑史（第二版）[M]. 北京：中国建筑工业出版社. 1984：90.

[6] 罗哲文. 中国古塔[M]. 北京：中国青年出版社. 1985：228.

[7] 傅熹年. 中国古代建筑史（第二卷）：两晋、南北朝、隋唐、五代建筑[M]. 北京：中国建筑工业出版社. 2001：189.

[8] （明）傅梅撰. 嵩书[M]：卷十七韵始篇六. 续修四库全书：七二五·史部·地理类. 影印上海图书馆藏明万历刻本. 上海：上海古籍出版社，2002：305.

[9] （清）张圣诰等. 登封县志[M]：卷十上游嵩顶记. 四库全书存目丛书（第214册）：史部. 影印北京大学图书馆藏清康熙三十五年刻本. 济南：齐鲁书社. 1996：43.

[10] 罗哲文. 中国古塔[M]. 北京：中国青年出版社. 1985：228.

[11] 刘敦桢. 河南省北部古建筑调查记[J]. 中国营造学社会刊第六卷第四期. 1937：98.

[12] 罗哲文. 中国古塔[M]. 北京：中国青年出版社. 1985：230.

[13] 刘敦桢. 河南省北部古建筑调查记[J]. 中国营造学社会刊第六卷第四期. 1937：98、99.

第四节　嵩岳寺塔三维激光扫描和空三倾斜摄影勘测

为掌握嵩岳寺塔的精确数据，2017年我们采用三维激光扫描仪对嵩岳寺塔进行了扫描测量，2018年采用空三倾斜摄影进行了测量。两种测量方式各有弊端，部分数据可以互补。

一、三维激光扫描仪测量

本次使用的三维激光扫描仪对嵩岳寺塔塔体内部、外部可见面进行点云数据采集。仪器内置陀螺仪，惯导，电子罗盘，GPS传感器，精确记录站点位置，确保测量站点方位信息的准确性。测站点与待测对象的实际测距离控制在0.3~110米，确保待测对象与测站点保持有效距离；扫描视野范围为水平360°，垂直320°，确保待测对象与测站点位置关系的有效性。扫描数据采集的线性误差为≤1毫米，确保测量对象点云数据的精准性。

本次测绘共在嵩岳寺塔周围和塔内共布置站点36个（图1.4.1）。受到主体周边地形地貌和高大树木等环境因素影响，不能完全选择到最佳测站点，影响了数据信息采集。因此，在实际测量工作中需要通过调整测站点的位置，增加站点数量等手段以满足数据采集要求，后期再通过手动对点云数据进行补充、修整，有效补偿了由于测站点位置欠佳所导致的塔内、外部叠涩檐上部部分点云信息缺失的问题，保证了点云数据采集的完整性。

1. 塔外部数据采集

塔体外部三维激光扫描仪测站点布置：由于嵩岳寺塔塔体较高且外部塔身结构为自下而上逐层内收的形式，不宜在较近的距离内架设测站点，在理想环境中对嵩岳寺塔的数据采集，应对塔身的12个外立面30~50米的范围架设12~16个测站点，就可以获取较为完整的塔体外部点云数据。而在实际测量工作中，由于院落内树木的遮挡，使得理想的测站点无法全部实现，部分测站点距离塔身较近，无法采集到塔体外部叠涩檐上部的数据，并导致仪器在该类测站点工作时激光光束的入射角度过大，降低了塔体上部的部分数据的精准性（图1.4.2、图1.4.3）。为此，我们在距塔体约100米处的西岭、北部台地处位置增设了7个测站点，并提升设置了扫描精度（图1.4.4、

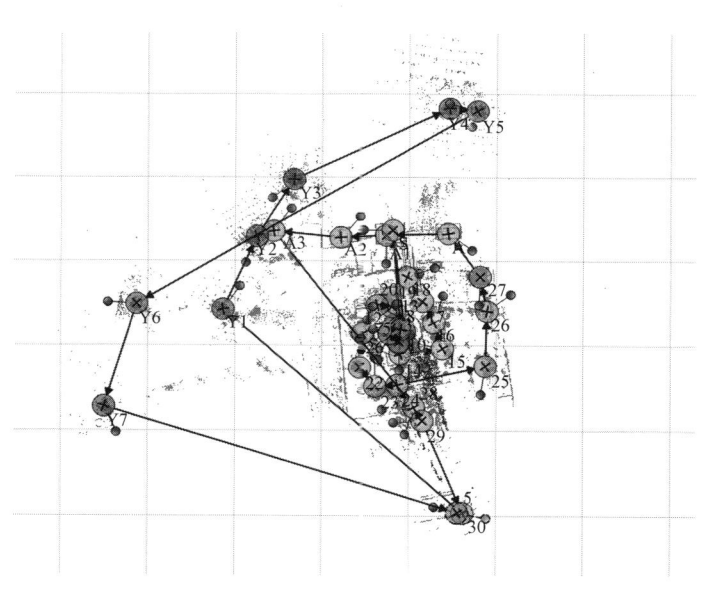

图1.4.1　三维激光扫描站点布置图

图 1.4.5），以补充塔体外部叠涩檐上方及塔刹的部分数据。其他位于理想位置的测站点数据采集比较顺利（图 1.4.6、图 1.4.7），塔体外部共设测站 25 站。

图 1.4.2　东侧相位图片

图 1.4.3　东南相位图片

图 1.4.4　南立面相位图片

图 1.4.5　西北立面相位图片

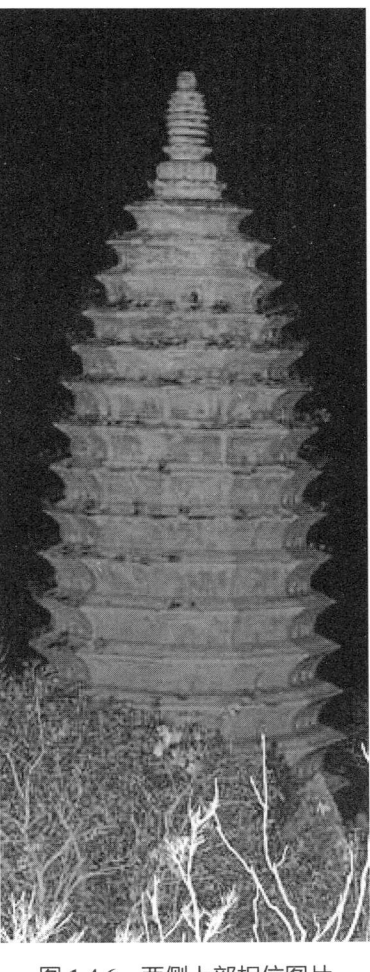

图 1.4.6　西侧上部相位图片（西岭位置）

图 1.4.7　西北侧上部相位图片（西岭位置）

2. 塔内部勘测

塔体内部三维激光扫描仪测站点布置：由于塔体内部空间较小，地宫内架设 2 个测站点，一层架设 2 个测站点，二层架设 2 个测站点，二层上部空间架设 3 个测站点，就可以获取较为完整的塔体内部点云数据。实际工作中，地宫为理想测站位置，数据采集完整精准（图 1.4.8）。由于一层塔内设有佛龛，遮挡较多，并需要与地宫的站点拼接，由理想的 2 个测站点增加至 4 个后，满足了拼接与测量要求（图 1.4.9）。二层上部空间无法搭设理想状态的设施，上部空间的 3 个测站点无法实现，同样通过增加测站密度和调整测站点入射角度的方法，最大限度地获取了二层上部空间叠涩檐的点云数据（图 1.4.10）。塔体内部测站共计 11 站。

图 1.4.8　地宫相位图片

图 1.4.9　一层塔内相位图片

图 1.4.10　二层塔内相位图片

3. 数据成果处理

三维激光扫描仪测站点点云数据拼接工作：本次数据采集共获得关于嵩岳寺塔体点云数据共计36站，使用Z+FLaserControl软件对符合精度要求的测站点点云数据进行基础降噪和着色后，使用Cyclone软件按照目视对准的拼接方式对各个站点进行预拼接后，再使用软件对各站点进行共面交叉拼接。本次拼接点群误差最大值为12毫米，最小拼接误差为2毫米，平均拼接误差为6毫米。

拼接整合后对点云数据进行手动精细修整（如删除塔檐的杂草点云、噪点和杂点等）提高嵩岳寺塔体整体点云数据的精确度以满足使用需求（图1.4.11~图1.4.14）。

二、空三倾斜摄影测量

为补充三维激光扫描仪在外部扫描时的部分点云数据缺失，我们又采用空三倾斜摄影测量进行数据补充。

1. 测量准备

首先确定嵩岳寺塔的范围，结合嵩岳寺塔的特点与现场工作环境，制定作业实施方案。因嵩岳寺塔周边环境树木繁多，在夏季拍摄时枝叶干扰严重，固本次摄影测量决定使用相对小巧的"大疆御2定焦版"无人机进行拍摄，其镜头可以上仰30°，有利于数据的采集。

2. 数据采集

1）对现场环境进行光源、控制点及像控点布设，利用全站仪进行控制点及像控点的坐标数据采集工作，为后续的工作提供统一的空间基准。

2）设置好相机的曝光度、快门、ISO、光圈等，进行影像数据的采集，以"先宏观后局部"的原则，保证数据采集的全面性及准确性。

3）手动操控无人机拍摄，方向由南侧开始，以顺时针方向进行，并由塔基从下至上以0.5米的间隔进行水

图1.4.11 外部点云三维图

图1.4.12 外部点云南立面图

图 1.4.13 外部点云俯视图　　　　图 1.4.14 内部点云三维图

平拍摄，之后以 1 米的间隔，分别调整镜头上仰 30°，下视 30° 拍摄，保证照片均有 80% 的重叠度，确保模型的精准度。此次共拍摄照片 1345 张（图 1.4.15、图 1.4.16）。

3. 数据处理流程

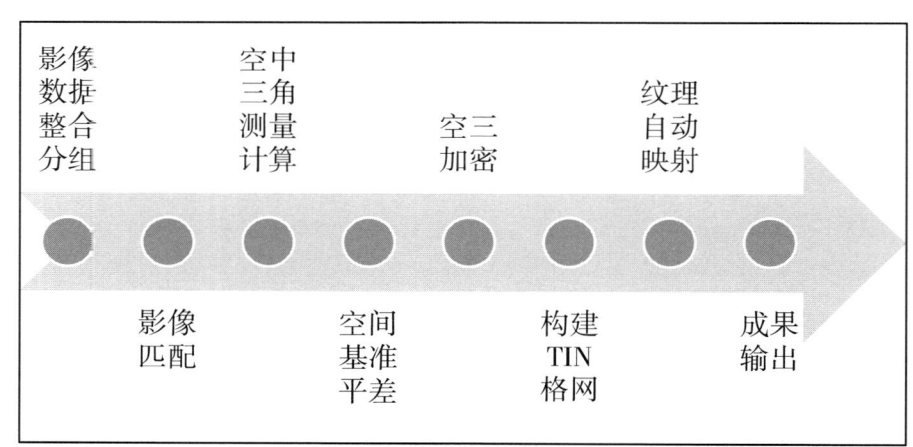

4. 生成模型

经过软件处理，生成三维模型，误差保持在 3 厘米以内。模型数据补足点云数据缺失部分，基本满足使用要求（图 1.4.17）。

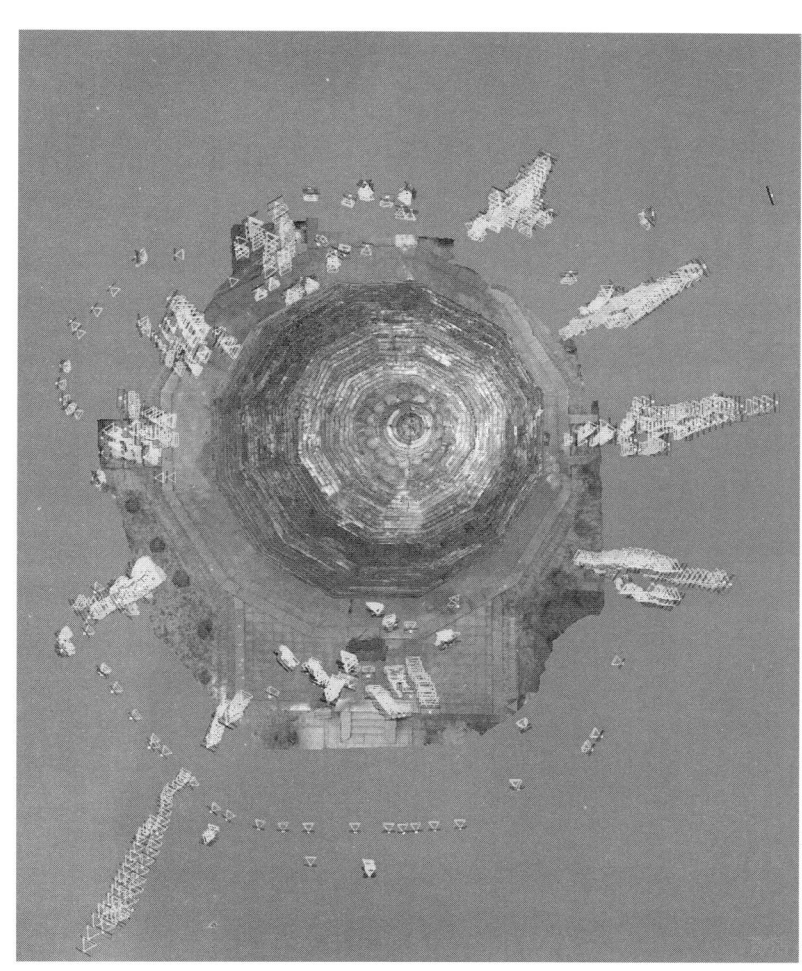

图 1.4.15 空三拍摄布置图一

图 1.4.16 空三拍摄布置图二

图 1.4.17 空三测量模型

第二章　嵩岳寺塔建筑形制结构

嵩岳寺塔位于嵩岳寺塔院中部偏南，方位坐北朝南，南偏东3.1°，为十五层密檐式砖塔。整塔由台座、阶基、塔基座及副阶、塔身和塔刹组成。台座和阶基在四正方向每面各设一踏道，塔基座周围设副阶，基座墙体顶作叠涩平坐，塔身外部共十五层密檐和墙体，塔身墙壁和塔檐自下而上平面层层内收、层高逐层降低，形成"下刚上柔"的外轮廓，最上部为圆形平面的高大塔刹，整座塔外观造型俊美挺拔，堪称古代建筑之杰作。塔基座墙体和第一层塔身墙壁东、南、西、北四个正方向上开门，第一层塔体其余八面每面墙壁上各砌筑一塔龛，上部各层塔檐间矮壁上砌门和窗。塔内共十层，层间用叠涩平台和楼板分隔，从下至上层层向心内收。塔结构为砖砌筑筒体结构，黏合剂为黄泥浆和红泥浆。

为嵩岳寺塔各部位描述方便，以塔体南面作为起点，按顺时针方向将塔体各面依次编号为第一至十二面。以塔体南面西侧转角为起点，按顺时针方向将塔体各角编号为第1至12角。塔内各面、各角编号同上，以南面起各面编号为第一至八面，以南面西侧角起各角点编号为第1至8角。

第一节　嵩岳寺塔台座、阶基、基础、踏道形制结构

一、塔台座、夯土基础、踏道、散水

台座为嵩岳寺塔最下部的基台，是塔的第一部分人工建造体，内部土体即夯土基础部分，即相当于塔基础的大放脚，承托着整个塔体。

现台座被埋藏于地面以下，四周原砌体、台上铺装地面全部佚失，内部夯土上部损毁。从塔基探察资料分析，原台座平面方形，边长约1910.0厘米，高约150.0厘米。从已经过考古发掘的同时期佛塔台座砌体看，墙砌体材料应为石材。台内部夯土与塔下夯土连为一体，共同组成塔夯土基础。现夯土遗存最厚处9层，每层厚10.0厘米左右，夯土土质为较纯红色亚黏土，内含少量白色小石块，夯打坚实，同塔内夯土。台座四面应有踏道，已损毁。四周散水也全部埋于现地面以下，散水为条砖铺设，下部垫层为灰渣或夯土，其余部分具体情况需进一步考古发掘。

二、塔阶基、砖基础、踏道

1. 塔阶基

塔阶基坐落在台座之上正中间，起着围护塔砖基础的作用。原阶基周围砌体佚失，内部夯土基本损毁，部分遗存夯土粘在塔砖基础表面，并且与塔砖基础外壁结合紧密，表明夯土与塔基础是同时期建造。阶基的原地面铺装全部佚失。从塔基探察资料分析，原塔阶基平面十二边形，内切圆直径即阶基宽约为1350.0厘米，边长约为362.0厘米，宽约为150.0厘米，高约为90.0厘米。

现塔阶基围合在塔基周围，方位、形状与塔身相同，平面呈十二边形，外边长300.0~467.0厘米，宽（阶基外边至塔身距离）130.0~173.0厘米不等，大部分宽为160厘米，阶基出现边长不等的情况，是因阶基宽窄不同造成。外壁竖直素面，高度89.0~111.0厘米不等。外壁和内部全用条砖平砌，砌筑方式"丁顺"无规律，较乱，灰缝不匀分，黏合物用白灰浆。现阶基地面用青方砖和条砖铺装，砖长缝方向随阶基边，阶基边未置

压阑石，用丁砖摆砌。砌筑和铺地用砖，时代、规格多不一，条砖长34.0～39.0厘米、宽15.0～18.8厘米、厚6.0～7.0厘米；方砖长32.0厘米、宽31.0厘米、厚5.5厘米。砖背面刻画条形纹、压印菱形纹、绳纹、十字交叉等六种纹饰。1991年塔阶基维修时扩宽，重新用砖砌筑，每边宽285.0厘米，高90.0厘米，阶基周围置压阑石，内部地面用方砖铺装，向外做有坡度，内外高差8.0厘米。另在阶基外铺设条砖散水一周。

2. 砖基础

塔砖基础平面基本呈圆形，内、外均被夯土包围，基底标高略低于台座顶，高度约为114.0厘米，共二十二层砖，从下至第十三层砖砖基础外壁为圆弧形，高71.0厘米处，其上十层砖向外突出圆塔砖基础4.0～7.0厘米，高出塔阶基后转换为十二边形的塔基座墙体。砖基础下部六层砖砌式为一顺一丁，最下一层为顺砖，上部砌法较乱，砖缝较小，不岔分，并且多块半截砖毛茬向外。第一至六、八、十八、二十一、二十二层砖用大砖，砖长38.0厘米、宽18.0厘米、厚7.0厘米，其余各层用小砖，砖长27.0～28.0厘米、宽14.0～15.0厘米、厚4.5～5.0厘米，规格同塔体小砖。整个砖基础由四块独立的扇形平面砖砌体组成，每块基础间在门道处用夯土分隔，其构造如现代的"靴型基础"。

3. 踏道

原踏道应位于阶基四正面，每面一个，现全部损毁。

1991年修缮前，踏道南北共有四个。南部一个，在月台南正中设踏道，五阶青石踏，青砖砌筑副子。北部踏道三个，一个在塔北门内，六阶青石踏，北连甬道通向塔后大殿，甬道两侧以石块砌筑，中部填杂土，高出阶基上表面101.0厘米。另两个踏道设于甬道两侧，五阶青石踏。黏合物用白灰浆。东、西两面各设青石踏道五级，宽200.0厘米。月台南面设青石踏道四级，宽220.0厘米。阶基北面设甬道一条，宽440.0厘米，低于阶基13.0厘米。

4. 月台

原塔无月台，现月台为后建。

月台在塔阶基正南，平面东西长方形，东西宽382.0厘米，南北长310.0厘米。外壁竖直素面，南壁高83.0厘米，北高90.0厘米，台北低于阶基14.0厘米。外壁和内部全用条砖砌筑，砌筑方式较乱，白灰浆粘接。地面用条砖平铺，由北向南找坡，南北高差7.0厘米。

1991年月台维修时扩大，重新用砖砌筑，东西宽1070.0厘米，南北长300.0厘米，高72.0厘米，比塔阶基底18.0厘米，月台东、西、南三面边缘置压阑石，内地面用方砖铺装，向外做坡度，内外高差5.0厘米。

第二节　嵩岳寺塔基座、塔外部第一层塔体形制结构

一、塔基座

1. 塔基座内部墙体

塔基座，由内部墙体和外部副阶组成，通高（塔阶基顶至倚柱柱础底间距离）448.5～477.5厘米，塔阶基顶至叠涩平坐最上一层间距离为423.0～452.0厘米。平面十二边形，塔身下部为无收分的素面直壁塔身墙体，墙体内切圆直径1047.5～1064.0厘米，边长272.0～294.5厘米，高367.0～391.0厘米。上部为11～13层的叠涩"腰檐"，即平坐，平面第一、三、四、五、九面叠出12层，第二、六、七、八、第十面北侧、十一、十二面叠出13层，第十面南侧叠出11层，并且部分叠涩最下一层叠涩长仅有墙宽的一半，最上层叠涩高为3砖厚，其余为1砖厚，外轮廓连线为内凹的弧线，共叠出34.0～48.0厘米，通高71.0～77.5厘米，平坐最上层叠涩平面内切圆直径1142.0（第二至八面）～1159.0（第六至十二面）厘米，边长297.0（第三面）～315.5（第四面）厘米。反叠涩为6层单砖，外轮廓连线为直线，内收共45.0～54.5厘米，通高32.0～35.0厘米。从整个叠涩部分所在位置和形制外观看，反叠涩上部五层在倚柱、塔龛处被倚柱柱础和塔龛须弥座占用，余下叠涩部分上部基本为一个平台，即是我国传统木构楼阁式建筑的平坐部分。

塔基座粉饰，塔身表面不见粉饰层，叠涩表面可见三层相互叠压的白灰层，厚0.3～0.5厘米不等。

2. 塔门

塔基座墙体东、西、南、北四正面中间开门，门洞打破平坐层贯通第一层塔身券洞门，四门均可通向塔心室内。这些门洞壁面不规整，洞口内、外尺寸宽窄也不尽相同，东、西、北三门，洞口外宽内窄，南门洞口内宽外窄，每个门洞上宽均大于下宽。南门券洞宽138.5~141.0厘米，高415.0厘米；西门宽141.0~145.0厘米，高441.0厘米；北门宽140.0~141.0厘米，高445.0厘米；东门宽144.0~146.5厘米，高426.5厘米。门洞壁深244.0~259.0厘米。

3. 副阶

依塔阶基与塔砖基础的关系，塔基座每面叠涩层数不一、下部不规整的现状，以及同时期如洛阳永宁寺塔、平城思燕佛图、朝阳思远浮图等同时期佛塔底层结构分析，推断阶基上原应有围绕塔基座砖墙一周的木构架副阶，并从顶部至叠涩底。

二、塔外部第一层塔体

第一层塔体由墙体、倚柱、塔龛、由额、阑额、叠涩檐等组成，通高（柱础底至最上叠涩底间距离）480.0~484.0厘米。

1. 墙体、由额、阑额、叠涩檐

墙体平面十二边形，墙体直壁无收分，与塔基座墙体相对应，第一至第七面、第四至第十面内切圆直径1047.5~1050.0厘米，其余相对两面间内切圆直径为1027.0~1040.0厘米，四正面边长239.0~256.0厘米，其余面边长282.0~300.5厘米，高385.0~38.60厘米。

由额、阑额。由额处于墙体顶，为3层砖并砌，高16.5~17.0厘米，叠出墙体3.0~3.5厘米。阑额在由额之上，由2层砖并砌，高10.0~11.0厘米，叠出2.5~3.0厘米。两者的位置、形制、构造特征等，与我国木构建筑柱头的由额和阑额相同，也与北魏木构建筑阑额置于柱头之上的时代特征相一致。

叠涩檐，共叠出14层，通高79.5~81.5厘米，每面叠出76.0~80.0厘米。下部13层每层1砖厚，最上一层叠涩2砖并砌，高11.0~12.0厘米。最上一层叠涩内切圆直径1195.0~1201.5厘米，边长214.5~326.0厘米。整个叠涩连线外轮廓内弧，其位置和形制相当于我国传统木结构的斗栱层部分。

反叠涩内收共8层，每层高一砖厚，通高42.0~45.0厘米，共内收102.0~109.0厘米。整个反叠涩连线外轮廓为直线，其位置和形制相当于我国传统木结构的屋面部分。

2. 倚柱

倚柱（壁柱）位于塔体墙面十二个转角处，每转角砌筑一个倚柱，其柱方向是按照塔内平面八边形的方向布置，即东、南、西、北四正面的八个倚柱方向同塔内平面四正边方向，均以柱身一面与相应塔壁面同向砌筑，每柱可见六个面，近塔身两面可见外侧小部分，内侧部分与其余两面隐砌在塔身内，同面两柱间距215.0~218.0厘米。其余四个倚柱方向是同塔内平面其他四个边方向，柱身外面与塔身相应转角对角线垂直布置，可看到柱身五个面，近塔身两面可见外侧大部分，内侧部分与其余三面隐砌在塔身内。

倚柱由柱础、柱身和柱头三部分组成，柱头间连接有由额、阑额。柱础由础座、覆盆、柱礩组成，通高45.0~46.0厘米；础座立于第一层反叠涩之上，平面为多边形，外边形状随塔体，每边长36.0~39.0厘米，内切圆直径79.0厘米，高18.0厘米；覆盆平面圆形，底面内切圆直径79.0厘米，顶面内切圆直径49.0厘米，高21.0厘米；柱礩如盘状，平面圆形，顶面内切圆直径54.0厘米，底面内切圆直径49.0厘米，高6.0厘米。柱身断面为正八边形，素面无收分，断面内切圆直径47.5~50.0厘米，边长多为20.0厘米，高（柱礩顶至柱头底）300.0~310.0厘米，用砍制的五边形异型砖砌筑。柱头由覆莲、宝珠、背光组成，通高83.0~90.0厘米；覆莲为五瓣，莲瓣饱满，莲瓣尖外翘，柱身正面和每侧两面每面各一瓣，正面莲瓣位置最低，其余两瓣依次升高，围合在宝珠下半部，通高46.0~51.0厘米，宽59.0~63.0厘米，正面莲瓣高36.0~38.0厘米，宽21.0厘米；宝珠呈圆形，高27.0厘米，宽36.0厘米；宝珠背后砌出上部外倾的莲瓣形背光，高47.5~50.0厘米，宽57.0厘米。

3. 塔龛

塔龛砌筑于塔身除东、西、南、北四正面以外的其余八面，每面砌筑塔龛一座。塔龛形状为单层方形塔，

外侧凸出塔墙，可视部分约占塔龛宽的六分之一，整个壁龛做工规整，造型新颖，可谓塔中之"塔"。自下而上由须弥座、方台座、塔身、叠涩檐、塔顶组成，通高 427.5～436.5 厘米，大部分塔龛高为 433.5 厘米，通宽 204～213 厘米，大部分塔龛宽为 210.0 厘米，凸出塔墙 45.0 厘米。

须弥座由一层反叠涩、束腰和两层叠涩构成，造型比较简单，通高 24.0 厘米，叠涩每层叠出 3.0 厘米左右。

方台座为长方体，高 65～68.0 厘米，宽 204～213 厘米，大部分宽为 210.0 厘米。方台座正面砌出两壸门，壸门上下边为直线，左右两边呈弧线，高 43.0～48.0 厘米，宽 70.0～76.0 厘米，深 10.0～16.5 厘米。每个壸门内有砖雕狮子一尊，全塔共 16 尊，雕狮形象有正面和侧面两类，风格朴实写真，造型生动雄健，体态丰腴，栩栩如生，狮姿有立、蹲、卧三种，其狮头有正视、前视或扭头后视，部分狮子抬前单腿扭头后视，狮尾上翘。方台座左右两侧面各有一半壸门，其内不见雕饰。

塔龛身为方形，壁面直立素平，立于方台座顶反叠涩上。反叠涩 1 层高 6.0 厘米，塔龛墙身高 192.0～194.0 厘米，宽 177.0～187.0 厘米，大部分宽为 180.0 厘米，凸出塔壁 30.0 厘米。

叠涩檐共 3 层，每层一砖厚，通高 16.5～18.0 厘米，叠出 9.0～13.0 厘米，最上一层宽 199.5～211.0 厘米。其上反叠涩一层高 5.0～6.0 厘米，内收 3.0 厘米。反叠涩边沿上雕砌一组"山花蕉叶"，整组雕饰形如卷云，左右对称，下部连体，两端蕉叶用半片，轻微外弧 0.3～2.5 厘米不等，高 36.0～37.5 厘米，宽 177.0～187.0 厘米，大部分宽为 180.0 厘米。

塔顶部分为窣堵坡，由基座、覆钵、平头、"忍冬花"等组成，通高（叠涩檐上皮至忍冬花顶间距离）119.0～121 厘米。基座平面为圆形，宽 146.5～155.0 厘米，凸出塔墙 24.0 厘米，高（叠涩檐上边至覆钵底间距离）49.0～51.0 厘米。覆钵为半球形，下边宽出基座 3.0 厘米，上部用三层反叠涩内收，原外部应有灰层，顶部宽 105.0 厘米，高 21.0～24.0 厘米。其上平头平面方形，叠涩出 2 层，底宽 63.5 厘米，顶宽 75.0 厘米，高 21.0 厘米。再上雕刻六瓣"忍冬花"，左右对称，瓣端向心内卷，高 26.0～27.0 厘米，顶宽 78.0 厘米。

塔龛券洞门，在塔龛身正面中下部辟半圆券门洞，券面一伏一券，券洞高 84.5～87 厘米，宽 44.5～47 厘米，矢高 21.0 厘米，门道深 30.0 厘米。门楣为尖拱状，外轮廓边线流畅，中间宽肥，内边线随券洞呈半圆券形，两侧下部做外卷涡脚，凸出塔龛墙壁 1.5～2.5 厘米，楣尖上部外弧挑出 1.0～3.0 厘米，通宽 90.0 厘米，通高 90.0 厘米。券楣之上镶嵌素面青石塔额一方，高 41.5～43.5 厘米，宽 47.5～59.5 厘米，凹入壁面 2～3.5 厘米。

塔龛门内砌出矩形塔心室，面阔 100～109 厘米，进深 60.0～62.0 厘米，里、外侧高度不一，近门一侧高 152～167 厘米，里侧高 150～156.5 厘米。室内顶部砌出叠涩状斗四藻井，唯第十一面塔龛叠涩藻井表面以黄泥抹出斜面。塔心室内四壁粉饰黄红色泥皮，泥皮表面涂刷极薄一层白灰饰面。第十一面龛室与门正对的内壁表面上遗存有结跏趺坐佛像一躯，佛像身后有圆形项光，惜多已残毁；佛像后部，隐一高 11～11.5 厘米、宽 15～16 厘米、深 28～45 厘米的小卯口，多已暴露，其内无物。

4. 塔门

第一层塔体东、南、西、北四正面墙正中开券洞塔门，与塔基座四门上下贯通，中间有楼板隔离。门洞宽 149.0～160.0 厘米，通高 280.0～284.0 厘米，券洞矢高 71～76.0 厘米。其中南门洞宽 149.0～153.0 厘米，高 280.0 厘米；北门洞宽 152.5～155.0 厘米，高 284.0 厘米；西门宽 157.0～160.0 厘米，高 282.0 厘米；东门洞宽 152.0～155.0 厘米，高 283.0 厘米。塔门券洞顶为纵联式半圆券，券面用两伏两券，门洞壁厚 256.5～262 厘米。

门洞外口上门楣作尖拱券状，夹在两倚柱之间，券楣外轮廓线流畅，中部宽肥，因两侧倚柱限制，中部外轮廓线未做完整，宽 228.0～235.0 厘米，通高 225.0～232.0 厘米。尖顶做三瓣"忍冬花"，底部两端做外卷旋涡脚，旋涡两圈，内边线随半圆券，门楣凸出塔壁 3.0 厘米，楣尖处因塔壁内收凸出 13.0～15.0 厘米，门楣内边距洞口边 3.0 厘米。

门楣尖两侧各嵌素面青石门额一方，凹入塔墙壁，外端紧靠倚柱，门额长 82.0 厘米，高 43.0 厘米，内凹 3.0 厘米左右。门楣两侧门额下紧靠倚柱的位置，各留一卯口，卯口两层砖高 10.0 厘米，宽 14.0～15.0 厘米，深 62.0～82.0 厘米不等，卯口下边距券洞顶 37.0～49.0 厘米，每门洞两侧的卯口距券顶的尺寸相差 2.0～4.0 厘米，仅西门相差 10.0 厘米，但每面两卯口均在同层砌砖。

门洞内两壁上部每侧各有一对称长方形卯口，应为安装门额的卯口，高 25.0～33.5 厘米，宽 17.0～19.0 厘米，卯口下距门洞宽转变处 210.0 厘米，距塔外壁 60.0 厘米，距内壁 30.0 厘米，间距 150.0 厘米。东门南壁外端卯口内，仍遗存一段外端被烧毁的枋木。

5. 粉刷

塔身、门楣、倚柱、叠涩平坐、叠涩檐、塔形龛等部分表面亦尚存粉饰层。塔身中部叠涩平坐表面，可见三层相互叠压的白灰层，厚0.3～0.5厘米不等。西门券楣表面见三层厚0.5～1.0厘米不等的涂饰层，大多为卷草花纹，色彩有石绿、褚石、黄色和黑色等。在十二根倚柱的表面残存三层涂饰，残存有朱红色。上部反叠涩表面，可见三层白灰层。第一、第七面额枋白灰表面，发现有灰紫及石绿色绘制的云气图案。塔形龛部分山花蕉叶上可见两层粉饰，第一层泥层厚1.5厘米，外饰白灰，第二层麦秸泥厚1.0厘米，其表又饰白灰面层，部分山花蕉叶第一层白灰表面残留石绿色彩绘痕迹。塔心室内四壁粉饰黄红色泥皮，泥皮表面涂刷极薄一层白灰饰面。门洞券顶部第二层泥皮表面见有墨线卷云彩绘。

第三节　嵩岳寺塔外部第二至十五层塔体形制结构

塔外部第一层塔体叠涩檐以上为十四层密集的十二边形塔体，每层塔体由低矮墙体和塔檐组成，墙体直壁素面，转角处不用倚柱，每面墙上开门窗，每层的基本形态类同。每层塔体的高度从下至上总体上是逐渐降低，塔身和叠涩檐层层内收，边长和宽度逐层递减，叠涩檐的叠涩外轮廓连线内弧，反叠涩外轮廓连线为直线，塔体形成柔和的外轮廓"曲线"。各层叠涩层数从8层至13层不等，其中第二、三、四六层塔体为13层，第五、七、八、九层塔体为12层，第十层塔体为11层，第十一、十二、十三层塔体为10层，第十四、十五层塔体为8层。反叠涩除第十四层为9层外，其余为8层。每层檐叠涩最下为2层砖并砌的阑额籀头，最上1层叠涩高为2层砖并砌，其余叠涩和反叠涩高为1层砖。塔身上开券拱门和方形窗，除第十四、十五层外，每层每面均为一门二窗，其门窗大多为装饰性的假门窗，仅有少数几个门为内外相通的门洞。

一、第二层塔体

第二层塔体通高（第一层叠涩顶至第二层叠涩顶之间距离）173.0～175.0厘米。

塔身墙体平面内切圆直径995.5～1002.5厘米，边长259.0～279.0厘米，高420～44.5厘米。

阑额，高2砖厚12.0厘米，叠出约3.0厘米。

叠涩檐，叠涩叠出共13层，通高74.0～78.0厘米。下部12层叠涩每层高1砖厚，通高64.0～66.0厘米，最上一层叠涩高2砖厚10.0～12.0厘米，内切圆直径1165.0～1174.0厘米，边长305.0～331.5厘米，叠出第二层塔身85.0～92.5厘米。反叠涩共8层，通高39.0～42.0厘米，比叠涩檐内收98.0～104.5厘米。

塔身每面矮墙上开一门二窗，共12个门、24个窗。第一面正中为真门洞，下与第一层塔檐反叠涩最上层顶面平，券洞内无门扇，可通向塔内，门洞宽48.0厘米，高36.0厘米；门洞上门楣为尖拱状，拱尖部分随叠涩出向外弧，底端两侧作外卷旋涡脚，宽69.0厘米，高42.0厘米，凸出塔壁3厘米左右。门两侧为破子棂盲窗，上下居于塔身中间，方窗洞内在立颊、窗额间安4根破子棂；窗洞宽36.0～39.0厘米不等，高36.0厘米，至门洞距离30.0厘米，两窗外边距离195.0厘米。其余各面为全部假券门，宽48.0厘米，高48.0厘米，门洞内在立颊间安两扇素面板门，门额下边做成挂起的垂帷幕状或称天幕状，门楣形制同真门。盲窗同第一面破子棂窗，门扇第三、五、八、十一面门扇双扇关闭，第二、四、七面门扇左半扇开启，第六、九、十、十二面门扇右半扇开启。

二、第三层塔体

第三层塔体通高（第二层叠涩顶至第三层叠涩顶之间距离）170.0～172.0厘米。

墙体平面内切圆直径970.0（第三至第九面）～982.0（第四至第十面）厘米，边长254.0～276.0厘米，高37.0～42.0厘米。

阑额，高 2 层砖厚 11.0 厘米，叠出约 3.0 厘米。

叠涩檐，叠涩共叠出 13 层，通高 77.0～79.5 厘米。下部 12 层叠涩每层高 1 砖厚，通高 66.0～67.5 厘米，最上一层叠涩 2 砖高 11.0～11.5 厘米，内切圆直径 1137.4（第五至第十一面）～1150.7（第一至七面）厘米，边长 299.5～323.5 厘米，叠出第三层塔身 88.0～90.5 厘米。反叠涩共 8 层，通高 39.0～44.0 厘米，比叠涩檐内收 101.5～102.0 厘米。

门窗，本层全部为假门和盲窗，每面一门两窗，门、窗底均与第二层塔檐反叠涩顶平，形制基本同第二层假门和盲窗。门洞宽 42.0～44.0 厘米，门洞高 49.0 厘米，券矢高 21.0 厘米，第一面门额为直线，其余下边做成垂帷幕状，第一、三、五、八、十门扇双扇关闭，第二、四、七、十一门扇左半扇开启，第六、九、十二面门扇右半扇开启。方窗宽 39.0～43.0 米，高 34.5 米，门窗间距离 30.0 厘米。

三、第四层塔体

第四层塔体通高（第三层叠涩顶至第四层叠涩顶间距离）166.0～168.0 厘米。

墙体平面内切圆直径 943.0～950.5 厘米，边长 245.5～260.0 厘米，高 40.0 厘米。

阑额，高 2 层砖厚 10.0～10.5 厘米，叠出约 3.0 厘米。

叠涩檐，叠涩共叠出 13 层，通高 77.0～79.5 厘米。下部 12 层叠涩每层高 1 砖厚，通高 66.0～67.5 厘米，最上一层叠涩高 2 砖厚 11.0～12.0 厘米，内切圆直径 1105.0～1119.5 厘米，边长 288.5～304.0 厘米，叠出第四层塔身 85.0～90.0 厘米。反叠涩共 8 层，通高 39.0～45.0 厘米，比叠涩檐内收 900.5～940.0 厘米。

门窗，形制基本同第三层。门洞宽 42.0～44.0 厘米，门洞高 49.0 厘米；门额下边全部为垂幕状，第一、三、七面门扇双扇开启，第五、八、十一面门扇双扇关闭，第二、四、六面门扇左半扇开启，第九、十、十二面门扇右半扇开启。窗洞宽 39.0～44.0 米，高 34.5 米，门窗间距离 30.0 厘米。

四、第五层塔体

第五层塔体通高（第四层叠涩顶至第五层叠涩顶之间距离）167.0～169.5 厘米。

墙体平面内切圆直径 933.5～939.5 厘米，边长 243.5～258.5 厘米，高 39.5 厘米。

阑额，高 2 层砖厚 10.5～11.5 厘米，叠出约 3.0 厘米。

叠涩檐，叠涩共叠出 12 层，通高 74.5～75.0 厘米。下部 11 层叠涩每层高 1 砖厚，通高 63.5～64.0 厘米，最上一层叠涩高 2 砖厚 11.0 厘米，内切圆直径 1081.0～1089.0 厘米，边长 283.0～296.0 厘米，叠出第五层塔身 77.0 厘米。反叠涩共 8 层，通高 35.0～38.0 厘米，比叠涩檐内收 90.0～93.5 厘米。

门窗，形制同第二层。第一面门洞宽 39.0 厘米，门洞高 44.0 厘米。其余假门门洞宽 42.0 厘米，高 46.5～51.0 厘米，券矢高 21.0 厘米，第三面门扇双扇开启，第二、四、五、六、八、九、十一面门扇双扇关闭，第三、六、十二门扇左半扇开启，第十面门扇右半扇开启。门两侧盲窗底与下反叠涩顶平，窗洞宽 29.0～43.0 厘米，高 34.0～35.0 厘米，门窗间距离 30.0～36.0 厘米。

五、第六层塔体

第六层塔体通高（第五层叠涩顶至第六层叠涩顶间距离）166.5～170.5 厘米。

墙体平面内切圆直径 897.0～905.5 厘米，边长 232.5～262.5 厘米，高 40.0～41.0 厘米。

檐下阑额 2 层砖高 10.5～11.5 厘米，叠出约 3.0 厘米。

叠涩檐，叠涩共叠出 13 层，通高 72.0～77.0 厘米。下部 12 层叠涩每层高 1 砖厚，通高 62.5～65.0 厘米，最上一层叠涩高 2 砖厚 9.5～11.0 厘米，内切圆直径 1049.5～1059.0 厘米，边长 270.5～297.0 厘米，叠出第六层塔身 76.0～77.0 厘米。反叠涩共 8 层，通高 36.0～38.0 厘米，比叠涩檐内收 93.5～97.5 厘米。

门窗，形制同第三层。门洞宽 41.0～42.0 厘米，门洞高 35～47.5 厘米；第三、四、六、八、九、十一面门扇双扇关闭，第二、五面门扇双开，第一、七、十面门扇左半扇开启，第十二面门扇右半扇开启。窗宽 38.0～42.0 厘米，高 32.5～35.5 厘米，两窗外边距离约 15.0 厘米。

六、第七层塔体

第七层塔体通高（第六层叠涩顶至第七层叠涩顶间距离）164.0～164.5 厘米。

墙体平面内切圆直径 868.0～878.0 厘米，边长 222.5～255.5 厘米，高 39.0 厘米。

阑额，高 2 层砖高 10.0～11.0 厘米，叠出约 3.0 厘米。

叠涩檐，叠涩共叠出 12 层，通高 79.5～81.5 厘米。下部 11 层叠涩每层高 1 砖厚，通高 69.5～70.5 厘米，最上一层叠涩高 2 砖厚 10.0～11.0 厘米，内切圆直径 1013.0～1022.0 厘米，边长 264.0～299.0 厘米，叠出第七层塔身 77.0～80.0 厘米。反叠涩共 8 层，通高 33.0～37.5 厘米，比叠涩檐内收 85.0～90.0 厘米。

门窗，形制同第二层。门洞宽 41.0～42.0 厘米，门洞高 35～47.5 厘米；门扇第二、三、四、六、七、八、九、十一面双扇关闭，第十面门扇双开，第五、十二左半扇开启。窗宽 36.5～42.0 厘米，高 32.5～39.5 厘米，两窗外边距离约 30.0 厘米。

七、第八层塔体

第八层塔体通高（第七层叠涩顶至第八层叠涩顶间距离）166.0～168.0 厘米。

墙体平面内切圆直径 995.5～1002.5 厘米，边长 216.0～256.0 厘米，高 39.0～41.0 厘米。

阑额，高 2 层砖厚 10.0～11.0 厘米，叠出约 3.0 厘米。

叠涩檐，叠涩共叠出 12 层，通高 72.5～76.5 厘米。下部 11 层叠涩每层高 1 砖厚，通高 62.5～65.0 厘米，最上一层叠涩高 2 砖厚 10.0～11.5 厘米，内切圆直径 981.5～990.5 厘米，边长 251.5～289.0 厘米，叠出第八层塔身 71.0～72.0 厘米。反叠涩共 8 层，通高 33.0～37.0 厘米，比叠涩檐内收 88.0～94.0 厘米。

门窗，形制同第三层。门洞宽 38.0～43.0 厘米，门洞高 35～47.5 厘米；第二、三、四、六、七、八、九、十一面门扇双扇关闭，第十面门扇双开，第五、十二面门扇左半扇开启。窗宽 38.0～42.0 厘米，高 32.0～35.5 厘米，两窗外边距离约 15.0 厘米。

八、第九层塔体

第九层塔体通高（第八层叠涩顶至第九层叠涩顶间距离）153.5～159.0 厘米。

墙体平面内切圆直径 809.0～813.0 厘米，边长 210.5～242.0 厘米，高 35.5～37.0 厘米。

阑额，高 2 层砖厚 11.0 厘米，叠出约 3.0 厘米。

叠涩檐，叠涩共叠出 12 层，通高 76.0～77.0 厘米。下部 12 层叠涩每层高 1 砖厚，通高 64.0～64.5 厘米，最上一层叠涩高 2 砖厚 12.0～12.5 厘米，内切圆直径 942.0～958.0 厘米，边长 220.5～270.5 厘米，叠出第九层塔身 76.0～77.0 厘米。反叠涩共 8 层，通高 29.5～31.5 厘米，比叠涩檐内收 93.0～95.0 厘米。

门窗，形制同第二层。门洞宽 36.0～39.0 厘米，门洞高 42.0～44.0 厘米；门扇全部关闭。窗宽 36.5～39.0 厘米，高 32.5～39.5 厘米，两窗外边距离约 15.0 厘米。

九、第十层塔体

第十层塔体通高（第九层叠涩至第十层叠涩间距离）148.0 厘米。

墙体平面内切圆直径 771.0～781.0 厘米，边长 191.0～236.5 厘米，高 35.0 厘米。

阑额，高 2 层砖厚 10.0～11.0 厘米，叠出约 3.0 厘米。

叠涩檐，叠涩共叠出 11 层，通高 76.5～77.5 厘米。下部 10 层叠涩每层高 1 砖厚，通高 65.0～65.5 厘米，最上一层叠涩高 2 砖厚 11.0～12.0 厘米，内切圆直径 890.0～907.0 厘米，边长 230.0～259.0 厘米，叠出第十层塔身 66.0～70.5 厘米。反叠涩共 8 层，通高 29.0～31.0 厘米，比叠涩檐内收 87.5～93.0 厘米。

门窗，形制同第三层。门洞宽 38.0～40.0 厘米，门洞高 40.0～47.5 厘米；门扇全部关闭。窗宽 34.5～37.0 厘米，高 30.0～32.0 厘米，两窗外边距离约 15.0 厘米。

十、第十一层塔体

第十一层塔体通高（第十层叠涩至第十一层叠涩间距离）135.5～137.0 厘米。

墙体平面内切圆直径 716.0～728.0 厘米，边长 175.0～223.0 厘米，高 35.5～36.5 厘米。

阑额，高 2 层砖厚 11.0～11.5 厘米，叠出约 3.0 厘米。

叠涩檐，叠涩共叠出 10 层，通高 77.0～78.0 厘米。下部 9 层叠涩每层高 1 砖厚，通高 55.0～58.5 厘米，最上一层叠涩高 2 砖厚 12.5 厘米，内切圆直径 834.5～848.0 厘米，边长 207.5～252.0 厘米，叠出第十一层塔身 62.0 厘米。反叠涩共 8 层，通高 29.5～34.0 厘米，比叠涩檐内收 94.5～102.5 厘米。

门窗，形制同第二层。门洞宽 34.0～39.0 厘米，门洞高 45.5～48.5 厘米；门扇门扇全部关闭。窗宽 32.0～36.0 厘米，高同塔身高，两窗外边距离约 15.0～16.0 厘米。

十一、第十二层塔体

第十二层塔体通高（第十一层叠涩至第十二层叠涩间距离）131.5～135.5 厘米。

墙体平面内切圆直径 716.0～728.0 厘米，边长 162.0～185.0 厘米，高 32.0～33.5 厘米。

阑额，高 2 层砖厚 9.5～12.0 厘米，叠出约 3.0 厘米。

叠涩檐，叠涩共叠出 10 层，通高 59.5～61.5 厘米。下部 9 层每层叠涩高 1 砖厚，通高 49.5 厘米，最上一层叠涩高 2 砖厚 10.0～12.0 厘米，内切圆直径 834.5～848.0 厘米，边长 193.0～222.5 厘米，叠出第十二层塔身 61.5 厘米。反叠涩共 8 层，通高 35.0～38.0 厘米，比叠涩檐内收 100.0～103.5 厘米。

门窗，形制同第三层。门洞宽 37.0～40.0 厘米，门洞高 40.0～47.5 厘米；门扇全部关闭。窗宽 33.0～39.0 厘米，高 30.0～32.0 厘米，两窗外边距离约 14.0～17.0 厘米。

十二、第十三层塔体

第十三层塔体通高（第十二层叠涩至第十三层叠涩间距离）131.5～136.0 厘米。

墙体平面内切圆直径 567.5～578.0 厘米，边长 142.5～182.5 厘米，高 27.0～33.0 厘米。

阑额，高 2 层砖厚 10.5～12.0 厘米，叠出约 3.0 厘米。

叠涩檐，叠涩共叠出 9 层，通高 54.0～63.5 厘米。下部 8 层叠涩每层高 1 砖厚，通高 43.0～51.5 厘米，最上一层叠涩高 2 砖厚 11.0～12.0 厘米，内切圆直径 670.0～683.0 厘米，边长 158.5～219.5 厘米，叠出第十三层塔身 54.5～56.5 厘米。反叠涩共 8 层，通高 43.5～46.0 厘米，比叠涩檐内收 93.0～99.0 厘米。

门窗，塔身第一、四、十面正中开真券门，第四、十面门两侧为假窗，第一面门两侧无窗，其他面为假券门二假窗。门额下边全为直线，门洞内直接安窗棂，第四、十一面窗内 4 根，其余面窗内 3 根，门窗底与下反叠涩最上层顶平。第一面门洞宽 50.0 厘米，高 50.0 厘米。第四、十一面门洞宽 33.0 厘米，高 42.0 厘米。窗宽 24.0 厘米，高 22.0～26.0 厘米，距门 12.0 厘米。其余门宽 39.0 厘米，高 40.0～45.0 厘米，门扇全部关闭。窗宽 24.0 厘米，高 22.0～26.0 厘米，距门 13.0 厘米。

十三、第十四层塔体

第十四层塔体通高（第十三层叠涩至第十四层叠涩间距离）129.5～130.0 厘米。

墙体平面内切圆直径473.0～485.0厘米，边长106.0～160.0厘米，高24.0～25.0厘米。

阑额，高2层砖厚11.0厘米，叠出约3.0厘米。

叠涩檐，叠涩共叠出3层，通高51.5～53.5厘米。下部7层叠涩每层高1砖厚，通高39.5～41.5厘米，最上一层叠涩高2砖厚12.0厘米，内切圆直径596.5～608.0厘米，边长139.5～200.5厘米，叠出第十四层塔身60.0～61.0厘米。反叠涩共8层，通高47.5～50.5厘米，比叠涩檐内收124.0厘米。

门窗，塔身每面一假门二盲窗。门底与下反叠涩顶平，门额下边线全为直线，门扇全闭；门洞宽28～32.0厘米，高53.0厘米。盲窗上下居于塔身中间，窗宽15.0～24.0厘米，高15.0厘米，距门12.0～15.0厘米，窗洞内直接安破子棂，第九面每窗3根，其余面每窗2根。

十四、第十五层塔体

第十五层塔体通高（第十四层叠涩至第十五层叠涩间距离）130.5厘米。

墙体平面内切圆直径348.5～358.0厘米，边长69.5～124.5厘米，高20.5～21.0厘米。

阑额，高2层砖厚10.5厘米，叠出约3.0厘米。

叠涩檐，叠涩共叠出8层，通高47.5～50.5厘米。下部7层叠涩每层高1砖厚，通高36.5～38.0厘米，最上一层叠涩高2砖厚11.5～12.5厘米，内切圆直径468.5～477.5厘米，边长103.5～157.5厘米，叠出第十二层塔身58.0～59.5厘米。反叠涩共9层，通高45.0～48.0厘米，比叠涩檐内收110.0～116.5厘米。

门窗，塔身第一面正中开真门，门洞宽27.0厘米，高22.0厘米。第四、七、十面各开一假门，门洞宽39.0～41.5厘米，高31.0～35.0厘米，门洞内安立颊、门额，门扇全部关闭。第三、五、六、八、九、十一面每面各作一盲窗，窗宽21.0～27.0厘米，高同塔身矮壁，窗洞内直接安破子棂，第三、六、十一面每窗安2根，其余面每窗安3根。第二、十二面无门窗。

十五、风铎

风铎位于叠涩檐的转角处，全部佚失。第一至第十三层叠涩檐的转角部位，尚存风铎安装痕迹，多数仅存安插风铎挂钩后尾用的卯孔，深30.0厘米左右，部分卯孔内存有扁薄的铁片残段，断面分为1.8厘米×2.5厘米和0.2厘米×3.5厘米两种。在第二、十层叠涩檐的转角部位，还发现四例较为完整的风铎挂钩，其断面分别呈圆形和方形，圆形直径为0.8厘米，方形为0.7厘米×0.6～0.8厘米，第十四、十五层密檐不见风铎安装痕迹。

十六、粉刷

第二至第十三层塔体中，除第五层叠涩檐的叠涩部位表面饰三层白灰外，其余各层叠涩檐的叠涩部位均可见两层白灰依次叠压。在反叠涩部位，有三层白灰依次相叠压，其中最外者呈斜坡状。第十四、十五层塔身白灰极残，无法辨认层次。第二至第十五层塔体的门、窗及其上部阑额表面，分别以红、绿、紫、黄、白色绘出莲花、云气及条形图案，其完好程度愈上愈差。

第四节　嵩岳寺塔塔刹形制结构

塔刹立于塔体十五层塔檐反叠涩顶端，其至少经过唐代、五代或宋代和1984～1991年三次大的修缮，唐代修缮时将刹柱孔覆莲以下部分封堵，五代或宋代修缮时将唐代的刹杆孔顶部封堵，并在相轮顶立一根高77.0厘米的铁杆，1984～1991年修缮时全部重新砌筑。以下以1985～1986年嵩岳寺塔塔刹勘测资料为主叙述。

一、塔刹形制结构

现塔刹平面为圆形，由塔刹座、覆莲（覆钵）、仰莲座、仰莲、相轮、宝瓶等组成。塔刹砖砌部分通高464.5厘米，铁杆230.0厘米。

（1）塔刹座：或称覆莲座，须弥座状，平面圆形，现两重，通高25.5~26.5厘米；下部圆柱直径251.0厘米，高21.5~22.5厘米，上部一层叠涩直径120.0厘米，高4.0厘米。砌筑砖长29.0厘米，宽14.0厘米，厚5.6厘米，用纯净的红黏土砌筑。

（2）覆莲（覆钵）：为覆盆状宝装莲花式样，由八瓣造型饱满的大莲瓣、八瓣小莲瓣尖组成。整个覆莲以大莲瓣围成的倒置莲花为主体，大莲瓣之间又做出一小莲瓣，大、小莲瓣上表面中间凸起峰棱，峰棱端部外卷向上形成莲瓣尖，每瓣大莲瓣峰棱两侧做两"卵状"凸起，下部为圆形平面的莲房。覆莲（大莲尖处）最大直径约281.0厘米，莲瓣处直径约261.0米，通高105.0厘米。砌筑砖长29.0厘米，宽14.0厘米，厚5.6厘米，用纯净的红黏土砌筑。

（3）仰莲座：须弥座状，平面圆形，由下一层叠涩、中间束腰、上两层叠涩组成，通高33.0厘米。下部叠涩隐于覆莲内，直径133.0厘米，高3.5厘米，束腰直径124.0厘米，高21.0厘米，上叠涩直径131.0厘米，高12.0厘米。

（4）仰莲：由12瓣肥厚的莲瓣和莲房（或称为相轮座）组成，通高26.0厘米。仰莲莲瓣尖处最大直径191.5厘米，高25.0厘米；莲房直径161.5厘米，高1.0厘米。砖长29.0厘米，宽14.0厘米，厚5.6厘米，用纯净的红黏土砌筑。

（5）相轮：置于仰莲莲房之上，由七重相轮和粗壮刹柱组成。相轮和刹柱中部直径稍大，上下两端直径缩小，造型呈腰鼓状，每层相轮和两层相轮间露明刹柱高为两层磨砖并砌，通高213.5厘米。相轮中部最大直径161.7厘米，最上层直径125.0厘米，最下层直径136.5厘米，刹柱中部直径140.0厘米，上端直径98.7厘米，下端直径120.0厘米。青砖长37.0厘米，宽18.0厘米，厚7.0厘米，用白灰砌筑。

（6）宝瓶：由瓶座和瓶身两部分组成。瓶身中上部直径较大，上下两端小，下置于低矮瓶座，通高9层磨砖高61.5厘米。瓶座径64.5厘米，高8.0厘米，宝瓶中部直径76.5厘米，顶径62.5厘米，瓶底直径同瓶座，高53.5厘米。青砖长37.0厘米，宽18.0厘米，厚7.0厘米，用白灰砌筑。

宝瓶上部正中，遗留一根直径2.0厘米，长77.0厘米的铁杆，向西偏北方向弯曲倾斜，根部有3片脚铁固定于相轮顶。

二、天宫、刹柱孔

1. 天宫

刹体内共有三座天宫。两座位于相轮中上部，为叙述方便，现将下部的编号为一号天宫，上部的编号二号天宫；一座位于宝瓶中下部，编号为三号天宫。

一号天宫，位于相轮4重砖层上的刹柱洞南侧，平面方形，长25.0厘米，高22.0厘米，宽23.0厘米。

二号天宫，位于相轮的中上部，相轮第6重底层砖即宫室的顶盖。平面为多边形，宫室壁用5层扇形砖砌筑，中间两层外伸，上两层和下一层内收，顶部用三块长条砖封盖，形成三角形的通孔，通高36厘米，顶部直径40.0厘米，中部直径70.0厘米，底部直径48.0厘米。

三号天宫，平面为六边形，用6块扇形砖围砌一周，形成宫室，边长18.0厘米，高3层砖21.0厘米。

1989年7月对天宫进行了清理，出土文物及其他详见《登封嵩岳寺塔天宫清理简报》。

2. 刹柱

原刹柱佚失，刹柱孔损毁。从覆莲底至一号天宫有一直径10.0厘米的六边形刹柱洞，底部高21.0厘米、直径为23.0厘米，洞内残留有腐朽柏木刹杆。一号天宫至刹柱孔顶，刹柱孔平面为方形平面，边长10.0厘米。

三、粉刷

相轮以下的塔刹部分各处，均发现三层相互叠压的白灰，因其位置及造型需要的不同，白灰厚 0.5~2.0 厘米左右。内两层白灰质地纯净，外层含麦秸类纤维物。由残破部分观察，塔刹基座、覆莲及仰莲的中层白灰表面可见石绿色彩绘。外层白灰中，仅仰莲部分见条带形石绿色。覆莲的下部外层白灰因掺和了红色而呈粉红色。

第五节　嵩岳寺塔内部形制结构

嵩岳寺塔内部层数共一层，通高（第一层地面至第十层穹窿顶间距离）为 3107.0 厘米。第一与第二层之间用小平台和楼板相隔，其余各层之间现用叠涩平台分隔。除第二层东、南、西、被四面开门，东南、东北、西北、西南四面墙壁上做壁龛外，其余各层墙壁基本为素壁，墙体上部多向心倾斜，第十层塔心室顶为叠涩砌出的穹窿顶。第二至第十层塔壁层层向心内收，层高逐层降低，并且与塔外部十五层塔体的层数和层高不相互对应。如撇开塔内每层间分隔平台、叠涩、楼板等构造，塔内部就是砖砌筒体结构。

一、塔内第一层

塔内第一层通高 423.0~452.0 厘米。平面因塔壁上、下形状不同而分为两种。底部平面为十二边形，内切圆直径为 548.0~567.0 厘米，边长四门洞处 143.5（北门）~148（南门）厘米，其余各边长 140.0（第五面）~164.0（第六面）厘米，这部分塔壁高约 80.0 厘米，墙体厚 243.0~257.0 厘米。上部平面为圆形，内切圆直径约 542.0~565.0 厘米。因上、下平面的转换，上部塔壁向心收分，边、角处出现部分砌体悬空现象，墙壁顶部与第二层交接处形成小平台，二承楞木和木楼板。砌砖长 30.0 厘米，宽 15.0 厘米，厚 5.0 厘米。下部塔壁表面，有大面积的泥灰层，泥灰共四层，厚 0.5~1.0 厘米。室内地面铺装青石，宽 49.0~86.0 厘米，厚 8.0~10.0 厘米，长度及形状各异，长边铺装方向随中间佛台平面八边形各边方向，高出室外现地面约 104.0 厘米。

门道，四门道在塔体四正方向，与外部相通，长 245.5~257.0 厘米。门道壁面不规整，在砌造过程中因不断地调整门洞的宽度和走向，四门洞中除南门洞外，其余三门洞两侧壁面均出现高度、形状、数量不等的阶梯状小台面，并且在塔壁下部四周，可见呈断续的带状的后代修补痕迹。门道外口处设有过门石，长 145.0 厘米，宽 65.0~120.0 厘米，厚 13.0 厘米，高出门道地面 12.0 厘米。西门道内偏西部遗留铺地青石一块，其下垫有白灰，南门道内铺地石下为 20.0 厘米左右的黄土，黄土下有厚 15.0 厘米左右的碎砖瓦层，再下为松散夯土层，底部是夯土，垫层总高 80 厘米。门道地面与塔心室地面相平，铺装青条石形状、规格不一，铺装短边方向顺着门道壁。

佛台，塔心室地面中部砌筑正八边形青石佛台，依佛台遗留边界痕迹，测得外缘边界内切圆直径约 420.0 厘米，内缘边界内切圆直径约 315.0 厘米。台东北部遗留青石残段，宽 51.0~55.5 厘米，高 16.5 厘米，外边长约 179.0 厘米，内边长 143.0 厘米，外侧做三层反叠涩收分，其表面以压地隐起手法刻西番莲图案。台内现为高低不平的纯净黄土地面，暴露部分不见夯筑痕迹，部分黄土上有后铺青砖、青石，青砖长 35.0 厘米，宽 18.0 厘米，厚 7.0 厘米，青石长宽 35.0 厘米，厚 7.0 厘米。

二、塔内第二层

塔内第二至第十层平面均为八边形。为描述方面自南面起，顺时针编号为第一至第八面。

1. 塔体

塔内第二层由塔壁和叠涩平台等组成，通高 446.0~457.0 厘米。平面八边形，第一、三、五、七面塔壁为素平壁，其余四面塔壁为圆弧形。因墙壁从下至上向心收分，将墙壁根部平面称为下平面，上部至叠涩处平

面称为上平面，以下各层与此层同。下平面内切圆直径第一至第五面为532.0厘米，第三至第七面为538.0厘米，第二至第六面为582.0厘米，第四至第八面为583.5厘米，四正方向边长为239.0~255.0厘米，其余四方向边长186.5~197.5厘米。上平面内切圆直径第一至第五面为516.0厘米，第三至第七面为522.0厘米，第二至第六面为561.0厘米，第四至第八面为575.0厘米，四正方向边长为240.5~249.5厘米，其余四方向边长199.5~206.0厘米。塔壁高363.0~360.0厘米。

叠涩平台洞口平面八边形，平面第一至第五面内切圆直径为412.5厘米，第三至第七面为417.0厘米，第四至第八面为452.5厘米，第二至第六面为443.0厘米，第一、三、五、七四面边长209.5~220.0厘米，第二、四、六、八四面边长135.5~141.0厘米。叠涩共18层，除最上一层2层砖并砌外，其余均为一层砖，以下各层相同者略。通高96.5~105.0厘米，叠出54.0~56.5厘米。第四面的右端有垂直穿过叠涩的通道，口外宽56.0厘米，内宽80.0厘米。通道内壁上，有三个上下错开的小洞，分布在通道内左右，小洞11.0厘米左右见方，深67.0~87.0厘米。第一、三、五、七面叠涩顶部两端，各有宽30.0厘米，高27.5厘米，深49.5~60厘米的卯口，两卯口中至中间距离142.0~152.0厘米，并与对面叠涩卯口相对应。

第二层墙壁上部依次叠压有三层泥皮。

2. 壁龛

第二、四、六、八面塔壁中下部正中，各砌造一座壁龛，通高约180.0厘米左右。下部为"凸"字形台座，台座宽73.0~78.0厘米，凸出塔壁25.0厘米。台座之上的塔壁均向内凹，均被人破坏，推测壁龛内原有佛像。

三、塔内第三层

第三层通高310.0~319.5厘米。平面八边形，下平面内切圆直径537.0~551.0厘米，边长212.5~242.0厘米。上平面内切圆直径514.0~527.0厘米，边长201.0~234.0厘米。塔壁高253.5~261.5厘米。叠涩平台洞口平面八边形，内切圆直径407.0~421.0厘米，边长160.0~188.5厘米，叠涩共10层，通高56.5~59.0厘米，叠出51.0~57.5厘米。

第一面壁体中部，距下层叠涩96.0厘米处，砌一小券洞与塔外第二层南面券门相通，券面为单券，无伏砖，券洞内以6层叠涩砖渐次收顶，门洞通高约56.0厘米，宽48.0厘米。在券门两侧，距塔壁下沿96.0厘米、券门两侧各32.0厘米的地方，分别砌一个13.5厘米见方的小洞口。第四面和第五面的壁体及叠涩上，各留5个小洞口，卯口宽10.0厘米，高11.0厘米，第四面小洞口从下至上依次向左位移呈斜状布置，第五面方向相反。

塔内壁上遗留有少量粉刷层。

四、塔内第四层

第四层通高300.0~303.5厘米。塔壁高240.0~243.0厘米，下部高120.0厘米垂直砌造，上部直壁向内折收。平面八边形，下平面内切圆直径505.0~514.5厘米，边长196.0~222.0厘米。上平面内切圆直径514.0~527.0厘米，边长201.0~233.5厘米。叠涩洞口平面八边形，内切圆直径407.0~421.0厘米，边长160.0~188.5厘米，叠涩平台共10层叠涩，高56.0~60.0厘米，叠涩出47.0~55.0厘米。

塔壁的第四面砌出3个小洞口，第五面砌出4个，洞口宽10.5厘米，高11.5厘米。第四、五面小洞口从下至上依次向右位移呈斜状布置，洞口间距不等。

五、塔内第五层

第五层通高288.0~290.0厘米，塔壁高239.5~243.0厘米。下平面内切圆直径459.5~471.5厘米，边长168.5~213.0厘米。上平面内切圆直径448.5~465.0厘米，边长167.0~206.5厘米。叠涩洞口平面内切圆直径367.5~383.0厘米，边长132.0~175.0厘米。塔身之上砌8层叠涩，通高47.5~49.5厘米，叠涩出39.0~43.0厘米。

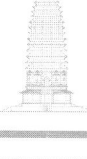

在第一面塔壁下部正中，砌一小券门，与外部第五层南面小券门相通。券门打破下层塔体最上一层叠涩砖，门洞高50.0厘米，宽42.0厘米，构造同内部第三层券门，券洞内以五层叠涩砖渐次收顶。第五、六面塔体上，分别砌出5个小洞口，洞口宽10.5厘米，高11.5厘米，第四、五面小洞口从下至上依次向右位移呈斜状布置，洞口间距不等，自此层以上各层洞口排列倾斜度减小，部分接近垂直排列。

六、塔内第六层

第六层通高311.0～320.0厘米，墙壁下半部垂直砌造，高269.5～273.0厘米，上半部向心收分。下平面内切圆直径435.5～455.5厘米，边长145.5～208.5厘米。上平面内切圆直径420.0～440.0厘米，边长132.0～207.0厘米。叠涩洞口平面八边形，内切圆直径331.0～355.0厘米，边长110～171.5厘米。塔壁之上砌7层叠涩，叠涩通高39.0～43.0厘米，叠涩出37.0～41.5厘米。

塔体第一面壁面下部正中，距下层叠涩27.0厘米处，砌一小券门，与外部第七层南面小券门相通，券洞高56.0厘米、宽43.0厘米，结构同前，券洞内以4层叠券砖收顶。第五、六两面的壁体上，各砌出6个小卯口。

七、塔内第七层

第七层通高283.5～290厘米，塔壁高244.5～256.0厘米，下做垂直砌造，上部做弧面收分。下平面内切圆直径417.5～420.5厘米，边长160.0～188.0厘米。上平面内切圆直径357～362.5厘米，边长138.0～168.5厘米。叠涩洞口内切圆直径302.0～317.0厘米，边长112.0～140.0厘米。塔壁之上砌7层叠涩，叠涩通高34～39厘米，叠涩出22～28厘米。

第一面正中距塔壁下层叠涩26.5厘米处开小券门，与外部第九层南面券门相通，券洞通高52.5厘米，宽35厘米，券洞内以5层叠涩砖收顶。第五、六两面塔体上，各砌出6个小卯口。

八、塔内第八层

第八层通高207.5～216.0厘米，壁高132.5～138.0厘米，下部垂直砌造，上半部急剧向内折收。下平面内切圆直径399.5～323.5厘米，边长119.5～143.5厘米。上平面边长130.0～145.0厘米。叠涩洞口平面内切圆直径275.0～292.0厘米，边长103.0～134.0厘米。塔壁之上砌出密集的16层叠涩，叠涩通高78.0～81.0厘米，叠涩出20.0～28.5厘米不等。

第三面、第七面叠涩上部两端，各有两个小卯口相对应，高、宽各15.0厘米，打破最上3层叠涩砖，深入塔内48.0～49.0厘米，两卯口第三面中至中间距离为99.0厘米，第七面为78.5厘米。第二面、第六面叠涩上部偏北和第四面、第八面叠涩最上部偏南，各有一对大卯口，高30.0厘米，宽20.0～21.0厘米，打破第二、四、六、八面的上6层叠涩砖，深入塔体内57.0～62.0厘米，第二面与第四面卯口中之中间距离184.5厘米，第六面与第八面卯口中之中间距离180.5厘米，第二面卯口与第三面相近卯口间距离44.5厘米，第三面卯口与第四面相近卯口中之中间距离40.5厘米，第六、八面卯口与第七面相近卯口中之中间距离分别为49.5、52.5厘米。在第一面壁体中部，距下层叠涩41.0厘米处，辟一小券门，券洞宽44.5厘米，高58.0厘米，与外部第11层南面小券门相通，券洞内以4层叠涩砖收顶。第五、六面塔壁及叠涩檐上，各有4个小卯口。

九、塔内第九层

第九层塔壁下部约三分之一基本垂直砌造，之上急剧收分，通高226.0～232.0厘米。平面因下部各层砌造时形体出现渐变之故，该层的八边形已明显地变形，使其在东北、西南向间距拉长，西北、东南向间距变短；下平面内切圆直径309.0～327.5厘米，边长123.5～148.0厘米；上平面内切圆直径275～301.5厘米，边长105.5～143.0厘米；塔壁高155.5～158厘米。叠涩洞口平面内切圆直径212.5～267.5厘米，边长60.5～113.0厘米；塔壁之上砌出11层叠涩，通高68.0～76.5厘米，叠涩出39.0～47.0厘米。上三层叠涩的砌砖发生变化，出现大量外部叠涩角上常用的异形砖，砖厚6.0厘米，短边长16.5厘米，长边长35.5厘米。

第一面壁体上部，在距下层叠涩111.5厘米处，砌一小券门，与外部第十三层南部券门相通，门洞高约44.0厘米、宽48.0厘米，结构同前，券洞内叠涩9层收顶。第三、七两面塔壁上部，距下层叠涩87.5厘米处，各砌一小门与外部第十三层东、西面真门相通，门券洞内以8层叠涩砖收顶。第三面门洞通高47.0厘米，宽27.0厘米，第七面门洞通高41.0厘米，宽31.0厘米，券洞内以4层叠涩砖收顶。第三、七两面叠涩中部，各有两个小卯孔，孔高10.0厘米，宽16.0厘米，深57.0～76.0厘米，洞口中至中间距离79.0～85.0厘米，内无物。第五、六两面的塔壁及叠涩檐上，各有3个小卯口。

以上第二至第九层部分小卯口内，尚存未经加工，外端被焚断的木棍，极个别者为方木或木板。

十、塔内第十层

第十层通高245～267.5厘米，塔壁高107～116.5厘米，塔壁以中部为界，下部垂直砌造，上部向心收分。下平面内切圆直径212.5～267.5厘米，边长95.0～127.0厘米。上平面内切圆直径226～252厘米，边长85.5～122.5厘米。

塔壁之上以25层叠涩收顶，用丁砖层层叠出穹窿顶，每层叠涩一层砖厚，通高129.0～140.0厘米。自下而上第16层叠涩以上，八边形平面转角消失，转变呈西南、东北向长的椭圆形平面，第25层叠涩围合成心部直径18.0～19.0厘米的圆形刹柱洞，现刹柱洞被封堵。部分墙壁和叠涩砖表面有火烧痕迹。

在第一面穹窿顶中部偏下，距下层叠涩158.0厘米处，砌一矩形真门，高20.0厘米，宽25.0厘米，与外第十五层南面小门相通，门洞上部用叠涩砖收顶。

十一、嵩岳寺塔地宫形制结构

地宫位于第一层塔心室下，基本居于塔中央，方位南偏东5°，由甬道和宫室两大部分组成，整体平面呈"甲"字形。

1. 甬道

甬道在地宫南侧，平面为梯形，里口宽114.0厘米，外口宽137.0厘米，长220.0厘米，减掉宫墙灰皮长为223.0厘米，甬道砖墙长183.0厘米，宽90.0厘米，外端部分墙体压在塔墙下并连于一体，用红泥砌筑，里端和宫墙体用长38.5厘米的夯土墙相接；甬道地面至室内地面间距离170.0厘米。砖墙与夯土结合紧密，是先砌筑墙体后夯筑夯土。

2. 宫门

宫门位于宫室南墙中部稍偏东，石质券门，由门楣、门额、立颊、地栿、门砧、连楹、门扉等组成。门洞宽87.0厘米，高68.0厘米。门楣半径32.0厘米，正面刻画重台石榴、卷伸枝蔓石榴、凤鸟等图案。门额高12.0厘米，宽11.0厘米，正面刻仰莲、鸳鸯等图案。立颊宽11.0厘米，厚10.5厘米，高68.0厘米，正面刻卷枝石榴，侧面阴刻比丘立像。地栿高11.0厘米，宽10.5厘米，正面刻枝蔓石榴。门砧分为地栿以里和以外两段，里段长20.0厘米，高6.5厘米，宽15.2厘米，顶面和宫室内地面平，上面凿出直径8.0厘米，深3.5厘米的海窝；外段长15.2厘米，高11.6厘米，宽同里段，顶面和侧面刻莲花，正面阴刻枝蔓石榴等。从门砧后面各有一海窝看，门扉应为双扇，已佚失。

3. 宫室

宫室位于塔心室下中部，方向南偏东3°56′，由甬道、宫室组成，整体平面呈"甲"字形，从结构上看，宫室四面墙体中部向外呈弧线，顶部原应为穹窿顶。宫室平面近方形，边长204.0（转角处）～219.0（中部）厘米，上口（中部）为222.0～224.5厘米，宫室至塔心室地面162.0厘米，1989年修缮前残高130.0～150.0厘米；下部墙体高78.0～81.0厘米，墙厚36.0厘米，不带粉刷层墙厚33.0厘米，内壁面带有收分，砌筑方式为一顺一丁（立砖），至高81.0厘米处起券，墙顶向墙心退5.0厘米宽的小台。从结构上看，宫室四面墙体中部向外呈弧形，

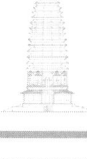

顶部原应为穹窿顶，穹窿顶始以平砖顺砌，上呈弧形逐渐向中心收缩，如以遗留穹窿顶弧度结顶，顶部要高出塔心室地面。宫室四壁抹白灰一层，厚1.0~2.0厘米，白灰表面饰彩绘。宫室底部在夯土之上铺有青砖地面。

地宫在1988年3月做了清理，出土文物及其他详见《登封嵩岳寺塔地宫清理简报》。

第六节 嵩岳寺塔构造做法及材料

梁思成先生在《祖国的建筑》中说"嵩岳寺塔，不惟是中国现存最古的佛塔，而且在这塔以前，我们没有见过砖造的地上建筑，更没有见过约四十公尺高的砖石建筑。这座塔的出现标志着这时期在用砖技术上的突进。"[1]

嵩岳寺塔下部宽大坚硬的夯土台座，即相当于我们现在所说的刚性基础大放脚，塔砖墙体下部砌筑在台座和阶基夯土之内作为砖基础，其构造原理即是我们现在的"靴型"基础。塔体上小下大的外轮廓造型，内部采用筒体结构，以及叠涩、拱券等，均符合砌体结构和力学传递的规律，其科学的结构选型和构造，具有结构美的造型艺术特点。采用平面接近圆形的十二边形形体和筒体结构，这对抵抗地震和风荷载十分有利。

一、塔台座、阶基、塔基构造及材料

原台座周围砌体全部佚失，构造情况未知。内部夯土土质为较纯红色亚黏土，内含少量白色小石块，分层夯筑坚实，每层厚10.0厘米左右。在夯土与原地面之间增加0.2~0.3厘米厚的木炭硝、灰烬或红烧土、小散石块，作为夯土基础的防潮隔离层。

塔砖基础，是先砌筑砖基础后夯筑周围夯土基础，使夯土基础和砖基础结合紧密，墙壁面砌筑粗糙，多块砖毛茬在外，使两者的接触面扩大，均是解决两种材料间粘结力和摩擦力，增大抵抗构造薄弱处剪应力的处理措施。其平面采用圆形而不与十二边形塔体统一，是为利用圆拱的科学受力特性，来抵挡外部夯土的土压力，为塔下砌筑较大空间的地宫提供了有利的条件，这也是我国高层砖塔下能形成较大完整地宫的原因之一。

原阶基周围砌体和夯土全部佚失，仅砖基础表面粘有部分夯土，其余构造情况未知。现阶基全部由青砖砌筑结构，内部砌筑方法为条砖平铺摆砌，表层平面十字砌缝，其余各层砌筑方式不尽不同，每层有丁铺和顺铺两种，铺砖长边多与塔壁面呈90°角的丁铺。墙体外壁砌筑部分为两顺一丁，砖缝不岔分，转角部位用两砖合角或单砖割角砌筑，二者交替出现，相互叠压。地面铺装用方砖十字缝，部分用条砖，砖缝间空隙以乱砖填铺。条砖规格多种，有38.5厘米×18.5厘米×7.0厘米、41.0厘米×20.0厘米×7.0厘米等。表面面有方格米字纹、沟槽篮纹、条纹、绳纹、银锭图案等，个别条砖一面压印出手掌痕。方砖规格边长有31.5厘米、33.5厘米、35.0厘米、40.0厘米等多种。灰缝用白灰，厚0.5厘米。部分砌砖经1989年经热释光年代测定，结果为距今（1989年）1015±120年，换算为974±120年，为唐末宋初时期。

二、塔体外部砌作构造及材料

1. 塔体砌筑构造

塔墙砌筑方法有三种，一是塔基座基本以"一顺一丁"砌法，间或有顺（丁）砖层中出现丁（顺）砖，在各层砌砖中，并普遍存在以小砖块夹塞赶活的现象，砖缝不岔分。二是第一层塔身上段至第十三层塔身的砌筑方法，是在保证塔龛、倚柱、门、窗形象造型砌体完整的情况下，尽可能使砌层规整。三是第十四和十五层的塔身多用呈橙红色的破碎砖头砌造，相互结合不佳，塔表砌砖经剔凿平整。

2. 塔身转角砌筑构造

塔身转角砌法多为"单砖斫角造"。基本可分为三种，一是第一层塔身多以顺砖、丁砖斫砖角，交互叠压砌筑；二是第二至第十三层塔壁多以两壁面顺砖斫砖角交互叠压转角；三是第十四、十五层塔壁转角砌法紊乱。

3. 叠涩檐砌筑构造

各层叠涩檐的砌法多有不同，在每层塔体的叠涩檐中，各层叠涩砖叠出尺寸也有不同，自里向外由3.0~4.0

厘米至8.0厘米左右渐次递增，使各层叠涩砖外侧下沿之间的连线呈优美的内弧线；反叠涩砖叠出尺寸一般相等，使各层反叠涩砖外侧上沿之间的连线基本呈直线。叠涩砖层绝大多数以丁砖叠出，仅在第十五层的叠涩层的个别部位（第二、三面）出现顺砖叠出现象。各层最上一层叠涩两砖并砌，上层砖向内做出1.0厘米的收分。反叠涩檐中砌筑方式差别较大。在叠涩构造处理上，叠涩砖层绝大多数以丁砖叠出，仅在第十五层的叠涩层的个别部位（第二、第三面）出现顺砖叠出现象；各层最上一层叠涩两砖顺砖并砌，上层砖向内做出1.0厘米收分。反叠涩檐中砌筑方式差别较大，第十四、十五层的每层反叠涩的最外一列砖皆以顺砖砌出，且叠出尺寸与砖宽相等。第十五层反叠涩的砌砖走向做法呈放射状处理，与其他各层做法不合。

叠涩檐转角砌筑方法，一般用单砖斫角法，第四至十三层转角处砖多呈外厚里薄的五边形砖。第十四、十五层多用两砖合角法。反叠涩转角部位，除第十四、十五层为碎砖嵌缝外，余皆以条砖斫角法。

4. 门窗砌筑构造

塔第二至第十五层塔身密布门、窗，除第十三层南面及第十五层塔身外，每面塔身皆砌一门两窗。

真门多用券砖做出券面，仅第十五层无券，从遗留造型看，是用白灰做出拱券门楣，券洞顶多用叠涩券。假门则在门两侧以立砖为立颊，上以卧砖为门额，内以两立条砖为门扉。门额之上，嵌一半月形贴砖，构成弧形假券顶，部分门额上剔凿出垂幕状形象。门扉或闭或半掩，形式多变。门的上部砌凸出于塔体的尖拱形门楣，其下两侧雕作外卷涡脚。第十、十一层塔壁的门、窗因其位置关系，将其下层塔体最里一层叠涩打破。

盲窗全为方形破子棂窗，窗洞内立立颊、破子棂等，砌法基本同假门。

5. 塔刹砌筑构造

塔刹已非北魏原构。其砌法随形而异，砌砖规格及色泽亦较杂乱。刹座随平面弧度用条砖砌造。圆形覆莲随其弧度分别用厚薄不同的丁砖、顺砖先砌出外轮廓，在必要的部位嵌塞碎砖条；条砖的棱角随莲瓣形状加以砍制；莲瓣之尖部，以特制的外宽里窄、外厚内薄的大砖砌出锥形，并加以砍制成形；异形砖之间嵌楔形条砖以使莲瓣尖部翘起。仰莲用3层砖依次向外叠出锥形后，砍制成形。相轮、刹柱和宝瓶部分则用磨制的外宽里窄的扇形砖依次砌造而成。

6. 材料

砌体砖规格一般用长30.0厘米、宽15.0厘米、厚5.0厘米的青砖砌造，第十三层反叠涩檐中出现规格长63.0厘米、宽18.4厘米、厚6.0厘米左右的长大青砖，以及边长33.0厘米、厚5.0厘米的方砖。第十五层反叠涩中，使用了另一种长40.0厘米、宽19.0厘米、厚7.0厘米规格的青砖，并在第十四、第十五层的反叠涩中大量使用碎砖。黏合材料用黄、红泥浆，砌缝一般厚0.3厘米左右。

三、塔内部砌筑构造及材料

1. 塔壁、壁龛砌筑构造

塔墙内壁砌筑手法，每层都各具特点，呈现各种手法同时并用的局面。

第一、第二层墙壁采用"一顺一丁"砌筑为主。塔内两壁交汇处，第一层多用两砖合角与单丁砖割凹角交互叠压之法砌造。第二层主要用两砖合角及丁、顺砖交互叠压法砌出转角。门道与内壁转角处砌法用丁、顺砖单砖割角法砌筑，同外部一层转角。

第三至第六层塔壁砌法较有规律，基本以"一顺一丁"砌法为主。第七、第八两层砌层以丁砖或顺砖为主，但上下排列无规律，有的砖层中出现丁砖、顺砖杂乱排列现象。第九、第十层塔壁砌法基本同第七、第八两层，在第九层的下部有出现两层竖起丁砖垒砌塔身的情况。第二至第十层塔壁及转角砌法基本上与一层相同，部分构造有些差异。转角构造中，两砖合角和单丁砖相杂出现。

第二层四个壁龛台座用丁砖、顺砖相互交叠砌筑。

2. 叠涩砌筑构造

叠涩构造砌筑手法，第一层无叠涩，第二至第九层叠涩砌筑方法基本相同，每层叠涩层最上层叠涩高用两砖并砌，其余每层叠涩一层砖。丁砖层与顺砖层布置无规律，并且丁砖层中插有顺砖，顺砖层中插有丁砖，其中第八、第九两层的每层叠涩丁砖、顺砖相杂出现，第九层上部四层叠涩砖中多用与外部塔体转角部位常用的大且厚的异形砖，第十层穹窿顶全以丁砖砌出叠涩。转角处多用两砖合角砌筑，部分用单砖转角砌筑。

3. 门砌筑构造

第二层四门券面作双伏双券式半圆券，大部券砖为用小砖磨制的楔形砖。券洞内用砍凿成的楔形砖砌出半圆形券顶，与内、外券面枨成三个并列券。其余门洞用叠涩券。

4. 材料

砖规格同塔外壁砖，第一层距塔内地面高150.0厘米的范围内多用赭红色大砖，第十层砌砖表面多呈橙红，南、东及东南部最多。第一层厚砖间砖缝用质地细密坚硬的红泥，其余砖缝用黄泥。

四、地宫砌筑方法与材料

甬道砌筑粗糙，墙面凸凹不平，上下层砖缝多有对缝，摆砌方法基本是一层丁砖、一层顺砖相叠压。黏合材料为红泥浆。砖的规格多为长36.0~37.5厘米，宽16.0~18.0厘米，厚6.0~7.0厘米，部分小砖长28.0~30.0厘米，宽14.0~15.0厘米，厚4.5~5.0厘米。

宫室墙体以青砖砌筑，砌法为一平砖（顺摆）、一层甓砖（丁摆）相叠压。铺地砖分方砖和条砖，方砖有35.0厘米×35.0厘米×6.0厘米和34.0厘米×34.0厘米×7.0厘米两种，条砖有33.5厘米×16.0厘米×6.5厘米和34.5厘米×16.5厘米×6.0厘米两种，均为素面。黏合材料为红泥浆，砌缝宽1.0厘米。

宫门构件全部为青石，唐代修缮时制作。

参 考 文 献

[1] 梁思成. 祖国的建筑. 梁思成全集［M］：第五卷. 北京：中国建筑工业出版社. 2000：220

第七节　嵩岳寺塔主要残损病害

本节内容以1986年的勘察成果整理而成。嵩岳寺塔主体结构为砖砌体，副阶和内部为木结构，其残损病害主要类型有掩埋、下沉、倾斜、崩塌、坍塌、裂缝、酥碱、脱落、佚失等，其中掩埋、砖结构崩塌、坍塌和裂缝、木结构损毁佚失为主要残损病害（图2.7.1~图2.7.6）。

一、台座、阶基、踏道、散水、基础残损病害

1. 台座

台座遗存全部被掩埋于现地面以下32.0~96.0厘米。台座墙体、上部地面铺装及其他构造全部损毁，构件全部佚失。内筑夯土台上部被破坏高约40.0~59.0厘米，破坏面高低不平，东北角为最甚，破坏处部分用夯土修补。现夯土外有用片石和白灰浆重砌的粗糙石墙，也被严重破坏。方形平面边长约1040~1910.0厘米，宽90.0~100.0厘米，残墙最高处约124.0厘米。塔南残存夯土上，后人用砖构月台，东西宽695.0厘米，南北310.0长。因台座没有全方位发掘，仅采用探沟方式揭视了部分台座，其他具体情况不明。

2. 阶基

原构塔阶基全部损毁，仅存部分夯土遗迹。从砖塔基与现阶基间未挖完的夯土和粘附塔基上的夯土痕迹看，阶基内部原为夯土。塔砖基础外粘夯土痕迹高度接近现阶基，其原阶基高应约同现阶基。现阶基为宋或宋以后时期砌筑，直接砌筑在台座夯土之上，东部坍塌。砌筑用砖时代较乱，是否有部分为原台座和阶基用砖待考。黏合物为白灰浆。

3. 踏道

原踏道地面以上部分全部损毁。因探察区域未涉及踏道部分，地下遗存未知。从重砌石墙和现地面现状看，

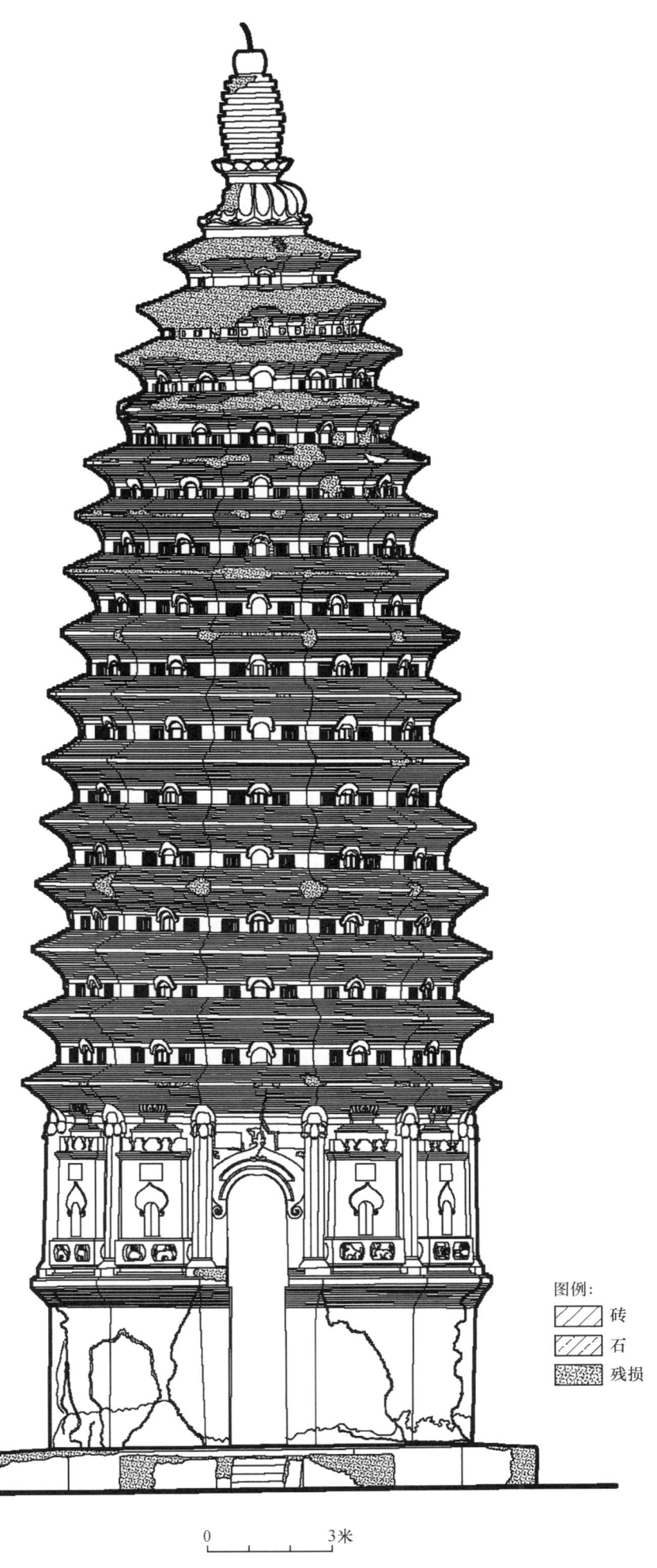

图 2.7.1 嵩岳寺塔南立面残损图

图例：
砖
石
残损

第二章 嵩岳寺塔建筑形制结构

嵩岳寺塔

嵩岳寺塔

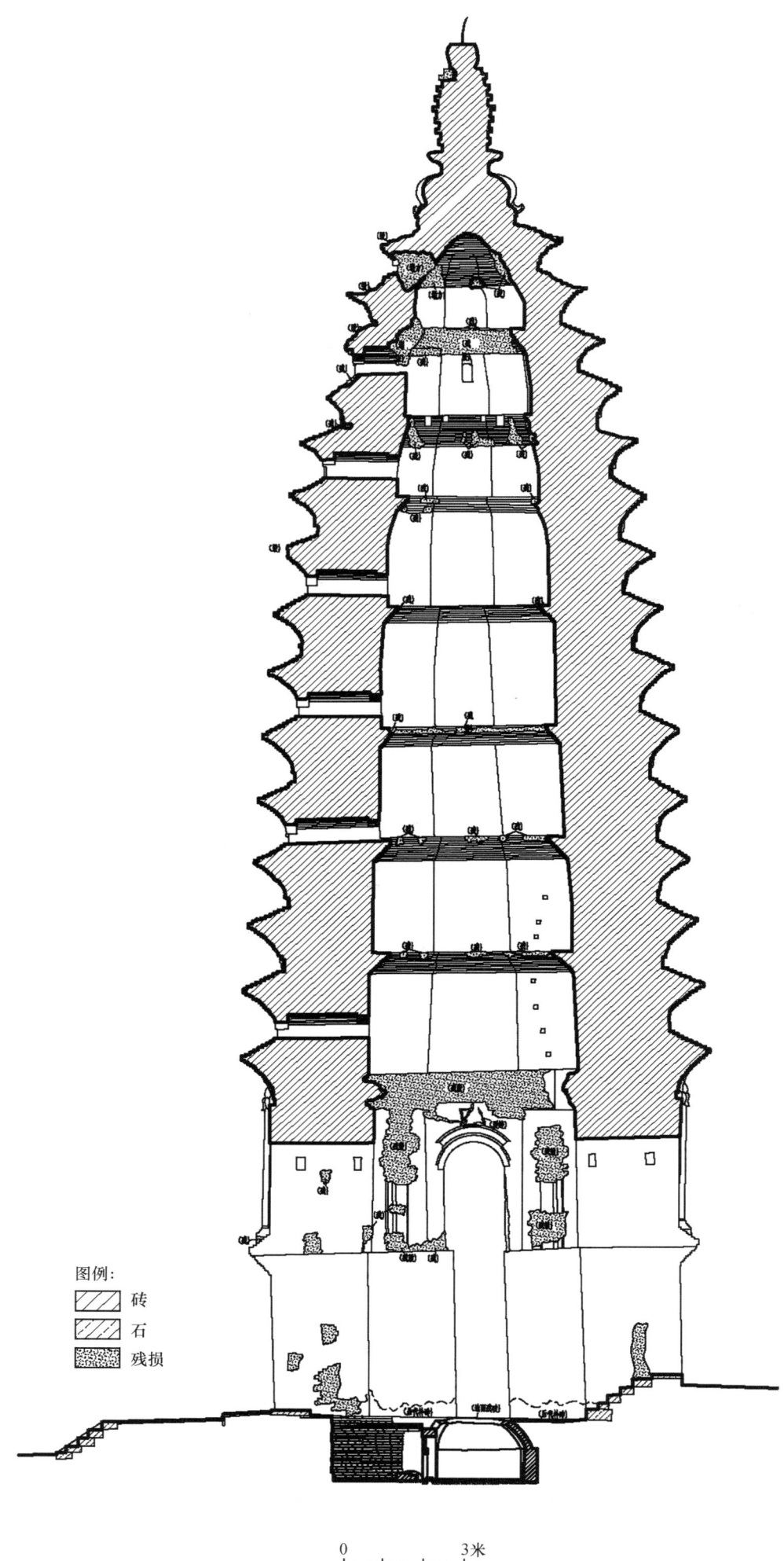

图例：
砖
石
残损

0　　3米

图 2.7.2　嵩岳寺塔内部残损图

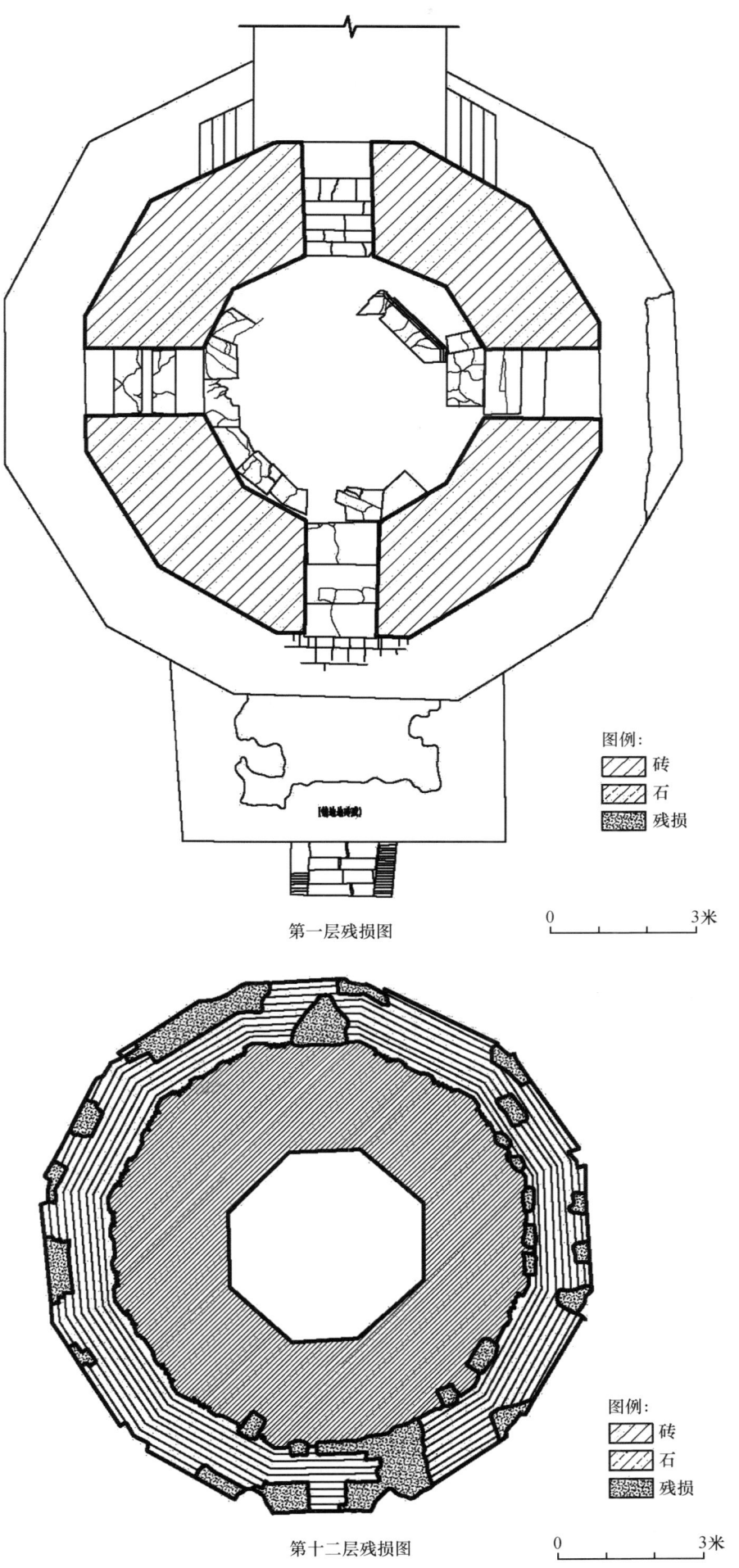

图 2.7.3 嵩岳寺塔第一、十二层残损图

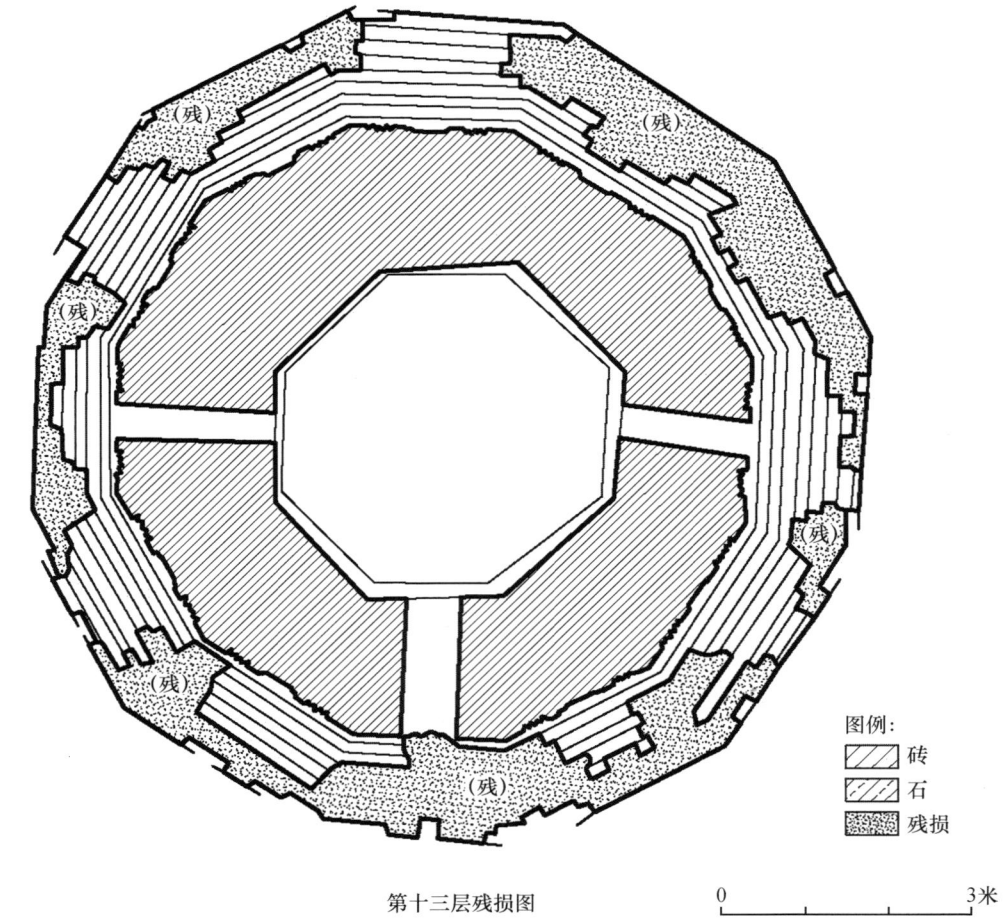

第十三层残损图

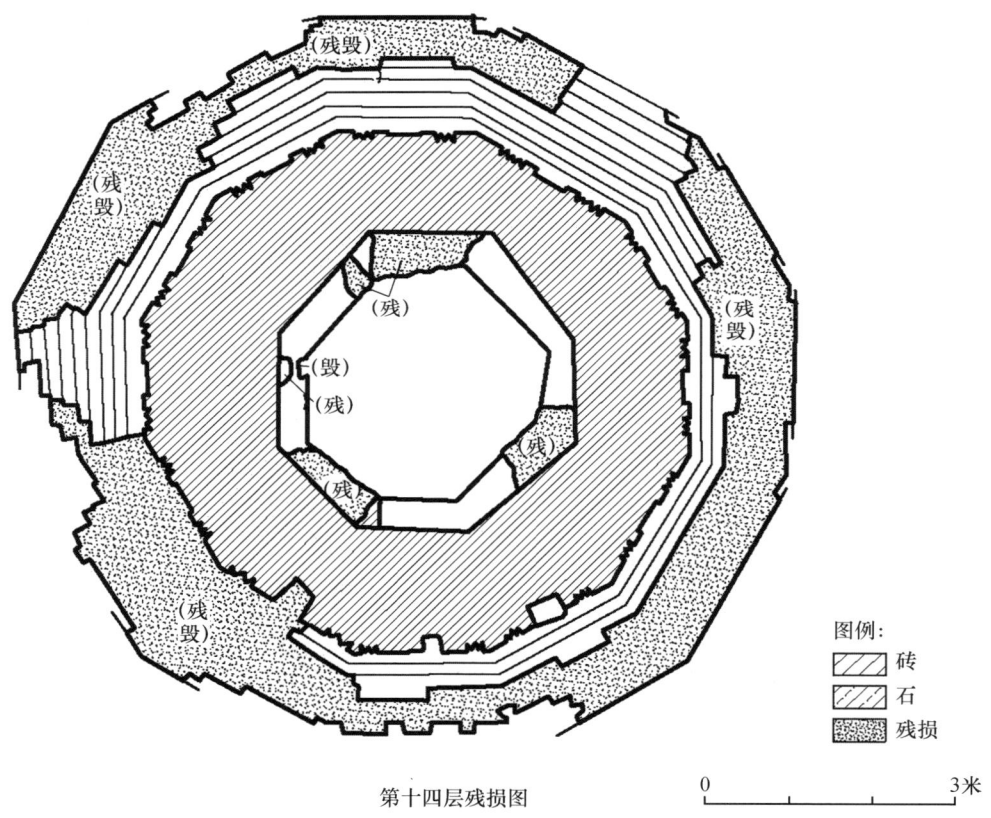

第十四层残损图

图 2.7.4　嵩岳寺塔第十三、十四层残损图

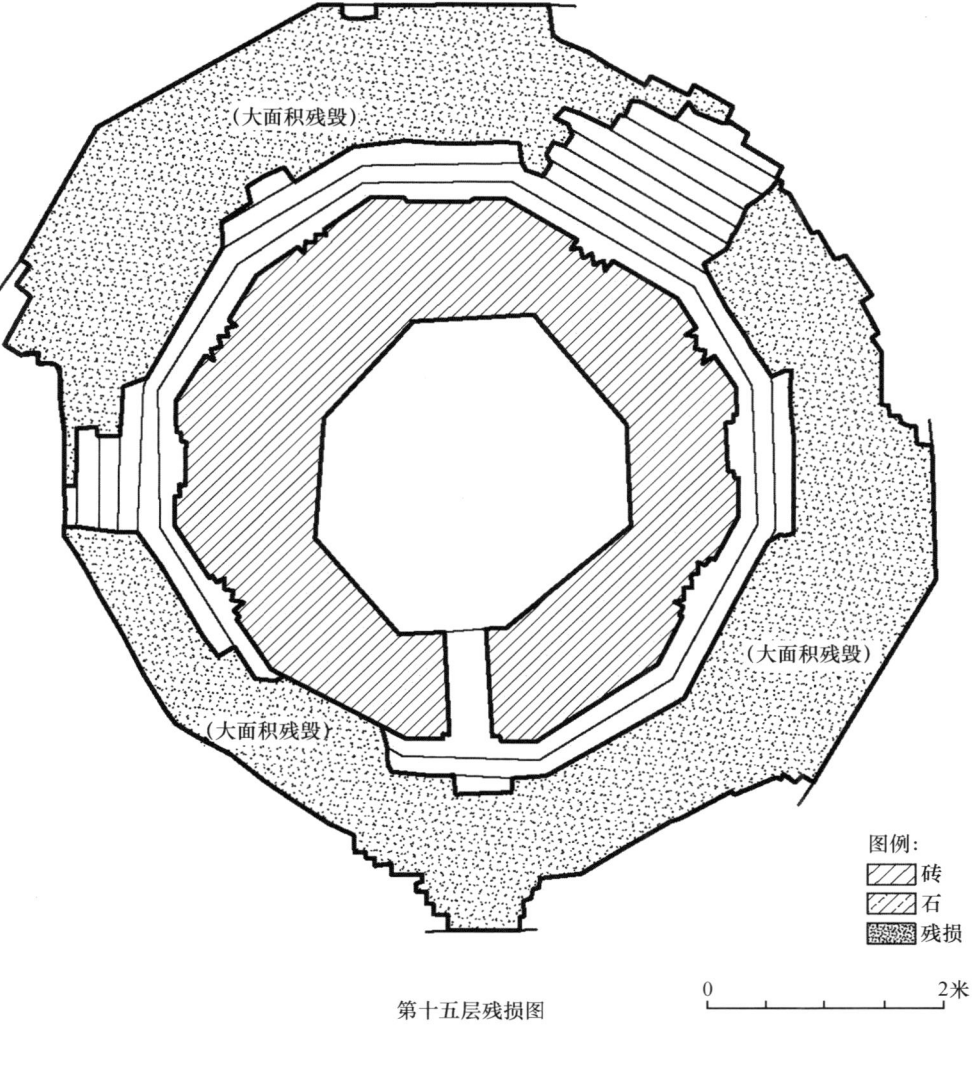

第十五层残损图

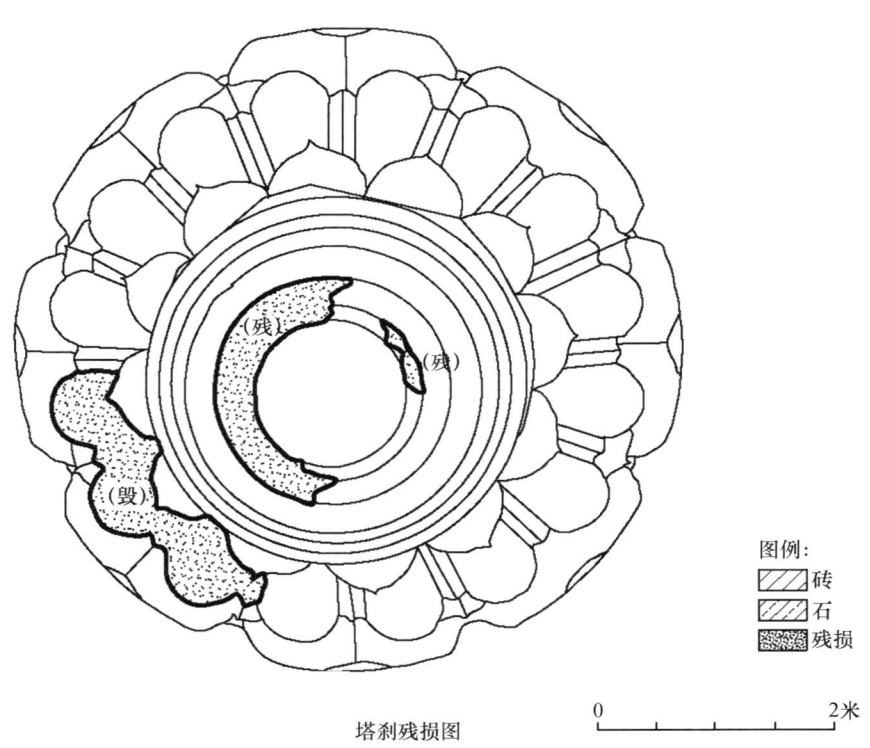

塔刹残损图

图 2.7.5 嵩岳寺塔第十五层、塔刹残损图

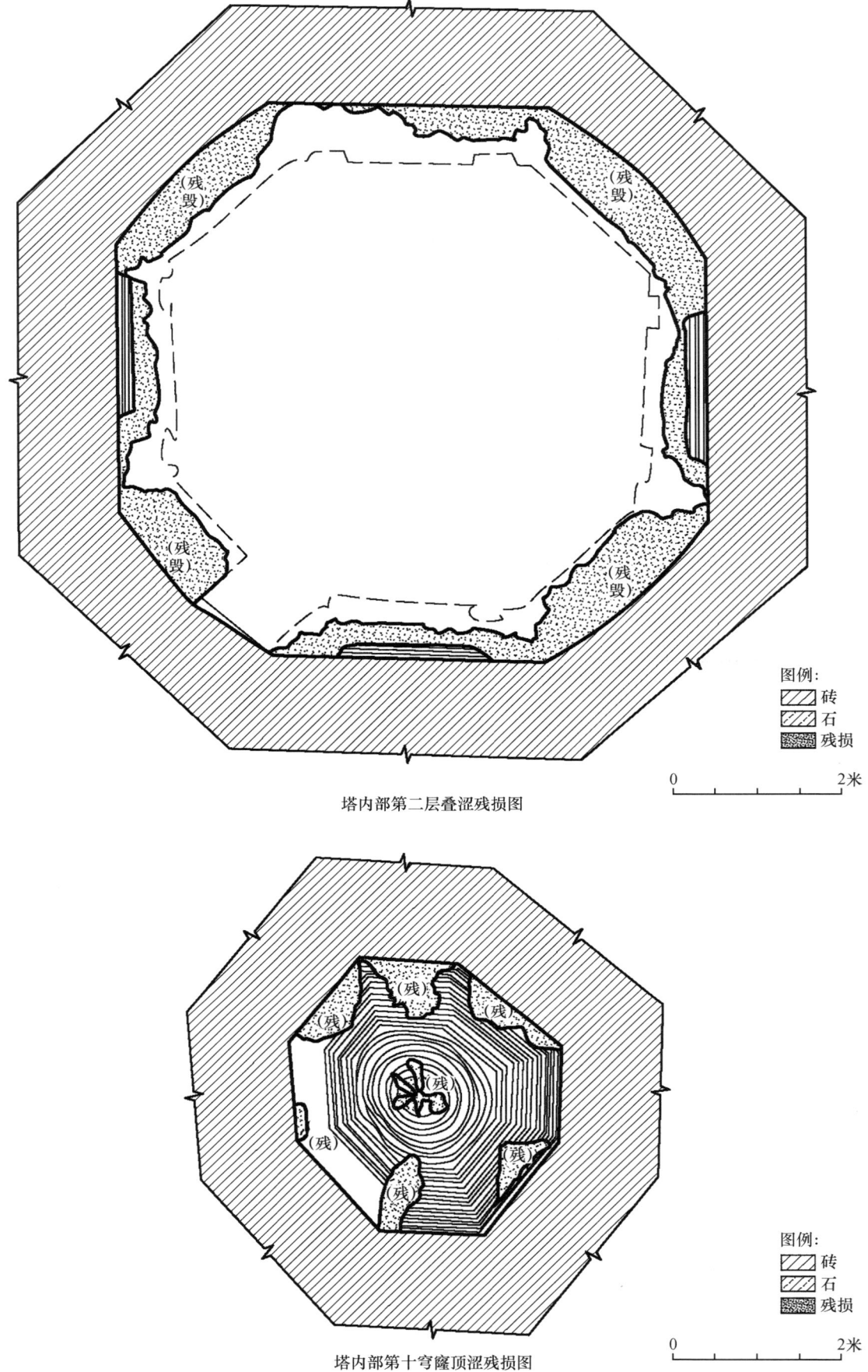

塔内部第二层叠涩残损图

塔内部第十穹窿顶涩残损图

图 2.7.6 嵩岳寺塔内部第二层、穹窿顶残损图

踏道应是同塔基座同时损毁。现所有砖构踏道全部为后人建造。

4. 散水

探沟内揭示的塔台座周围散水，大部分铺装及下部垫层构造损毁，仅遗存台座东、西、南三面少部分的散水铺砖。东面遗存一排8块砖，西面遗存两排10块砖，南门遗存一排4块砖，其西面遗存散水砖下碎砖渣垫层也遭破坏。其余未揭视部分情况未知。

5. 塔基础

塔下夯土基础保存基本完好，仅地宫地面中心夯土有一处孔洞，东西长100.0厘米，南北宽60.0厘米，深125.0厘米。砖基础第十一角处，部分为后人补砌，因探沟较浅，补砌层数、高度不详。西南、东北、东南三面砖基础均有不同程度的下沉、倾斜，东南处砖基础底面下沉最多，约20厘米。塔基砌砖外表面有轻微的酥碱。

二、塔体外部残损病害

1. 塔体倾斜

塔体向东南方向倾斜，与塔体下沉面方向一致，倾斜方向的水平方位为南偏东23°25′，与塔第十二角相应。倾斜角各层不一，第二、十四层为1°20′以上，其余各层在1°15′左右。

2. 塔身墙体残损

（1）塔基座墙体残损病害

塔壁上有多条裂缝，贯通上部叠涩的大裂缝多集中在第二、三、十一、十二这四面，裂缝宽达2.0~3.0厘米；第二面塔壁裂缝有2条，壁面偏北有1条上下贯通裂缝，另1条从贯通裂缝中部斜向下岔开；第三面塔壁偏东有1条斜向贯通裂缝；第十一面塔壁偏北有1条上下贯通裂缝；第十二面塔壁有1条斜向贯通整个塔壁的裂缝；其余壁面裂缝多为不贯通的小裂缝。除裂缝外，塔体外壁第二角中下部出现大面积整体崩裂、下垮现象，崩裂部分已外坏。塔身下部墙根砌砖多酥碱、脱落损毁，大部分经后代修补更换，用砖较大且不正规，故能很明显地分辨出来，高度多达100厘米。塔身外粉刷灰皮多脱落。

（2）其余各层塔身墙体残损病害

第一层南门券楣顶至反叠涩有1条竖向裂缝。第二至十层塔身主要是南部各面出现不同程度的裂缝和局部砖壁坍塌现象。第十一至十三层塔身基本保存完好。第十四、十五两层塔壁有多处竖向贯通裂缝，裂缝连通叠涩檐，塔壁砌砖松动，泥缝外侧全部脱落，壁面有不同程度的坍塌和缺砖现象。塔身外粉刷灰皮多脱落，暴露塔壁砌砖外壁有轻微风化，泥缝外部脱落。

3. 外部塔檐残损病害

塔檐第二至十层外檐基本完好，仅部分塔檐有开裂和缺砖现象。第十一至第十五层塔檐崩塌、开裂十分严重，西、南、东三面大部分毁坏，反叠涩坍塌成砖堆，部分损毁至塔身外壁，遇劲风和地震塔檐砖往下掉砖。外粉刷灰皮大部分脱落、彩绘褪色，裸露檐砖表面风化。风铎全部佚失，风铎挂钩大部分损毁，仅遗存部分风铎挂钩的锈蚀残片。

4. 倚柱、塔门、塔龛残损病害

塔基座和一层四塔门洞内现封堵或为后加门构造。原门及构造无存，仅在东门洞南壁东侧卯口中残存一段被烧焦的枋木。四门洞的券砖与内部连接不牢，已出现下坠松垮现象。门洞两侧壁面，有被后人开凿出八条宽约40.0厘米，纵长达数米的沟槽。门洞券楣外部泥塑和外粉刷大部分脱落损毁。

倚柱造型基本完好，外部泥塑和外粉刷大部分脱落损毁。

塔龛整体基本完好，仅壸门内砖雕狮子有不同程度的掉块和风化，外部粉刷大部分脱落，龛内墙壁上彩绘、佛像大部分脱落。

5. 塔刹残损

原塔刹损毁。现塔刹部分残损较为严重，西南面残损最甚。刹体多处裂缝，砌砖松动，裸露砌砖表面风化、酥碱。覆莲多瓣坍塌、砌砖松动，西南部两瓣全部损毁，外部泥塑大部分损毁。相轮上部缺砖、开裂。宝瓶砌砖部分碎裂、缺角。铁刹杆锈蚀、弯曲，其上其他构件全部佚失。塔刹外粉刷灰皮大部分脱落。

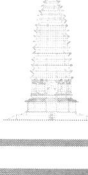

三、塔体内部残损

塔体内部塔壁和叠涩多处有崩裂和残缺病害，残破较为严重。

1. 室内地面及佛台残损

一层塔室、门道内地面铺地石部分佚失，其余大部分残缺或断裂。北门道内地面北后建踏道占压。地面中部佛台仅遗存东北部须弥座下部残段，其余构件全部佚失。缺失铺地砖处和佛台内部地面现为黄土，高低不平。

2. 塔壁残损

第一层塔壁下部有部分后代补砌壁面，高约20.0~40.0厘米，粉饰灰皮部分脱落。塔壁及门洞壁上部后凿有孔洞，安插楼板楞木，上置木楼板。第二层塔壁的四座壁龛台座上、下多塌毁，内部造像佚失，粉刷灰皮大部分脱落。第三至六层塔壁表面部分酥碱、风化。第七层以上塔壁泥缝严重脱落，部分塔壁残毁。第九、十层南部塔壁大片塌方，坠砖孔堆在下部叠涩檐上，特别是第十层砌砖表面多呈橙红，南、东及东南部为最多，砖表酥碱殊甚。

3. 塔内叠涩残损

第二层叠涩檐被人凿毁，已极难辨原貌。第三至八层叠涩檐有不同程度缺砖和坍塌。第九层叠涩檐大面积塌毁。第十层叠涩穹顶部分塌毁，砌砖松动，泥缝脱落，到处可见天光，雨水顺着裂隙、莠草和树根灌入塔内，结构稳定性较差。

4. 楼板、楼梯和其他木构件残损

塔内曾遭火灾，木构件大部分烧毁，仅存内壁孔洞的木棍残段。第二层木结构全部无存，现木楼板为后建。第二层叠涩上部仅存卯口，其楞木和楼板全部佚失。第八层叠涩上部留存有大卯口，其中一卯口内有一段方形楞木火烧残段，其他楞木和楼板全部佚失。第三至八层各壁上呈斜状排列的小卯口内有烧焦的木棍残段，其他构造无存。

四、地宫残损

地宫地面中部有盗洞，东西长100.0厘米，南北宽60.0厘米，深125.0厘米。地面铺砖部分佚失。宫室穹顶大部分坍塌。宫室壁画及宫门及部分墙体为唐代修缮，其粉刷泥皮部分空鼓、开裂，壁画大部分脱落、褪色。宫室、甬道内被杂土填满。甬道顶全部坍塌，墙体砌砖酥碱、泥缝外侧脱落。

五、嵩岳寺塔主要残损病害成因分析

嵩岳寺塔残损病害成因，主要为地震、冰雹、暴雨、风等自然灾害，人为火灾、拆除、掩埋等破坏两大因素。

1. 台座、阶基、踏道等残损成因分析

台座等遗存全部被掩埋在地面下约100.0厘米，其塔基座和阶基、散水、踏道大部分损毁，台座和阶基的墙体、地面铺装及其他构件全部佚失，内部坚硬夯土上部也遭破坏，是人为拆除、掩埋破坏。

2. 塔砖基础下沉、塔体倾斜成因分析

嵩岳寺塔地处杂岩构成的剥蚀低山上，地基为风化至半风化片麻岩层，属低压缩性，结构稳定，此处未见地下水和周围积水，地基也耐力为440Kpa。塔体重量经计算约36360KN。夯土基础内摩擦角为42.8°，压缩系数0.009，夯土高度平均按120.0厘米计算，夯土基础底面积约121.3平方米，基底压力约256.8Kpa，约占风化至半风化片麻岩允许承载力的58.4%，判断砖基沉降和塔体倾斜非天然地基下沉原因。

砖基础东南部下沉原因有二，一是因夯土基础为纯红色亚黏土夯筑而成，其东南处夯土比西南、东北处厚61.0厘米，比西北处厚115.0厘米，在夯土完全固结前，受压后东南处压缩量相对较大，导致塔砖基不均匀下沉、塔体倾斜。二是塔砖基由四门道分隔成东南、西北、东北、西南四块互不相连的砌体构成，每一块如独立基础一样各自承载，塔体向东南处倾斜，增大东南处基底压力，加大砖基下沉，这也是此处下沉较大的因素之

一。另外，产生东南处塔砖基下沉，塔体向东南处倾斜，其时间主要应在夯土完全固结前，固结后夯土结构稳定，塔体也相对平衡。

塔夯土基础上的地宫孔洞，是盗掘者寻找地宫中藏物而人为挖掘所致。砖基础后人补砌部分，原因不明。

3. 塔身墙体崩塌、裂缝成因分析

塔基座墙体砌筑分内外两部分，外层砌筑较为规整，内部多用填砖砌法，砌筑质量相对较差，塔身内、外搭接不牢固，结合处粘结力相对较小，墙身承载后，外壁层与内部传力不均，结合处应力集中，导致塔身内外分离，外壁层抗剪能力减弱，是产生裂缝的因素之一。塔体向东南处倾斜，东南处壁体荷载加大，导致东南处塔身开裂，是东南处壁体开裂的主因之一。因塔砖基础由四块扇形砖砌体组成，上部塔身墙体为一体，塔体向东南倾斜后，导致西南处塔身受扭变形，产生塔身外壁层开裂，脱离内部壁体，是导致西南处壁体大面积崩裂下坠的主因之一。

查登封有史记载的地震自然灾害，从明成化二十三年（1487）至1983年有感地震就有4次，嵩山山崩2次[1]，这也是导致塔壁开裂的又因素之一。

另外，近年通过混凝土断层检测仪对塔基座各壁面的检测，检测点距阶基125.0处，检测深度100.0厘米，发现距外壁深80.0厘米处均有砌筑不密实的情况，也佐证了塔基座第二、十二面墙体是受荷增大产生较大的扭矩，致使塔壁内、外砌体变形分离。

4. 塔檐、塔刹残损成因分析

第十至十五层塔檐砌筑质量较差，塔体倾斜使塔檐砌体松动，应力重组，是造成塔檐开裂、崩塌的主因之一。自然灾害除地震、山崩因素使塔檐开裂外，冰雹、暴雨、大风是造成塔檐崩塌、砌砖松动、碎裂、泥缝脱落的又一主因。查各版本《登封县志》，从明代至1983年登封多次出现冰雹、暴雨、大风等灾害，如万历二十三年（1595）雹灾，农作物全毁，树叶剥尽；康熙二十九年（1690）下冰雹大如鸡蛋等。塔刹构件坠落砸到塔檐，也是上部几层塔檐残损的主因之一。塔檐残损是塔檐自身构造和自然灾害合力造成的结果。

塔刹残损原因，除上述自身构造、自然灾害因素外，人为破坏也是主因之一。隋末唐初塔内火灾，塔刹木结构损毁，造成塔刹损毁后重建。

5. 地宫、塔内部残损成因分析

地宫残损主要是人为破坏。

塔内地面、佛台、佛龛、木结构、内叠涩塔檐，主因是人为火灾和人为铲除破坏。

参 考 文 献

[1] 登封县地方志编纂委员会编. 登封县志[M]：第一编大事记. 郑州：河南人民出版社. 1990：13-42.

第三章 嵩岳寺塔区域地形地貌、地质勘察

第一节 嵩岳寺塔区域地形地貌、地质概况

一、嵩岳寺塔区域地形地貌

嵩岳寺塔地处嵩高南麓，北魏时嵩高主要是指太室，东与五指岭相连，西与轘辕关相接，东西长 20.0 千米，南北宽约 15.0 千米。自古以雄壮著称，其山峦起伏，群峰挺拔，岩嶂苍翠相间，峰壁环向攒耸，山间有峰、谷、涧、瀑、泉、林等自然景观元素。太室诸峰在明代之前著名的有 24 峰，主峰为峻极峰，据中国地质科学院给出的数据，海拔 1492.0 米。峻极峰西北有玉柱峰，玉柱峰南下为低山，低山由杂岩构成，山顶及西北山坡基岩裸露，表层风化强烈，上有林木。嵩岳寺塔就坐落在玉柱峰下的低山之间（图 3.1.1）。

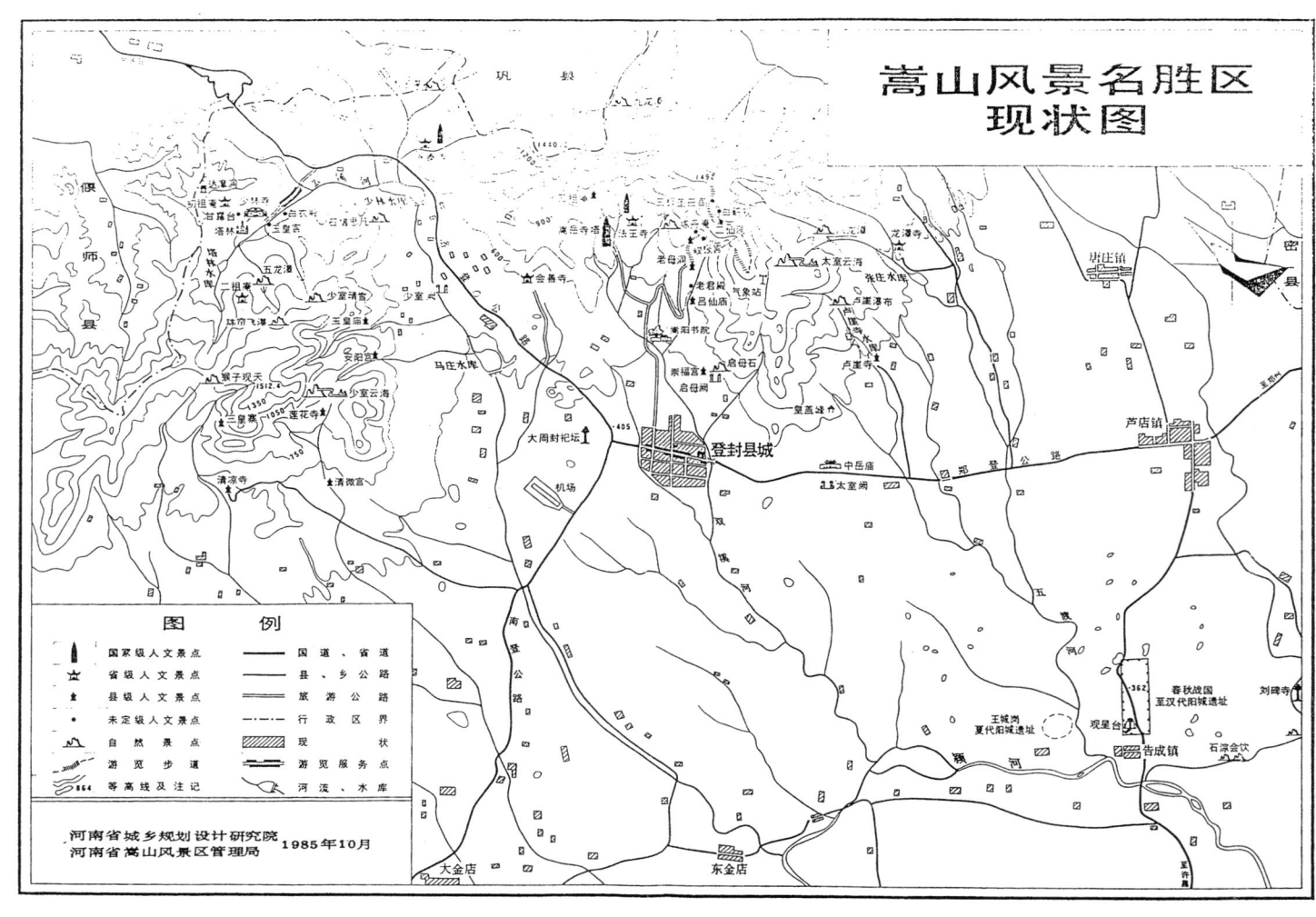

图 3.1.1 嵩岳寺塔区域环境图

嵩岳寺东、西均为山谷溪流和低山，北连太室玉柱峰，南接南辅山或称"古灵台"。塔院在整个嵩岳寺建筑群的东侧，院西、北两侧为坡度较大的剥蚀低山山坡，塔院地面距低山山顶约70.0米。西侧山坡由西向东倾斜，坡度约为25/100，分为两上下级，两级间为陡坡，上有林木，山脚距塔院西墙20.0米，距嵩岳寺塔30.0米。西南坡上有耕土、亚砂土、亚黏土覆盖，土中夹碎石和块石，山脚遍布大大小小的滚石，大者可达3.0～4.0米见方。西北低山顶及山坡全部是基岩露头，基岩表层风化强烈，多被第四系坡积物掩盖，山坡坡度约为21/100，亦可分为上、下两级，第二级为三级水平梯田，距塔院最近处靠近院墙约3.0米，距塔35.0米。塔院南为坡度较缓的多级台地，上有梯田和林木，高差20.0～30.0米。塔院东紧邻大塔有几座民居，再东为双溪河溪流，内分布为第四系洪积砂砾石层，溪东为东岭低山。塔院周围无水井，居民汲河水饮用，河水面低于塔院地面约15.0米左右。塔院围墙外西部1.0～2.0米处有6个地窖，均竖直挖到基岩，土层厚2.0～4.0米，窖内未见地下水。塔院内覆盖着大面积的后代人工堆积层。

二、嵩岳寺塔区域地质

1. 地质构造

嵩高山先后经历嵩阳运动、中岳运动、少林运动、怀远运动、燕山运动，以及喜马拉雅和新构造运动等几次大的地壳运动，此地从海底上升至海平面，而中岳运动形成嵩高山的雏形，燕山运动确定嵩高山基本格架，经过风化剥蚀后形成了今天的嵩高山山体。中岳运动末期岩浆发生，形成岩浆入侵，同时又产生变质作用，使已形成的岩石又一步变质，则形成复杂的变质岩系，又经风化、侵蚀、深积、改造、滑动、崩塌等作用形成今天的地貌。

嵩高山从大的范围来说属伏牛山系，地处华北地台南缘，嵩箕台隆东南部，经历多次构造运动。登封群的岩体产状复杂，褶皱、断裂发育，岩层主要向山坡方向倾斜。基底构造以褶皱为主，断裂次之，构造线方向近南北向，为一些密集、紧闭、形态复杂的同斜线状褶皱，以及伴随褶皱而生成的北西至南东向、近南北向和近东西向的三组断裂。嵩岳寺塔即在构成基底的古老岩层范围内（图3.1.2）。

嵩岳寺塔所处的大塔寺太古界复背斜轴西翼，这是一个紧密的、呈线性排列的褶皱构造（图3.1.3、图3.1.4）。复背斜轴呈北、北东向延伸，南端到中岳庙至嵩山断层，塔距断裂带最近为1.0千米，向北到嵩山山脊被元古界掩没。在塔区域小范围内未发现其他大断层通过。塔区域附近岩石断续出露，多为风化及强风化的露头，为太古界登封群的片岩、片麻岩组。

2. 岩层构造和性质

嵩山地质是前震旦系古老片岩、片麻岩及石英岩构成的断块褶皱山，下部为登封杂岩，上部为嵩山石英岩（图3.1.5、图3.1.6）。下元古界嵩山群以石英岩为主，石英岩坚硬、难风化，多构成陡峭的岩壁、险峻的山峰。太古界登封群杂岩以片岩、片麻岩为主，易风化，构成剥蚀的低山，低山上有大量滚落的石英岩或砾岩（图3.1.7）。

太古界以黑云斜长片麻岩、角闪斜长片麻岩为主，夹有花岗片麻岩透镜体，并见有石英脉、伟晶岩脉顺片麻理或斜交片麻理穿插。片麻岩层节理不发育，已见节理产状为倾向128°倾角47°、倾向62°倾角30°、倾向325°倾角59°、倾向138°倾角57°等四组。表层片麻岩多已风化为土状，风化层厚度1.0～7.0米不等。地表露头岩石天然含水量8.1%，天然容重2.18g/cm³，孔隙比0.354。孔内岩样天然含水量9.4%～16.3%，天然容重1.96～2.12g/cm³，孔隙比0.478。硬基岩比重为2.68，平行干容重为2.64g/cm³，抗压强度157.0kg/cm²。湿容重：烘干2.62g/cm³、饱和2.62g/cm³，吸水率0.24%，饱水率0.28%，抗压强度：饱和104.0kg/cm²。垂直干容重：烘干2.64g/cm³，抗压强度：烘干150.0kg/cm²。湿容重：烘干2.67kg/cm³、饱和2.68kg/cm³，吸水率0.25%，饱水率0.28%，抗压强度：饱和156.0kg/cm²。

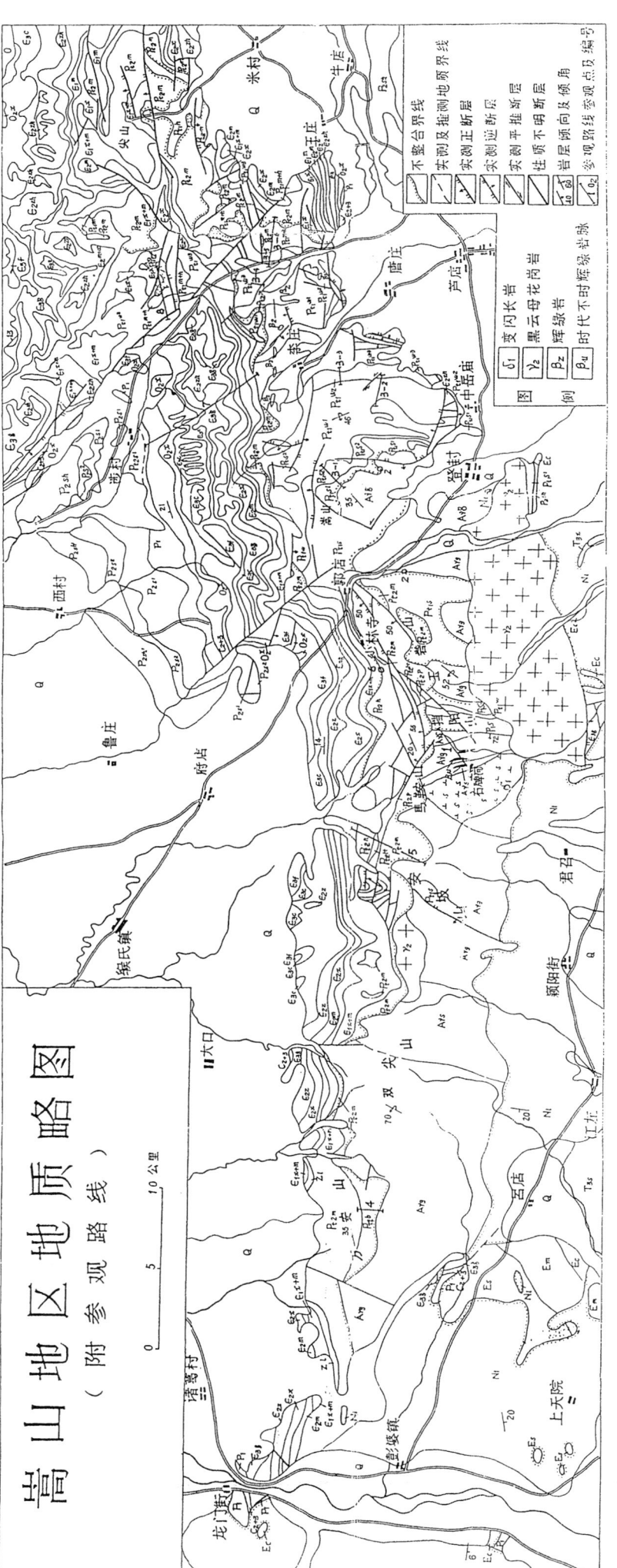

图 3.1.2 嵩山地区地质略图

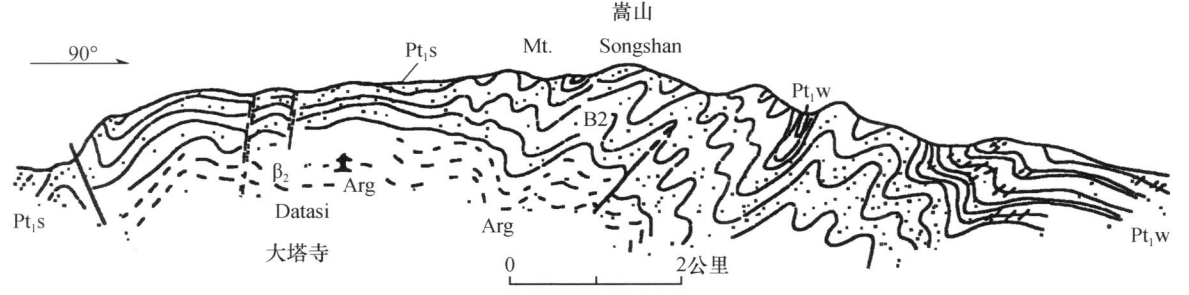

图 3.1.3 大塔寺复背斜示意剖面图

Pt₁w—下元古界五指岭组 Pt₁s—下元古界嵩山组 Arg—登封群郭家窑组 β₂—辉绿岩脉

（据武汉地院资料）

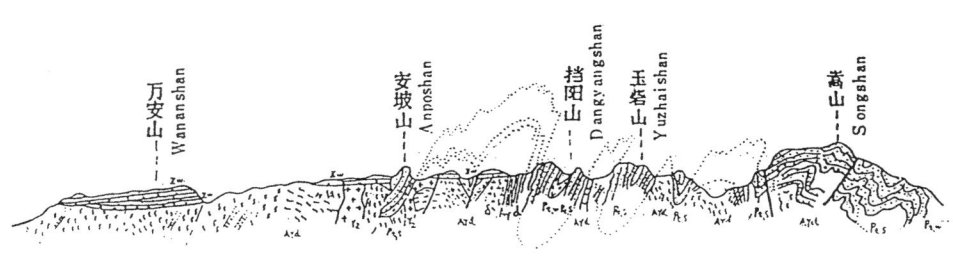

图例:
- Pt₂ 五佛山群
- Pt₁s 嵩山群五指岭组
- Pt₁s 嵩山群嵩山组
- Ar₁ 太古界登封群
- 角闪片岩(标志层)
- 混合岩化
- 下元古界花岗岩
- 太古界变闪长岩
- 太古界变质基性岩
- 背斜、倒转背斜
- 向斜、倒转向斜
- 断裂、推测断裂
- 挤压动力变质带
- 不整合面
- 地质界线
- 剖面构造示意
- 混合岩化中心(太古代片麻岩穹隆体构造)

图 3.1.4 嵩山—万安山综合剖面图

界	系	统	地方性地层名称 群 | 组和段	符号	柱状图	厚度 m	岩 性 描 述	构造运动
新生界	第四系			Q		27-102	残积坡积洪积冲积亚黏土，夹冰碛砾岩	喜马拉雅阶段
	新近系		洛阳组	Nl		34.9	黄棕色钙质粉砂岩与灰绿色泥岩互层，底部为紫红色砾岩	
	古近系		张家村组	Ez		435	下部为红色砾岩与中厚层中粒长石石英砂岩互层，中部为细粒长石石英砂岩上部为暗紫粉砂岩和沙质泥岩	
中生界	三叠系	上统	谭庄组	T₃t		95.8	灰绿色紫红色泥质粉砂岩与粉砂质泥岩互层夹泥质页岩。泥岩含菱铁矿结核水平层理发育	燕山运动阶段
			椿树腰组	T₃ch		170	灰绿色泥岩，粉砂岩夹泥灰岩	
		中统	油房庄组	T₂y		107	米黄色长石石英砂岩，水平层理发育	
			二马营组	T₂er		463	暗紫色黄绿色泥岩、粉砂岩，夹泥灰岩	
		下统	和尚沟组	T₁h		81.9	紫红色钙质泥岩夹砂岩，含钙质结核	印支运动阶段
			刘家沟组	T₁l		281	粗粒紫红色石英砂岩	
上古生界	二叠系	上统	石千峰群(石千峰组) 孙家沟组	P₂s		82-280	紫红、灰绿、粉砂质泥岩砂岩，中细粒砂岩，夹钙质结核	海西运动阶段
			石盒子组 平顶山段	P₁₋₂sh³		60~160	厚层状灰白色中—粗粒长石石英砂岩	
			云盖山段	P₁₋₂sh²		450	黏土岩夹砂岩，底部为灰黄色巨厚层细粒长石石英砂岩，煤线	
			小风口段	P₁₋₂sh¹		60-140	由黄绿色粉砂质黏土岩、粉砂岩夹细粒长石石英砂岩，煤线	
		下统	山西组	P₁s		50-109	由砂岩、粉砂质页岩、泥质页岩、黏土岩炭质页岩夹煤层	
			月门沟群 太原组 上段	P₁t³		20	深灰色中厚层燧石灰岩、砂质泥岩、泥岩和煤	
			中段	P₁t²		5-11	灰色中细粒石英砂岩，砂质泥岩夹薄煤层及灰岩透镜体组成	
			下段	P₁t¹		5-23	由4层灰岩4层煤层组成，夹泥岩、炭质泥岩，局部含燧石层	
	石炭系	中上统	本溪组	C₂₋₃b		8	为铝土质泥岩或泥岩，页岩，夹透镜状赤铁矿及黄铁矿层，煤线	
下古生界	奥陶系	中下统	马家沟组 三段	O₁₋₂m³		30	灰色致密灰岩与灰色白云质灰岩互层	加里东运动阶段
			二段	O₁₋₂m²		50	深灰色致密角砾状灰岩	
			一段	O₁₋₂m¹		12	黄绿页岩、白云岩、含燧石团块白云岩	
		上统	三山子组	∈₃-O₁		94	灰白色厚层状含燧石团块白云灰岩、细粒白云岩，本组具有穿时性	
	寒武系		炒米店组	∈₃ch		47	厚层状白云质灰岩	
			崮山组	∈₃g		42	厚层鲕状灰岩	
		中统	张夏组	∈₂zh		200-265	中部鲕状灰岩下部为灰色及泥质条带灰岩，上部为鲕状白云岩	
			馒头组 三段	∈₁₋₂m³		95	灰灰鲕状灰岩、粉砂岩、砂质岩，泥质条带灰岩夹黄色、黄绿色、紫色页岩	
			二段	∈₁₋₂m²		126.5	暗紫色含云母页岩、粉砂岩为主，夹灰岩及薄层砂岩	
			一段	∈₁₋₂m¹		35.5	紫红色薄层泥灰岩、页岩	
		下统	朱砂洞组	∈₁zh		90	白云质灰岩，含燧石团块白云岩	
			辛集组	∈₁x		19	紫红色砾岩、砂岩	少林运动

图 3.1.5 嵩山地区综合地层柱状图（1）

界	系	统	地方性地层名称 群	组和段	符号	柱状图	厚度/m	岩 性 描 述	构造运动
新元古界	震旦系			罗圈组	Zl		27	下部冰碛砾岩，上部泥沙页岩夹薄层粉砂岩	少林运动
			五佛山群	何家寨组	Pt₃h		337	紫红色、灰绿色页岩及灰岩	
				骆驼畔组	Pt₃l		68	灰白色和紫红色沙砾岩，石英砂岩	
				葡萄峪组	Pt₃p		130	上部黄绿色页岩，含砾粗沙岩，中下部黄绿色和紫红色页岩夹细沙岩，灰色页岩	
中元古界				马鞍山组	Pt₂m		176	上部紫灰色厚层状石英砂岩夹白色石英砂岩，下部紫红色石英砂岩，底部为砾岩	
				兵马沟组	Pt₂b		546	暗紫红色砂质页岩夹薄层粉砂岩，中粗粒砂岩及砂砾岩，底部为泥沙质胶结砾岩	中岳运动
古元古界			嵩山群	花峪组	Pt₁h		129	紫红色杂色千枚岩，绢云母石英片岩夹白云石英岩，底部角砾岩。千枚岩含磷，产叠层石	
				庙坡组	Pt₁m		275	上部紫红色条带状中粗粒石英岩，下部灰白色厚层状中粗粒石英岩夹细粒石英岩（天然油石层）	
				五指岭组 三段	Pt₁w³		321	杂色铁质绢云母片岩，绢云母石英片岩及假像赤铁矿，底部为稳定的绢云母石英岩	
				五指岭组 二段	Pt₁w²		190	青灰色绢云片岩、千枚岩、千枚状石英绢云片岩夹石英岩	
				五指岭组 一段	Pt₁w¹		123	灰白色色绢云母石英片岩与中薄层石英岩互层，不稳定白云岩	
				罗汉洞组 上段	Pt₁l²		203	浅黄色厚层状粗粒石英岩夹绢云石英片岩	
				罗汉洞组 下段	Pt₁l¹		546	灰白色厚层-巨厚层中细粒石英岩，底部具不稳定砾岩	嵩阳运动
太古界			登封群	老羊沟组	Arl		630	上部为绢云母石英片岩，绿泥石石英片岩夹变质砾岩及含砾绢云母石英绿泥片岩，下部为云英片岩，石英片岩	
				郭家窑组	Arg		857	黄褐色角闪片麻岩，斜长石角闪片岩，斜长交闪片麻岩，各种变质砾岩	
				石牌河组	Arsh		>256	灰绿色和灰黄色黑云斜变粒岩，黑云斜长片岩，斜长角闪片岩，斜长角闪片麻岩夹斜长角闪岩	

图 3.1.6　嵩山地区综合地层柱状图（2）

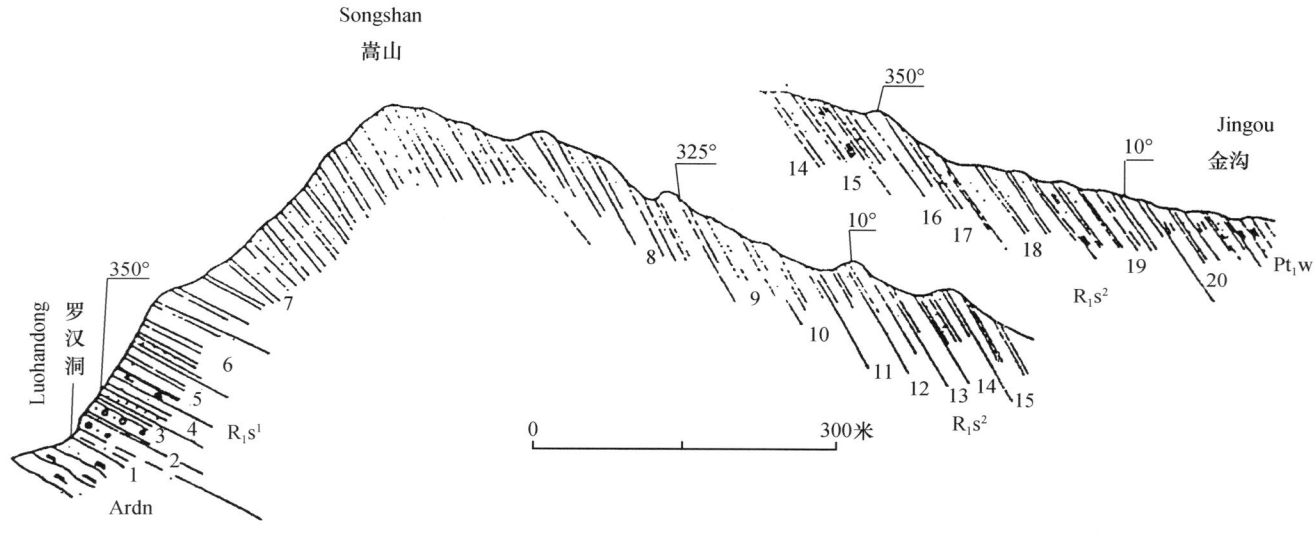

图 3.1.7　嵩山群嵩山组剖面（登封罗汉洞—金沟）

1. 登封群（Ardn）　2—19. 嵩山组（Pt₁s）　20. 五指岭组（Pt₁w）

第二节　嵩岳寺塔院内地球物理勘察

本节内容根据1986年塔院内地球物理勘察的成果整理而成。塔院内勘探任务是为探明塔基础的范围、深度，塔下是否有地宫，塔基础坐落地基岩土层，及塔附近地层等情况。本次采用视电阻率法、地质雷达等物探方法与仪器，进行较全面的勘测。

一、地球物理条件

首先通过野外地质调查、现场作物探试验工作和孔旁电测深等工作，掌握塔院内地层下部基岩为片岩、片麻岩，上部为碎石土层、砖层，某些钻孔内紧靠基岩处有一层黏土层，或基岩面上有一层块石堆积层等有关参数。

根据电测深曲线的首尾端渐近线及几个钻孔旁的电测深曲线可知，塔院内的基岩的电阻率不均匀，多数在 $200 \sim 300 \Omega \cdot m$，局部有低到 $70 \Omega \cdot m$ 以下或高到 $400 \sim 500 \Omega \cdot m$ 者。塔院内地表碎石土层电阻率十分不均匀，多为 $400 \Omega \cdot m$ 以上，部分至 $800 \sim 1000 \Omega \cdot m$ 以上，也有少数低至 $300 \Omega \cdot m$ 者。地表下土层和砖层电阻率是年代越久远电阻率越低，基岩较深处的基岩面上的黏土层，电阻率有时低于基岩的电阻率。总的来说，表层土电阻率和砖层电阻率多高于基岩电阻率，砖层电阻率在 $800 \sim 1000 \Omega \cdot m$ 以上，又高于土层的电阻率。基岩埋深较大的地方，及基岩表面较致密的黏土层电阻率，可能低于基岩电阻率（见表 3.2.1）。基岩、土层、砖层介电常数有明显差异，可能形成对雷达波的反射界面。

表 3.2.1

地层	电阻率（$\Omega \cdot m$）	变化范围（$\Omega \cdot m$）	备注
地表碎石土	约 400	$300 \sim >1000$	
砖层	$800 \sim 1000$		
基岩	$200 \sim 300$	$70 \sim 500$	塔东电阻率低，塔西电阻率高

二、物探工作布置

根据塔院及其周围的地质地球物理条件以及勘测任务，以电组率法和地质雷达为主要物探手段。电测深点采用温耐尔装置。用三极法时，无穷远极（C）置于 250.0 米外，使 $0C \geq 5 \sim 10 \max AO$。采用重庆地质仪器厂生产的 DDC-2B 电子自动补偿仪测量。

（1）塔院内以格网状布置电测深点，测线距 4.0~6.0 米，点距 4.0~5.0 米（图 3.2.1）。目的是测量塔院内基岩埋深、塔基情况和不同活动面埋深。根据以上资料，推定塔是否建在基岩上。电测深点采用三极装置，最大 AO6.0~9.0 米，无穷远极 C 设于塔院北面耕地中，保证 $OC \geq 10 \max AO$。AO 大部沿 E-W 向，顺测线，垂直无穷远极布线方向。共测 80 个电测深点，103 条电测深曲线。

（2）塔院内垂直某几面塔壁布置的三极剖面，有 Ⅱ、Ⅳ、Ⅴ、Ⅸ、Ⅹ、Ⅺ 等 6 条剖面，沿 A、B（与 Ⅹ 重合）、C、A^1、B^1、D^1 共作了 5 条三极剖面，共作 9 条剖面，458 个测点（图 3.2.1）。测点从紧靠塔的台明开始布置，目的是测量塔基外沿边界。MN=1.0 米，用两组 AO，A_1O=3.5 米，A_2O=7 米，测点距 0.5 米，必要时加密到 0.25 米或 0.125 米。无穷远极 C 置于塔北耕地中，OC 大都垂直 AO 方向，OC>90.0 米。

（3）塔内地面作中间梯度剖面，沿 EW 方向为中梯剖面 Ⅰ，SN 方向为中梯剖面 Ⅱ，互相垂直交叉共两条剖面。AB=30 米，A、B 极在塔外地面上，MN=1 米，AO_1=10.5 米，点距为 0.5 米，必要时加密到 0.25 米。目的是在塔内测量有无地宫所反映的异常。共测两条剖面共 41 个点。

（4）塔内中间梯度剖面发现异常后，在塔正中心作四极对称电测测探，以检验异常，并确定其上、下埋深，判定是否地宫，MN=0.5 米。

以上电阻率法均用 C-1 微测探仪，这种仪器可在 RMN=350kΩ 情况下正常工作，以适应电极往往打在砖缝、石板缝上，接地电阻特高的情况。使用 ϕ6 毫米钢筋或长 20 毫米的大铁钉作电极。

（5）塔院内与电测探点测网基本一致，布置了 16 条地质雷达测线，塔西设 2 条交叉的斜交测线。塔院南墙外公路及塔院西墙耕地上，各设一条测线，共 22 条地质雷达测线（图 3.2.1）。目的是与视电阻率法配合，探察塔基、塔院内水平层、基岩面及活动面的起伏情况。采用 SIR-8 地质雷达（美制）。

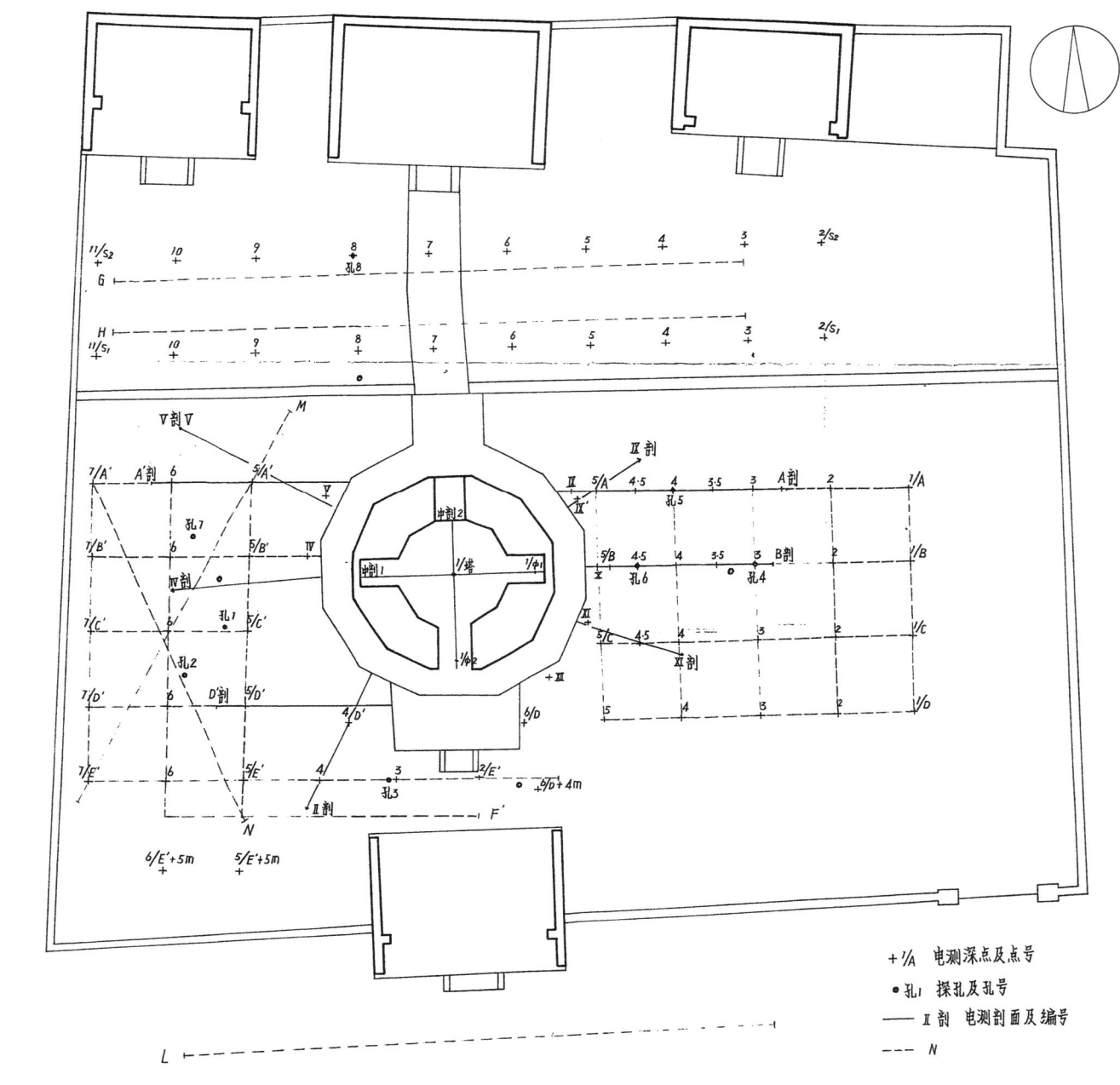

图 3.2.1 塔院内物探工作布置图

三、工作质量评述

1. 物探测量

塔院内电测深点点位根据地形测量基点 N5 和塔壁等地物，用经纬仪和钢卷尺定位，并将测点位置展于 1∶200 平面图上。各测深点标高用水准仪、以 N5 为基点测定。地质雷达测线及电剖面测线起止点的方向，根据地物标识用经纬仪和钢卷尺测量后，展在塔院 1∶200 平面图上（图 3.2.1）。电测深极距和电剖面电极位置由皮卷尺定位。为叙述方便，将塔正南的塔壁定为 I，正北门为 VI，按顺时针计，则正西塔壁为 V，正东为 X 来编号。

2. 塔院内电阻率法

塔院内电阻率法使用 C-1 微测深仪，该仪器是低频交流电阻率仪，在 RMN＞350KΩ 时仍能正常工作，RMN 在 0～350KΩ 内，测量均方相对误差≤1%。由于塔院内多处为砖铺地面，电极只能设在砖缝中；塔内为砖铺和石板地面，电极只能设在砖缝和石板缝中，加以天寒地冻，所以 RMN 很高，只有 C-1 微测深仪能适应这种条件。

电测深和电剖面均作重复观测，以评价其观测质量。重复观测结果为电测深点共重复观测 209 个极距，占总工作量的 17.4%，两次观测的均方相对误差为 $\sigma = \pm \sqrt{\dfrac{\sum_1^n [(\rho_{s1} - \rho_{s2})/\rho_s]^2}{2n}} = \pm 2.24\%$。三极法电剖面共重复观测 65 点，占总工作量 14.2%，两次观测的均方相对误差为 ±22%。中间梯度剖面共检查 34 点，占测点总数的 82.9%，两次观测均方相对误差为 ±41%。

四、物探资料定性定量解释

1. 塔院内电测深曲线

从钻孔和探井可见，基岩之上覆盖层十分复杂（图 3.2.2）。近地表为年代较近的人工堆积，上部为碎石土、三合土，下部为大块石加填土层，块石层下部分为基岩，部分加有一层碎石土；部分探井中基岩上有块石，块石上为铺砖，铺砖上是一层石块层。碎石土成分为亚黏土、黏土、碎石、碎砖瓦含量很不均匀。

塔院内电测深曲线反映有 5~8 个界面。由于各层电阻率不稳定，难以得到各层电阻率的准确值，而且各层厚度都不大，难以采用经典的量板法，电算自动解释等定量解释方法。参照大量无损检测喷射混凝土层厚度的对比试验，当埋深不大时，ρ_s-AO 曲线上反映层界面的转折点所对应的 AO 值与该界面埋深很相近，据此由转折点的 AO 作直接定量解释，塔院内的电测深曲线即以转折点法作定解释。解释方法的前提，需要有一定量的已知条件和该点的电测深曲线作对比。在院内用洛阳铲和钢管打了 7 个孔，因地表碎石土和黏土层下，普遍有一层大块石层，这些探孔均仅打到大块石层（图 3.2.2）。但仍可见，电测深曲线转折点法确定的层面与探孔中丈量的结果十分相近。塔院内还作 4 孔岩芯钻探；塔院外挖探井，并调查紧靠院墙的几孔菜窖，清楚地揭示了各活动面、砖基础、砖石层、碎石土等的叠加关系。这些揭露的情况与该点附近的电测深曲线对比，为转折点法直接解释提供了可靠的依据。

2. 对比资料结果

基岩上覆盖层内的层数多达 8~9 层，电测深曲线几乎每一个明显的转折点，都对应一个层面。块石层与上覆盖的碎石土、三合土层的电阻率有明显的差异，表现为电测深曲线上 ρ_s 的明显变化；块石层与基岩之间或基岩与其上紧邻的碎石土之间则电阻率差较小，这界面又在较深处，但电测深曲线上也反映出足可辨认的转折点。塔东与塔西基岩电阻率有所不同，塔西基岩电阻率大多在 250Ω·m 以上；塔东基岩电阻率多在 70Ω·m 以下。表土层电阻率较高，塔院中表土电阻率多在 400Ω·m 以上，仅少数为 300Ω·m 左右，也有不少在 600Ω·m 以上（图 3.2.2）。

3. 电测深曲线类型

电测深曲线形状及钻孔、探孔对比，分 5 种类型。

（1）以 5/B 点为代表的靠近塔边的几条电测深曲线，如 5/B、5/A、5/C、5/D、5/B′、Ⅳ 诸点，它们基本上是 KQQQ 型，反映为塔基和基岩（图 3.2.3）。

（2）S_1 和 S_2 剖面中的大部分测点，其曲线形态为二层曲线是 D 型或 KHK 或 QQ 型，曲线反映的层数不多，塔院内基岩较浅的 7/A′、6/A′ 等也是这种类型（图 3.2.4、图 3.2.5）。

（3）塔西的少数测点，如 5/B′、6/B′、7/C′、5/D′、5/E′、6/D+4m、V 等，其曲线首段 ρ_s 值较高在 500Ω·m 左右，为 KQQQ 型曲线，反映了大块石层上表面较浅。曲线的后段为 QQ 型，反映了块石—土—基岩三层中，基岩上紧邻的碎石土层电阻率较高（图 3.2.6）。

（4）以 2/E′ 为代表的，包括 2~4/E′、1~3.5/B、3.5/A、1/C、5/D、5/A′、5.6/C′ 等测点，其曲线尾部为 HK 型，表明在基岩之上有一层块石，块石层之上为电阻率较低的黏土或碎石土，块石层电阻率较高（图 3.2.7）。

（5）塔东部分基岩埋深较大的测点，如 1~5/A、2~4/C、2/D、6/D、4/D1+1.3m 等，曲线尾部呈 H 型，表明在基岩之上紧邻一层低电阻的黏土（图 3.2.8）。

根据电测深曲线反映覆盖层和基岩的转折点之 AO，确定各点基岩深度，并根据测点标高，确定出基岩标高（表 3.2.2），并绘成塔院内基岩等高线图（图 3.2.9）。可以看到，塔院内基岩不平坦，塔附近基岩成台阶形，塔东基岩有一深槽。塔西基岩深度 0.35~0.5 米；塔东基岩深度为 5.0~6.0 米；再向东或塔南则可深达 7.0~9.0 米。塔建在陡坎边缘较平坦的一块基岩上。

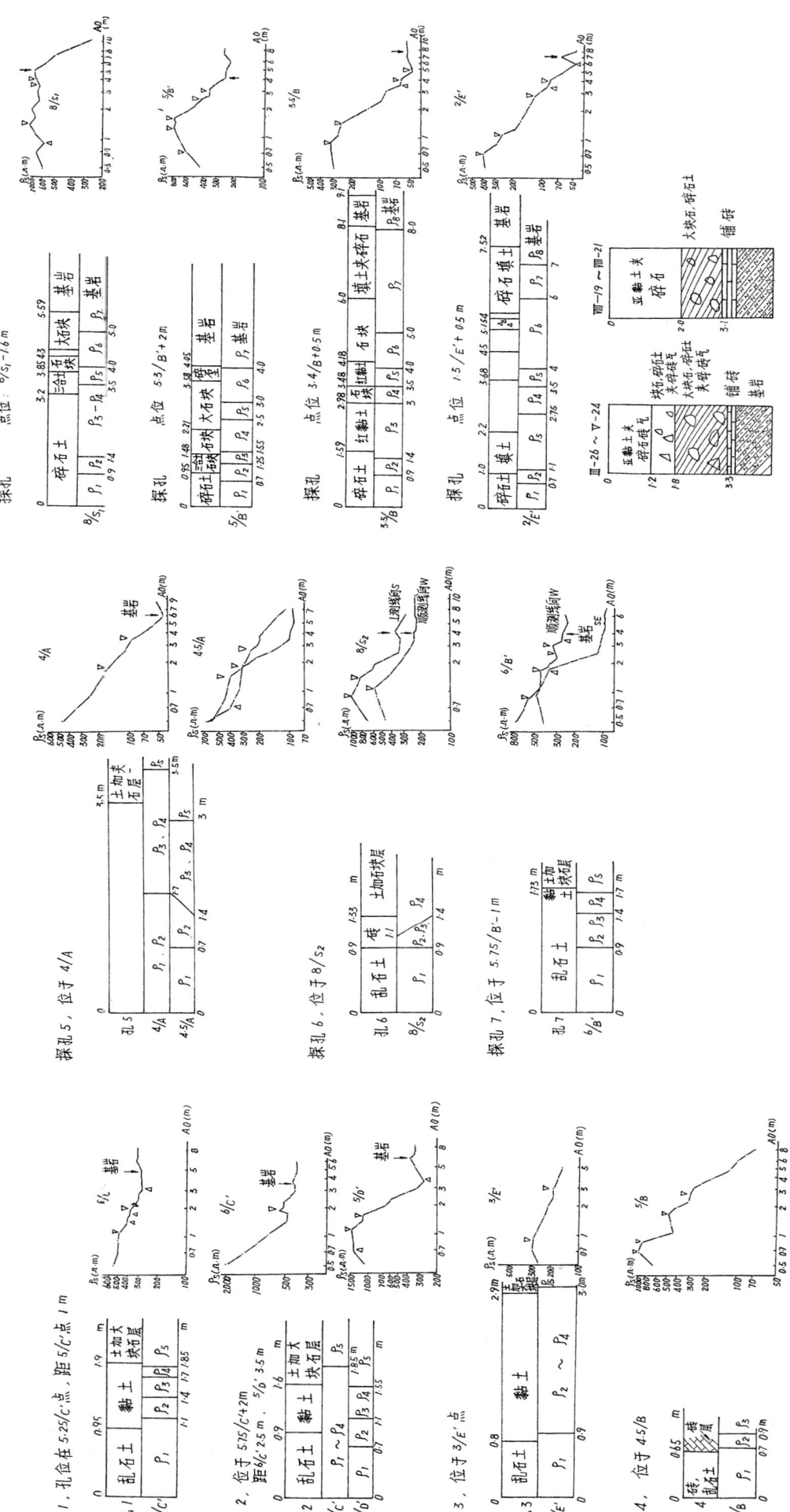

图 3.2.2 探孔与探测深对比解释图

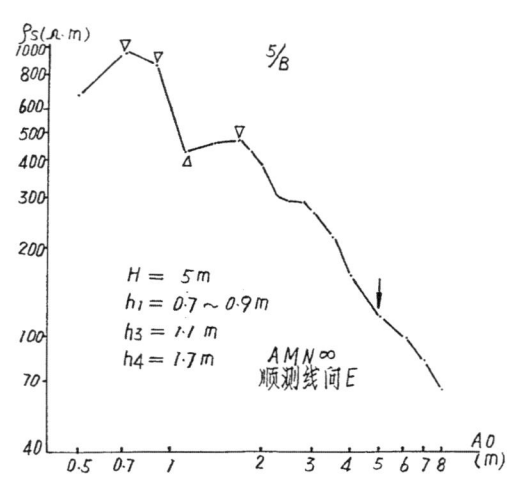

图 3.2.3　5/B 点电测深曲线

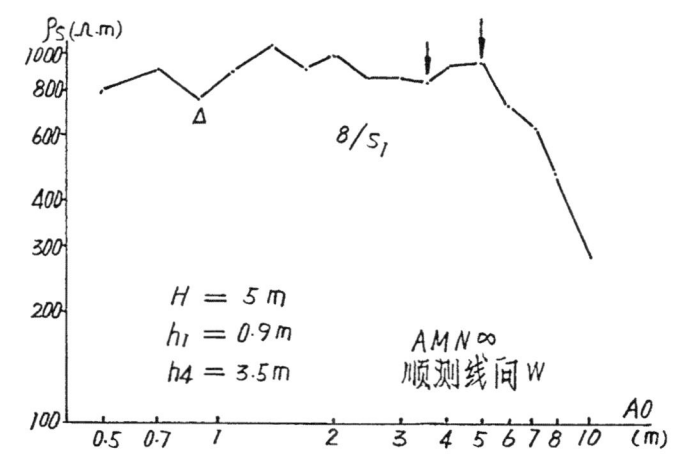

图 3.2.4　B/S_1 点电测深曲线

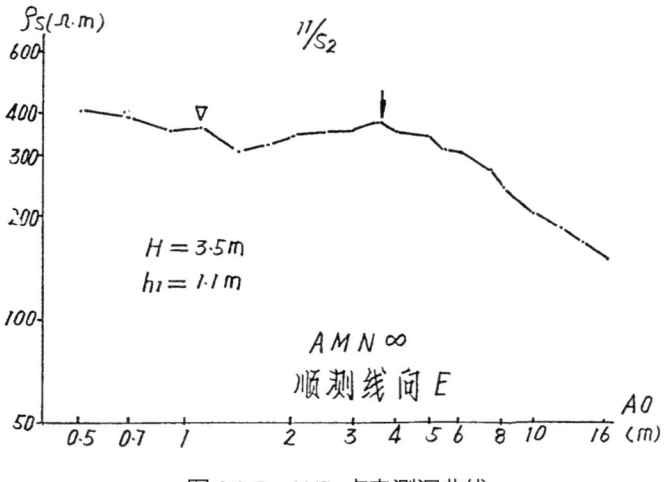

图 3.2.5　11/S_2 点电测深曲线

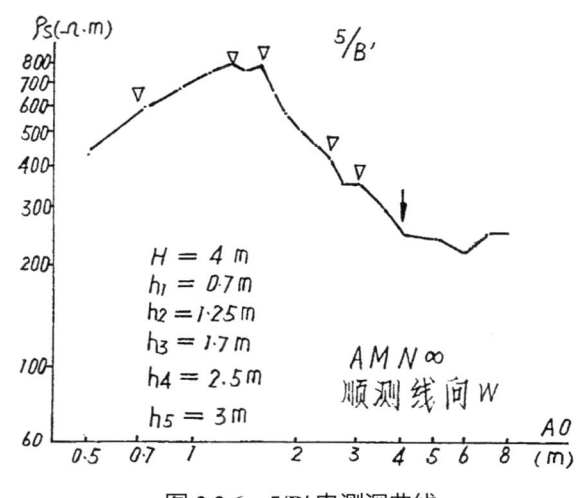

图 3.2.6　5/B' 电测深曲线

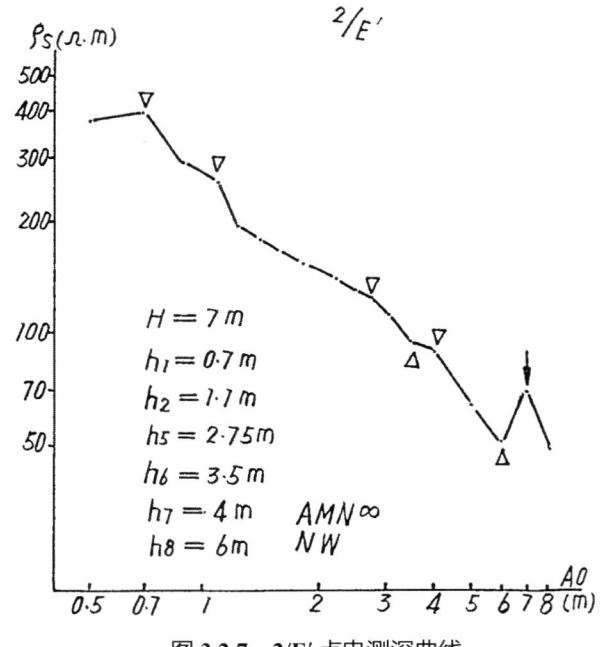

图 3.2.7　2/E' 点电测深曲线

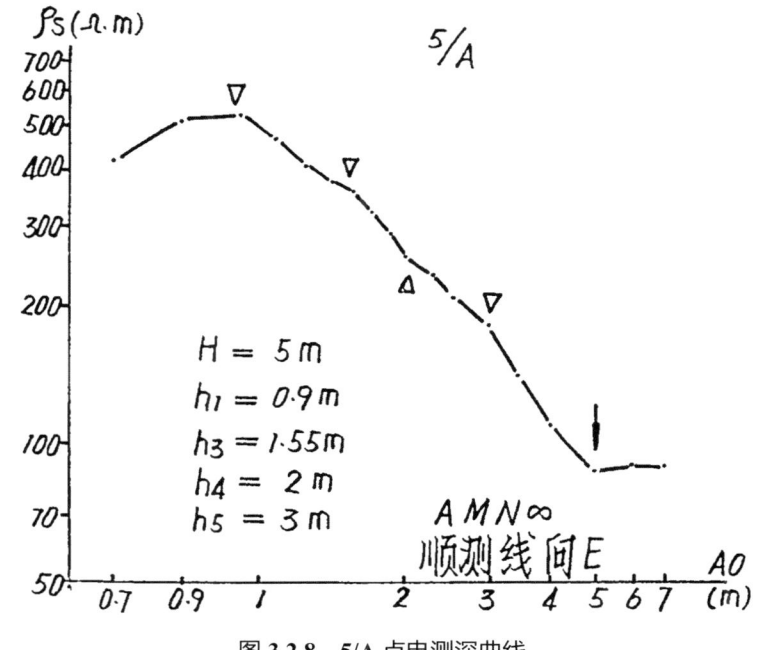

图 3.2.8　5/A 点电测深曲线

4. 基岩上覆盖层电测深曲线对应标高

塔院内基岩上覆盖层中电测深曲线反映有多个层面，经与探孔中这些层埋深的对比和标高换算，可看到它们相当于几个基本上水平的层。塔东、西、南有7层，编号 $h_1 \sim h_7$，h_1 标高为 638.3（638.0～638.4）；h_2、h_3 标高为 637.7（637.4～637.9）；h_4 标高为 637.2（637.0～637.3）；h_5 标高为 636.1（635.8～636.3）；h_6 标高为 635.6（635.3～635.9）。塔西有 h_7 标高为 635.0。塔北有 h_1 标高为 640.1（639.8～640.4）；h_2 标高为 639.3（639.5～639.8）。部分点有 h_3 标高 638.4（638.0～638.6）。

从电测深曲线上看，这些层并不是在每个测点都有清晰的反映。塔东、西、南的层面中，h_1 有约73%的测点有反映；h_2 有约69%的测点有反映；h_4 则仅有44%的测点有反映；h_5 则是埋深大的测点才会存在的，这些点中有64%的测点有反映。塔北的层面中 h_1 有约68%的测点有反映；h_2 有约40%的测点有反映。这些层中 h_2 层的底面，是一层大块石加填土层的底面，似乎是建塔后铺设。这些层在地质雷达上也有所反映。

5. 电测深曲线反映的活动面

基岩上覆盖层内这些层面是反映了不同时期的活动面（表3.2.2）。判断为活动面的理由：1）电测深曲线反映的基岩上面为斜坡状，其上覆盖层内多个层面近于水平，说明为人工处理过的活动面。2）因活动面表层常遭破坏，所以有些地方界面不清，地质雷达反映的界面也可看出有些层面不连续。3）时期早的活动面上有砖层铺装，相应电测深曲线反映出现砖上、下两个界面。

电测深点 Ⅳ、Ⅴ、Ⅸ、Ⅹ、Ⅺ、Ⅻ 和 5/A、5/B、4.5/B、5/C、5/D 在塔基或塔基边缘的地面上，反映塔基的顶、底面，底面即基岩面。塔基底面标高为 637.2，仅有个别点为 637.3 和 637.1，在测量误差范围之内。其进一步解释在解释电剖面曲线时一并叙述。

表 3.2.2

点号	地面标高	基岩 埋深	基岩 标高	h_1	标高	h_3	标高	h_4	标高	h_5	标高	h_6	标高	h_7	标高	h_8	标高
1/A	639.12	5	634.1	0.9	638.2	1.7	637.4										
2	639.10	6	633.1	0.9	638.2	1.7	637.4	2	637.11			3.5	635.6	4	635.1		
3	639.10	5	634.1	0.9	638.2	1.55	637.55	2	637.1	2.5	636.6						
						1.7	637.4										
3.5	639.09	8	631.1	0.7	638.4	1.4	637.4			2.75	636.3	3.5	635.6			6	633.1
						1.7											
4	639.09	5.5	633.6			1.7	637.4			2.75	636.3	3.5	635.6				
4.5		4	635.1	0.9	638.2	1.7				2.75	636.3						
						1.4											
5	639.05	5	634.1	0.9	638.2	1.55	637.5	2	637.1	3.0	636.1						
1/B	638.99	8	631.0			1.1	637.9	2	637.0					4	635.0	6.5	632.5
2	639.04	8	631.0	0.7	638.3	1.1	637.9	2	637.0	3	636.0	3.5	635.5	4		6.0	633.0
3	639.01	9	630.0	0.7	638.3			2	637.0	3	636.0			6			633.0
3.5		8	631.0	0.9	638.1	1.4	637.6	2.5	636.5	3	636.0	3.5	635.0	4	635.0	5	634.0
4	638.99	6	633.0	0.9	638.1	1.4	637.6	2	637.0	2.7	636.3	3.5	635.5				
				0.7	638.3					3	636.0						
4.5		5	634.0			1.4	637.6	1.85	637.2	3	636.0	3.5	635.5	4	635.0		
5	639.00	8	634.0			1.1	637.9	1.7	637.3								
1/C	638.82	8	630.8			1.1	637.9	1.75	637.1	3	635.8	3.5	635.3				
2	638.90	8	630.9	0.9	638.0					2.5	636.4	3.0	635.9				
3	638.97	7	632.0	0.7	638.3			1.7	637.3			3.5	635.5				
4	638.97	6	633.0			1.25	637.7	1.72	637.0			3	636.0			5	634.0
									637.3								
4.5		6	633.0			1.55	637.4	1.7	637.3								
5	638.89	5	633.9	0.9	638.0	1.25	637.7	2.0	636.9								

续表

点号	地面标高	基岩 埋深	基岩 标高	h_1	标高	h_2	标高	h_3	标高	h_4	标高	h_5	标高	h_6	标高	h_7	标高	h_8	标高
1/D	638.93	7	631.9	0.9	638.0	1.4	637.6	1.75	637.2										
2	638.95	6	633.0			1.1	637.9	1.75	637.2	2.5	636.5	3.5	635.5	4	635.0				
3	638.95	7	632.0	0.7	638.3	1.4	637.6			2.5	636.5	3	3636.0			5	634.0	6	633.0
4	638.96	6	633.0			1.55	637.4	2	637.0			3.5	635.5	4	635.0				
5	638.96	7	632.0	0.9	638.1			2	637.0			3.5	635.5						
6	638.90	7	632.0					1.7	637.2	2.5	636.4								
IV	639.19	4	635.2	1.1	638.1	1.55	637.6	2	637.2										
V	639.24			1.25	638.0	1.7	637.5	2	637.2										
IX	639.08						637.9	2	637.1										
							637.7												
X						1.4	637.6	1.7	637.3										
XI	639.01					1.1		1.85	637.2										
						1.25													
XII						1.55	637.6	1.85	637.2										
2/S1	640.65	8	632.7			1.4	639.3			3.5	637.2								
3	640.79							3	637.8										
4	640.83	5.5	635.3	1.1	639.7					3.5	637.3								
5	640.88	5.5	635.4	0.7	640.2	1.7	639.1												
6	640.92	6	634.9	0.7	640.2														
7	641.14	5	636.1	0.7	640.3			2.5	638.6										
8	640.88	5	635.9	0.9	640.0					3.5	637.4	4	636.9						
9	640.94	4.0	636.9	1.1	639.8			2.5	638.4										
10	640.97	5	636.0	0.9	640.1	1.4	639.5	3.0	638.0										
11	641.07	4.0	637.1			1.4	639.7												
2/B2	640.90	3.5	637.4	0.9	640.0	2.0	638.9												
3	640.95	3.0	638.0	0.9	640.0														
4	641.08	3.0	638.1	1.1	640.0														
5	641.25	4.0	637.3	0.9	640.3	1.7	639.6												
6	641.11	4.0	637.1	0.7	640.4	1.7	639.4	2.5	638.6										
7	641.18	3.5	637.7																
8	641.01	4.0	637.0	0.9	640.1	1.85	639.2												
9				0.9	640.2	2.0	639.1												
10	641.17	3.5	637.7	0.9	640.3			3.0	2										
11	641.32	3.5	637.8	1.1	640.2														
5/A′	639.28	4.0	635.3	0.9	638.4	1.4	637.9	1.7	637.6					3.5	635.8				
6	639.26	3.0	636.2	1.1	638.2	1.4	637.9	1.85	637.4			3.0	636.3						
7	639.51	3.5	636.0	1.1	638.4			1.85	637.6	2.5	637.0								
5/B′	639.14	4.0	635.1	0.7	638.4	1.25	637.9	1.55	637.6	2.5	636.6	3.0	636.1						
6	639.17	4.0	635.2	0.9	638.3	1.4	637.8	1.7	637.5	2.5	636.7	3.0	636.2	3.5	635.7				
7	639.30			0.9	638.4	1.4		2.0	637.3										
5/C′	639.13	5.0	634.1	1.1	638.0	1.4	637.7	1.7	637.4	1.85	636.9	3.0	636.1						
6	639.15	3.5	635.7			1.4	637.7	1.7	637.4	2.2	637.0	3.0	636.2						
7	639.19	3.0	636.22	0.9	638.3	1.4	637.7			2.5	636.7								
	638.97	5.0	634.0	0.7	638.3	1.1	637.9			1.85	637.1	3.0	636.0	3.5	635.5				
5/D′	638.98	6	633.0	0.7	638.3	1.1	637.9	1.55	637.4					3.5	635.5				

续表

点号	地面标高	基岩 埋深	基岩 标高	h₁	标高	h₂	标高	h₃	标高	h₄	标高	h₅	标高	h₆	标高	h₇	标高	h₈	标高
6	639.11	4.0	635.2	0.1	638.0					2	637.1	2.5	636.5	3.5	635.6				
7/D′	639.18	3.5	635.7	0.7	638.5	1.1	638.0	1.55	637.6	2	637.2								
	638.90	7	631.9			1.1	637.8	1.7	637.2	2.25	636.7			3.5	635.4				
2/E′	638.85	7	631.9	0.7	638.2	1.1	637.8					2.75	636.2	3.5	635.4	4	634.9	6	632.9
3	638.87			0.9	638.0							3.0	635.9						
4	638.91	6	632.9			1.4	637.5	1.7	637.2	2.25	636.6	3.0	635.9			4	634.9		
5	638.91	3.5	635.4	0.9	638.0														
6	638.97	3.5	635.5	0.9	638.1	1.4	637.6	1.7	637.3	2	637.0								
				0.7	638.3														
7	639.16	3.5	635.7																
6	638.90	6	632.9	0.7	638.2	1.4	637.5	1.75	637.1							4	634.8		

五、电测剖面及有关塔基的电测深曲线

1. 电测剖线

电测剖面主要目的是找寻塔基，确定塔基边界。如存在塔基，一侧应是砖塔身，另一侧是碎石土，其下为基岩，电阻也相应高于基岩和碎石土。塔基外缘是碎石土，故塔基附近电剖面曲线应类似高阻—低阻垂直界面的接触带。但塔本身相对于空气是低电阻，塔附近不是无限半空间，相当于在悬崖下面的电剖面曲线。实测电剖面曲线应相当于上述两种地电断面叠加的结果，即电剖面曲线靠近塔的一段电阻率降低，随着测点远离塔墙1倍 AB/2 以后，塔的影响才明显减小。

以 B 剖面，即 X 剖面为例说明。靠近塔一段的 ρ_s 明显受塔影响而降低。随测点远离塔台，ρ_s 明显增高，在 AB/2=3.5 米曲线距塔台 1.75 米和 AB/2=7.0 米曲线 2.0 米处，其 ρ_s 值达到约 200Ω·m 和 100Ω·m，之后 ρ_s 又明显降低，呈现高阻—低阻接触带的反映。若仅是塔身影响，ρ_s 曲线应进一步增高，故可肯定在基岩面上存在高阻—低阻接触的结果。$A_1B_1/2=3.5$ 米的电剖面，主要反映了 1.0～3.0 米深处介质的电阻率变化，而这里基岩埋深约 5.0 米，故可断定电剖面曲线反映了高出于基岩面 2.0 米以上的塔基。$A_2B_2/2=7.0$ 米的电剖面曲线反映 3.0～5.0 米深的介质电阻率的变化，其反映的介质已深达基岩，基岩电阻率低于塔基和碎石土的电阻率，故所测得的 ρ_{s2} 低于 A_1B_1 所测得的 ρ_{s1}。以 ρ_s 曲线拐点所对应的位置大致定作塔基边界，则塔基外沿在 B 剖面处距塔台明外缘约为 2.75 米。再远离塔身 ρ_s 值仍较高，$A_1B_1/2=3.5$ 米处为 90Ω·m 和 $A_1B_1/2=7.0$ 米为 50Ω·m 左右，距塔台明外缘 5.0～6.0 米以后，ρ_s 才降到 30～50Ω·m。在距塔台明外缘 3.0～5.0 米范围内，AB/2=3.5 米所测 ρ_{s1} 明显高于 AB/2=20.0 米所测 ρ_{s2}，再向远处 ρ_{s1} 与 ρ_{s2} 差值渐小。这表明距塔台明外缘 3.5～5.0 米范围内 ρ_s 偏高，是较浅部介质引起的，可能是一层不厚的砖。IX 剖面 ρ_s 曲线反映更突出，在塔基范围内 $\rho_{s1}>\rho_{s2}$，而在距塔台明外缘 2.0～3.5 米范围内，$\rho_s>\rho_{s2}$，这显然是浅部高阻介质引起的。为此，在 B 剖面的 4.5/B 测深点，距塔台明外缘 2.8 米处打探孔 4，探孔在 0.65 米深处发现一层面，到 0.75 米仍未打穿，从而证实了电剖面曲线上述推断。塔东其他 A 剖面、IX 剖面、X 剖面即 B 剖面、XI 剖面都有类似的形态；靠近塔台 ρ_s 较低，随测点远离塔台 ρ_s 渐增，再远离塔台 ρ_s 又降低，ρ_s 的最大值在 200Ω·m 左右，曲线有明显的高阻—低阻接触带反映，它们都反映了突起于基岩面上的塔基（图 3.2.9）。

塔西的 A′剖面、V 剖面、IV 剖面曲线（B′剖面）（图 3.2.10），形态则与前述剖面略有不同。它们在塔身附近有一个较小的高阻反映，但再远离塔身，这一高阻异常则淹没在另一更宽广的高阻异常之中，在测点远离塔台外缘后，ρ_{s1} 与 ρ_{s2} 值基本相等，并达到 400Ω·m 的较高值。由电测深曲线和钻孔可知，塔西大块石层上界较浅，埋深仅 1.5 米左右，故使 ρ_s 值提高。电剖面曲线近塔身的小高阻异常反映了塔基，但它被浅埋的块石层所干扰，甚至淹没。塔西南的 D′剖面和 II 剖面则介乎二者之间（图 3.2.10）；靠近塔台的 ρ_s 曲线有一小段明显的高阻—低阻接触带反映，反映了塔基。略为远离塔台，ρ_s 曲线则反映了埋深较浅的块石层，出现第二个高阻异常。

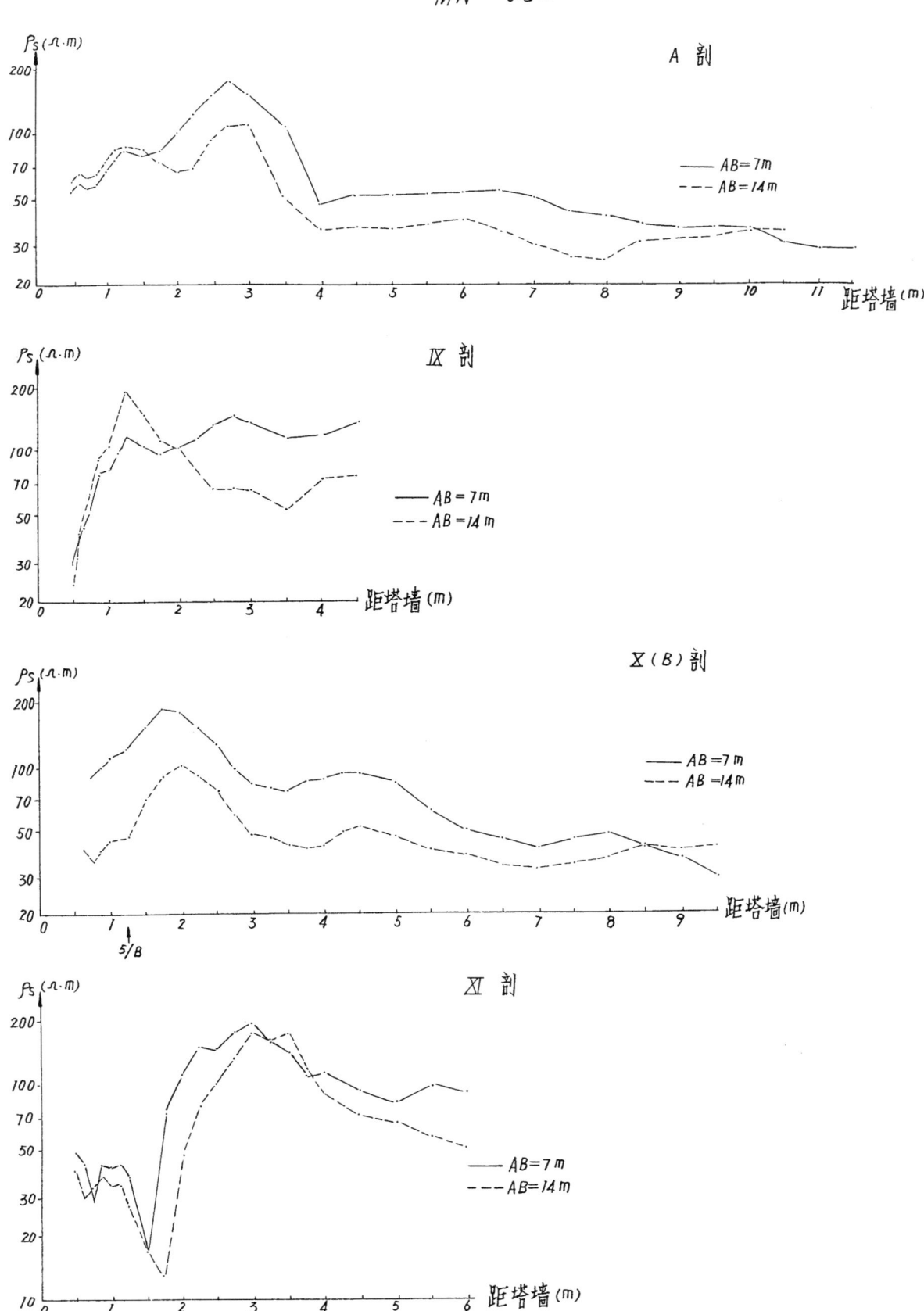

图 3.2.9 塔院内基岩等高线图

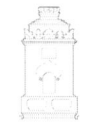

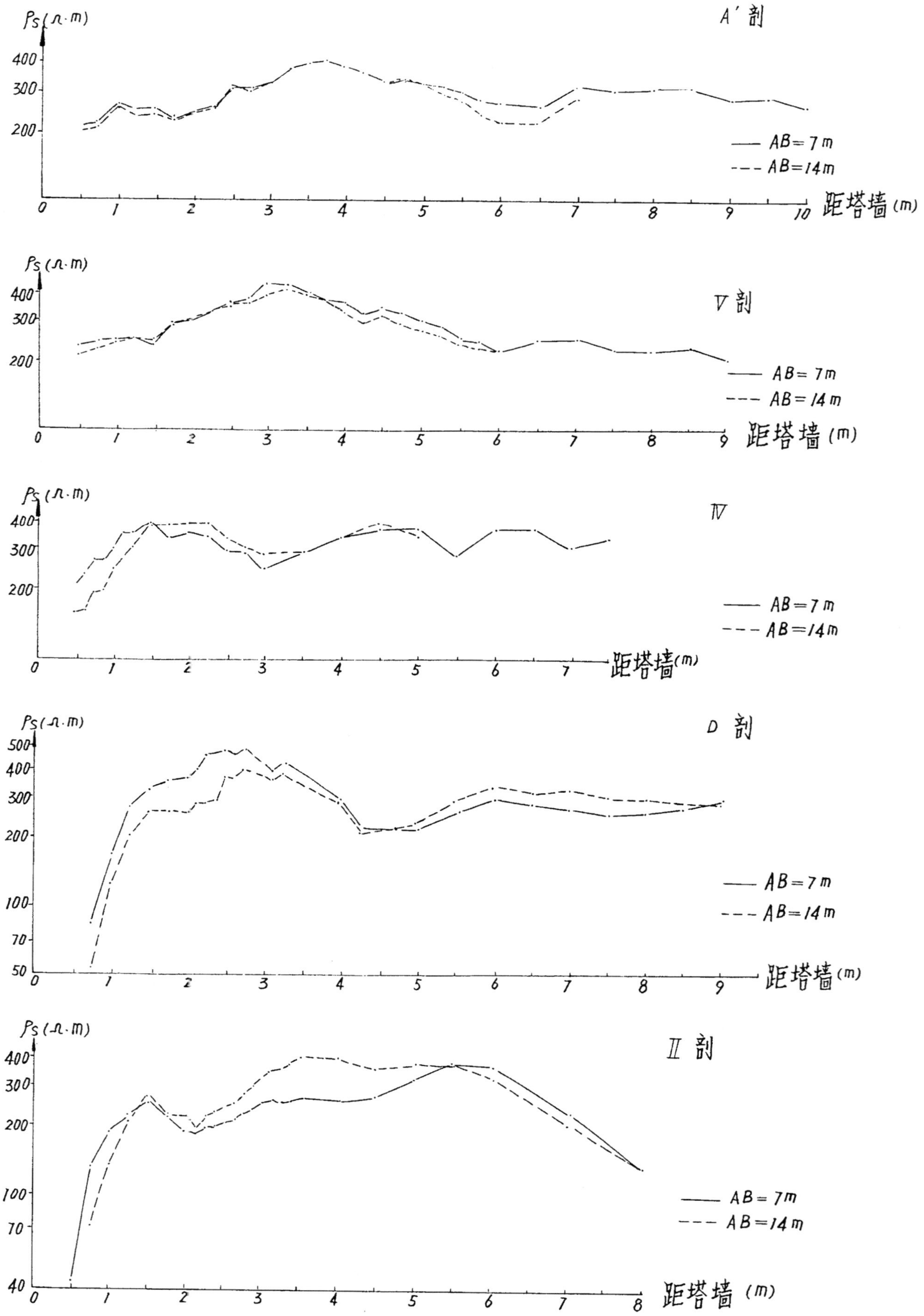

图 3.2.10 剖面曲线

2. 基岩等高线

塔东基岩埋深较大，靠近塔身处约5.0米，稍远离则增至7.0~9.0米，塔西基岩埋深略浅，靠近塔为1.0~1.5米，稍远为3.5~4.0米（图3.2.11）。塔周边的电测深点中，塔东的Ⅸ、Ⅹ、Ⅺ、Ⅻ、5/A、5/B、4.5/B、5/C点，塔西的Ⅳ、Ⅴ点明显地反映了塔的底面，部分点反映了其下基岩面，塔基的底面标高约为637.2米，相应的塔基埋深Ⅸ、Ⅹ、5/A、5/B、5/C、Ⅺ、Ⅻ点为2.0米，Ⅳ、Ⅴ点为1.2米（图3.2.12、图3.2.3）。

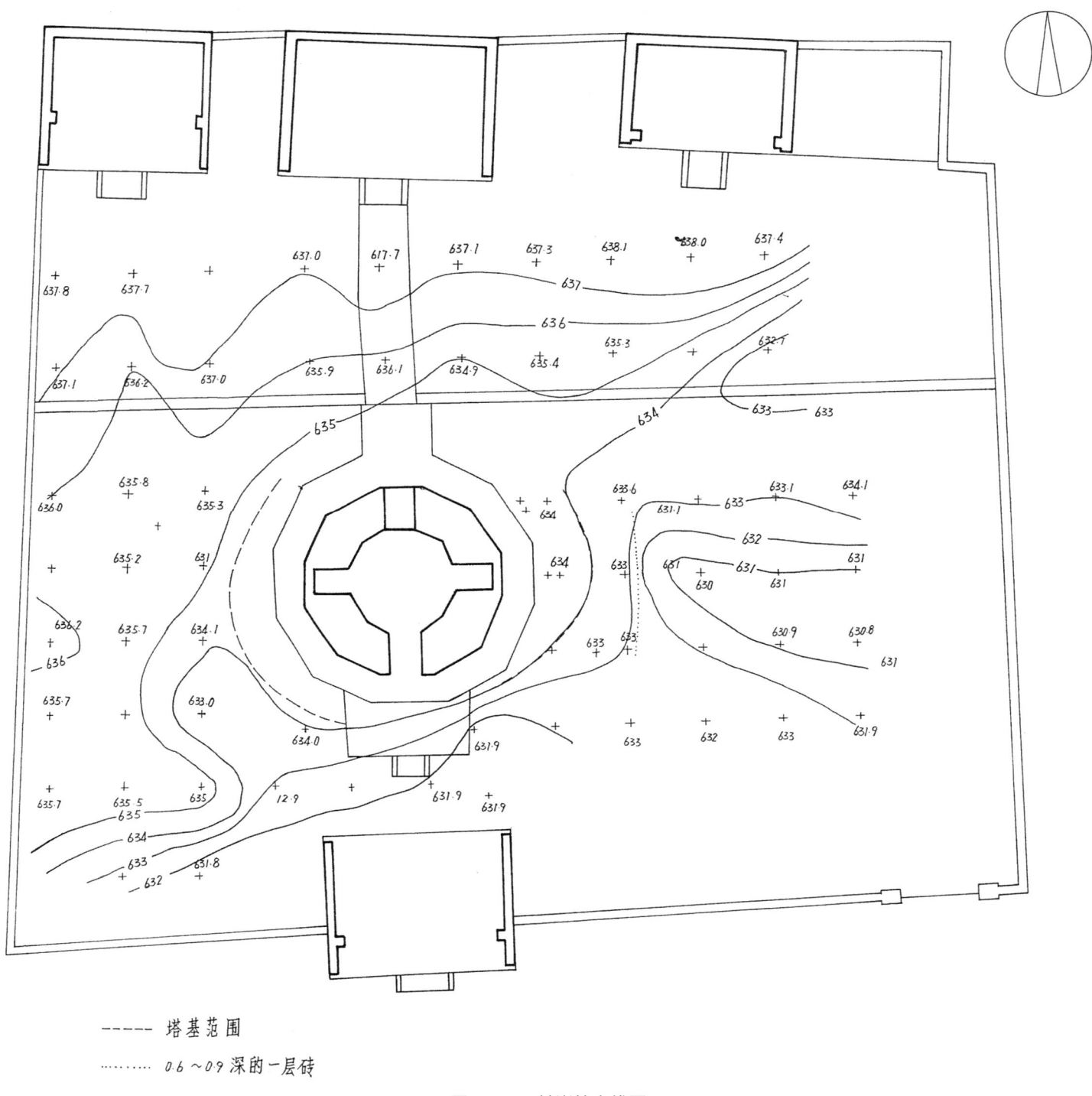

图3.2.11 基岩等高线图

六、结论

1. 塔地基

塔院内西北部基岩埋深均小于5.0米，东南部基岩埋深5.0米左右，基岩顶面不平坦，西北向东南倾角较大，塔西与塔东基岩顶面高差约为1.0米左右，塔东2.5~3.0米处基岩埋深增大，距塔6.0~8.0米外有深3.0米以上的沟坎，塔基处于沟坎西北缘。基岩为太古界登封群的片麻岩和片岩，含黑色矿物较多，有轻微风化，作

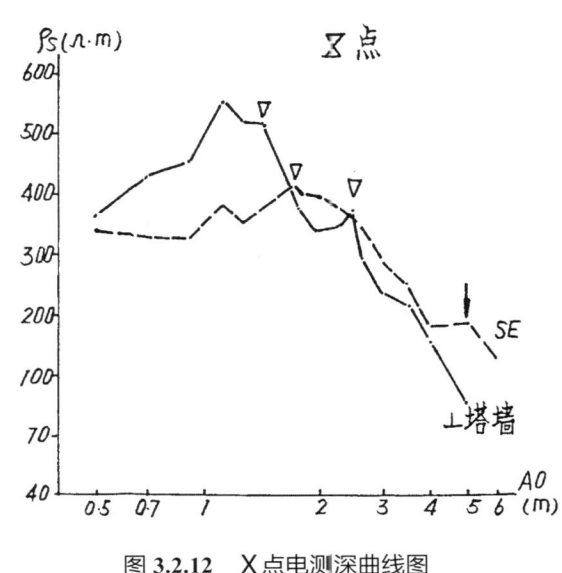

图 3.2.12 X点电测深曲线图

为塔地基十分牢固，且这样的基岩也易于人工整平。故断定塔基建立在基岩之上，此判断与塔基发掘情况基本相符。

2. 塔基础

塔坐落在非水平的基岩面之上，塔基除承载外，还起着找平的作用，由于依基岩面找平，塔基的各方位的外轮廓呈不对称图形，塔基东西高度也不同，塔基伸出塔体的多少各方位也不同，塔基底面距现地面最深约 2.0 米。据塔基考古发掘，可知此塔基为夯土基础。

3. 活动面界面

塔院内地平标高约为 639.12 米，大雄殿前地面标高约为 640.75 米，塔院西墙外现地面标高为 642.1 米。塔院现地面下共有 6 个分层界面，分别为地面下 0.7～0.9 米、1.4～1.7 米、1.7～2.0 米、2.5～3.0 米、3.5～4.0 米，对应标高为 638.3 米、637.7 米、637.2 米、635.8～736.3 米、635.6 米、635.0 米。塔院西墙外探坑内 3.5 米处有一层大砖铺砌，标高约为 638.6 米。大雄殿前现地面下也有 3 个活动面。其中塔东和塔院西标 638.3 米处交界面为砖铺地面，即地面下 0.6～0.9 米的第一个活动面，塔东伸出塔台明外约 6.0 米左右，塔西未见这一层砖，这一层应为建塔后的砖铺地面。标高 639 米相当于塔基座顶面。标高 637.2 米相当于塔东、南基岩顶面，标高 637.7 米相当于塔西、北基岩顶面。塔内地面高出塔外原地面 2.0 米以上，高出塔基座顶面 1.0～1.5 米左右。砖铺地面、塔基座与塔基发掘资料基本一致。

4. 塔内地宫问题

塔内中心地面下 0.9 米有 1.0 米见方或直径约 1.0 米的空穴，底深 2.0 米，中心偏离塔正中心 0.2 米左右，现空穴内充填有低电阻的泥土。经发掘证明此处为 2.2 米见方，底深 1.62 米的地宫。

第三节 嵩岳寺塔院外地球物理勘察

本节内容根据 1986 年塔院外地球物理勘察的成果整理而成。

一、地球物理条件

首先通过野外地质调查、现场作物探试验和孔旁电测深工作，掌握勘测区域概况、基岩分布情况和有关参数。塔院外测区范围内表层均系第四系堆积层，下部基岩均是强风化片岩、麻岩，基岩相对于碎石土、耕土等覆盖层属低电阻。因基岩由不同岩性岩石组成，可能有断层破碎带，其电阻率不均匀，部分测点处覆盖层与基岩电阻率差异较小（表 3.3.1）。

表 3.3.1 岩土分层的电测深曲线表参数表

地层	电阻率（$\Omega \cdot m$）	变化范围（$\Omega \cdot m$）	备注
土壤层	<100	30～100	第四系
风化层	>150	100～300	或破碎带
基岩 1	>200	250～650	塔院外西、西北
基岩 2	80	40～200	塔院南耕地下

二、物探工作布置

塔院外西、西北布置测线，以三极或四极法作电测深，勘测塔院外基岩起伏及覆盖层厚度（图 3.3.1）。由于测区内无勘探资料，测区内南北向高差较大，地形旁侧影响严重，首先选择 V-12、V-14、V-16、V-20 测点用三

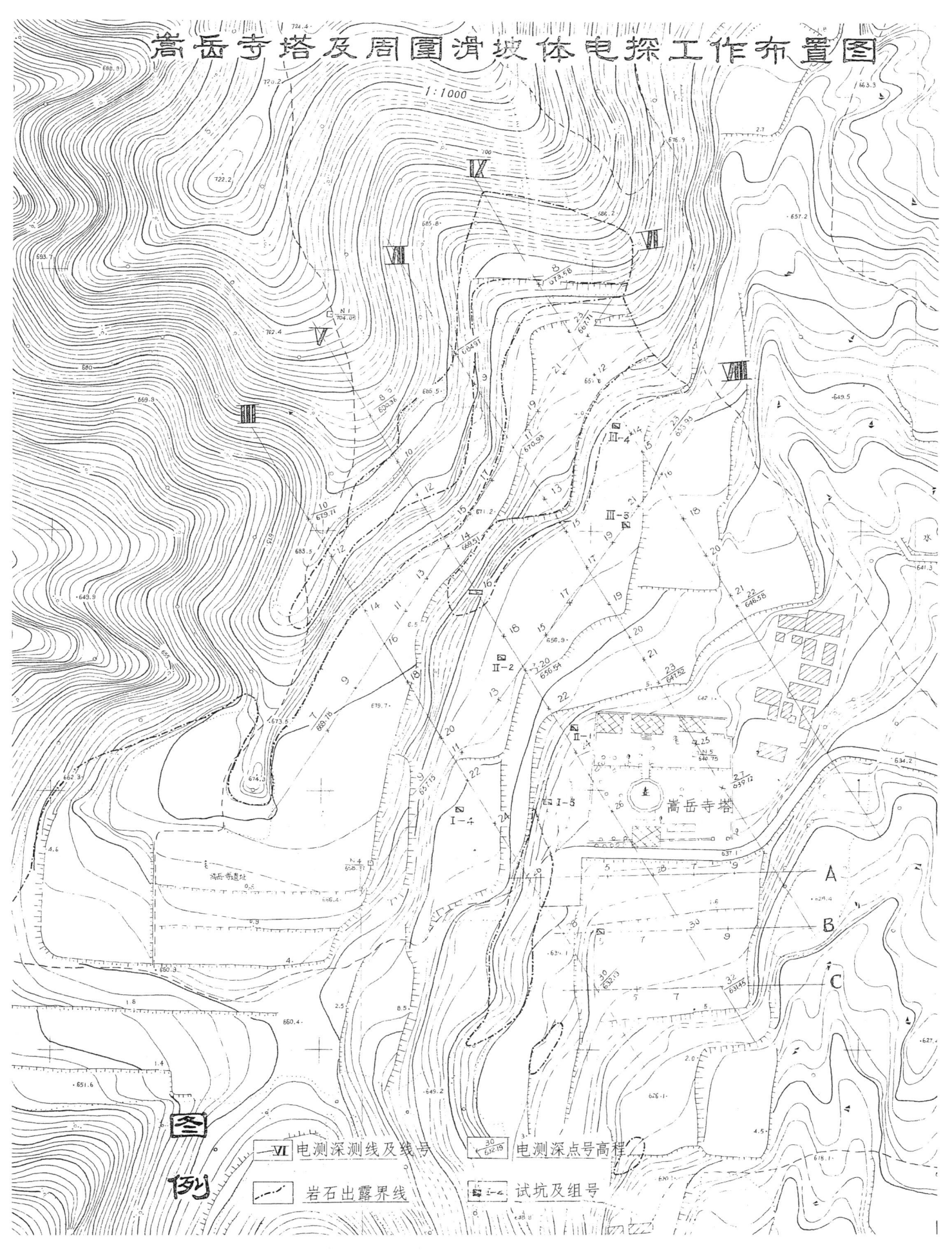

图 3.3.1 嵩岳寺塔及周围滑坡体电探工作布置图

极测探做试验 MaxAO＝90.0 米，目的是合理布置测网及选择电极距。

1、塔院外西北部，沿山坡倾向 N34°W—S34°E 布置 4 条电测深剖面，剖面距 40.0 米左右，自西向东编号为 Ⅲ、Ⅴ、Ⅶ、Ⅸ。地形较平坦的两块台地上，沿 N30°E 和 N35°E 等高线方向，布置两条电测深剖面，编号为 Ⅵ、Ⅷ，剖面距 43.0～57.0 米。剖面上电测深点距为 10.0 米左右，依地形而定。

2、塔院南的两块台地上，以 E-W 向布置了 A、B、C 三条电测深剖面，剖面距为 22.0 米，点距 15.0 米左右（图 3.3.1）。

三、工作质量评述

1. 物探测量

塔院外勘测的电测深点以 1：1000 地形测量基点为基点，用经纬仪、视距测量和钢卷尺定点、量距离、测定标高。

2. 塔院外测区电测探法

用皮尺丈量电极距，保证电极距的测量精度。大部分测点的最大极距均能保证电测量深曲线长度反映了基岩并能用量板法解释。采用 DDC-2B 电子自动补偿仪测量 ρ_s，读数时采用 Ⅰ—ΔV—Ⅰ—ΔV 的方法，两次读数取平均值。若两次读数差＞5%，则重新读数。对电测深的跳跃点、畸变点击异常点，均进行了检查测量。全测区共检查 102 个数据，占总工作量的 12.3%。均方相对误差为 ±2.17%。为了利用塔院内的资料，用 DDC-2B 与 C-1 在同一测深点的每个同极距进行重复测量。以判断其一致性。共测 6 个电测深点 64 个极距。两种仪器所测电测深曲线重合很好，两仪器测值的相对均方差为 ±2.15%。

四、物探资料定性定量解释

1. 电测深曲线类型分析

塔院外测区 92 条电测深曲线，主要有 H、KH、K、D 和 G 型五种类型，其中以 H 型居多、KH 型次之。测区内地形复杂，基岩埋深变化甚大，地形和基岩起伏的旁侧影响，使部分电测深曲线畸变。基岩有不同的岩层和部分断层破碎带，且风化程度不一，基岩的电阻率变化范围较大。H 型和 KH 型的电测深曲线中，后枝多呈 45° 上升，反映是基岩。

（1）H 型曲线前段 ρ_1 一般为 70～130Ω·m，为亚砂土夹少量碎石的土层，亚砂土含量不同，使土层电阻率有较大变化，亚砂土含量高者，电阻率较低。第二层电阻率 ρ_2 为 40～80Ω·m，是因湿度增大，黏土成分增高，使土层电阻率比表层降低。曲线尾部呈 45° 上升，反映的是绢云石英片岩、变质砾岩、斜长角闪片岩等电阻率较高的基岩。

（2）KH 型曲线首段 ρ_1 为 90～160Ω·m，反映的是地表亚砂土和夹碎石的亚砂土层。地表土层下部含砾石成分，使其电阻率增高形成第二电性层 ρ_2。第三层和第四层则反映的是基岩。基岩表层风化，致使电阻率 ρ_3 较低，新鲜基岩反映为曲线尾端 45° 上升。

（3）部分电测深点在基岩露头上，而最小 AB/2 较大为 1.0 米，使电测深曲线基本成平线，如 Ⅴ-16 点（图 3.3.2）。

（4）部分电测深点处覆盖层很薄为 1 米左右，曲线呈折线型的 H 曲线，如 Ⅲ-20、Ⅶ-11 等（图 3.3.2）。

（5）部分测深曲线如 Ⅵ-7、Ⅵ-9、Ⅵ-11 等呈宽底的 H 曲线（图 3.3.3），中间段平缓，ρ_s＝80～130Ω·m，是覆盖层与基岩电阻率相差较小所致。

（6）如二层曲线 Ⅷ-9 和 Ⅵ-19，D 型曲线 Ⅷ-9 基岩电阻率 ρ_2＜96Ω·m；G 型曲线 Ⅵ-19 基岩电阻率约 250Ω·m（图 3.3.4）。

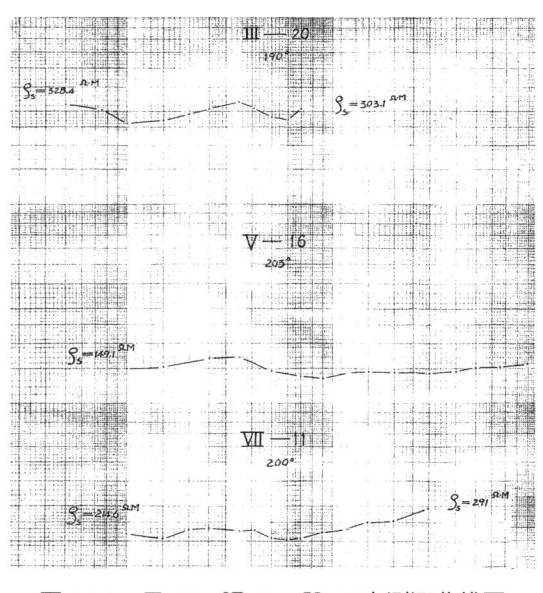

图 3.3.2　Ⅲ-20、Ⅶ-11、Ⅴ-16 电测深曲线图

2. 等视电阻率断面图与旁侧影响

根据各电测深剖面的等视电阻率断面图，对覆盖层的厚薄、基岩电阻率的变化及电测深曲线的旁侧影响给出定性的指示，指导电测深面线的定量解释（图 3.3.5～图 3.3.9）。

（1）基岩出露或基岩埋深小的地方，ρ_s 等值线均反映为高电阻，近地表 ρ_s 值均在 200Ω·m 以上，甚至高达 300Ω·m 以上，如Ⅲ-10、Ⅲ12、Ⅲ20、Ⅴ-8、Ⅴ-12、Ⅶ-7、Ⅶ-9、Ⅶ-11、Ⅹ-8、Ⅵ-17 等。基岩埋深较大，覆盖层较厚的地方，表层视电阻率则较低，通常在 100Ω·m 以内。根据 ρ_s 值较低的等值线所占据的深度，可看出覆盖层的厚薄，尤其是近于与地形坡面平行的 ρ_s 等值线，反映了基岩面的起伏。

（2）反映基岩较深部的 ρ_s 等值线，可看到基岩电阻率的区域性差异。大致以Ⅲ-21、Ⅴ-20、Ⅶ-17、Ⅸ-15.5 为界，向山上方向，包括整个Ⅵ剖面，基岩电阻率较高，在 200～250Ω·m 以上。向山下方向，包括Ⅷ剖面及 A、B、C 剖面，基岩电阻率较低，在 100Ω·m 左右。

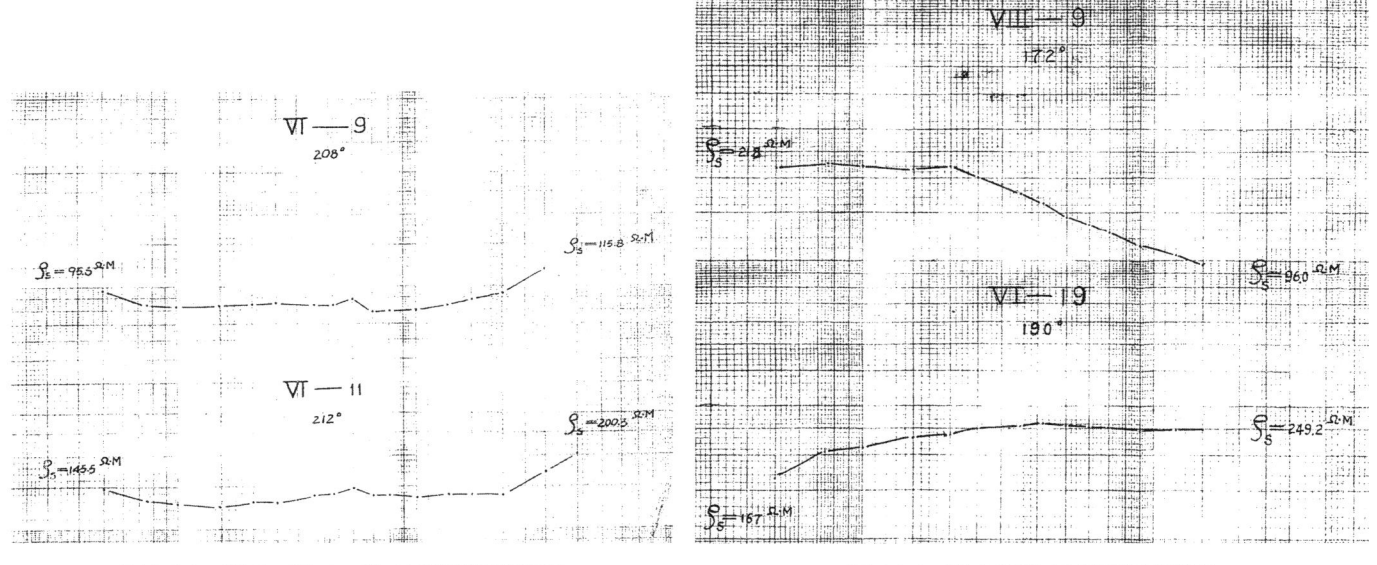

图 3.3.3　Ⅵ-7、Ⅵ-9、Ⅵ-11 电测深曲线图　　　　图 3.3.4　Ⅷ-9 和Ⅵ-19 电测深曲线图

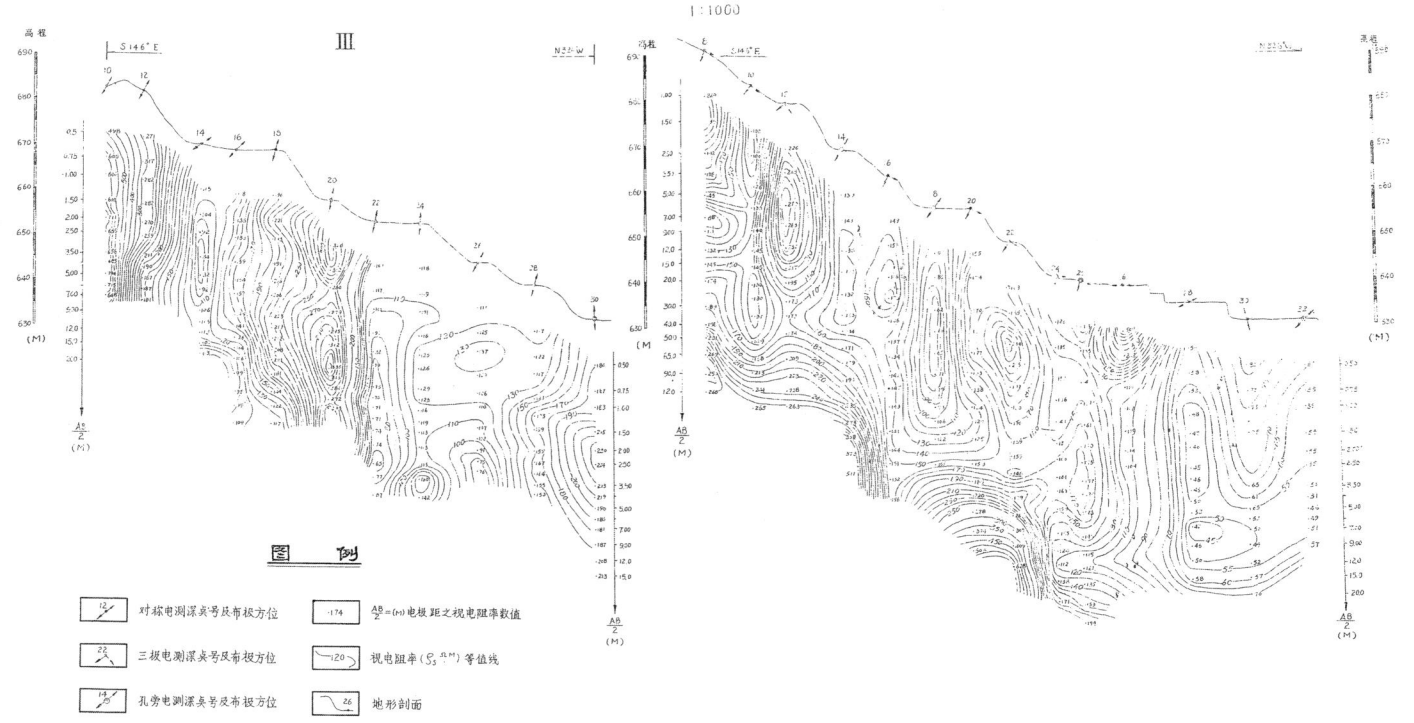

图 3.3.5　嵩岳寺塔及其周围滑坡体Ⅲ号、Ⅴ号剖面视电阻率断面图

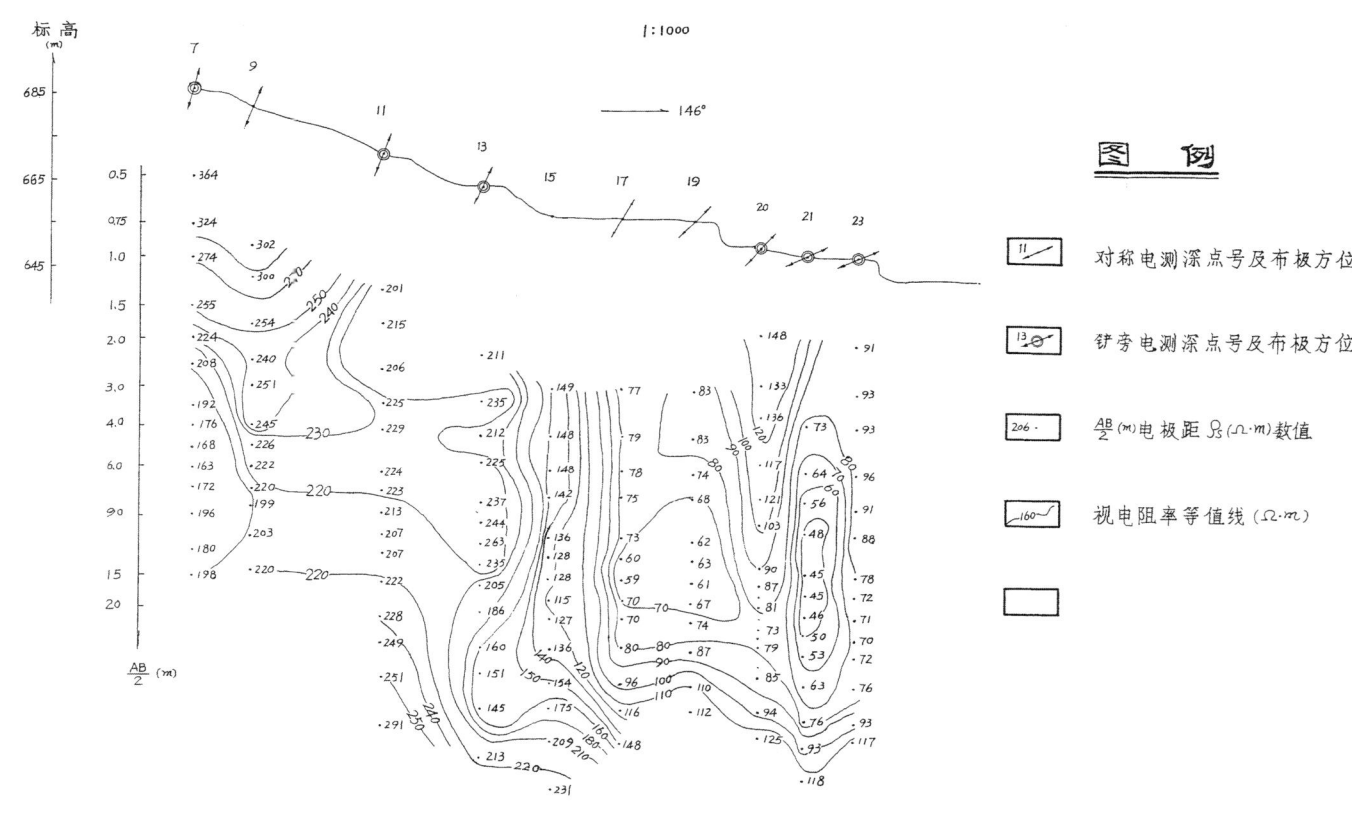

图 3.3.6　嵩岳寺塔及其周围滑坡体Ⅶ号剖面视电阻率断面图

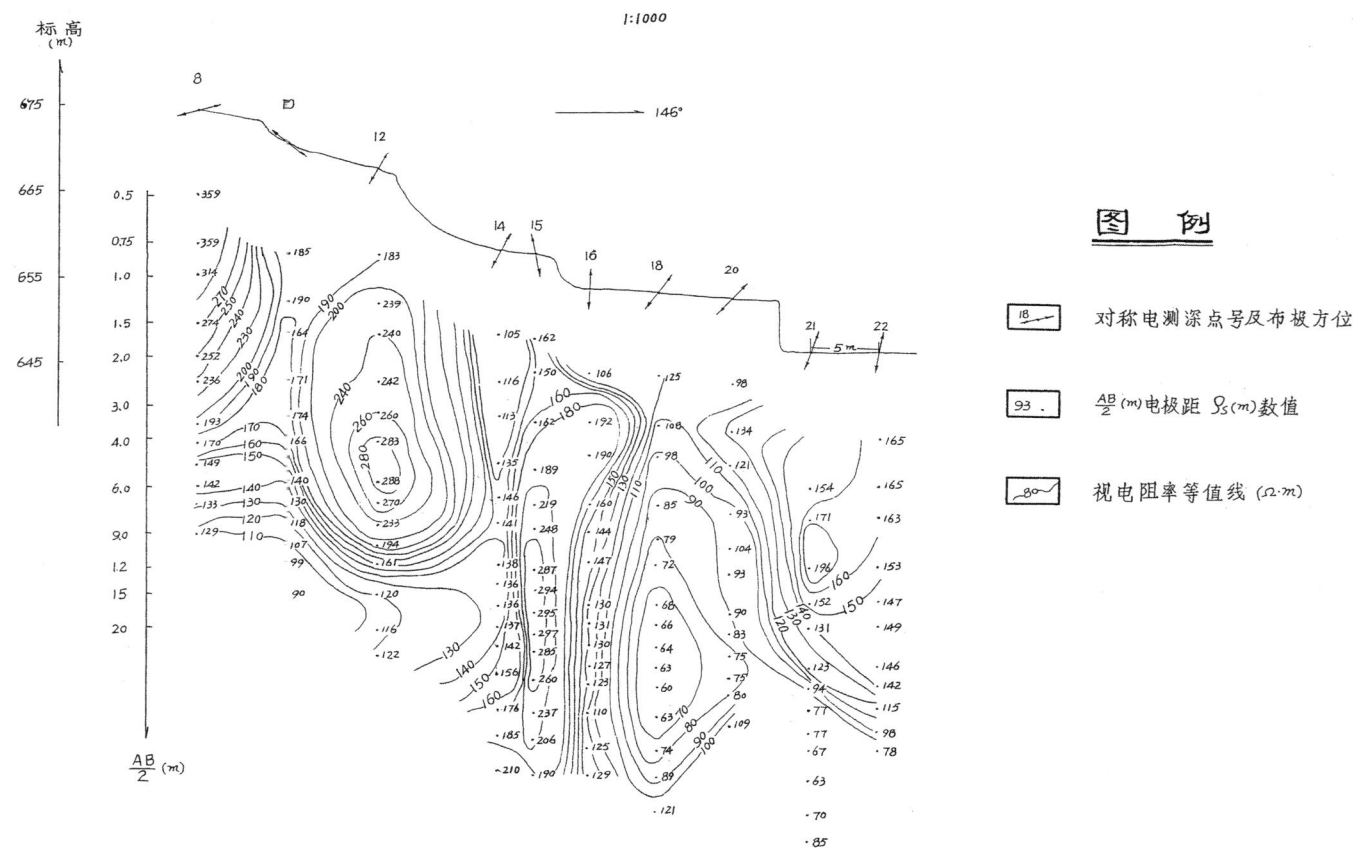

图 3.3.7　嵩岳寺塔及其周围滑坡体Ⅸ号剖面视电阻率断面图

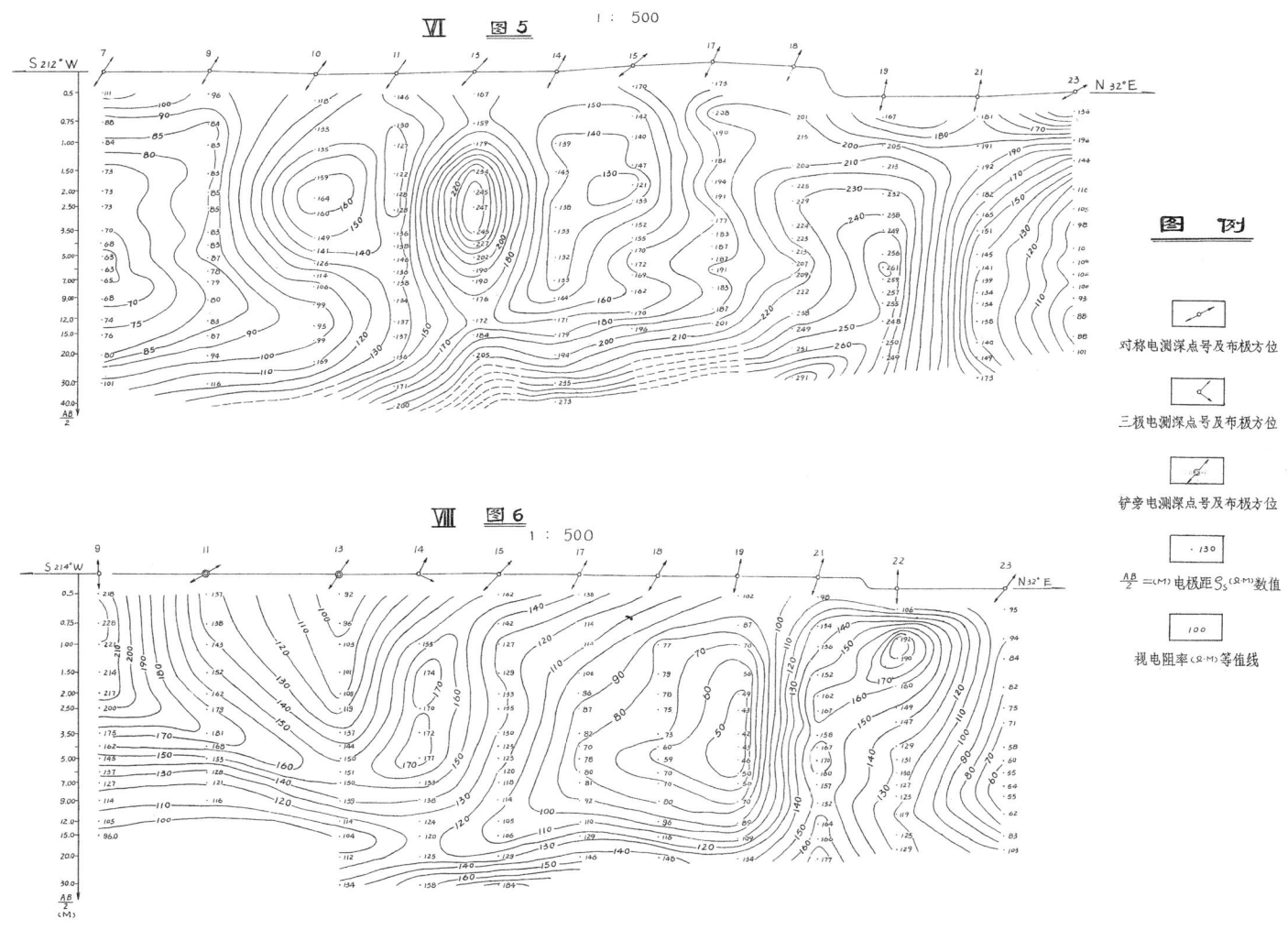

图 3.3.8 嵩岳寺塔及其周围滑坡体Ⅵ、Ⅷ号剖面视电阻率断面图

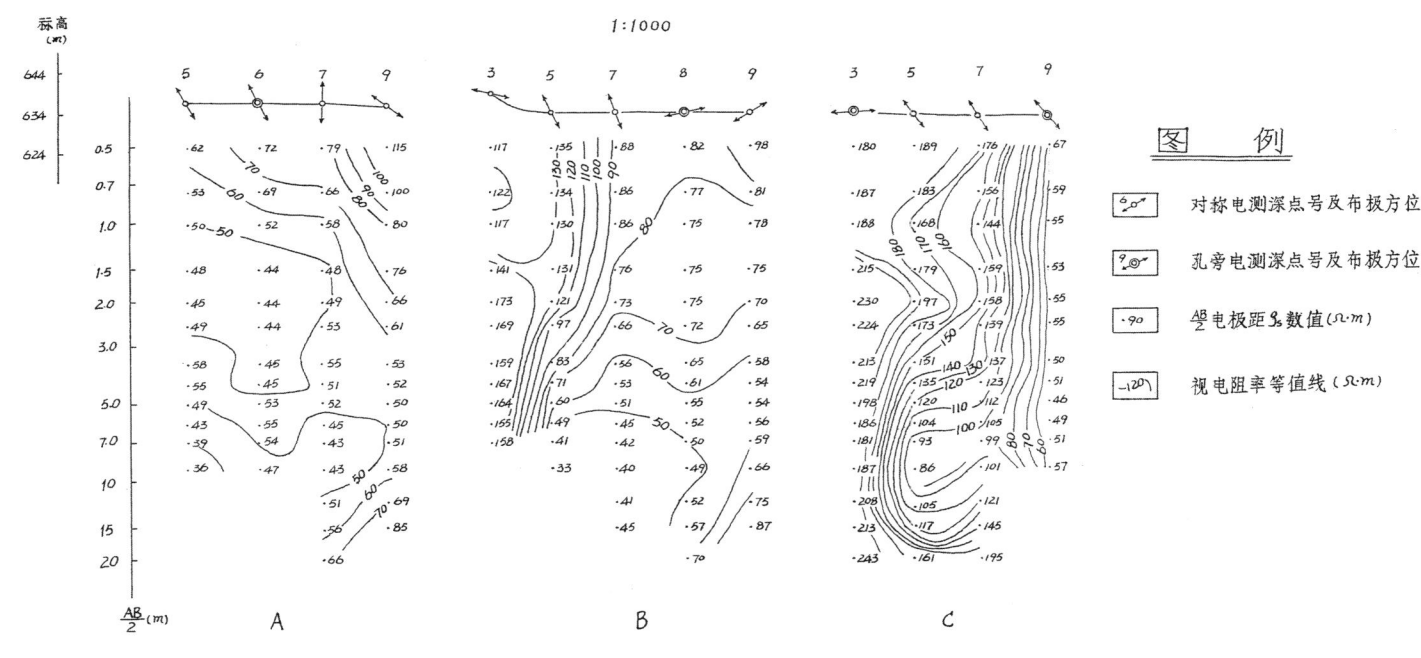

图 3.3.9 嵩岳寺塔及其周围滑坡体 A·B·C 剖面视电阻率断面图

（3）一些高阻值闭合圈形态的等视电阻率曲线，反映了地形或基岩的旁侧影响。在陡坎附近和一侧基岩埋深甚小或出露的电测深点，其电测深曲线受旁侧影响，随 AB/2 加大，ρ_s 急剧增高，同一大小的 AB/2 的 ρ_s 值，远大于邻近测点相应的值。这反映为等视电阻率曲线上的封闭高阻圈，如Ⅲ-18、Ⅲ-20、Ⅴ-20、Ⅴ-22、Ⅴ-26、Ⅶ-13、Ⅶ-23、Ⅸ-12、Ⅸ-13、Ⅸ-21、Ⅵ-13、Ⅷ-14、Ⅷ-21、Ⅷ-22、B-5 等。而陡坎下面的电测深点，若陡坎是堆积的亚砂土等，其旁侧影响则可使 ρ_s 降低，如Ⅲ-14、Ⅶ-15、Ⅷ-19-22 等电测深点。在定量解释时，对这种情况给予考虑。

3. 电测深曲线的定量解释

电测深曲线定量解释的主要目的是求出各电测深点的基岩埋深。本测区基本上采用一次微分法和二次微分法，并对典型曲线用二层量板加辅助量板法作定量解释。通过已知深度条件的电测深点，综合其他一些 H、KH 型电测深曲线，综合对比分析，得到中间层参数（表 3.3.2）。

表 3.3.2　电测深曲线中间层参数表

曲线类型	中间层电阻率（Ω·m）	统计点数	变化范围（Ω·m）
H	57	14	40～80
KH	160	11	130～180

下面举例解释对比结果。

（1）Ⅷ-19 点，覆盖层底板一次微分法 $\frac{3}{4}S=4.1$ 米，二次微分法 $\left(\frac{3}{4}S\right)^2=4.5$ 米。量板法 $h_1=0.5$ 米，$\rho_1=115\,\Omega\cdot m$；$h_2=4.2$ 米，$\rho_2=40\,\Omega\cdot m$，$\rho_3=260\,\Omega\cdot m$。$\rho_s$ 断面图上推断 40.0 米，0.0～0.5 米为表土及耕土层，0.5～2.0 米为亚砂土夹少量块石，2.0～4.2 米为亚砂土夹砾石，>4.2 米为绢云石英片岩夹变质砾岩及斜长角闪岩基岩（图 3.3.10）。

（2）Ⅸ-15 点，一次微分法 $\frac{3}{4}S=6.0$ 米，二次微分法 $\left(\frac{3}{4}S\right)^2=6.0$ 米。量板法 $h_1=0.7$ 米，$\rho_1=120\,\Omega\cdot m$；$h_2=6.0$

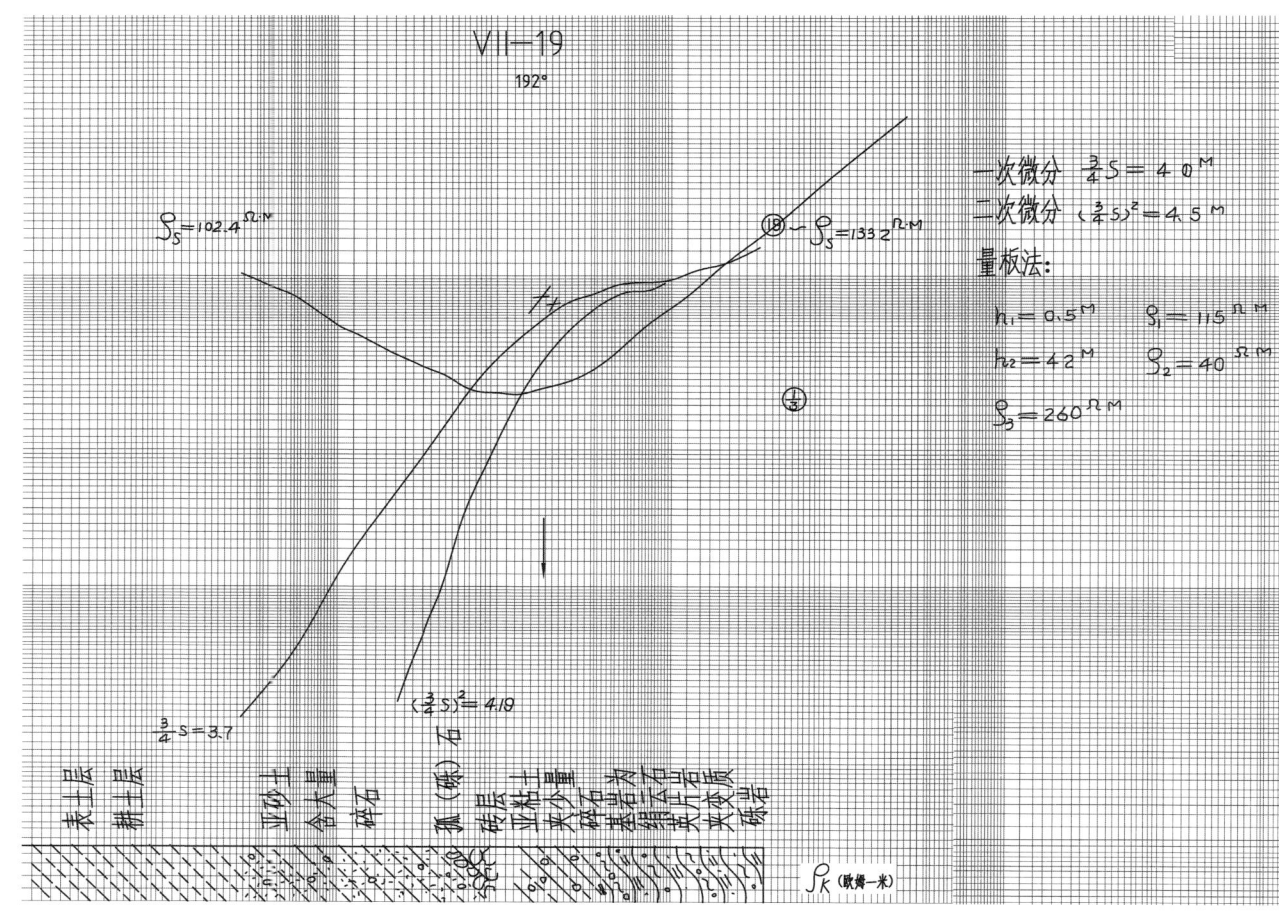

图 3.3.10　Ⅷ-19 电测深曲线图

米，$\rho_2=300\Omega\cdot m$，$\rho_3=175\Omega\cdot m$。ρ_s断面图上推断6.6米，0.00~0.70米为表土及耕土层，0.70~3.50米为亚砂土夹少量碎石，3.5~6.00米为亚砂土含砾石，>6.00米为绢云石英片岩夹变质砾岩及斜长角闪岩基岩（图3.3.11）。

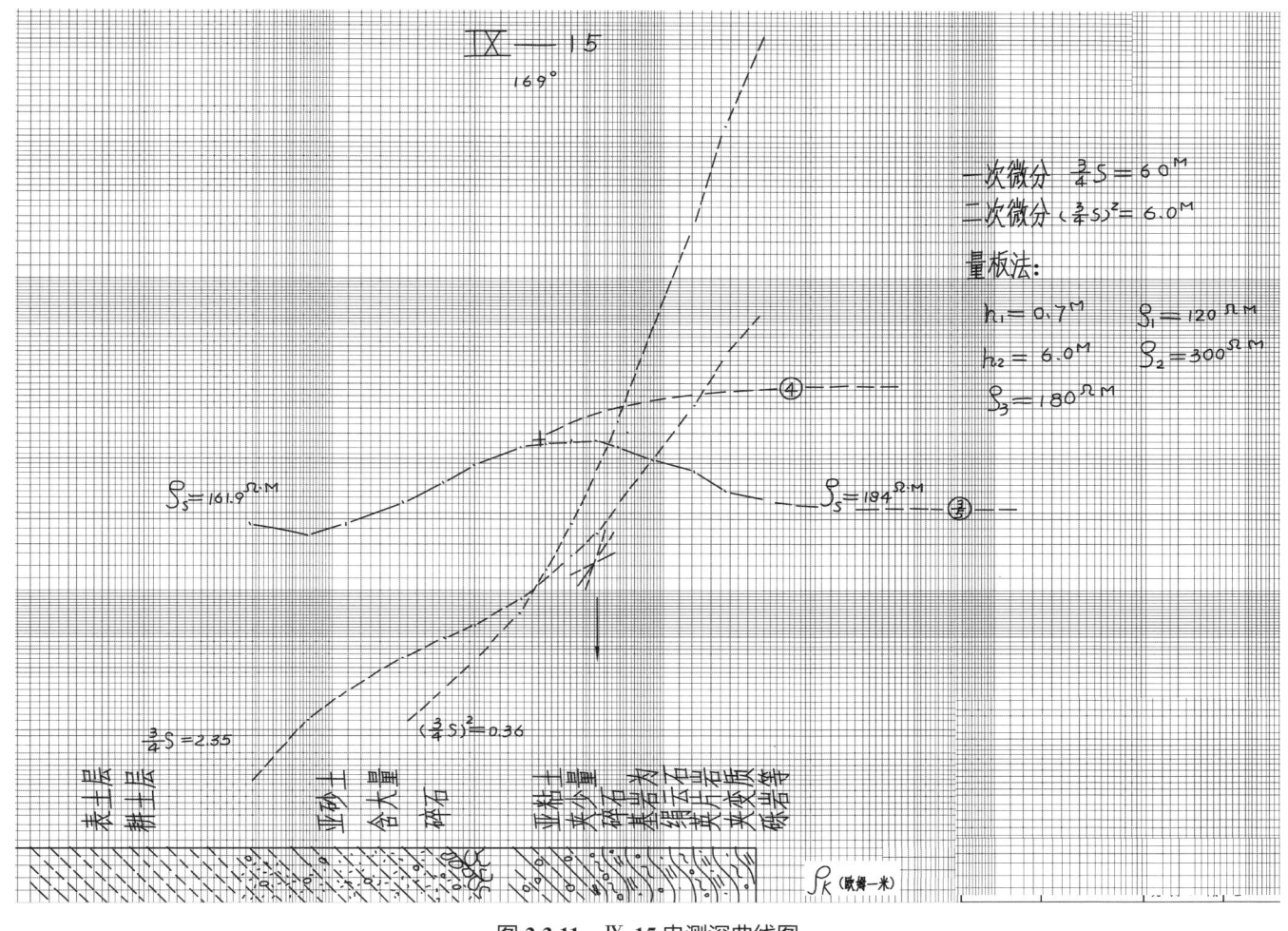

图3.3.11　Ⅸ-15电测深曲线图

五、主要成果资料

1. 塔院外西、西北

（1）塔院外测区覆盖层等厚度图及Ⅵ、Ⅷ剖面地质断面图（图3.3.13、图3.3.14），可见Ⅵ-14点到Ⅵ-18点基岩隆起，延伸到Ⅷ-18、19点，形成基岩中的"山脊"。从地形图上基岩出露情况和覆盖层厚度图，可见测区内覆盖层较薄，一般均在7.0米以内。靠近塔院的山坡下部的覆盖层最厚仅7.0米，一般厚仅4.0~6.0米。

（2）Ⅲ、Ⅴ、Ⅶ、Ⅸ地断面表明（图3.3.12），近山顶前沿处基岩平坦，第四系覆盖层面平整，基本上不具备再次滑动的条件。

（3）坡脚附近Ⅲ剖面22~26点约40.0米长一段基岩基本水平，20~22点土体向下的推力被22~26点土体抵制，难以滑动，不会威胁塔院。Ⅸ剖面从16~20点长50.0米一段，基岩面坡度很小，小于1/10，且16~2.05点土层厚度约5.0~7.0米；14~16点一段基岩面较陡峻的土体难以下滑推动其前方的土体。Ⅴ剖面22~25点长30.0米一段，基岩平缓，基岩面坡度仅3~5/100，可以阻滞17~23点基岩面较陡处土体向下滑动。Ⅶ剖面21~25点约70.0米长一段，基岩面平缓，坡度1/10，可以抑制上方土体向下滑动。总之，目前尚无滑动迹象。

2. 塔院外南

塔院南A、B剖面基岩面向河方向倾斜，但基岩面坡度较缓为1/10，剖面基岩面坡度更小，这片耕地地面平坦，这一带不具备滑坡的条件；北部前沿基岩平缓，处于平衡状态（图3.3.13）。

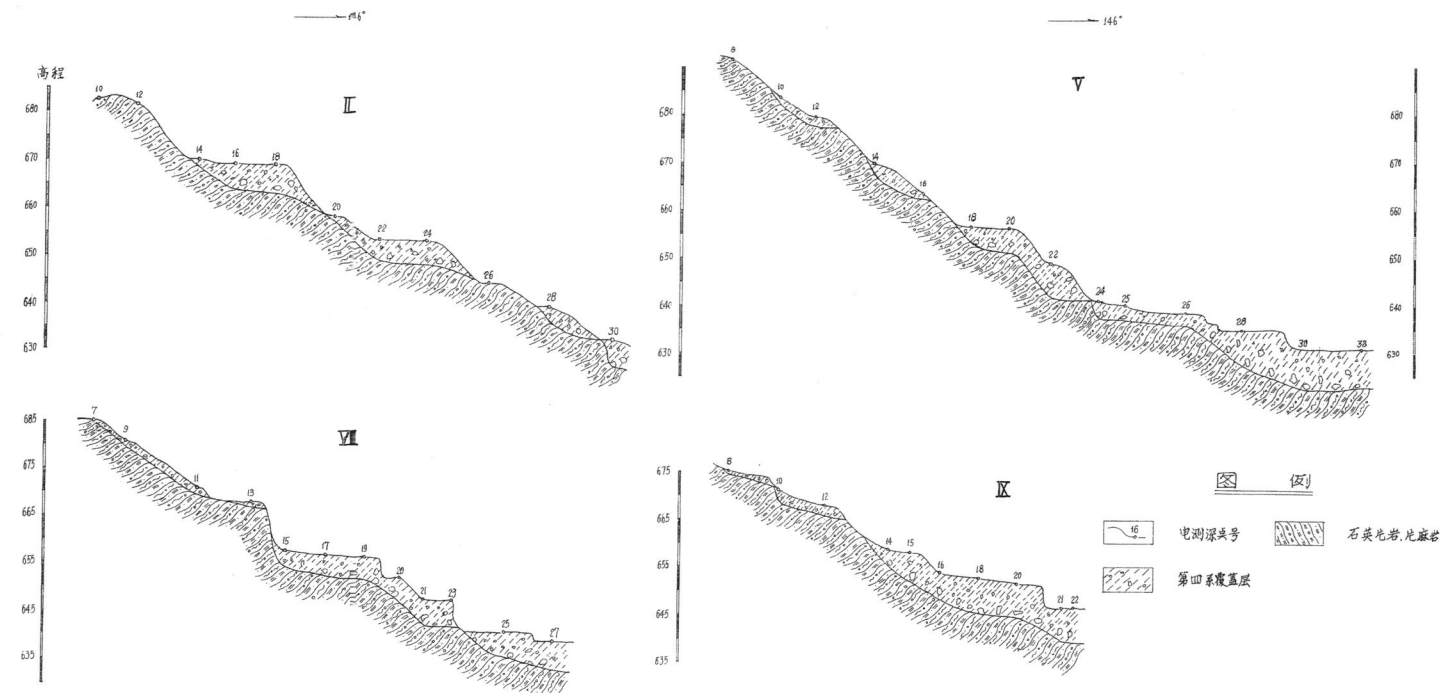

图 3.3.12 嵩岳寺塔及其周围滑坡体Ⅲ、Ⅴ、Ⅶ、Ⅸ号剖面图及覆盖层厚度图

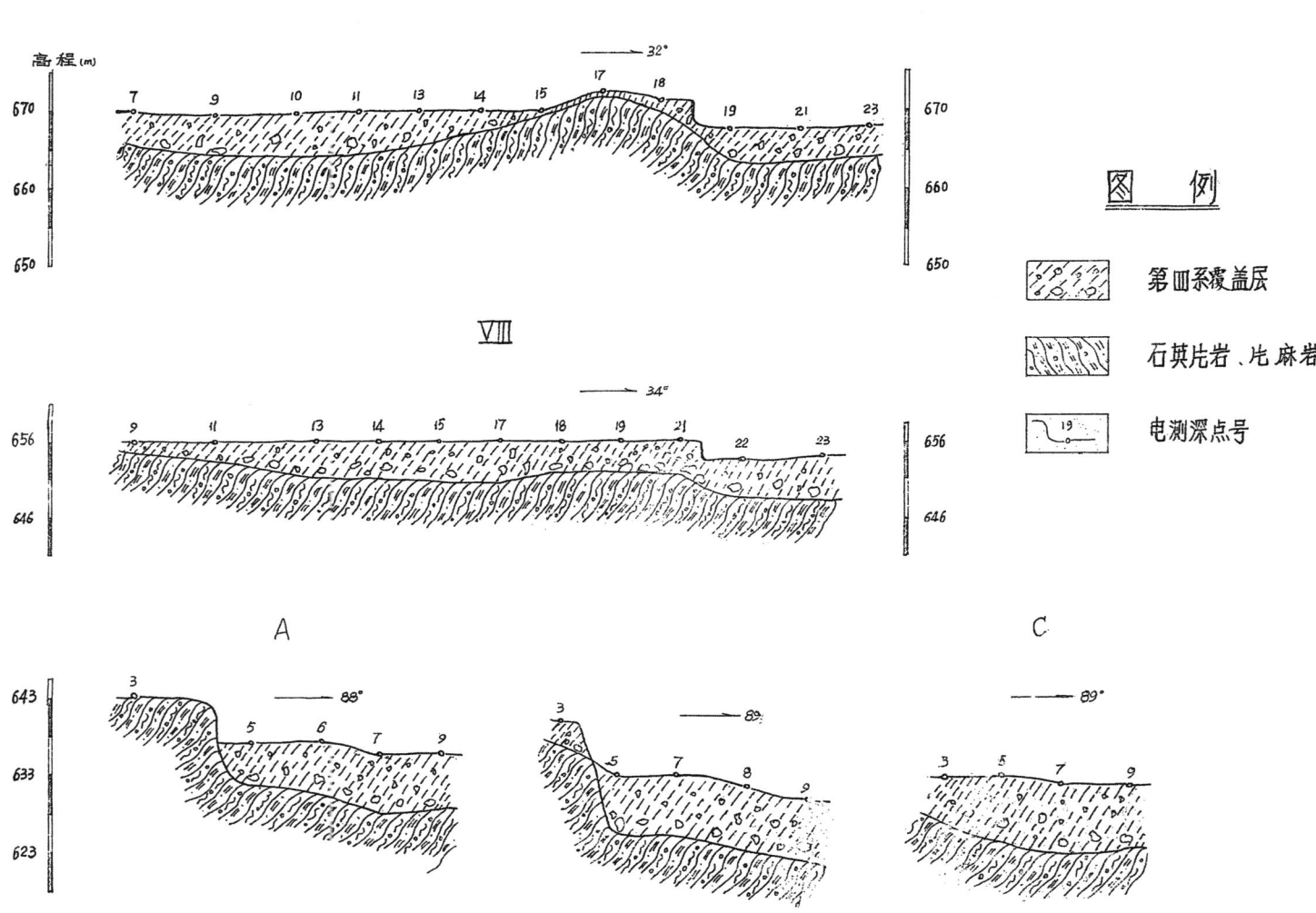

图 3.3.13 嵩岳寺塔及其周围滑坡体Ⅵ、Ⅷ、A、B、C号剖面覆盖层厚度图

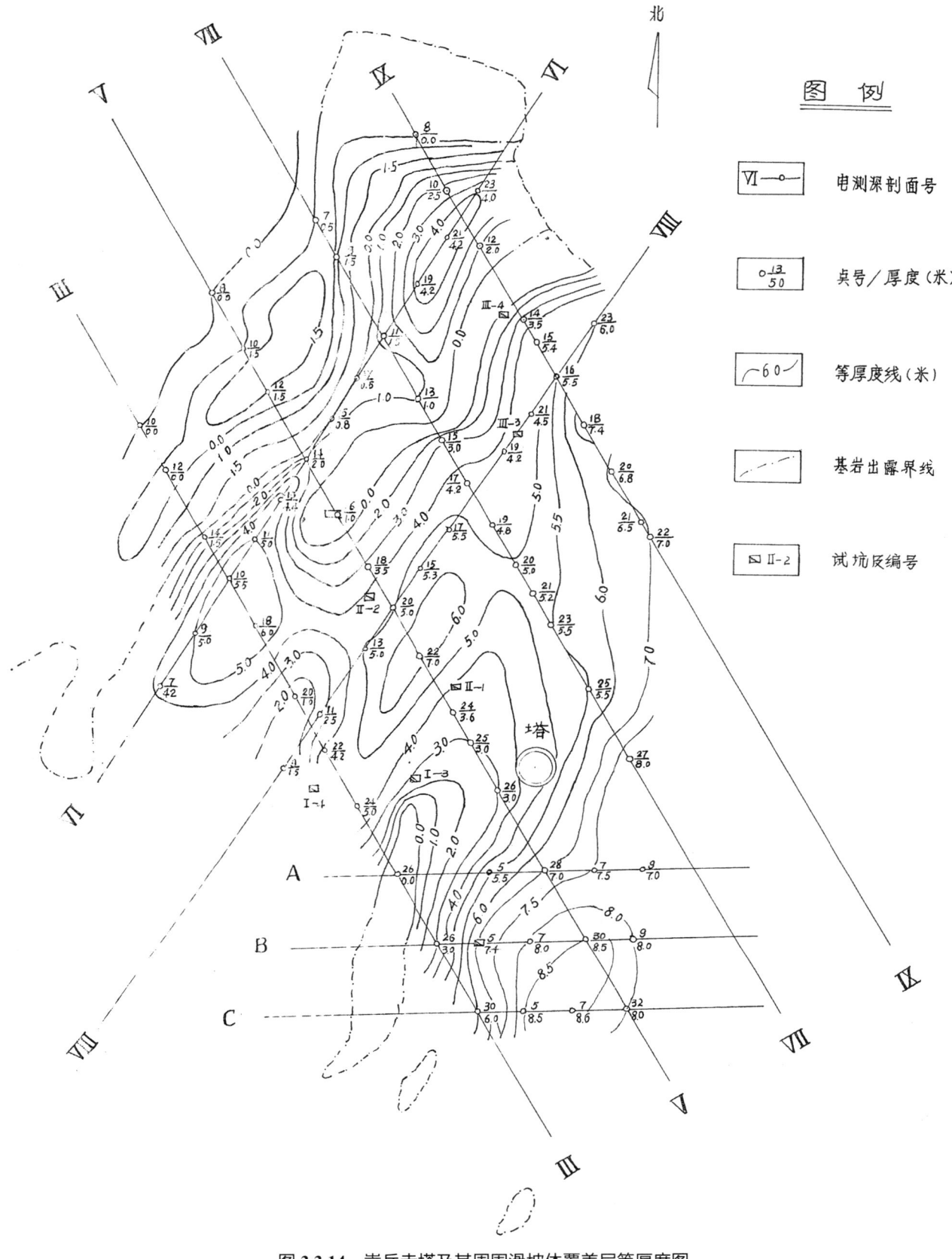

图 3.3.14 嵩岳寺塔及其周围滑坡体覆盖层等厚度图

六、与其他勘探手段的配合、校验

各种勘探手段的有机结合，尤其是物探与钻探、坑探的有机结合，是一条成功的经验。部分坑探资料为电测深的解释提供了已知条件，也验证了电测深曲线的解释，如图 3.3.10、表 3.3.3 的对比资料可见，电测深曲线对基岩的反映以及解释方法与结果是正确的。

表 3.3.3　电测深点地面高程和覆盖层厚度表

剖面测深点号	电测深点地面高程（m）	解释推断厚度（m）	覆盖层底板高程（m）	备注
Ⅲ-10	682.04	-	628.04	基岩裸露
Ⅲ-12	679.96	-	679.96	基岩裸露
Ⅲ-14	670.32	1.5	668.82	
Ⅲ-16	669.26	5.2	668.06	Ⅵ-10
Ⅲ-18	669.16	6.0	663.16	
Ⅲ-20	658.14	1.0	657.14	
Ⅲ-22	653.66	4.2	649.46	
Ⅲ-24	625.99	5.0	647.99	距该点东北向 20 米 Ⅰ-3 号坑深 3.7 米以上是覆盖层
Ⅲ-26	643.41	-	643.41	基岩裸露 A-3
Ⅲ-28	638.72	3.0	635.72	B-3
Ⅲ-30	632.19	6.0	626.19	C-3
Ⅴ-8	683.59	1.5	682.09	
Ⅴ-12	679.70	1.5	677.50	
Ⅴ-14	669.51	2.0	667.51	Ⅵ-14
Ⅴ-16	663.68	1.0	662.68	Ⅴ-16 号探槽 0.9 米以上是覆盖层
Ⅴ-18	656.60	3.8	652.80	距该点南 8 米 Ⅱ-2 号坑深 3.4 米以上是覆盖层
Ⅴ-20	656.43	5.0	651.43	Ⅶ-14
Ⅴ-22	648.83	7.0	641.83	
Ⅴ-24	641.01	3.6	637.41	距该点北 8 米 Ⅱ-1 号坑深 3.5 米以上是覆盖层
Ⅴ-25	640.14	3.0	637.14	
Ⅴ-26	638.87	3.0	635.87	
Ⅴ-28	635.29	7.0	628.29	A-6
Ⅴ-30	632.28	8.5	623.78	B-8
Ⅴ-32	631.45	8.0	623.80	C-9
Ⅵ-7	669.78	4.2	665.58	
Ⅵ-9	668.99	5.0	663.99	
Ⅵ-10	669.26	5.5	663.76	Ⅲ-16
Ⅵ-11	669.66	5.0	664.66	
Ⅵ-13	669.97	4.4	665.57	
Ⅵ-14	669.51	2.5	667.01	
Ⅵ-15	669.87	0.8	669.07	
Ⅵ-17	671.93	0.5	671.43	
Ⅵ-18	670.93	1.3	669.63	Ⅶ-11
Ⅵ-19	667.35	4.2	663.15	
Ⅵ-21	667.35	4.2	663.15	
Ⅵ-23	667.71	4.0	663.71	
Ⅶ-7	684.97	0.5	684.47	
Ⅶ-9	680.72	1.5	679.22	
Ⅶ-11	670.93	1.5	669.43	Ⅵ-18
Ⅶ-13	663.92	1.0	662.92	
Ⅶ-15	657.23	3.0	654.23	
Ⅶ-17	656.14	4.2	651.94	Ⅷ-18
Ⅶ-19	656.63	4.8	651.83	
Ⅶ-20	651.57	5.0	646.57	
Ⅶ-21	647.53	5.2	642.33	
Ⅶ-23	647.52	5.5	642.02	
Ⅶ-25	640.75	5.4	635.35	
Ⅶ-27	639.12	6.0	633.12	

续表

剖面测深点号	电测深点地面高程（m）	解释推断厚度（m）	覆盖层底板高程（m）	备注
Ⅷ-9	656.22	1.5	654.72	距该点东南11米Ⅰ-4号坑深1.4米以上是覆盖层
Ⅷ-11	655.95	2.5	653.45	
Ⅷ-13	654.41	5.0	649.41	
Ⅷ-14	656.43	5.0	651.43	Ⅴ-20
Ⅷ-15	656.21	5.3	650.91	
Ⅷ-17	656.10	5.5	650.60	
Ⅷ-18	656.14	4.2	651.94	Ⅶ-17
Ⅷ-19	656.14	4.2	651.94	距该点北东向9米Ⅲ-3号坑深3.8米以上是覆盖层
Ⅷ-21	656.27	4.5	651.77	
Ⅷ-22	653.45	5.0	648.45	Ⅸ-16
Ⅷ-23	653.93	6.0	647.93	
Ⅸ-8	674.58	0.8	673.78	
Ⅸ-10	667.90	2.5	665.40	
Ⅸ-12	667.95	2.0	665.95	
Ⅸ-14	658.43	3.5	654.93	距该点北西向7米Ⅲ-4号坑深1.0米以上是覆盖层
Ⅸ-15	657.90	6.0	651.90	
Ⅸ-16	653.45	5.0	648.45	Ⅷ-22
Ⅸ-18	653.60	7.4	646.20	
Ⅸ-20	652.23	6.6	645.63	
Ⅸ-21	646.48	6.5	639.98	
Ⅸ-22	648.58	7.0	641.58	
A-3	643.41	-	643.41	基岩出露Ⅲ-26
A-5	653.29	5.5	647.79	
A-6	636.99	7.0	629.99	Ⅴ-28
A-7	635.15	7.5	627.65	
A-9	635.84	7.0	628.84	
B-3	638.72	3.0	635.72	Ⅲ-28
B-5	632.55	7.4	625.15	B-5号坑深7.05米未见风化基岩
B-7	632.28	8.0	624.28	
B-8	631.99	8.5	623.49	Ⅴ-30
B-9	629.27	8.0	621.27	
C-3	632.19	6.0	626.19	Ⅲ-30
C-5	632.13	8.5	623.63	
C-7	631.46	8.6	622.86	
C-9	631.45	8.0	623.45	Ⅴ-32

七、结论

塔西、西北方向主要是堆积层和基岩，呈西至东、西北至东南向倾斜，堆积层最厚约7.0米，其基岩平缓、土层厚重，土体基处于平衡状态，对塔院无危害。塔院南主要是堆积层和基岩，呈北至南向阶梯状倾斜，堆积层最厚8.0米，土体基处于平衡状态，无滑动迹象，对塔院无危害。

第四节 嵩岳寺塔塔院地质雷达勘探

本节内容根据1986年地质雷达勘探的成果整理而成。

一、地层情况

塔院内地面以下有几层明显的地质雷达反射界面，结合探孔和电测深资料，对反射界面作如下定性定量解释。

1. 探孔 2 处反射面

地质雷达测线 N 在探孔 2 处有两个反射界面，一个反射面反射波到达时间为 22ns，相应生活面埋深 0.9 米。另一个反射波到达时间为 37ns，反映了块石层上表面，相应块石层面埋深 16.0 米。

反映面埋深计算按公式：$D = \dfrac{tc}{2\sqrt{\varepsilon}}$；其中：D 为反射面深度；t 为反射波到达时间；c 为真空中雷达波传播速度（等于光速）；覆盖层 ε 由 N 测线雷达记录求得，$C/2 = 0.15$m/ns，由 $D_1 = 0.9$ 米，$D_2 = 1.6$ 米，$t_1 = 22$ns，$t_2 = 37$ns，求得 $\sqrt{\varepsilon} = 3.5$，$\varepsilon = 12.3$（图 3.4.1）。作为其他各测线记录计算 D 的基本参数。由于塔院内各处基岩埋深不同，因而覆盖层中的层面及构成亦不同，各层的 ε 也不同，这里用的 $\varepsilon = 12.3$ 值只是个概略的值，计算出的 D 也是有误差的。

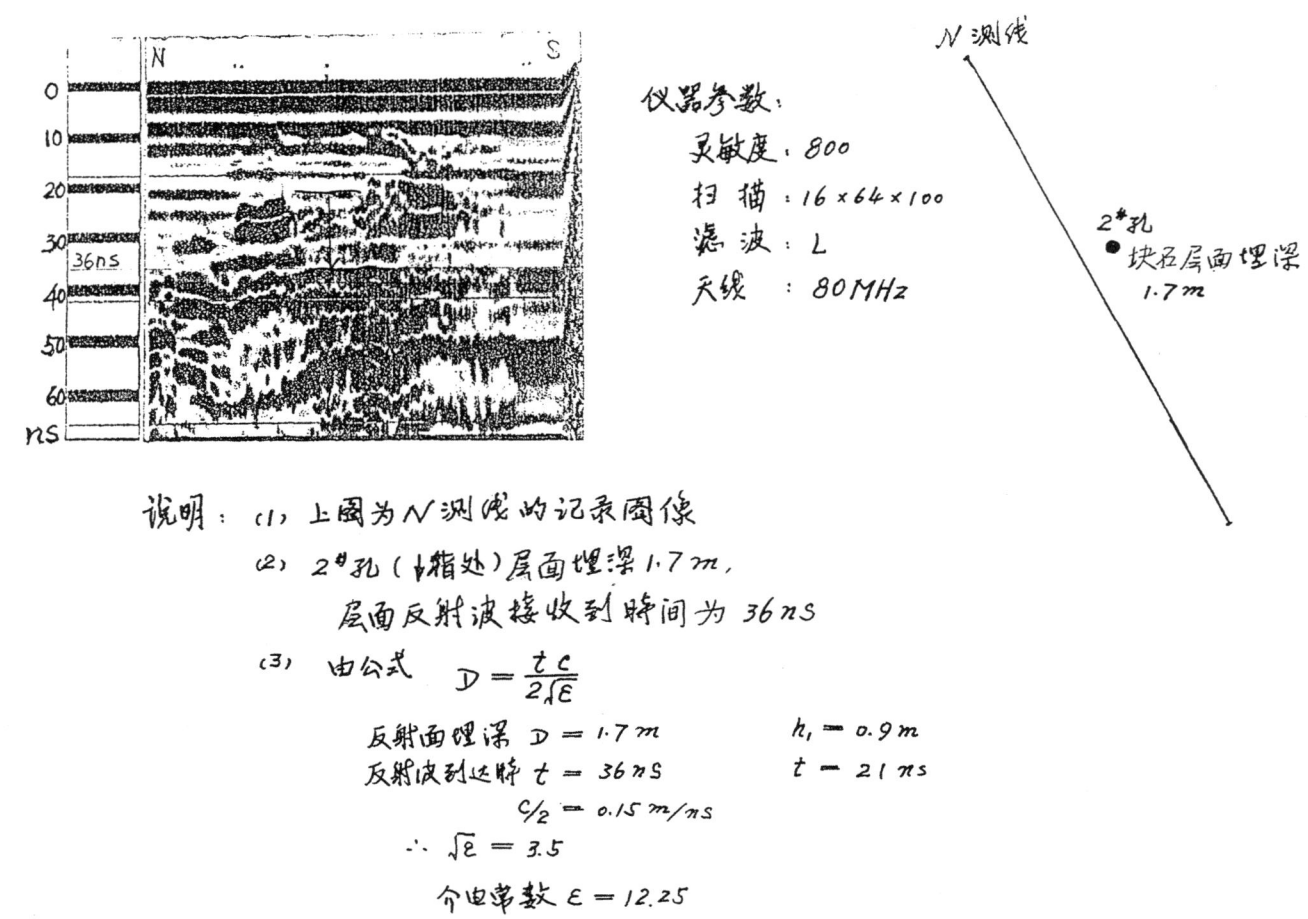

图 3.4.1　由 N 测线雷达记录求覆盖层 ε 图

情况说明，地质雷达的记录图像，在塔身附近 4.0 米范围内受到钢脚手架的强烈干扰。由于雷达天线发射的雷达波向上方呈 90° 角发射，而金属物对雷达波有强烈反射，致脚手架反射的信号掩盖了地层的反射信号，塔边钢脚手架对雷达记录的干扰（图 3.4.2）。由于地表较潮湿，雷达的探测深度受影响，勘探深度不足 3.0 米，记录基本上未反映基岩面。但对于不同年代的生活面，地质雷达记录图像上有着清晰的反映。与电阻率法资料互相配合，地质雷达的资料也反映了塔基的情况。

2. 地质雷达与电测深对比

地质雷达图像连续记录的反射面，比 4.0 米的点距电测深更能直观反映一些层面的情况，这些图像反映的生活面与电测深资料十分一致。如塔西 A、B、C、D、B′、C′、D′、E′、F′ 测线雷达记录图像，清楚反映某层面的

说明：

(1) 雷达天线向空中发射范围呈90°间，当天线靠近塔时，钢脚手架对雷达波反射，图象中呈45°的强反射信号即为脚手架影响。

(2) 干扰图象中点条形信号a约有26个，对应于26根横脚手，是它们的反射信号。

(3) 脚手架的干扰，掩盖了复盖层界面、塔基和基岩面的反射信号，故在距塔边脚手架4米范围内诸反射面的反射信号被掩盖。

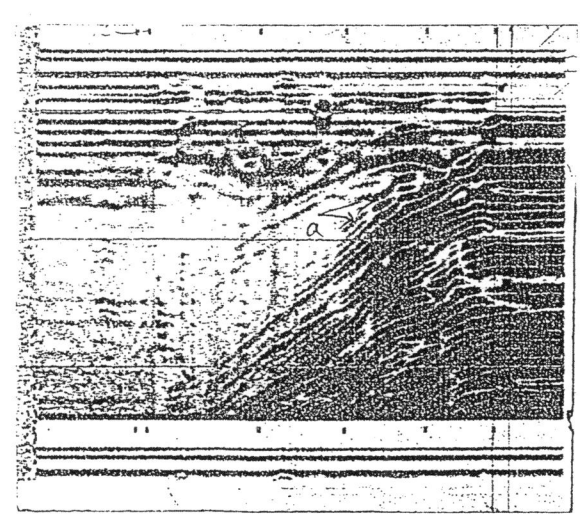

图 3.4.2　塔边钢脚手架对雷达的干扰图

起伏情况（图 3.4.3）。4、5 测线雷达记录图像，清楚反映的生活面情况（图 3.4.4）。

地质雷达记录图像计算的层面深度与电测深定量解释结果的对比，绝大部分都十分吻合（表 3.4.1）。同时可看到二者具有相互补充性，地质雷达记录图像反映的一些不连续层面，表明这些层面曾被破坏，这与电测深资料结果一致，雷达记录图像更加形象化。例如 1.5~2.5/C、2/D 附近，雷达图像明显表现了人工挖掘破坏生活面的情况，实际情况是这里曾挖过地窖（图 3.4.3）。

表 3.4.1　地质雷达与电测深所测层深对比表　　　　（单位：米）

点号	h_1			h_2、h_3			h_4			h_5			h_6		
	雷达	电测深	差值	雷达	电测深	差值	雷达	电测深	差值	雷达	电测深	差值	雷达	电测深	差值
5/A	16ns 0.7m	0.9m	0.2m	32ns 1.4m	1.55m	0.15m	/	2.0					/	3.0	
4/A	16ns，20ns 0.7~0.8s	/		33ns 1.4m	/		43ns 1.8m	/		55ns 2.4m	2.75	0.35			
4.5/A	15ns，20ns 0.6~0.85m	0.9		/	1.4m										
3/A	15ns，20ns 0.65~0.9m	0.9		35ns 1.5m	/		/	2.0m		58ns 2.5m	2.5		/		
2/A	15ns，20ns 0.65~0.85m	0.9		35ns 1.5m	1.7	0.2	/	2.0							
1/A	14ns，20ns 0.6~0.85m	0.9		/	1.7m										
4/B	15ns，21ns 0.65~0.9m	0.7 0.9		32ns 1.4m	1.4	/	46ns 2.0m	2.7 2.0	/	62ns 2.7m	2.7 3	/		3.5	
3/B	15ns，21ns 0.65~0.9m	0.7		35ns 1.5m	/		/	2.0						6	
2/B	15ns，21ns 0.65~0.9m	0.7		35ns 1.5m	1.1	-0.4	/	2.0			3			6	
1/B	15ns，21ns 0.65~0.9m	/		/	1.1		/	2.0							

续表

点号	h₁ 雷达	h₁ 电测深	h₁ 差值	h₂、h₃ 雷达	h₂、h₃ 电测深	h₂、h₃ 差值	h₄ 雷达	h₄ 电测深	h₄ 差值	h₅ 雷达	h₅ 电测深	h₅ 差值	h₆ 雷达	h₆ 电测深	h₆ 差值
5/C	15ns 0.65m	0.7 0.9	/	33ms 1.4m	1.1	-0.3	/	1.7					/	2	
4/C	15ns 0.65m	0.9	/	30ns 1.3	1.25	/	40ns, 47ns 1.7, 2.0	2.0 1.7	/				61ns 2.6	3.0	0.4
3/C	15ns 0.65	0.7	/				40ns 1.7	1.7	/						
2/C	/	0.9					41ns 1.75	/		/	2.5				
1/C					/	1.1	41ns 1.75	1.75	/	/	3				
5/D							40ns 1.7	1.75	/				48ns 2.1	2.0	/
4/D							40ns 1.7	1.55	0.15				48ns 2.1	2.0	
3/D	/	0.7		34ns 1.45	1.4	/	44ns 1.9	1.75	−0.15		2.5		/	3	
2/D				/	1.1		4.0 1.7	1.75					/	6	
1/D	/	0.9		32ns 1.4	1.4		4.0 1.7	1.75							
7/B′	/	0.9											46ns 2.0	2.0	
6/B′	18ns 0.8	0.9	0.1	/	1.4								40ns 1.7	1.7	
7/C′	21ns 0.9	0.9	/										35ns 1.5	1.4	-0.1
6/C′				33ns 1.4	1.4	/							45ns 1.9	1.85	/
7/D′	26ns 1.1	1.1	/										36ns 1.5	1.55	
6/D′	26ns 1.1	1.1	/										46ns 2.0	2.0	
7/E′	15ns 0.65	/											35ns 1.5	1.2	0.3
6/E′	160.7	0.9 0.7		/	1.4		39ns 1.7	1.7	/				43ns 1.9	2.0	0.1
5/E′	19ns 0.8	0.9	0.1										38ns 1.6	1.55	/
4/E′	15ns 0.65	/		/	1.4		39ns 1.7	1.7	/					2.25	
3/E′	15ns 0.65	0.9	0.25										/	3.0	
2/E′	15ns 0.65	0.7	/	/	1.1								/	2.75	

二、塔基的地质雷达反映情况

塔基上有脚手架，其顶面的反射信号大部分被干扰信号掩盖。从 B 剖面地质雷达记录图像上看到塔基的反射图像（图 3.4.3），可见反射面 II 反映的塔基底面反射波到达时间为 40ns，计算出其埋深约为 1.70 米，这与电测深资料完全一致（表 3.4.1）。a 点为塔基东边界，距塔台外缘约 3 米，电剖面法的 B 剖面结果一致。

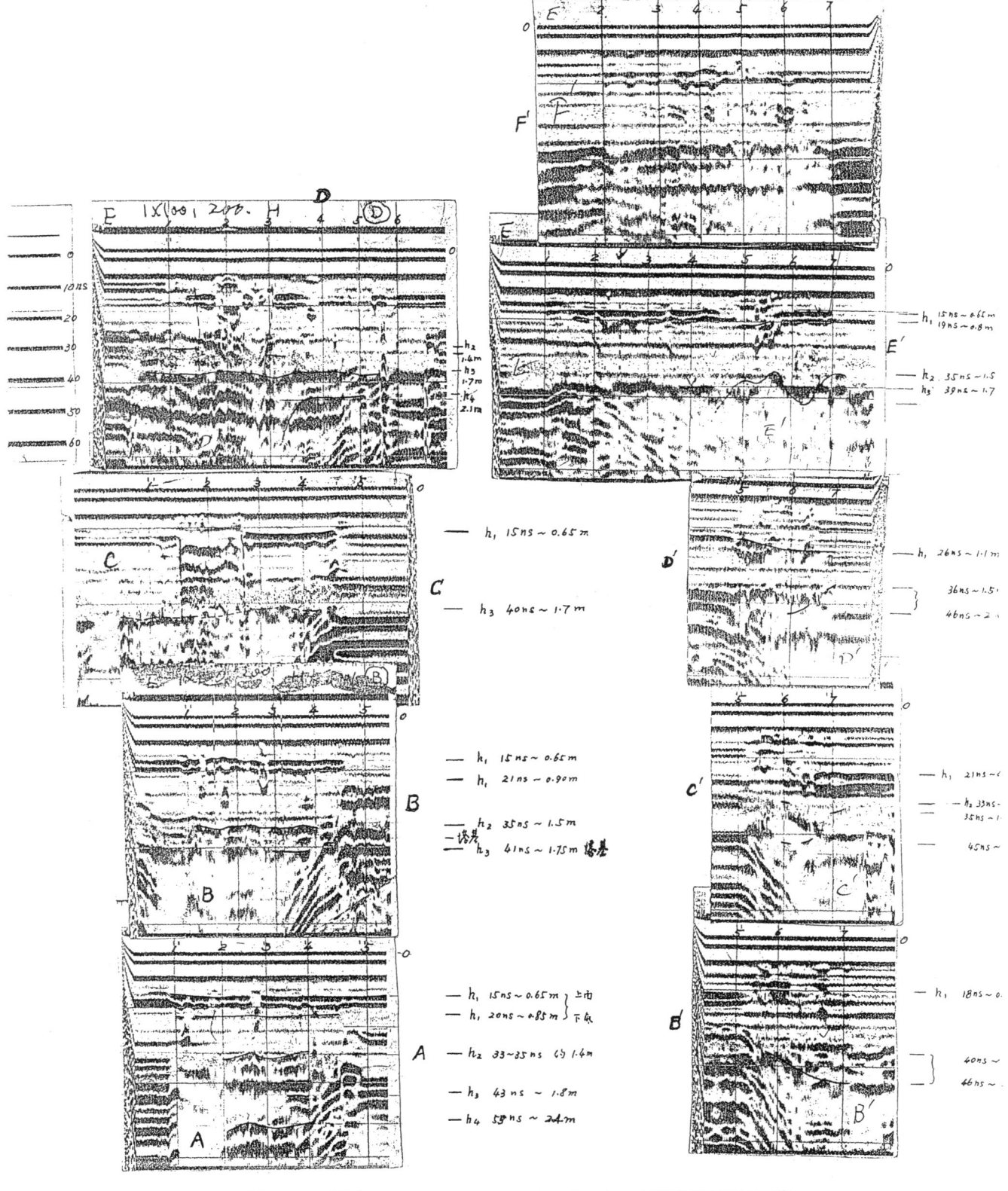

图 3.4.3　塔西 A、B、C、D、B′、C′、D′、E′、F′ 测线雷达记录图像

三、塔内的地质雷达反映情况

塔内中间梯度剖面反映，在一个高电阻的背景下有一个宽约 1.0 米的低阻异常。如中梯 I 在东、西塔墙边，ρ_s 值较低为 40Ω·m 左右，这是塔身影响使视电阻率降低；距塔墙稍远，ρ_s 则东面升至 70Ω·m，西面为 100Ω·m 以上。塔心附近 ρ_s 则突降到 30Ω·m 以下。此低阻体沿剖面宽度约 1.0 米，距塔东内墙皮 4.5～5.5 米。中梯 II 在塔中间部分，ρ_s 值南面为 45Ω·m 左右，北面 100Ω·m 以上；塔心附近 ρ_s 亦低至 32～33Ω·m，低阻体沿剖面方向宽度亦约为 1.0 米，距塔南外墙皮 4.5～5.5 米。此低阻异常中心在 SN 向和 EW 向偏离塔心仅 0.2～0.3 米。

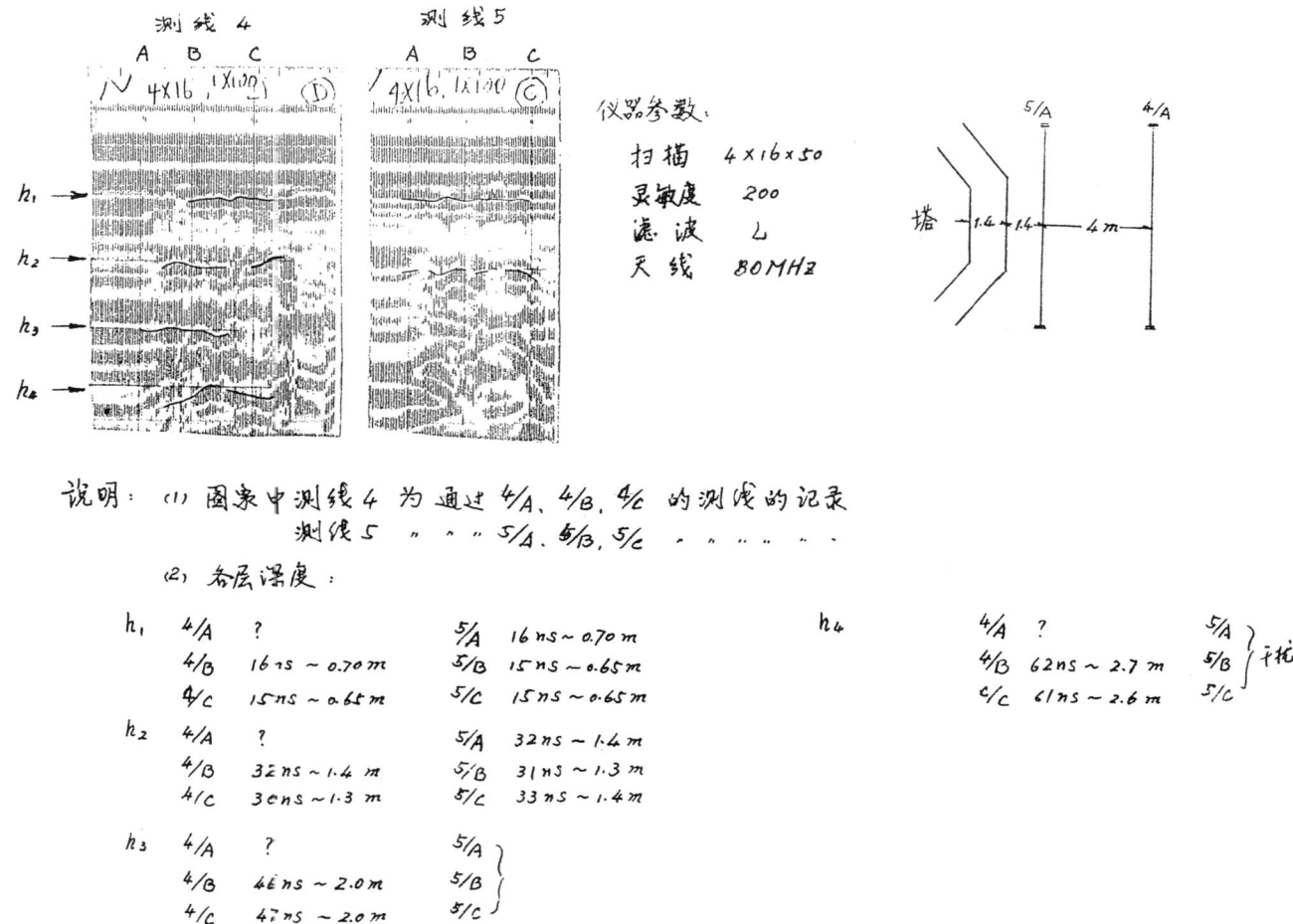

图 3.4.4　4、5 测线雷达记录图像

塔心的电测深曲线反映，距塔内地面 0.9 米范围内为高电阻介质，ρ_s 值达 700Ω·m，0.9 米以下电阻率则降低至 35～40Ω·m，反映了低阻介质。此低阻层下底深为 2.0 米。

由此推断，塔心地面下有一个 1.0 平方米或 1.0 米直径的空穴。顶面距现塔内地面约 0.9 米，深到 2.5 米，即净高 11.6 米左右。其表现为低电阻，有两种可能性，一是完全密封的空穴，其中较潮湿；一是已被发掘，后在空穴中填充有一定湿度二，理论上后者可能性较大。

第五节　嵩岳寺塔塔院工程地质勘探

本节内容根据 1987 年《登封嵩岳寺塔塔区工程地质勘察报告》整理而成。

一、工作布置

勘察工作以塔为中心，布置 3 条不同方位的勘探线，编号Ⅰ～Ⅲ，即向北、北西、西呈扇形展开，10 个钻探孔，塔院内 4 个，院外 6 个，钻至硬基岩下 1.0 米为止。施工中塔院外以开挖浅井代替钻探，获取的地质资料更为直观。工作区内共投入工作量为钻探孔 4 个，累计进尺 43.18 米，浅井 7 个，累计开挖进尺 40.1 米。取试验样 17 组。测绘 1∶1000 地质图 0.15 平方公里（图 3.5.1）。钻探工作主要采用干式钻进，对巨砾石采用清水钻进，浅井均挖至硬基岩。

二、塔区工程地质条件

嵩岳寺塔院在登封杂岩构成的剥蚀低山脚下，受构造控制，塔区内岩石断续出露，多为风化及强风化的露头，为太古界登封群的片岩、片麻岩组，倾向260°～330°，倾角22°～46°。塔附近寺院建筑久成废墟。塔西及北西山坡已与塔院、殿房搭连（图3.5.2～图3.5.7）。

1. 探孔地质情况

在Ⅰ-4、Ⅱ-2、Ⅱ-3浅井内，风化片麻岩下部见有褐红色黏土连续分布，上部呈树枝状，下界面清晰，黏土光滑细腻。Ⅰ-4浅井内黏土厚0.4厘米，倾向123°，倾角20°。Ⅱ-2、Ⅱ-3浅井见黏年土厚1.0～4.0厘米，倾向45°～50°，倾角34°～37°，黏土层上下片麻岩片麻理一致，该黏土属地下水渗流所携带泥质淋积于硬基岩面或风化片麻岩裂隙之间（图3.5.4）。

区域内人工堆积层，主要分布于塔院内及塔北、塔西各台阶上，薄厚不等。根据物质组合可分为杂填层和素填层。

2. 地层情况

（1）杂填层：以含砖瓦块的轻亚黏土为主，夹有木炭屑、石灰渣及小砾石。砖瓦块含量约15%～80%，并见有古建筑残墙基。本层厚2.0～4.0米。天然含水量10.3%，天然容重1.74g/cm³，孔隙比0.731，塑性指数9.7%，液性指数为0.61。

（2）素填层：为轻亚黏土砾石层，无砖瓦块，含有大量巨砾、砾石以石英岩为主，半滚圆形，最大砾径可达2.0米左右。本层多分布于杂填层下部，厚度1.0～7.0米。天然含水量10.2%～19.5%，天然重量1.84～2.07g/cm³，孔隙比0.501～0.731。

（3）坡积层：主要为灰褐色砂砾石及含砾亚黏土、砾石为半风化的片麻岩碎块，较松散，厚1.0～2.0米。天然含水量15.1%，天然容重1.91g/cm³，孔隙比0.657。

（4）冲洪积层：主要为含巨砾砂卵石层，夹有棕红色轻亚黏土，土质稍密，塑性指数为11.2%。

由于片麻岩易风化，塔区为中低山。受风化剥蚀和人为活动，塔西及塔北呈三级阶梯状斜坡地貌。风化片麻岩裂隙发育，为一含水层。但由于区内汇水面积小，上覆主要为轻亚黏土，加上建筑夯实作用，渗水性能差，钻孔揭至18.0米未见地下水出露。大塔寺沟内地表水呈间歇性小溪，流量甚微，为当地拦蓄灌溉的主要水源，饮用水为沟边的孔隙泉。在塔院内钻孔见基岩，亦未见基岩面和土层中有地下水。Ⅰ-3浅井地下3.5米处为原有砖铺地面同塔院内砖平铺地面，Ⅱ-3、Ⅲ-3浅井所在平台上原有建筑。

三、塔基础工程地质特征

1. 塔基埋深

据四个钻孔揭示，塔院现生活面下1.0米左右，均见一"三合土层"，以棕红色亚黏土为主，含有大量砖渣、白灰渣及小砾石，白灰渣呈斑点状均匀分布，土层密实坚硬。该层在Ⅰ-1、Ⅰ-2、Ⅲ-1三孔内出露标高一致，并与塔院西Ⅰ-3浅井所见砖铺地层标高吻合，推测为建塔后的第一个生活面。Ⅲ-2孔内三合土层高于以上三孔内同一层0.4米，可能原生活面北高南低。与现生活面形态相似。该生活面上部为砖瓦石堆积层，下部为轻亚黏土砾石层，底部为太古界片麻岩。

Ⅰ-2与Ⅲ-2孔内基岩标高一致，距现塔周地面下4.05米，而Ⅰ-1、Ⅲ-1两孔内基岩埋深分别为8.1米和7.65米，推测建塔时以比原生活面低3.0米，塔基坐落在基岩平台上。由于塔东、南在塔基外有一基岩陡坡，所得4个孔内同一标高下见基岩深度各异。

其主要根据是基底片麻岩之上，四个孔所见均为人工回填层。物探推断塔东基岩面有一陡坡；若塔基坐落在基岩斜坡上，松散层与基岩有明显差异，必然会产生明显不均匀沉陷。从以上分析，塔体于现生活面下埋深4.0米，塔基坐落于较坚硬的片麻岩上。

2. 塔基工程地质特征

依据地质分层与测试成果，按工程地质特征划分，区内可分为松散层、风化～半风化片麻岩、新鲜片麻岩三个地质单元体。松散层允许承载力为28000kg/m²，风化～半风化片麻岩层属低压缩性，允许承载力为44000kg/m²，塔体附近片麻岩岩性均一，塔基建在片麻岩上，工程地质条件是良好的。各单元体的主要物理、力学性质指标（表3.5.1）。

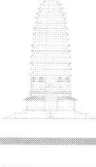

表 3.5.1 物理、力学性质指标表

指标名称	松散层	风化至半风化片麻岩	片麻岩		平行	垂直
天然含水量（%）	14.6	11.2	比重		2.68	
天然容重（g/m³）	1.97	2.07			平行	垂直
干容重（g/m³）	1.72	1.86	容重（g/cm³）	干（烘干）	2.64	2.64
比重	2.71	2.74	容重（g/cm³）	湿 烘干	2.62	2.67
孔隙比	0.585	0.478		湿 饱和	2.62	2.68
内摩擦角（度）	33.4	42.8	吸水率（%）		0.24	0.25
凝聚力（kg/m²）	0.77	0.30	保水率（%）		0.28	0.28
塑性指标（%）	10.8	8.2	抗压强度（kg/m²）	烘干	157.0	150.0
液性指数	−0.24	−0.78		饱和	104.0	156.0
压缩系数 a2-3	0.016	0.009				
压缩系数 a4-6	0.0099	0.007				
压缩模量 E2-3	228	129				
压缩模量 E4-6	240	191				
允许承载力（kg/m²）	28000	44000				

四、塔院周围土体稳定性分析

嵩岳寺塔西及北西部台阶状斜坡，地表平均坡度 15°～17°，最大 26°。基底片麻岩表面形态与地表相似，一般坡度 16°～18°，最大 24°。从地质测绘和勘探工程揭露的岩性资料分析，该斜坡表层基岩原始地貌为一起伏不大的自然缓坡，后因修建寺院，加上近期耕种修建梯田，使其呈现阶梯状，并非滑坡原因所致。

其主要依据是：

（1）松散层下伏片麻岩表面形态平缓，片麻理倾向与坡向相反，区内无断裂构造，节理不发育，不可能产生基岩滑坡。

（2）Ⅰ-3 浅井距塔院西 12.0 米，浅井离地表基岩露头仅 1.0 米。井下 3.5 米见一层砖铺地，直接铺在人工平整的基岩平面上，可见这 4.0 米高差的基岩陡台，系修建塔院人工开挖形成，据揭露和访问资料，各级台阶后缘均有建筑残墙。

（3）位于第二台阶后缘的Ⅰ-4、Ⅱ-3、Ⅲ-4 浅井内，人工堆积层直接覆盖在硬基岩上，未见风化基岩和坡积层；而距Ⅱ-3 浅井东 3.0 米的Ⅱ-2 井内，人工回填层下为坡积层—风化基岩。坡积层顶面有 0.3 米厚的片麻岩石块堆积，明显是开山劈石所填。

（4）Ⅰ-4、Ⅱ-3、Ⅱ-2 浅井内基岩面上虽有一层充填黏土，并具有一定方向性，其充泥层上下基岩未见滑动痕迹。

（5）从登封县 1969～1980 年十二年气象资料分析，最大年降水量 68.7 厘米，最小 44.49 厘米，平均 55.6 厘米，最大月降水量 25.7 厘米，属半干旱气候区。从岩土物性测定成果来看，地表风化岩天然含水量 8.1%，饱和度 55%，地表松散天然含水量 10.3%，饱和度 38.5%；浅井内松散层天然含水量 15.1%，饱和度 63.2%，井底风化片麻岩天然含水量 11.3%，饱和度 59%。可见，人工回填层轻亚黏土为一弱透水层，松散层下部天然含水量较小，降水尚不足以改变斜坡的应力场，构成松散层滑动的外应力。

（6）斜坡前缘台阶上均为人工堆积层，并见两处古建筑痕迹。台阶下村民开挖的薯窖中，深度 2.0 米内为人工回填层，下部为冲洪积卵砾石，控制标高已达大沟沟底，这就缺少构成滑坡的临空面这一重要因素。

（7）山坡上未见滑坡裂缝、马刀树、醉汉林等滑坡景观。

综上所述，该处为一稳定性台阶状斜坡，尚无构成危及塔体安全的滑坡，属稳定性斜坡。

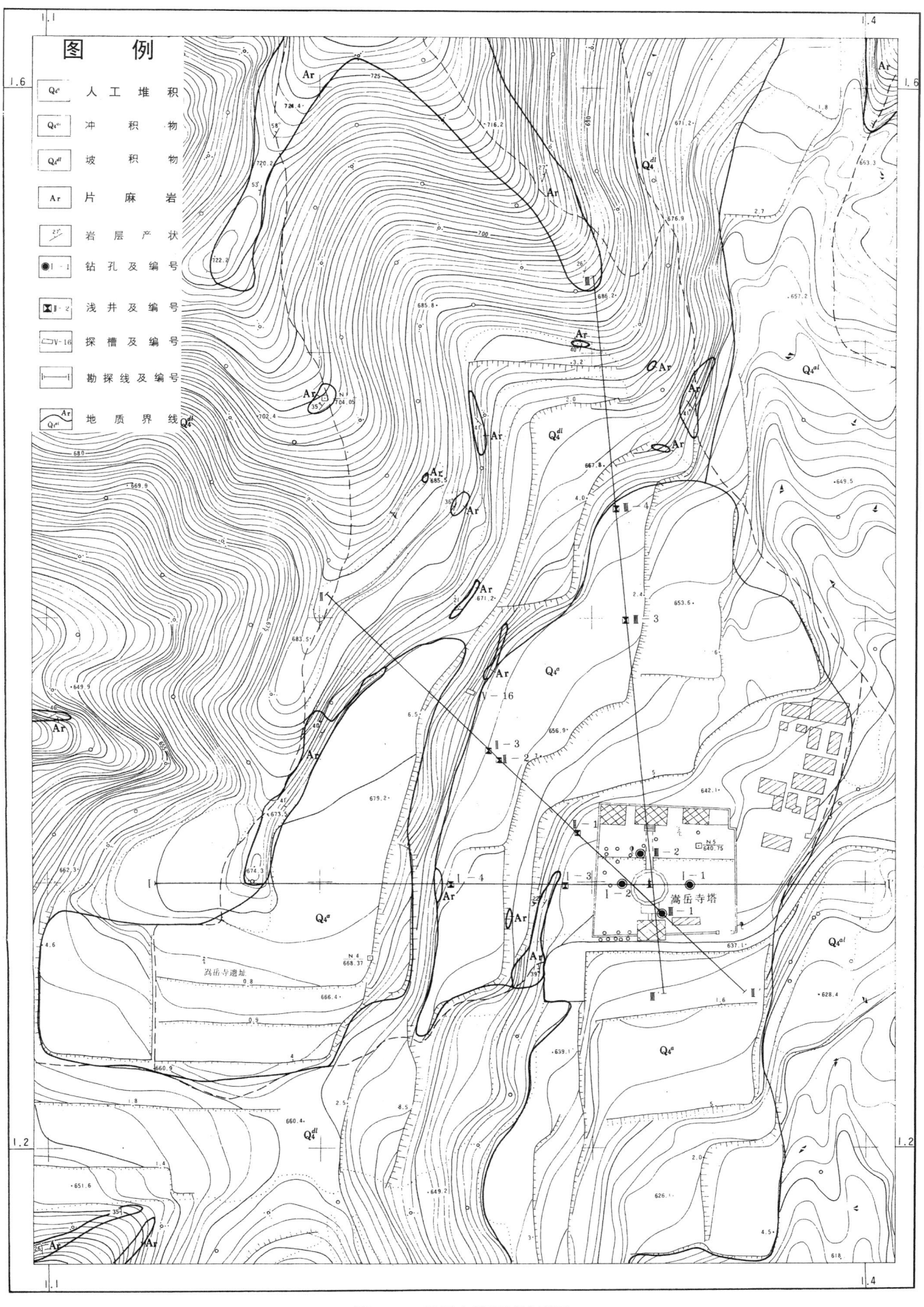

图 3.5.1 嵩岳寺塔区域地质图

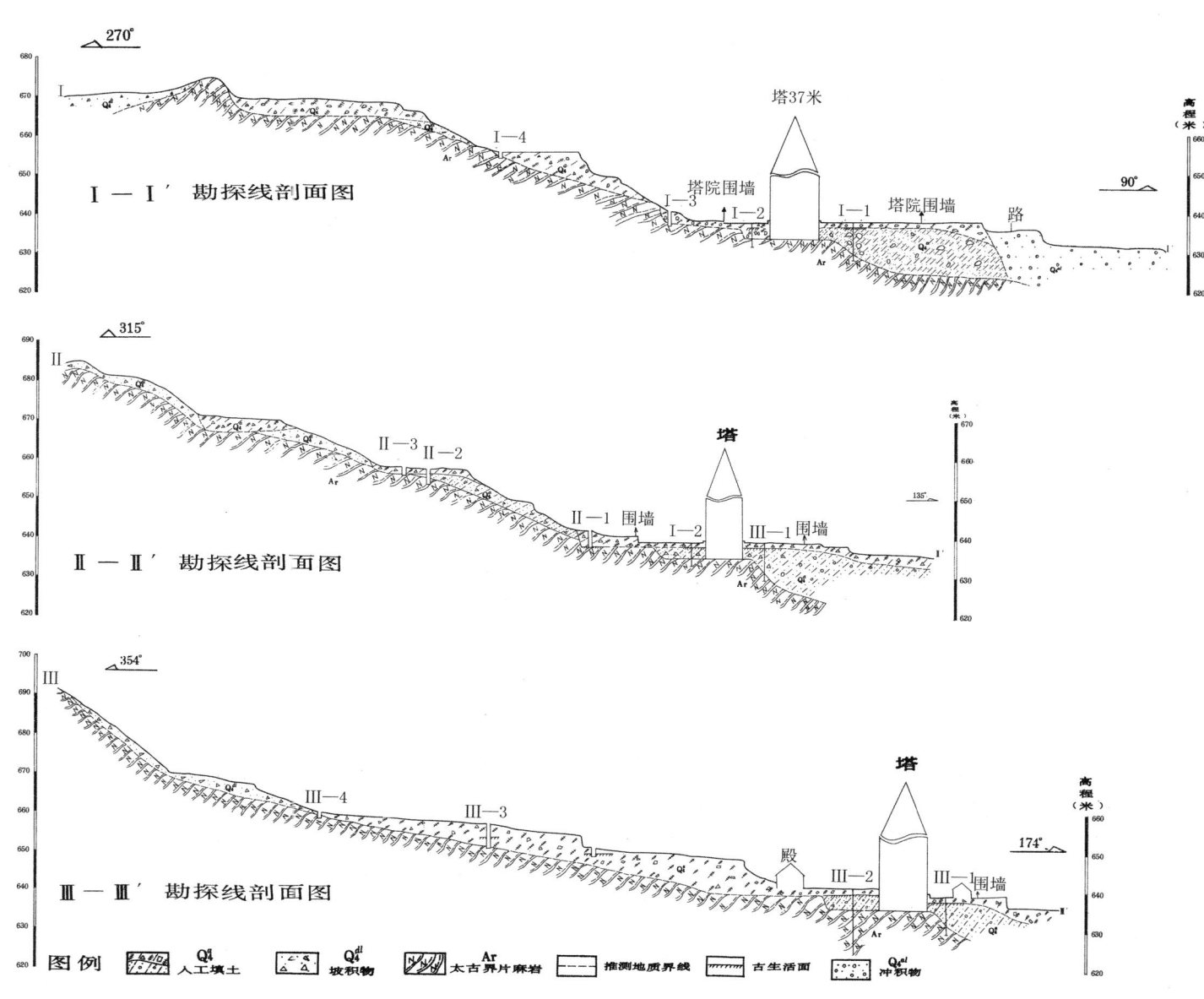

图 3.5.2 嵩岳寺塔区域勘探线剖面图

Ⅲ — 1 钻孔柱状图

孔深（米）自	至	层位			柱状图 1：25	岩性描述	岩心采取 长度（米）	采取率（%）	取样编号
0.00	0.25	回填层	杂填层	碎砖瓦层		碎砖瓦块占 45 %，并见有小砾石，充填物为黄褐色轻亚粘土和灰渣，密实。	0.20		
0.25	1.00	回填层	杂填层	含砖瓦轻亚粘土		红褐色轻亚粘土，并见有碎砖瓦块、灰渣及木炭屑。密实，砖瓦块含量占 15 %。	0.60		
1.00	1.95	回填层	杂填层	含灰渣轻亚粘土		棕红色，较密集，含小砾石及灰渣。	0.75		
1.95	4.50	回填层	素填层	轻亚粘土		褐红色轻亚粘土，含有少量砾石及砂粒，未见白灰渣和砖瓦碎块，较密实。	2.40		Ⅲ-1-1 1.95—2.20；Ⅲ-1-2 2.31—2.56；Ⅲ-1-3 3.43—3.68
4.50	5.93	回填层	素填层	砂砾石		灰及棕灰色砂砾石，砾石以片麻岩为主，次为石英岩。砾石含量 70 %，部分片麻岩块石已风化为土状，但仍保留片麻理。褐红色轻亚粘土充填于砂砾之间。	1.20		
5.93	6.97	回填层	素填层	巨石块		灰色石英岩块石，进尺内为一个块石体。	0.80		
6.97	7.65	回填层	素填层	轻亚粘土砾石		褐红色轻亚粘土夹大量砾石，砾石主要为石英岩，下部为片麻岩块石，最大砾石直径 15 厘米。	0.60		Ⅲ-1-4 7.22—7.41
7.65	9.30		片麻岩	风化片麻岩		灰褐色强风化黑云斜长片麻岩，土状，片麻结构明显。	1.50		
9.30	9.48		片麻岩	片麻岩		灰色二云斜长片麻岩，弱具风化，主要矿化物为黑云母、绢云母、斜长石，次为石英及钾长石。	0.15		

图 3.5.3　嵩岳寺塔区域钻勘柱状图（1）

Ⅲ — 2 钻孔柱状图

孔深（米）自	至	层位			柱状图 1：50	岩性描述	岩心采取 长度（米）	采取率（%）	取样编号
0.00	2.00	回填层	杂填层	碎砖瓦层		以碎块为主，并见有瓦片，盆罐和白灰渣，并有少量石英岩砾石。砖石含量占 85 %以上，充填物为褐红色轻亚粘土。松散漏水。	1.60		
2.00	2.90	回填层	杂填层	三合土		褐红色，含有大量白灰渣及木炭屑，土层致密坚实。碎砖瓦含量较少。	0.90		
2.90	3.20	回填层	杂填层	轻亚粘土砖渣层		褐红色轻亚粘土，含有大量砖瓦块。砖石含量约 40 %。	0.30		
3.20	3.40	回填层	素填层	轻亚粘土夹巨砾石		褐红色轻亚粘土夹巨砾。砾石为灰白色石英岩，无砖瓦块。	0.20		
3.40	5.58	回填层	素填层	轻亚粘土砾石层		褐红色，砾石以灰白色，粉红色石英岩为主，砾径 3 - 10 厘米，半滚圆状，含量约 40 %，未见砖瓦块。充填物为轻亚粘土。	1.70		
5.59	11.30	片麻岩	风化片麻岩	风化片麻岩		灰及灰褐色，土状，可见矿物为斜长石，黑云母，绢云母和石英。片麻结构清晰。浅色矿物与暗色矿物呈条带状。长英质矿物较多的浅色条带较坚硬。主要为黑云母斜长片麻岩。	4.57		Ⅲ-2-1 7.46—7.70
11.30	18.37	片麻岩	片麻岩	片麻岩		灰褐色黑云母斜长片麻岩夹花岗片麻岩，中粒片麻理清晰，暗色矿物集中的部位受风化作用较松软。	5.70		Ⅲ-2-2 14.47—14.57

图 3.5.4　嵩岳寺塔区域钻勘柱状图（2）

Ⅰ—1钻孔柱状图

孔深(米) 自	至	层位			柱状图 1:25	岩性描述	岩心采取 长度(米)	采取率(%)	取样编号
0.00	1.09	回填层	杂填层	碎砖瓦层		以碎瓦块为主，充填物为白灰渣，灰褐色轻亚粘土和砂粒，较密实。			
1.09	1.39			三合土		红褐色轻亚粘土，含大量白灰渣，均匀分布，呈白色斑点，密实。			
1.39	1.59			碎砖瓦层		岩性同0.00～1.09米段。	1.39		
1.59	2.98		素填层	含砾轻亚粘土层		棕红色轻亚粘土，夹有小砾石及少量碎砖渣，致密坚实。	1.39		Ⅰ—1—1 2.68—2.98
2.98	3.48			巨石块		灰白色石英岩块。	0.40		
3.48	4.18			砾石轻亚粘土层		砾石以石英岩为主，含量占30%，砾径大小不等，无砖瓦碎块。轻亚粘土呈暗红色，含有大量砂粒。	0.46		
4.18	6.00			巨石块		块石为灰色石英质变砾岩和灰白色石英岩，块石之间无充填物。块径较大。	1.30		
6.00	8.10			轻亚粘土砂砾石层		褐灰色，砾石占70%，粗砂占20%。砾石上部以石英岩为主，下部为花岗片麻岩石块，轻亚粘土为充填物。	1.60		
8.10	9.10	片麻岩	风化片麻岩	风化片麻岩		棕红色强风化片麻岩，可见矿物为石英、斜长石，暗色矿物已呈土状，片麻理清晰。	0.80		Ⅰ—1—2 8.20—8.46
9.10	9.36		片麻岩	片麻岩		绢云母斜长片麻岩，稍具风化，斜长石含量占75%，次为石英及绢云母。	0.26		Ⅰ—1—3

图 3.5.5　嵩岳寺塔区域钻勘柱状图（3）

Ⅰ—2钻孔柱状图

孔深(米) 自	至	层位			柱状图 1:25	岩性描述	岩心采取 长度(米)	采取率(%)	取样编号
0.00	0.95	回填层	杂填层	碎砖瓦层		以砖渣为主，含有灰渣及石英岩砾石，上部松散，下部密实。从孔旁小坑见，上部30厘米砖石为近期堆积，30厘米见一层褐色含腐植质土层，为一古生活面。	0.80		
0.95	1.08			三合土		以轻亚粘土、灰渣为主，含有砾石及砖渣。密实。	0.13		
1.08	1.48			碎砖瓦层		同0.00～0.95米段。砖块含量占85%，下部15厘米为砖渣三合土。	0.40		
1.48	2.21		素填层	轻亚粘土砾石层		砾石以石英岩为主，占4%，未见砖渣，轻亚粘土呈褐红色。	0.60		
2.21	3.58			巨石块		孔内见一灰褐色变质石英质砾岩石块，穿透直径1.00米；下部为石英岩砾石。	1.30		
3.58	4.05			轻亚粘土砾石层		褐红色，轻亚粘土为片麻岩风化物，保持片麻结构，砾石主要为石英岩。	0.49		
4.05	5.68	片麻岩	风化片麻岩	风化片麻岩		灰褐色，主要为黑云斜长片麻岩及黑云母片岩，已风化为土状，片麻理及片理清晰。	1.50		
5.68	5.98		片麻岩	片麻岩		绢云斜长片麻岩，斜长石含量占70%。	0.30		

图 3.5.6　嵩岳寺塔区域钻勘柱状图（4）

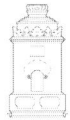

第三章 嵩岳寺塔区域地形地貌、地质勘察

I-3浅井剖面图

岩性描述
① 含碎砖瓦、巨砾轻亚黏土：棕红色，砖块含量30%，见巨砾石，最大30×40×45厘米，并见木炭屑，下部耕植层厚约30厘米，底部为一平铺砖瓦碎屑铺在麻岩平面上。
② 黑云斜长片麻岩：灰褐色，羽具风化，黑云占38%，主要成分为斜长石，片麻理清晰，未见滑动痕迹。

I-4浅井剖面图

岩性描述
① 含碎砖瓦轻亚黏土：红色，充填于风化麻岩下界面上，厚0.4厘米，倾向123°，倾角20°，有少量砾石。
② 黏土：红色，下部界面清晰，浅肉红色，中粒，无碎砖块。
③ 黑云斜长片麻岩：片麻理清晰，上部为长石，充填黑云斜长石及石英斜长石，主要矿物为片麻岩及斜长石，黑云母、黑云二长斜长石，半风化状态，片麻理清晰。

V-16探槽素描图

岩性描述
① 坡积层：上部为厚40～60厘米的耕植土，亚砂土：红色，下部为砾石夹砂土，为含砾块，块，金云母为主，其定向排列，黏土呈倾向45°，倾角37°。
② 黏土麻岩：浅肉红色，四棱可见，下部为未风化麻岩，花岗片麻岩：下部为未风化麻岩。
③ 黑云斜长片麻岩：灰褐色，其定向长石、黑云、半风化状态，主矿物为黑云母及斜长石，节理不发育。

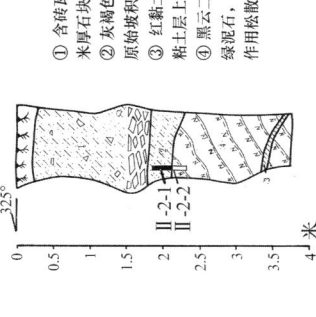

II-1浅井剖面图

岩性描述
① 棕红色各种土，石块轻亚黏土：砖瓦块含量占20%，并见有铁锈斑片，有生铁锈痂片，15～20厘米处见，并有一层厚约15～20厘米处发现。
② 黑云斜长片麻岩：灰白色，黑云母含量5%～10%，主要为斜长石和少量钾长石，风化厚状3厘米。

II-2浅井剖面图

岩性描述
① 含砖瓦及砾石轻亚黏土：棕红色，含量占15%，下部有30～40厘米厚度黑石块层，主水平分布。为砾石层，砾石成为黑云斜长片麻岩，为原始坡积层。
② 黏土：细腻光滑，厚4厘米，连续，黏土层上下片麻岩运动痕迹。
③ 黑云二长片麻岩：暗色矿物为主要黑云母及绿泥石，占40%，斜长石和有少量石英等，红黏土上层受风化作用松散碎，下部弱风化。

II-3浅井剖面图

岩性描述
① 含砖瓦及块状轻亚黏土：棕红色，砖瓦含量15%，井深0.75米处北东壁有一残痕，两侧铁高，砖面不完整。
② 红黏土：厚1.0厘米，四棱可见，充填于未风化片麻岩中，上下结合部末见滑动痕迹，黏土光滑细腻，倾向45°，倾角37°。
③ 黑云母斜长片麻岩：灰色，黑云占40%，主要为斜长石，次为石英及钾长石，节理不发育。

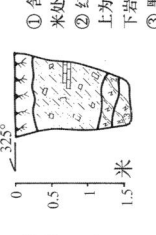

III-3浅井剖面图

岩性描述
① 含砖瓦、巨砾轻亚黏土：砖瓦块含量15%，有石英巨砾石，在2.4～3.5米深处，全为石砾堆积，砾径大小不等，均为石英岩，在3.1～3.3米处杂乱石雏中，见大建筑残痕，南北向。
② 黏土层：灰白色，砾石以石英岩为主，下部砾石直径增大未见砖瓦，并夹粗砂砾，5～15厘米，亚黏土无填于砾石之间。
③ 黑云斜长片麻岩：灰白色，半风化状态，以斜长石为主，黑云母含量占8%～10%。

III-4浅井剖面图

岩性描述
① 含砖瓦轻亚黏土：棕红色，碎砖瓦、砾石占30%，砾径，中粒，以钾长石、斜长石为主，上部耕植层厚30厘米。
② 黑云二长片麻岩：粉红色，次为石英及黑云母。

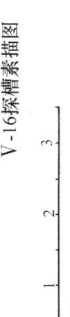
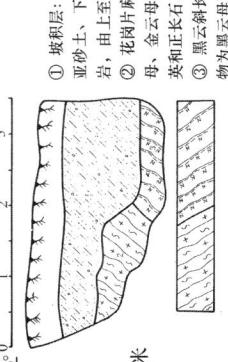

图3.5.7 嵩岳寺塔区域浅井剖面素描图

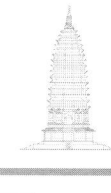

第四章 嵩岳寺塔勘察、清理、调查报告

第一节 嵩岳寺塔基探察报告*

本节内容根据 1987~1988 年嵩岳寺塔塔基探察资料整理而成。

一、嵩岳寺塔塔基探察概况

嵩岳寺塔周围现地面北高南低,标高相差约 38.0 厘米。塔体自西北向东南倾斜,塔身东南面出现下沉、开裂,西北面没有下沉现象,为了解塔地基、基础情况,布置探沟进行探察,探察总面积 52.44 平方米。在塔西北、东南、西南、东北、西北等面,开 T1、T2、T3、T4、T5 共五条探沟,并揭开了部分塔外角、阶基及西、南门道处塔基,以及塔地宫盗洞内的夯土。挖掘深度除探沟 T3 挖至石墙停止外,其余探沟 T1、T2、T4、T5 均挖到了建塔前的活动面。为了方便记述,将塔的十二个面和角按顺时针方向依次编号,塔面从正南面起编号第一、二……十二面,塔角从正南面西侧角起编号第 1、2……3 角(图 4.1.1)。

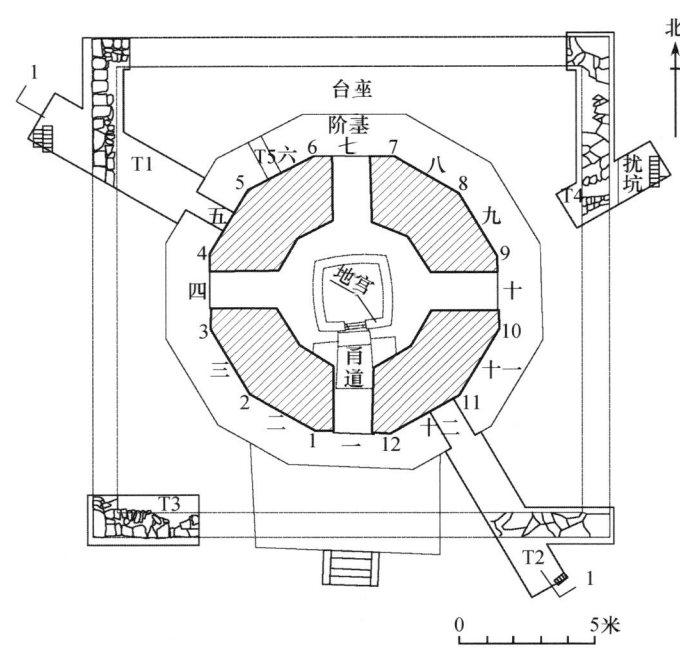

图 4.1.1 嵩岳寺塔塔基探沟布置图

(1)探沟 T1,位于塔西北第五面相应处,总面积 17.68 平方米。开探沟长 800.0 厘米,宽 200.0 厘米。为了塔的安全,先在塔阶基外开探沟,东西长 640.0 厘米,南北宽 200.0 厘米,下挖深 150.0 厘米处见建塔前活动面和生土停止。因探沟中发现南北向石墙,为探察其长度和构筑形状,向北扩方南北 240.0 厘米、东西宽 150.0 厘米,挖深 136.0 厘米处,找到石墙北端和向东拐角停止。然后在塔阶基处向塔基扩方,开小探沟至塔基,东西长 160.0 厘米,南北宽 80.0 厘米,下挖深 84.0 厘米(沟底距塔阶基上表面 180.0 厘米)处,见建塔前活动面和生土停止。(彩色老照片 33、彩色老照片 34)

(2)探沟 T2,位于塔东南第十二面相应处,总面积 13.62 平方米。开探沟南北长 800.0 厘米,东西宽 150.0 厘米,阶基处宽 100.0 厘米,下挖深 180.0~198.0 厘米处,见建塔前活动面和生土停止。因探沟中发现东西向石墙,又向东扩方东西长 245.0 厘米、南北宽 160.0 厘米,下挖深 104.0 厘米处,见石墙东端及向北拐角停止。(彩色老照片 35~彩色老照片 38)

(3)探沟 T3,位于塔西南塔角 2 相应处,总面积 8 平方米。在探沟 T2、T3 延长线相交处开探沟东西长 400.0 厘米、南北宽 200.0 厘米,下挖深 900.0 厘米处,见东西向石墙和西端向北拐角停止。(彩色老照片 39)

(4)探方 T4,位于塔东北角塔第九面相应处,总面积 15.44 平方米。在塔阶基外开探沟东西长 700 厘米,南北宽 150 厘米,下挖深 195 厘米处,见建塔前活动面和生土停止。因探沟中发现南北向石墙,向北扩方南北长 646 厘米,东西宽 100 厘米,下挖深 190 厘米处见石墙和北端向西拐角,下挖深 215 厘米处,见建塔前活动

---

* 说明:本章除第一、五节外,其第二节~第四节和第六节为已经发表过的简报的原文实录,故其图文体例格式均保持原简报体例格式不变。

面和生土停止。（彩色老照片40）

（5）探沟T5，位于塔西北第六面塔阶基相应处，面积0.864平方米。探沟南北长160.0厘米，东西宽54.0厘米。下挖深94.0厘米（沟底距塔阶基上表面184.0厘米）处，见建塔前活动面和生土停止。（彩色老照片41）

二、地层堆积

塔基周围地层较为简单，现主要以T1北壁、T2西壁、T4为例，说明如下：

1. 探沟T1地层

第①层，杂填土层。黑灰色土层，厚70.0~125.0厘米，内含碎砖瓦、脊饰、陶兽、滴水等建筑构件，另见"皇宋通宝"铜钱一枚。石墙外近石墙处黑灰色土层下有红色土层①b，宽90.0~110.0厘米，厚67.0厘米，内含碎砖。此层为宋代或以后杂填土层。

第②层，红色夯土层，石墙至塔阶基间夯土层厚29.0~34.0厘米，塔阶基下厚67.0~87.0厘米，塔基下厚50.0厘米，塔阶基与圆形塔基间夹有未挖完的夯土，上部多边形塔基外壁粘有夯土痕迹。夯土土质为较纯红色亚黏土，内含少量白色小石块，夯打坚实，夯土同塔内夯土。夯土最厚处九层，每层厚10.0厘米左右。夯窝有三种，一种为牛蹄形，为牛蹄盘踩形成的牛蹄窝；二种是方形平夯；另一种为小圆头夯，圆头直径6.0~7.0厘米，深1.0厘米。夯土底部见有孤石埋入生土层。塔砖基础外壁与周围夯土结合紧密，表明夯土台与塔基是同时期，为塔夯土基础。

第③层，青灰色路土活动面，塔基处距地表深90.0厘米，厚0.2~0.3厘米左右，分层，内含木炭硝、灰烬和红烧土。路土下有一层不平小散石块。此层为建塔前活动面，或是建塔时在地表做的防潮隔离处理措施。

第③层下是生土层，为风化片麻岩（基岩），未揭穿。

2. 探沟T2地层

第①层，黑灰色杂土层，厚30.0~40.0厘米，土质同T1。探沟东部分有三层高铺地砖，厚28.0厘米，下为夯土。

第②层，红色夯土层②b，塔阶基下夯土层厚206.0厘米，塔基下厚150.0厘米，石墙内厚180.0厘米，塔阶基包围部分的塔基外壁粘有夯土。夯层共十五层，每层厚6.0~10.0厘米，夯窝、土质同T1。夯土底部见有孤石埋入生土。夯土深150.0厘米处夹一层内含红黏土的绿黄色碎片麻岩土层②c，厚7.0~27.0厘米。石墙外夯土厚180.0厘米，分上下两层，绿黄色碎片麻岩土层以下部分夯土②d同墙内夯土，以上夯土②内含碎砖瓦块，南侧部分压在砖铺地面上，此部分夯土应晚于石墙内夯土。

第③层，青灰色路土活动面，距地表深180.0~198.0厘米，厚0.2~0.3厘米左右，土质同T1。

第③层下是生土层，同T1。

3. 探沟T4地层

探沟处地面北高南低，扩方处地表高出80.0~90.0厘米。

第1层，杂填土层。黑灰色土层①，石墙内土层厚10.0~20.0厘米，石墙外厚15.0~33.0厘米，北部扩方处厚15.0~94.0厘米，土质同T1。扩方处下部有红色土层厚27.0厘米，内含碎砖瓦，同T1红色填土层。

第②层，红色夯土层，石墙内夯土层未揭穿，土质同T1。石墙外夯土分上下两层，下层夯土②b厚65.0厘米，共5层，每层后10.0~15.0厘米，土质同T1。上层夯土②宽40.0厘米，厚95.0厘米，内含大量碎砖和白灰颗粒，共6层，每层后12.0~14.0厘米，土质同T2石墙外绿黄色碎片麻岩土层以上夯土，与石墙结合紧密。北部扩方处夯土，厚78.0厘米，共六层，每层厚11.0~13.0厘米，夯打不坚实，土质为颗粒状生土，内含风化基岩和少量碎砖，应为晚于石墙内夯土时期。（本层取有夯土压力承载实验标本）

第③层，青灰色路土活动面，厚0.2~0.3厘米左右，距地表深195.0厘米，北部扩方石墙下路土距地表深202.0厘米，土质同T1。

第③层下是生土层，同T1。

4. 其他地层

探沟T3下挖深80.0厘米，全部为黑灰色杂土，内含大量碎砖，石墙北侧距地表深30.0厘米处夹10.0厘米厚红色黏土，内含少量碎砖。其为后填土层。探沟T5处，塔阶基和塔下全为夯土，塔阶基下夯土厚85.0厘米，塔基下夯土厚50.0厘米，土质同T1。夯土下为建塔前活动面和生土同T1。

西门道至角 3 间的塔阶基、门道和塔下全为夯土，塔阶基与圆形塔基间有未挖完的夯土粘结在塔基外壁，与夯土台连为一体，土质同 T1。南门道处的塔阶基和门道下全为夯土，土质同 T1。地宫宫室墙、甬道墙外及地宫、门道下全部为夯土，地宫下夯土厚 94.0 厘米，地宫墙外及门道下夯土厚 233.0 厘米（塔内铺装下夯土至地宫盗洞内夯土底），夯土底距 T1 处地面约 182.0 厘米，土质同 T1。夯土下为建塔前活动面和生土。

5. 探沟内孤石

探沟 T1、T2、T5 三条探沟、地宫盗洞内都有露出生土的孤石。探沟 T1 内一块较大孤石，仅部分露出生土。探沟 T2 内有两块孤石，仅部分露出生土，北孤石露出生土 74.0 厘米，长 36.0 厘米，宽 20.0 厘米。南孤石露出生土 64.0 厘米，长 30.0 厘米，宽 13.0 厘米。探沟 T5 内有三块孤石，北孤石露出生土 71.0 厘米，南孤石露出生土 27.0 厘米，中间孤石露出生土 12.0 厘米。孤石全部为片麻岩，同区域基岩材质。从孤石下部埋入生土，以及孤石材质上看，孤石与活动面保持着建塔前的状态，说明建塔时原地面没有经过清理和整平。

建塔前地形为北高南低，大致是西北至东南向的斜坡。地层从上至下为杂填土层、夯土层、路土层和生土层共四层。杂土层为后代杂土堆积层，出土物全部在此层。夯土层为塔夯土基础，是直接随原地面向上逐层夯筑而成，全部置于原地面之上，现夯土层上部、东北部和西南部遭破坏。从塔内、门道夯土的高度，最高处至塔内铺装地面下，塔砖基础外壁上部与塔阶基间有未挖完的夯土，其余壁面上部粘有夯土的情况看，塔外近塔处夯土上表面应是与塔内夯土上表面持平，形成一个西北薄、东南厚的夯土台基础，高 73.0~280.0 厘米。结合下述塔阶基的揭示情况，夯土台应分为上下两层，上层为平面十二边形的塔阶基夯土，直径约 1436.0 厘米。下层为方形塔基座夯土，边长约 1710.0 厘米，铺地砖至塔阶基底约 136.0 厘米。塔砖基础砌筑在夯土台内，塔砖基础底以上的夯土是先砌筑塔砖基础，后夯筑夯土，相当于现代建筑的独立"杯型基础"。塔下、内、外夯土与塔砖基础一气呵成，夯土与路土、孤石、塔砖基础相互存在关系紧密，判定夯土为始建状态，夯筑时期同塔，其夯土内也不存在其他建筑遗迹。经夯土取样作压力承载实验，石墙内夯土承载力 400kN/m²，石墙外绿黄色碎片麻岩土层以上夯土承载力 340kN/m²，[①] 也可佐证石墙外夯土晚于石墙内夯土。路土层内含木炭硝、灰烬和红烧土，此层或是隔潮层。生土层为片麻基岩。

三、建筑遗迹

探沟中发现的建筑遗迹有塔砖基础、石墙、铺地砖。

1. 塔砖基础

塔砖基础是指塔室内地面至砖砌墙体底这部分砖砌体，探沟 T1、T2、T5 三处均开挖至塔砖基础，其余探沟未挖至塔砖基础。

（1）探沟 T1 内塔砖基础，塔砖基础底上距塔内地面 114.0 厘米，下至建塔前活动面 45.0 厘米。塔砖基础共 22 层砖，总高 122.0 厘米。从下至第 13 层砖高 71.0 厘米处，塔砖基础外壁为圆弧形，其上 10 层砖向外突出圆塔砖基础 4.0~7.0 厘米，高 59.0 厘米，塔砖基础外壁变为直面。塔砖基础下部六层砖砌式为一顺一丁，最下一层为顺砖，上部砌法较乱，砖缝较小，不分。外壁面不太整齐，第 2、4、6、16、18、20 层砖这六层中，有 21 块半截砖是毛茬向外。第 1~6、8、18、21、22 层砖用大砖，砖长 38.0 厘米、宽 18.0 厘米、厚 7.0 厘米，其余各层用小砖，砖长 27.0~28.0 厘米、宽 14.0~15.0 厘米、厚 4.5~5.0 厘米，规格同塔身小砖（图 4.1.2）。

（2）探沟 T2 内塔砖基础，塔砖基础底距塔内地面 136.0 厘米，下至建塔前活动面 158.0 厘米。塔基共 24 层砖，总高 139.0 厘米。从下至第 22 层砖高 130.0 厘米，塔砖基础外壁为圆弧形面，其上两层砖向内收 7.0~14.0 厘米，高 12.0 厘米，外壁变为直面。砌筑方法同 T1。外壁面不太整齐，第 3、5、7、8、17 层砖计有 19 块砖毛茬向外。第 1~6、8、18、21、23、24 层为大砖，其余为小砖，砖型同 T1 砖（图 4.1.3）。

（3）T5 处塔砖基础，塔砖基础底距室内地面 122.0 厘米，下至建塔前活动面 49.0 厘米。塔砖基础共 22 层砖，总高 122.0 厘米，从下向上至第 12 层砖高 66.0 厘米，塔砖基础外壁为圆弧形面，其上十一层砖向外突出 6.0~10.0 厘米，高 66.0 厘米，塔砖基础外壁变为直面。砌筑方法同 T1。壁面不太整齐，第 2、4、6、16、18、20 层砖计有 13 块半截砖毛茬在外。第 1~6、8、18、21、22、23 层为大砖，其余为小砖，砖型号同 T1（图 4.1.4）。

---

① 1988 年 4 月，河南省地质水文站《嵩岳寺塔夯土压力承载实验》：石墙内、外夯土每平方米允许承载力分别为 40 和 34 吨。

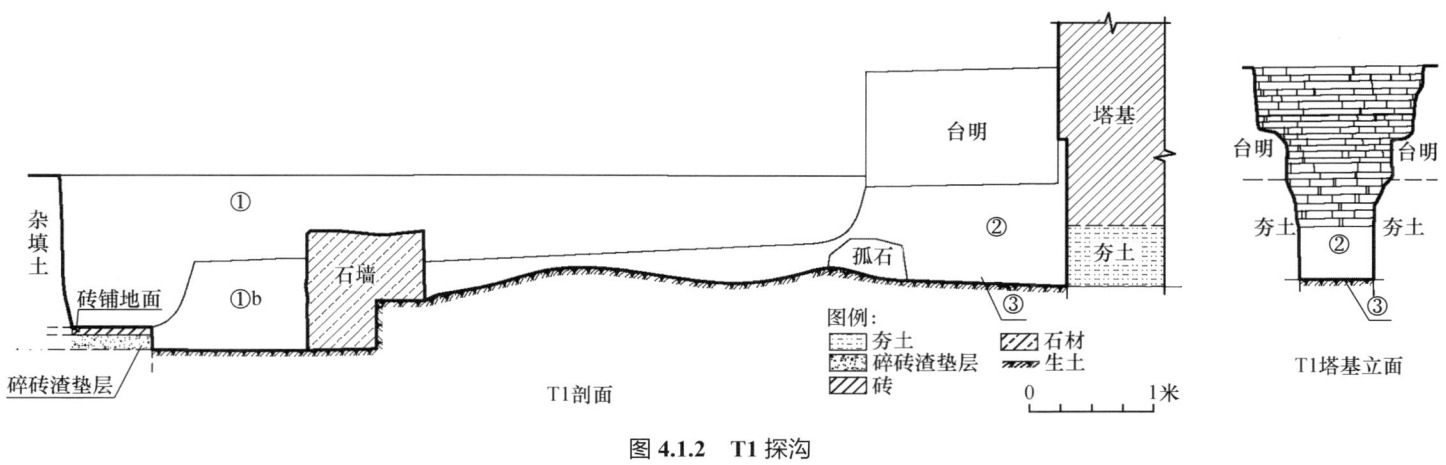

图 4.1.2　T1 探沟

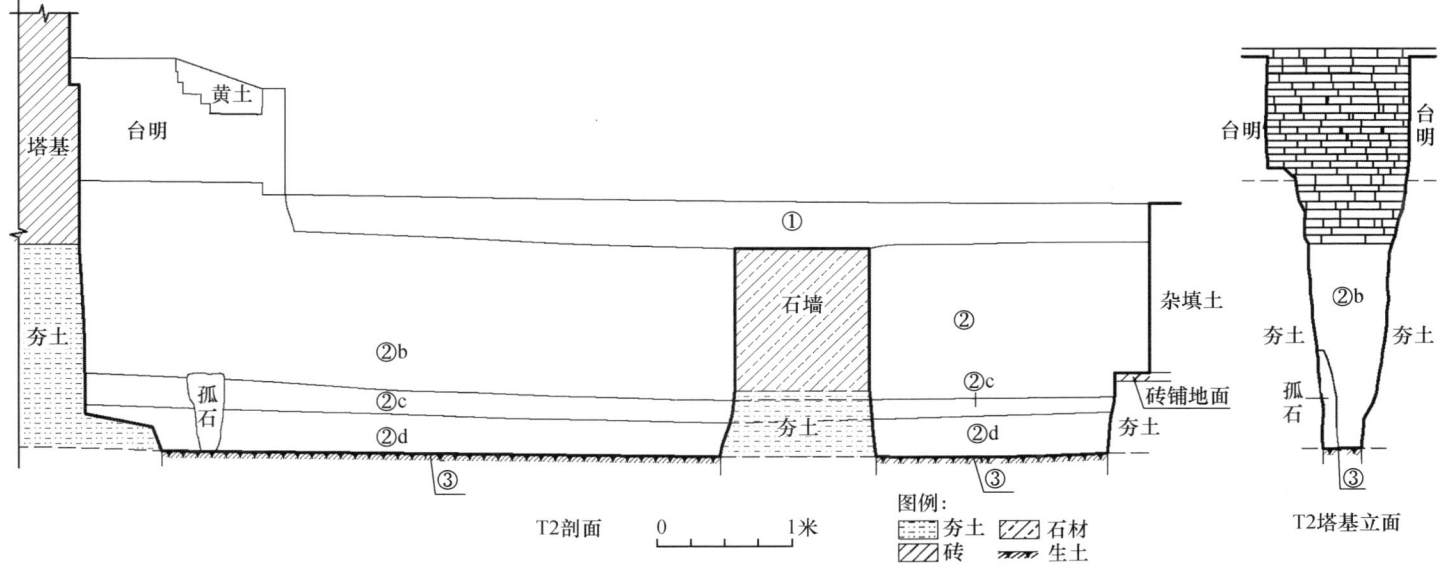

图 4.1.3　T2 探沟

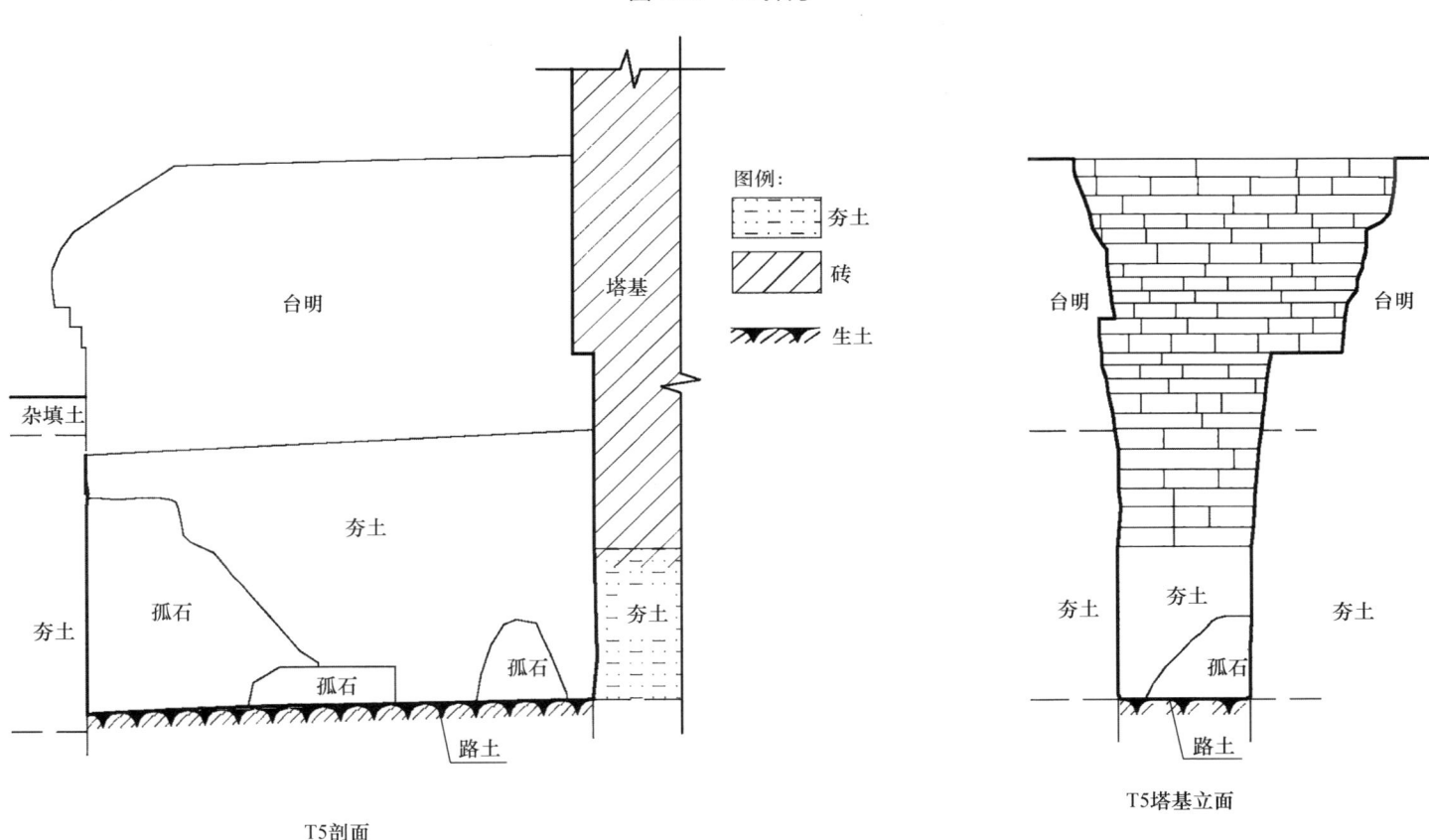

图 4.1.4　T5 探沟剖面

（4）西门处，门道下无塔砖基础。门道内砌砖与塔阶基砖相连，共13层砖，高89.0厘米，砌筑在夯土上，与塔砖基础间有一定的距离，砖型号与塔阶基砖相同，与塔基砖规格相异，黏合物用白灰同塔阶基（图4.1.5）。

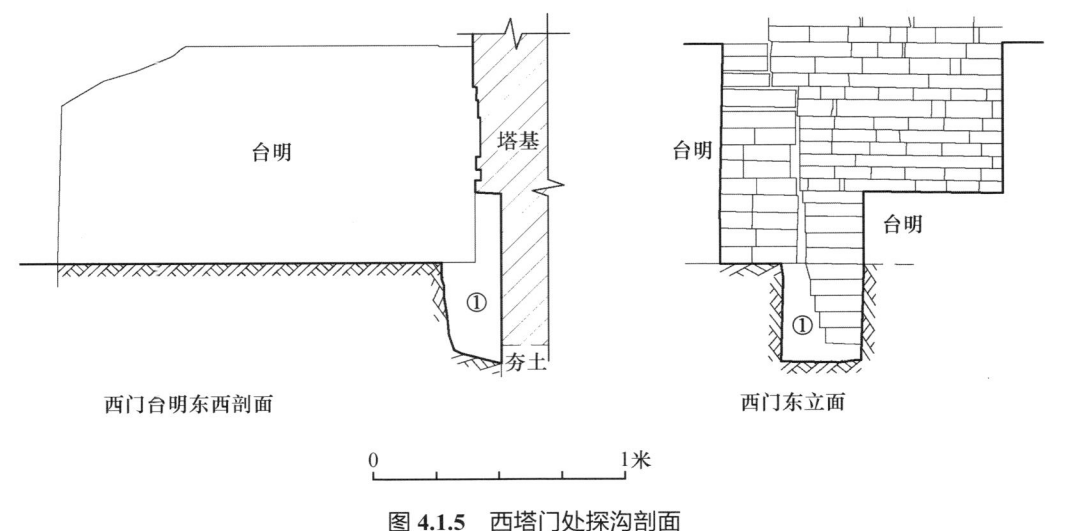

图4.1.5　西塔门处探沟剖面

（5）除上述发掘的塔砖基础情况外，在塔角2、3、8、9、10、11和角3至西门道、南门道，揭开塔阶基砖看到的情况是，塔角2处塔砖基础部分为后来补砌，毛茬向外，补砌的技术低，砖往下斜，并且有些松散，这个角呈弧形。塔角8、9、10、11处，塔砖基础外壁下部为圆弧形，上部是突出圆塔砖基础的直面，距两侧塔角10.0~25.0厘米处，一般向外突出3.0~4.0厘米。角3至西门道这一段塔砖基础，由第1层至21层砖高92.0厘米处，开始向外突出11.0~13.0厘米，塔砖基础外壁由圆弧形变为直面。南门道下为红色夯土，无塔砖基础。

从西、南二门道下为夯土，无塔砖基础的情况看，其他东、北二门道下也应为夯土，塔砖基础是被四门道分隔成互不相连接的四块"扇形"砖砌体组成。塔砖基础外壁按形状不同分上下两部分，下部为圆形面，上部除探沟T2内塔基外壁为圆弧形面外，其余为直面的多边形平面。从探沟T2内塔砖基础外壁上部内收处，以上塔体变为十二边平面，外壁面规整，此处为一层塔体与塔砖基础的分界处。平面直径约1066.0厘米，墙厚约243.0~253.0厘米，高130.0厘米，东南下沉20.0~28.0厘米。塔砖基础下部没有大放脚，直接砌筑在夯土台内，基底高出原地面45.0~188.0厘米，高出铺地砖84.0~120.0厘米，距塔内地面114.0~136.0厘米。塔砖基础外壁砌筑砖毛茬在外，壁面有圆、有直，并高低不一，形成错台，这与北魏洛阳永宁寺塔基座条石墙体内壁向上错台砌筑，条石内侧用毛茬的方式相同[1]，都是为砖砌体与夯土结合更加紧密的处理手段。塔砖基础和上部塔体在用材、砌筑方式等方面均无明显差别，判定塔基与塔体为同时期建造。另据第十二面的塔基砖热释光测定显示距今1608±120年①，以及唐·李邕《嵩岳寺碑》的记载，其年代基本可界定在北魏晚期。探沟T2内塔砖基础底标高比探沟T1、T5处低20.0~28.0厘米，与塔体东南向倾斜方向相应，塔下地基为风化基岩，基本不会产生不均匀沉降，其夯土基础西北薄东南厚，受塔体重压后，东南处夯土压缩变形量应大于西北处，判断是由于夯土基础两侧变形不均造成。

2. 塔阶基

现塔阶基位于塔基外，平面呈十二边形，高89.0~93.0厘米，宽约160.0~166.0厘米。

（1）探沟T1处塔阶基，对应于塔身第五面，共12层砖，宽约160.0厘米，高93.0厘米，上边距现地面63.0厘米，埋入地下30.0厘米，砖层向外下斜约2°。砌砖与塔基不连，下部直接砌筑在平整的夯土层上，没有大放脚（图4.1.2）。

（2）T2处塔阶基，对立于塔身第十二面，共12层砖，宽约162.0厘米，高约89.0厘米，塔阶基上边距现地面约110.0厘米，砖层向外下斜约1°（图4.1.3）。其余同T1。

---

① 1989年，中国社会科学院考古研究所、故宫博物院科技部《嵩岳寺砖塔热释光年代测定报告》：嵩岳寺砖塔塔基第十二面东南（实验室编号TK-236），年代测定结果1580±160年；嵩岳寺砖塔塔阶基（实验室编号TK-233），年代测定结果1015±120年。

（3）T5处塔阶基，对应于塔身第六面，共13层砖，宽160.0厘米，高93.0厘米，上部两层下夹杂土层，上边距现地面87.0厘米，埋入地下13.0厘米，砖层向外下斜约2°（图4.1.4）。其余同T1。

（4）塔西门处塔阶基，对应于塔身第四面，共14层砖，宽166.0厘米，高89.0厘米。西门道至塔角3这段塔阶基上部紧贴塔基，下部与圆形塔基间有没挖完的夯土，夯土粘在塔基外壁（图4.1.5）。其余同T1。

（5）塔阶基砖、黏合剂：砖有长条形和方形两种，均为模制成形，色清灰，规格多不同于塔基砖。大部分砖为素面，部分条砖背面刻画条形纹饰、"⊠"纹、绳纹等，方砖为绳纹。黏合物用白灰浆。

1）"⊠"纹加条纹条砖：长38.2厘米，宽18.5厘米，厚7.0厘米，图案为"⊠"纹两排，每排中8个"⊠"纹，仅一侧加2条直线纹（拓片30）。

2）斜凹线纹条砖：长38.5厘米，宽18.5厘米，厚7.0厘米，图案为砖长方向刻画四排斜凹线纹，每排13道斜短线（拓片33）。

3）竖凹线纹条砖1：长36.5厘米，宽17.0~18.0厘米，厚6.5厘米，图案为沿砖长方向刻画六排竖凹线纹，每排14道斜短线（拓片31）。

4）竖凹线纹条砖2：长39.0厘米，宽18.8厘米，厚7.0厘米，图案为砖长方向刻画七排竖凹线，每排14~16道。

5）竖绳纹条砖：长34.0厘米，宽15.0~16.0厘米，厚6.0厘米，图案为沿砖长方向压印竖绳纹。

6）绳纹方砖：长32.0厘米，宽31.0厘米，厚5.5厘米，图案为中间六排竖短绳纹，两边每边5条通绳纹（拓片32）。

7）素面砖：有砖长36.5厘米、宽7.0~8.0厘米、厚6.2厘米，长38.0厘米、宽19.0厘米，长39.5厘米、宽19厘米等多种规格。

从塔阶基砌体与塔砖基础不连，砖层不对应，砖规格较乱并多与塔基砖不同，黏合物使用白灰浆看，此塔阶基时代应晚于塔砖基础。另据塔阶基部分砖的热释光测定为1043±120年[①]，距今为一千年左右，以及杂土层中出土宋代铜钱，判断应为宋代或宋代以后建造。塔阶基与塔基间有没挖完的夯土，塔基外壁上部也粘有夯土，判断此塔阶基处原为夯土，或外包有砖石墙。西北探沟T1、T5处塔阶基砖层比东南探沟T2处向外下斜多约1°，西门处塔阶基砖层没有倾斜，说明是由于塔砖基础东南部下沉造成。

3. 石墙

（1）探沟T1内石墙（西墙），南北走向，北端向东拐弯，墙底距现地面147.0厘米，墙外边距塔第4面外壁444.0厘米。石墙南北长504.0厘米，断面呈梯形，上宽82.0厘米，下最宽90.0厘米，遗留两层至六层石，高45.0~100.0厘米，砌块形状不规则，为未加工过的自然片麻岩石块。此段墙体砌筑在生土上，下部外侧两层为片麻岩石，内侧为生土。墙体外侧用大片麻岩石摆砌，好面向外，内壁用小片砌筑粗糙凌乱，紧挨内侧夯土，拐角处外用大块片麻岩石装头，砌筑石块为不规整自然石块，灰缝用白灰浆（图4.1.2）。

（2）探沟T2内石墙（南墙），东西走向，东端向北拐弯，墙底距地表140.0厘米，墙外边距塔第一面外壁407.0厘米。石墙东西长440.0厘米，断面呈梯形，上宽80.0厘米，下最宽94.0厘米，高24.0~130.0厘米，砌筑在夯土层上，内侧紧挨夯土（图4.1.3）。砌筑方法、材料同T1。

（3）探沟T3内石墙（南墙），东西走向，西端向北拐弯，此墙没有挖到底，探沟底距地表深40.0~90.0厘米，墙外边距塔第一面外壁407.0厘米。石墙长400.0厘米，宽104.0厘米，遗留1~3层石，最高130.0厘米。向北拐弯长155.0厘米，宽77.0厘米（图4.1.6）。砌筑方法、材料同T1。

（4）探沟T4内石墙（东墙），南北走向，北端向西拐弯，墙底距地表150.0厘米，墙外边距塔第十面外壁399.0厘米。墙南北长686.0厘米，北端向西拐弯长190.0厘米，断面呈梯形，上宽95.0厘米，下宽110.0厘米，遗留墙最高处六层片麻岩，高13.0厘米，部分露出地面，下部砌筑在夯土上。北扩方处墙宽35.0~90.0厘米，仅存一层石，高10.0~20.0厘米，墙体砌石并有间断，砌筑在路土上（图4.1.7）。砌筑方法、材料同T1。

石墙平面基本呈正方形，方位与塔一致，每边长约1904.0~1910.0厘米，墙外边距塔相应面距离均不相

---

① 1989年，中国社会科学院考古研究所、故宫博物院科技部《嵩岳寺砖塔热释光年代测定报告》：嵩岳寺砖塔塔基第十二面东南（实验室编号TK-236），年代测定结果1580±160年；嵩岳寺砖塔塔阶基（实验室编号TK-233），年代测定结果1015±120年。

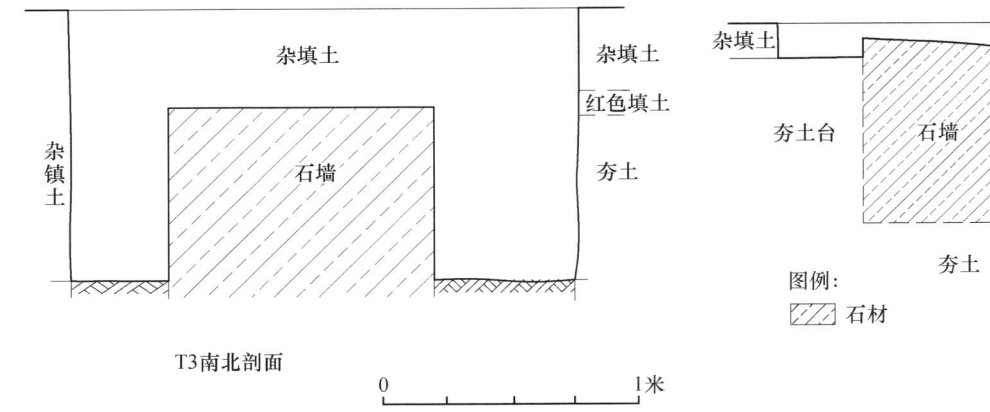

图 4.1.6 T3探沟剖面

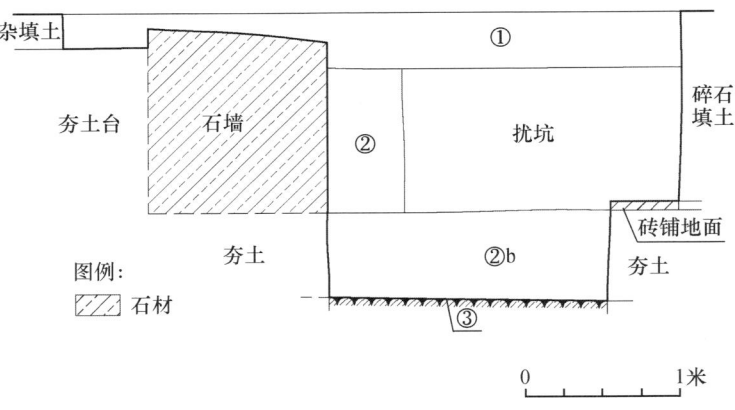

图 4.1.7 T4探沟剖面

等，东西相差 4.05 厘米，南北相差 33.0 厘米，墙高 24.0～130.0 厘米，宽 80.0～104.0 厘米。石墙砌筑粗糙，砌块用未加工的不规整自然石块，黏合材料使用白灰浆，与塔阶基粘接材料相同。探沟T1内砖铺地面下碎砖垫层延伸到石墙，探沟T2、T4石墙内侧紧挨夯土台，外侧与后期夯土结合紧密，以上述判断石墙为后筑，其时代晚于夯土台。另据北魏熙平元年（516）建造的洛阳永宁寺塔发掘报告："塔基座外包砌有石墙，墙外壁面不露灰缝，外观良好，墙内壁毛茬与夯土基础间有约 20.0 厘米空隙用杂土填实，砌筑条石外面平整，錾出细密规则的斜行浅条纹，宽 50.0 厘米，厚 26.0～28.0 厘米，长 60.0～90.0 厘米"[2]，以及探沟T4内石墙下有路土的情况，又因本塔同属皇家工程，建造不可能粗陋，推测夯土台外应原包砌有整齐的青石墙或砖墙，现石墙为原墙损毁后重建。

4. 铺地砖

探沟 T1、T2、T4 内的石墙外，均发现一层铺地青砖，砖缝很小，距现地表 125.0～130.0 厘米。

（1）探沟 T1 内铺地砖

铺地砖位于探沟西南角，有 10 块砖一顶一平铺两排，排列整齐，铺砖长边方向与石墙相垂直，铺砖东边距塔第三面外壁约 579.0 厘米，上表面距地表深 125.0 厘米。铺地砖下有一层砖碴垫层，厚 10.0～12.0 厘米，向东逐渐升高延伸到石墙。砖为灰色素面条砖，砖长 34.5 厘米，宽 16.6 厘米，厚 6.4 厘米。

（2）探沟 T2 内铺地砖

铺地砖位于探沟东南角，有 4 块砖平铺一排，不与其他建筑遗迹相连，铺砖长边方向与石墙呈 39°左右的夹角，铺砖距塔第一面外壁 534.0 厘米，距地表深 130.0 厘米。砖为灰色素面条砖，内夹有芝麻、黄豆等大小不等的白色石块，砖长 34.4 厘米，宽 16.6 厘米，厚 6.4 厘米。

（3）探沟 T4 内铺地砖

铺地砖位于探沟的东南角，有 8 块砖一顶一平铺两排，排列整齐，铺砖长边方向与石墙相垂直，铺砖西边距第十面塔外壁 552.0 厘米，距地表深 127.0 厘米。砖为灰色素面条砖，砖长 34.5 厘米，宽 16.5 厘米，厚 6.0 厘米。

塔东、南两侧铺地砖至塔距离基本相等，西侧铺地砖至塔的距离比东侧多 34.0 厘米，约为一砖长。探沟 T1 处铺地砖面比探沟 T4 处高 8.0 厘米，比 T2 处高 39.0 厘米，铺地砖面整体是北高南低。塔东西砖地面铺设方向与塔正方向相应面一致，塔南铺地砖与石墙有一定的夹角，可能是地面损毁时有所移动。探沟T1内铺砖下碎砖垫层经过人工处理，从里向外倾斜，砖规格同地宫铺地条砖。砖铺地面应为与塔同时期建造的基座周围散水。

5. 出土遗物

此次发掘探沟内发现遗物不多，仅在探沟 T1、T4 的扰土层内见到一些遗物，主要有建筑构件、佛事活动用品和铜钱等，这些遗物时代多为唐宋及以后时期。

（1）探沟 T1 内遗物

在上部灰色杂土层内，有碎砖、砖坯、瓦当、筒瓦、滴水、脊饰、陶兽、莲花座、瓷杯、瓷碗等残件，"皇宋通宝"铜钱一枚，铁镰头一个。

1）圆形瓦当：为灰色陶质，有龙纹、莲花纹和猫头。莲花瓦当图案中心为莲房，周围为莲瓣，外围为乳钉一周，式样同嵩岳寺塔院西岭上遗址的莲花纹瓦当。应为唐代。

2）三角瓦当（勾头）：上边圆弧形，下两边为三段波浪状，灰色陶质，中心图案应为菊花和卷草，外侧两条边线，形同滴水外轮廓。为清代。

3）筒瓦：灰色陶质，内面为布纹。

4）"皇宋通宝"铜钱，楷书。为北宋仁宗赵祯，宝元二年至皇佑末年（1039～1053）所铸之币。

（2）探沟T4内遗物

在杂土层中发现三件遗物：

1）瓦当：猫头式圆形瓦当，在扩方120.0厘米深处填土层发现。为清代。

2）三彩四足香炉：已残，在扩方120.0厘米深处填土层中发现。

3）陶瓷盆片：折沿平底，浅腹微鼓，通高8.3厘米。胎灰黄色较厚，内侧施白釉，沿和腹部绘黑色同心圆和曲线纹，底饰黑彩鱼形图案，外侧涂青釉，应属元代遗物。

各个时期遗物全部出土于杂土层，其余地层中不见遗物，也说明夯土层、路土层基本未受到后代扰动，为始建状态。

四、结语

塔基周围地层较为简单，共分四层，从上至下为杂填土层、夯土层、路土层和生土层。建塔前原地形为北高南低，地面上路土或经过火烧处理。基础有夯土基础和砖基础两部分组成，塔夯土基础随地形向上逐层夯筑而成，形成西北薄、东南厚的夯土台，夯土台上部被破坏。塔砖基础直接砌筑在夯土台内，由四块不相连的砖砌体组成，塔基外壁平面下部为圆形，上部为多边形，下无放脚，基本保持始建状态，与夯土台同时代，基本界定为北魏晚期。砖基和夯土基的关系与现代建筑独立的"杯型基础"理论趋同。现塔阶基砖与塔基不连，使用白灰浆黏合物，为宋代或宋以后建造，原塔阶基损毁，其内部为夯土。石墙平面呈正方形，时代晚于夯土台，应是原塔基座墙损毁后重建之物。建塔时的地面低于现地面，铺地砖面北高南低，从北至南形成统一的坡度，塔基座周围散水向外有一定坡度。塔体向东南倾斜、下沉、开裂是因夯土台东南处夯土较厚，经塔体重压比西北处压缩变形较大造成。

整理：张高岭　郭天锁　王国奇
发掘：郭天锁　王国奇　靳世信　杨辛雨　刘国欣等

参 考 文 献

［1］［2］　中国社会科学院考古研究所. 北魏洛阳永宁寺1979～1994年考古发掘报告［M］. 北京：中国大百科全书出版社. 1996：13-16.

第二节　登封嵩岳寺塔地宫清理简报

本节把《登封嵩岳寺塔地宫清理简报》全文收录如下：

登封嵩岳寺塔地宫清理简报
河南省古代建筑保护研究所

嵩岳寺塔坐落在登封县城北6公里嵩山南麓，它始建于北魏正光年间（520～524），是我国现存时代最早的砖塔。塔高37.05米，平面十二边形，塔身之上施叠涩檐15层，自下而上层层内收，使塔外廓呈轻快秀美的抛物线型，极为挺拔秀丽。嵩岳寺塔是我国古代建筑的杰出作品和宝贵遗存，1961年国务院公布为全国第一批重要文物保护单位。

嵩岳寺塔由于年久失修，损毁严重，80年代国家文物局拨出专款进行全面整修，河南省古代建筑保护研究所承担了整修任务。1985年对塔体做了详细勘测，1986年又邀请有关单位对塔周围地下做了物理探测。探测中发现了地宫，1988年3月对地宫做了清理。

清理之前，塔内地面中部凹陷，地表土层中散存碎砖瓦。经清理发现，宫室之内有一道后人以乱砖干摆的东西向墙体，承托着北端残存的券顶，其他空间及甬道内填满了砖瓦黄土。这些显系回填的砖瓦黄土中，发现少量的残毁佛造像、建筑构件、瓷器及铜钱。宫室四壁残留有彩绘图案，宫门构件上更有精美的线刻画。这些发现对认识此塔的结构和后代维修情况具有重要的研究价值。

一、地宫的建筑结构

地宫自外向里有甬道、宫门、宫室三部分（图一~图三）。

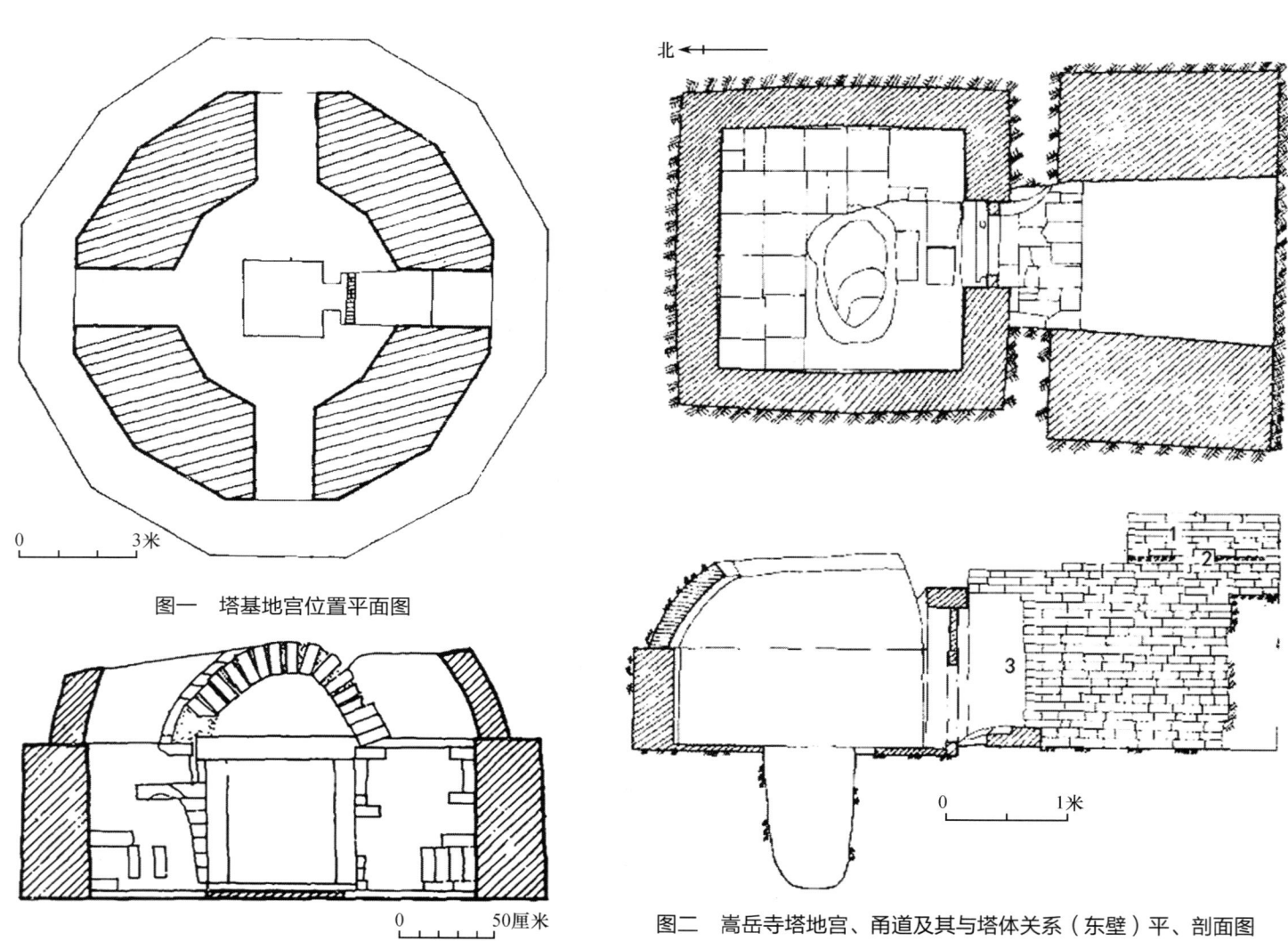

图一　塔基地宫位置平面图

图二　嵩岳寺塔地宫、甬道及其与塔体关系（东壁）平、剖面图
1.塔体　2.夯土垫平　3.甬道

图三　地宫券门内立面图

1. 甬道

位于宫门之外，平面作梯形，里口宽120、外口宽140、长220厘米。甬道底至口高156厘米。甬道靠近宫门有东西向砖砌封门墙一堵，宽52、高15~27厘米，墙两端顶住甬道东西两壁，砖缝以红泥黏合。砖表有粗、细两种绳纹及压印纹，砖长33~35.5、宽16~17.5、厚5.5~6厘米。甬道两壁里端和宫门两侧墙体相接处是一段长40厘米的夯土墙。外端为长180、宽90厘米的砖砌墙体，砌筑粗糙，墙面凸凹不平，上下层砖缝多有相对，以红泥黏合，在摆砌方法基本是一层丁砖、一层顺砖相叠压。砖的规格多为长36~37.5、宽16~18、厚6~7厘米，部分小砖长28~30、宽14~15、厚4.5~5厘米。甬道以外用夯土封实。甬道上部与塔体之间铺垫一层厚6厘米的红土，似是为找平铺垫的。由于甬道两壁作为塔基的一部分，塔体重量向中心集中，甬道里外两端受力不均，同层砖里端较外端下沉5厘米，一些砖出现断裂。

2. 宫门

宫室南壁中部稍偏东砌一石质券门，门扉已失，从门砧后面各有一海窝看，门扉应为双扇。门口宽54.5、高68厘米。门楣、门额、立颊、地栿、门砧均系青石打磨制成，表面刻阴线画。位于背面的鸡栖木制作粗糙，不磨不刻。半圆形门楣之上以条砖发券，仅一券，无伏砖，砖缝间用红土黏合。在东侧门砧位置有一大块孤石，故未置门砧，为安插门脚只好在相应处铺一块青砖并凿出海窝。

门楣 半径32厘米，正面刻半圆形画框，画框中部刻重台石榴，下部刻左右对称的卷伸枝蔓石榴。重台石榴两侧，对称各刻一只凤鸟，勾嘴、长尾、昂首翘翅，双腿腾空后伸，颈绕彩绶并作蝴蝶结向后飘摆（图四：上）。

门额 高12、宽11厘米，正面并排刻三朵大仰莲，中间仰莲两侧刻对鸳鸯立于莲上。鸳鸯膀尖上翘，嘴衔枝叶，彩绶绕颈腹朝后上方飘摆并作蝴蝶结。门额四角以仰莲的一部分为角饰（图四：下）。

立颊 宽11、厚10.5、高68厘米，正面刻卷枝石榴，左右对称而式样各异（图五）。侧面各刻一比丘立像，高27厘米，外披双领下垂式袈裟，内着僧祇支，脚穿圆口云头鞋，头顶上刻云朵，脚下刻出山石。像下部以楷书题名，东侧"比丘如空"，双手握一法器于胸前；西侧"比丘崇泰"双掌合十于胸前（图七）。

地栿 高11、宽10.5厘米，正面刻枝蔓石榴（图六）。

门砧 可分为地栿以里和以外两段，里段为素面，长20、高6.5、宽15.2厘米，顶面和宫室内地面平，并凿出直径8、深3.5厘米的海窝。外段长15.2、高11.6厘米，宽同里段，上部边棱有1.5厘米的抹角，顶面和侧面刻莲花，正面刻枝蔓石榴。雕刻用减地平钑法，先以轻剔地阳刻之法突出花草、鸟的整体轮廓，然后以阴线表现细部（图八）。

3. 宫室

位于塔内中部稍偏西北，方向南偏东5°，平面近方形，边长204～208厘米。四面墙体中部向外呈弧线。残高130～150厘米，从结构看，原应为穹窿顶。

宫室四壁抹白灰一层，厚1～2厘米，白灰表面饰彩绘，惜多已剥落或褪色。从白灰剥落处看见墙体以青砖红泥砌筑，砖缝宽1厘米，砌法为一平砖（顺摆）、一层卧砖（丁摆）相叠压。下部80厘米高为竖直壁，其上向外退出5厘米宽的小台，始以平砖顺砌，并呈弧形逐渐向中心收缩。

宫室底部在夯土之上铺一层青砖。分方砖和条砖，方砖有35×35×6和34×34×7厘米两种，条砖有33.5×16×6.5和34.5×16.5×6厘米两种，均为素面。宫室中部为一不规则的扰洞，东西长100、南北宽60、深125厘米，中部略大，下部内收，坑底为建塔前的地面，地面露出三块大石。绝大多数遗物出于坑内。

二、壁画与题记

宫室内四壁绘画按上下两层布置。上层即收顶部分，不饰彩，仅在白灰底上勾勒出云纹，惜保留甚少。下层即直壁及相邻的内收部分，在白灰底上以朱色、黑色、黄色绘出仿木构建筑的柱枋斗栱及人物，在人像侧面约与肩同高，隐约可见墨书题记，似为人名。由于白灰层剥落和彩绘褪变，绝大多数绘画和墨书不可辨识，小部分尚可看出轮廓及内容（图九～图一二）。

建筑彩绘，转角铺作绘于四隅柱头之上，系一斗三升式，栱弯不分辨，卷杀平缓，栌斗颛度明显，材高18.5、栔高6、足材高24.5厘米。补间铺作共绘三朵，位于东、西、北三壁中部阑额之上，均为曲足人字栱，总高36厘米。随其两足向左右伸展，用材也由高渐低，至转角铺作与栌斗之平同高。素枋位于铺作之上，高18.5厘米。联系两柱头间的阑额高21厘米。

西壁与东壁所绘人物像的数量、位置、姿势完全一致，均为两柱间绘四幅立像，栱眼壁内绘一坐像。两壁立像中有一僧披双领下垂袈裟，脚穿云头鞋，双手撩衣裙于胸前；一老僧满额皱纹，着袒右袈裟；又一僧身披袈裟，身前倾，两臂前搭。栱眼壁绘的坐禅僧，红口，着双领下垂式袈裟，双手撩衣裙于胸前，身旁置一法器。坐像高27厘米，立像高48厘米。东壁绘画仅可看出一僧披袒右袈裟，余简不详。

北壁绘6幅立像。其中西端一像披袒右袈裟，右手置于胸前；其他立像均披双领下垂式袈裟。南壁宫门两侧各绘一立像，穿圆领长衣，双手拱于胸前。立像高均同东西壁像。门楣背面绘二人相对跪坐。西侧人尚清晰，穿宽袖大衣，衣裙绕腿，俯身合掌，有发髻和胡须，小嘴，口红，高22厘米。

壁画系先用墨线勾勒出图案的外轮廓，然后填彩。柱枋斗栱属于彩绘制度中七朱八白的做法。

墨书纪年题记两处。一处在北壁人字栱东侧栱眼壁内，题为"〔唐〕开〔元〕二十有一年〔岁〕癸酉□□□□

图四 地宫门楣及门额

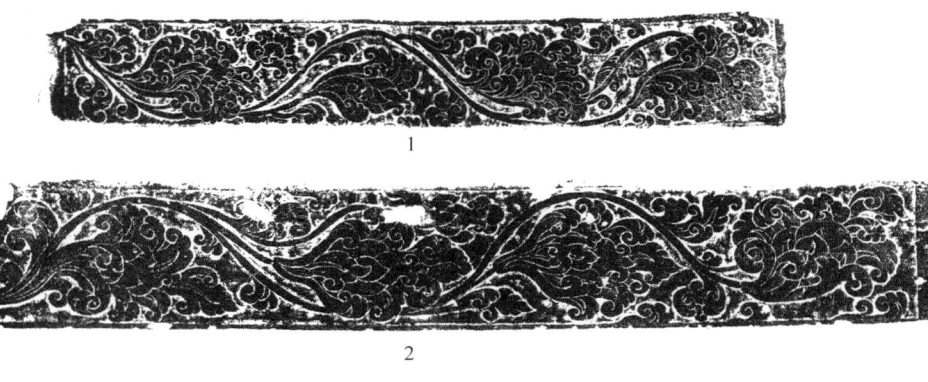

图五
1.门立颊正面线刻卷枝石榴 2.门立颊正面线刻卷枝石榴

图六 地栿刻画纹饰

图七 门立颊侧面线刻
1.比丘崇泰 2.比丘如空

图八 门砧刻画图案

〔月〕九日□□□",另一处在西壁人字栱南侧栱眼壁内,文为"心愿王□□□孙□佳雍正二年开,乾隆八年此凤,比丘重□题名供养,比丘惠自供养。"

三、出土遗物

地宫中共清理出造像、建筑构件、生活用品、石刻、铜钱等遗物七十余件。

1. 雕塑造像 计十二件,皆残。其中石雕像九件,泥塑像三件。

（1）释迦像一件,红沙岩质,高浮雕。莲瓣形背光的顶部已残,头至腹部完好,腹部以下断失,高11厘米。高髻,双目平视,鼻挺且直,嘴角微翘。头后有重环头光,身着交领宽袖大衣,两肩稍削,左手残缺,右手曲肘于胸前似作无畏印。背光后面刻发愿文5行,上下两端缺损,现存文字为"大魏正光四年岁……四日丁未,佛弟子向□□释迦像一躯愿合……养长生仕官日□□……从心"。所记年款为北魏孝明帝元诩正光四年,恰为嵩岳寺塔建造前后。这是地宫中发现唯一有年号的佛像。

（2）佛像头一件,汉白玉雕成,高13厘米。螺髻绘蓝彩,有残缺。左边发髻残缺。面目清秀,两眉细长,眉间有白毫相,嘴角微翘,口涂朱丹,下颌丰润（图一三）,短颈中有圆形榫眼。

（3）佛头像一件,青石质。高15厘米。高发髻,额略残,面丰腴,有残缺,两眉短平,双目闭合,短颌,两耳垂肩（图一四）。

（4）结跏趺坐佛像一尊。石灰岩。头断失,存佛身和须弥座,残高45厘米。圆肩,袒胸,着双领下垂袈裟,内穿僧祇支,结跏趺坐于须弥座上,右臂残缺,左手抚膝。须弥座为束腰八棱仰覆莲形（图一五）。

（5）交脚弥勒残像一佧。青石质。残留交脚于莲座上,座侧面刻云纹。残高13厘米。

（6）戴冠残头像一件。红砂岩质。高32厘米。脸型略长,面部残缺较甚,仅存一侧面及嘴和下颌,鬓发较长（图一六）。

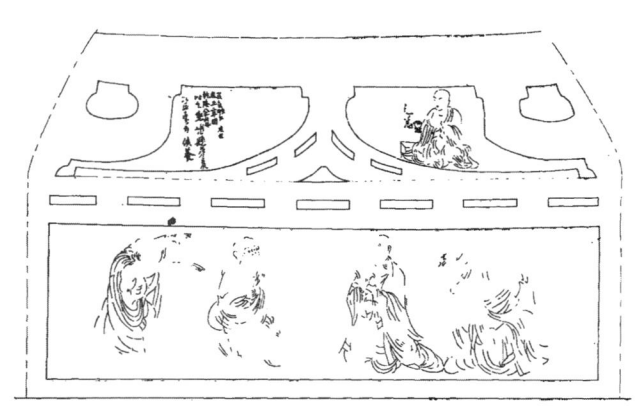

图九 地宫西壁彩绘

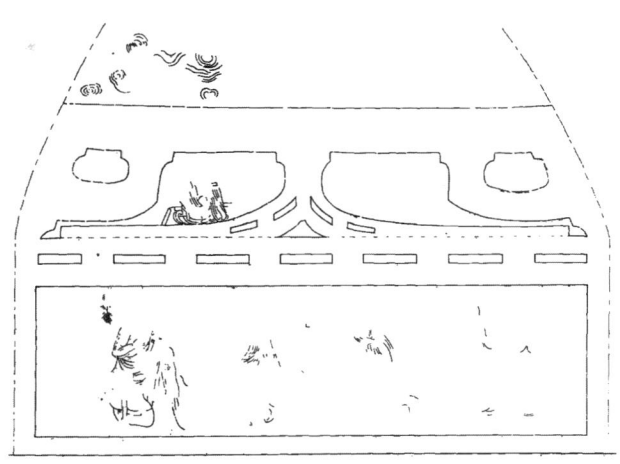

图一〇 地宫东壁彩绘

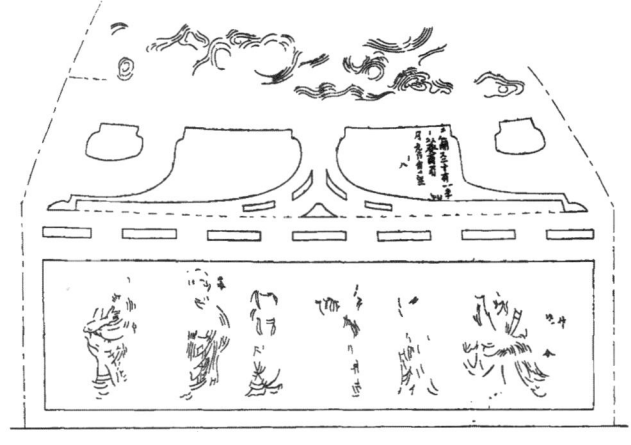

图一一 地宫北壁彩绘

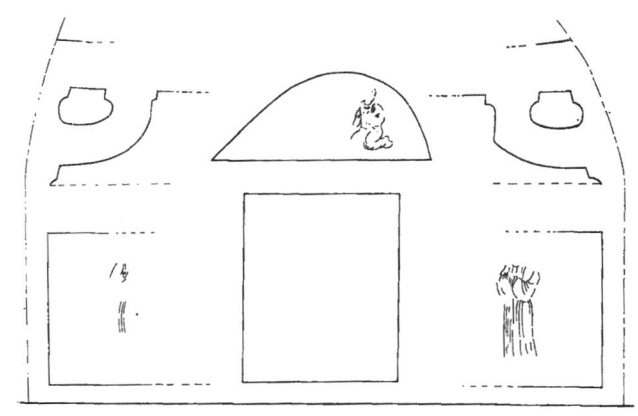

图一二 地宫南壁彩绘

（7）比丘头像二件。一件为青石质，高7厘米，面相清秀（图一七）。另一件为红泥塑成，鼻以下残缺，残9厘米高，眼珠饰蓝彩（图一八）。

（8）菩萨造像二件。青石质，均属身躯的一部分。一件为腰间的部分，长7、宽6厘米，腰间打结，左臂残，右腕带环（图一九）。另一件属下身部分，长9、宽7厘米，衣褶稀疏，线条较硬（图二〇）。

（9）迦叶头像一件 红泥塑，高12厘米，出土后不久即酥裂残毁。

（10）力士头像一件 泥塑，残，仅存面部及眼以下部分，高8厘米，脸近圆形，下颌下翘，颧骨突起。

造像除一件北魏造像外，其余从艺术风格看多为唐代作品。

2. 建筑构件：计十七件，有莲花方砖、板瓦、滴水、瓦当、剑把。

（1）莲花方砖一件。长、宽各29，厚6厘米。两面均有图案。正面正方形双线之内雕一圆形莲花，形似瓦当纹，四角各塑云朵一组，整个布局非常协调；背面作印纹菱形图案。

（2）重唇板瓦一件。宽4.6厘米。正面饰简单的条纹，为早期的滴水瓦（图二一）。

（3）陶脊兽剑把六件，分为二式。

Ⅰ式二件。一面刻云纹，一面为素面（图二二）。

Ⅱ式四件。近梯形，把端有圆孔，穿一陶绳。一面为弧形，饰横纹，另一面为素面（图二三）

（4）滴水模一件。已残，三角形，饰龙纹（图二四）。

（5）滴水瓦一件。三角形，饰龙纹（图二六）。

（6）三角形扣瓦一件。瓦面饰八瓣小花和蔓草纹。属阴阳合瓦屋顶阳瓦的瓦当（图二五）

（7）瓦当六件。圆形，表饰花草、兽头、龙纹图案。其中一件边宽，中饰兽头，面突较高，直径15.4厘米（图二七）。

这些构件，除明清时期的滴水瓦外，多为唐宋时期的瓦件。

3. 生活用品：主要是瓷器，有碗、罐、缸、盂、灯、杯等残片，无完整器物。

（1）碗 有唐宋时期青釉、黄釉、白釉和明清时期的青花瓷残片。其中一青花瓷碗为圆唇、敞口、深腹、圈足。内侧绘波浪纹、同心圆，底绘亭子、山水，外表绘奔马、兰草、同心圆。口径18、底径8.5、高10厘米（图三〇）。

（2）盂一件，残，青花瓷、圆唇、侈沿、鼓腹、圈足、内素面、外表饰龙纹图案。口径20、底径9.5，高21厘米。

（3）器盂一件，残，折沿、敞口、浅腹，外表饰有青色釉。口径10、高4.5厘米。

（4）灯一件，陶质，残，浅腹、高足、平底，腹底有一放捻的孔心柱，柱底有孔眼与腹相通。口径6、底径3、高4厘米。

（5）杯一件，残，浅腹，高足，红釉，口径3、高3厘米。

4. 石刻：残石共计33块。

（1）碑刻残石一块。存四行十六字，行书（图二九）。

（2）雕花残石十块。皆为减地阴线刻卷草纹图案（图二八）。

（3）须弥座残块一件。白玉石，雕有仰莲和云纹，表饰绿色。

5. 其他。

还清理出陶质莲花瓣，表面饰红、黄色。念珠一株，残，黑色，径1.5厘米。三彩香炉一件，残，仅存底部和三立足，个体很小。"治平通宝"一枚。

图一三　佛头像　　　　图一四　佛头像　　　　图一五　结跏坐佛　　　　图一六　戴冠残头像

图一七　比丘头像　　　图一八　比丘头像　　　图一九　造像残件　　　　图二〇　造像残件

四、结语

嵩岳寺塔内地宫的发现，是这次塔基探查中重要收获之一。以往有关嵩岳寺塔的论著和文章中，均未见有关地宫的记载。据考古资料，唐宋时期建造的塔多有地宫，唐宋以前建造的塔中尚未见地宫建筑。一般认为，隋以前的佛塔中没有用砖砌筑的地宫，而只是将舍利容器直接埋入塔基下夯土中。此次发现的嵩岳寺塔地宫，经我们分析后认为，有可能是与塔同时建造，后代做过整修。主要依据有以下几点。

1. 地宫甬道墙和塔身相连，压在塔下，是塔基的一部分。因甬道是为地宫而建，故原建应已有地宫。

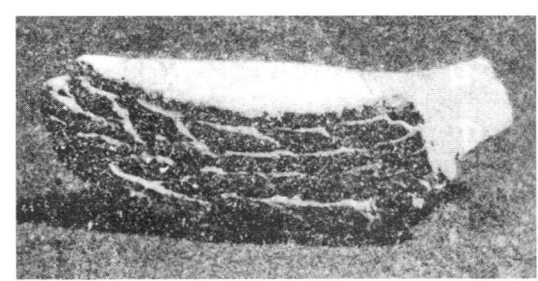

图二一　重唇板瓦

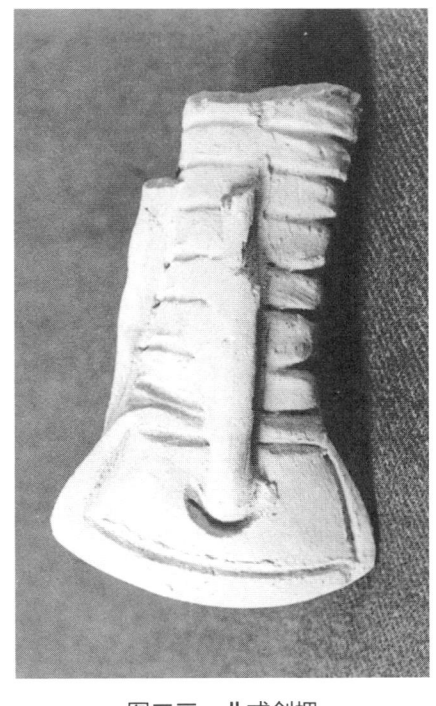

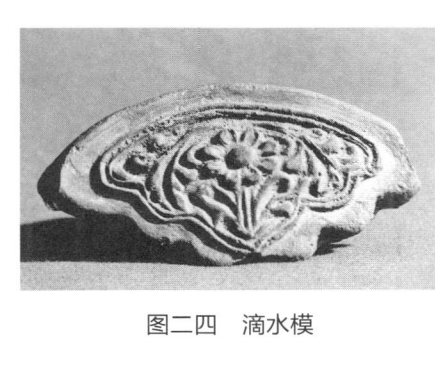

图二四　滴水模

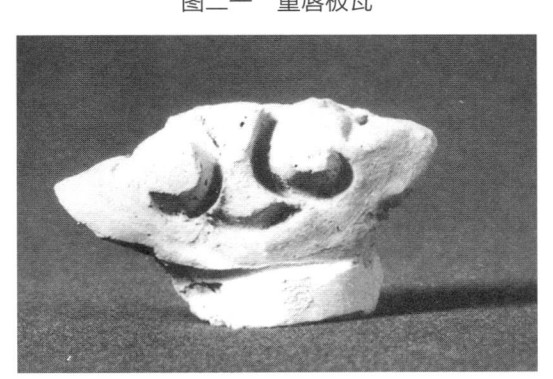

图二二　Ⅰ式剑把

图二三　Ⅱ式剑把

图二五　三角扣瓦

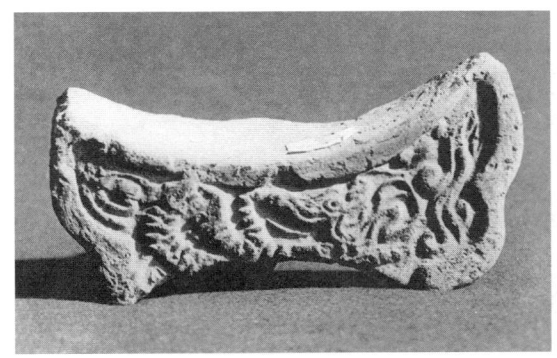

图二六　龙纹滴水

图二七　瓦当

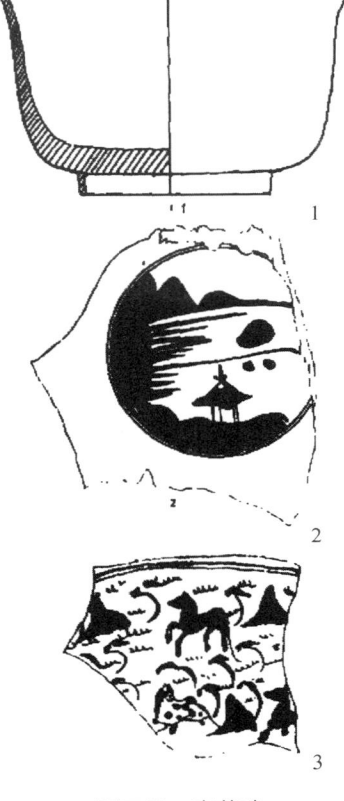

1. 剖面　2. 碗底　3. 外侧图案

图三〇　青花碗

图二八　雕花残石纹饰拓片

图二九　碑刻残石拓片

2. 地宫宫室结构平面方形，四壁微外弧，上作穹窿顶，这是北朝常见的墓室形制。宫室内墙缝间以红泥黏合，与甬道用料相同，亦与塔身砖缝用料相同。

3. 从地宫现存情况和大部分出土文物看，地宫经过后代整修，特别是唐代的全面整修，而这与热释光测定的年代也相吻合。经中国社会科学院考古研究所和故宫博物院科技部热释测定，地宫东北角砖（TK-234）年代为距今1560±160年；地宫东壁砖（TK-235）年代为距今1000±80年；塔基十二面东南角砖（TK-236）年代为距今1580±160年；塔覆莲砖（TK-239）年代为距今1080±110年。以上结果表明，地宫的两个砖年代相距较远，塔基与覆莲的砖年代也相距较远，而地宫东北角砖年代和塔基砖年代相近，塔基东壁砖年代和覆莲砖年代相近。这说明在建塔时筑即筑有地宫，后人维修塔上部时，也整修了地宫。

地宫现存情况，主要保留了唐代整修后的面貌。如宫室内壁画中人物画像的形象、衣服的款式都是唐代风格；建筑彩画中部分曲足人字栱、一斗三升、明显的斗颛及七朱八白等做法，也是魏至唐时期常见的做法。石刻线画的内容、风格、雕刻技法，均表现为典型的唐代特征。

地宫壁上有三处确切的纪年题记，最早的是唐开元二十一年（公元733），最晚的是清雍正二年（公元1724年）和乾隆八年（公元1743年）。这应是后人进入宫室内留下的墨迹，说明唐开元、清雍正和乾隆年间地宫曾被打开，但整个地宫尚无毁以后再修的痕迹。

地宫内出土的遗物，以留有"大魏正光四年"题记的造像最为重要。这一纪年恰与嵩岳寺塔的始建年代同时，是研究嵩岳寺塔创建年代的珍贵实物资料。

清理：郭天锁　王国奇　靳世信
制图：孙业康　王国奇　甄学军
摄影：张建中　高中明
执笔：郭天锁　王国奇

（原载：《文物》1992年01期14～25）

第三节　登封嵩岳寺塔天宫清理简报

本节把《登封嵩岳寺塔天宫清理简报》全文收录如下：

登封嵩岳寺塔天宫清理简报
河南省古代建筑保护研究所

1989年在修缮嵩岳寺塔时，在塔刹内发现两座天宫，同年7月对天宫进行了清理。

一、塔刹的建筑形式

嵩岳寺塔塔刹砌筑在塔顶第15层塔檐之上，现遗留部分自下而上由基座、覆莲（覆钵）、刹杆、仰莲、相轮、宝珠等几部分组成，青砖砌体结构，通高4.775米（图版四：1；图一）。

1. 刹座：素面圆柱体，直径2.51米，3层砖高0.205米。砖长29厘米，宽14厘米，厚5.6厘米，黏合材料为纯净的红黏土。

2. 覆莲（覆钵）：覆钟形，由造型肥硕的8个（倒垂）宝装大莲瓣组成，最大径2.812米，莲肉径2.61米，通高1.145米。莲瓣外卷夸张，每莲瓣表面作两卵状凸起，莲瓣之间的下部又做出较小的莲瓣尖。砖长29厘米，宽14厘米，厚5.6厘米，黏合材料为纯净的红黏土。

3. 须弥座：平面圆形，三层，上层径1.46米，中层径1.31米，下层径1.24米，通高0.325米。青砖长29厘米，宽14厘米，厚5.6厘米，黏合材料为纯净的红黏土。

4. 仰莲：中部为圆柱体，周围砌筑12个短肥的莲瓣，莲瓣组成的圆径1.914米，莲肉径1.615米，通高0.29米。砖长29厘米，宽14厘米，厚5.6厘米，黏合材料为纯净的红黏土。

5. 相轮：鼓形（或纺锤体形），外侧轮廓呈柔和弧线形，七重30层砖，每层外出、内收部分用2层砖，通高2.165米。中部直径稍大，上下端较小，相轮最大径1.617米，最小径1.248米。青砖长37厘米，宽18厘米，厚7厘米，用白灰粘接。

6. 宝珠（圆光）：鼓形，上部已残，遗留9层砖，残高0.645米，中部鼓腹，最大径0.764米，最小径0.625米。在宝珠的正中竖立一根铁杆，径2厘米，露出宝珠高0.77米，上部向西北方向弯曲，根部有3片角铁固定于相轮顶，从铁杆与塔刹的关系，此铁杆应为修缮时后加的刹杆，非避雷针。青砖长37、宽18、厚7厘米，用白灰粘接。

上部相轮、宝珠砌筑的黏合材料为质地较纯净细密的白灰，外表磨砖。仰莲及以下砌筑体所用黏合材料为纯净致密的红泥土。仰莲至刹座各部表面均涂白灰饰面，现存白灰饰面相互叠压3层，因其位置及造型需要的不同，白灰厚0.5～2厘米，内部两层白灰质地纯净，外层含麦秸类纤维物，部分中层白灰表面有彩绘。

二、天宫的位置与砌筑方法

1. 第一号天宫，位于宝珠的中部，现存宝珠顶部3层砖下。平面外边为圆形，内边为六边形，平均边长18厘米，高3层砖21厘米，用6块扇形砖围砌一周，形成宫室（图一：1；图三：1）。宫室内偏西南方向放置瓷舍利罐1件，罐下垫1白瓷盘，罐口以另1瓷盘覆盖。罐内有瓷葫芦2件、银塔1件及舍利子等。天宫内填满白灰（图版四：2）。

2. 第二号天宫，位于相轮的中上部（图一：2），相轮第6重底层砖即宫室的顶盖。平面外边为圆形，内边为多边形，其平面周边以扇形砖砌筑，顶盖以三块长条砖填补，形成三角形的通孔（图二）。宫室壁用5层砖砌筑，中间两层外伸，上两层和下一层内收（图三：2），通高36厘米，中径70厘米，底径48厘米。宫室内放2根木棍，粗端涂朱色，底面铺一层厚20厘米的木屑，呈棕色。

在宫室下部偏南筑有1个方形小龛（图四），位于相轮4重砖层上，长25厘米，高22厘米，宽23厘米。龛内放舍利罐1件，铁环、银环各1件。舍利罐内除放舍利子外，还有瓷瓶1件。

在相轮的中部自下而上有径10厘米的六边形孔，上部通过宫室至宝珠下，下部通过仰莲、覆莲，直至刹座顶部。孔内原插有木刹杆，现大部分已经腐朽，从残留的木屑看，当是柏木。

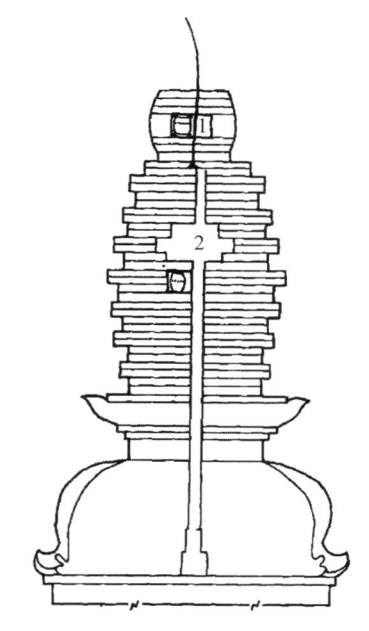

图一　嵩岳寺塔塔刹和天宫位置剖面示意图
1. 一号天宫　2. 二号天宫

图二　二号天宫上部

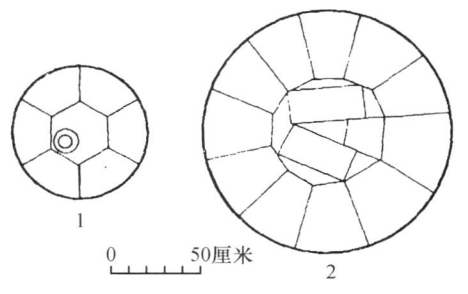

图三　嵩岳寺塔天宫平面图
1. 一号天宫平面图　2. 二号天宫盖顶平面图

图四　二号天宫内小龛

三、遗物

1. 第一号天宫发现遗物共计11件。

1）白瓷盘2件。形状相同，均系轮制，浅腹，口稍外折，腹稍外鼓，底内凹。一件扣在舍利罐口上，稍残；另一件放在舍利罐的底部。盘底内凹部分墨书"修塔所"三字和画押记号。口径16.5厘米，底径7厘米，高3厘米（图五~图七）。

2）瓷舍利罐1件。系轮制，腰鼓形，直唇，鼓腹，圈足。罐口沿上部饰乳钉纹一周（21个），口外部贴泥条，上饰乳钉纹21个，腹部饰凹弦纹三周，其上饰乳钉纹13个，腹下部凹弦纹四周。通体施黄褐色釉，腹部有明显的开片。口径10厘米，腹径13厘米，底径8.5厘米，高19厘米（图八、图九）。罐内除放细沙和少量舍利子外，还有银塔1件，白瓷葫芦2件，银饰2件，水晶石2件，玻璃瓶1件。

3）银塔1件。铸制，平面方形，十一层楼阁式，中空。自下而上逐层内收，每层塔檐四面起坡，瓦垄及脊俱全，檐下有网状纹饰，四角垂有风铎。第11层顶部四面起坡，至中间收顶，形成攒尖顶，其上塔刹已残。塔残高13.5厘米（图一〇、图一一）。

4）白瓷葫芦2件。两葫芦形状相同，轮制，圆形，小口，鼓腹，平底，上小下大。施白色釉不到底。一件口径0.9厘米，上腹径2.1厘米，下腹径3厘米，底径1.8厘米，高4.1厘米。另一件较小，高3.6厘米（图一三）。

5）银器2件。1件为不规则长方形，长2.5厘米。另一件已残。

6）水晶石2块。1块为不规则长方形，长1.5厘米。另一块为六棱形，长1厘米。均经过琢磨。

7）玻璃瓶1件。残破过甚，看不出原形。

图五 一号天宫内的白瓷盘

图六 白瓷盘底部墨书"修塔所"字样和押记

图七 白瓷盘底部墨书"修塔所"和押记

图八 一号天宫内舍利罐

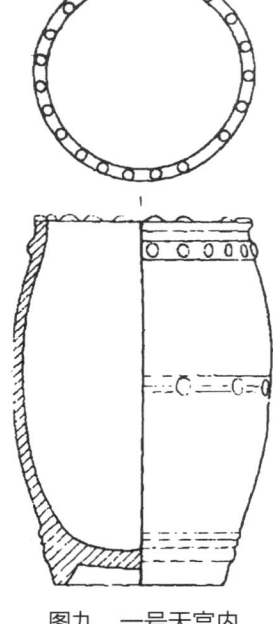
图九 一号天宫内舍利罐

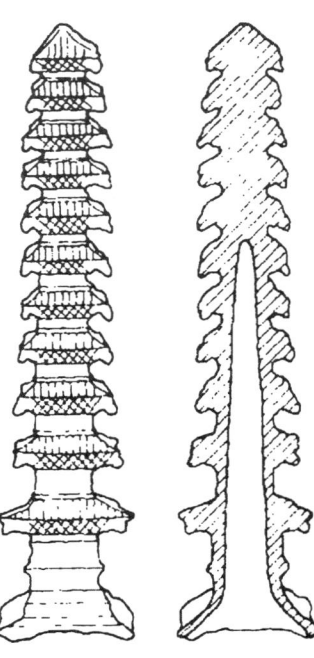
图一〇 银塔立、剖面图

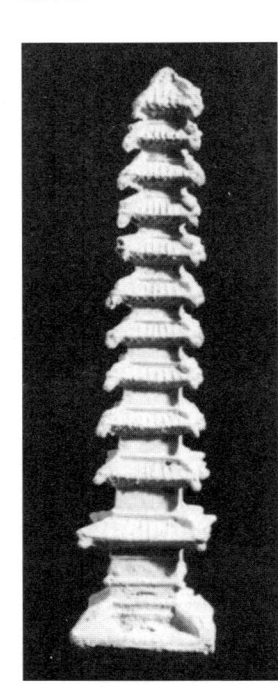
图一一 银塔

2. 第二号天宫发现遗物共计7件。

1）圆木棍2根。形状相同，均一端较粗，一端稍细，表面光滑。长30厘米，粗端径1.5厘米，细端径1.1厘米。粗端涂朱色，着色部分长1.5厘米。平放在天宫内（图一二）。

2）瓷舍利罐1件。形状与第一号天宫发现的舍利罐基本相同，但器表施绿色釉不到底，口沿上部乳钉纹一周13个，腹部饰凹弦纹，其上贴乳钉纹一周12个。口径10、腹径12、底径8、通高16.5厘米（图一四、图一五）。罐内放的舍利子有红色、白色和黑色（图一六）。此外还有瓷瓶1件，水晶石1块。

3）瓷瓶1件。小口，鼓腹，平底，器表施绿釉不到底。口径2厘米，底3.4厘米，腹径5.7厘米，高10厘米（图一七）。

4）铁环1件。圆形，径9.5厘米，断面为半圆形，中空，放在舍利罐南侧（图一八）。

5）银环1件。圆形，径10厘米，断面为半圆形，中空。放在舍利塔东侧（图一九）。

6）水晶石1块。残，透明，六棱形，长0.8厘米，径0.2厘米。

四、结语

1. 通过此次塔刹修缮发现，仰莲以上相轮、宝珠用砖外表面磨砖，砖长37厘米，宽18厘米，厚7厘米，黏合材料用白灰浆；仰莲及以下须弥座、覆莲、刹座外用白灰饰面，砖长29厘米，宽14厘米，厚5.6厘，黏合材料用纯净的红黏土，与塔体用砖及粘接材料相同。说明塔刹为两个时期的砌体，上部相轮和宝珠为后期修缮时砌筑，时间上晚于下部砌体，刹座、覆莲、须弥座、仰莲与塔体相一致，应为同一时期。

2. 宝珠内第一号天宫出土的遗物中，舍利罐下的瓷盘底部墨书"修塔所"三字和画押记号，说明当时为修塔专门成立了官办机构，反应了对修缮工作的重视。

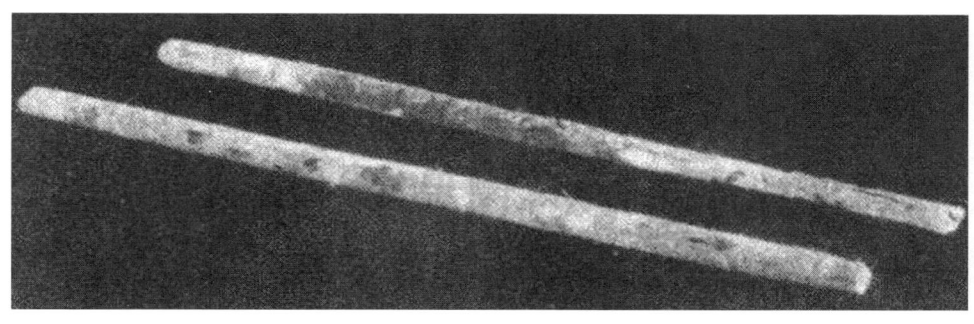
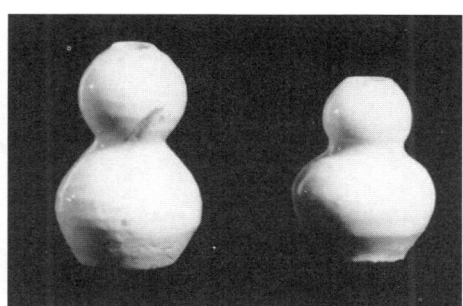

图一二　圆木棍　　　　　　　　　　　　　　　　　图一三　白瓷葫芦

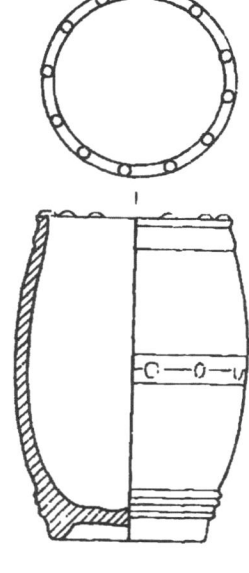

图一四　二号天宫内出舍利罐　　图一五　二号天宫内舍利罐　　图一六　二号天宫舍利罐内舍利子

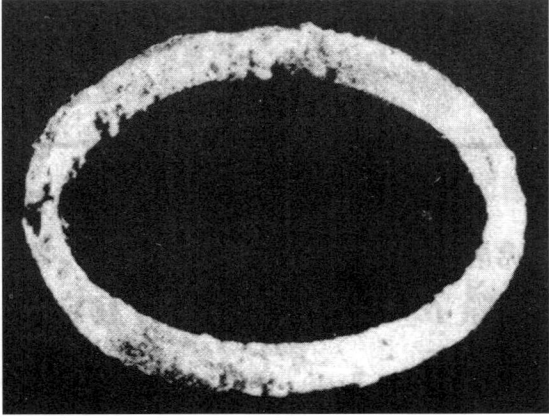

图一七　瓷瓶　　　　　　　　　图一八　铁环　　　　　　　　　图一九　银环

3. 相轮内第二号天宫盖顶，用3块条砖盖封，中间留有三角形孔，这与邓县福胜寺塔（北宋）地宫顶部镶嵌的一面铜镜中间錾凿三角形孔的做法完全相同，其含义应是佛祖的灵魂可永久通往西天极乐世界。[①]

4. 关于相轮、宝珠的修葺和两座天宫的建造年代，可以据发现的遗物作出判断。2件舍利罐均为腰鼓形，圈足底，一件施黄褐色釉，一件施绿釉，这些都是唐宋时期的常见之物。发现的白瓷葫芦，与邓县福胜寺宋塔地宫出土的玻璃葫芦形状相同[②]。另外在宝珠中部的砖缝中采集到一件铁镜的残片，也属北宋之物。据此，我们认为嵩岳寺塔早期修缮，建造天宫的时代应在唐末宋初之际。中国科学院考古研究所对嵩岳寺塔相轮部位的塔砖热释光年代测试结果与这一判断大致相同，为距今1036±100年，即距今约1000年左右。

---

① 河南省古代建筑保护研究所、河南省文物研究所：《河南邓州市福胜寺塔地宫》，《文物》1991年第6期。
② 河南省古代建筑保护研究所、河南省文物研究所：《河南邓州市福胜寺塔地宫》，《文物》1991年第6期。

图二〇 河南登封嵩岳寺塔地宫、天宫及出土文物

1.嵩岳寺塔塔刹 2.嵩岳寺塔一号天宫 3.释迦残像 4.释迦残像背面铭文 5.莲花方砖（正面）6.莲花方砖（背面）

5. 此塔塔刹和天宫的整修，是按照整旧如旧的原则，恢复了原貌。为了给后人再次修塔提供依据，我们在相轮中部的天宫内放入彩釉瓷瓶一个，瓶内放竹简4片，作了题记说明[①]。

清理、执笔：郭建邦

摄影：张建中　高中明

绘图：郭培育

（原载：《文物》1992年01期）

第四节　登封嵩岳寺塔勘测简报

本节把《登封嵩岳寺塔勘测简报》全文收录如下：

登封嵩岳寺塔勘测简报
河南省古代建筑保护研究所

嵩岳寺塔，是北魏古刹嵩岳寺的一个重要组成部分。一般认为该塔建于北魏正光年间（公元520~524年），该塔以其特有的建筑形象冠誉于世，1961年被国务院公布为第一批全国重点文物保护单位。因历史的原因，该塔塔体残毁殊甚，为抢救这一重要的文化遗产，国家文物局拨出专款对其进行重点整修。整修之前，我所派专业技术人员对该塔进行了较为详细的勘测。现将勘测结果报告如下。

一、建筑与环境概貌

该塔位于登封县城西北约6公里的嵩山南麓、太室山脚下。塔体位于现塔院之中部，平面作十二边形，为一以青砖、黄泥砌就的单层密檐式砖塔。塔之外部，由基台、塔身、十五层叠涩砖檐和宝刹几部分组成。密檐之间的矮壁上，砌出各式门窗。密檐自下而上层层内收，构成一条柔和的弧线。塔顶冠以砖质宝刹。塔之内部作九层内叠涩砖檐，除底平面为十二边形外，余皆改为八边形（图一）。整座塔体轮廓俊美挺拔，堪称古代建筑之杰作。

二、塔体构造

（一）塔体外部构造

台基与月台：

现台基已非原构，其平面随塔身形状作十二边形砌造（为描述方便，以南面塔身为起点，将塔身各面按顺时针向编为①~⑫号；以南面塔身西端转角部位为起点，将塔体各角按顺时针向编为①~⑫号。塔内编号同此）。台基宽130~173厘米不等，高出塔南现地表111厘米。台基表面以杂砖铺地，铺砖的规格不一，时代较为杂乱。东部台基外侧埚落，其内现一青砖直壁。

台基之南，砌出月台。台东西宽383、南北深310、高90厘米。台表以条砖铺砌。月台之南正中，以青石、青砖砌踏道。

台基北面正中，有一甬道通向塔后大殿，甬道两侧以石块砌就，中部填杂土，高出台基表面101厘米，与台基相连处用青石踏跺相接。

第一层（塔身部分）

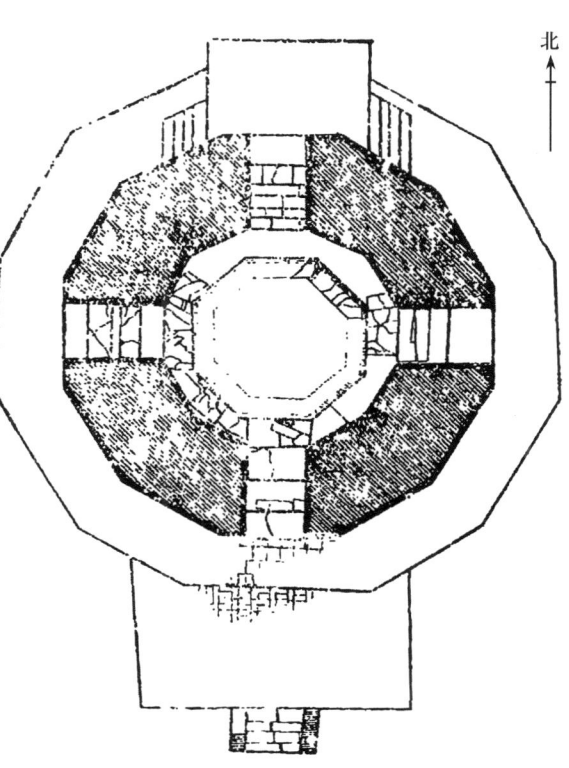

图一　嵩岳寺塔底平面图

[①] 瓶内4片竹简上的题记说明分两组。其中甲组（墨书）"塔刹莲座原拆原建，皆依旧制"；"河南省古建研究所一九八九年整修"。乙组（烙字）："河南古建所"；"一九八九年修"。

以腰檐将高耸的塔身分为上、下两部（图二）。

下部塔身高359厘米，上下无收分。现塔身底边长274（⑩面）~293（⑪面）厘米、塔身上沿边长266（②面）~297（⑪面）厘米不等，其上砌出腰檐（叠涩11~13层，反叠涩7层），腰檐的叠涩部分以一层砖叠出一层，最外一层叠涩则以三层砖并砌。腰檐通高95.5厘米，叠出宽度43（⑩面）~51.5（①面）厘米不等（该塔各层塔体中各面叠涩檐两端的叠出宽度均有较大差异。此数字为该部塔身上沿边长中点之上的叠涩檐宽度。下同）。在塔身东、西、南、北四面各辟一门与上部四门相通。在塔身下段，可见呈带状的后人修补痕迹。

一层上部塔身高373.5厘米，下沿边长293（⑤边）~304（⑧边）厘米（倚柱之柱外角间距）。塔身的东、西、南、北四面各辟一券门通向塔内，并与一层下部四门贯通。门口通高278.5、宽155厘米左右，门之顶部作两伏两券式，券高71~82厘米（券顶略有下坠）。门洞表面上部，砌出凸出于塔身3厘米（楣尖部分因塔身后缩，故凸出数字达13~15厘米）的印度式莲瓣形门楣。门楣下部两端砌出涡脚。门楣上方两侧，各嵌青石一方。青石长82、宽43、厚20厘米左右，表面平滑无文图。在券门门楣两侧紧靠倚柱的位置，各留一卯口。卯口高10、宽14~15厘米，深62~82厘米不等。卯口下沿距券门顶部37~49厘米。每门洞两侧的卯口距券顶的尺寸虽稍有别（一般相差2~4厘米。仅西门相差10厘米），但均在同层砌砖中出现。

在一层上部塔身转角处，均砌一八边形倚柱。东、南、西、北四门洞两侧的倚柱，均以柱身的一面与门洞作同向砌造，可看到柱身露出六个面；其余四倚柱则将柱身的一面与塔身转角放射线作90°角相置，故仅可看到柱身的五个面。

柱身以特制的五边形异型砖砌就，砖短边长10、长边长20厘米。

柱身各边长约20厘米，高310厘米。

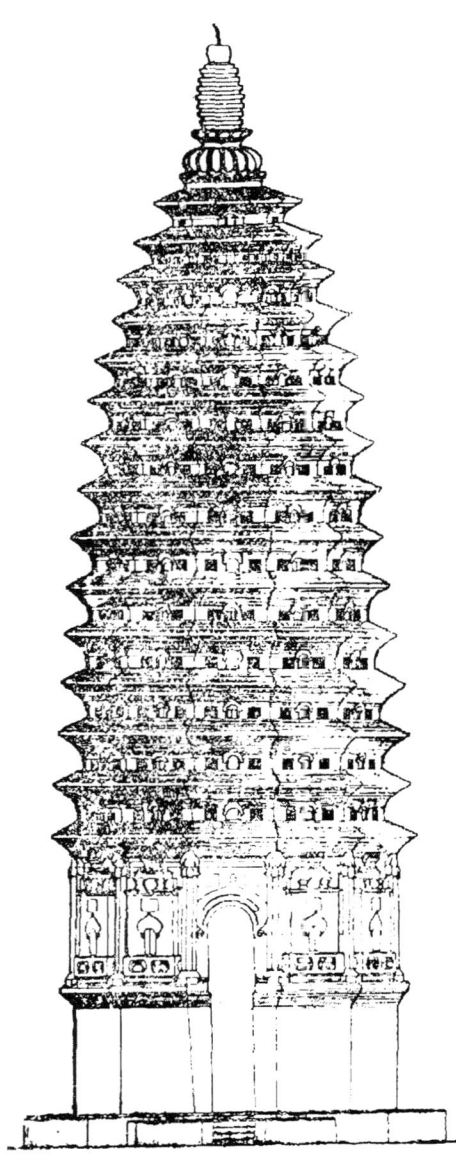

图二　嵩岳寺塔剖面图

柱身之上为高86厘米左右的柱头。

柱头下部砌出5瓣覆莲。上部砌出与叠涩檐作弧形连接的火焰宝珠。

柱身之下为柱础。柱础作覆盆式，高21、底部直径70~85厘米。

柱础之下，砌出高20厘米的"平"，立于第二层反叠涩之上。柱身与柱础之间置一高5厘米的圆形柱楯。

上部塔身之上，砌叠涩16层、反叠涩9层（其中，第一、二层叠涩分别由三层、两层砖砌成；最外一层叠涩由两层砖砌就，同时兼作叠涩层及反叠涩层。其余叠涩、反叠涩层皆为一层砖）。叠涩檐通高152厘米，各边叠出宽度82（③、④面）~89.5（⑨面）厘米不等。叠涩檐的外角均残。

塔身下部表面不见白灰涂饰层。而在塔身中部腰檐表面，可见三层相互叠压的白灰层，厚0.3~0.5厘米不等。一层上部部分塔身表面亦尚存涂饰层。西门门楣表面见三层厚0.5~1厘米不等的涂饰层。在12根倚柱的表面，残存三层涂饰。从一层上部残存部分白灰看，该部分塔体曾经三次涂饰。上部反叠涩表面，可见三层白灰层。在南、北门上部第一层叠涩檐里层白灰表面，发现由灰紫及石绿色绘成的云气图案。

塔身上部另附有八座塔形龛。塔作单层，自下而上由塔基、塔身、叠涩檐、绶花及塔刹组成，通高427.5~436.5厘米，通阔204~213厘米。龛基通高100~101厘米，分上下两部。下部高30~31厘米，以叠涩、反叠涩砖叠砌出须弥座状结构。每层叠涩砖叠出3厘米左右。上部砌一长方体基座，高65厘米，宽204~213厘米，再上复砌一层高5厘米的反叠涩。

基座正面，砌出两壸门。壸门一般高43~48厘米，宽70~76厘米，深10~16.5厘米。壸门之内，以砖雕砌一护法狮。狮姿多变，栩栩如生。在台基两侧面，亦各有一壸门半露于塔壁之外，其内不见雕饰。

基座之上，为方形塔身。塔身高192~196厘米，宽169~186厘米，凸出外一层上部壁体30厘米。塔身下部正中，砌一券门。门洞通高84.5~87厘米，宽44.5~47厘米，门道深30厘米。券门之上，砌出外凸1.5~2.5厘米的莲瓣形门楣，楣尖向外弧形挑出1~3厘米。门楣之下两侧砌出涡脚图案，门洞之上镶嵌一青石，石高41.5~43.5厘米，宽47.5~59.5厘米。青石表面凹入塔身壁面2~3.5厘米，表无文图。

龛身之上，砌出叠涩檐。檐通高20~22厘米，叠出宽度9~13.5厘米。叠涩檐逐层叠出三层，其上复砌一层反叠涩。

叠涩檐之上，为刹。刹通高111.5~121厘米，自下而上，由圆形覆钵（外露一部分）、须弥座状基座及其上部的山花蕉叶组成。覆钵外围，雕砌出山花蕉叶形象。山花蕉叶外侧面砌出轻微的弧线，外倾0.3~2.5厘米不等。

塔龛内部，砌出矩形塔心室。塔心室面阔100~109厘米，进深60~62厘米，内外侧高度不一。近龛门一侧高152~167厘米，里侧高150~156.5厘米。室内顶部砌出叠涩状斗四藻井，唯东门南侧塔形龛在叠涩藻井表面以黄泥抹出斜面。

龛内四壁涂以黄红色泥皮，泥皮表面涂刷极薄一层白色地仗。在与门洞相对之壁表，彩绘一躯佛像。佛像作结跏趺坐，身后有圆形项光，惜多已残毁。现佛像后部，隐一高11~11.5、宽15~16、深28~45厘米的小卯口，多已暴露，其内无物。

塔龛之外两侧的第一层上部塔身壁表，分布有四个小卯孔。卯孔高10、宽13.5厘米，深浅不一。个别卯孔内存有圆木残段。部分卯孔被现存塔表泥皮覆盖。

塔龛外部粉饰层大部剥落。部分塔龛的绶花、山花蕉叶部位，可见两层涂饰。内层为厚1.5厘米的泥层，其外饰白灰。白灰外为厚1厘米的麦秸泥，其表又饰白灰。部分山花蕉叶内层白灰表面可见石绿色彩绘痕迹。

第二层（以上为密檐部分）：

在高耸的塔身以上，是十五层密檐。叠涩檐之间，是极矮的直壁。二层矮壁高43厘米，下沿边长257.5（④面）~277.5（⑧面）厘米、上沿边长258（④面）~279（⑧面）厘米不等。塔壁（①面）砌一券门通向塔内部第二层券门。券门通高42、宽49厘米，深同塔壁厚，其顶以30厘米×15厘米×5厘米规格的条砖砌单券，无伏砖。券门外侧上半部，砌出凸出壁身的莲瓣形门楣，门楣下端作出两涡脚。券门两侧各砌一破子棂假窗。其余十一面各砌一实榻式假门，假门门楣形象同真门门楣，门扉之上，做出帷幕形形象。假门两侧亦各砌一破子棂假窗。

塔壁之上，砌叠涩14层、反叠涩9层。叠涩檐通高131厘米，叠出宽度84（③面）~86.5（①、⑨、⑫面）厘米不等。

第三~十五层塔体的基本形象同第二层，唯有下列变化：

（一）矮壁及密檐层层内收，矮壁各边长及密檐边长、叠出宽度数亦相应逐渐递减。矮壁的高度从41厘米（第四、五层）减至20.5厘米（第十五层）。密檐叠涩层数由14层减至9层。密檐的反叠涩除第十四层为10层外，余皆为9层。

（二）第五、七、九、十一、十三、十五层矮壁的南面辟真门（除第十五层真门为矩形外，余皆为券门）通向塔内。第十三层另在东、西两面的矮壁上辟真门（券门）。真门大小各异，大者高49、宽48厘米（第十三层南门），小者高20、宽25厘米（第十五层）。

（三）第十三层南面不置假窗。第十五层在④、⑦、⑩三面壁身分别砌一实榻式假门，不砌窗形；余各面除第②、⑫面不砌门窗外，均仅砌一破子棂假窗。

前述第二~第十三层密檐的转角部位，尚存风铎结构痕迹。其中，多数仅存安插风铎挂钩后尾用的卯孔（深30厘米左右），部分卯孔内存有扁薄的铁片残段（断面分为1.8厘米×2.5厘米和0.2厘米×3.5厘米两种）。在第二、十层密檐的转角部位，发现四例较为完整的风铎挂钩，其断面分别呈圆形（直径0.8厘米以内）和方形（0.7厘米×0.8厘米或0.6厘米见方），第十四、十五层密檐不见风铎结构痕迹。

在第二~第十三层塔体中，除第五层密檐的叠涩部位表饰三层白灰外，其余各层密檐的叠涩部位均可见两层白灰依次叠压。在反叠涩部位，有三层白灰依次相叠压，其中最外者呈斜坡状。第十四、十五层塔体白灰极残，无法辨认层次。

第二~第十五层塔体的门、窗及其上部第一层叠涩表面，分别以红、绿、紫、黄、白色绘出莲花、云气及条形图案，其完好程度愈上愈差。

塔刹：

砖质。通高474.5厘米。自下而上由基座、覆莲、须弥座、仰莲、相轮及宝珠等组成。

基座：圆形，两重。高计30厘米，下部直径251.1厘米、上部直径261.1厘米。

覆莲：高105厘米，最大直径281.2厘米。由造型饱满的8个大莲瓣组成。每莲瓣表面作两卵状凸起，而每两莲瓣之间的下部又做出一较小莲瓣尖。

须弥座：圆形，下部直径133.1厘米（被覆莲白灰遮盖）、中部束腰部分直径124.1厘米、上部叠涩最大径145.6厘米，通高39厘米。

仰莲：高25厘米、最大直径191.4厘米，以12个莲瓣组成。

上述部分均以质地纯净致密的红泥为黏合料。

相轮：七重。通高282.5厘米，中部直径稍大，上下端小。最大直径161.7厘米，最小直径124.8厘米。外轮廓呈柔和弧线。每重相轮之间，砌出刹柱形状。刹柱中部亦外凸，直径98.7~140.3厘米不等。在相轮及仰莲之间，加砌一层近似圆形的砌砖，直径约161.4厘米。

宝珠：残高57厘米，中上部凸腹，再上残。最大直径76.4厘米、最小直径62.5厘米。在现存宝珠部正中，暴露一根直径2厘米、长77厘米的铁杆，向西偏北30°36′30″方向弯曲倾斜。

相轮及宝珠砌筑用的黏合料为质地纯净致密的白灰。砌缝厚0.3厘米。

在相轮以下的刹部各处，均发现三层相互叠压的白灰，因其位置及造型需要的不同，白灰厚0.5~2厘米左右。内两层白灰质地纯净，外层含麦秸类纤维物。由残破部分观察，基座、覆莲及仰莲的中层白灰表面可见石绿色彩绘；外层白灰中，仅仰莲部分见条带形石绿色。覆莲的下部外层白灰因掺和了红色而呈粉红色。

砌作方法及结构特点：

台基表面铺砖可见三层。最上层以35厘米或40厘米见方的方砖和各种规格的条砖与塔身呈90°角铺墁，每两面铺砖之间的空隙以乱砖填铺。条砖的下面有沟槽篮纹、条纹、绳纹及银锭图案，个别条砖一面压印出手掌痕。第⑩面台基倒塌后暴露出的砖壁以38.5厘米×19厘米×7厘米的青砖砌就，砌层之间白灰缝厚0.5厘米。直壁的砌法以丁砖层较多，其间偶砌1~2层以两顺一丁砌法为主砌造的砌层。倒塌部分与直壁之间以丁砖相连。台基的转角部位以别凿成角和两砖相挤成角之法砌出，二者交替出现，相互叠压。

月台侧面砌砖混乱无序。月台的表面，以29厘米×14.5厘米×7.2厘米规格的青砖为主，以一行顺砖一行丁砖的排列法自南向北铺墁。月台内部，填掺杂有碎砖瓦的黄土。

塔身（壁）部分的砌作可分三种情况：第一层下部塔身基本以一层顺砖、一层丁砖相互叠压的砌法为规律，间或有在顺（丁）砖层中出现丁（顺）砖的现象。砖块之间的泥缝一般厚0.3厘米左右。在各层砌砖中，普遍存在以零杂砖块夹塞赶活的现象。第一层上部至第十三层塔壁的砌作原则，是在保证塔龛、倚柱（或门窗形象）砌体完整的情况下，尽可能使砌层规整。第十四层和十五层的塔壁多用呈橙红色的破碎砖头砌造，相互结合不佳。塔表砌砖曾经过别凿齐整。

塔身（壁）转角砌法亦可分为三种：第一层塔身多以顺砖、丁砖交互叠压别凿成角；第二至十三层塔壁多以两壁面顺砖交互叠压并剔出转角；第十四、十五层塔壁转角砌法紊乱。

各部叠涩檐的砌法有所不同：在每层塔体的叠涩檐中，各层叠涩砖叠出宽度自里向外由3~4厘米至8厘米左右渐次递增，使各层叠涩砖外侧下沿之间的连线呈优美的内弧线；而各层反叠涩砖叠出宽度一般相等，使各层反叠涩砖外侧上沿之间的连线基本呈直线。叠涩砖层绝大多数以丁砖叠出，仅在第十五层的叠涩层的个别部位（②、⑦面）出现顺砖叠出现象。最外一层叠涩层的上沿向内作出1厘米的收分。反叠涩檐中砌作方式差别较大。在用砖规格上，一般用30厘米×15厘米×5厘米的青砖砌造，但在第十三层反叠涩檐中，又出现了长大的青砖（63厘米×18.4厘米×6厘米左右）和方砖（33厘米×33厘米×5厘米）。在第十五层反叠涩中，使了另一种规则的青砖（40厘米×19厘米×7厘米）；在第十四、十五层的反叠涩中大量使用碎砖。在结构处理上，一般使用丁砖，仅在转角部位和最外一层反叠涩部位用顺砖，各砖层之间衔接良好，唯第十四层反叠涩做法不佳。第十四、十五层的每层反叠涩的最外一列砖皆以顺砖砌出且叠出宽度与砖宽相等。第十五层反叠涩的砌砖走向作非放射状处理，与以下各层做法不合。

叠涩檐的转角部位，一般以条砖斫角法砌作。第十四、十五层多用挤砖成角。四至十三层叠涩檐的转角部位，常用一种外厚里薄的五边形异型砖。反叠涩的转角部位，除第十四、十五层为碎砖嵌缝外，余皆以斫制成角的条砖砌出。叠涩檐转角部位稍见起翘和冲出。

该塔第二～十五层塔身密布门窗形象。除第十三层南面及第十五层塔身外，每面塔身皆砌一门两窗。真门多用券砖做出券顶（仅第十五层无券顶），假门则在门两侧以立砖为抱框，上以卧砖为中槛，内以两平立的条砖为门扉。中槛之上，嵌一半月形贴砖，构成弧形假券顶。部分中槛上别凿出帷幕状形象。门扉或闭或半掩，形式多变。门的上部砌出凸出于塔体的莲瓣形门楣，其下两侧雕作涡脚，破子棂假窗窗框砌法同假门，其内以棱角向外摆放的立砖为棂子，第二、十一层壁身小窗的棂子为四根，之上渐变为三根及两根。第十、十一层塔壁的门窗因其位置关系，将其下层塔体最里一层叠涩打破。门窗之表，均涂饰白灰及彩绘。

塔刹的砌法随形而异，砌砖规格及色泽亦较杂乱。基座及须弥座随刹部弧度用条砖砌造外，硕大的覆莲随其弧度变化，分别用厚薄不同的丁砖、顺砖砌出并在必要的部位嵌塞碎砖条。条砖的棱角随莲瓣形状加以砍制。莲瓣之尖部，以特制的外宽里窄，外厚内薄的大砖砌出雏形并加以砍制成形。异型砖之间嵌楔形条砖以使莲瓣尖部翘起。仰莲用3层厚砖依次向外叠出雏形后砍制成形。相轮部分则用磨制的外宽里窄的异型砖依次砌造而成。整个刹部，均用白灰涂饰并施彩绘。

（二）塔体内部构造

嵩岳寺塔内部以叠涩檐将之分为九层（图三）。

第一层：以平面形状不同，可分为上、下两部。下部底平面为十二边形，边长136～174厘米不等。其中东、西、南、北四边即内第一层下部四门门口宽度，其尺寸分别为144、140、148、136厘米。南北门道外口间距为10.50米。四门道地表及塔内地表周围原铺以青石，现仅存半数。青石宽49～86、厚8～10厘米，长度及形状各异，表面高出现塔外地表121厘米。塔内所铺青石之内沿，构成一个边长约179厘米的正八边形，其内为凸凹不平的黄土地面。黄土质较纯净，暴露部分不见夯筑痕迹，现部分黄土之上被后人铺以青砖（35厘米×18厘米×7厘米）及青石（7厘米×35厘米×35厘米）。

八边形东北部，尚存一青石残段，外侧雕出反叠涩收分并于其表以压地隐起手法刻西番莲图案。

在南门门道南部石地面上，平置两青石，两端与门道两壁相接。西门道内偏西部的地面上亦置一青石，其下垫以白灰。四门道被后人或改建、或堵塞。

塔内地表之上，即为高424.5米（以塔内南壁高差计）的塔体。塔壁以5厘米×30厘米×15厘米的条砖砌就（下同，略），始随下平面形状砌作十二边形，在距地表高度约80厘米处，平面形状渐次向逐步收分的、除四门口连线外边线皆为弧线的八边形转变，至相当于外部第一层上部真门下沿处止，四弧边的最大矢高达50厘米。因上部平面边数少于下平面边数且上部塔壁向向心方向收分，必然会出现部分边、角砌体悬空现象。为承托这些部分的砌体，在开始砌塔壁时，就逐渐将各面壁体向向心的方向砌造并逐渐改变平面形状，使在距地表50厘米至150厘米的高度范围内，塔壁平面出现上述变化且壁体表面出现外凸现象。又因在砌造过程中不断地调整门洞的宽度和走向，故四门洞中除南门洞外，余三门洞两侧壁面均出现高度、形状、数量不等的阶梯状小台面。在塔壁下部四周，可见呈断续的带状的后代修补痕迹。四门道两侧壁面，各有一后人剔凿的大沟槽上下相通。

一层上部塔体，平面作八边形，除①、③、⑤、⑦面四边为直线

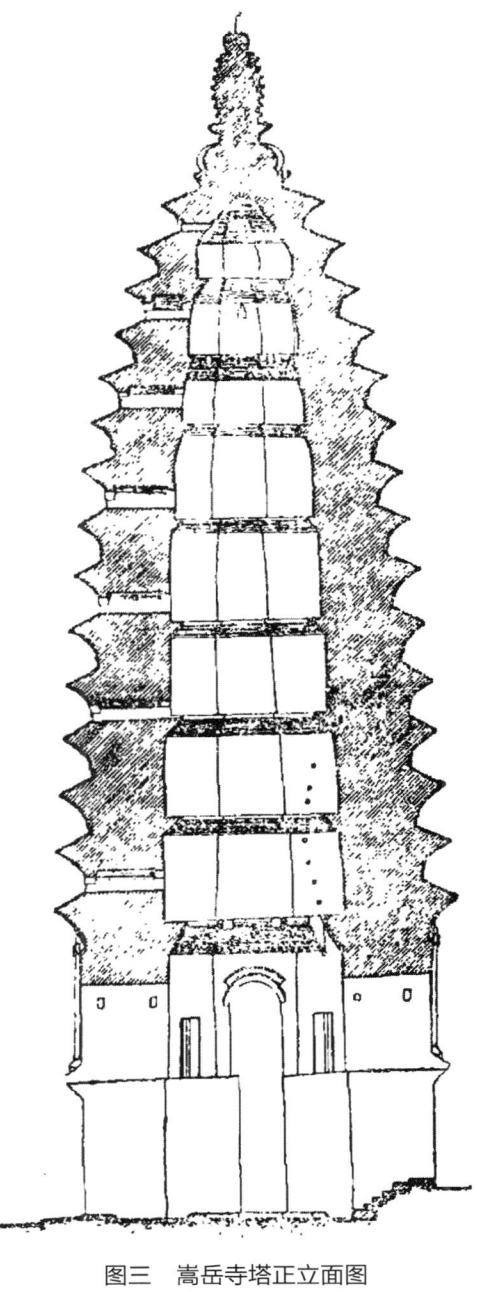

图三　嵩岳寺塔正立面图

外，余四边呈弧形。八边的边长（或弧长）自198（④面）~245厘米（③面）不等。此部塔壁高376厘米，其壁面随平面形状或直或圆。壁体的东、西、南、北四面各辟一门洞与下部四门相连并通向塔外。四门高270（东门）~287（南门）厘米不等（券顶下坠后尺寸），上部做两伏两券半圆形券顶，其结构逊于塔外四门且券顶无装饰。内外券门之间，另以条砖砌出半圆形顶与二者相连。门道两侧上部，各有两卯口对称分布于里外两端。卯口间距一般为131厘米，外侧卯口一般高30、宽20、深50~88厘米不等。在东门南壁外端卯口内，尚存一段外端被烧毁的枋木。在②、④、⑥、⑧面壁体正中下部，各嵌砌一凸字形台座。台座通高180厘米左右，阔75.5~78厘米，凸出塔壁26厘米，表面稍内。台座之上的塔壁均向内凹，现凹面被后人用杂砖填塞。

内一层上部塔壁在向心方向作出均匀收分，收分后的塔壁上沿边长（弦长）自188（④面）~248（①面）厘米不等，其各边仍保持下沿各边形状，但弧边的弧度变小（矢高11~14厘米，仅④面矢高达22.8厘米）。塔壁上，砌出18层叠涩，叠涩檐通高96.5厘米，各面及每面两端的宽度皆不相等，窄者50厘米、宽者54厘米。除最上一层叠涩为两层砖二下并砌外，余皆为一层砖叠出一层。④面叠涩檐右端留一宽78厘米的通道，道内壁面上，有3个11厘米左右见方、深67~87厘米不等的小卯口。在①、③、⑤、⑦面叠涩檐上部，各有两个长49.5~60、宽30、深27.5厘米的卯口。两卯口间距124.5厘米并与对面卯口相对应。

内一层下部塔壁表面，有大面积的泥灰层。泥灰计四层，厚0.5~1厘米。

内一层上部，有三层泥皮依次叠压在小台座之上凹壁填砖表面。在门洞券顶部位中层泥皮之表，隐约见云气彩绘痕迹。

第二层：

塔内平面亦作八边形，其中下平面②、④两面边线微呈弧形。下平面的边长（弦长）自216（④面）~238.5厘米（⑤面）不等。塔体下沿与下层叠涩外沿间距不等且每面两端的间距亦各不相同（以下各层同此，略）窄者48厘米，宽者达72厘米。塔壁高261.5厘米，各壁面向向心方向作均匀收分，收分后的塔壁上沿边长自200.5（④面）~234厘米（⑤面）不等。塔壁之上，砌10层叠涩（残）。叠涩檐宽51~56.5厘米不等，通高58厘米。在南面壁体中部，距塔壁下沿96厘米处，砌一小券门（券顶已毁）。与塔外第二层南面券门相通。由残破处推知，该券门为单券顶，无伏砖，门洞通高约56厘米，宽48厘米。内、外券门之间，以6层叠涩砖渐次收顶。

在券门两侧，距塔壁下沿96厘米、券门两侧各32厘米的地方，分别砌一13.5厘米见方的小卯口。在④面和⑤面的壁体及叠涩上，各留5个小卯口。

第三层：

平面形状同前，下平面边长自196（③面）~223.5（②面）厘米不等。塔壁下沿与下层叠涩檐外沿间距为40~60厘米。塔壁高240厘米，下部二分之一壁垂直砌造，上部二分之一以直壁的方式向内折收，收分后的塔壁上沿边长自185.5（③面）~215.5（②面）厘米不等。塔壁之上，砌10层叠涩（残）。叠涩檐宽47~55厘米不等，通高60厘米。此层未辟门洞。

塔壁的④、⑤两面砌出7个小卯口，结构同前。

第四层：

平面同前。下平面边长自178（③面）~202（④、⑤面）厘米不等。塔壁下沿与下层叠涩檐外沿间距32~48厘米不等。塔壁高239.5厘米，自下至上逐渐内收，中部因一度收分过猛曾出现外凸现象。收分后的塔壁上沿边长165（③面）~208（⑥面）厘米不等。塔身之上砌8层叠涩（残）。叠涩檐通高49.5厘米，结构同前，宽度自39~43厘米不等。在①面塔壁下部正中，砌一小券门，与外部第五层南面小券门相通。券门打破下层塔体最上一层叠涩砖，门洞通高50厘米，宽42厘米，结构同内第二层券门。内外券门之间，以5层叠涩砖渐次收顶。

在该层⑤、⑥面塔体上，分别砌出5个小卯口。

第五层：

平面同前。下平面边长自151.5（③面）~201（④面）厘米不等。塔壁下沿与下层叠涩檐外沿间距自20~40厘米不等。壁高272.5厘米，下半部垂直砌造，上半部向内部折收。收分后的塔身上沿边长自132（③面）~207（④面）厘米不等。塔身之上砌7层叠涩，叠涩通高43厘米，结构同前，宽度在37厘米至41.5厘米的范围内变化。塔体①面壁体下部正中，距塔壁底线27厘米处，砌一小券门，与外部第七层南面小券门相通。门券门洞高56厘米、宽43厘米，结构同前。内外券门之间以4层叠券砖收顶。

在该层⑤、⑥两面的壁体上，各砌出6个小卵口。

第六层：

各部结构唯下列情况与第五层不同：塔壁下沿边长自163（⑧面）~176（④、⑤面）厘米不等，下沿与下层叠涩檐外沿间距在23~37厘米范围内变化；塔壁高256厘米，以中部稍偏上为界，其下壁体作垂直砌造，其上则出现急剧的叠涩收分，每层砌砖向塔心方向叠出0.5~1厘米不等。收分后的塔壁上沿边长138（②面）~168.5（⑥面）厘米不等。上部叠涩计5层（残），通高34厘米，叠出宽度22~28厘米不等。①面正中小券门距塔壁下沿26.5厘米，券洞通高52.5厘米，宽35厘米，与外部第九层南面券门相通，两券门之间以5层叠涩砖收顶。

在⑤、⑥两面塔体上，各砌出6个小卵口。

第七层：

此层塔内空间骤然缩小。塔内平面同前。塔壁下沿边长自136（②面）~160（④面）不等，与下层叠涩外沿间距在16~30厘米范围内变化。壁高132.5厘米，下半部垂直砌造，上半部急剧向内叠涩折收，每层砌砖向内叠出约0.5厘米左右。收分后的塔壁上沿长度130（⑤面）~145.5（⑥面）厘米不等。塔壁之上，砌出密集的16层叠涩（残），每层叠涩叠出宽度仅0.5~1厘米左右。叠涩通高81厘米，宽20~28.5厘米不等。檐的最上部，在③、⑦面叠涩檐两端，各有两个小卵口东西两两相向。每面两卵口间距67（⑦面）~85（③面）厘米，宽、高各15厘米，打破最上三层叠涩砖，深入塔内48~49厘米。在两小卵口两侧，又各有两个大卵口，间距167~170厘米，高30厘米，宽20~21厘米，打破⑧、⑥、②、④面的上6层叠涩砖，深入塔体内郊57~62厘米。在塔体①面壁体中部，距该壁底线41厘米处，辟一小券门，券洞高58厘米、宽44.5厘米，与外部第十一层南面小券门相通，结构同前。内外券门之间以4层叠涩砖收顶。

在⑤、⑥面塔壁及叠涩檐上，各有4个小卵口。

第八层：

平面同前。但因下部各层砌造时形体出现渐变之故，该层的八边形已明显地变形，使其在东北、西南向间距拉长，西北、东南向间距变短。塔身下平面边长123.5（①面）~148（⑥面）厘米不等。下层叠涩檐外沿与该层塔壁下沿间距颇狭，宽仅13~20厘米，塔壁高155.5厘米，下部约三分之一基本垂直砌造，之上急剧收分，致使塔体砌砖渐次出现叠涩。收分后的塔壁上沿边长105.5（①面）~143（⑥面）厘米不等。塔壁之上，砌出11层叠涩（残）。叠涩檐通高76.5厘米，宽39~47厘米不等。上三层叠涩的砌砖发生变化，出现大量外部叠涩角上常用的异形砖。砖厚6厘米，短边长16.5厘米，长边长35.5厘米。①面壁体上部，在距塔壁底线111.5厘米处，砌一小券门（残），与外部第十三层南部券门相通。门洞高约44厘米、宽48厘米，结构同前。唯此内外券门叠涩收顶之砖多达9层。在⑦、③两面塔壁上部，距塔壁底线111.5厘米处，亦各砌一小门与外部第十三层东、西面真门相通。两门洞通高分别为47厘米（⑦面）、41厘米（③面），宽27（③面）、31（⑦面）厘米，其上部以4层叠涩砖收顶。③、⑦面门洞之间则以8层叠涩砖收顶。在东、西两面小门上部，各有两个小卵孔。孔高10厘米、宽16厘米，深57~76厘米，间距60~71.5厘米，内无物。

在该层⑤、⑥两面的塔壁及叠涩檐上，各有3个小卵口。

前述第一~第八层部分小卵口内，尚存未经加工，外端被焚断的木棍，极个别者为方木或木板。

第九层：

平面形状变为南北向长、东西向短的八边形。塔壁下平面边长自95（⑦面）~127（⑥面、⑧面）厘米不等。因塔壁与下层相比出现扭转，故其下沿与下层叠涩檐外沿的间距变化更大，窄者20厘米，宽者40厘米。塔壁高107厘米。以中部为界，下部垂直砌造；上部向内折收，每层砌砖叠涩收分0.5~1厘米左右。收分后的塔壁上沿边长自85.5（①面）~122.5（⑧面）厘米不等。塔壁之上，以丁砖层层叠出斗八藻井（部分残），每层砖叠出一层，计25层，通高140厘米。自下而上第18层叠涩以上，因转角消失，故藻井呈西南、东北向长的椭圆形。

在该层①面藻井中部偏下，距塔壁底线158厘米处，砌一矩形真门，高20厘米，宽25厘米，与外第十五层南面小门相通。门已残毁，由残迹得知，该门上部不做券顶而用叠涩砖收顶。

该层塔内砌砖表面多呈橙红，尤以南、东及东南部为最多，砖表酥落殊甚。

该塔内部在砌砖手法上，亦各有特点，呈现各种手法同时并用的局面。内一层以一层丁砖、一层顺砖交替

砌筑为主。砖型与外部砖型同，但在距塔内地表150厘米高的范围内多用赭红色大砖。塔内两壁交汇处，下部多用挤砖法与外部别出凹角的丁砖交互叠压之法砌造。一层上部主要用挤砖及丁、顺砖交互叠压法砌出转角。门道与内壁交角处砌法同一层外部转角。

内一层上部四门做双伏双券式半圆券，大部券砖为以小砖磨制的楔形砖，但在南门、东门的上券中均发现有不符合力学原理的"贴砖"做法。内外券门之间，又以砍凿成的楔形砖（数量与内外券门券之数量相同）砌出半圆形券顶，与前二者构成三个并列券。一层上部四台座则以丁砖、顺砖相互交叠之法砌出并与塔体很好地连为一体。

第一层以上的八层塔壁及转角砌法基本上与第一层相同，但部分结构有些差异。转角结构中，挤角和叠角结构相杂出现。在塔壁砌法上，二~五层较有规律，基本以丁层和顺层相间砌法为主。六、七两层虽砌层以丁砖或顺砖为主，但上下排列无规律，有的砖层中出现丁砖、顺砖杂乱排列现象。第八、九层塔壁砌法基本同六、七两层，但在八层的下部则出现两层以竖起的丁砖垒砌塔身的现象。在叠涩檐结构中，第二~六层基本同第一层，仅四~六层最上一层叠涩檐外部砌砖均用顺砖。七、八两层中，每层叠涩砖中丁、顺砖相杂出现。其中第七层最上一层叠涩砖以丁砖、顺砖相交错而置的面貌出现，第八层上部四层叠涩砖中却多用外部塔体翼角部位常用的大且厚的异形砖。第九层藻井全以丁砖砌出且以挤砖砌出转角。

除内第一层下部厚砖之间所用黏合料为质地细密坚硬的红泥外，整个塔体内部砌砖所用黏合料均为黄泥。

三、主要发现与初步探讨

通过此次勘测，使我们对嵩岳寺塔有了一个较为系统的认识。现将主要发现及对一些问题的分析简述于后，恳望专家指正。

（一）内外层对应关系及该塔高度的确定

过去学术界一般认为该塔高40余米。外部15层、内部10层[1]。通过勘测，知该塔内部为9层。在高度关系上，塔身下部内外完全对应，上部基本对应。其余关系为：外二、三、四层分别对内二层、二层叠涩檐、三层；外五、六层对内四层；外七、八层对内五层；外九、十层对内六层；外十一、十二层分别对内七层及其叠涩檐；外十三、十四层分别对内八、九层；外十五层与内九层藻井中部相对。除内一层四面开四门、内部第三层未辟门洞外，余层皆在南面开门洞，并分别与外部第二、五、七、九、十一、十三、十五层南部门洞相通。内第八层还另在东、西壁开门洞，与外十三层东、西壁身小门相通。以塔内残存原始地坪计，内部（至藻井顶部）高度为3103.5厘米，外部至现存塔刹顶部为3602.5厘米，现存塔南地表高度为102厘米，故塔外部自现地表至刹顶之高为3704.5厘米。

（二）内第一层的原貌及四门洞大卵口的作用

内第一层，应是该塔的主体内容，亦是设计思想的精髓所在。

与前人的推测不同，内一层上下部之间原并未设计、砌造出置楼板的结构。勘测发现，现楼板下的"龙骨梁"是后人在塔壁上剔凿成洞后置入的，同时，上部四台座下部亦被现楼板所破坏。一层下部地面东北残存有石件，从其雕刻题材和技法看，当为北朝时期的遗物，我们推测为原须弥座下枋、下枭部分的残件。由平面推得该须弥座呈边长为179厘米的正八边形，置于塔内正中。须弥座上部原应有较大型的佛像（外部第一层四门上部印度式门楣的存在亦可资为证）。现存内第一层叠涩檐上部的八个大卵口，应属藻井遗构，其内原可能置平棊枋木（现塔内第一层表饰泥皮、彩绘、其上八层砌砖却均裸露，说明其间原应有物相隔）。现内第二层①、③、⑤、⑦四面塔壁不内收，反而向离心方向扩展，使其对边距离大于内一层上部塔壁上沿对边距离22~24厘米，使枋木所负之重量直接落于下层塔壁上，从而减少了第一层叠涩檐的荷载，实具匠心。由内一层上部四台座上凹壁的外轮廓残迹观察，隐约可看出台座之上应各有一躯小造像。推测当时塔内中部佛像高度应贯通内一层的上、下部。由一层上部四门位置和该层上下部平面形状的更易及四台座的视角位置，结合北朝时期礼佛方式及造像配置特点，推测当时塔内中部的造像可能是背部相倚的四身四面佛，每躯造像面对一门[2]。由塔外

---

[1]《河南省北部古建筑调查记》，《刘敦桢文集》（二），中国建筑工业出版社。

[2]《河南省北部古建筑调查记》，《刘敦桢文集》（二），中国建筑工业出版社。史树青：《北魏曹天度造千佛石塔》，《文物》1980年第1期。文载公元466年造石塔，九级基座，上有莲花吼狮形象。在第一层四面各一龛，内各置一佛，较直接地提供了北朝时塔内佛像的位置及数目，至于北朝时期石窟内塔形中心柱四面各辟一龛，内置一佛之做法更为常见。又，时代晚至隋的山东历城四门石塔内亦为四面佛，可见其影响。

任何一门观望，随着视线的移动，可看到一尊大型造像及其双肩后两小台座上的小造像。八边形的几何形状，使每尊小像可同时兼作由两个门洞看到的两组造像中的造像内容，说明四小像的形象应雷同。

此次勘测，在四个门洞上部两侧的壁面上，各发现了四个作两两相向状分布的大卯口，个别卯口内尚存木枋残段。由南北朝时期墓葬所见资料看，它们可能供插入枋木（门楣）之用，枋木之上可能施以支撑、装饰券顶的木结构①。外一层上部壁体及塔龛内所见卯口，推测前者与施工、后者与造像有关。

（三）内部第七层叠涩檐上部卯口的用途

昔学者在述及北朝塔时，常以日本飞鸟时期的五重塔及洛阳北魏永宁寺塔文献为例，证以当时塔内均有刹柱入地，以固塔刹及塔身②。但学者每以未见嵩岳寺塔内部有中心柱为憾③。我们在此次勘测中，发现嵩岳寺塔内部第七层叠涩檐上部有四个作东西两两相向状的大卯口，而在上至九层下至二层的塔体上均不见类似结构痕迹。我们认为，砖塔非木塔可比，在刹部结构上当另有其法。该层所见四卯口当即为固定刹柱之遗构。据刘敦桢先生《覆艾克教授论六朝之塔》文中所引唐《重修法门寺记》文云："天复元年，施相轮塔心檩柱方（即枋笔者注）一条。"此四卯口内所置者抑或即为唐代称的"檩柱方"，二枋当东西向平行而置。由它们未居于塔内正中的情况推测，当时固定刹柱的木构件决非仅此二枋。大卯口之间的四个小卯口作东西向不对称状砌造，说明其间有物无法相通，可资旁证。在塔内上部悬空固定刹柱之法，曾见于江南宋塔内部④，于此可见其端倪。

（四）内部一至八层塔体上小卯口的功能

在该塔内部一至八层④、⑤、⑥等壁面和叠涩檐上，发现了68个高宽相等、深浅不一，内涵相同的小卯口，部分卯口内，尚残留有外端已被烧毁了的栗木棍残段，说明卯口原作插木棍之用。在图纸上将之复原后，就得到了一个较简陋的栈道式梯道的形象。第一层的梯道作单向排列，第二层为两个作反向排列的梯道，第三层下部的栈道作同向排列，但向上却变为一单向的梯道，第四至八层，两相邻面的木棍交汇（或近于交汇）后，构成了一个平面为三角形的空腔式梯道，其内可容一携物之人。该梯道行至第八层止，恰位于原刹柱下部的位置。该梯道应专门为匠人定期检修刹柱结构之用。四层以上梯道形式由二层的双梯改为单孔梯道，可能与施工中发现前者爬行坡度太陡且身后无倚持之物攀登时危险性较大有关。第三层过渡阶段的出现，隐约说明了当时密檐塔内部检修道的设置尚处在不断总结经验的阶段。内一层上部叠涩檐右端的缺口，应为当时设置的检修孔，它的存在亦向我们暗示了藻井的存在及其位置。该种形式的梯道，与云南崇圣寺三塔中的唐代密檐塔内部供匠人上下之用的井字形攀登木架有异曲同工之妙⑤。

内第七层上部大卯口之间的四个小卯口，应为常设脚手架的卯口；内第二层真门两侧及内第八层东西真门上方的卯孔与施工有关。

（五）内部各层之间原有无楼板装置的问题

在此之前，曾流行一种该塔内部各层之间设置楼板以供游人登临之用的观点⑥。通过勘测，我们认为该塔自始至终均未曾在内部设置过楼板。理由如下：

（1）缺乏必要的攀缘通道。在垂直交通联系部分的设计上，确有一条梯道式的爬檐梯。但除内第一层露明部分的叠涩檐留出孔道外，其余叠涩檐均不做此法处理。这说明这些层次的梯道是随塔壁及叠涩檐的形状作折

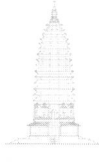

---

① 南京博物院：《江苏丹阳胡桥、建山两座南朝墓葬》，《文物》1980年第2期。南京市文物保管委员会：《南京郊区两座南朝墓清理简报》，《文物》1980年第2期。

② 《覆艾克教授论六朝之塔》，《刘敦桢文集》（一），中国建筑工业出版社。

③ 《河南省北部古建筑调查记》，《刘敦桢文集》（二），中国建筑工业出版社。

④ 张步骞：《苏州瑞光寺塔》，《文物》1965 年第10期。

⑤ 黄如英：《崇圣寺三塔》，《文物》1978年 第10期。

⑥ 《中国建筑史》，《梁思成文集》（三），中国建筑工业出版社。

　　陈从周：《松江县的古代建筑——唐幢、宋塔、明刻》，《文物参考资料》1954年 第7期。

　　祁英涛、杜仙洲、陈明达：《两年来山西省新发现的古建筑》，《文物参考资料》 1954 第11期。

　　《中国建筑史》编写组：《中国建筑史》106页，中国建筑工业出版社。

线状排列的。这种形制的梯道在攀登时危险性较大，通行颇不便。狭窄的三角形梯道根本无法容纳登临的人流，除供维修工匠上下之外，别无他用。

（2）采光条件很差。在塔内各层未发现人工照明设施及痕迹，说明此塔内部照明方式系利用南面七个真门及第八层东西真门的自然采光。但除外第一、第八层外，余层采光系数太小，照度匮乏且极不均匀。与现代建筑设计中最低采光等级相比，差别竟达4.5至10倍（事实上，因塔壁过厚，实际采光系数更小）。在照度上，极不均匀，绝大部分平面及壁面均为暗角，几无人们活动所需最低照明条件可言。内设第三层竟不辟门洞，是塔内各层间本不设楼板的最好见证。

那么，塔内二至九层所辟真门的意义何在？经勘测工作期间在塔内亲身体验的结果，我们认为各小真门的设置并无宗教上的意义，仅为匠人上下检修梯道时提供呼吸与采光条件。除二至四层的真门因第三层无真门的原因间距较大外，其余真门的间距及递减规律约略相当（四至七层真门下沿间距分别为324厘米、312.5厘米、309厘米，七至九层真门下沿间距分别为279厘米、265.5厘米）。由塔外射进的光线照在分布有梯道的壁体上，应为有意设计的结果。内第八层在东、西、南三向设门，避免了下几层单侧采光所造成的光线不均匀、衰减幅度大及因工作面上照度差过大、视力反复适应而易使视觉疲劳的弊病，使采光系数达到6.1%（加之上下层光线的反射，实际数据更大）且光照强度及照度的均匀度均保持在一定的水平，亦为方便匠人维修刹柱之故。

（3）内部各层真门的位置与人体尺度不合。尤其内第四层真门打破内第三层叠涩檐、内第三层不辟真门，与赏景之说更不相合。

（4）塔内未设支撑楼板的承重结构。内第一、第七层叠涩檐为承重檐，它们在叠涩层数及叠出尺寸、负荷的传递方式等方面均与其他层次叠涩檐产生鲜明对比。分析各叠涩檐间距规律，疑后者的设置与施工时铺设脚手架有关。

（5）现塔内二至九层壁体表无粉饰，砌作草率，不见一处游人题记（有关古文献亦不见古人登临咏赋）及游人登临时造成的人为磨损痕迹，甚至连砌造时从泥缝中溢出的泥珠也大部保存完好，证明在漫长的岁月中，该塔内部无人游览。

（六）现存塔体是否全为原构的问题

现存塔体并非全为北魏原构。通过勘察，我们认为该塔主要包含了三个时期的遗构，即外部一至十三层叠涩檐（约当内一～八层下部叠涩檐）为原始塔体；外十三层反叠涩至刹部仰莲（内八层叠涩檐以上）为二次构筑，相轮及宝珠为第三次砌造物。主要依据是：

（1）内部原刹柱结构已毁，但第九层藻井却毫无损毁迹象。以第八层东西真门上部卯孔为界，上部在用砖规格、砌作方法、叠涩砖层次及宽度变化、真门结构、中轴线倾斜方向等方面均出现转折性变化。

（2）与（1）中分界线相对应，自外第十三层反叠涩向上至塔刹相轮以下部位，亦发生一系列与下部十三层规律不同的变化。如：叠涩檐叠出层次出现跳跃性变化；个别层次的个别壁面不开或少开门窗；不安风铎；砌砖规格、质地、色泽紊乱；砌作技术杂乱且结构多乏科学；黏合材料易黄泥为红泥；个别真门雕砖位置错置；中轴线发生大角度折变并试图将已倾斜的砌体逐层取平等等，均可资证上述部分为后人重砌。

从这一系列变化中，我们认为自十三层反叠涩以上至相轮以下的内外部砌体是在原刹部被外力摧毁后重新建造的，当时重修时起码在刹部以下的部分基本保持了该塔的原貌。

（3）与下部塔体的残破程度呈鲜明对比，相轮部分基本保存完好。该部分用厚7厘米的青砖砌就，砖的外侧磨制为圆弧形，依次摆出圆盘状的相轮。青砖质地较疏松，其表模印篮纹；黏合料用白灰。从这些现象分析，相轮应为第三次遗构。该相轮部分的砌砖与附近唐法王寺塔用砖特征颇相吻合，疑相轮部分可能为唐代或后人利用唐代砌砖再次重建的。第一次整修活动应在其前进行。

另外，塔前月台表面铺砖型号、质地与排列方式与塔院西北隅清嘉庆年间所构白衣殿的地面铺砖相同，疑其为清代物。现存台基表面砌砖杂乱，综合其特点，其时代亦颇晚。至于塔内后人添加之木装修及北门道内的踏跺、券门等，经核对民国年间刘敦桢先生所测之该塔平面图，确认晚于刘先生调查年代。

（七）现存粉饰层是否为原物的问题

过去多认为该塔表面灰皮即为原始灰皮，此次勘测否定了这种说法。在塔体外部的塔身及叠涩檐上，出现两层白灰相叠压并在其表面加绘彩绘的关系，在反叠涩部位，则有三层白灰层层相叠。在塔内一层上部壁表，发现两层泥皮相互叠压，其中外者表面存有彩绘。但从后人重建的第十四层⑨、⑫面及仰莲以下亦存在两至三层白灰及彩绘、在塔内壁体上存留的两层泥皮叠压在四台座上凹槽内部后人填砖表面的情况看，现存灰皮及彩绘已非原始之物。但从塔身凡艺术形象部分皆以粗犷手法斫出雏形及塔壁砌层中多次出现矫正失误时留下阶梯状台面以碎砖夹塞做法等现象分析，该塔原应有粉饰层存在。

（八）外部叠涩檐部位几个值得注意的处理手法。

首先是檐口排水的结构处理。该塔各层塔体最外一层叠涩檐一般由两层叠涩砖砌就。砌造时，采用了上层砖内收、下层砖外侈的做法，使檐口上下沿平面位差1厘米，变垂直面为倾斜面，以使雨水能顺利地下泄。经雨天在现场观察，这种处理手法是行之有效的。

其次是檐口起翘问题。在南北朝时期的绘画、雕刻中，曾见到木构建筑翼角已有起翘现象。过去曾认为此系艺匠即兴发挥所成。此次通过勘测，发现该塔不但各层、各面的檐口均有1.5厘米左右的起翘，而且各层各面塔身两端亦随檐口做出柔和的起翘。第一层八个塔龛的叠涩檐亦出现1厘米的起翘现象。这些发现，证实了南北朝时期已在建筑的翼角部位做出了起翘造型。

再次是檐角的冲出问题。因材料的局限性，在南北朝时期的建筑是否已在檐角出现冲出的问题上出现空白。通过勘测，我们发现该塔各层、各面最外檐口的两端均存在冲出现象，冲出数值一般为1.5厘米左右。冲出的平面形状一般由五段折线（即正身部分、尽端两顺砖及二者之间的冲出过渡部分）组成，部分为一柔和之曲线。以檐口为基点，正、反叠涩檐愈接近塔身，冲出数据愈小，直至在距塔身尚有数层叠涩檐的地方渐趋平直。这一发现，对于研究中国古建筑正檐翼角的发展史具有重要意义。

此外，在二至十三层叠涩檐的转角部位（第一层檐角毁无法测知），还发现了该塔的风铎结构残迹。风铎一般被安装在自外向内第2层叠涩檐的转角部位，但往往偏左或偏右数厘米不等。第五、十二层的风铎被安装在自外至内第1层叠涩檐下，第六层的风铎却安装于第3层叠涩檐下，其变化原因不明。风铎的发现，对于我们了解该塔及南北朝时期砖塔的檐角结构，具有积极的意义。

此次对该塔底平面南北向中轴线测量结果，还发现该中轴线极向约为北偏西0°21′，由此证明了南北朝时期已能较准确地掌握极向。

四、简短结论

嵩岳寺塔，以其时代早、例孤而蜚声中外，在建筑发展史中有其独特和重要的地位。它与周围环境有机协调的结合，可使我们注意到我们的祖先在建筑与环境的关系方面所做的努力；它历经沧桑巍然屹立，为研究中国古代建筑尤其是砖石结构高层建筑技术发展史提供了罕贵的实物资料；对它的建造过程的研究，可使我们对中国古代科学技术发展史有新的认识；它那富有节奏与韵律感的身姿，可使我们得以见到祖先在建筑美学方面所达到的高度水平；对其设计思想的探讨，将有助于我们了解中国佛塔与其他佛教建筑的内在联系；塔身所附的栩栩如生的砖雕艺术形象，是我们研究中国雕塑艺术尤其是砖雕艺术史的极好实物；历史岁月在它身上留下的诸多印记，是研究佛教在中国的发展史的形象教材，而它的内部结构的不断明了，则可能在某些方面改变我们对于北方密檐式塔结构上的传统认识。此次勘测工作，取得了一些重要的资料，对于我们研究上述问题奠定了一定的基础，但同时也发现和提出了一些新问题。相信今后通过对之不断进行的研究工作，嵩岳寺塔的各个谜团终将会被全部解开，它在中国文化遗产中的地位亦将愈显重要。

调查测绘者：杜启明、王国奇、张玉岭、王长坡、
　　　　　　冀燕超、李仁清、张克森
资料整理：王国奇等
执笔者：杜启明
（原载：《中原文物》1987年04期，第7~20页）

第五节 嵩岳寺遗址考古调查报告

一、概况

嵩岳寺塔的北部、西部尚留存有大量古代建筑材料，该区域即嵩岳寺遗址的分布区。2015年8月，北京大学考古文博学院、郑州市世界文化遗产保护管理办公室与登封市文物管理局联合对嵩岳寺遗址进行了考古调查与勘探。此次钻探选定现嵩岳寺塔院西侧的台地及台地之南的南辅山古灵台上，其中塔院西侧台地与塔院高差约30米，钻探面积约15600平方米，古灵台与现塔院高差约40米，钻探面积约3400平方米，总钻探面积约19000平方米。

二、调查勘探成果

经过调查勘探，依据区域内遗址分布、地层堆积、包含物、遗址时代等情况，可以将调查勘探区域划分为三个区域，即Ⅰ区、Ⅱ区、Ⅲ区（图4.5.1）。

（一）Ⅰ区古代文化遗存分布及地层堆积

1. 分布

位于北台地的东部区域，呈南北向狭长带状。北台地经村民平整土地，目前形成呈梯田状的三个台面，最高处台面的面积最大。在此区域内发现7处建筑基址、4个灰坑、1条道路。

道路（L1）为南北向，总长约105.5米，宽约6米，从最高处台面一直向南延伸经第二个台面，延伸到第三个台面。原始道路面普遍距地表0.4～0.5米，其底部有石块、砖块等铺成平整的硬化面；1号建筑基址东西长18.5米，宽约8米，面积约148平方米；2号建筑基址南北长约25.5米，宽约5米，面积127.5平方米，其最东边缘距地表0.5米处发现有宽约0.5米的经夯打过的基槽；3号建筑基址东西长约29米，宽约7.7米，面积约223.3平方米；4号建筑基址南北长约77米，宽约5米，面积385平方米；5号建筑基址东西长约8米，宽约5米；6号建筑基址南北长8米，宽5米；7号建筑基址南北长约4米，东西宽约3.5米。6号建筑基址南侧发现有直径1.5米左右的灰坑四个。在7号建筑遗址北侧略偏东约120米处即"唐故大德大证禅师碑"的发现地，当地人俗称该地为"倒碑洼"，唐碑发现地距今塔院北墙约135米，该碑于1986年移至今嵩岳寺塔院内。

2. 地层堆积

经调查勘探表明，Ⅰ区古代文化遗存地层堆积大致可以划分为五层，详细情况如下：

第①层：农耕层，0～0.2米，黄褐色，土质松软，含大量植物根系，少量的小石粒，砖瓦颗粒；

第②层：扰动层，0.2～0.35米，黄色，该层在农业学大寨时期被人为翻动、扰动过，因种植树林加上天气干旱而略显坚硬，该层见植物根茎，白色岩石颗粒，极少量草木灰颗粒；

第③层：浅灰色文化层，0.35～0.5米，土质疏松，含少量植物根茎、岩石块、砖、板瓦块、红烧土颗粒，土壤中含有"白筋"，出有瓷片、铁器等；

第④层：深灰色文化层：0.5～0.8米，土质坚硬，遗物丰富，含红烧土颗粒、草木灰颗粒较多，所处瓷片也较多，有白色、黑色、浅黄色瓷底等，含较多的板瓦块，且砖瓦块较上层大，该层另出有石块，如鸡蛋般大小，含有少量陶片、铁钉，底部有大块的石头，似建筑时以此作为基础，该层的坚硬程度似被夯打过一般，但暂未发现夯窝；

第⑤层：生土层，0.8米以下为原始的红岩石层，含大量石块，结构密实，质地纯净。

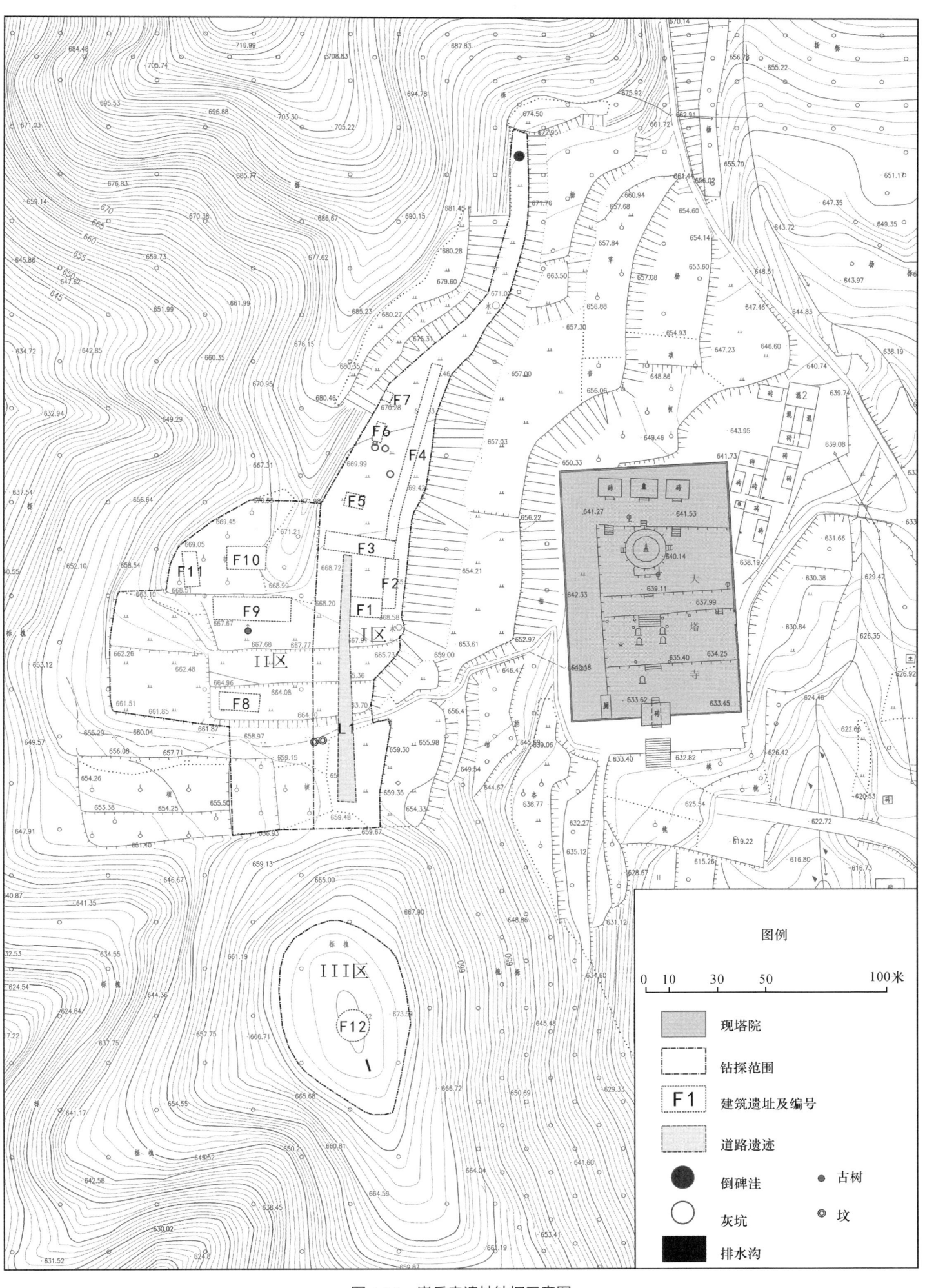

图 4.5.1 嵩岳寺遗址钻探示意图

（二）Ⅱ区古代文化遗存分布及地层堆积

1. 分布

Ⅱ区位于北台地的西部，地貌情况跟东部相似，共发现4处建筑基址。

8号建筑基址位于第三级台面上，经历年的平整土地后，地层较其他区域深一些，东西长约17米，宽约8.8米，面积约149.6平方米；9号建筑基址位于现存古柏树后，东西长约34米，宽约10米，面积约340平方米；10号建筑基址东西长约15.5米，宽约10.5米，面积约162.75平方米；11号建筑基址南北长约15米，宽约5.8米，面积约87平方米。

2. 地层堆积

Ⅱ区古代文化遗存地层堆积大致可以划分为四层，详细情况如下：

第①层：农耕层，0～0.2米，黄褐色，土质松软，含大量植物根系，少量的小石粒，砖瓦颗粒；

第②层：扰动层，0.2～0.5米，黄色，该层被人为翻动、扰动过，因种植树林加上天气干旱而略显坚硬，该层见植物根茎，白色岩石颗粒，极少量草木灰颗粒，见红烧土颗粒；

第③层：灰色文化层，0.5～0.9米，土质坚硬，含岩石块、砖、板瓦块，红烧土颗粒较多，土壤中含有"白筋"，出有少量瓷片；

第④层：生土层，0.9米以下为质地纯净的原始岩石层。

（三）Ⅲ区古代文化遗存及地层堆积情况

Ⅲ区即所谓寺院南辅山的古灵台，此处台地仅有一个台面，未作耕种使用。文献记载此处原为大通秀禅师的十三级浮图（此次编号为F12），现场在直径约15米的区域内堆积大量砖块，出于保护文物的目的，未做进一步清理。在F12南侧靠近台地边缘发现近似南北向的排水沟一段，宽约0.2米，深约0.4米。在F12及排水沟之外的区域遗迹较少，地层情况较为简单，表土0.2米之下即为生土层。

三、相关遗物

（一）砖瓦

嵩岳寺遗址上有大量碎砖瓦等建筑材料，其中砖可分为绳纹砖和素面砖两大类，而以绳纹砖为大宗。现场发现的主要规格见表4.5.1：

表 4.5.1　嵩岳寺遗址上残砖规格

编号	厚/mm	宽/mm	长/mm	编号	厚/mm	宽/mm	长/mm
绳纹1	55	175	残	绳纹19	72	170	残
绳纹2	55	178	残	绳纹20	72	172	残
绳纹3	60	155	残	绳纹21	72	170	残
绳纹4	60	173	残	绳纹22	73	165	残
绳纹5	60	175	残	绳纹23	75	176	残
绳纹6	60	221	残	绳纹24	88	200	残
绳纹7	60	178	残	素面1	50	171	残
绳纹8	62	170	残	素面2	50	165	残
绳纹9	62	176	残	素面3	53	179	残
绳纹10	62	162	残	素面4	54	159	残
绳纹11	65	180	残	素面5	56	178	320
绳纹12	66	176	残	素面6	60	184	残
绳纹13	66	180	残	素面7	62	173	残
绳纹14	68	167	残	素面8	63	181	残

续表

编号	厚/mm	宽/mm	长/mm	编号	厚/mm	宽/mm	长/mm
绳纹15	68	156	残	素面9	63	172	残
绳纹16	68	178	残	素面10	64	173	残
绳纹17	70	175	残	素面11	72	170	残
绳纹18	72	173	残	素面12	72	174	347

嵩岳寺遗址上的瓦件主要有瓦当、板瓦和筒瓦。此次采集到的瓦当标本可辨识形制的有三件，均为莲花纹瓦当：

瓦当1：已残，深灰色，质地坚硬，复原直径13.5厘米，厚1.9厘米。边轮宽2厘米，当心为一直径约4厘米的乳钉，乳钉与边轮之间为单瓣无廓莲花，花瓣窄长、凸起较高，现存7瓣。结合河南地区已发现瓦当的情况[1]，此件瓦当应为隋唐时期的作品（图4.5.2）。

瓦当2：当面较完整，深灰色，质地坚硬，直径13.5厘米，厚1.7厘米。边轮宽2厘米，边轮内侧饰连珠纹一周。当心为一直径3.2厘米的莲蓬，莲蓬上凸起七颗莲子。莲蓬与边轮间装饰有瘦长的双层莲瓣，莲瓣瘦长有廓，每层15瓣。该瓦当与河南省文化局文物工作队于1964年调查时采集的莲花纹瓦当标本1形制一致，推断也是唐代的作品，其年代应晚于瓦当1（图4.5.3）。

瓦当3：与瓦当2同型，残存约四分之一（图4.5.4）。

板瓦多已残，可辨识形制的有三种：一种为重唇板瓦，一种为华头板瓦，这两种均应用作滴水；另一种是素面板瓦。现场发现的板瓦类型并未超出1964年调查时所采集的标本。

（二）瓷片

嵩岳寺遗址上散落有大量陶瓷碎片，这些瓷片以白瓷为主，并有少量青瓷。

其中白瓷从器形上看有盘、碗、盏等日用器，釉色乳白无装饰，多为内部满釉、外部釉不及底，大部分施釉较差，圈足，多数器物内可见支钉痕，是支烧的产品，应是宋金时期登封窑的产品（图4.5.5、图4.5.6）。

青瓷主要应为碗、盘等日用器皿，有的光素无装饰，有的刻花装饰，具备耀州窑系特点，推测为宋金时

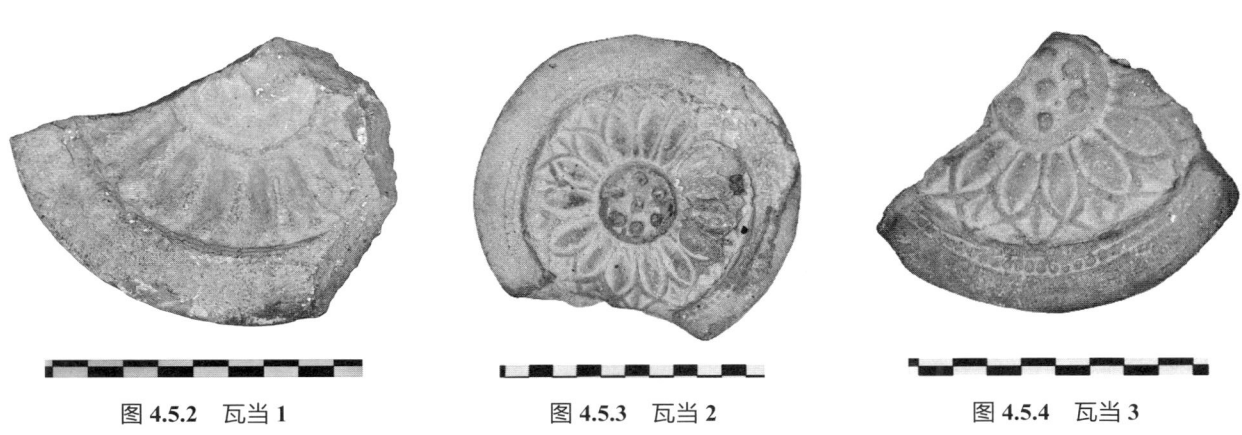

图4.5.2　瓦当1　　　　　　　　图4.5.3　瓦当2　　　　　　　　图4.5.4　瓦当3

图4.5.5　白瓷（背面）

图4.5.6　白瓷（正面）

图 4.5.7 青瓷

期临汝窑的产品（图 4.5.7）。

四、结语

考古勘探成果表明，Ⅰ区建筑与Ⅱ区建筑可能并非同一时期，其中Ⅰ区较之Ⅱ区历史更悠久，延续时间也更长。Ⅰ区北部发现的建筑基址体量较小，在建筑基址周边存在较深的灰坑，这部分可能为Ⅰ区的生活区。F1、F3及其附近的道路遗存可能跟当时寺院的礼拜活动有较密切的关系。Ⅱ区的整体布局可能是结合自然山势的合院式布局。通过本次考古调查，基本掌握了嵩岳寺遗址的分布范围及文化内涵，可以初步确定今嵩岳寺塔院西侧台地上的文化遗址主要为唐宋时期建筑基址，遗址的具体内涵可通过进一步的考古发掘予以揭露。

本文系"嵩山地区古代建筑遗迹考古调查与试掘"项目的阶段成果，由北京大学考古文博学院杭侃、赵献超和郑州市世界文化遗产保护管理办公室王文华、丁大涛提供，在此感谢。

参 考 文 献

[1] 申云艳. 中国古代瓦当研究[M]. 北京：文物出版社，2006.

第六节　在嵩岳寺旧址发现的瓦件

本节把《在嵩岳寺旧址发现的瓦件》一文收录如下：

在嵩岳寺旧址发现的瓦件
河南省文化局文物工作队

嵩岳寺位于登封县城西北六公里的嵩山南麓，当地群众称之为"大塔寺"。寺内现存嵩岳寺塔一座，国务院于1961年3月4日列为第一批全国重点文物保护单位。

这座古老的寺院原是北魏宣武帝的离宫，约创建于北魏永平年间（公元508～512年）。孝明帝正光元年（公元520年），舍为"闲居寺"。隋仁寿元年（公元601年）又改称"嵩岳寺"[①]。唐高宗游嵩山时，武则天曾以此为行在，并营建了一些殿堂。据唐代李邕《嵩岳寺碑》[②]记载："其西（指塔之西）定光佛堂者，瑞象之庋止，昔有石象……后有无量寿殿者，诸师礼忏诵念之场。则天太后护送镇国金铜象置焉……"。至中宗时，又因北魏殿宇旧址营建"西方禅院"，并在塔西山阜建造了"凤凰台"及"妆台"。唐代以后，历经宋、金诸代也曾有过一定规模的修葺。

1964年12月间，我队曾派员前往嵩岳寺塔进行保护工作，同时，根据文献及群众传说，对此寺旧址进行了初步的勘察。由于时间的关系，我们把调查的重点放在塔西"松树岭"附近。通过这次调查，发现了一些古代建筑的瓦件。这些瓦件标本大致可分为三类，即瓦当、板瓦和其他瓦件。

瓦当

一、莲花纹瓦当

是这次采集瓦当标本口最多的一种，大部为单层单瓣。瓦当面的花纹图案也大致相同，其中心都以七个小

---

① 《登封县志》"伽蓝记"第二页；李邕嵩岳寺碑录文。刘敦桢：《河南省北部古建筑调查记》，《中国营造学社汇刊》第六卷四期第九六页，称此寺"岳麓寺"。

② 《登封县志》"伽蓝记"第二页。

圆点组成子房，并在莲瓣和瓦当的周边之间饰圆点纹一周。不过莲花的大小、花瓣数量的多寡、形态的肥瘦以及瓦当周边的宽窄，陶质的坚实、色泽深浅等等，都有一定程度的差别。兹分述于后：

1. 标本1：当面完整。深灰色，质地坚硬。以浮雕的双层莲瓣作为装饰图案。莲瓣瘦长，每层15瓣。周边较窄，且高于莲瓣和子房。瓦当直径13.1、边宽1.2、厚2厘米（图一：1；图二：1）。

2. 标本2：已残。深灰色，周边略高出莲瓣，莲花外缘饰圆点。直径约14、边宽2.3、厚1.8厘米（图一：2）。

3. 标本3：深灰色，质地坚硬。莲瓣较肥厚。直径12厘米，中心最厚处为1.9厘米（图一：3；图二：3）。

4. 标本4：色泽质地同上。这块瓦当是所有瓦当中莲花浮雕最高的一个（达0.7厘米）。直径14、边宽2、厚1.3厘米（图一：4；图二：2）。

二、饕餮纹瓦当

都是模制。共采集标本三种：

1. 标本1：基本完整。深灰色。直径15厘米，中央高出周边2厘米左右。边分宽、窄两层。外边宽1.3、内边宽0.5、边厚1.1~15厘米。兽面的鼻、眼较小，眉、口特大，口中自上唇斜出獠牙两枚（图一：6；图二：4）。

2. 标本2：深灰色，质地坚实。兽面中央比周边凸起2.5厘米。瓦当直径15、边宽2.8~3.5、边厚1.4~1.8厘米。饕餮造型颇为生动，双眉斜竖，两眉间有卷曲的鬃毛，眉下双目深凹，眼球突起，而且狰狞，紧靠兽面有圆点装饰（图一：7；图二：5）。

3. 标本3：浅灰色。直径13.4~14.2厘米。瓦当面略呈椭圆形，中央高出周边1.9厘米。外边宽2.5~3.2、

图一

1~4.莲花纹瓦当　5.飞天瓦当　6~8.饕餮纹瓦当　9、10.飞天瓦当　11.朱雀瓦当　12~17.板瓦

厚 1 厘米，兽面的形象与前二者不同，眉稍细，眼较大，鬚髯皆平列（图一：8；图二：6）。

三、飞天纹瓦当

共发现五块瓦当的残片，很可能是同模印制成的，深灰色，质较坚（图一：5、9、10；图二：7~11）。这种瓦当的画面当为供养天。这种天人的双颊丰腴，裙带飞扬，双足露于裙外，作凌空飞舞状。瓦当周边作连弧形，上缘特宽，约 3 厘米左右；左、右两侧边各以三个内□弧线组成。

四、朱雀纹瓦当

深灰色，质坚实。仅发现一块，已残（图一：11；图二：12）。其形制似飞天瓦当。但是瓦的边缘与前者有所区别，其上边与左右两侧边均为三层边。外缘最宽：上为 1.5、侧为 0.7~1 厘米。内边均为两条平行的细线。疑装饰图案为朱雀。

板瓦

板瓦有两种：一是重唇板瓦（即板瓦前头有垂于瓦底面以下的唇）；另一种是"华头"板瓦[①]，这种板瓦和一般板瓦基本一样，只是板瓦头上加饰了花纹。两种板瓦在用途上可能相同，但是在形制上却有明显的差异。这种华头板瓦仅发现一块。瓦质坚实，深灰色。瓦厚 2 厘米（图一：12~17；图二：13~18）。其余五块为重唇板瓦，质色同前。唯有瓦的厚度、唇高、花纹各不相同，详见下表：

（单位：厘米）

编号	瓦厚	唇面通高	唇出板瓦下皮尺寸	图号
1	2.3	2.9	0.6	图二：16 图一：13
2	2.3	3.1	0.8	图二：18 图一：14
3	1.9	2.9	1	图二：17 图一：15
4	2.3	3.4	1.1	图二：15 图一：16
5	2	3.5	1.5	图二：14 图一：17

此外，还发现一些素面板瓦，宽约 24 厘米。

带孔筒瓦和花砖

在发现的许多筒瓦中，带孔筒瓦仅有一件。瓦质坚，深灰色，已残。瓦宽 14.4，厚 2 厘米。钉孔直径 1 厘米（图二：19）。

花砖仅发现残砖角残卢若干块。

通过这次勘察，我们得到如下的认识：

一、瓦件的时代

这次发现的瓦类，大部分应为唐代遗物。但也有个别的可能稍早或稍晚于唐代。

1. 莲花纹瓦当，莲瓣者比较丰满，瓣数亦少，边宽且低，其花纹布局类似洛阳隋唐城中发现的唐代莲花纹瓦当[②]。这里发现的花砖残角花纹亦与洛阳唐城出土的花砖花纹相同。从飞天纹瓦当上的供养天的形象来看，具备着唐代飞天浮雕的风格。其造型的某些特点，近似洛阳龙门看经寺的供养天[③]，因而这些遗物的年代可能属于唐代。

2. 饕餮纹瓦当（图一：6、7、8）可能晚于唐，而为宋、金时期的遗物。它们周边加宽，兽面缩小而又凸出，尤其第 3 个饕餮纹瓦当和河北曲阳修德寺遗址出土同形制瓦当纹饰相似[④]。也和辽中京外城佛寺遗址出土瓦当相似[⑤]。

其他瓦当、瓦件的时代与上述瓦件不会相去甚远。可能均为唐至金之间的遗物。

---

① 李诫撰：《营造法式》（商务印书馆出版）（二）卷十三第四十八页"瓦作制度"中有"华头筒瓦"一词，系指带花纹的勾头瓦。这里借用"华头"一词以形容板瓦。

② 《登封县志》伽蓝记第二页；李邕嵩岳寺碑录文，刘敦桢《河南省北部古建筑调查记》《中国营造学社汇刊》第六卷四期第九六页，称此寺"岳麓寺"。

③ 龙门保管所：《龙门石窟》图版 144 看经寺飞天，文物出版社出版，1961 年 11 月。

④ 李锡经：《河北曲阳县修德寺遗址发掘记》，《考古通讯》1955 年 3 期 38 页图版拾伍，4。

⑤ 《文物》1961 年 9 期第 37 页辽中京外城佛寺遗址出土的瓦当纹饰拓本：3。

图二

1~3 莲花瓦当　4~6 饕餮纹瓦当　7~11 飞天瓦当　12. 朱雀纹瓦当　13~18　板瓦　19. 带孔筒瓦

二、飞天瓦当的用途

这种在形制上基本属于三角形的飞天纹瓦当和朱雀纹瓦当，是比较少见的古建筑材料。是否称"瓦当"，目前尚无定论，然而从其可能具有的功用，称为"瓦当"也许是可以的。它的功用可能有两种：第一，用于古代"阴阳瓦顶"上层瓦垄的第一个勾头瓦；第二，是用于某种中、小型建筑的端脊。

三、这批瓦件的发现，对于研究嵩岳寺的旧址的范围有重要的价值

它可以直接证实李唐一代在嵩岳寺塔附近的确建有殿堂。今后若注意这类砖瓦分布的情况，当不难搞清北魏隋唐时期的嵩岳寺的旧址范围。

执笔者：张家泰、吕品

（原载：《文物》1965年第7期44~47页）

第五章　嵩岳寺塔材料实验和倾斜观测报告

第一节　嵩岳寺塔砌砖热释光年代测定

一、热释光测年法概念

热释光（thermoluminescence）也译作热致光、热发光，是一种冷发光物理现象，它是固体受到电离辐射激发而积蓄起来的辐射能在加热过程中以光子形式释放出来的一种磷光[1]。

黏土烧结物一般用的黏土中都含有微量铀、钍和钾等放射性物质，它们每时每刻都受到各类辐射的作用，当烧结物烧制时，高温把结晶固体中原先贮存的能量都已释放完了，自此以后，重新积累能量随时间而增加。其放射性愈强，年代愈久，热释光量就愈多，即热释光量与所受的放射性总剂量成正比。只要测出黏土烧结物中的铀、钍和钾的含量，周围土壤中的辐射强度和宇宙射线强度，定出自然辐射年剂量，即可计算出烧结物的烧制年代。

热释光测年法或称热释光断代，是指利用黏土烧结物的热释光现象来进行断代的技术。其方法主要是测量一件器物的"古剂量"（即自陶瓷器烧成以来到测定年代为止所吸收的自然辐照累积剂量）和"年剂量"（即陶瓷器一年吸收的辐照剂量）这两个参数，只要将这件陶器的古剂量除以它自己的年剂量，就得到了这件器物最后一次受热以来所经过的时间或者烧制年代。公式：年代（A）＝古剂量（P）/年剂量（D）[2]。

二、嵩岳寺塔砌砖的热释光年代测定

关于嵩岳寺塔的建造年代，至今在塔上未发现任何有关建塔的文字记录，文献中也没有查到确切的纪年，现多以唐·李邕撰《嵩岳寺碑》、嵩岳寺塔地宫出土佛造像背面铭文、历史文献资料，以及嵩岳寺塔的建筑风格、技术特点等分析研究，认为该塔建于北魏，但也有认为是建于其他年代的不同看法。为此，我们对塔砌砖进行了两次热释光年代测定。

1. 第一次嵩岳寺塔砖热释光年代测定

第一次是1989年4月，我单位委托中国社会科学院考古研究所热释光室和故宫博物院科技部，对塔地宫、阶基、砖基础、第十五层和塔刹覆莲、相轮等部位的八块塔砖进行了热释光年代测定（表5.1.1、图5.1.1），其年代测定结果是：塔砖基础第十二面东南处砌砖为距今（1989）1580±160年，年代换算约为北魏永兴元年（409）；地宫东北角砌砖为距今（1989）1560±160年，年代换算约为北魏神龟二年（529），这两块砖基本可以确定为北魏时期。其余六块为唐至宋时期，地宫东壁砌砖距今（1989）1000±80年，年代换算约为北宋端拱二年（989）；塔第十五层砌砖距今（1989）1190±120年，年代换算约为唐朝建中十五年（799）；塔刹覆莲砌砖距今（1989）1080±110年，年代换算约为五代十国后梁开平三年（909）；塔刹相轮下底砌砖距今（1989）1070±110年，年代换算约为五代十国后梁贞明五年（919）；塔刹相轮上顶砌砖距今（1989）1036±100年，年代换算约为五代十国后周广顺三年（953）；塔阶基础砖为距今（1989）1015±120年，年代换算约为北宋开宝七年（974）。

表 5.1.1 1989 年塔内砖热释光年代测定表

砖取样编号	实验室编号	样品名称	年代测定结果（年）
1	TK-233	塔阶基	1015±120
2	TK-234	地宫东北角	1560±160
3	TK-235	地宫东壁	1000±80
4	TK-236	塔基第十二面东南	1580±160
5	TK-238	塔第十五层	1190±120
6	TK-239	塔刹覆莲	1080±110
7	TK-240	塔刹相轮下底	1070±110
8	TK-241	塔刹相轮上顶	1036±100

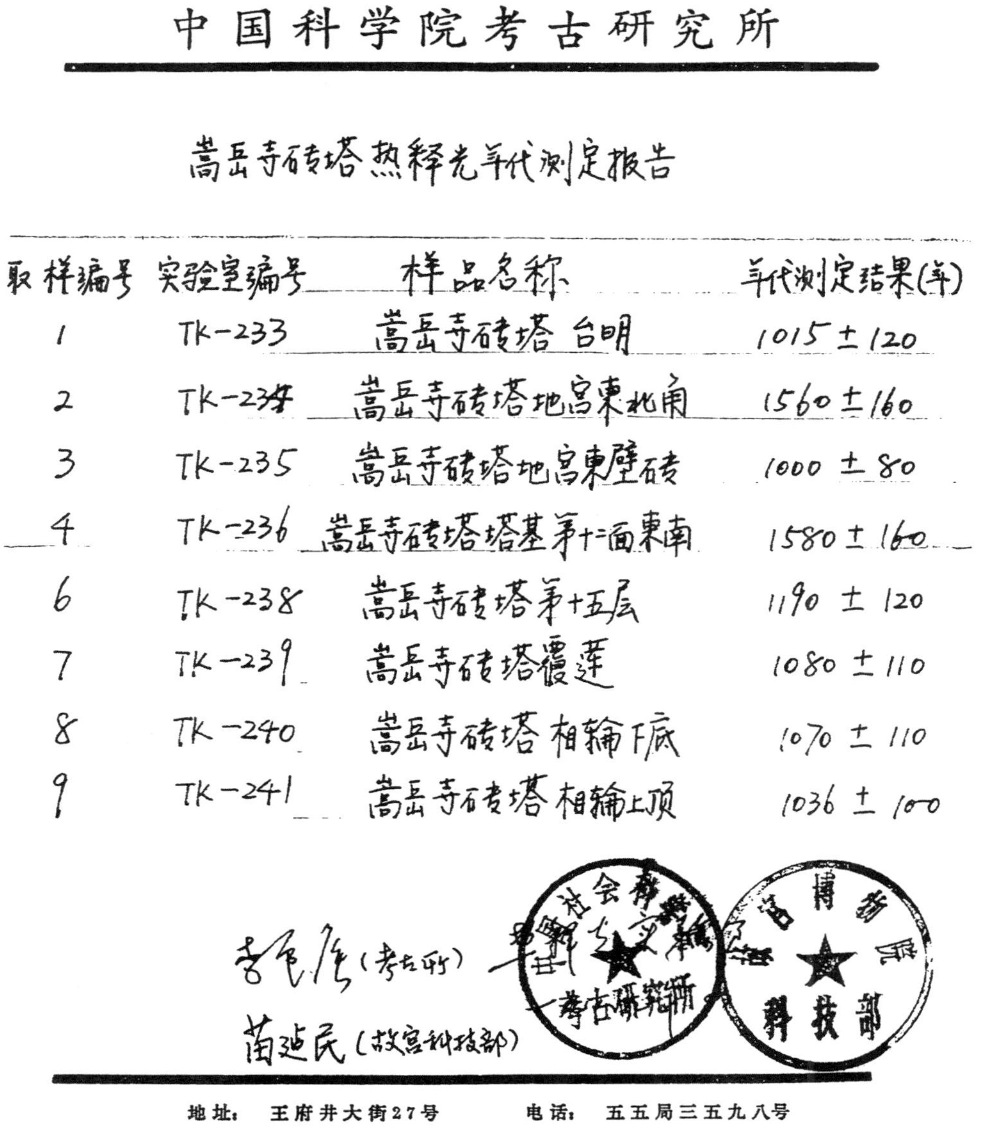
中国科学院考古研究所

嵩岳寺砖塔热释光年代测定报告

取样编号	实验室编号	样品名称	年代测定结果(年)
1	TK-233	嵩岳寺砖塔 台明	1015±120
2	TK-234	嵩岳寺砖塔地宫東北角	1560±160
3	TK-235	嵩岳寺砖塔地宫東壁砖	1000±80
4	TK-236	嵩岳寺砖塔塔基第十二面東南	1580±160
6	TK-238	嵩岳寺砖塔第十五层	1190±120
7	TK-239	嵩岳寺砖塔覆莲	1080±110
8	TK-240	嵩岳寺砖塔 相輪下底	1070±110
9	TK-241	嵩岳寺砖塔 相輪上顶	1036±100

李虎侯（考古所）

苗建民（故宫科技部）

地址：王府井大街27号　　电话：五五局三五九八号

图 5.1.1 1989 年塔砖热释光年代测定

2. 第二次嵩岳寺塔砖热释光年代测定

因第一次未对塔内砌砖进行热释光测定，我们又于 2019 年 6 月委托上海博物馆，对塔内第二层壁龛两块砌砖进行了热释光年代测定（图 5.1.2 ~ 图 5.1.4，表 5.1.2），测定结果是：第一块长砖（砖 1）里侧为距今（2019）1517±91 年，年代换算约为北魏景明三年（502）；第一块长砖外侧为距今（2019）1349±81 年，年代换算约为唐朝咸亨元年（670），说明此块砖为北魏时期，在唐朝早期经过了二次高温火烧。结合 1989 年塔地宫、砖基础砌砖的年代测定，证明嵩岳寺塔建于北魏时期约为 409 ~ 593 年，并在唐朝早期约为 589 ~ 751 年经过第二次高温，这与《嵩岳寺碑》中记载是嵩岳寺塔建于北魏，在隋末唐初塔内被大火燃烧的情况基本吻合。另一块半截砖（砖2）为距今（2019）165±50年，年代换算约为清朝咸丰四年（1854），这与地宫壁画上清代题记和寺内多通碑刻记载清代多次修缮嵩岳寺建筑也基本吻合。

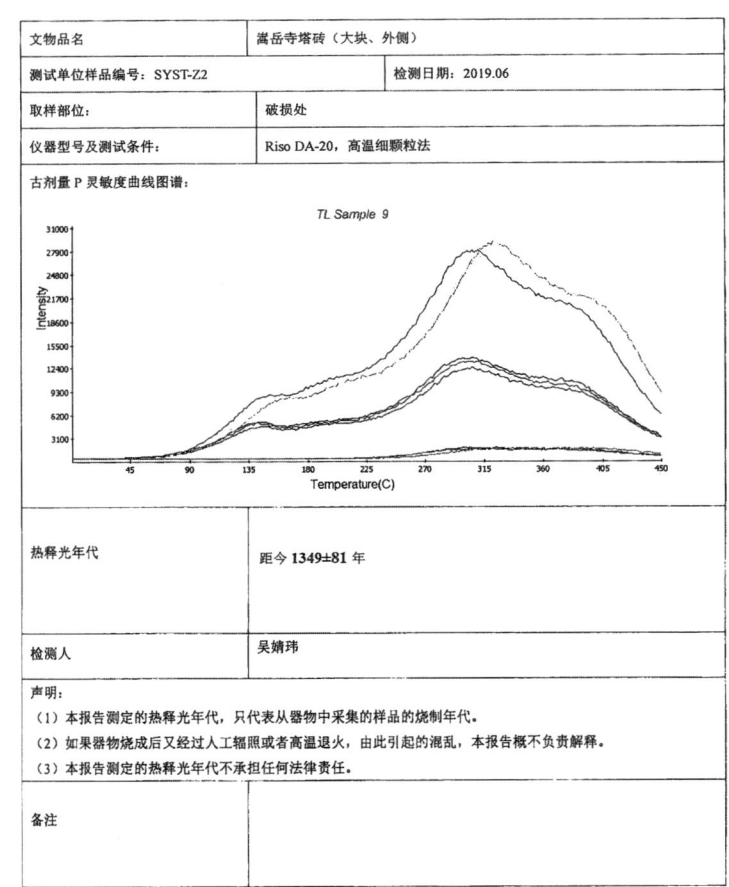

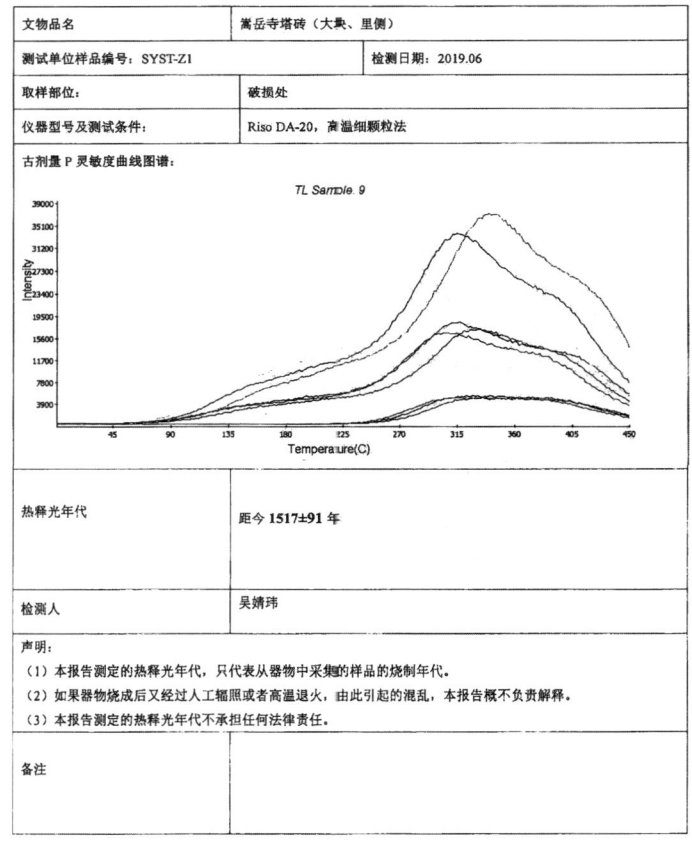

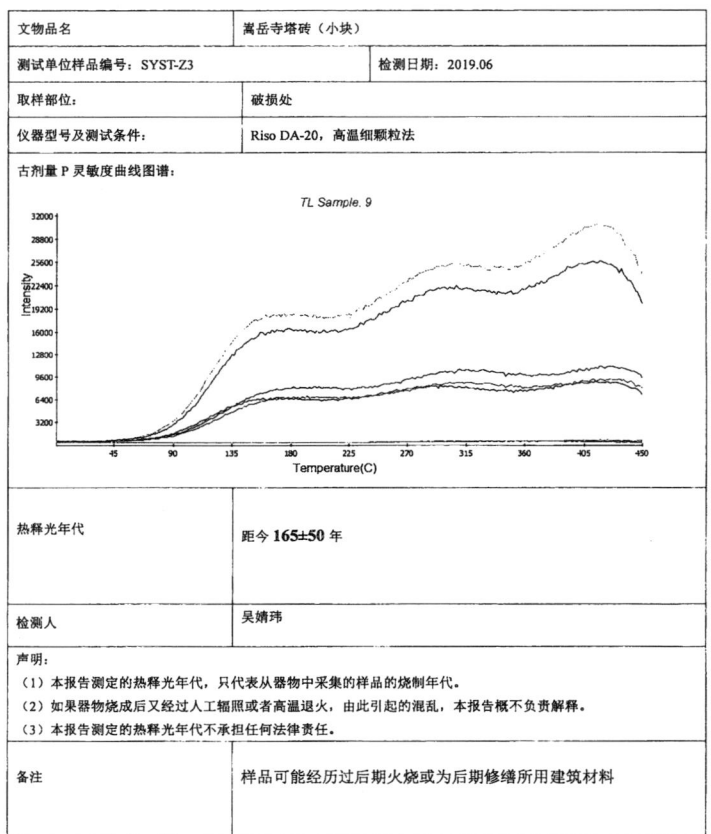

图 5.1.2　2019 年塔砖热释光年代测定

图 5.1.3 2019 年热释光年代测定砖 1

图 5.1.4 2019 年热释光年代测定砖 2

表 5.1.2　2019 年塔内砖热释光年代测定表

砖取样编号	实验室编号	样品名称	年代测定结果（年）
1	SYST-Z1	塔内第二层（里侧）	1517±91
2	SYST-Z2	塔内第二层（外侧）	1349±81
3	SYST-Z3	塔内第二层	165±50

参 考 文 献

[1][2] 王维达. 古陶瓷热释光测定年代的研究和进展［J］. 中国科学（E辑. 技术科学）：第39卷. 2009（11）：1767.

第二节　嵩岳寺塔土、石材实验

一、土样品试验

1. 土样品采样

普通土样品：在嵩岳寺塔南侧台地断崖上，取一个土样品，标号 T_1，其与登封县城北洼地土为同一冲击土系。为比较研究，在河南省古代建筑保护研究所实验厂所在地，郑州市中原区须水镇西部取一个土样本，编号 T_2，此取土样处距嵩岳寺塔约 50 千米。

嵩岳寺塔夯土基础土样品：在塔夯土基础探槽内采取夯土样品 6 组，塔周围石墙内、外探槽内各取 3 组，墙内夯土编号 HT_1，墙外夯土编号 HT_2。

2. 土样品热物理性能分析

耐火度由冶金部耐火材料质量监督检测中心测试，结果见表 5.2.1。

3. 土样品 X- 射线衍射矿物组成

土样品 X- 射线衍射矿物组成测定结果见表 5.2.2。

表 5.2.1　耐火度

项目＼样品编号	T_1	T_2
耐火度（℃）	<1230	<1250

表 5.2.2　土样品 X- 射线衍射矿物组成测定表

项目 样品编号	矿物组成
T₁	石英、长石、黏土（蒙脱石类及水云母类矿物为主）。
T₂	石英、长石及黏土矿物（主要为蒙脱石类和水云母类矿物，并混入一些绿泥石矿物）

4. 土样品化学成分

土样品化学成分实验，按国标 GB4734-84 测试，结果见表 5.2.3。

表 5.2.3　土样品化学成分表

项目 样品编号	SiO_2	Fe_2O_3	Al_2O_3	TiO_2	CaO	MgO	K_2O	Na_2O
T₁	64.68	5.85	15.6	0.71	1.57	2.72	2.20	1.68
T₂	71.10	4.27	10.56	1.23	1.61	1.16	2.30	1.81

5. 土样品颗粒度与比重测定

颗粒度测定采用筛分法，先称取土样烘干恒重至 100 克，筛亦烘至恒重，称筛与样的合重，经过筛分求出筛分含量，见表 5.2.4。

比重测定采用比重瓶法，按国标 DB611-77，在室温 23.8° 环境下，先用液体比重天平测出水的比重，再研磨样品烘干，称取比重瓶的恒重量与样品的恒重量，然后装瓶、加水、蒸煮、排气，最后测出样品比重，见表 5.2.4。

表 5.2.4　颗粒度与比重测定表

样品编号 项目	T₁	T₂
筛分含量（%）	67.79	26.48
比重	2.6992	2.6915

6. 夯土物理性能指标

夯土物理性能指标由河南省地质矿产局环境水文地质总站测试，见表 5.2.5。

表 5.2.5　夯土物理性质指标统计表

编号；数值；项目	HT₁	HT₂
天然含水量（%）	12.7	13.4
天然容重（g/cm²）	1.95	1.90
比重	2.72	2.74
天然孔隙比	0.585	0.646
塑性指数	11.4	11.8
液性指数	−0.49	−0.41
内摩擦角（度）	44.5°	35.0°
凝聚力（kg·cm²）	1.50	1.31
压缩系数（cm²/kg）	0.007	0.008
压缩模量（kg/cm²）	295	343
允许承载力（吨/平方米）	40	34

二、石样品试验

土样品和砖样品中都含有大量石粒，为分析比较研究，采取了两岩样，分别编号为 Y₁、Y₂。石样品化学成分由河南省地矿局岩矿测试中心鉴定，结果见表 5.2.6。

表 5.2.6　石样品化学成分表

项目 样品编号	显微观察描述
Y₁	（1）白云母斜长片麻岩（斜长石，石英） （2）石英（集合体），另有少量砂黏土，白垩
Y₂	为黑云母花岗岩（钾长石、斜长石、石英和少量黑云母等）

第三节　嵩岳寺塔砖试验分析

我国古代传统建筑主要以木、竹、土、砖、石等材料所营造，其中木、竹结构建筑较易遭各种损毁，特别是火灾的破坏最为彻底，历史上不乏其例。对于不易建造的高层建筑，选择砖、石、土等不易燃烧的无机材料是最好的选择，砖便是其中之一。砖的历史从古代遗留实物看，铺地砖在西周已产生，空心砖及条砖出现于战国[1]。嵩岳寺塔为砖砌筒体结构的中国古代高层建筑，耸立于中华大地1500年。其砌体结构能经过多次地震、冰雹、火灾等自然灾害，仍稳固至今，除要有合理的结构选型和稳定良好的地基外，建造材料的耐久、力学性能等至关重要。砖作为此塔建造的主要材料，有着时代、地域、环境等特点，承载着大量信息，为更好地保护这座古老建筑，使其"延年益寿"，我们对塔砖进行了科学试验测试。

一、塔砖采样

砖取样原则，既要保证不损害塔体结构的稳定性和外观，又要具有时代、部位特征的代表性，进行样品采取。嵩岳寺塔外部共十五层，第十三至十五层这三层破碎崩塌严重，砖杂乱堆置，外观、规格相近，采取其乱砖下与塔体结合的砖10块，作为A组，编号$A_1 \sim A_{10}$。第十至十二层，砖规格、外观接近，选无扰动迹象处取10块砖，作为B组，编号$B_1 \sim B_{10}$。第二至九层，砖外观、规格一致，选择没有扰动迹象处取10块砖，作为C组，编号$C_1 \sim C_{10}$。类同，第一层塔身选取了6块砖，塔基座3块，作为D组，编号$D_1 \sim D_9$。塔基础发掘探沟内，采取塔西原始生活面铺地砖1块，编号d_1。仿制砖10块，作为F组，编号$F_1 \sim F_{10}$。

二、砖样外观及内部结构

1. A组砖样

样品编号$A_1 \sim A_{10}$，砖外观为长31.0厘米×宽14.5~15.0×厚5.0厘米。表面特别粗糙，许多坑窝勾缝，高低不平，整体弯曲变形。一大面有梳箆划成的条纹，与长边近平行，每一厘米宽有3条。内部结构疏密不均，多大孔隙，黑青色。多粗大颗粒1.0厘米×1.0厘米，约占15%。

2. B组砖样

样品编号$B_1 \sim B_{10}$，砖外观为长29.0厘米×宽13.5~14.0×厚4.5厘米。表面粗糙，多成型勾缝和坑窝，边角变形。一大面有梳箆划成的条纹，斜度45°，每一厘米有3条，边沿有划痕。内部结构疏密不均，黑青色。有粗大颗粒及一些小颗粒，多为0.5厘米×0.1厘米，占15%。

3. C组砖样

样品编号$C_1 \sim C_{10}$，砖外观为长29.0厘米~30.0×宽15.0×厚5.0厘米。砖型规整，击之声脆；一大面有顺对角线绳纹，与边长夹角不足30°，每一厘米有2.5条。内部结构最致密，蓝青色，有少许0.05厘米×0.1厘米×5厘米成型裂缝。

4. D组砖样

样品编号$D_1 \sim D_9$，砖外观为长28.0~28.5厘米×宽13.5~14.0厘米×厚4.5~5.0厘米。砖型规整，击之声哑。一大面有顺对角线绳纹，与长边交角不足30°，约每宽一厘米有2条。表层及表面多烟熏严重，呈黑色。内部结构为灰黄或灰白色。有粗颗粒，多成0.3厘米×0.3厘米，约占10%，有0.1厘米×5.0厘米成型裂缝。

5. d组砖样

样品编号d_1，砖外观为长34.0厘米×宽16.0厘米×厚6.5厘米。表面规整，素面。内部结构为灰白色；孔隙特别大，有许多小石块，约1.0厘米×1.5厘米，约占20%。

三、塔砖实验测定及结果

1. 塔砖比重测定

塔砖比重测定采用比重瓶法，按国标 DB611-77 规范执行，称取砖样 100 克，在室温 23.8° 环境下，先用液体比重天平测出水的比重。再研磨样品烘干，称取比重瓶的恒重量与样品的恒重量，然后装瓶、加水、蒸煮、排气，最后测出样品比重，结果见表 5.3.1。

表 5.3.1　塔砖比重测定表

样品编号 项目	B_6	C_6	D_4	D_1	F_4
比重	2.6989	2.7075	2.7353	2.7221	2.7427

2. 砖热物理性能分析

砖烧成温度及热膨胀系数，由中国科学院上海硅酸盐研究所，采用瑞士 18AVRFR-2 膨胀仪测定，见表 5.3.2、表 5.3.3。

表 5.3.2　砖烧成温度表

样品编号 项目	B_7	C_6	D_6	F_1
烧成温度（℃）	960	914	913	970

表 5.3.3　砖热膨胀系数表

实验温度（℃）膨胀系数 $\times 10^{-6}$/℃ 样品编号	21～100	200	300	400	500	600	700	800	900
B_7	6.18	6.63	5.52	4.22	5.98	8.28	7.66	7.43	
C_6	6.18	5.65	4.25	3.86	5.20	7.05	7.02	7.11	
D_6	6.18	6.29	4.53	4.47	5.20	7.12	7.07	7.36	
F_1	7.17	8.28	8.77	8.90	9.89	11.00	9.59	8.93	8.02

3. 砖 X-射线衍射矿物组成分析

砖 X-射线衍射矿物组成分析结果见表 5.3.4。

表 5.3.4　砖 X-射线衍射矿物组成表

样品编号 \ 项目	矿物组成
D_1	石英、长石（较少），少量低温方石英
C_3	石英、长石、少量低温方石英
C_6	石英、长石、低温型方石英

4. 砖化学成分分析

砖化学成分测试按国标 GB4734-84，结果见表 5.3.5。

表 5.3.5　砖化学成分测试表　　　　　　　　　　（单位：%）

样品编号 \ 项目	SiO_2	F_2O_3	Al_2O_3	TiO_2	CaO	MgO	K_2O	Na_2O
B_{10}	69.22	5.64	14.69	0.72	1.60	1.47	2.50	1.98
C_1	70.55	5.75	15.19	0.72	2.34	1.98	2.40	1.52
D_2	64.37	5.57	15.34	0.65	2.47	1.80	2.30	2.24
d_1	67.38	5.98	16.66	0.80	2.08	2.1	2.80	2.02

5. 砖物理性能

砖物理性能测试按国标 GB2997-82，结果见表 5.3.6。

表 5.3.6　砖物理性能表

样品编号 项目	B_6	B_7	B_8	B_9	B_{10}	C_1	C_2	C_3	C_4	C_6	D_1	D_2	D_3	D_4	D_6
吸水率（%）	19.591	19.052	18.653	17.639	18.598	17.941	17.005	20.184	17.571	19.078	18.339	12.919	14.696	15.021	19.635
显气孔率（%）	34.43	34.08	33.45	32.04	33.31	32.10	31.00	34.98	31.26	33.62	32.74	24.68	27.65	28.13	33.94
体积密度（g/cm³）	1.7656	1.824	1.7918	1.8152	1.7896	1.7881	1.8218	1.7318	1.7778	1.7612	1.7810	1.0902	1.8800	1.8712	1.7449

6. 砖力学性能

塔砖 B 组、C 组、D 组、d 组抗压强度测试，按国标 GB2542-81，结果见表 5.3.7。

表 5.3.7　塔砖 B 组、C 组、D 组、d 组抗压强度测试表

样品编号 项目	B_6	B_7	B_8	B_9	B_{10}	C_1	C_2	C_3	C_4	C_6	D_1	D_2	D_3	D_4	D_6	d_1
单块抗压强度（kg/cm²）	167.66	164.47	123.97	157.34	134.15	234.40	209.04	155.31	134.58	240.10	105.36	87.50	178.13	152.44	182.69	145.26
平均抗压强度（kg/cm²）			154.66					194.69					149.52			
备注						式样为 5 厘米 ×5 厘米 ×5 厘米试块，烘干后测试										

7. 抗冻性能

按国标 GB2542-81 测试，见表 5.3.8。循环记录：B_6 在第 6 循环纵向裂纹 14.0 厘米，掉块 8.0 厘米 ×10.0 厘米 ×2.0 厘米，退出实验。B_8 在第 15 循环纵向裂纹 5.0 厘米，横向裂纹 6.0 厘米。B_9 在第 11 循环纵向裂纹 5.0 厘米，第 15 循环里外 15.0 厘米，横向裂纹 7.0 厘米。D_6 在第 11 循环后纵向裂纹 6.0 厘米。其余 B_7、B_{10}、C_1、C_2、C_3、C_4、C_6、D_1、D_2、D_3、D_4 均无变化。

表 5.3.8　砖抗冻性能实验表

样品编号 项目	B_6	B_7	B_8	B_9	B_{10}	C_1	C_2	C_3	C_4	C_6	D_1	D_2	D_3	D_4	D_6
冻前干重量（g）	2708.5	2549.5	2604	2440	2573	2668	3045	2900	3169	3356	2560	2653	2419	2824.5	1925
冻后干重量（g）		2540	2595	2433	2569	2657	3036	2892	3156	3350	5537	2590	2362	2821	1920
干重量损失率（%）		0.37	0.35	0.79	0.16	0.41	0.30	0.28	0.41	0.18	0.90	2.37	2.36	0.12	0.26

参 考 文 献

[1] 中国科学院自然科学史研究所. 中国古代建筑技术史［M］. 北京：科学出版社，1985：167.

第四节　嵩岳寺塔黏合材料实验分析

嵩岳寺塔墙体黏合材料为红色亚黏土，经过风雨等自然灾害的剥蚀，泥缝外部脱落。本次的实验分析结果，将用于修复塔体裂缝和泥缝的材料研究。

一、黏合材料采样

塔体黏合材料样品共 2 个，分别采取于第一层、第二层塔室墙壁砖层内部，编号为 1 号、2 号。为对比需要，其他土样采取 3 个，采取外地汉墓砌石黏合材料，编号为 3 号；采取塔北 150 米处台地断崖处土体，编号为 4 号；采取塔南 150 米处断崖处土体，编号为 5 号。

二、样品实验分析

样品实验委托河南省地矿局岩矿测试中心，进行光谱半定量、化学全分析和红外吸收光谱三项实验。

1. 光谱半定量实验分析

报告批次号为 1986 年 116 号，化验号共 5 个，分别为 19658、19659、19660、19661、19662，对应的采样编号为 1 号、2 号、3 号、4 号、5 号，结果见表 5.4.1。

表 5.4.1 光谱半定量分析表

化验号	铅 Pb（0.001）	锌 Zn（0.01）	铜 Cu（0.001）	锡 Sn（0.001）	铬 Cr 0.003	钴 Co（0.003）	镍 Ni（0.001）	镓 Ga（0.001）	铍 Be（0.001）
19658	0.003	<0.01	≥0.001	<0.001	0.005	<0.003	0.003	0.001	0.0003
19659	0.003	<0.01	0.001	0.001					
19660	0.003	<0.01	0.001	<0.001					
19661	0.003	<0.01	0.001	<0.001					
19662	0.003	<0.01	≥0.001	<0.001					

化验号	锂 Li（0.01）	钠 Na（0.1）	钾 K（~1）	锶 Sr（0.03）	钡 Ba（0.03）	钛 Ti（0.001）	钒 V（0.001）	锰 Mn（0.001）	锆 Zr（0.003）
19658	<0.01	≥0.3	~1	<0.03	≥0.03	0.5	0.005	0.05	≥0.01
19659									0.01
19660									
19661									≤0.01
19662									

化验号	钇 Y（0.003）	镱 Yb（0.003）	镧 La（0.01）	铁 Fe（0.001）	铝 Al 0.001	钙 Ca 0.03	镁 Mg 0.001	硅 Si 0.001
19658	0.003	0.0003	<0.01	5	≤10	≥1	1	>10
19659							1	>10
19660							1	>10
19661							1	>10
19662							1	>10

谱板号码：18930-6　　分析者：李炳建

说明：（1）每个元素的下边都标出了光谱分析灵敏度；（2）"~"相近，近于；（3）">"大于；（4）"<"小于；（5）"≥"大于接近于；（6）"≤"小于接近于。

2. 黏合剂化学成分全分析

黏合剂化学成分委托河南省地质矿产局岩石矿物测试中心实验分析，报告号、化验号和对应取样号同上，结果见表 5.4.2。

表 5.4.2　黏合剂化学成分分析表

送样号	元素分析 化验号	分析结果（%）							
		Fe_2O_3	SiO_2	Al_2O_3	TiO_2	CaO	MgO	K_2O	Na_2O
1 号	19658	5.53	69.00	14.72	0.58	1.15	1.57	2.07	1.96
2 号	19659	5.60	67.40	15.03	0.62	1.35	1.43	2.03	1.90
3 号	19660	5.65	64.85	14.33	0.70	3.10	1.80	2.03	1.14
4 号	19661	5.60	66.14	15.48	0.55	1.40	1.49	1.86	1.82
5 号	19662	6.58	65.71	15.56	0.72	1.07	1.89	2.31	1.33

从以上化学分析的结果来看，这五个样品虽取自不同的地点时间也不相同，但其所含化学成分大致是相同的，即为红色亚黏土。3 号样品中的 CaO 含量明显较多，估计可能是加入少量的石灰所致。黏合材料中不含碳（ca），证明材料内无有机物。

3. 红外吸收光谱

黏合剂红外吸收光谱分析，结果见图 5.4.1。

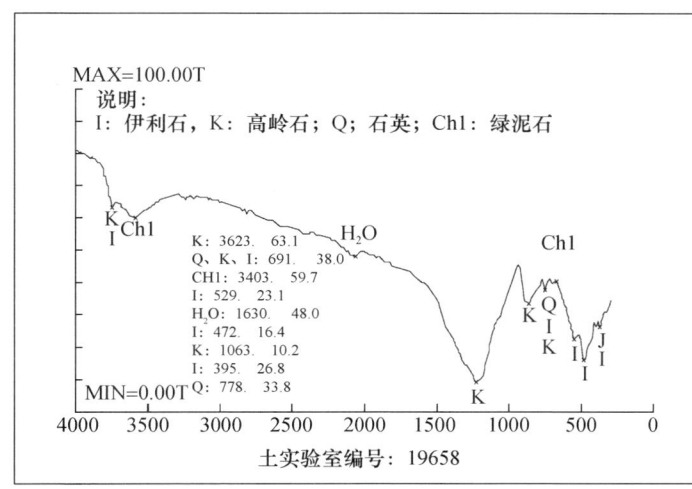

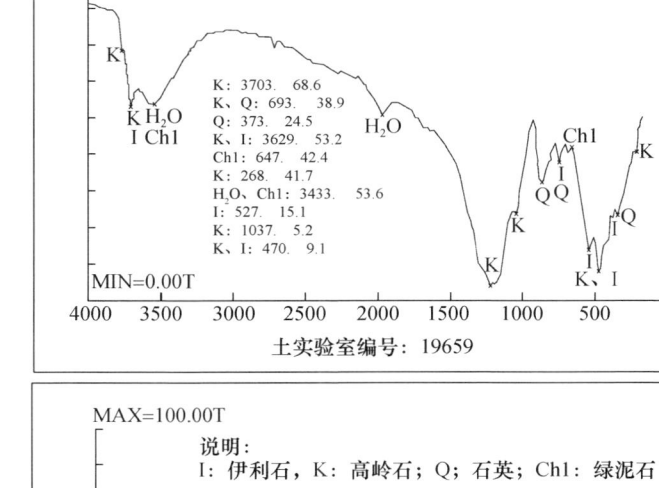

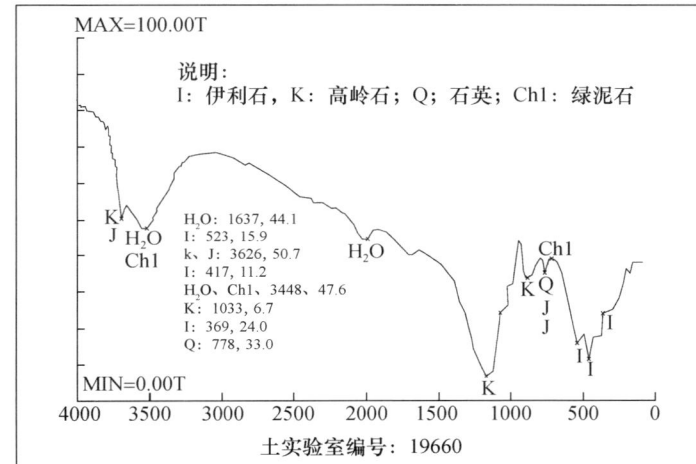

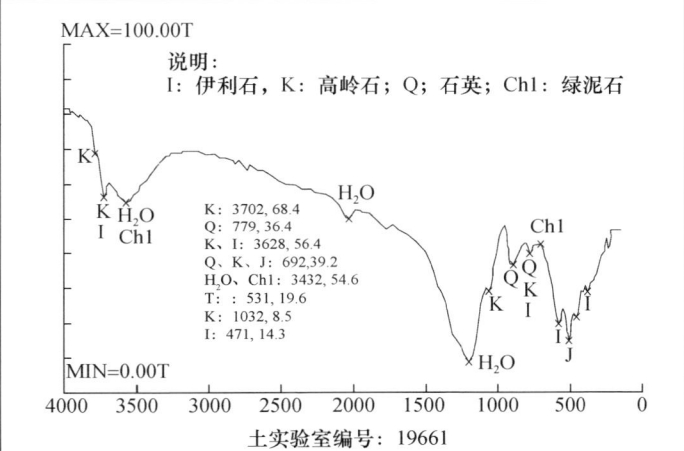

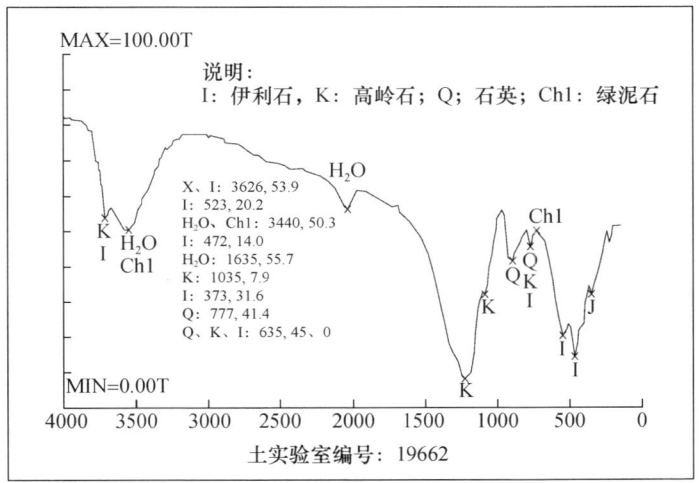

图 5.4.1　红外吸收光谱分析图

从样品的红外吸收光谱看，黏合材料的主要矿物组成皆为伊利石、高岭石、石英及绿泥石，没有发现有机物吸收光谱，从而判定黏合材料中没有糯米浆成分。

第五节　嵩岳寺塔修缮用黏合及灌浆材料

根据塔砌体的黏合材料的分析结果，主要成分是红色亚黏土，在塔修缮中仍拟用红色亚黏土作为黏合材料，但其粘结强度明显较低，达不到塔体加固的目的，所以考虑在红色亚黏土中加入传统或现代合成材料的添加剂，作为改性原黏合材料的增强剂。

一、黏合剂添加剂选择

选择原则为能明显提高亚黏土的粘结强度，水溶性但固结后耐水性较好，抗压、耐老化、耐冻融及耐霉菌性能良好，造价较低。

根据选择原则，选用聚醋酸乙烯乳液、聚乙烯醇、水玻璃、糯米浆、白灰膏、丙烯酸酯共聚乳液等6种材料作对比试验。

二、砌筑黏合材料实验

1. 试块

各项强度和性能测试的试块，采用三联试模打制，规格7.07厘米×7.07厘米×70.7厘米。粘结强度测试采用两个砖块，规格5.0厘米×5.0厘米×6.0厘米。用配制的黏合剂在自重压力下黏合，固结干燥后测其抗拉力。

2. 实验分析

通过测试，白灰膏和丙烯醋酯共聚乳液添加剂两种性能表现较好。实验结果如下：

试块1，纯白灰膏是古建筑常用的黏合材料，凝固的时间越久粘结强度越强，良好的性能已得到充分肯定，其缺点是初期粘结强度较差。

试块2，白灰膏：黏土＝2∶1和制的黏合剂，性能与纯白灰膏相仿，色泽与原黏合剂相近，缺点是与原黏合剂有明显时代差异。

试块3，丙烯酸酯共聚乳液是现代建筑涂刷材料，无毒、不燃、耐水和良好的粘结性，应用很广。采用15%～30%丙烯酸酯共聚乳液（把乳液本身看作100%）的水溶液和制亚黏土，其各项性能明显好于其他几种黏合材料。

试块4、亚黏土加糯米浆制试块做试验，发现其极不耐水，可以说是遇水即解体，在湿度较大时极易发霉。

三、裂缝灌浆材料

对于灌浆材料的选择，有两种不同的意见：一是不选用各种强度指标都大于砖的高强度材料，材料选择应是既能起到加固作用，又不影响后续的修缮。二是裂缝处是各种应力最集中的区域，修补裂缝要用强度较高的材料，能有效抵抗应力。鉴于云南大理三塔采用聚合水泥灌浆的成功经验，拟采用相似的材料。嵩岳寺塔砖标号较高，一般在200号左右，个别达400号以上，因此采用丙烯酸共聚乳液水泥（砂）浆作为灌缝材料。

配制：裂缝小于0.05厘米，用500号普通水泥，加入10%～20%丙烯酸乳液，调合至宜灌浆。裂缝大于0.05厘米，用500号普通水泥：干粉砂＝1∶1，加入10%～20%丙烯酸乳液，调合至宜灌浆。

调制方法：将丙烯酸乳液按比例加清水搅匀，如调制水泥浆，根据水泥浆用量，加入丙烯酸乳液的水溶液，调合至适宜灌浆的稠度。如调制水泥砂浆，先将粉砂及水泥拌匀，再加入丙烯酸乳液水溶液调和。

四、灌浆工艺

灌浆采用压力灌浆法。设备选用空气压缩机 1 台，浆液罐一个，溶量 50 升左右，耐压 7 公斤的，灌注枪 1 个，供浆管和耐压管上装制阀门等。灌浆压力为 2～3 千克/厘米。因无法对塔体裂隙做详细预测，在加固灌浆过程中可能遇到各种难题，施工中将根据具体情况采取临时灌注与加固措施。

灌浆工艺：

1）清理裂缝用高压空气把裂缝中的杂物、灰尘等吹净，再用水冲洗；

2）封缝用丙烯酸乳液调制黏土封缝，保持与原黏合材料近似；

3）埋植直接 0.1～1.5 厘米的铁进浆管，与封缝同时进行，管间距一般为 40.0～50.0 厘米，裂缝细处，可适当剔凿能插入铁管为宜；

4）灌浆先沿灌浆管压入适量清水，以利于浆液保护；

5）自最下部进浆管开始灌浆，至不再进浆或邻近管子出浆为止。为防止浆液水分被砖吸收后出现空洞，第二天再重复灌浆，以保证浆材充满缝隙。

第六节 嵩岳寺塔变形测量报告

本节内容根据为 1987 年 6 月嵩岳寺塔变形测量成果整理而成。

通过视觉观察和简易方法测量，塔向东南方向倾斜，为得到倾斜的精准数据，于 1987 年对该塔体进行倾斜变形测量。

一、控制网的布设及作业方法

1. 平面控制测量

塔院内空地狭窄，仅 2100 余平方米，并有高大的银杏树、柏树，树冠面积占空地面积的三分之一。塔修缮搭设的双层脚手架密如蛛网，给测量工作带来极大困难。因此在塔院内、外布设了边长 2000.0～19000.0 厘米，由四个结点组成的一级导线网。为便于今后重复施测，N7、N9 外，其余 7 个导线点埋设了固定测量标石（图 5.6.1）。

导线网的边长采用瑞典 AGAl4A 红外测距仪施测。施测前该仪器进行了全面鉴定各项限差符合要求，为提高测距精度，减少仪器对中误差，采用三联脚架法，测回数由 4 测回增加到 5 测回，并在测回之间重新电照准。

两导线点间的倾斜距离，经过倾斜改正，气象改正，此次作业由于边长较短，只在测站读取了温度、气压，用值入法由仪器自动改正。经纬仪的横轴俯仰偏差的水平投影改正（ex），加常数 K 改正（－5 毫米），乘常数 C 改正（0 毫米），周期 V 改正（0 毫米），化为两导线点之间的水平距离。此次属变形观测，不进行化归至参考椭圆体面上的高程改正和投影到高斯平面上的长度改正。

水平角观测采用经过鉴定的瑞士威尔特厂产 T2 经纬仪，水平角采用三联脚架法观测三测回，并在测回间重新整平对中，以减少整平对中误差的影响。

对塔体第一、二层塔身转角用红外测距仪测距和用钢尺量距配合测角，测得塔身十二个角的平面坐标，取其重心作为塔层中心坐标，第二层以上，由于院内树木高大和脚手架，踏板等条件的限制，

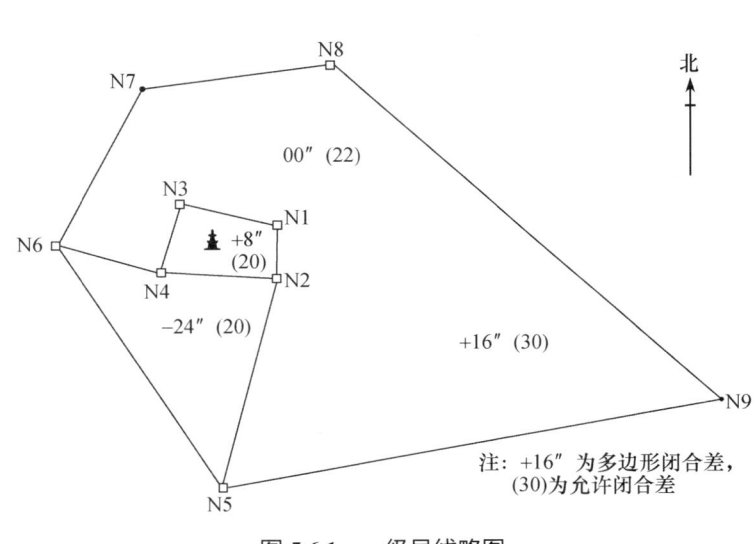

图 5.6.1 一级导线略图

采取周围多点前方交合法测定其位置。测定第一、二、六、七、八、九、十、十一、十二、十四共10层，第三、四、五、十三、十五层共5层，因树冠、脚手架踏板、安全网等阻挡，无法对其进行完整的观测。

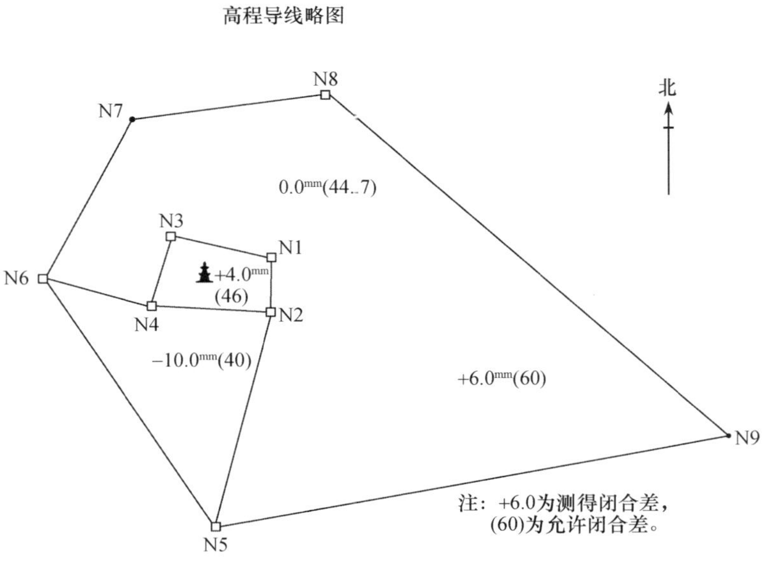

高程导线略图

注：+6.0为测得闭合差，(60)为允许闭合差。

图5.6.2 高程导线略图

2. 高程控制测量

按导线网组成4个结点的高程网。院内N1~N4和塔基12个角用四等水准测量方法测定，院内和院外联测和院外各导线点用红外测距仪光电测高法代替四等水准测量，使院内、外连成一个整体四等水准网。天顶距用中丝法观测4测回。对塔身各层次的高度用钢尺直接量取，塔顶高度在四个方向观测天顶距计算而得（图5.6.2）。

3. 平差计算及其精度

平面坐标假定院内埋石点N1，即测绘局测制的1:1000图上N5，X=100000厘米，Y=100000厘米，H=64075.0厘米，N1~N2的磁方位角172°33′为起标数据，采用武汉测绘科技大学编制的PC1500微机导线网，高程网相关平差程序计算。

从导线网的平差结果显示，导线点平面点位最大中误差为±1.86厘米，平均中误差为±0.94厘米；高程点位最大中误差为±0.58厘米，平均误差为±0.3厘米；院内N1~N4导线点平均高程中误差为±0.15厘米。

从导线网的外业观测及内业计算精度来看，导线网的结构严密，平面及高程多边形观测闭合差等各项限差，均能达到一级导线和精密四等水准的要求。

二、变形观测结果及分析

根据计算结果，各层中心坐标平均点位中误差为±2.0770厘米，最大为±3.6404厘米，达到了原规划点位中误差不得超过5.0厘米的要求。上述点位中误差包括塔形不规则误差和观测误差等各项误差，为证明塔形不规则，计算了第一层、第二层12个边长和6条对角线长度：

第一层棱角平均边长为283.9厘米，最大差数20.6厘米，平均对角线长度为1079.8厘米，最大差数31.3厘米；

第二层棱角平均边长为268.7厘米，最大差数20.8厘米，平均对角线长度为1037.8厘米，最大差数12.4厘米。

以上数据说明该塔由于古代建筑技术条件的限制，它不是一个正十二边形，而是一个不规则的十二边形，其他各层定有类似状况。这是这次观测误差增大的主要因素。各塔层中心对第一层中心的倾斜方向、水平移位、倾斜角，详见表5.6.1~表5.6.5，图5.6.3、图5.6.4。

1）测得塔刹中心对第一层中心的倾斜方向的方位角为173°16′20″，即南偏东6°43′40″，水平移位距离为75.1厘米，倾斜角为1°11′40″，以各层下沿高度为准计算，塔刹高度为3601.8厘米，以南门口即图示7、8号角平均高程推算。

2）第一层至第十四层，即塔身不包括塔顶部分，基本上在同一倾斜方向上，平均倾斜方位角为156°34′41″，即南东23°25′19″。塔刹部份不在塔身倾斜方向上，而偏离于塔身南西方向。

3）水平移位距离与塔层高度基本成正比例增大，系塔身整体倾斜。

4）倾斜角，第二、十四层的倾斜角在1°20′以上，其余基本上在1°15′左右，平均为1°16′56″。

表5.6.1 一级导线成果表

测站	方向号	观察方向值	边长（平距）	坐标值	平差边长	方位角	点位中误差（毫米）
N1	N2	00°00′00″	20.117	1000.000	20.102	172°33′00″	
	N3	111°39′57″	33.457	1000.000	33.452	284°12′57″	

续表

测站	方向号	观察方向值	边长（平距）	坐标值	平差边长	方位角	点位中误差（毫米）
N2	N5	00°00′00″	80.266	980.067 1002.606	80.262	194°11′27″	±08.3
	N4	79°59′28″	43.067		43.075	274°11′02″	
	N1	158°21′31″					
N3	N1	00°00′00″		1008.215 967.572			±07.6
	N4	93°22′18″	26.210		26.231	197°35′15″	
N4	N6	00°00′00″	40.468	983.210 959.646	40.474	283°51′59″	±10.9
	N3	93°43′19″					
	N2	170°19′09″					
N5	N6	00°00′00″	110.169	902.255 982.930	110.156	325°23′00″	±11.3
	N2	48°48′22″					
	N9	113°49′17″	184.041		184.046	79°12′18″	
N6	N7	00°00′00″		992.910 920.352			±11.1
	N4	75°20′17″					
	N5	116°51′12″					
N7	N8	00°00′00″	69.459	1050.941 951.900	69.456	81°57′50″	±15.0
	N6	126°34′01″	66.063		66.052	208°31′48″	
N8	N9	00°00′00″	189.252	1060.651 1020.674	189.260	130°54′13″	±16.8
	N7	0131°03′38″					
N9	N5	00°00′00″		936.726 1163.719			±18.6
	N6	51°41′52″					
							平均 ±12.5

表 5.6.2 高程导线平差计算

点号	观测高程（m）	高差改正数（mm）	平差后高程（mm）	高程误差（mm）	备注
N1	−2.083	−1.6	640.750	0.0	
N2	+0.107	−0.7	638.665	1.7	
N4	+2.167	−1.1	638.772	2.0	
N3	−0.187	−0.7	640.938	2.1	
N1			640.750		
N4	+14.510	+1.6	638.772		N1 为起算点，每公里高程中误差为 ±15.6 毫米
N6	+2.958	+0.4	653.283	2.6	
N7	−4.508	+0.6	656.242	4.2	
N8	−1.802	+1.7	651.734	5.2	
N9	−18.235	+1.7	649.934	5.8	
N5			631.701	3.3	
N2	+6.960	+4.5	638.665		
				平均 3.4	

表 5.6.3 塔每层测量结果数据表

层数	坐标值		点位中误差（毫米）	各层中心对地层中心		各层中心对地层中心倾斜角
	X（m）	Y（m）		位移长度（m）	位移方向	
塔顶	990985	977.951	3.424	0.751	173°16′20″	1°11′40″
15	991.010	978.021	11.657	0.738	167°38′22″	1°21′27″

续表

层数	坐标值		点位中误差（毫米）	各层中心对地层中心		各层中心对地层中心倾斜角
	X（m）	Y（m）		位移长度（m）	位移方向	
14	991.062	978.142	36.404	0.725	157°21′43″	1°27′08″
12	991.228	978.043	28.477	0.534	160°18′36″	1°11′05″
11	991.235	978.062	20.051	0.535	158°02′22″	1°15′13″
10	991.268	978.057	20.943	0.502	157°15′58″	1°15′08″
9	991.296	978.070	16.542	0.482	154°33′07″	1°17′23″
8	991.337	978.047	23.234	0.435	154°58′02″	1°15′26″
7	991.369	978.025	18.965	0.397	155°53′27″	1°15′00″
6	991.407	978.006	27.079	0.354	156°11′07″	1°13′31″
2	991.518	977.964	18.316	0.236	154°37′51″	1°23′12″
1	991.731	977.863	24.151			
			平均20.77			平均1°16′56″

表 5.6.4　塔顶高度计算

起算点		边长（m）	垂直角	高差	仪器高	塔顶高程	塔顶高程中数（m）	塔底高程（7、8角）	塔顶高度
点号	高程								
N6	653.283	57.631	+20°00′56″	+20.994	1.570	675.847	675.839	639.821	36.018
N7	656.242	65.371	+15°33′17″	+18.196	1.400	675.838			
N8	651.734	81.723	+15°23′05″	+22.487	1.615	675.836			
N9	649.934	193.530	+7°12′16″	+24.464	1.438	675.836			

表 5.6.5　塔基高程计算

所求点号	起算点		高差	高程	说明
	点号	高程			
1	N1	640.750	−0.126	640.624	
2			−0.122	640.628	
3			−0.826	639.924	
12			−0.943	639.807	
11			−0.918	639.832	
10	N4	638.772	+1.054	639.826	以N7、N8两点高程中数639.821米，为塔基高程，由此推测塔的高度
9			+1.061	639.833	
8			+1.072	639.844	
7			+1.026	639.798	
6			+0.928	639.700	
5			+1.054	639.826	
4			+1.140	639.211	
地面			+0.439		

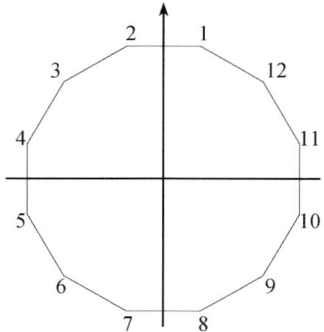

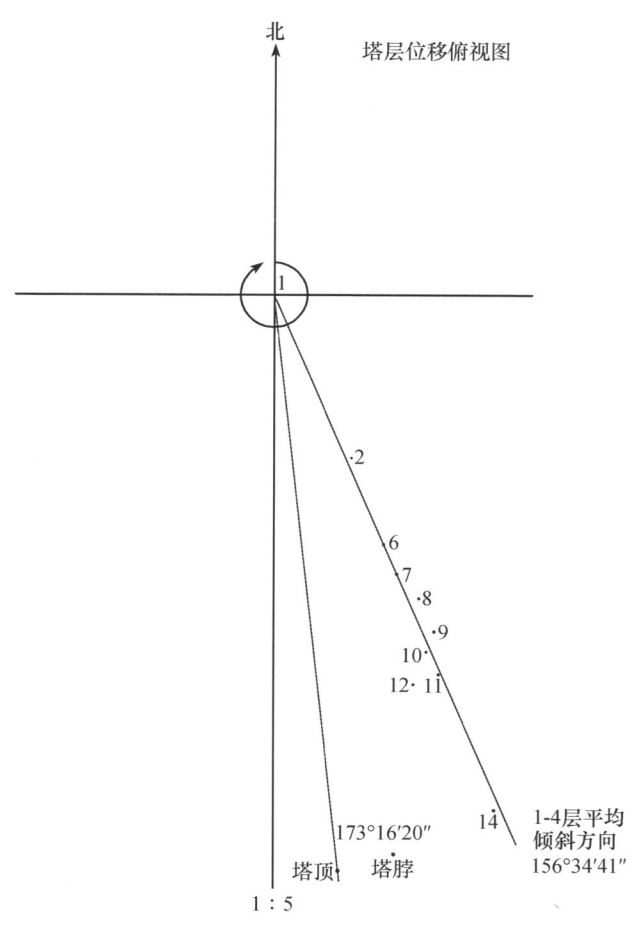

图 5.6.3　塔层位移俯视图

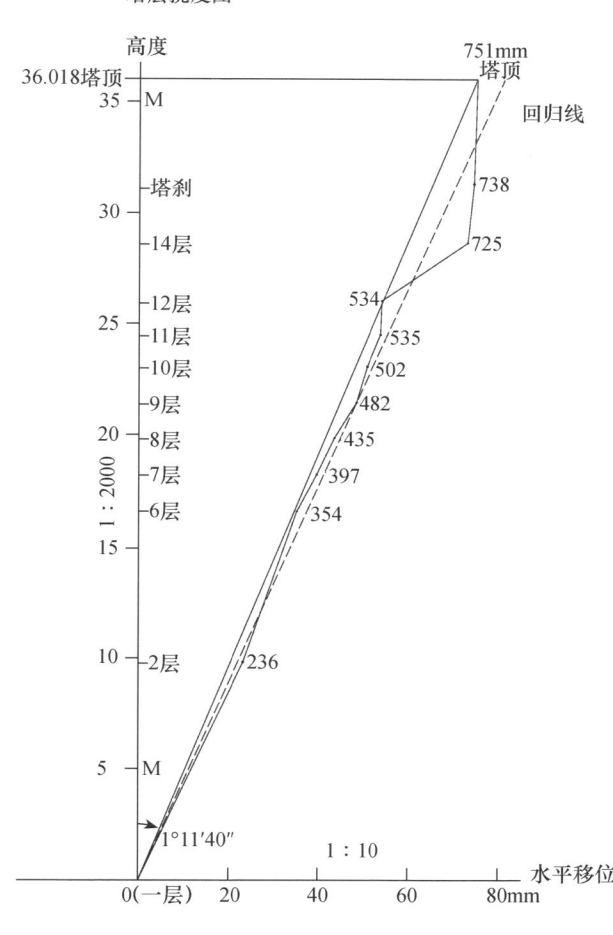

图 5.6.4　塔层挠度图

为使计算数据直观，展绘了塔层移位俯观图，以各层中心移位距离和倾斜方向为元素，表示各层水平相互关系，塔层挠度图，以塔层中心移位距离和各层高度为元素，表示各层立面相互关系。

5）综上所述，塔身向南东 23°25′ 方向倾斜，基本上与地形坡度，北高南低相一致，这可能因塔基倾斜沉降变化所致，也有长期日照、风化和风力的影响。

三、存在问题和建议

1）由于该测量任务时间紧迫，选用的标石规格偏小，埋设深度较浅，不便于长期保存和今后利用，建议各导线埋石点用混凝土加固。

2）这次观测，塔身无明显观测目标，塔形不规则，以及现场困难条件的限制，观测结果不可能很精密，为便于今后复测，应考虑在各层适当部位建立标志，以提高观测精度，求得精密数据。

3）这次高程网的建立，主要用于计算塔的高度，对观测地基沉降，其精度是不够的，应采取更高精度的水准测量，同时应在基岩上建立固定水准点，在塔基周围建立永久性标志，定期进行观测才能取得地基沉降的精密数据。

第七节　嵩岳寺塔塔体自重计算分析

本节内容根据 1990 年塔体自重计算的成果整理而成。

根据嵩岳寺塔勘测资料，利用微机对两万多个数据进行了整理、归纳、分析。通过计算机编程处理，计算出该塔重 3114.781 吨。

一、计算原理

嵩岳寺塔年代久远，塔体残毁严重，塔体各部均呈不规则状，给计算工作带来一定的困难。根据勘测资料，我们采取化整为零的方法，把全塔分成五大部分、500多个小单元进行计算处理。

1. 塔体

该塔主体外部为十二边形，共十五层，内部由十二边形过渡到八边形，共九层（实际十层，第一、二层合为一层）的复杂几何结构组成，根据内、外对应关系，可划分为十七部分。塔基为十二边形的柱体。一层下部为十二边形的空心柱体。一层至十五层外为十二边形，内为八边形的空柱体。

2. 内外叠涩檐

内叠涩檐呈八边形，九层密檐共叠出102层叠涩砖。外叠涩檐呈十二边形，十五层密檐共叠出326层叠涩砖，其中内第一、六、八层，外第十二至十五层，由于残毁严重或塔身不规整，缺乏完整的原始数据。对此，我们采用三种方法加以数据复原：

其一，缺少某一边或几边时，根据整个塔体在砌造上的规律性，用同层塔体相应边平均边长与实际平均边长之比来修正叠涩檐现有平均边长。

即：$\dfrac{\text{现有檐的平均边长}}{\text{实际檐的平均边长}} = \dfrac{\text{相应塔体的平均边长}}{\text{实际塔体的平均边长}}$

其二，各边均残，仅有各层叠涩檐的叠出尺寸。对此，则根据相应边的塔体边长算出该边到塔心的距离 r，根据边长公式：

$$a = \begin{cases} 2r \div \sin 15° & \text{（12边形）} \\ 2r \div \sin 22.5° & \text{（8边形）} \end{cases}$$

可算出相应各层叠涩砖的边长。

其三，则为前两种方法的综合。

3. 塔刹

塔刹自下到上由基座、覆莲、仰莲、相轮、宝珠等组成。可将其分为32个不同直径的圆柱体。

4. 塔体艺术装饰

塔体艺术装饰主要包括外部的小塔龛、倚柱、内部的小台座等。

小塔龛：小塔龛计八座，分别位于外第一层除四门之外的八个面，凸出于塔身。每座塔龛均由须弥座、塔身、绶花、正反叠涩檐及塔刹组成，并辟有门洞，镶嵌有青石。将每座小塔龛分为24个部分（包括方形、梯形、圆形、弓形等不同的形体）进行计算。

倚柱：计12根，分别位于外一层上部12面的交汇处。柱均呈八边形，根据凸出于塔体部分形状之不同，分为两种类型进行计算。

小台座：计四座，位于内一层上部塔壁表面，呈凸字形凸于塔壁之外。按两个立方进行计算。

5. 门洞、假窗、卵口

塔体上共辟大小13个真门，316个假窗，大小卵口138个，可分别划分为长方形、梯形、半圆形、扇形、三角形等不同的几何体进行计算。

二、主要计算公式

正12棱柱体积公式：$V = 11.196 a^2 h$

正8棱柱体积公式：$V = 4.828 a^2 h$

圆柱体积公式：$V = \pi R^2 h$

弓形面积公式：$S = \dfrac{2}{3} bh$

三角形面积公式：$S=\frac{1}{2}bh$

梯形面积公式：$S=\frac{1}{2}(b_1+b_2)h$

上述公式中，V 代表体积，a 代表平均边长，h 代表高度。R 代表半径，S 代表面积，b 代表底边长。

三、计算结果

塔体（tower tody）：1.532052E+09 立方厘米；

塔刹（Tower top）：1.170658E+07 立方厘米；

外叠涩檐（outer eaves）：2.488468E+08 立方厘米；

小塔龛（small tower）：1.804461E+07 立方厘米；

内叠涩檐（internal eaves）：1.842318E+07 立方厘米；

倚柱（columns）：5625006 立方厘米；

小台座（small base）：1035000 立方厘米；

小塔龛内空间（tower niche）：7696032 立方厘米；

门洞（doors）：5.985963E+07 立方厘米；

假窗（windows）：1928390 立方厘米；

大塔青石（stones）：467200 立方厘米；

塔的实际砖体（tower's real volume）：1.763906E+09 立方厘米；

青石（stones）：512875 立方厘米；

砖体的比重实测为 1.765。青石比重为 2.9。

故塔的自重（weight）为：3114.781 吨。

对于嵩岳寺塔这种庞大的建筑物体，这种分块分层取平均值累计计算方法是完全可行的。但若能先建立塔体旳曲线方程，用积分法计算其体积，结果可能会更准确些。

第八节　嵩岳寺塔倾斜分析

宏观上观察嵩岳寺塔，可以看出塔体自西北向东南方向有明显倾斜，即塔体从第六角向第十二角处倾斜。为能更好地了解塔体的倾斜原因和下沉情况，本次用三维激光扫描仪和空三倾斜摄影测量的方法，对塔进行了扫描测量，得到了比较精准的尺寸数据。根据塔倾斜方向和各面的下沉量，我们发现塔体第六面和第七面处砌体下沉最少，基本可视为无下沉，第一面和第十二面下沉量最大。本次选择第六面至第十二面作为塔体倾斜、下沉分析的主剖面，因第一面和第七面塔体下部开有塔门，所以作为数据校正剖面。

以下均以塔各特征部分的第六面减第十二面高度标高，作为各特征部分第十二面的相对下沉量。塔基座平坐处第十二面下沉量为29.0厘米，塔龛门洞顶处第十二面下沉量为29.0厘米，塔龛塔檐处第十二面下沉量为28.5厘米，第一层塔檐处第十二面下沉量为25.5厘米，第二层塔檐处第十二面下沉量为26.0厘米，第三层塔檐处第十二面下沉量为28.0厘米，第四层塔檐处第十二面下沉量为26.0厘米，第五层塔檐处第十二面下沉量为23.5厘米，第六层塔檐处第十二面下沉量为19.5厘米，第七层塔檐处第十二面下沉量为20.0厘米，第八层塔檐处第十二面下沉量为19.5厘米，第九层塔檐处第十二面下沉量为14.0厘米，第十层塔檐处第十二面下沉量为14.0厘米，第十一层塔檐处第十二面下沉量为15.5厘米，第十二层塔檐处第十二面下沉量为11.5厘米，第十三层塔檐处第十二面下沉量为7.0厘米，第十四层塔檐处第十二面下沉量为7.5厘米，第十五层塔檐处第十二面下沉量为7.5厘米。从塔基座、塔龛、每层塔檐等特征部分第十二面下沉量相比看，各层的下沉量各有不同，并且部分相邻层的下沉量多少也不同，相邻层下沉量相差较小的可能是施工误差产生，可视为下沉量相等。依上述相邻层下沉量相差较小视为下沉量相等的原则，可粗略将塔体各层下沉量分段为七个等级。第一段砌体为塔基座、塔龛门券顶下沉量为29.0厘米，塔龛塔檐下沉量28.5厘米。第二段砌体为第一至四层塔檐，下沉量分别为25.5厘米、26.0厘米、28.0厘米、26.0厘米。第三段砌体为第五层塔檐，下沉量为23.5厘米。第四段砌体为第六至八层塔檐，下沉量分别为19.5厘米、20.0厘米、19.5厘米。第五段砌体为第九至十一层塔檐，下沉量分别为14.0厘米、14.0厘米、15.5厘米。第六段砌体为第十二层塔檐，下沉量为11.5厘米。第七段砌体为第十三至十五层塔檐，下沉量分别为7.0厘米、7.5厘米、7.5厘米（图5.8.1）。上述塔体各段下沉量尺寸特征是越向上下沉量越少，说明塔体第十二面不是一次性整体下沉，而是塔体在不同的时间段有多次下沉，也证明塔体不是一

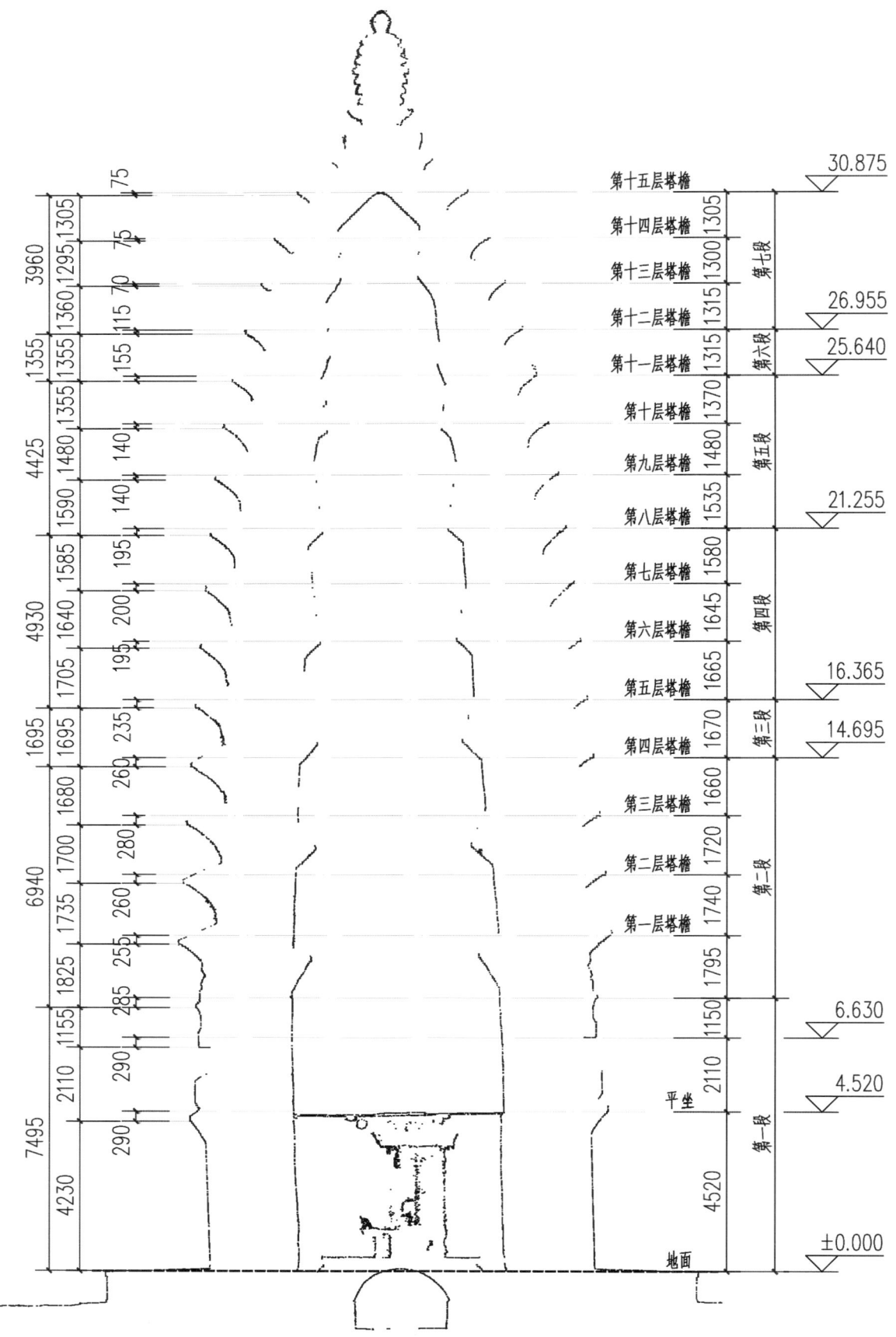

图 5.8.1　嵩岳寺塔第六至十二面剖面

次性砌筑完成，而是分期砌筑完成。根据以上各段下沉量的多少，也可将塔体砌筑时间分为七个时期，第一期砌筑高度为第一层底至第一层塔檐，第二期砌筑高度为第一层至第四层塔檐，第三期砌筑高度为第四层塔檐至第五层塔檐，第四期砌筑高度为第五层塔檐至第八层塔檐，第五期砌筑高度为第八层塔檐至第十一层塔檐，第六期砌筑高度为第十一层至第十二层塔檐，第七期砌筑高度为第十二层至第十五层塔檐。

第一段砌体，塔心室第一层地面至平坐间的距离，第六面为452.0厘米，第十二面为423.0厘米，第六面比第十二面高29.0厘米，即第十二面相对下沉量为29.0厘米。平坐至塔龛门洞顶间的距离第六面和第十二面均为211.0厘米，其第十二面的相对下沉量也为29.0厘米。塔龛门洞顶至塔檐间距离第六面为115.0厘米，第十二面为115.5厘米，两者高度基本相等，第十二面下沉量为28.5厘米。塔基座为塔体的最下一层，第十二面下沉量即是塔建造完成至今总的下沉量，其与塔砖基础考古发掘显示的下沉量相差无几，说明塔龛及以下砌体下沉量相等，这段塔体应是同时期砌筑。

第二段砌体，塔龛叠涩檐至第一层塔檐间的距离，第六面和十二面分别为179.5厘米、182.5厘米，第十二面的尺寸比第六面高3.0厘米，第一层塔檐第十二面比第六面下沉量多25.5厘米。第一层至第二层塔檐间的距离，第六面为174.0厘米，第十二面为173.5厘米，两者尺寸基本相等，第二层塔檐第十二面比第六面下沉26.0厘米。第二层至第三层塔檐间的距离，第六面为172.0厘米，第十二面为170.0厘米，第十二面的尺寸比第六面少2.0厘米，第三层塔檐第十二面比第六面多下沉28.0厘米。第三层至第四层塔檐间的距离，第六面为166.0厘米，第十二面为168.0厘米，第十二面的尺寸比第六面塔体尺寸多2.0厘米，第四层塔檐第十二面比第六面多下沉26.0厘米。第一层塔檐为第二段砌体的最下一层，它的第十二面下沉量为25.5厘米，即为第二段砌体砌筑完成至今总的下沉量，第一段比第二段的总下沉量多约为3.0厘米，即说明这是第一段砌体砌筑完成至第二段砌体砌筑时停工期间的下沉量，也说明在砌筑第二段时已经发现第一段砌体第十二面有沉降，更证明这两段非同时间砌筑。按照塔檐砌筑时每层都应水平的基本原则，第一层至第二层塔檐间距离第六面、第十二面尺寸相差3.0厘米，说明第二层砌筑时对第一段至第二段砌体砌筑停工期间产生的沉降进行了调整，第二层至第三层塔檐间距离第六面比第十二面多2.0厘米，第三层至第四层塔檐间距离第六面比第十二面少2.0厘米，说明砌筑第三层时发现了第六面和第十二面有施工误差，在第四层砌筑时进行了调整，是边施工边调整。

第三段砌体，第四层至第五层塔檐间距离第六面为167.0厘米，第十二面为169.5厘米，第十二面比第六面尺寸多2.5厘米，第五层塔檐第十二面比第六面多下沉24.0厘米。本段砌体仅有第五层1层，其下沉量即为第三段砌体完成至今总的下沉量，也是第二段砌体砌筑完成至第三段砌体砌筑停工期间的下沉量，第十二面的高度尺寸比第六面多2.5厘米，说明第四层砌筑时对第二段至第三段砌体停工期间产生的下沉进行了调整。

第四段砌体，第五层至第六层塔檐间的距离，第六面为166.5厘米，第十二面为170.5厘米，第十二面比第六面尺寸多1.0厘米，第六层塔檐第十二面比第六面多下沉19.5厘米。第六层至第七层塔檐间的距离第六面、第十二面分别为164.5厘米、164.0厘米，两者尺寸基本相等，第七层塔檐第十二面比第六面多下沉20.0厘米。第七层至第八层塔檐间的距离第六面、第十二面分别为158.0厘米、158.5厘米，两者尺寸基本相等，第八层塔檐第十二面比第六面多下沉19.5厘米。第四段砌体的最下一层为第六层，其下沉量即为第四段砌体砌筑完成至今的下沉量。第五层高度第十二面比第六面多1.0厘米，其余两层第十二面和第六面尺寸基本相等，说明第五层砌筑时对第三段至第四段砌体停工期间产生的误差进行了调整。

第五段砌体，第八层至第九层塔檐间的距离第六面为153.5厘米，第十二面为159.0厘米，第十二面比第六面尺寸多5.5厘米，塔檐第十二面比第六面多下沉14.0厘米。第九层至第十层塔檐间的距离第六、十二面均为148.0厘米，塔檐第十二面比第六面多下沉14.0厘米。第十层至第十一层塔檐间的距离第六面、第十二面分别为137.0厘米、135.5厘米，塔檐第十二面比第六面多下沉15.5厘米。第五段砌体的最下一层为第九层，其下沉量即为第五阶段砌筑塔体完成至今的下沉量。第八层至第九层塔檐间距离第十二面比第六面多5.5厘米，说明第八层砌筑时对第四段至第五段砌体停工期间产生的沉降进行了调整。

第六段砌体，第十一层至第十二层塔檐间距离第六面、第十二面分别为131.5厘米、135.5厘米，第十二面比第六面尺寸多4.0厘米，塔檐第十二面比第六面多下沉11.5厘米。第六段砌体仅第十二层1层，其下沉量即为第五阶段砌筑塔体完成至今总的下沉量。第十一至十二层塔檐间的距离第十二面比第六面多4.0厘米，说明第十二层砌筑时对第五段至第六段砌体停工期间产生的误差进行了调整。

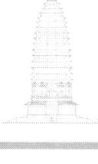

第七段砌体，第十二层至十三层塔檐间的距离第六面、第十二面分别为131.5厘米、136.0厘米，第十二面比第六面尺寸多4.5厘米，塔檐第十二面比第六面多下沉7.0厘米。第十三层至第十四层塔檐间的距离第六面、第十二面分别为130.0厘米、129.5厘米，两者基本相等，塔檐第十二面比第六面多下沉7.5厘米。第十四层至第十五层塔檐间距离第六面、第十二面均为130.5厘米，塔檐第十二面比第六面多下沉7.5厘米。第七段砌体最下一层为第十三层，其下沉量即为第六阶段砌筑塔体完成至今的下沉量。第十二层至第十三层塔檐间距离第十二面比第六面多4.5厘米，说明第十三层砌筑时对第六段至第七段砌体停工期间产生的误差进行了调整。

综上所述，嵩岳寺塔塔体向东南部倾斜，可说明是因塔体东南下部夯土基础压缩变形造成，总压缩量第一段砌体东南部的下沉量为29.0厘米，这与塔基发掘显示的塔东南部夯土基础较厚，压缩率比西北部夯土基础较高的情况相一致。塔体是分段砌筑而成，其第十二面总的沉降量随塔体砌筑的高度增加而增大。第一段砌体第十二面下沉量约为29.0厘米，第二段砌体第十二面的下沉量约为26.0厘米，第三段砌体第十二面下沉量为23.5厘米，第四段砌体第十二面下沉量约为19.5厘米，第五段砌体第十二面下沉量为14.0厘米，第六段砌体第十二面下沉量为11.5厘米，第七段砌体第十二面下沉量约为7.5厘米。第一段与第七段下沉量相差21.5厘米，第一段与第二段下沉量相差3.0厘米，第二段与第三段下沉量相差2.5厘米，第三段与第四段下沉量相差4.0厘米，第四段与第五段下沉量相差5.5厘米，第五段与第六段下沉量相差3.5厘米，第六段与第七段下沉量相差4.0厘米，说明嵩岳寺塔砌筑之始至今第十二面总下沉了29.0厘米，塔体砌筑期间最下部第十二面下沉了21.9厘米，塔体砌筑完成至今又下沉了7.5厘米，并且说明每两段间停工的时间长短也不尽相同。在每一段砌筑时先调整上段停工期间产生的误差，且施工期间也在不停地调整施工误差。嵩岳寺塔砌筑完成至今1500年，塔体东南部仅下沉了7.5厘米，说明嵩岳寺塔夯土基础已基本稳定。另一方面，这些塔砖"应是多批不同时期不同地点生产的，烧制水平也不是全都很高。这表明，至北魏正光年间，条砖的产量还不大，成本较高，生产率低下，技术也远不普及"[1]，也是嵩岳寺塔经历相当长时间、分阶段营造的原因。

关于我国高层或多层砖石塔分层、分段、分期建造的情况，有明确记载的如晋江六胜塔，又名万寿塔，建于元顺帝至元二年（1336），塔的每一层上，都刻有建造的时间，第一层为"至元丙子腊月立"（1336），第二层为"岁次丁丑十一月"（1337），第三层为"岁次戊寅十月"（1338），第四层是"岁次己卯三月"（1339），由此可知此塔建造共用5年时间完成，每层建造的时间4~11个月不等；塔平面八边形，高五层，共3100.0厘米，底层周长4700.0厘米，仿木构楼阁式建筑[2]。泾县崇文宝塔，据清顺治十八年（1661）所立碑文记载，此塔经营于万历十九年（1591），每年修一层，到万历三十年（1605）完工，历时14年，塔为楼阁式砖塔，平面八边形，共十三层高7919.0厘米[3]。

参 考 文 献

[1] 李中翔. 嵩岳寺塔砖的初步研究[C]. 古建筑石刻文集[M]. 北京：中国大百科全书出版社. 1999：428.
[2] 罗哲文著. 中国古塔[M]. 北京：中国青年出版社. 1985：214-215.
[3] 罗哲文著. 中国古塔[M]. 北京：中国青年出版社. 1985：298.

第六章 嵩岳寺塔附属建筑及附属文物

第一节 嵩岳寺塔附属建筑

一、大雄宝殿

大雄宝殿在清·雍正二年（1725）重修。位于嵩岳寺塔院中轴线的嵩岳寺塔北，建筑坐北朝南，为前、后带内廊的单檐硬山造建筑。砖砌台明前明间设有五步青石台阶，前檐明间开门，两次间设窗，清水砖墙，两山墙前、后出简单的墀头，砖搏风板上做排山沟滴，屋顶施灰色筒板瓦，正、垂脊为带花纹的筒子脊，正脊两端安龙吻、垂脊上安垂兽、龙、马、鱼等脊饰，内部主构架为木构梁架。平面呈东西长方形，开间三间，明间面阔为360.0厘米，两次间面阔均为320.0厘米；进深三间，明间面阔为416.0厘米，前廊间面阔为144.0厘米，后廊间面阔为112.0厘米；通高750.0厘米。前檐柱上置平板枋与额枋，断面呈"T"字形。平板枋上施单下昂三踩斗栱，明间平身科斗栱两攒，次间平身科斗栱各一攒。柱头科与平身科斗栱形制相同，皆自大斗斗口出下昂，昂上置十八斗，斗口前出翼形耍头，外廓颇似龙头状，左右出翼形栱；正心瓜拱与正心万拱用足材，昂后尾做翘，承托抱头梁。室内梁架为六步架抬梁式，金柱间四步架，前后廊单步架；金柱下用柱顶石与地面平，脊瓜柱两侧叉手，檩下用随檩枋。明间前檐柱间开4扇隔扇门，次间砖墙上开直棂窗；20世纪60年代门为双圆心券门，门上开六角形小窗，窗之东西有四个大字，自东至西为"慈育万彙"，次间为方形版棂窗。20世纪80年代整修时，券门改作六抹隔扇门。梁架上的彩画非常简单，用墨、白、二色绘以旋子彩画。

现殿内已无塑像。20世纪60年代调查时，此殿内尚保存有塑像多尊。当时明间后金柱间为砖墙，其前有佛台，上塑毗卢佛像一尊，坐在由四层莲瓣组成的莲座上。莲座下又砌束腰须弥座，像座通高300.0厘米许。在毗卢佛像两侧，塑有190.0厘米高的二菩萨像。东次间靠后墙砌100.0厘米高的长方形神台，台上另筑一须弥座，座上塑二菩萨像，东为观音菩萨，骑朝天吼背上；西为普贤菩萨，骑青狮背上。西次间相应部位，亦塑二菩萨像，东为文殊菩萨，骑白象；西为地藏王菩萨，骑地听。殿中一佛四菩萨，均经金装彩绘。据《郑州市文物志》记载，本尊佛像背后原有巨型背光顶部为云游的双龙盘架，下为漂浮的空中楼阁，色彩鲜艳的大朵花卉，姿态各异的舞兽翔凤和人物等。20世纪60年代调查时仅存背光之骨架而已。

二、伽蓝殿

伽蓝殿在清·乾隆七年（1742）重修。位于大雄宝殿东侧，建筑坐北朝南，为带前外廊的单檐硬山造建筑。砖砌台明前明间设五步青石台阶，前檐明间开门，两次间设窗，清水砖墙，两山墙前、后出简单的墀头，砖搏风板上做排山沟滴，屋顶施灰色筒板瓦，正、垂脊为带花纹的筒子脊，正脊两端安龙吻、垂脊上安垂兽、龙、马、鱼等脊饰，内部主构架为木构梁架。平面东西长方形，开间三间，明间面阔为320.0厘米，次间面阔均为240.0厘米；进深两间，通进深为496.0厘米，其中廊步面阔128.0厘米。梁架为五步抬梁式，主梁架四步，前廊为单步，脊瓜柱两侧施叉手，檩下用随檩枋。前墙明间安两扇板门，门上开斜格方窗，次间安方形版棂窗。

室内现无塑像，20世纪60年代调查时，明间尚有100.0厘米高的神台，台上又砌28.0厘米高的须弥座，本尊关羽武像高130.0厘米，姿态半坐欲立，气势逼人，通身塑盔甲战靴，金装彩绘。关羽像左为关平，作捧印之状，右为周仓，作持刀状，站像高110.0厘米。次间无塑像。

三、白衣殿

白衣殿为清代晚期。位于大雄宝殿西，其形制基本同伽蓝殿。

20世纪60年代调查时，殿内明间塑有坐姿白衣菩萨像，下施二重瓣莲花，端坐在须弥座之上，明、次三间神台相连。像前东塑善财童子（哪吒）、西塑龙女。东、西次间各塑罗汉像三尊。明间神台上偏西部，置有一个石质小佛龛，雕刻十分细腻，用功极精，高55.5厘米，宽42.0厘米；龛形制上为半圆形，其大边、子边上有细线花纹；下为方形龛身，大边刻有线刻花纹图案；龛中雕一佛二弟子像，释迦佛像偏袒右肩坐于束腰莲座上，二弟子皆立在莲花盆上；龛上未发现铭文题字，从形制和雕饰特点看应为唐代作品。前廊西山墙内壁嵌《施舍地於嵩岳寺序》石铭，高40.0厘米，宽50.0厘米。

第二节　嵩岳寺塔附属文物

一、石刻

1.《大唐嵩岳闲居寺故大德珪禅师塔记》

唐开元十一年（723）。塔铭石宽47.0厘米，高34.5厘米。隶书计15行，每行12字，计180字。唐·元珪禅师塔毁后，塔铭移存于嵩岳寺大雄宝殿前的通道西侧，现存于法王寺。

塔铭文：

大唐嵩岳闲居寺故大德珪禅师塔记。大师讳元珪李氏，河南伊阙人也。上元贰载，孝敬崩度入寺焉。宿殖德本，无师自悟，及少林尊者，开示大承，谘禀至道。晚年屈庞坞阿蘭若，远近缁素受道者，不复胜记。至开元四年岁次景辰秋八月甲辰朔十日癸丑，终于庞坞，春秋七十有三，十三日景辰，攢厝于寺北岗之东。至十一年岁次癸亥秋七月，乃营塔於浮图东岭之左，大师味净之所，而庭柏存焉。癸巳晦奉迁于塔，从僧仪也。弟子比丘僧仁素等刊此贞石，以誌不朽。

2.《唐故大德大证禅师碑》

唐大历四年（769）。龙首、龟跌，碑首与碑身为一体，两侧刻高浮雕二龙盘绕，碑首中间刻"唐故大德大证禅师碑"九个篆字。通高342.0厘米，碑身高196.0厘米，宽95.0厘米，厚25.0厘米，碑首高84.0厘米，座高62.0厘米。碑铭《大唐东京大敬爱寺故大德大证禅师碑铭并序》，"金紫光绿大夫门下侍郎平章事太清太宫使崇玄弦文馆大学士上柱国齐国公绪撰，银青光绿大夫行尚书吏部贤殿学士付知院士上柱国会稽县开国公徐浩书"。落款为"唐大历四年岁……月二十四日……"。碑文大部分字迹严重剥蚀，字为行书，共25行，每行52字。发现于嵩岳寺塔北2000.0厘米处的倒碑凹，现移至嵩岳寺塔院内。

碑文：

醴泉涌而蹶疾，宝炬然而破暗，莲花无染而独净，夜光不系而自得，其惟上智乎？夫上智之身，曲随世界；上智之心，密游圣境。或宿植德本，乘愿复来；或意生人间，用宏开示，非慧见孰，能知之？大德号昙真姓边，陈留开封人也。厥初为孩特异，亦既有识，用晦如愚。家有耕桑未尝问，乡有学校未尝顾，则曰："处丰屋何如方丈？驰良马何如振锡？组耀世，不如被褐；金玉满堂，不如虚白。食珍者岂睹饭来香积？听乐者岂闻梵唱云何？战既胜矣，出门绝迹，潜嵩少间，专於读诵。年至二十，遂适太原，受声闻戒，习根本律。性甚聪敏，博涉经论，时同学者，仰之为师"。久而叹曰："大圣要道，存乎解脱。不入其门，非佛之子。"乃损落枝叶，澄清泉源，诣长老大照，醒迷解缚。开心地如毛头，扫意尘於色界。后此日益，唯师能知於四威仪之中，无一刹那有息。不住以至於大寂，无作以至於恒用。我止无所，虚空未为广；我照能遍，日月未为明。震雷破山，闻不闻等；烈风拔树，见不见等。是身无主，与四大假合；方寸无生，於一切离相。犹以为未出心量，弥勤深入。大照既没，又寻广德大师，一见而拱手，再见而分座。问之於了，之以默，俱诣等妙，吻合自他。梵衲之行，楞伽之心，密契久矣。广德又谢，学徒嗷嗷，相顾靡依，来求於我，嗣续前教，皆以实归。出宅诸子，俾称所乘，渡河三兽，自止於分。天宝季年，禄山作逆，陷我洛阳，乱兵蜂螫。大德澹然，独在本处，天龙潜卫於左右，豺狼仰瞻而赞叹。施财献供，终朝盈门，於善恶等以慈，於苦厄人以忍。言说不寻，无畏故也；动静皆如，自在故也。度众无边，大愿力也；依报无量，迈种福也。夫修行之有宗旨，如水木之有本源。始自达摩，传付慧可，可传僧璨，璨传道信，信传宏忍，忍传大通，大通传大照，大照传广德，广德传大师。一一授香，一一摩顶，相承如嫡，密付法印，惟圣智所证，非思议能测也。大德既舍眷属，窃为沙弥，身不顾名，志在成道，声称浸远，归向如林。天宝八年，缁侣领袖举以上闻，乃蒙正度，初隶东都卫国寺，旋为敬爱寺请充大德。迁彼与住此，有缘非无因。地杂人天之会，法如雨之施，众有尘劳之悟，寺盈河润之福。今学与其进，当学起其信，善诱不倦，得师则喜，利往者导之以捷，睹奥者辨之以正；深在定者戒於贪，悟所觉者使之远。视彼来学，如摩勒果，冀其出世，如优昙钵花。齐我者稀，故我贵矣。宝应二年正月十四日，趺坐如生，薪尽火灭，年六十，夏四十。哀缠门人，悲及尘众，树为之变色，兽为之失声。栋折航沈，佛土萧索，其年九月，葬於嵩岳寺之北阜。大历二年，有司奏谥，上闻恻然，乃赐号曰大证禅师。缁尝官登封，因学於大照，又与广德素为知友。大德弟子正顺，即十哲之一也，视缁犹父，心用感焉。以诸因缘，为之强述。铭曰：上德不德，兴慈运悲。现於浊界，俯为人师。以我无思，契彼尽思。尔方厌俗，我则随时。由多分别，妄生垢净。根不缘废，象岂染镜？法不可著，空即是病。无得之得，绝圣而圣。文字非文字，言语非言语。云何以解脱？云何而语汝？随宜说方便，究竟非我与。舍利依嵩山，寂寥松柏所。

（校于清·王昶《金石萃编》卷九十五）

3.《萧和尚灵塔铭》

唐代建中元年（780）。唐故临坛大德乘如和尚灵塔铭。已残。圆额，现存高80.0厘米，宽63.0厘米。碑文为行书，碑阳14行，残满13字，列8行。碑阴20行，满行8字。嵌在新砌东墙。

（1）碑阳文：

大师号乘如，姓萧，梁武帝六代……。皇朝天子洗马。大师神龙年中，七……以律藏为生□□□□□子……学□大□长老人算得而知……故□□□馂实甚。□身有□，时服……门居临坛之□卅八年，……恩诏，追赴上都。□安□西明寺……。代宗多可其奏，行年八十一。大历……己□夏六十有一。门人哀……于嵩岳寺中□□□兄曰时和……矣。叹曰：大师舍我而……秉律大师。□达……法忍之资。大师……。

（校于《八琼室金石补正续编》卷三二《唐故临坛大德乘如和尚灵塔铭》）

（2）碑阴为唐建中元年（780），《皇唐两京故临坛大德乘如和尚碑阴记》。碑阴文：

和尚法讳乘如，俗姓……度于东都崇光寺，勤求佛事。……殊胜之域。世问心地扵寂公。虚……，玄宗以其行密道高，特诏为临坛大……归。会宽憎者，解以释憾。当以念佛功德。为……坐或行。耳无辄听。非夫浅深善诱。说可众……以弘教。虽委身俭难，竭已衣食，皆不□倦……。和尚振锡箕颍，南登江汉。因依而行，获全忠……。肃宗即位之明年也，闻而嘉之征还长安。亲……立与□，随趣定惠，而得将舍对。上益称叹……，代宗御极礼有加焉。扵对敫之时，纳付嘱之……赖。寻以羸老，恳请闲居。优诏许之。遂宴……弟子曰：法性无住，世相不留。缘报寄形，形尽……赴，哀震京师。佛日以之昏霾，禅林以之摧折。……约曰。我居士。和尚之仁兄也。东山未旋……和弱岁，与和尚常居中岳。虽生灭之理……护。起身塔于嵩丘，不忘本也。和尚昔与……之游。而数公蕴崇德馨。叠居台辅。莫不随其……堂□□□□上乘。如何一朝空慕遗□……。落款为建中元年龙集庚申仲秋。

（校于《八琼室金石补正续编》卷二〇《皇唐两京故临坛大德乘如和尚背阴记》）

（3）碑侧壁一侧刻文：

如和尚与贤兄□，尝下山僕窃慕为寄。无着天亲弟与兄，嵩丘兰若一峰晴。食随鸣磬巢乌下，行踏空林落叶声。逆水定侵香案湿，雨花应共石床平。深洞长松何所有，俨然天竺古先生。

（校于《全唐诗》第128卷第14首，王维《过乘如禅师萧居士嵩丘兰若》）

（4）碑侧壁另一侧刻文：

□同王右丞寄萧和……如公锡杖倚三车居……梦高居翠辟枕朝□……出家惠远惠□……。

4.《嵩岳寺感礼罗汉洞记》

宋崇宁元年（1102）。已残。圆首，现存高78.0厘米，宽70.0厘米。碑文为楷书32行，满行31字，落款为"宋崇宁元年壬午岁十月初十四立"。嵌在原寺院南墙内壁上。

《说嵩》卷十五载："山野前住法王，尝游嵩岳寺见此碑，经兵革火烧毁坏，弃于荆棘之中，游人见者呵嘘，难以辨认嗟乎，恐圣境以远，难得闻耳。遂诸处追寻得全本，谨舍衣盂命工刊石，使圣境重兴，以久留传不绝矣。当大金大定二十九年八月十五日，会善寺闲居嗣祖沙门净浩重上石，宁陵普照比邱广真书，嵩阳高澄刊。右圣竹林寺罗汉洞记，原宋崇宁年间释有挺撰、王道书，此其重刻于金大定二十九年者也，僧净浩跋，广真书，在会善寺，按崇宁原碑，今在嵩岳寺阶砌下，小正书，破坏强半，字亦模糊，是亦置而录此"。《嵩阳石刻集记》载："因原碑文字迹模糊，现将金重刻《中天嵩岳寺常住院新修感应圣竹林寺五百大阿罗汉洞记》碑文录入，西京永宁县熊耳山空相寺住持传法吉祥，大师赐紫，释有挺撰，奉议郎知永安县事王道书。"

碑文：

原夫大法界中支那东震旦大国，圣宋寿山得其最高胜妙者，惟中岳嵩山。卓然耸拔，青云之表，林峦[阙]秀，四季嘉木，岑崟翠山，趋揖长时，异花芬芳，玉镜珍宝。辉然是处光明岩洞，泉源清流千古澄澈。谷风松韵时呼万岁之声，瑞气祥云昼锁千寻之境。是国家禀佛戒福神中天，玉英崇圣帝领镇之地，宫庙之所也。是山之中有圣竹林寺，何知之乎？古传记云：唐蜀僧法藏来游，是山长安道稠桑店，逢一梵僧持盂肩锡，问曰：上人胡来而欲何往？曰：云游嵩岳圣景。曰：可附一书与竹林寺堂中上座？曰：我久闻彼刹，是圣寺罗汉所居，尝憾未闻，其因可愿，伫听高论，开发前去。曰：上人，岂不闻吾佛当年灵山会上以正法眼藏，分付大迦叶传芳流布授记，付嘱大国圣主贤臣兴崇外护无令断绝，敕诸大菩萨、天龙八部、一切神祇保卫国界，敕五百大阿罗汉不得入灭，长在人间天上供为大福田。今诸尊者将诸眷属止住其中，是寺随机缘或隐或现，缘熟者尝见。曰：今日得闻未闻。接书分卫而行，法藏来至嵩前，问人曰：竹林寺何所？是答曰：但去到嵩岳寺，入石三门登逍遥台，望之山腹是也。来至岳寺，入三门常住院，礼谒众僧，安衣盂毕，问曰：竹林寺门从何处入？曰：我等尝闻，是圣寺未曾得见，但观山腹三洞，深邃无穷，每有信士沿岩登险[阙]幸，虽得入圣寺瞻敬，又随诸尊者赴帝释斋，因得噢三铢绢心生爱着，不觉身坠岩前，圣境都失矣。时耆年僧曰：人间天上荣显富贵，真奇异物积之山岳。若非是大权菩萨具正见晓达，明了应缘，利生授用，自在心常。离欲示现贪染爱着心圆，梵行示现有诸[阙]患心常，清净示现随类生死心行，佛行示现逆顺境界心无。取证深悟禅理妙道，或不如然则为少分梦幻，境物耽染爱着，恃之迷醉漂荡，生死三界流转，更[阙]少暇，回光自照。究乎真实妙道，大患为障，莫过此也。汝今为出家上人，同圣寺诸尊者，授天主供养，事非小缘，何故未除流俗爱物；心非唯窃服圆，顶犯戒律章条，重亦乃自昧真心，妙道玷吾门何多乎，今此天绢，亦非汝用之物，当献至尊，颇为佳矣。法藏具表进时，明皇在位，圣恩抚问，倍加宣赐。尔后岩洞圣境光明，至今求者应现愈多。院主崇政诱披檀信，施财运土木等，欲依山上洞样建造一所，斤斧才兴感五百罗汉。诣虢州卢氏县旸氏家托梦家长，曰：嵩岳寺今造罗汉洞，汝家当铸铁像五百身。旸氏梦觉，令人至寺，果见兴工造洞。还报，旸氏乐然铸施五百余尊。像成随喜，信士之家，愿各以香花幡盖。依次经从，迎接送至，洞完像到，奉安之次。陈蔡二善友，挚架浆五百余条，至披挂像身，应量齐等。于是四方崇信，一至春首，香花供送，驾肩临道，然灯烧烛，盘迎品馔，供养精诚，得其感应，灯未点之，火光自然，斋食异香，圣像先现。是洞今有三经藏，花塔状三圣洞，香花供献，施者齐陈，获之感应，三处俱在。夫圣境无边，顺机各异，无欺纵目，可观有昧。触途莫见名山，太室佛刹隐现，其中圣凡交参，昼夕往来无间，登临香火，万口一称，获斯圣境光明。盖今日之盛时一人，圣德圣感之至化，伏愿圣寿无疆，金枝玉叶永茂，帝道佛道同兴，金轮法轮并转。亲白仙族，同固盘维，文武贤臣，皆存忠烈，风调雨顺，军民康安，四海晏清，万邦率服，羣生遂性，三教长隆，知洞悟言，丐记传于，金石永久，无坠有挺，因普为缺，正见佛行，执有生死，轮转不了，根本清净者，修进圆之，仍集佛教，眼目兼以，禅宗中妙。旨録作明证，俾令一切，悟明了达，根本清净，具足正见，佛行修进，证大菩提，缘斯曾住。是圣寺前白莲庵，将乎十年时，亲瞻覩圣境，光明殊胜，不思议事，非笔舌可穷，今固敢简略一二，以塞其命。

颂曰：天下名山孰后先，嵩高神着混元前，圣凡共聚宁分别，庙刹相依亦混然，蓬岛三山根不固，华胥一境梦非坚，宝光玉柱擎云汉，春色峯峦戴晓天，几栢倒生垂洞谷，千松偃盖覆岩巅，登临香火心同愿，上祝今皇万万年。

圣宋崇宁元年壬午岁十月初十日，中天嵩岳寺常住院前住持僧崇政，院主僧法，应知洞僧悟言，知库僧悟达，同勾当修造，僧［阙］用清信弟子焦泰施财、刊字，刘友谅刻。

（校于清·叶封撰《文渊阁四库全书·史部四四二·嵩阳石刻集记》
台湾商务印书馆，第六八四册，153~155）

5.《金装佛像记》

清雍正五年（1727）。碑为圆首方趺额身一体高94.0厘米，宽48.0厘米，厚11.0厘米，趺宽55.0厘米。"邑庠生张士表敬撰，脆弟庠生士敏沐手书，住持僧心愿，徒元祥，金画匠杨孝政，刻字匠李永祥"。落款"皇清雍正五年岁次丁未九月吉旦"。立于嵩岳寺塔前基下左方。此住持僧心愿即是塔地宫清代题记所提及的心愿和尚。

碑文：

佛法之盛，盛于梁唐晋魏间。故雄寺伟塔处处有之，而嵩岳寺为尤著焉。春夏之交，徧谒诸天，而幸履其地，仰见浮图，巍巍上及天半诚哉，嵩前大观元矣。传灯胜地，林礼之下，佛光蔼蔼，可接圣容，温温如在。所惜者，金碧无存，丹黄倾圮，而观瞻不肃也。目击心伤，不忍追视。因妄发虔诚，愿出己囊，而金装之不料，人之好善，谁不如我，共勷圣举不欲，予一人独成其美，予尔乐得同人共跻，於春莹极乐三乡。工起於丁未岁五月之朔，告竣于仲秋念之吉旦。营其事者，住持僧心愿也。捐赀财者，李门王氏等，也竭己囊，而包厥成者乎。姜怀仙妻黄氏，王得礼妻贾氏也。告成之日，香风淡飘菩提树，细雨融洒紫竹林，彩光闪烁，瑞气辉腾。行见佛祖之灵，洋洋宛在，因而垂之贞祇，以为后之善友勸云。

6.《金装佛像油画大殿修韦陁殿碑》

时代为清雍正六年（1728）。碑长方形，圆首、方趺，高99.0厘米，宽47.0厘米，厚11.0厘米，趺高25.0厘米，宽50.0厘米。碑首刻"大清、日月"四字，山西辽州和顺县内阳村善人张從丙捐修，碑文为金装佛像油画大殿、修韦陁殿碑，落款为"雍正六年十月十五吉旦，住持僧心愿敬立"。碑原立在大雄殿前。

碑文：

金装佛像油画大殿、修韦陁殿碑。

7.《重修大雄殿记》

清雍正七年（1729）。圆首、方趺，高180.0厘米，宽66.0厘米，厚12.0厘米，趺宽高70.0厘米，宽20.0厘米。楷书计共15行，满行48字。"邑庠生张士表敬撰，脆弟庠生士敏沐手书丹，住持僧通达，徒心悟、心愿，徒孙源祥、源爱、曾孙广支、广无、广宗，木泥匠柴子素，金画匠牛宗魁，刻字匠王景贤"。落款为"皇清雍正七年二月吉旦"。原立于大雄殿前右方。

碑文：

嵩岳寺古刹圣地也。志云：元珪说法于戒坛院，一日有裁冠贵人，自号岳神，曰：愿受戒珪，敬而授之以五戒。神曰：既闻命矣，愿报慈德。是日风雨大作，北崖松柏，尽移东岭，则嵩岳寺之显赫，亘古昭昭矣。元魏永平二年，帝使冯亮与沙门统僧暹建本离宫也。正光间榜曰闲居寺，隋开皇中名曰嵩岳寺。唐武后以寺为行宫，送镇金佛置焉。后魏又建十五层塔，中宗造十三层浮图，逍遥楼累朝辉煌頔硕。沙室以故无念，囷图一行海寛。诸人参禅嵩麓时，徘徊于兹而不能去。云：阅今上下千余年，不惟踵美无人，圣僧难再，而殿宇倾圮，台榭菱落，所余者，惟有一殿一塔而已。且大雄殿之灰飞瓦解，栋折榱崩，置佛像于烈风严霜之下，诚有心者之所不忍逼视也。忽有僧，南汝人也，讳曰心愿，号曰德安，破衲敝蹝，爰来栖上焉。斯时也，宝塔熒熒，恰似舍利方彩，山门灿灿，又如佛灯初新。僉曰：住持是寺者，必若人也。既果僕之于深山之中，劳劳于丛石之傍，相材度物善起，故殿而更新焉。经营三载，物料粗备，笃志兴作，无少休息。工起于雍正二年（1724）二月，告竣六年十月。檐飞献舞，堪与嵩岭并茂，丹黄碧绿，寺尽人间之巧。人第见其志，坚功高咸忆，为无念再生也，圆图重至也，一行海宽之后起也。然而功虽成于佛殿，上可以接魏唐隋元之美。而岳神陟降之故址，亦不至久而淹没。云莲之者谁，郭君绍璞也。襄之者谁，张门李氏暨男士枢也。佐之者谁，康门莲氏也。故并书之以为后之善者劝焉。

8.《重修茄蓝殿记》

清乾隆九年（1744）。碑为圭首方趺楷书15行，行28字，高166.0厘米，宽77.0厘米，厚25.0厘米，趺宽74.0厘米。"邑庠廪生胡如恆沐手敬书，住持僧心愿，徒源祥、源爱，徒孙广支、广信、广宗"。落款为"皇清乾隆九年七月吉旦"。立于嵩岳寺塔前右方。

碑文：

观山河十年变迁，而知物之成败，盛衰之理为之也。盛极必衰，衰极复盛，理固循环，物何能达。然其间未有不资人力者，如我嵩山佛寺，十有余刹名宇宙者，七而嵩岳其一也。致其始自之魏永平二年，历膑至明其间盛寝衰不一，成败屡屡。当明季之乱，此寺残毁尤甚，浮图塔外，仅余鼠瓦蠹橡，破殿一二而已。国朝定鼎以来，亦未有起而葺之者，岂非极宜盛之候乎。今幸住持心愿，广募慷慨之施，重整香阜之宇，大雄莲阁、次第改观，禅室、山门顿阔前规，而茄蓝殿又复告成焉。殿昔偏域，仅有微址，僧钦神明之威，德遵累朝之隆。勅改正南向，居寺之中。于是觉其枻而庭殖殖，会其正而宜哕哕，唤乎翼棘革飞矣。并倩良工，肖忠义和敬之容象，别（剏）方伟岸之概，须眉僴动，宛然如生，神其灵宁，不是凭旦，依永佐慈悲之航乎，嗟理理之盛衰，固缘物见人之善否，亦因物著如僧者，洵不愧为沙门巨擘，而众士妇，皆可谓好善乐施，广种福德于无边云。

9.《重修白衣菩萨殿碑记》

碑阳刻文是清康熙四十四年（1705），碑阴刻文为清咸丰五年（1855）。碑高132.0厘米，宽56.0厘米，厚13.0厘米，方趺宽60.0厘米。碑阳落款为"康熙四十四年岁次乙酉菊月旦刻文"。碑阴为"大清咸丰五年岁次乙卯梅月撰文，邑增广生李允诒顿首拜记，孙祖惠熏沐书丹，住持觉纯、觉来、侄昌明、昌㞇、侄孙隆池、隆渠、隆富、隆喜、隆太，重孙能贵、能珍立石，石工赵长发雕刻"；落款"大清咸丰五年岁次乙卯梅月榖旦"。内容皆为重修白衣殿菩萨殿之经过等。立于大雄殿前右方。

碑阴文：

盖闻善始喈尤必善终，善作者亦必善成。嵩山玉柱峰下有嵩岳寺，古刹盛地也。寺内有白衣菩萨大士神祠一殿，其始不详所自然，历代增修补葺，继继承承至今不绝。自康熙四十四年（1705），僧通达募化重修，而后迄今百有余年，风雨飘摇，庙貌倾圮，神像暗淡，无以壮观瞻，即无以肃拜跪。住持僧觉纯等目睹心伤，因募化士度得钱若干，鸠工庀材。不数月，庙貌与神像，俱焕然一新。则可谓善作而善成矣，菩萨之灵赫亦昭昭矣。工既竣，因将募化施主姓氏勒诸，碩珉永垂不朽，其亦不没人善之意也，用以励世之好善者。

10.《施舍地於嵩岳寺序》

清同治九年（1870）。方碑。字为楷书，共13行，每行6字。"申景福书单，住持僧□喜、□太，徒能珍，石□申文富，同治九年三月吉日立"。镶嵌于白衣菩萨殿西山墙。

碑文：

今有五座塔信士李发臣，情愿施舍自己地一段于嵩岳寺，以作香火代粮一亩五分。此地旧与本寺地相邻，尤便耕种，僧等，聚美其善念足，誌因刻於石，而彼施舍之善念可，以永垂不朽云。

二、雕刻造像

1. 北魏释迦佛造像刻铭题记

北魏正光四年（523）。1988年在地宫清理时出土。佛造像背光后面刻五行文字，除两端缺字外，现存题记为"大魏正光四年岁……四日丁末，佛弟子向兴……释迦像一躯愿合……养长生仕官，日昇一琭□……从心。

2.《佛顶陁罗尼经》经幢

唐代。由基座、幢身、幢顶组成，圆形莲座，幢身为八楞，顶盖亦刻作莲瓣，幢身刻《佛顶尊胜陁罗尼经》

经文，罽宾沙门佛陁波利奉诏译。高 128.0 厘米，上自间界格，楷书，规整，64 行，满行 51 字。无年号。存山门外右侧。

《说嵩》载："嵩岳寺石幢：亦刻尊圣陁罗尼经，无年月，观其制度，亦唐以前物也"。

《佛顶尊胜陁罗尼经》译本比较多，有唐代佛陁波利翻译的《佛顶尊胜陁罗尼经》，后周智称翻译的《尊胜陁罗尼并念诵功能法》（该译本已亡佚），唐代杜行顗翻译的《佛顶尊胜陁罗尼经》一卷，唐代地婆诃罗翻译的《最胜佛顶陁罗尼净除业障经》一卷，唐代义净翻译的《佛顶尊胜陁罗尼经》一卷，宋代施护翻译的《尊胜大明王经》一卷，宋代法天翻译的《最胜佛顶陁罗尼经》一卷等九种译本。从此经幢上经文为唐周罽宾国沙门佛陁波利奉诏译看，佛陁波利是唐代译经家，唐高宗弘道元年（683）译出《佛顶尊胜陁罗尼经》，所以此经幢为唐高宗弘道元年以后刻立。

经幢文：

如是我闻，一时薄伽梵，在室罗筏住誓多林给孤独园，与大苾刍众千二百五十人俱，又与诸大菩萨、僧万二千人俱。尔时三十三天于善法堂会，有一天子名曰善住，与诸大天游于园观，又与大天受胜尊贵，与诸天女前后围绕，欢喜游戏，种种音乐，共相娱乐，受诸快乐。尔时善住天子即于夜分，闻有声言，善住天子却后七日，命将欲尽。命终之后，生赡部洲，受七返畜生身，即受地狱苦。从地狱出，希得人身，生于贫贱，处于母胎，即无两目。尔时善住天子闻此声已，即大惊怖，身毛皆竖，愁忧不乐，速疾往诣天帝释所，悲啼号哭，惶怖无计，顶礼帝释二足尊已。白帝释言：听我所说，我与诸天女共相围绕，受诸快乐，闻有声言，善住天子却后七日，命将欲尽。命终之后，生赡部洲，七返受畜生身，受七身已，即生诸地狱。从地狱出，希得人身，生贫贱家，无其两目。天帝云：何令我得免斯苦。尔时帝释闻善住天子语已，甚大惊愕，即自思惟，此善住天子受何七返恶道之身。尔时帝释须史静住，入定谛观，即见善住当受七返恶道之身，所谓猪、狗、野干、狝猴、蟒蛇、乌鹫等身，食诸秽恶不净之物。尔时帝释观见善住天子，当堕七返恶道之身，极助苦恼，痛割于心，谛思无计，何所归依，唯有如来应正等觉，令其善住得免斯苦。尔时帝释即于此日初夜分时，以种种华鬘涂香末香，以妙天衣庄严执持，往诣誓多林园，于世尊所。到已，顶礼佛足，右绕七匝，即于佛前，广大供养，佛前蹋跪。而白佛言：世尊，善住天子云何当受七返畜生恶道之身，具如上说。尔时如来顶上，放种种光，遍满十方一切世界已，其光还来绕佛三匝，从佛口入，佛便微笑。告帝释言：天帝，有陁罗尼，名为如来佛顶尊胜，能净一切恶道，能净除一切生死苦恼，又能净除诸地狱阎罗王界畜生之苦。又破一切地狱，能回向善道。天帝，此佛顶尊胜陁罗尼，若有人闻，一经于耳，先世所造一切地狱恶业，悉皆消灭。当得清净之身，随所生处，忆持不忘。从一佛刹至一佛刹，从一天界至一天界，偏历三十三天，所生之处，忆持不忘。天帝，若人命欲将终，须史忆念此陁罗尼，还得增寿。得身口意净，身无苦痛，随其福利，随处安隐。一切如来之所观视，一切天神恒常侍卫，为人所敬，恶障消灭。一切菩萨同心覆护。天帝，若人能须史读诵此陁罗尼者，此人所有一切地狱畜生阎罗王界饿鬼之苦，破坏消灭，无有遗余。诸佛刹土，及诸天宫，一切菩萨所住之门，无有障导，随意游入。尔时帝释白佛言：世尊，唯愿如来为众生说增益寿命之法。尔时世尊知帝释意，心之所念，乐闻佛说是陁罗尼法，即说咒曰：那谟薄伽践帝。一帝隶路迦，钵啰底，毗失瑟咤耶。二勃陁耶。三薄伽践帝。四怛侄他。五唵。六毗输陁耶。七娑摩三漫多皤婆娑。八娑拨啰拏揭底，伽诃那娑婆缚秫提。九阿鼻诜柘，苏揭多伐折那。十阿嘧粟多毗晒鸡。十一阿诃啰阿诃啰阿瑜珊陁啰尼。十二输驮耶输驮耶。十三伽伽那毗秫提。十四乌瑟尼沙毗逝耶秫提。十五娑诃啰喝啰湿弭珊珠地帝。十六萨婆怛他揭多地瑟咤那，阿地瑟耻帝慕侄丽。十七跋折啰迦耶，僧诃多那秫提。十八萨婆伐罗拏毗秫提。十九钵罗底祢伐怛耶，阿瑜秫提。廿萨末耶阿地瑟耻帝。廿一末你末你。廿二怛闼多部多俱胝钵利秫提。廿三毗萨普咤勃地秫提。廿四社耶社耶。廿五毗社耶毗社耶。廿六萨末啰萨末啰，勃陁阿地瑟耻多秫提。廿七拨折梨拨折啰揭鞞。廿八拨折滥婆伐都。廿九么么萨婆萨埵，那迦耶毗秫提。卅萨婆揭底钵唎秫提。卅一萨婆怛他揭多，三摩湿缚婆娑地瑟耻帝。卅二勃陁勃陁。卅三步驮耶步驮耶，三漫多钵唎秫提。卅四萨婆怛他揭多，地瑟咤那，遏地瑟耻帝，莎婆诃。卅五佛告帝释言：此咒名净除一切恶道，佛顶尊胜陁罗尼，能除一切罪业等障，能破一切秽恶道苦。天帝，此陁罗尼。八十八殑伽沙俱，胝百千诸佛，同共宣说。随喜受持，大如来智印印之，为破一切众生秽恶道义故，为一切地狱畜生阎罗王界众生得解脱故，临急苦难，堕生死海中，众生得解脱故。短命薄福，无救护众生，乐造杂染恶业众生故。卅九又此陁罗尼于赡部洲住持力故。能令地狱恶道众生，种种流转，生死薄福，众生不信善恶业失，正道众生等得解脱义故。佛告天帝。我说此陀罗尼，付嘱于汝，汝当授与善住天子。复当受持读诵思惟，爱乐忆念供养。于赡部洲一切众生，广为宣说此陀罗尼。付嘱于汝。天帝，汝当善持守护，勿令忘失。天帝，若人须臾得闻此陀罗尼，千劫已来，积造恶业重障，应受种种流转，生死地狱饿鬼、畜生、阎罗王界。阿修罗身、夜叉、罗刹鬼神、布单那、羯咤布单那，阿婆娑摩罗蚊虻，龟狗蟒蛇一切诸鸟，及诸猛兽一切蠢动含灵。乃至蚁子之身，更不重受，即得转生。诸佛如来，一生补处菩萨。同会处生，或得大姓婆罗门家生，或得大刹利种家生，或得豪贵最胜家生。天帝，此人得如上贵处生者，皆由闻此陀罗尼故。转所生处，皆得清净。天帝，乃至得到菩提道场最胜之处，皆由赞美此陀罗尼功德。如是天帝，此陀罗尼名吉祥，能净一切恶道。此佛顶尊胜陀罗尼，犹如日藏摩尼之宝，净无瑕秽，净等虚空，光焰照彻，无不周遍。若诸众生持此陀罗尼，亦复如是，亦如阎浮檀金，明净柔软，令人喜见，不为秽恶之所染着。天帝，若有众生持此陀罗尼，亦复如是，乘斯善净，得生善道。天帝，此陀罗尼所在之处，若能书写流通，受持读诵，听闻供养，能如是者，一切恶道，皆得清净，一切地狱苦，悉皆消灭。佛告天帝，若人能书写此陀罗尼，安高幢上，或安高山，或安楼上，乃至安置窣堵波中。天帝，若有苾刍苾刍尼、优婆塞、优婆夷、族姓男族姓女、于幢等上。或见或与相近，其影映身，或风吹陀罗尼幢等，上尘落在身上。天帝，彼诸众生，所有罪业，应堕恶地道狱畜生，阎罗王界，饿鬼界，阿修罗身恶道之苦，皆悉不受，亦不为罪垢染污。天帝，此等众生，为一切诸佛之所授记，皆得不退转，于阿耨多罗三藐三菩提。天帝，何况更以多诸供具，华鬘涂香，众香宝幢幡盖等。衣服璎珞作诸庄严，于四衢道造窣堵波，安陀罗尼，合掌恭敬，旋绕行道，归依礼拜。天帝。彼人能如是供养者，名摩诃萨埵，真是佛子，持法栋梁，又是如来全身舍利窣堵波塔。尔时阎摩罗法王，于时夜分，来诣佛所，到已，以种种天衣妙华，涂香庄严，供养佛已，绕佛七匝，顶礼佛足，而作是言。我闻如来演说，赞持大力陀罗尼者，故来修学。我常随逐守护，不令持者，堕于地狱。以彼随顺如来言，教而护念之。尔时护世四天大王，绕佛三匝。白佛言：世尊，唯愿如来为我广说持陀罗尼法。尔时佛告天王，汝今谛听，我当为汝宣说受持此陀罗尼法。亦为短命诸众生说，当先洗浴，着新净衣，白月圆满十五日时，持斋诵此陀罗尼，满其千遍，令短命众生，还得增寿，永离病苦，一切业障，悉皆消灭，一切地狱诸苦，亦得解脱。诸飞鸟畜生含灵之类，闻此陀罗尼一经于耳，尽此一身，更不复受。佛言：若人遇大恶病，闻陀罗尼，即得永离一切诸病，亦得消灭，应堕恶道，亦得除断，即得往生守静世界。从此身已，后更不受胞胎之身，所生之处，莲华化生，一切生处，忆持不忘，常识宿命。佛言，若人先造一切极重罪业，遂即命终，乘斯恶业，应堕地狱，或堕畜生阎罗王界，或堕饿鬼，乃至堕大阿鼻地狱，或生水中，或生禽兽异类之身，取其亡者随身分骨，以土一把，诵此陀罗尼二十一遍，散亡者骨上，即得生天。佛言，若人能日日诵此陀罗尼二十一遍，应消一切世间广大供养，舍身往生极乐世界。若常诵念，得大涅盘，复增寿命，受胜快乐。舍此身已，即得往生，种种微妙诸佛刹土，常与诸佛俱会一处，一切如来恒为演说微妙之义，一切世尊即授其记。身光照曜，一切刹土。佛言，若诵此陀罗尼法，于其佛前，先取净土作坛，随其大小方四角作，以种种草华，散于坛上，烧众名香，右膝着地胡跪心常念佛，作慕陀罗尼印，屈其头指以大拇指，押合掌当其心上，诵此陀罗尼一百八遍讫，于其坛中，如云王雨华，能遍供养八十八俱胝殑伽萨那庾多百千诸佛。彼佛世尊咸共赞言，善哉。希有真是佛子，即得无障碍智三昧，得大菩提心。庄严三昧，持此陀罗尼法，应如是。佛言：天帝，我以此方便，一切众生应堕地狱道，令得解脱，一切恶道，亦得清净，复令持者，增益寿命。天帝，汝去将我此陀罗尼，授与善住天子，满其七日，汝与善住俱来见我。尔时天帝于世尊所，受此陀罗尼法。奉持还于本天，授与善住天子。尔时善住天子，受此陀罗尼已，满六日六夜，依法受持，一切愿满，应受一切恶道等苦，即得解脱，住菩提道，增寿无量，甚大欢喜，高声叹言。希有如来，希有妙法，希有明验，甚为难得，令我解脱。尔时帝释至第七日，与善住天子，将诸天众，严持华鬘涂香、末香、宝幢、幡盖、天衣、璎珞，微妙庄严，往诣佛所，设大供养。以妙天衣，及诸璎珞供养世尊，绕百千匝，于佛前立，踊跃欢喜，坐而听法。尔时世尊舒金色臂，摩善住天子顶，而为说法，授菩提记。佛言：此经名净除一切恶道，佛顶尊胜陀罗尼，汝当受持。尔时大众闻法欢喜，信受奉行。

3. 元珪石函

唐代。石函四角方形，分为盖、函、座三部分，皆为细线阴刻，雕工细腻，形态优美，高100.0厘米，围长240.0厘米；座为方形束腰内收两层，高26.0厘米、宽97.0厘米，正面两角雕有力士，以肩托之，身着盔甲、战靴，雄姿威武；盖大部分已残，仅存一小角，为覆斗状。函四壁用阴线刻出天王、力士、菩萨等图案，石座四壁各分为三格，每格线雕伎乐图，自南面右起为：1）抚瑟，2）弹琵琶，3）击铙，4）摇鼗故，5）拍鞨鼓，6）拍鞞鼓，7）打腰鼓，8）吹排箫，9）吹横笛，10）吹笙，11）吹竖笛，12）弹箜篌。

唐高僧元珪禅师之骨函，舍利塔倒塌后，石函移入此寺，存于大雄殿前右侧。

4. 莲瓣石座

唐代。莲花石座计四块，可能是唐塔顶之装饰物。圆形，周雕肥大莲瓣，又于莲瓣之上刻花朵等浮雕。高23.0厘米，直径90.0厘米。散存于塔院内。

5. 白玉佛造像刻铭题记

明代永乐七年（1409）。已残。佛胸右侧刻有残缺铭文四行。在塔北台阶上的大树下发现。

铭文：

…为生男观音童造像一尊答报。佛恩阐佛光於万载。永乐七年九月吉日。

6. 石香炉

明代嘉靖二十八年（1549）。石香炉三足，两耳，右耳外刻"明嘉靖二十八年十二月"，高36.0厘米。存塔前台基上。

7. 石狮

时代待定。石狮一对，局部已残，狮子造型为蹲坐姿态，头小挺胸，颔下有鬓，后座有凹臼，当为门枕之类，其风格类似宋以前遗物。高60.0厘米，座宽28.0厘米，高130.0厘米。

8. 莲座

莲座计二件，一件是八角收为须弥式，上刻以覆莲，其下另一石亦为八角，上刻以垂幔流苏等前雕，可能为幢身之一部分，应为唐代之幢座，高20.0厘米，宽75.0厘米，存塔前。另一件莲座为四角，高12.0厘米，宽47.0厘米。

修 缮 篇

第七章　嵩岳寺塔修缮保护工程

本部分内容主要是由1984~1991年嵩岳寺塔修缮工程资料整理而成，修缮工作共经历7年。1984~1985年上半年制定工作计划，并完成了技术队伍培训。1984年冬搭设脚手架，开始现场勘察准备工作。1985年上半年开始现场勘察，下半年完成现场勘察工作。1986年进行工程地质勘察及周围地区的地球物理勘测，塔体变形观测，材料实验、研究，制定修缮方案。1987年完成塔体自重计算，修订修缮方案。1987~1988年对塔基进行探察。1988年进行地宫清理，并召开现场方案论证会。1989年修缮方案获国家文物局批准，正式启动修缮施工。1989年7月进行天宫清理。1990年12月完成塔体修缮竣工验收。

第一节　嵩岳寺塔整修计划

本节把1984年《嵩岳寺塔整修计划》全文收录如下：

嵩岳寺塔整修计划

近年来经多次实地考察发现，塔身出现多条裂缝，以西南面最为严重，塔上部叠涩檐崩毁较多，尤其是上部五层，已坍塌成砖堆，经常从塔上往下掉砖，遇震尤为严重。塔内各壁也有不同程度的损毁。中央文物主管部门的领导和专家多次到现场勘察古塔严重损毁的情况，他们都认为此塔应重点整修。因该塔文物价值极高，为慎重起见，在上报整修方案之前，先拟订了整修计划，待上级批复同意后，全面开展工作，组织方案论证。在文化部文物局批准方案之后，立即开始整修工作，并确定为我所近两年来的重点任务之一。

一、施工前的准备工作

1. 组织准备

（1）成立由省、市、县有关部门负责同志组成嵩岳寺塔整修领导小组，负责整修过程中的领导、宣传，以及协调各方面关系等工作。

（2）以单位第一研究室为主，组成现场勘察测绘班子，由第一研究室副主任杜启明同志全面负责，细致勘察古塔现存病害、部位及形成原因。

（3）以河南省古建工程队参加练兵的第三分队为基本施工队伍，必要时从全队中挑选合适人才参加施工。专业研究室在整修过程中派专人蹲点，详细作好施工中的技术记录。工程队的主要领导和分队长，要对施工质量直接负责，施工期间，必须以工地为家，深入作好组织领导工作。

（4）配备专职的安全保卫人员，要绝对保证文物与人身安全。

（5）聘请有经验的专家作技术顾问。

（6）做好当地群众的思想工作，开展保护文物古迹重要意义的宣传，保证整修工作的顺利进行。

2. 技术资料准备

（1）根据国家文物局和河南省文化厅文物局负责同志的指示精神，为确保嵩岳寺塔的整修质量，技术干部和技术工人的培训是非常重要的，在整修前进行技术队伍的培训，并在实际修塔工程中积累经验。为此，河南省古代建筑保护研究所派出工程队对河南省汝南县悟颖塔进行了认真测绘和整修，初步掌握了古塔测绘、搭架、施工等高空作业的特点和要求。通过现场对塔细致形制结构、装饰等第一手资料的勘察，为局部恢复提供可靠的依据。

（2）开工之前，对技术干部和技工进行文物法的教育，使每个人都熟知古建筑修缮的原则。

（3）查阅收集文献上有关嵩岳寺塔的资料，以便佐证勘察时发现的历史整修情况。

（4）修缮前认真作好此塔现状实测图，特别对砌造方法、内部结构及损毁情况，作出大样图和详细的文字纪录。

（5）作好嵩岳寺遗址的调查。

（6）拍摄整修前的录像资料。

3. 主要设施准备

（1）架子要求绝对牢固安全，不能依靠塔身，外架为双排架，步行道与运料道分设，内外均搭架至顶部，架子定期进行安全保养，发现问题及时处理。此架作为测绘与施工并用。步行道为木板楼梯式，以便年老专家登塔指导工作。

（2）此塔居半山坡，村中无电源，塔内整修比配照明灯具，加上生活照明，拟配一中小型发电机组。

（3）建施工棚两处，库料棚两处。

（4）在施工期间将大雄宝殿、白衣殿分别作办公室与宿舍使用。

（5）准备避雷设施一套。

4. 建材准备

（1）嵩岳寺塔的主要建筑材料是青砖、黏土和石灰。砖要作好色泽、耐压、耐折、化学性质等方面的测试工作。泥作分析，尽可能用原有的固化成分。灰皮是重要的保护与美化措施，新用石灰，务必淋灰熟化"陈伏"，保证质量。

（2）对不同部位、不同时代的建材要选择标本，进行测试。

（3）尽可能收集从塔上脱落下来的老砖，群众已用的可以说服交回。必要时则以新砖换回旧砖。

5. 方案准备

制定方案，计划分四步。

（1）由单位组织业务干部认真研究，提出一至两个供讨论的初步方案设想。

（2）方案设想确定后，派人向文化部文物局和研究所的专家汇报，征求意见，进一步修改、充实方案。

（3）邀请专家在登封县召开一次现场论证会，把修订后的方案提交会议论证，使之更具有科学性与可行性。

（4）报请文化部文物局审批。批准后认真执行。

二、工程项目

（1）塔内、外损毁部分的加固整修。

（2）塔基础的加固工程。

（3）现存未修的山门、后东殿两处附属建筑的整修。

（4）环境整修和塔南院落的适当扩大整理。

（5）树立标志说明。

三、工程进度计划

（1）1985年上半年，制定工作计划，培训技术队伍和塔内外塔架工作。为现场勘察测绘工作作好准备。

（2）1985年下半年做完现场勘测工作。

（3）1986年上半年，砖和泥等建材研究与新材试验。制定修缮方案，组织一次论证会，争取确定方案。

（4）1986年下半年，如经费批下来，先装临时性避雷针，待塔修缮竣工后转入塔内壁自塔身下部导出，以使古塔外观少受影响。

（5）1986年做好施工前的局部加固工程，以防万一。在建材、资金有保证的情况下，争取下半年开始局部整修。

（6）1986年6月至1987年10月，塔本体修缮完工。

（7）1987年10月至12月，环境整修完工。局部环境整修工程，将作为大塔的补白工程，利用工程的间歇时际穿插进行。

（8）1987年12月，完成《登封嵩岳寺塔整修工程技术报告》上报文化部文物局和河南省文化厅文物局备案。并请中央和省主管领导、专家现场验收，根据领导和专家的意见，不妥之处将待来年春季改修，使之臻于完善。

第二节　嵩岳寺塔整修总体方案

本节把1988年《嵩岳寺塔整修总体方案》全文收录如下：

嵩岳寺塔整修总体方案

一、概述

嵩岳寺塔位于河南省登封县城北6公里嵩山太室山的嵩岳寺院内，地理位置在东经113°0′90″、北纬34°30′1″。地震烈度不高，属不设防地区。该塔坐北向南，三面环山，南多丘谷，山道随坡而下，直抵县城。该塔建于北魏，距今已有一千四百多年的历史，是我国今存最古的砖塔。该塔造型优美而别致，其平面呈十二边形，为我国古塔之孤例，塔身以上砌十五层密檐，素称密檐式塔的鼻祖，具有重要的文物和建筑史价值。1961年国务院公布它为全国第一批重点文物保护单位。由于年久失修，加之解放前的人为破坏，塔体的损毁日益严重，塔身和密檐多处有裂缝与崩塌，并有倾斜现象，给古塔的安全带来严重威胁。对此，国家文物局和河南省文物事业管理局领导与专家十分关心和重视。为了保护好这座举世闻名的国宝，河南省文物事业管理局委托我所负责勘测与维修此塔。我们在做完现场调查与测绘的基础上，编写了《嵩岳寺塔整修方案》和《嵩岳寺塔勘测报告》等文件，于1986年上报文化部文物局。

根据国家文物局领导和专家的意见，我所于1986～1988年初，又组织了有关现场勘察工作，补做了《河南登封县嵩岳寺塔变形观测报告》《嵩岳寺塔及其周围地区的物理勘测报告》《登封嵩岳寺塔区工程地质勘察报告》，以及《河南省登封嵩岳寺塔自重计算报告》等，并经上级同意，对塔基做了局部的清理和探查。最近又补测了1:300的地形图。通过以上勘察工作，对塔本身的病害和所处地质条件，及其对塔的影响，都有了进一步的认识，为修订本方案提供了科学依据。

本方案修订本于1988年4月在登封召开的嵩岳寺塔现场汇报会上，得到了国家文物局高级工程师杨烈同志和文物保护科研所高级工程师祁英涛同志的鼓励和具体指导。领导和专家的重要指示与宝贵意见，作为修订和补充总体方案的依据。

二、塔体主要病害及勘察结论

1. 塔体主要病害

（1）塔身南部各面及门券顶出现不同程度的裂缝和局部砖壁坍塌现象，以西南两面损毁最甚。

（2）塔檐上五层及塔刹基座出现十分严重的崩塌，一些部位已成了砖堆，砖块遇震经常坠落。

（3）塔体有倾斜。据建筑实测，倾斜方向南偏东29°51′，倾斜角度为1°11′53″。据变形观测，塔身倾斜方向为南偏东23°25′，倾斜角各层不一，二层与十四层为1°20′以上，其余在1°15′左右。

（4）塔室内部结构有崩裂和残缺病害多处。

（5）据塔基础开挖探查实测，塔基础西北面和东南面地平不在一个水平面上，西北高于东南20.0～28.0厘米，地基有不均匀沉降。详况见《嵩岳寺塔勘测简报》和《嵩岳寺塔变形观测报告》。

2. 基本结论

（1）塔体倾斜和崩裂的方向与地面斜坡方向一致，同时也与塔基底面西北高于东南的沉降方位一致。由此可以推测塔体倾斜与下部裂隙当和塔基下沉有密切关系。且此塔常年受西北风劲吹，亦有一定影响。

（2）塔顶受风面损毁严重，宝刹的相轮宝珠部分系后人补修，所砌砖缝使用白灰黏合，而塔身各部则用黄土泥浆黏合。

（3）塔室内上部第七至八层之间的塔壁上留有大卯口，大卯口是方形木梁的遗迹。其下各壁的小卯口呈斜状排列，其内残存栈木，当是为登塔者专设的简易栈道。

（4）经过电测法勘察发现塔心室下有"地宫"之类的结构，后经探掘证明，确有地宫一座，并在地宫壁上绘有早期的朱色斗栱及朱墨壁画等，还出土了有"北魏正光四年"确切年号的石刻佛像等珍贵文物。

（5）对塔附近有无滑坡问题，《物理勘测报告》的结论认为："塔西和塔北有两个滑坡……长6000.0厘米，宽20000.0厘米的范围。滑坡体是山坡上的残积层，主要滑动面在残积层和基岩面上，虽然滑坡前沿基岩平缓，易使滑坡处于平衡状态。……在条件合适时，滑坡还是可能的"。但《工程地质勘察报告》则认为："塔周台阶状斜坡尚无构成危及塔体安全的滑坡，属稳定性斜坡。该处斜坡尚无产生滑坡的明显条件"。后邀请有关专家到现场踏勘，从开挖的探井中，未见充泥夹层上下基岩有滑动（滑床）痕迹，认为是斜坡而非滑坡。虽然两家对"滑坡"或"斜坡"的结论不同，但在处理这一现象的措施上，却非常相似。他们都提出：a）塔西北山坡地应"退耕还林"，预防因灌溉和雨渗造坡成滑坡的条件。b）建议在有可能渗水造成滑坡的地带，构筑排水沟，防止雨水的渗入。c）建立长期观测的固定观察点，即在斜坡上建立观测椿桩。注意观测雨后的椿桩距变化，对塔体也要定期进行变形（沉降）观测。

（6）《工程地质勘察报告》指出现塔院内高低不平，塔体四周低洼，塔周积水大量下渗，对塔基保护甚为不利。建议开挖至第一生活面三合土层。若保持现在的地面，应平整硬化。建议移去过多的杂树。对塔院北部淤土地建议予以平整，减缓台阶坡度，加修护坡面。

（7）《嵩岳寺塔自重计算报告》计算出此塔重3034.61吨。这是利用微机，对两万多个数据进行整理、归纳和分析，通过计算机编程处理求得的结果。

（8）通过探掘发现：a）塔的西北、东北和东南均在距现地面130.0厘米处，有砖铺地坪，从砖的形制看，疑为第一生活面。b）在距塔身400.0厘米处，有一个近于正方形的护基石墙，边长1900.0厘米，残高30.0~100.0厘米，宽90.0~100.0厘米，部分上顶已露出今地面，此墙以石灰砌缝，当系后人为加固塔基所采取的措施。c）塔砖基础不做放脚，且起基甚浅，在距今地表50.0厘米处，即达最底层。砖下夯土层系纯红色亚黏土。d）今存台明是后代增建的，与塔基非同时之物。

三、修缮原则及要求

（1）嵩岳寺塔是我国古建筑中的珍贵文物，修缮时必须认真按照《中华人民共和国文物法》规定的"必须遵守不改变文物原状的原则"。

（2）本工程系保护文场现状加固、大修性质的工程，不是落架大修。所以，该工程总的修缮原则是加固为主。个别残毁严重的地方确有科学依据的，做局部修复或复原。

（3）修缮前应有现状实测图、复原图、加固部分的设计图以及施工图等。图纸应各有说明书。

（4）凡在加固工程中，使用新的补强材料，应先进行可行性实验研究，并作局部的模拟试验。

（5）要求新修部分，保持故有的整体色调，严忌修后"焕然一新"，更不可"画蛇添足"。必须使用的新材料，应加在塔体的隐蔽处。

四、工程项目与基本做法

（一）塔基加固

1. 对地基承载力的补强

《工程地质勘察报告》认为塔基础片麻岩属低压缩性，允许承载力大于塔体压力，塔基础工程地质受力条件良好。经发掘证明现塔基座在夯土层上，西北夯层厚50.0厘米，东南厚128.0厘米，夯土承载力大于松散层的22吨/平方米，小于风化、半风化的片麻岩层的44吨/平方米，而塔自重为3034.61吨，塔底平面，直接承重的四大砖壁下面为52.13平方米，以其除自重，得每平方米承受的压力为58.22吨。如果连同门洞所占面积，则为63.25平方米。每平方米承重为47.98吨。由此可知，夯土层地基是超负荷的。尤其是夯层厚度不均，是会造成沉降不均的，这也是造成塔体崩裂倾斜的一个原因，经实测证明塔基以下的夯土表面，东南面低于西北20.0~28.0厘米，以直径长1050.0厘米计算，可知倾斜角度1°52′4″，同塔体倾斜方向与度数大抵一致。

据此情况，则应着重提高塔东南的一侧的地耐强度，在塔东南石围基外筑钢筋混凝土弧形双排防滑椿。主椿接打入基岩，次椿下根钉梅花孔，椿与椿之间以圈梁环结，形成整体。要求混凝土椿的根部略向塔心方向倾斜，并在施工中，使排椿和石围墙有机的结合，形成扣环，以加大其稳定性和强度。

2. 对塔基砌体及地宫的加固

（1）作好落剥蚀砖层的补强加固，但尽可能少用剔补法。

（2）塔基内外作好防渗防潮处理，必要时加一周防渗层。做到防渗、防潮。

（3）根据塔室内地坪，筑方形台明一座，高出院内地面高度100.0厘米左右，方台内夯填灰土。

（4）修整地宫地面、墙壁，妥善保存壁画、石刻。恢复地宫的券顶和甬道。券顶上部突出塔心室地面，仍按原有做法，在顶上覆一石砌须弥座式佛台，但不再塑像。甬道入口留在塔室内以便管理。

（二）塔身加固

塔壁的主要病害是壁面和部分门券裂缝及部分壁面崩塌，这和塔壁中心多用填砖法，内外没有良好的结合，外壁受力不均以及塔体倾斜等均有一定的关系。

加固的方法如下：

（1）塔身荷重集中，不能各面同时整修。施工必须细密，每一步骤应有相应的绝对安全措施。

（2）对塔壁的裂缝，考虑到变形部分的相对隐定性，故不能大拆大补，以防局部失去平衡，出现新的危险。故采取补强灌浆加固法。灌注前用空气压缩机除尘，然后灌浆。灌注材料，应采用易与砖土结合、收缩率不大、流动性良好、强度较高的物质。在施工操作中，应特别注意保持塔壁清洁。

（3）对整片崩裂下沉的壁面，采用先支顶，后补砌的办法，一处一处地拆砌补实。在补砌的同时，应准备灌浆，使外皮与内部有机联为一体。补砌塔身外皮的砖，全部采用本塔原有的旧砖。砌砖仍用红黏土，可加适量增强材料。这样做不仅色调一致，而且可增加抗压强度（旧砖耐压力平均达到二百号）。

（4）门券顶部裂缝，主要用补缝法，不做别补，大缝加铁件与细砂红黏土等填料，细缝用澄泥浆弥实。

（5）对塔体下层内、外结合最差的部位，采用不锈钢板加固或现场浇注生铁。

（6）对塔身造型雕砖的外皮，应分别不同情况处理，如十二根柱的莲花柱头，各角做法相同，整修时可依完整的做样子，补修残缺者。在壸门内的十六个狮子，姿态各异，损坏严重，则不能补修，应以现状加以补缝稳固，然后整体喷灰浆，以保存基本轮廓。对塔龛内、外的彩画更应现状保护，不得重绘或涂抹。

（7）施工中已发现塔身四壁体有较大空洞，抗压力很差时，则应在塔壁内部加隐蔽的混凝土支柱、横梁与顶板等，使之形成框架支体，但在一般情况下则不考虑这一措施。

（8）四个门洞加固后，拆除后人增砌的墙壁，使四个门重现旧观。

（三）密檐的整修

（1）密檐最上五层损坏严重。整修时必须做好的稳固支顶，然后按图进行补砌。尽可能用旧砖修补外檐。

（2）上五层檐新砌部分的外部应抹灰，白灰中事先加入土灰色做旧，塔上原有灰皮尽可能多保留。新修反叠涩檐外露部分应稍有坡度，以利排水。修完后，应喷浆加固、防渗。

（3）叠涩中间矮壁门窗，做法各异，修复时应严格依原貌砌造。

（4）内壁叠涩檐的加固方法与外檐相同，但不做灰皮，亦可用新制青砖。塔身内壁凡后人开凿的洞沟，一律填实，原构处则保存之。

（5）塔壁用于攀登的栈木，应以同等规格恢复，以便看出古人登临此塔进行整修的方式。

（6）塔顶内部崩裂严重，多处通风漏雨，且外檐第十三层以上，转角砌法也与下部不同，将原特制的拐角砖改为对缝砖，显系后人修葺时所致，鉴于这些情况，塔顶二或三层檐应复原重砌，并加防渗层。

（四）塔刹加固整修

（1）塔刹整修，应保持原貌，除扶正刹杆之外，其余不能拆改，莲花形覆钵的补配，一定要注意保持原有的艺术风格。

（2）做好防渗处理，严防雨水内渗。

（3）塔顶安装避雷针要求用最先进的设计和最优质的材料制作，确保游人及文物安全。施工期间，安装临时避雷针，正式装针后，要每年定时检查。

（五）建观测基桩

全塔修缮竣工后，建立塔体倾斜定点观测桩，定期观测十年，检验修后古塔有无变动现象，为长期保护工作提供科学依据。观测要做到"三定"，即定点、定仪、定人。

（六）建筑材料

建材要求进行严格检查确保质量，如青砖要求耐压达到100至150号，抗折性能达到30公斤。新砖要进行增强、防碱等技术处理，主要是浸泡补强法，即用豆浆浸泡二十四小时，达到不再有吸水性。特别重要的防渗部位，在浸泡后复以桐油刷面。

（七）防滑坡工程

（1）根据前述地质特征，塔西北和北部，是一斜坡地带，虽然目前尚未构成滑坡威胁，但两家勘察、勘探报告，都提醒我们不要在这里造成滑坡的条件，主要是处理好渗水问题。为减少农田灌溉，一部分耕地应退耕还林，防止把静止的斜坡变为滑坡。

（2）沿塔北及西北山坡，构筑拦洪沟，疏导山洪（见拦洪沟设计图）。

（3）在近塔院的西北部筑一道挡土石墙，稳固近处早已形成的山坡堆积土层，亦便于观测。

（4）平整塔周围地坪做好防渗处理。

（5）建立固定的防滑观测桩，进行定期观测。

（6）塔北部耕地，近塔处应在有条件时，逐步实现退耕还林，植被防渗。

（八）环境整修

嵩岳寺原有规模十分宏大，塔院只是其中一小部分，目前的环境是民国年间改建而成。现有的小院使游人难以在塔前留影。而且像山门那样的木构建筑距塔只有几米远，山门与塔间又生长古树，一旦发生火灾，古塔必遭其害。为文物安全与参观游览方便，塔院范围应适当扩大，具体做法如下：

（1）山门南移改变现在塔前无停留场地的困境。

（2）塔西院墙，紧靠白衣殿西山墙而下，与东墙很不对称，现西墙外是1200.0厘米宽的耕地，围墙可西扩到距旧墙1400.0厘米的小柏树林山脚下。扩大以后，在塔院内可建房数间，施工时作为工棚，其后改作陈展室或住守管理人员。

（3）根据塔基修复的需要，重新砌筑后三殿前的台基面与挡土墙。

（4）作好古柏、古槐（迎客槐）和古银杏树的保护，但应清除一些院内杂树。今后绿化，着重在距塔4000.0厘米之外之地带，近塔处主要置盆栽植物。

（5）保护好古碑、石幢和各种附属文物，重要石刻置于亭下或廊内保存。

（6）补砌院墙和院内外台阶、道路。院内地坪处理，中高边低，雨水自东、西墙边排出，塔附近不积水。

五、几项措施

（1）为做好嵩岳寺塔的整修工程，我单位已建立整修嵩岳寺塔技术领导小组，由所长张家泰（副研究馆员）任组长，成员由李传泽（总工程师兼设计室主任）、陈进良（理化研究室主任、副研究馆员）、杜启明（所长助理、馆员）、杨宗琪（会计师）等同志组成。工地建立办公室，陈进良兼办公室主任，王国奇任副主任。

（2）本方案经国家文物局正式批准后，要坚决执行，不得随意变动。需变更时，要报请国家文物局同意。

（3）为少走弯路，做好工作，动工前，要组织有关工程技术人员向兄弟省学习一次修塔经验。对工人要作文物知识和技术培训。

（4）对工地技术负责人，实行严格的岗位责任制，对修塔有功人员要奖励，对失职人员要给予处分。

（5）修塔开始后，要定期向国家文物局及省文物事业管理局汇报进度与存在问题。工程结束后，要向中央与省文物局作出《嵩岳寺塔整修工程竣工技术报告》，并请主管部门组织验收和技术鉴定。

（6）工程进程中，要经常向当地政府和文化主管部门汇报工作，争取得到他们的指导与支持。

（7）修缮完成后，我所在此建立技术观测站，对古塔进行各种定期观测、记录与研究。对古塔的日常保护管理工作，仍由当地文物部门负责。

（8）建立工地日志，制定工地工作守则和纪律，采取有措施，保证整修阶段的文物安全与人身安全。

六、专项报告设计及图纸材料目录

（1）嵩岳寺塔勘测简报；

（2）河南省登封县嵩岳寺塔变形观测报告；

（3）嵩岳寺塔及其周围地区的物理勘测报告（附：嵩岳寺塔塔基及周围地质物探工作协议书）；

（4）登封嵩岳寺塔自重计算报告；

（5）嵩岳寺塔区工程地质勘察报告；

（6）嵩岳寺塔裂缝灌浆剂及黏合剂测试报告；

（7）嵩岳寺塔基础加固设计；

（8）嵩岳寺塔避雷装置设计；

（9）防滑工程设计；

（10）塔院环境设计；

（11）塔院内外竖向设计；

（12）工程预算表；

（13）工程进度表；

（14）1:300 地形图实测图。

七、附记

（1）本方案修订工程中，曾先后得到国家文物局、文保所和河南省文物局领导与专家的关怀与指导，这里深表谢意！尤其是高级工程师杨烈、祁英涛、杜仙洲、黄克忠、梁超、孔祥珍等同志的宝贵意见，已经收入到本方案的具体指导思想和内容中来，对于他们的辛勤劳动，更当记录在案。

（2）参与本方案研讨、修订的本所人员有李传泽、陈进良、杜启明、杨宗琪、王国奇、李中翔、张家泰。

（3）本方案拟草与修订的执笔者张家泰。

第三节　嵩岳寺塔本体修缮工程

嵩岳寺塔修缮项目主要有 5 项：1) 塔本体内外损毁部分的加固修缮。2) 塔所处基础的加固工程。3) 现存未修的山门、后东殿两处附属建筑修缮。4) 环境的修缮和塔南院落的适当扩大整理。5) 树立标志说明。

一、搭设脚手架

塔内、外全部搭设脚手架。塔外部脚手架采用双排架，平面随塔外壁为十二边形，平面尺寸随塔外层，内排距塔每层外檐约 20.0 厘米，内、外排间距离 190.0 厘米，高度共 23 层，每层高 190.0 厘米，层总高 4370.0 厘米，立杆总高 4350.0 厘米。塔每面每层内排架中间立杆 1 根，每转角处角杆 1 根，下安立杆座立于塔阶基之上，根部扫地杆 1 根，以上每层顺身杆 1 根。外排中间立杆 2 根，每转角处角杆 1 根，下安立杆座立于室外地面，根部扫地杆 1 根，以上每层顺身杆 2 根，3 层高剪刀撑 2 根。内、外排间踩杆中间 2 根，每转角处 1 根，加固杆每侧各 1 根。在塔南面外排架外设置矩形双跑登塔楼梯，梯总宽 200.0 厘米，总长 400.0 厘米，梯段宽 90.0 厘米，梯段长 240.0 厘米，休息平台宽 80.0 厘米，一跑梯段高 190.0 厘米，踏步步数 9 步，扶手高 85.0 厘米。楼梯外排架中间立杆 1 根，角杆 2 根，扫地杆 2 根，以上顺身杆每层 2 根，踩杆 4 根插入脚手架，每 3 层剪刀撑杆 2 根，踏步杆每踏 2 根，扶手立杆 3 根，顺杆 1 根。塔东面脚手架外设置提升架，宽 180.0 厘米，长 160.0 厘米，每层高 190.0 厘米，总高 4500.0 厘米。每层角杆 2 根，每 3 层剪刀撑杆 2 根，惯（滑）道梁 2 根，外加固柱 2 根，惯道梁垂直方向每高 100.0 厘米设惯道梁系杆 1 根，提升机顶部安装滑轮。脚手架、楼梯每层铺设 2.0 厘米厚木板，杆件间用卡扣固定（图 7.3.1）。外排脚手架作临时避雷针 3 根，顶部高出脚手架 300.0 厘米，铜导线转向角度不能小于 45° 角，用弧作为转角。

塔内脚手架采用双排架，平面随塔内壁为八边形，平面尺寸随塔内层，外排距塔内檐 20.0 厘米，内、外排间距离 100.0 厘米，高度共 15 层，每层高 190.0 厘米，层总高 2850.0 厘米，立杆总高 3100.0 厘米。内排每面每层角杆每转角 1 根，根部扫地杆 1 根，以上每层顺身杆每层 1 根。外排中间立杆 1 根，每转角杆 1 根，根部扫地杆 1 根，以上每层顺身杆每层 1 根。内、外架间中间踩杆 1 根，每转角各 1 根。内排架立杆上设爬梯，梯步高 30.0 厘米。脚手架每层铺设 2.0 厘米厚木板，杆件间用卡扣固定。

二、地宫修缮工程

地宫修缮项目为穹窿顶、甬道墙体和地面等，壁画、石刻保持现状，妥善保存（图 7.3.2、图 7.3.3）。

（1）恢复地宫的穹窿顶，顶上部突出塔心室地面。室顶依据原遗存穹顶弧度走势，以楔形砖复原穹顶，顶部用边长 30.0 厘米的方砖覆盖。

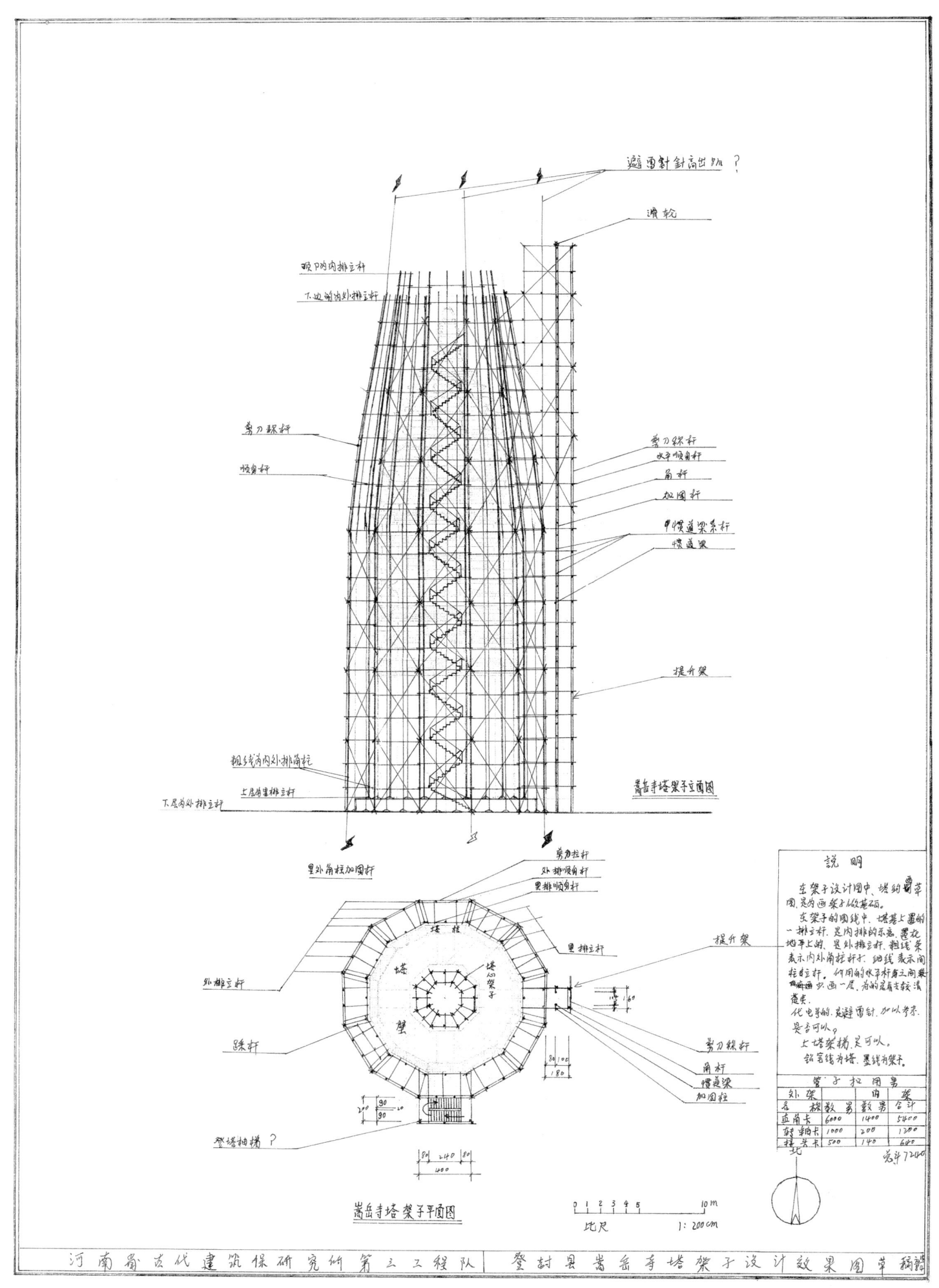

图 7.3.1 脚手架设计图

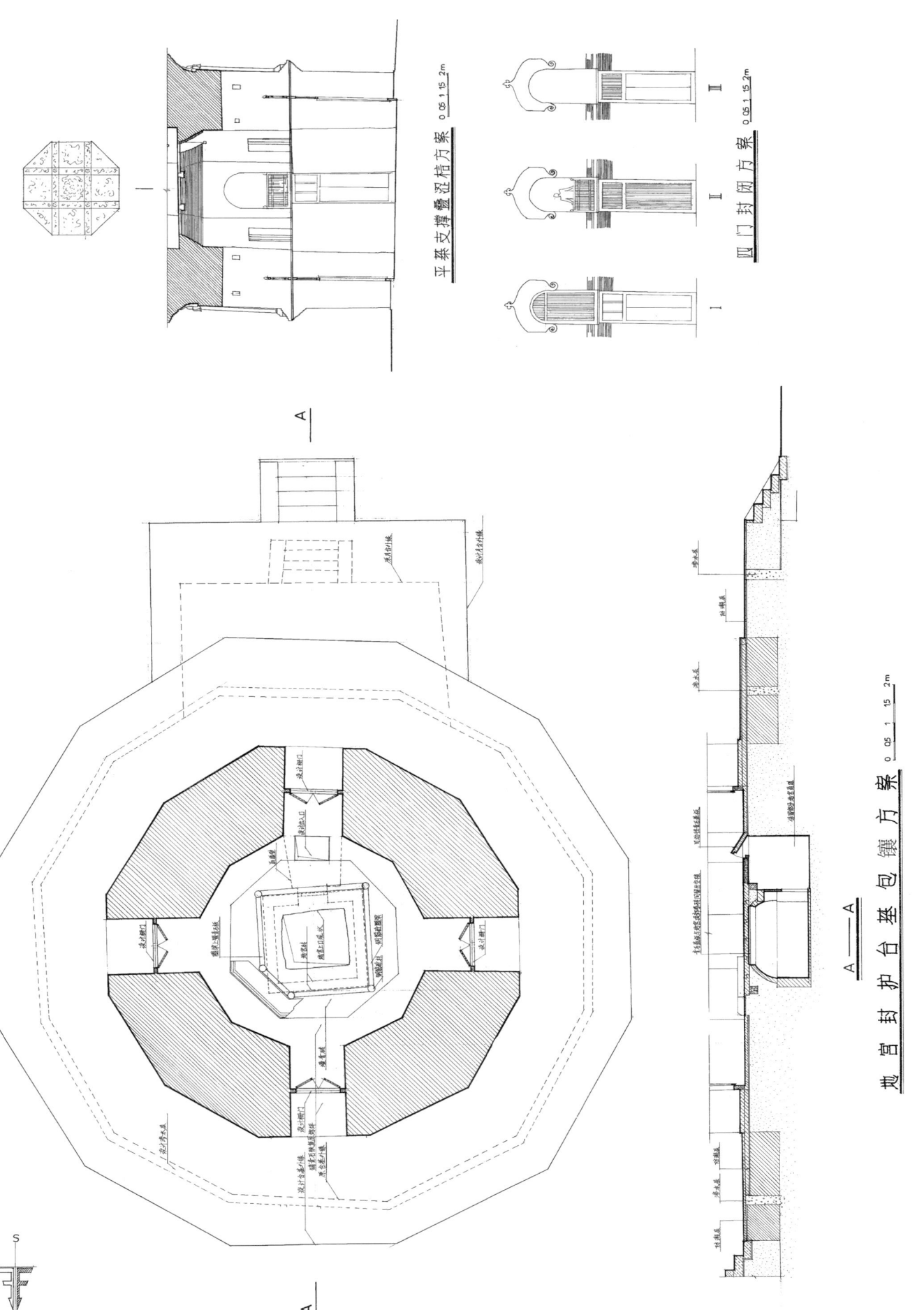

图 7.3.2 地宫、台基设计方案

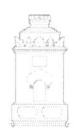

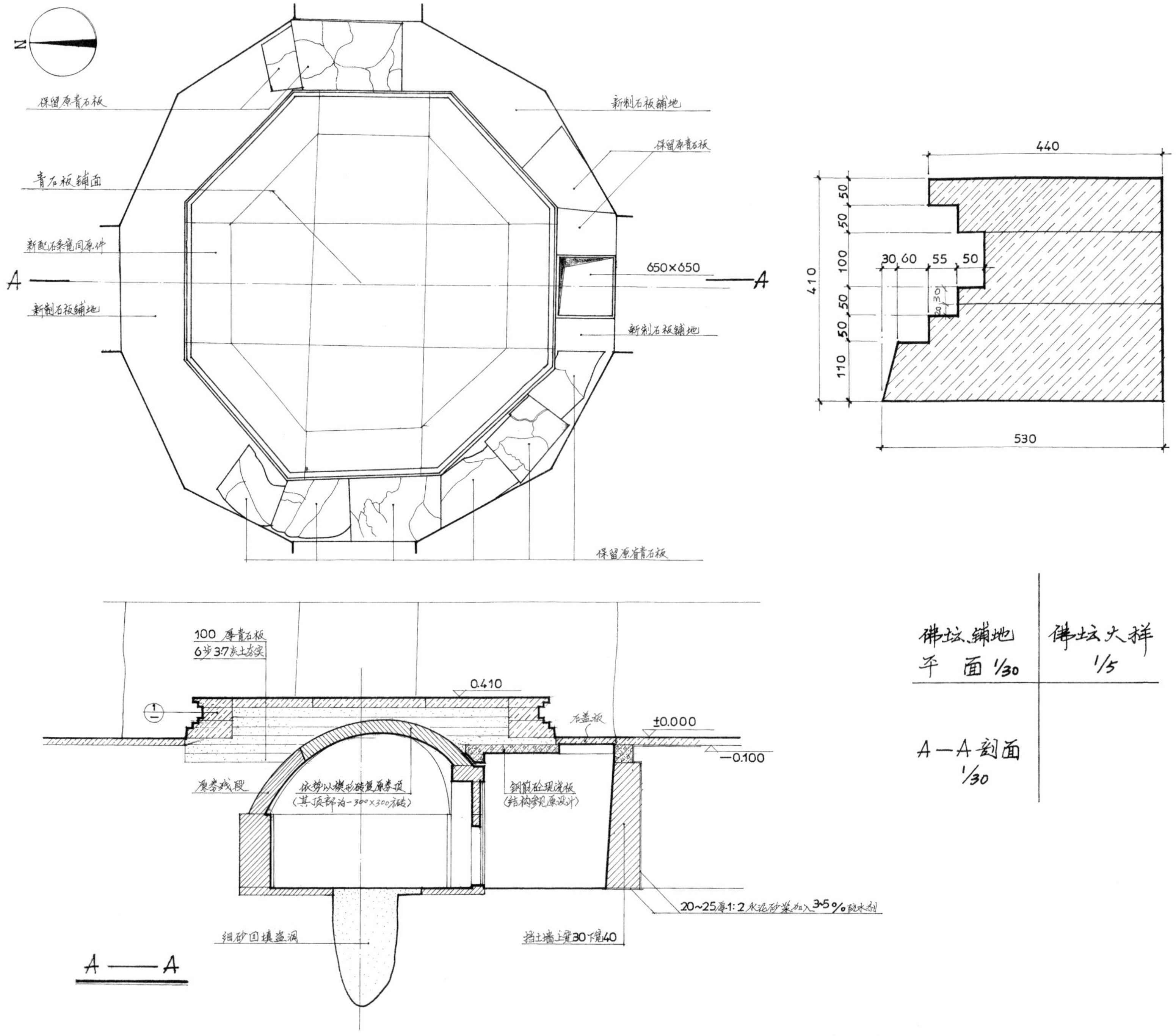

图 7.3.3 地宫、佛台设计图纸

（2）甬道两侧墙体残损部分用老、新青砖补砌。南端砌筑新青砖墙，甬道一侧墙面向上收分，墙下宽40.0厘米，上宽30.0厘米，高125.0厘米，墙底和夯土一侧用厚2.0~2.5厘米加3%~5%的1:2水泥砂浆作防潮层。墙顶置混凝土宽20.0厘米×高20.0厘米。甬道上口预制厚10.0厘米的钢筋混凝土板覆盖，南部留出边长65.0厘米的方形检查口，用厚5.0厘米木板盖口，以便检查。混凝土标号300，钢筋为一级钢。

（3）宫室地面以原铺地砖形制，仿制35.0厘米×35.0厘米×6.0厘米青方砖补配缺失铺装，砖下基层保持现状。其他遗存铺装地面清理后保持现状。

（4）塔室内盗洞深125.0厘米，用细砂分13层夯实回填，夯实厚每层约10.0厘米。

三、佛台、地面修缮工程

1. 佛台

地宫顶上恢复石砌须弥座式佛台，平面尺寸依照原佛台遗迹，边长179.0厘米，高41.0厘米，按遗留须弥座残件式样，补配其他青石须弥座构件，用白灰浆砌筑，佛台内部用三七灰土分六层夯实，面层铺厚10.0厘米青石板（图7.3.3）。佛台上不再塑佛像。

2. 塔内地面

拆除塔内后建墙体等构筑物，现状保留遗存青石地面铺装，缺失部分按缺失平面形状用青石补配，厚12.0厘米，铺装下基础保持现状。

四、塔阶基、月台、踏道、散水修缮工程

本工程包括塔阶基、月台、踏道、散水修缮工程（图7.3.2）。

1. 阶基

为保护塔根防水问题，拆除后建宽160.0厘米破损砖砌阶基。根据塔室内、外地坪标高，延续已有的十二边形平面形制，在塔周围重新扩展砌筑塔阶基，宽280.0厘米，高100.0厘米，阶基周围砌筑青砖墙体厚45.0厘米，转角处安装角石，上用压阑石宽45.0厘米×厚22.0厘米，凸出墙壁5.0厘米。地面用青方砖铺装。阶基墙与塔体间夯填灰土。

2. 月台

拆除后建月台，重新砌筑月台，东西宽800.0厘米，南北长320.0厘米，高88.0厘米。青砖墙体厚45.0厘米，月台边缘置压阑石宽45.0厘米×厚22.0厘米，砌出墙体12.0厘米。地面用青方砖"十字缝"铺装。台明墙内用灰土夯筑填实。

3. 踏道

重新在月台南砌筑青石踏道4级，宽240.0厘米，踏道两侧做副子，每踏宽40.0厘米×高22.0厘米。塔阶基东、西正对塔门各砌筑一青石踏道五级，其他同月台南踏道。塔阶基北对门作甬道，两侧作压阑石。地面用青方砖铺地。

4. 散水

沿塔阶基、月台、踏道、甬道外侧铺青条砖散水，宽68.0厘米。

五、塔体崩裂、酥碱修缮工程

塔壁为砖砌体结构，是塔荷载的主要承载体和传递通道，砖砌体和泥土黏合剂强度不同，荷载传递也不均衡，其薄弱和损坏处容易产生应力集中，且塔壁较厚，其内部构造不明了，修缮时各壁面不同时施工，采用分面分步一处一处地逐步拆砌补实施工，每一处均采用先支护处理，后拆卸补砌的办法。

1. 塔壁崩裂、下沉加固工程

按照已经国家文物局同意的技术报告进行。对于较宽的裂缝，表面除用粘结剂封堵外，还应用较厚的生铁

片楔牢。塔身崩裂下沉部分（即一层西南面）的整修加固；崩裂部分已外坏，因年代较久，不易回归，故采取拆除重砌的办法修复，一律用原塔砖垒砌。砌时外部用黏土增强剂作黏合剂，内部可用混合砂浆，以增加新老结合部的强度。顶部与未拆除部分连接处，要特别注意牢固紧密，如缝宽超过原砌缝时，应用生铁片楔紧。

第一层塔身下段外部第二角墙壁崩裂下沉部分修缮加固，塔壁崩裂、外鼓部分面积较大，崩裂墙壁深度一砖厚，与内部砌筑连接不紧密，且此部分为塔荷载的主要承载结构，壁体难以现状加固、也不易整体归位，故采取拆卸重砌的办法修缮，并与第二、三面裂缝加固及其他修缮时间错开。拆卸前先支顶加固上部未崩裂壁体，拆卸时壁面砖编号，清除砖面黄土黏合剂后备用，并清理内部砌体表面遗留黏合剂，以便重砌结合紧密。补砌墙壁一律使用原塔砖砌筑，外侧砌筑墙体黏合剂用红黏土加15%～30%丙烯酸酯共聚乳液的水溶液增强剂调制，使外墙壁与原墙色调一致，内部用混合砂浆，以增加新老结合处的强度，同时准备灌浆，使外皮与内部有机联为一体。重砌墙壁顶部与未拆卸墙壁连接不牢固紧密部分，泥缝超过原砌缝宽时，用生铁片嵌固楔紧，再用黏合剂填实。砌筑处理，严格控制砌砖本身规格尺寸，复制新砖保持塔体原砖的形制和尺寸，砌体总高控制利用调整泥缝的做法实现。为使砌体整体稳固安全，损毁处如为上下层对缝，可改为上下层错缝。

2. 塔外部后补修缮工程

塔外壁下部五十年代修补的砖壁部分，拆除重砌。补砌仿制新砖作增强、防碱等技术处理，主要是浸泡补强法，即用豆浆浸泡二十四小时，达到不再有吸水性；特别重要的防渗部位，在浸泡后复以桐油刷面。并作耐压强度实验，抽检测试达到100号至150号以上，抗折性能达到30公斤合格后选择使用，黏合剂选用同重砌崩裂墙体。

3. 塔外壁酥碱修缮工程

塔外壁砖酥碱严重的挖补，根据酥碱深度，选择同型号仿制砖加工，砖面不磨制，使原烧结面向外，以保证砖面耐风化，补配新砖和黏合剂要求同上述。砖面风化轻微部分保持现状，不进行挖补等处理。以上外壁补砌后重新外做白灰粉刷层。

4. 塔内壁、穹顶修缮工程

塔内壁缺砖、酥碱砖修补方法、材料选用同外壁，黏合剂外侧脱落砖缝，重新用黏合剂弥实。内部穹顶崩裂严重，结构不稳定，拆卸重砌；穹顶上部构筑一厚10.0厘米的混凝土防渗层，防止上部雨水渗入塔内。四座壁龛保持现状。拆除第二层楼板，其他各层均不做楼板。

5. 门洞内后建墙体修缮工程

四个门洞加固后，拆除后人增砌的墙壁，使四个门重现旧观。叠涩中间矮壁门窗，做法各异，修复时应严格依原貌砌造。

六、裂缝加固工程

1. 塔壁裂缝加固

采取压力灌浆加固法填充塔体大小裂缝，使开裂塔体粘接成一体，增强塔体力学性能。现残损、变形部分相对稳定性，不进行大拆大补，以防局部失衡，出现新的危险。对较宽的裂缝，表层除用黏合剂封堵外，用较厚的生铁片楔牢。

裂缝灌注前先除尘，然后灌浆。具体灌浆工艺为先用高压空气把裂缝中的杂物、灰尘等吹净，后用水冲洗。再用丙烯酸乳液调制黏土封缝，保持与原黏合剂近似。埋置进铁浆管，管直径0.1～1.5厘米，与封缝同时进行，管距一般为40.0～50.0厘米，细裂缝处，适当剔凿以能插入铁管为宜。灌浆时先沿灌浆管压入适量清水，以利于浆液保护。自最下部进浆管开始灌浆，至不再进浆或邻近管子出浆为止。灌浆压力为2～3公斤/厘米。为防止浆液水分被砖吸收后出现空洞，第二天再重复灌浆，以保证浆材充满缝隙。

灌注材料根据实验分析和配比结果，选用易与砖土结合，收缩率不大、流动性良好、强度较高的丙烯酸共聚乳液水泥（砂）浆，0.5厘米以下裂缝采用500号水泥加适量10%～20%丙烯酸乳液调和，0.5厘米以上裂缝采用配比500号水泥：干粉砂＝1：1，加适量10%～20%丙烯酸乳液调和。施工操作中保持塔壁清洁。

2. 门券顶部裂缝加固工程

券顶裂缝用补缝法加固为主。大缝用生铁片加细砂红黏土填实，细缝用澄泥浆弥实。个别券顶下沉的砖可用千斤顶使其先复位，不能复位的砖，拆卸后重砌，缝隙应用生铁片楔牢。

七、塔檐修缮工程

（1）塔外部密檐第十一至十五层这五层塔檐砌体松散、开裂、坍塌损坏极为严重，已无法维持现状和在现状上加固，为保证塔檐的稳定安全，先将松动、即要掉落的砌砖拆卸。施工前做好稳固支顶等安全防护工作，拆卸过程中对砌体结构、构造做法进行二次勘测、记录，被拆卸砖进行编号后存放。然后按修缮设计图纸，并结合实际情况进行塔檐补砌，补砌用砖尽可能的用旧砖修补外檐。除此之外，为保证塔檐的安全，在第十一、十三、十五层塔檐隐蔽处各埋置圈梁一道，梁规格宽16.0厘米×高20.0厘米，即三层砖的高度，材料使用φ10～12钢筋，200号混凝土。

（2）内壁叠涩檐的加固方法同外檐，部分采用仿制青砖砌筑。塔身内壁凡后人开凿的洞沟，一律填实，原构处保存。

八、塔刹的加固

塔刹部分损坏严重，已无法现状加固，需拆卸重砌。

塔刹拆卸前进行拍照、绘制整体图和大样图，以现脚手架为参照物，定出相轮、宝瓶的中线坐标，即塔的顶点中心点，为恢复相轮时与原来方位、大小、高度保持一致。在拆除时每层都要绘制平面图，每隔几层的标高都在架子的固定处做出标记，并拍摄照片。拆卸的砖按方位、层次编号，编号在砖不外漏部分用油漆写。覆莲拆卸南部，保留基本完整的部分，以便恢复时风格上参照，为拆卸部做支顶安全防护。

恢复时严格按图纸、坐标点、方位、高度、照片等进行，先用砖砌筑内部刹体、仰莲、覆莲缺失部分用仿制砖砌筑基本体，再砍制成原造型，相轮以下部分刹体完工后，外做粉刷，确保恢复原状。施工分步进行，施工至覆莲处，待灰浆固结后，再砌筑上部仰莲、相轮。砌筑砖除用原编号砖外，不足部分用仿制砖，但受力较大的部位，采用旧塔砖。仿制新砖加工同塔体，黏合物为仰莲以下泥浆同塔体，上部采用白灰浆。铁质刹杆将弯曲校直后，重修安装到宝瓶内，其上构件原物未知原状，不予以恢复。

此外，为留下此次修缮标记，在重新砌筑的塔刹天宫内放入瓷釉花瓶一件，内装烙字竹板与墨水竹板各两件。烙字板题"河南古建所""一九八九年修"十一字，墨书板题"塔刹莲座原拆原建皆依旧制""河南省古建研究所一九八九年整修"二十七字。

九、雕刻、彩绘、粉刷修缮工程

塔体雕刻、泥塑、彩绘艺术部分的材料、构造、形式等各不相同，依据其特点和现状情况采用不同的修缮方法。

1. 雕刻

第一层塔体如塔龛壶门内的狮子姿态形状多不相同，损坏严重，部分残缺无式样可参考，就是式样类同也不易修复成原风格，故保持现状，外不粉刷，仅对裂缝进行补缝处理。如转角的十二根柱莲花柱头，各柱头做法相同，依完整的作式样，补修残缺部分，外用桃花浆喷涂，以保持原造型。

2. 彩绘

如枋子、券门、塔龛内、外彩画画像等，有彩绘的部分全部保留，其图案、色彩均保持现状，不重绘或涂抹。内层灰皮空鼓部分采用注射黏合剂加固法，使彩绘灰皮与砖结合牢固。

3. 粉刷

塔身没有艺术部分的灰皮，外壁、叠涩等灰皮以补全为主，最上五层重砌塔檐和大面积脱落的重新粉刷，尽可能多地保留原粉刷。脱落粉刷层内遗存基层不全部铲除，仅清理将要脱落的部分，外用麻刀白灰泥加黄土粉刷，黄土调入比例以遗存灰皮颜色接近为准，灰皮严防焕然一新的情况。重砌反叠涩檐外露部分向外稍做出坡度，以利排水，粉刷完外再喷浆加固、防渗。内壁、叠涩保持现状，不做粉刷。

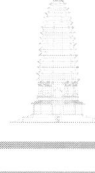

第四节 嵩岳寺塔防护保护工程

一、嵩岳寺塔基础及周围发掘探坑回填工程

探沟回填采用三七灰土分层夯实法。施工中遇雨天用帐篷覆盖探沟，防止探沟内积水等防护措施。回填土用人工分层夯筑，每层虚铺15.0厘米，夯打至10.0厘米，最顶一层为22.0厘米，每层夯打四遍，再用小夯复打探沟边缘回填土。根据探坑深浅不同夯层8～25层不等，以夯至比现地面略高为准。三七灰土配比用土过筛，再加白灰（熟石灰）搅拌均匀备用，最上一层采用白灰、石灰渣、砖、砾石、土配比的五合土。夯具用大夯重60公斤、小夯重30公斤和小铁锤三种，回填面积大采用大夯，面积小、塔根和探沟边使用小夯或小铁锤夯筑。

二、嵩岳寺塔周围地基加固工程

塔周围地基加固的主要目的是提高塔东南一侧的地基地耐力强度（图7.4.1～图7.4.5）。

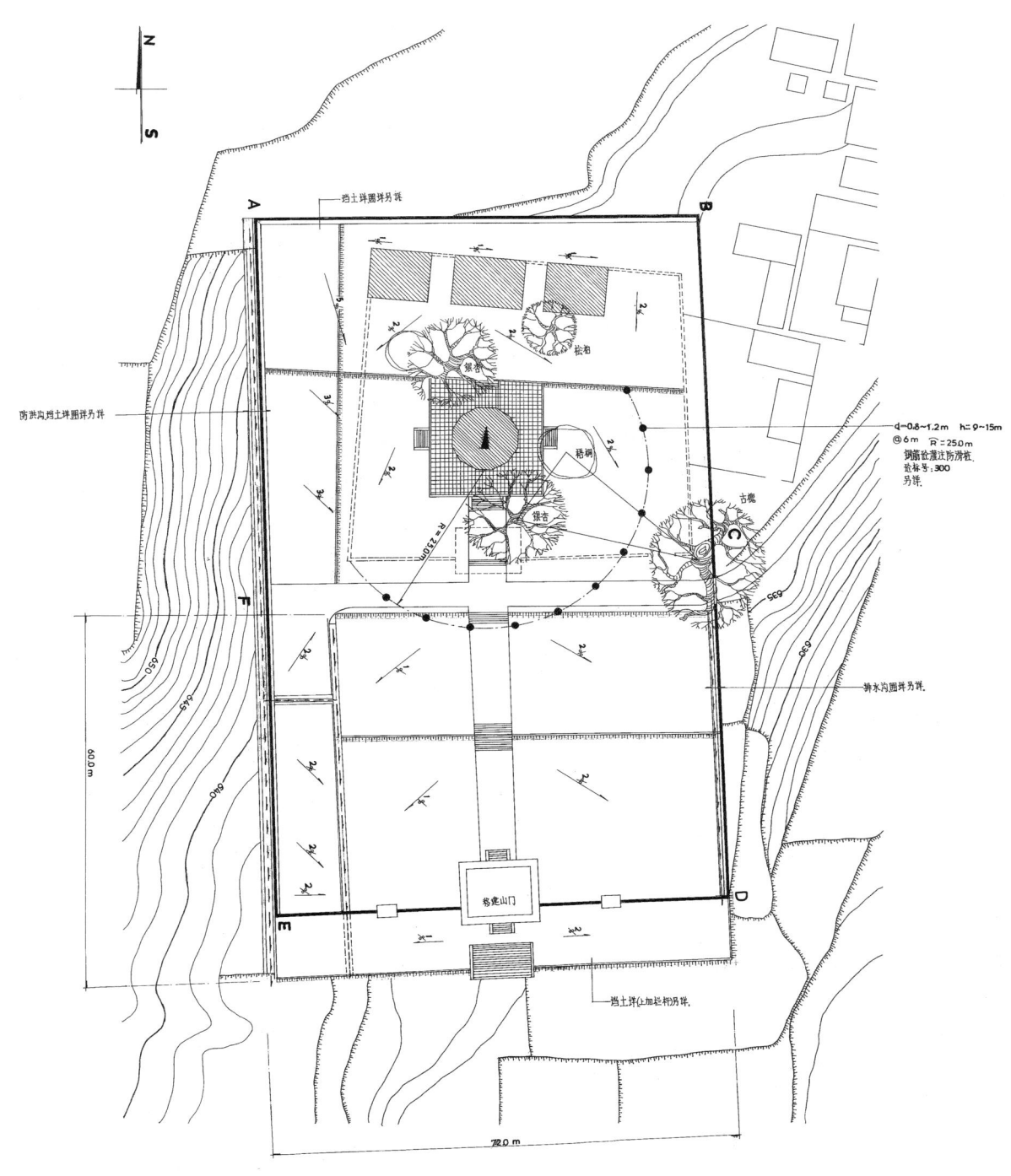

图7.4.1 地基加固防滑桩及挡土墙、排水等平面布置图

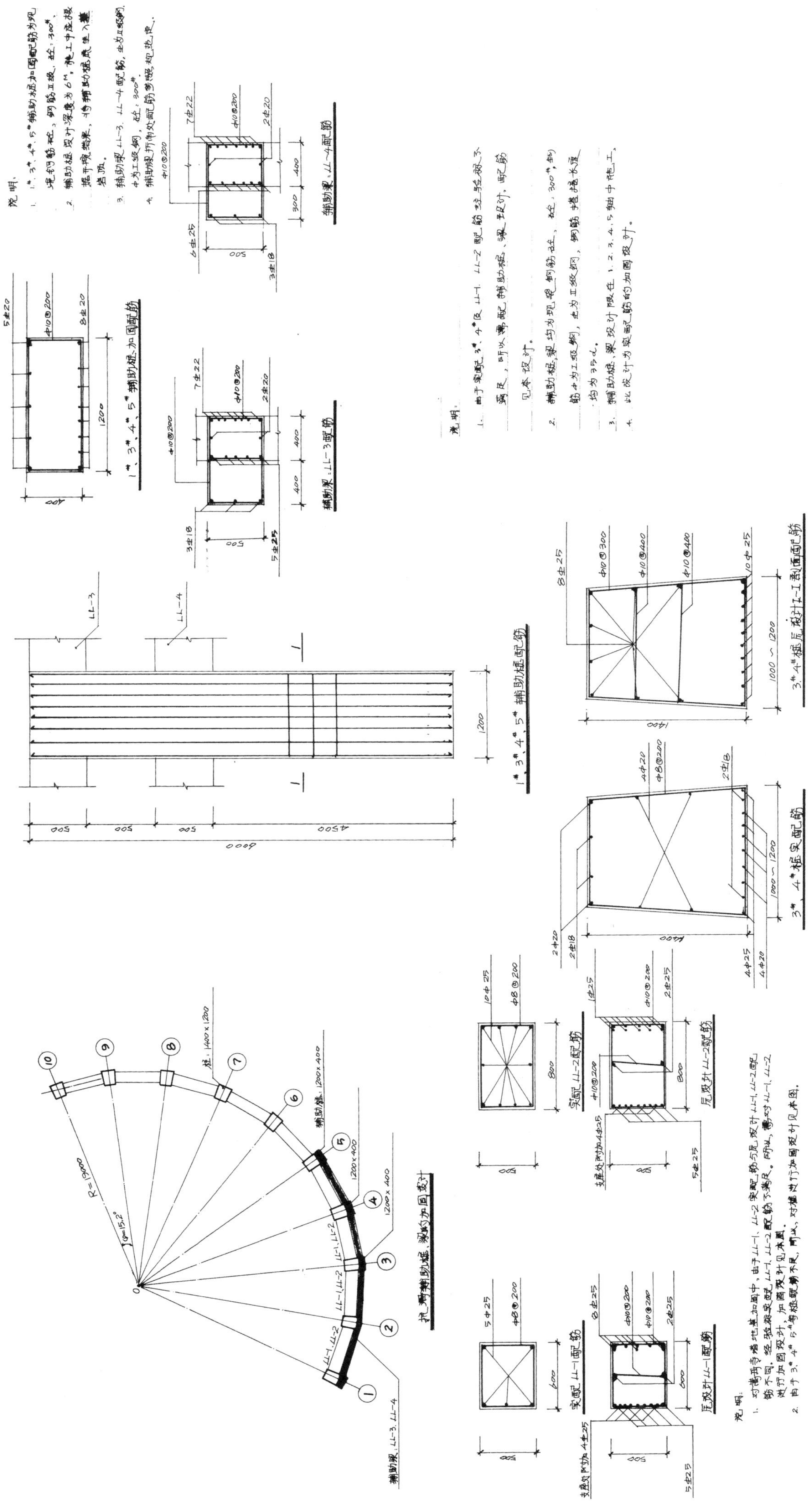

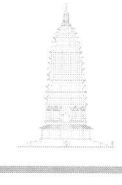

图 7.4.2 辅助桩、梁配筋图

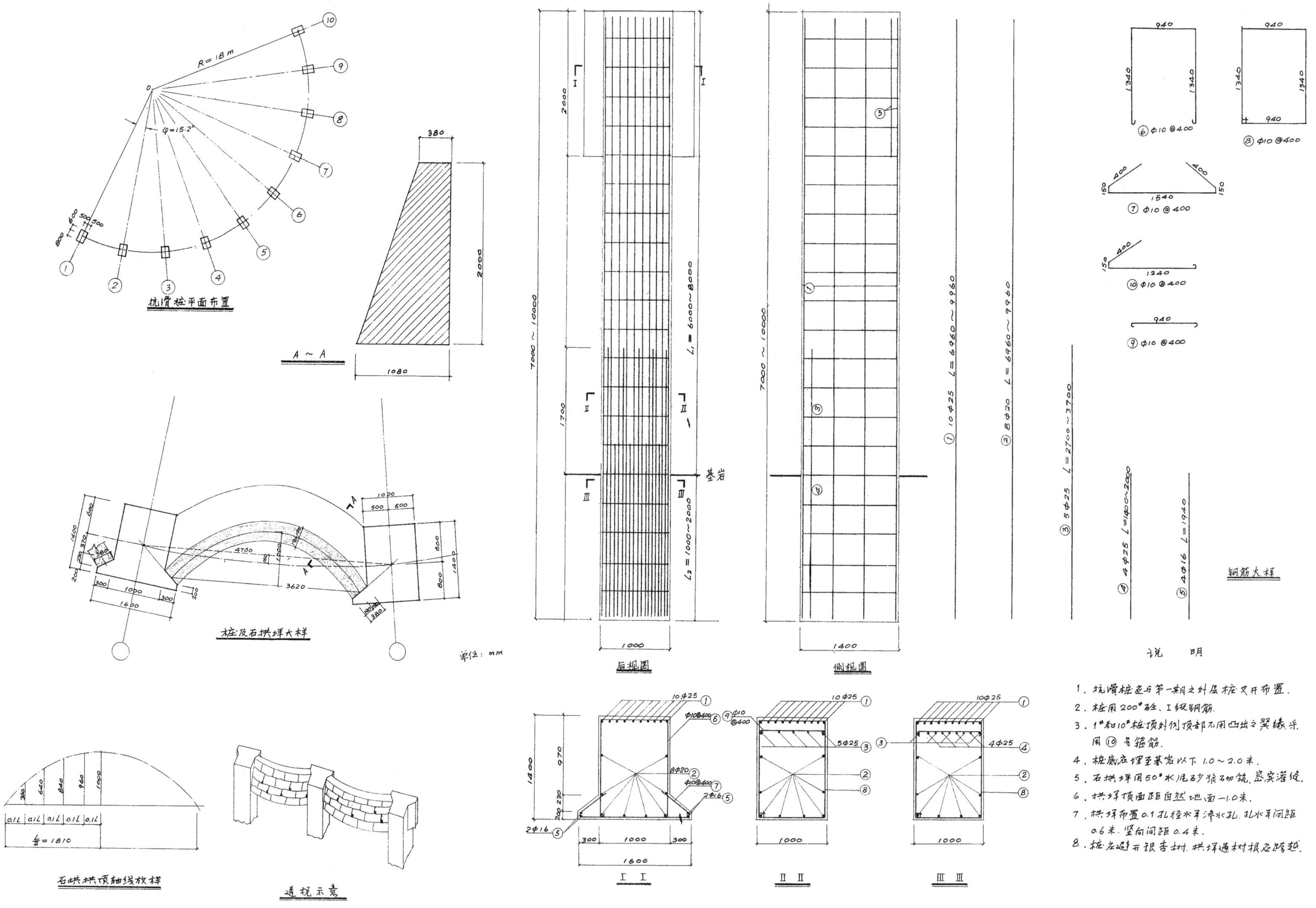
R=18m
φ=15.2°
抗滑桩平面布置
A～A
380
2000
1080
桩及石拱坪大样
3620
4700
1600
1400
单位：mm
石拱拱顶轴线放样
0.1L 0.1L 0.1L 0.1L 0.1L
L/2=1810
透视示意
7000～10000
L1=6000～8000
L2=1000～2000
基岩
后视图
侧视图
1000
1400
① 10φ25 L=6960～9960
② 8φ20 L=6960～9960
③ 5φ25 L=2700～3700
④ 4φ25 L=1400～2000
⑤ 4φ16 L=1940
⑥ φ10@400
⑦ φ10@400
⑧ φ10@400
⑨ φ10@400
⑩ φ10@400
钢筋大样
Ⅰ Ⅰ
Ⅱ Ⅱ
Ⅲ Ⅲ
说　明
1. 抗滑桩应与第一期之外层桩叉开布置.
2. 桩用200#砼、Ⅰ级钢筋.
3. 1#和10#桩顶外侧顶部不用凹出之翼缘采用⑩号箍筋.
4. 桩底应埋至基岩以下1.0～2.0米.
5. 石拱坪用50#水泥砂浆砌筑，恣实灌缝.
6. 拱坪顶面距自然地面-1.0米.
7. 拱坪布置0.1孔径水平泄水孔，孔水平间距0.6米，竖向间距0.4米.
8. 桩应避开现有古树，拱坪遇树根应跨越.

图 7.4.3　抗滑桩拱墙图

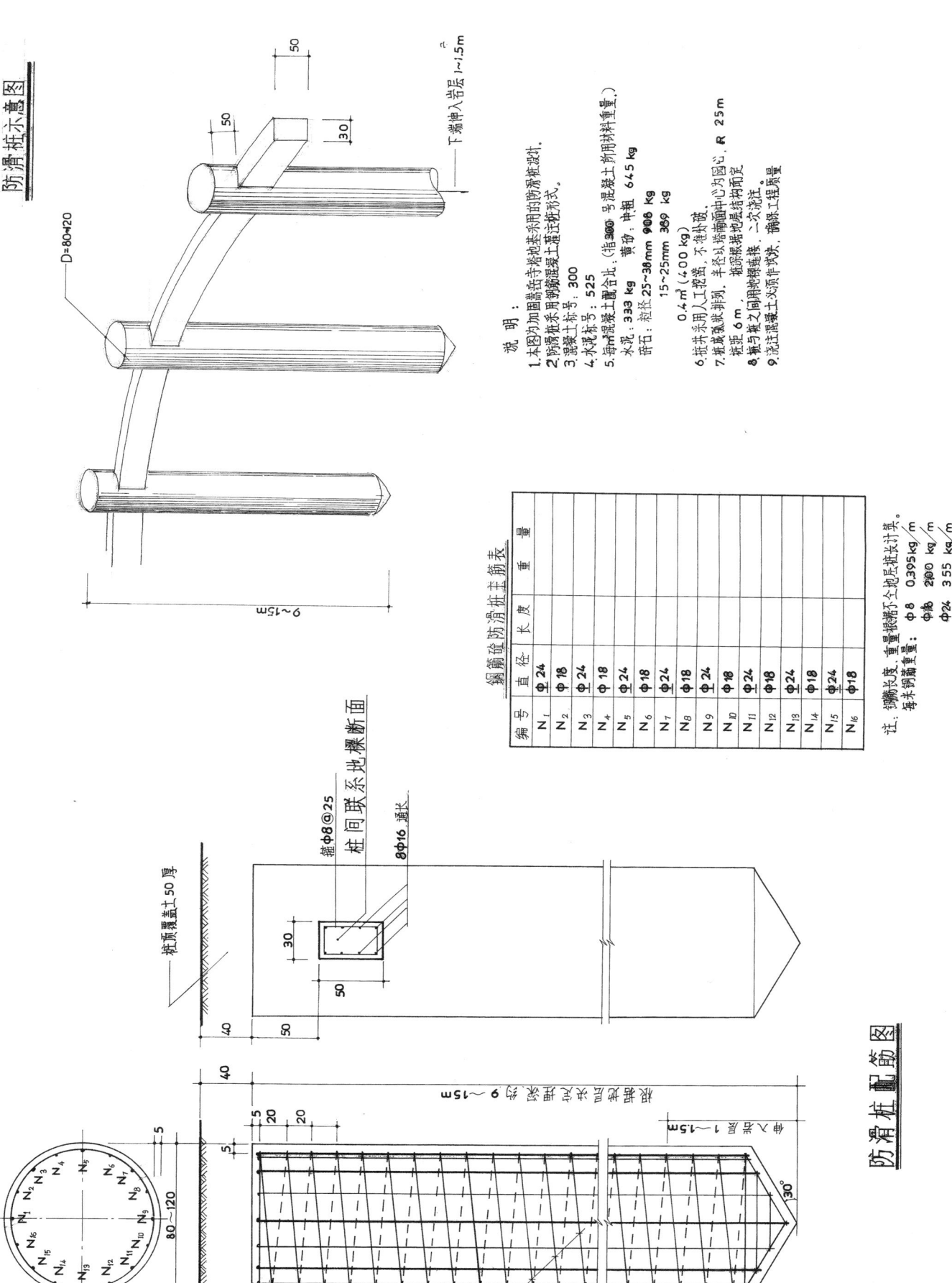

图 7.4.4 防滑桩设计图

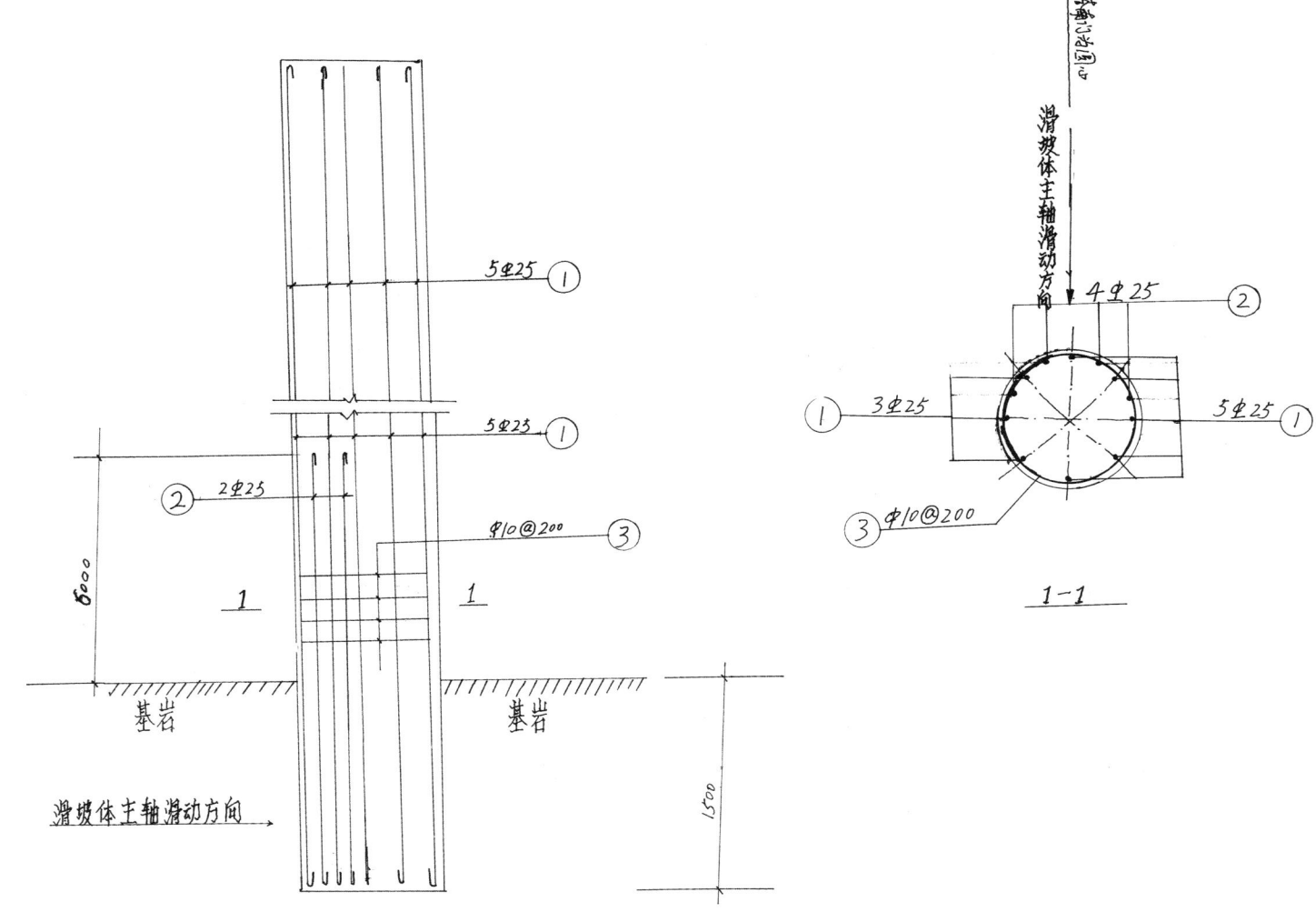

说明：1. 本设计混凝土采用C20，纵向钢筋为Ⅱ级钢筋，箍筋为Ⅰ级钢筋。
2. 本桩为人工挖孔灌注桩。

图 7.4.5　辅助桩配筋图

在塔周围石墙外东南部做两排钢筋混凝土防滑灌注桩，布置为弧形。第一排桩共 10 根，以塔壁中为圆心，半径 1800.0 厘米做弧均布防滑桩，间距 500.0 厘米，桩顶距地面 100.0 厘米，与第二排桩交叉布置。桩断面 100.0 厘米×140.0 厘米，根据地层确定桩长 690.0～996.0 厘米，嵌入基岩 100.0～200.0 厘米。抗滑桩顶之间砌筑石拱墙，顶宽 38.0 厘米，底宽 108.0 厘米，高 200.0 厘米，拱墙上布置直径 10.0 厘米水平渗水孔，水平间距 60.0 厘米，竖向间距 40.0 厘米。桩孔采用人工挖孔。材料采用 300 号（C28）混凝土，并作混凝土试块实验。

第二排桩共 11 根，以塔壁中为圆心，半径 2500.0 厘米作弧均布防滑桩，间距 600.0 厘米，桩顶距地面 40.0 厘米，圆桩直径 80.0～120.0 厘米，根据地层确定桩长 900.0～1500.0 厘米，下端嵌入基岩 100.0～150.0 厘米。抗滑桩顶之间以圈梁连接地梁形成整体，梁顶距桩顶 50.0 厘米，断面宽 30.0 厘米×高 50.0 厘米，采用 300（C28）号混凝土，二次现浇。混凝土桩的根部略向塔心方向倾斜，并使排桩和塔周围石墙有机的结合形成扣环，以加大其稳定性和强度。

施工步骤：

第一步是桩孔成孔作业，采用人工挖孔，成孔直径 100.0～180.0 厘米。具体操作需先按设计图定点，确定成孔位置合适。

第二步在孔外焊接绑扎钢筋笼，安装钢筋笼于孔内，现场灌注混凝土。

第三步用三七灰土分 4 步夯筑回填桩顶土层。

三、避雷设施防护工程

防雷采用针式保护设施，在不破坏塔外观和结构的前提下，埋入砖缝安装。参照设计规范《GBJ57—83》中第 2.2.1 条，嵩岳寺塔防雷设计按第一条民用建筑物考虑。防雷工程主要包括接闪器、避雷带、引下线、接地装置等工程（图 7.4.6～图 7.4.9）。

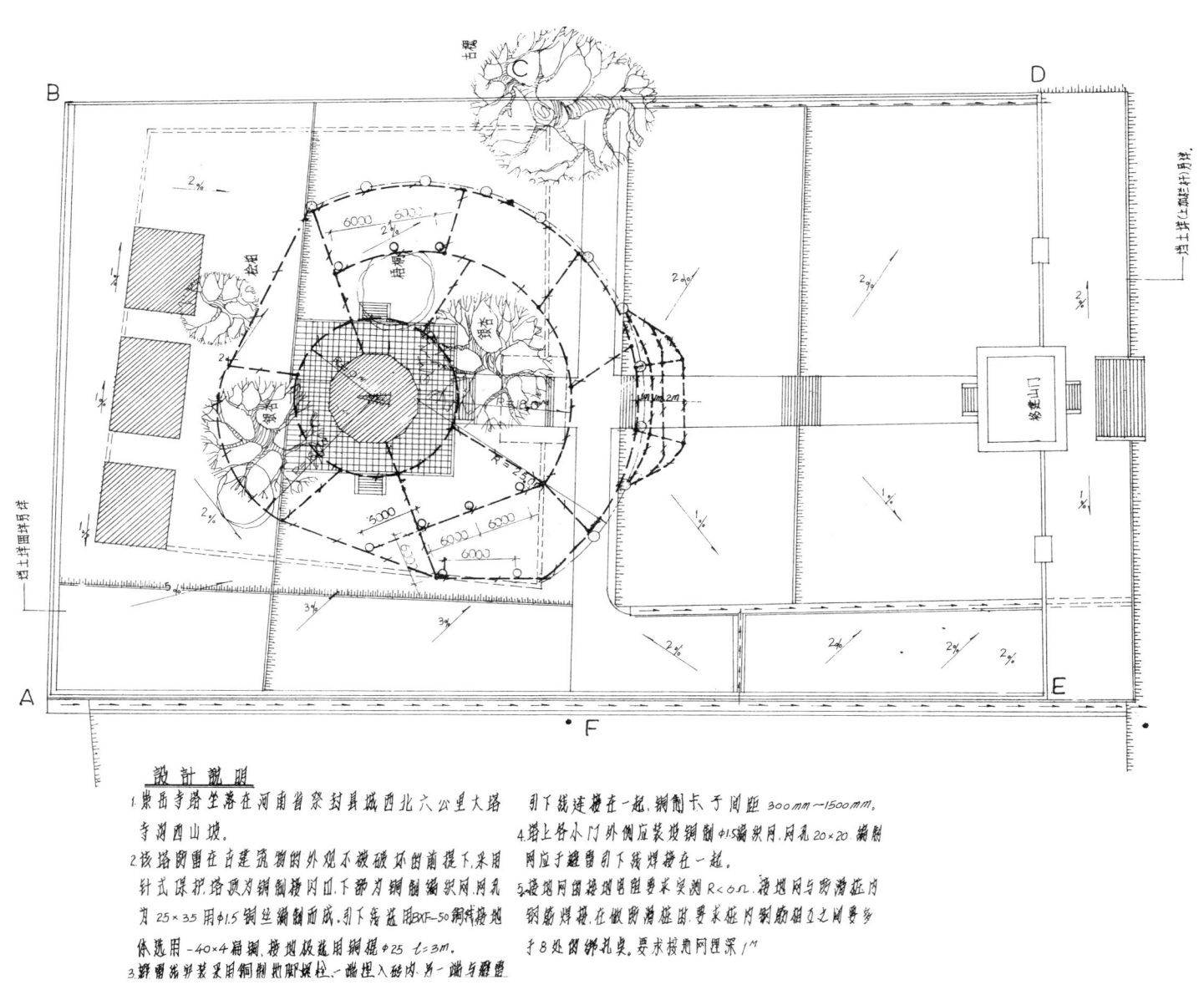

图 7.4.6　防雷接地网平面布置图

1. 接闪器

根据嵩岳寺塔所处地理位置及周围环境，参照《GBJ57—83》第 4.1.1 条，取长 200.0 厘米。直径 0.2 厘米的圆铜棒作针尖，针尖下部焊接一个铜丝编制的球形网，球形网套装于嵩岳寺塔顶部，保护塔顶直击雷，保护角为 41°。接闪器由避雷环、球网、避雷针组成。避雷环用 6 个地脚螺栓固定在塔刹相轮顶端，直径 75.0 厘米，环高 4.5 厘米 × 厚 0.4 厘米。网球焊接于避雷环，半径 500.0 厘米，其主筋由 4 圈经线和 3 圈纬线组成，直径 1.5 厘米的主筋，网孔 25.0 厘米 × 35.0 厘米、直径 0.6 厘米的铜丝现场编制而成。避雷针底部焊接在球网上部方

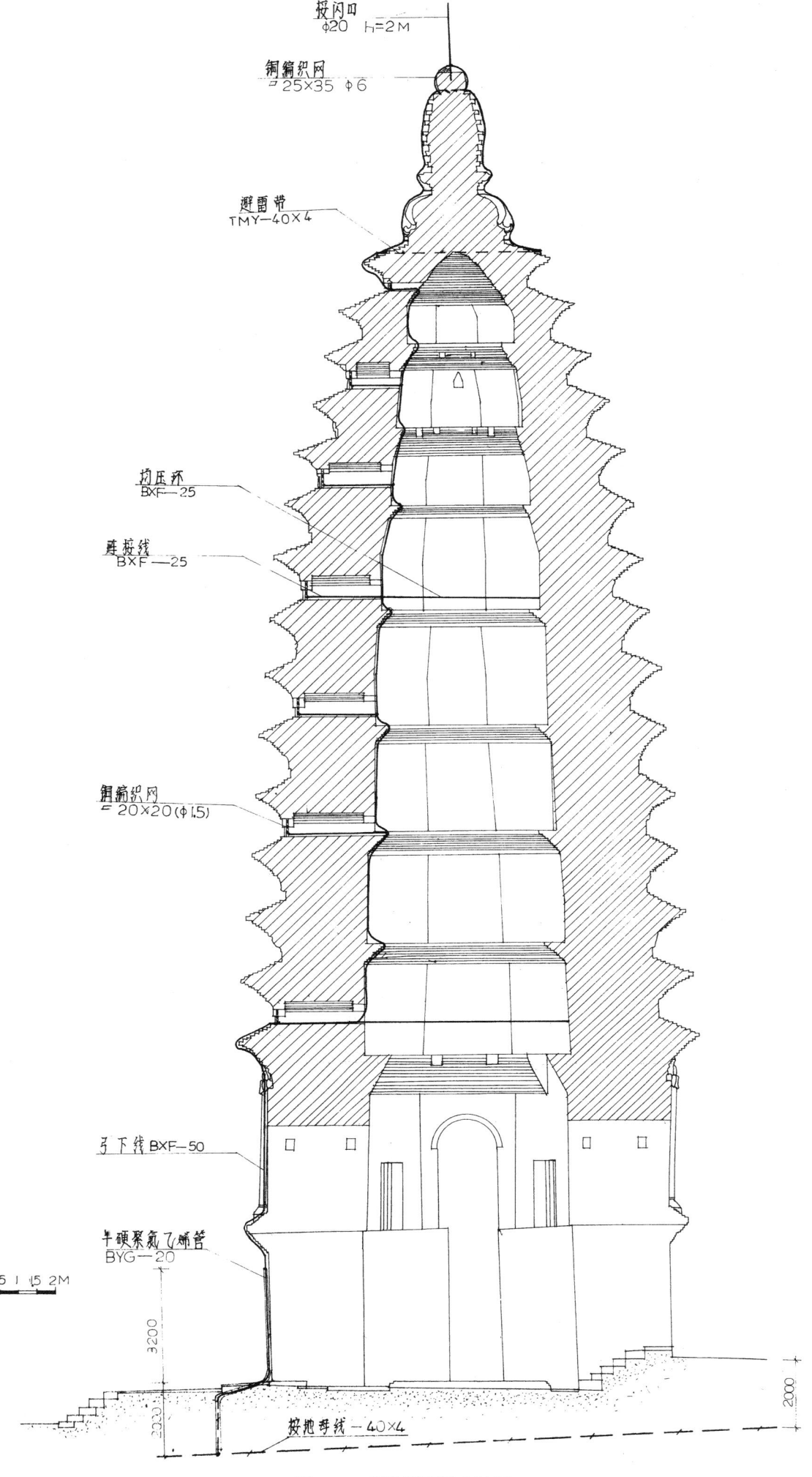

图 7.4.7 塔体避雷线安装图

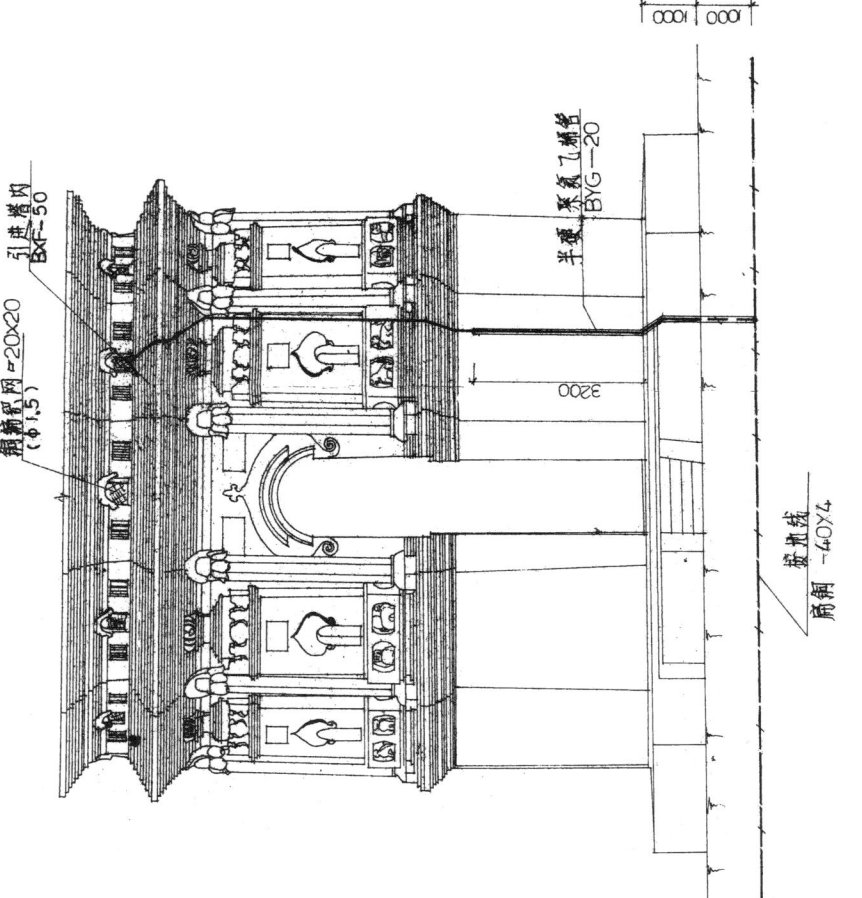
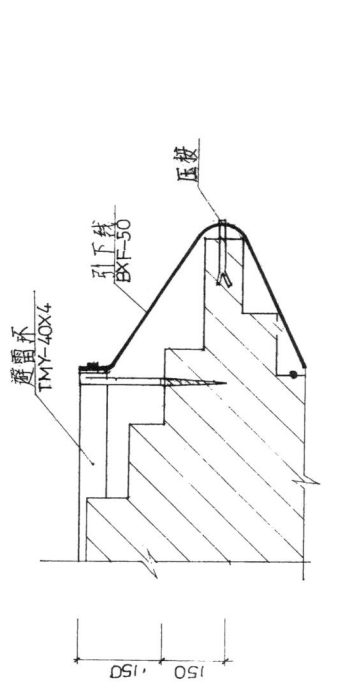
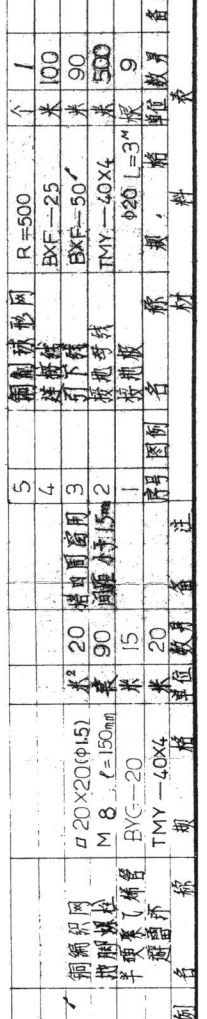

图 7.4.8 塔外侧壁雷线安装图

施工安装说明：

1. 球形网原则要照图纸的规格及形状制作安有，要求与铜遥要支叉设置于铜球网主筋圆铜杆外。

2. 铜铜之间，铜铜与主筋要焊接。铜铜焊接长度，与铁杠系圆应不少于铜杠直径的6倍。薄铜杆，铜铜与主筋上的面钉应要求去搭接焊接铜铁杠。

3. 引线桩在墙上接续的固定方法参见图纸"D164"（P1页）。电焊线敷设铜上安装方法参见图下。

4. 回填时，任制作装规网前，用回铜便规规后在软上上的部二层油毡，《5mm～100毫米》，然后回填土，并将引线芳皆者，旋转各目口黄汤清封实。

5. 引线芳皆者，旋转各目口黄汤清封实。

材 料 表

序号	名 称	规 格	单位	数量	备 注
16	六角头螺栓	M4x25 GB30-76	个	4	铜
15	铜 丝	Φ1.5	米	1	铜
14	铜垫板	100×100×20	个	8	铜
13	接线端子	DT-25	个	4	特制(铜)
12	接线端子	DT-50	个	8	特制(铜)
11	六角头螺钉	M10x200	套	24.4	特制(铜)
10	六角头螺钉	M16×300	套	24.4	特制(铜)
9	弹簧垫圈	6.8 GB93-76	个	24	铜
8	六角螺母	Mo Mo GB97-76			铜
7	六角头螺栓	M6x25 GB30-76			铜
6	铜 排	TMY-40×4	米	0.5	铜
5	铜 排	TMY-30×4	米	2.5	铜
4	铜 排	TMY-50×4	米	0.5	铜
3	铜 棒	Φ6	米	20	铜(铜球网)
2	圆 钢	Φ20			铜(铜球网)
1	铜 网		平方米	2.3	铜(铜球网)

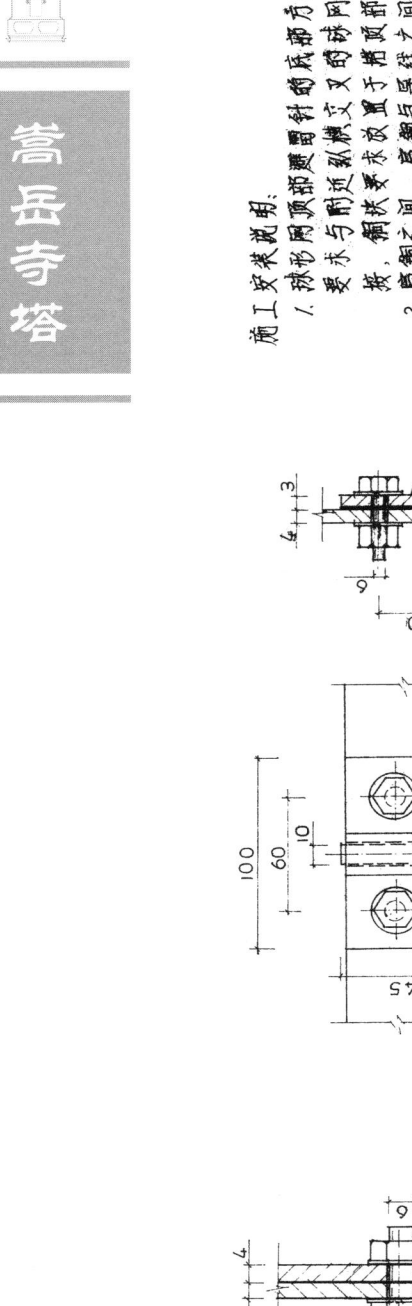

避雷环固定安装

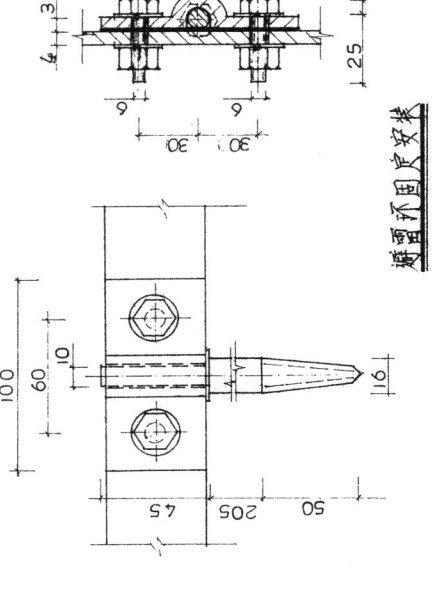

球形网制作

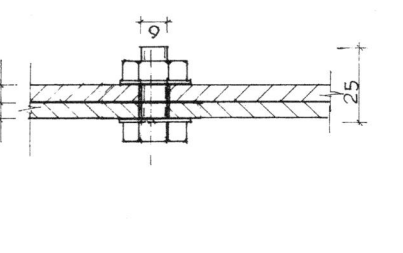

球形网固定

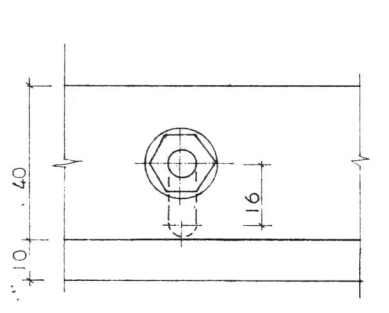

球形网固定方法

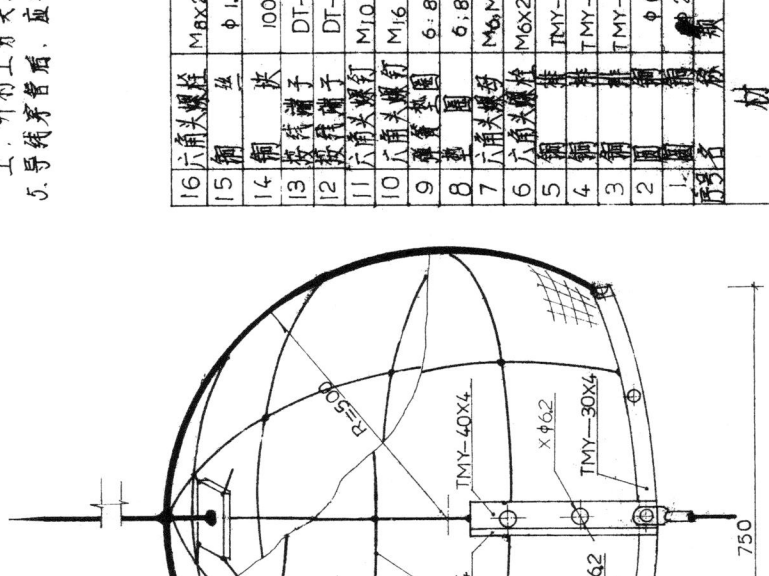

铜排与引下线连接

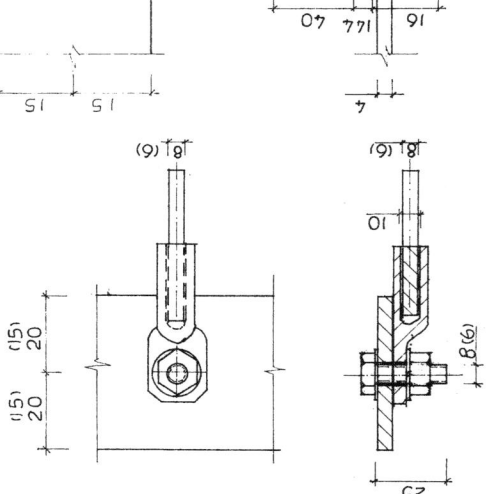

图 7.4.9 防雷球形网及另部件安装放大图

形铜块上，铜块四角与附近交叉的网球主筋焊接，避雷针为高200.0厘米、直径2厘米的铜棒作针尖。引下线用铜排和螺栓固定后，再用搪锡铜焊连接。

2. 避雷带

在塔顶第十五层沿塔檐设一圈避雷带，避雷带向上有四条裸铜线与球形网连接，用地脚螺栓固定于塔檐，向下为两根绝缘铜线作引下线。参照《GBJ57-83》第4.1.2条，避雷带取TMY-40×4铜排。

3. 引下线

为了不破坏塔的外观，将引下线从避雷带上引下，沿塔第一层檐下小门洞引入塔内，沿塔内壁敷设，引至嵩岳寺塔门顶时，为防止雷对人体造成的伤害，将引下线沿塔第一层门，从内壁引向塔外，在引下线离地面350.0厘米高时穿半硬塑料管保护入地，与接地网焊接。参照《GBJ53-87》第4.2.1条，引下线选用B×F-50铜芯线。

4. 铜丝网

在嵩岳寺塔上每个小门洞安装铜丝网，网与引下线焊接成一整体，防止球雷对古塔的破坏。参照《GBJ53-87》第3.2.4条，塔的引下线上每隔1200.0厘米左右作一个B×F-25连成的均压线。

5. 接地装置

采用以水平接地网为主，垂直接地体为辅，将塔南侧几个防滑柱也连入接地网。同时因嵩岳寺塔周围表层土壤电阻率较高，故将水平接地网埋深到100.0厘米处。接地网上铺设二毡三油，在通往大门的道路下，接地网做成帽檐式均压带，整个接地网形成一个闭合圆体。参照《GBJ57-83》第4.3.1条，接地母线选用TMY-40×4，接地极选用长300.0厘米，直径2.0厘米的圆铜棒。经计算接地电阻为8.12欧，满足规程第1.1条规定的不大于10欧的要求。

6. 避雷针保护范围

参照《GBJ53-87》第5.1.1条。单根避雷针保护范围当$h_x < h/2$时，$r_x = 1.5h \sim 2h_x$（5.1.1～5.1.3），其中设嵩岳寺塔避雷针高为h，被保护物高为h_x，避雷针保护范围为r_x，高度以嵩岳寺塔的平面为基准面，距离以嵩岳寺塔中心为圆心。

参照《地形竖向分析图》及《嵩岳寺整修总图》设计：

塔院内寺庙：$h_{x1}=1300.0$cm， $r_1=2500.0$cm.
老山门：$h_{x2}=800.0$cm， $r_2=1800.0$cm.
新建山门：$h_{x3}=100.0$cm， $r_3=7400.0$cm.
塔北侧银杏树：$h_{x4}=1700.0$cm， $r_4=1200.0$cm.
塔南侧银杏树：$h_{x5}=1500.0$cm， $r_5=1200.0$cm.
古槐：$h_{x6}>13$， $r_6=35$m.
$r_1'=1.5×39 \sim 2×13=32.5$m； $r_3'=15×39 \sim 2×1=56.5$m
$r_4'=1.5×39 \sim 2×17=24.5$m； $r_6'=1.5×39 \sim 2×13=32$m

由上述计算可知：$r_1'>r_1$，$r_4'>r_4$，$r_3'>r_3$，$r_6'>r_6$

嵩岳寺塔院及两颗银杏树在嵩岳寺塔的保护范围内，古槐在塔的保护之下，因古槐净距离嵩岳寺塔1500.0厘米，大于第3.2.5条中反击雷的最小安全距离500.0厘米，故满足设计规程。参照《GBJ53-87》第5.1.1条。$h>4000.0$厘米，塔尖保护角为41°。

7. 接地电阻计算

参照《嵩岳寺塔地球物理勘测资料》

嵩岳寺塔东侧：孔3、孔4、孔5、孔6

平均电阻率，0～100.0cm：$\rho_1=800$、$\rho_2=300$、$\rho_{12}=600.0$
　　　　　　 1～300.0cm：$\rho_1=500$、$\rho_2=250$、$\rho_{12}=350.0$

嵩岳寺塔西侧：孔1、孔2、孔7

平均电阻率，0～100.0cm：$\rho_1=700$
　　　　　　 1～300.0cm：$\rho_2=400$

接地网埋深100.0cm，接地极长300.0cm。

计算时取，塔东、南、北：$\rho_1=500\Omega/m$，$s_1=2/3s_\varepsilon$

塔西：$\rho_2=600\Omega/m$，$s_2=1/3s_\varepsilon$

$$\rho=\frac{\rho_1\rho_2 s_\varepsilon}{\rho_1 s_2+\rho_2 s_1}=\frac{500\times 600\times s_\varepsilon}{(1/3\times 500+2/3\times 600)s_\varepsilon}=\frac{3000}{5+12/3}=\frac{9000}{7}=530\Omega/m$$

接地电阻以水平接地体为主，且边缘闭合。

参照《水电站机电设计手册·上册》《建筑物防雷设计》，

$$R_\omega=0.443\frac{\rho}{\sqrt{s_\varepsilon}}+0.159\frac{\rho}{l_\varepsilon}\ln\frac{0.637l\varepsilon^2}{h_\rho d_\rho\times 10_4}$$

$h_\rho=100.0$ 厘米　　$d_\rho=0.02$　　$R_I=R_{ch}=R_w$

水平接地网：$l_\varepsilon=l_{外}+l_{内}+l_{垂}+l_{柱}$

$\qquad=150+80+9\times 1+11\times 8$

$\qquad=327m^2$

$S_\varepsilon=12\pi r_*^2+16\pi r_1^2+2\times(1/2\times 20\times 18)-\pi r_0^2$

$\qquad=1/2\times 3.14\times 25^2+16\times 3.14\times 18^2-2\times 1/2\times 20\times 18-3.14\times 9^2$

$\qquad=1257m^2$

$R_\omega=0.443\rho/\sqrt{S_\varepsilon}+0.159\rho/l_\varepsilon\ln\times 0.637L_\varepsilon^2/h_\rho d_\rho\times 10^4$

$\qquad=0.443\times 530/\sqrt{1257}+0.159\times 530/327\times L_n\times 0.637\times 327^2/1\times 0.02\times 10^4$

$\qquad=6.62+0.258\times 5.83$

$\qquad=6.62+1.5$

$\qquad=8.12（\Omega）$

参照GBJ53-87第3.5.2条冲击电阻不应大于10Ω。因$R_\omega=8.12<10\Omega$，满足设计规程要求。

8. 跨步电压及解除电压计算

参照《建筑物防雷设计》（中国建筑工业出版社）接地极长300.0厘米，埋深100.0厘米。

接地体在地下100.0厘米处，它的电位是：

$$V_2=IR=I\times 8.12=8.12I$$

在地面处有 $\alpha_*=1/3=0.333$

查《建筑物防雷设计》图7-4曲线 $v_*=0.28$　$v_1=0.28v_2$

在距接地体$\sqrt{1^2+0.8^2}$米处，$\alpha_n=1.28/3=0.43$

查《建筑物防雷设计》图7-4曲线 $v_*=0.25v_2$

跨步电压：$v_{跨}=v_1-v_2=0.03v_2$

$\qquad\qquad=0.03\times 8.12I$

$\qquad\qquad=0.24I$

因人体最大跨电压 $v_{跨}=100kV$

$I_{冲击电流}=v_{跨}/0.24=416.67kA$

垂直接地体最大跨步电压

$V_{kmax}=\rho I/2\pi l\times 0.24/t$

$\qquad=\rho I\times 0.24/(2\times 3.14\times 126\times 1)$

$\qquad=3\times 10^{-4}\rho I$

水平接地带最大跨步电压

$V_{kmax}=\rho I/2\pi l\times k$

$\qquad=\rho I\times 0.782/(2\times 3.14\times 500)$

$\qquad=2\times 10^{-4}\rho I$

如取最大雷电流400kA，地表面电阻率为1000。

则 $V_{重\,max} = 3\times10^{-4}\rho I$
$= 0.0003\rho I$
$= 0.0003\times1000\times400$
$= 120\text{kV}$

$V_{水平} = 2\times10^{-4}\rho I$

9. 附加说明

本设计计算符号参照 GBJ57-83 防雷设计规范要求，接地电阻要求现场实际测量。如大于 10Ω 时，则要求增加垂直接地极的数量。1）为确保院内建筑物的防反击雷。要求在院内不允许设架空导线。2）因嵩岳寺塔处于高电阻率地区并处于山区。雷电冲击电流较难测量，所以在接地网上采用二毡三油安全防雷措施。3）根据上述计算。在雷电流 400kA 时，产生的跨步电压为 96kV。为保证防雷装置对人的安全。保证跨步电流和接触电压对人不造成危害，引下线选用橡皮绝缘导线，并引至离地面 300.0 厘米处，绝缘导线穿半硬聚氯乙烯管，加强绝缘强度，确保人身安全，要求保护管引至地下 100.0 厘米处接地网上。

第五节　嵩岳寺塔周围环境整治及其他附属工程

嵩岳寺塔院修缮前的环境是民国年间改建而成，木结构山门距塔较近，山门与塔间有古银杏树，院内空间局促，并且其他环境杂乱，为保护文物安全与参观游览方便，将塔院范围进行扩大。

一、挡土墙、遮挡墙工程

挡土墙位置主要在塔院外西北部和塔院内，目的是稳固山坡堆积土。采用垂直式重力式砌石块挡土墙，墙顶宽 50.0 厘米，下宽随高度变化，墙面坡度 i=1∶4。墙高超过 300.0 厘米，墙背采用阶梯式，墙高超过 400.0 厘米，第一级台阶高为 100.0 厘米，宽 15.0 厘米；墙高超过 500.0 厘米，第一、第二级台阶高 100.0 厘米，宽 20.0 厘米；超过 600.0 厘米，宽 25.0 厘米。墙基采用毛石混凝土，墙高 200.0 厘米，墙基高 60.0 厘米，两端宽出墙 20.0 厘米，墙高 300.0~500.0 厘米，墙基高 70.0 厘米，墙高超过 600.0 厘米，墙基高 75.0 厘米，埋深为墙基顶距地面 25.0 厘米，下素土夯实。墙高 400.0 厘米以内，沿墙高设 1 个方形泄水孔，边长 15.0 厘米，向外坡度 3%，水平间距 300.0 厘米；超过 400.0 厘米，沿墙高设 2 个泄水孔。砌筑石材采用青石，砂浆 50 号，混凝土 100 号，水泥 425 号（图 7.5.1）。

遮挡墙位置在塔南台地高差处，建造目的是为挡土和分隔塔院内部空间。结构采用垂直重力式砌石块挡土墙，做法用材同山坡挡土墙，高度随地形。遮挡墙直接立于挡土墙上，青砖砌筑，宽 45.0 厘米，高 80.0 厘米；上部墙帽为青石，高 20.0 厘米，宽 55.0 厘米。遮挡墙中部作 2 个塔形砖柱，塔柱轴线间距离 500.0 厘米。塔柱下部方形砖柱高 100.0 厘米，边长 60.0 厘米；塔檐第一层叠涩高 12.0 厘米，宽 57.0 厘米；第二层叠涩高 12.0 厘米，宽 81.0 厘米；檐间矮壁高 24.0 厘米，边长 45.0 厘米；檐顶高 6.0 厘米，内收 18.0 厘米；顶部为山花蕉叶高 30.0 厘米，宽 81.0 厘米，宝瓶直径 22.0 厘米（图 7.5.1）。

二、外围墙、防洪沟工程

防洪沟位置主要是沿塔院外围墙北及西北，目的为疏导山洪和挡土。此部分防洪沟、挡土墙、围墙合为一体，下部为挡土墙兼围墙基础，上部为外围墙，墙根外设防洪沟。

采用垂直重力式砌石块挡土墙，做法用材同山坡挡土墙，高度随地形。外围墙随地形做成阶梯式，通高 346.0 厘米，下部采用青石块砌筑，高 50.0 厘米，宽 50.0 厘米，直接砌筑在挡土墙上，上部墙体为青砖墙体，高 210.0 厘米，宽 45.0 厘米，墙顶为三层叠涩拔檐，上覆灰色筒板瓦和砖筑正脊，通高 84.0 厘米，拔檐高 28.0 厘米，顶高 56.0 厘米，通宽 81.0 厘米。

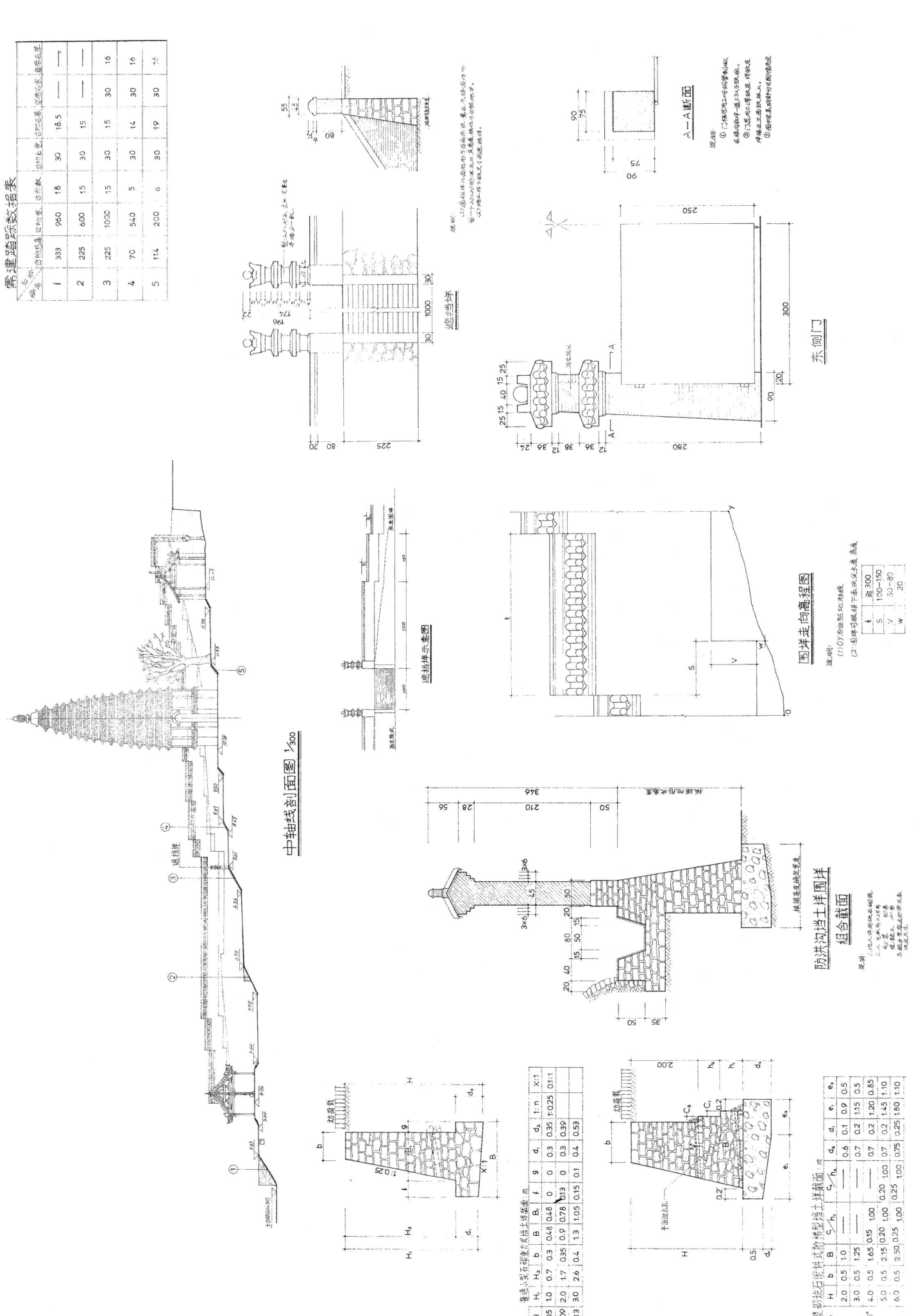

图 7.5.1 挡土墙、遮挡墙设计图纸

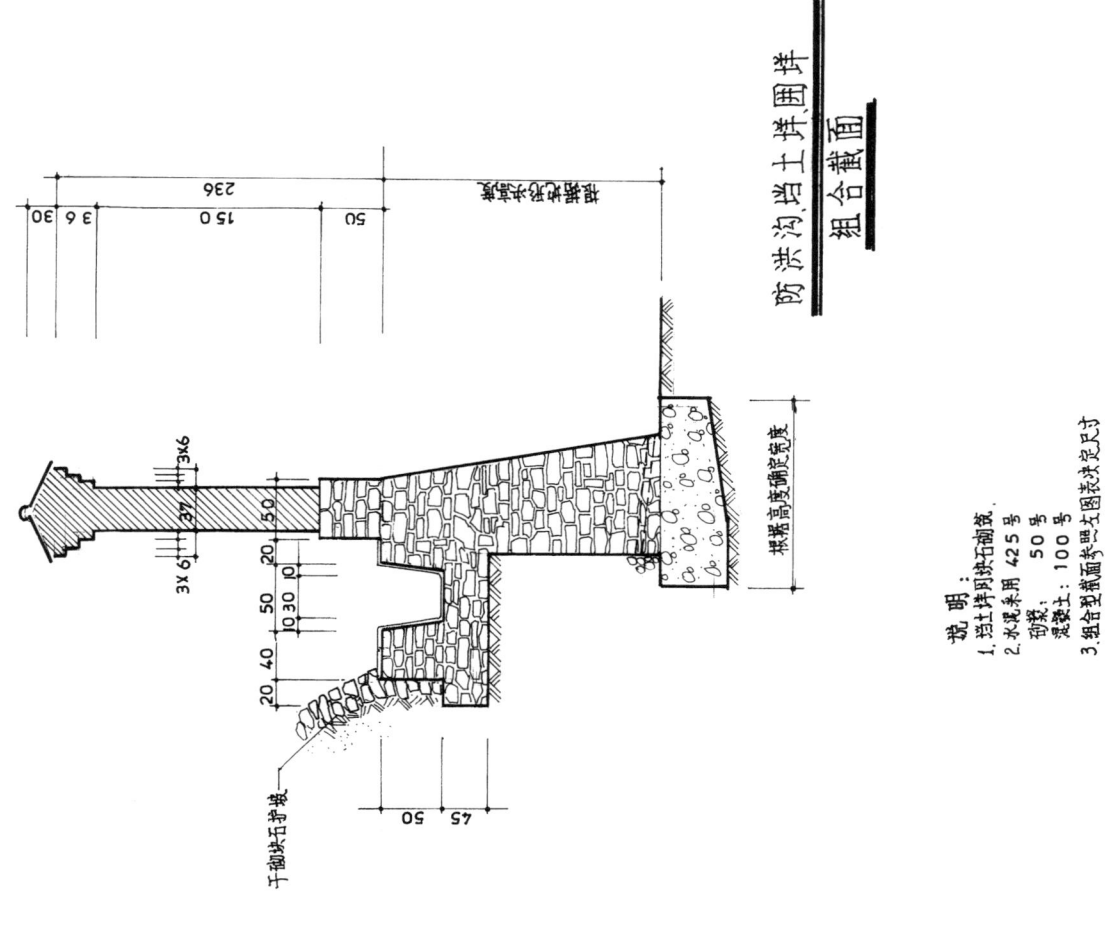
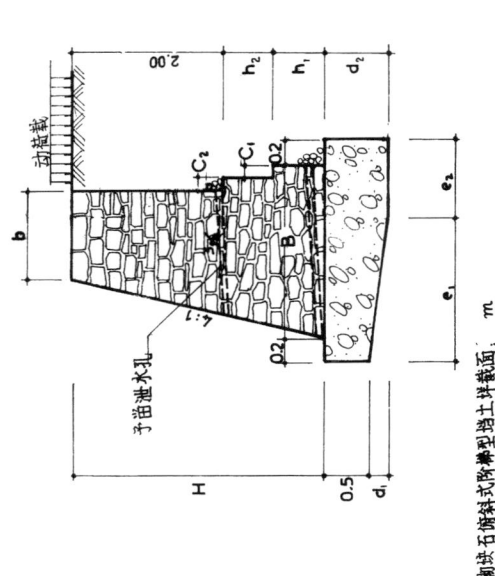

图 7.5.2 外围墙、防洪沟工程

防洪沟为石块砌筑，上口宽80.0厘米，下口宽50.0厘米，高50.0厘米，距外围墙20.0厘米，距山坡根据实际情况，最小40.0厘米。下部基础高35.0厘米，山坡侧宽出防洪沟20.0厘米，围墙侧与挡土墙连为一体，下素土夯实（图7.5.2）。

三、东门工程

东门位于东围墙中南部，作为消防车道用门。东门为阙形砖柱门，砖柱轴线间宽500.0厘米，通高438.0厘米。砖柱平面方形，四面收分，底边长90.0厘米，上边长75.0厘米，高280.0厘米。第一、二层檐叠涩高12.0厘米，叠出6.0厘米，檐高36.0厘米，宽120.0厘米。檐间矮壁高38.0厘米，宽70.0厘米。顶为山花蕉叶，高24.0厘米，宽70.0厘米，宝珠直径30.0厘米。墙体为青砖砌筑，黏合剂为混合砂浆，墙壁内、外白灰粉刷，颜色同嵩岳寺塔粉刷。砖柱间安2扇铁门，宽300.0厘米，高250.0厘米，底边距地12.0厘米，门框用钢管焊接，钢管直径5.0厘米，门板用0.1厘米厚铁皮，门内侧下安接地滑轮，外侧用合页固定砖柱。基础同外围墙（图7.5.1）。

四、山门工程

拆除塔前三间硬山建筑山门。

重建山门位置迁建于塔南7750.0厘米处，坐落在扩建塔院中轴线最南端。坐北朝南，立于台明之上，单檐悬山式建筑，台明前、后各设台阶，前、后檐用斗栱，木构梁架，中柱间安门、窗，两山为砖砌五花山墙，灰色筒板瓦屋面，两端出际上置排山沟滴，筒子正脊两端安龙吻，垂脊全段安垂兽、仙人、龙、凤、狮子走兽。墙外刷红色，内粉白灰。

平面呈东西长方形，开间三间，明间面阔为360.0厘米，次间面阔320.0厘米；进深两间，面阔均为320.0厘米，通高769.0厘米。台明西长1310.0厘米，南北宽940.0厘米，高62.0厘米，青砖砌筑，边缘设青石阶条石，四角用角柱。明间台明前、后各设青石台阶四步，宽400.0厘米。台明周围青砖铺装散水宽55.0厘米，向外坡度5%。前后各置檐柱4根，直径33.0厘米，高330.0厘米，柱头收分7%；明间中柱直径40.0厘米，高682.6厘米，柱头收分7‰。檐柱、中柱均每间生起5.0厘米。檐柱头置平板枋、大额枋断面呈"T"字形，额枋高36.0厘米，厚24.0厘米，平板枋高10.0厘米，宽30.7厘米。额枋下雀替高36.0厘米，厚15.0厘米，长为面阔的三分之一；内檐雀替高30.8厘米，厚15.0厘米，露明长60.0厘米。前、后檐为三踩斗栱，明、次间平身科各一攒；柱头科与平身科斗栱形制相同，出单下昂，外拽为异形厢栱，斗口6.5厘米，单材高9.1厘米，足材高13.0厘米，大、小斗尺寸同清工部《工程做法则例》。梁架为六步架抬梁式，步架宽125.0厘米，四架梁里端安插中柱，下用雀替承托。瓜柱用角背，中柱头两侧安插手，檩下用垫木、脊枋和金枋；四架梁高36.0厘米，宽30.0厘米，双步梁高30.0厘米，宽25.0厘米；单步梁高25.0厘米，宽21.0厘米；檩条直径29.0厘米。出檐119.0厘米，椽出79.5厘米，飞出39.5厘米，椽径10.0厘米，飞子高、宽8.5厘米。明间中柱间安两扇板门，门侧设余塞板，其上设走马板和直棂窗，次间各开板棂窗。基础为毛石混凝土刚性浅基础，宽180.0厘米，高120.0厘米，埋深150.0厘米，混凝土标号150号（图7.5.3、图7.5.4）。

五、厕所工程

厕所位于塔院西南部，西靠外围墙。建筑坐西朝东，单檐卷棚式，外用青砖筑墙，灰色布瓦屋面，墙上部设方形高窗。平面呈"凸"字形，开间四间，中间用砖墙分隔男女厕。男厕两间，中间面阔225.0厘米，边间面阔150.0厘米；女厕两间，中间面阔225.0厘米，边间面阔240.0厘米；进深一间，面阔315.0厘米。门廊开间一间，面阔270.0厘米，进深一间，面阔150.0厘米。通高498.5厘米。梁架为木结构抬梁式，构架为四步架。厕所西设置化粪池1个，长840.0厘米，宽135.0厘米，深100.0厘米，青砖砌筑，内壁用水泥砂浆粉刷。男厕蹲便5个，小便池1个，长260.0厘米，宽35.0厘米；女厕蹲便5个。蹲位间用120.0厘米高木隔断屏。基础采用砖砌刚性浅基础，宽65.0厘米，埋深80.0厘米（图7.5.5）。

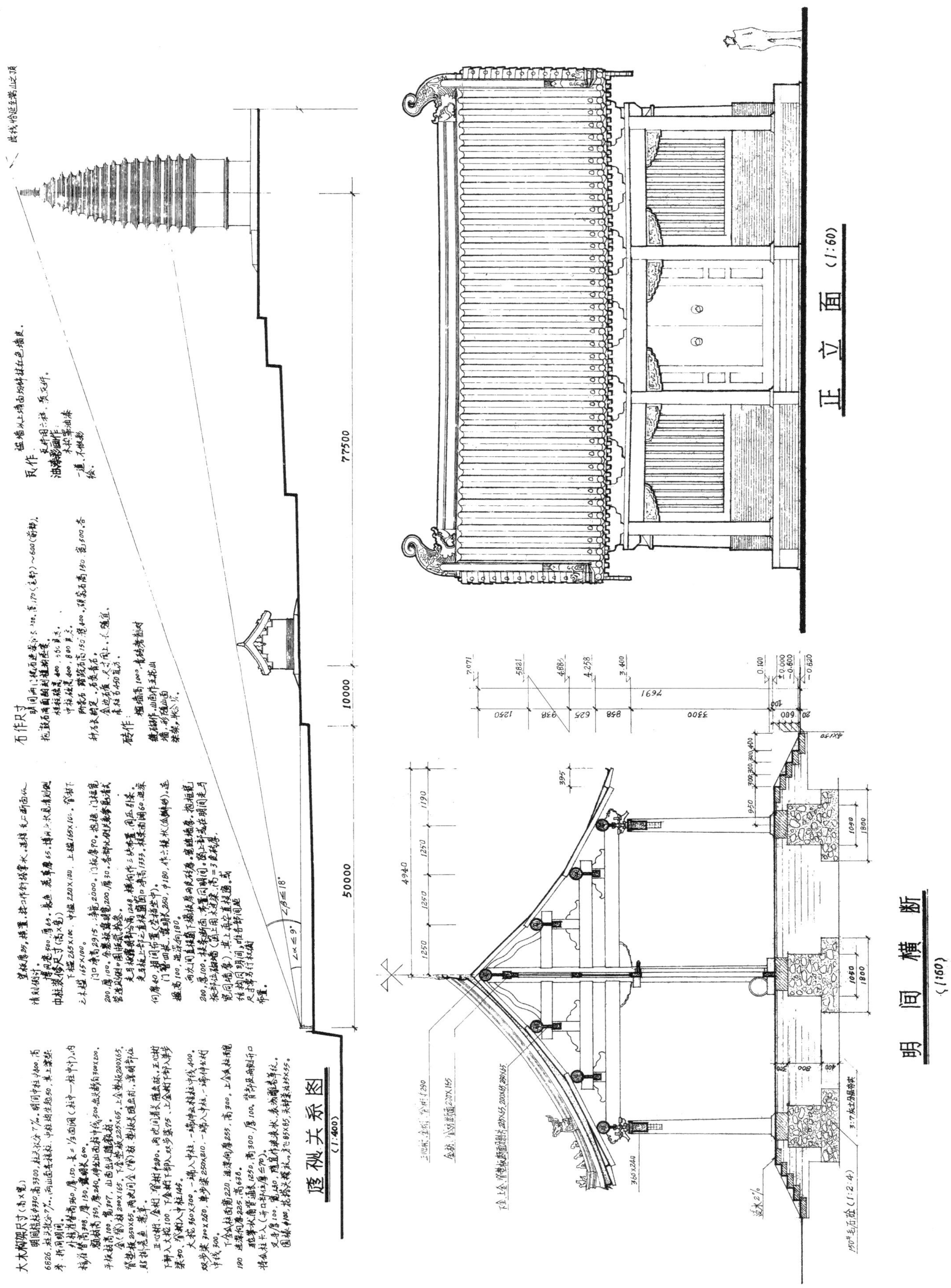

第七章 嵩岳寺塔修缮保护工程

图 7.5.3 山门设计图（一）

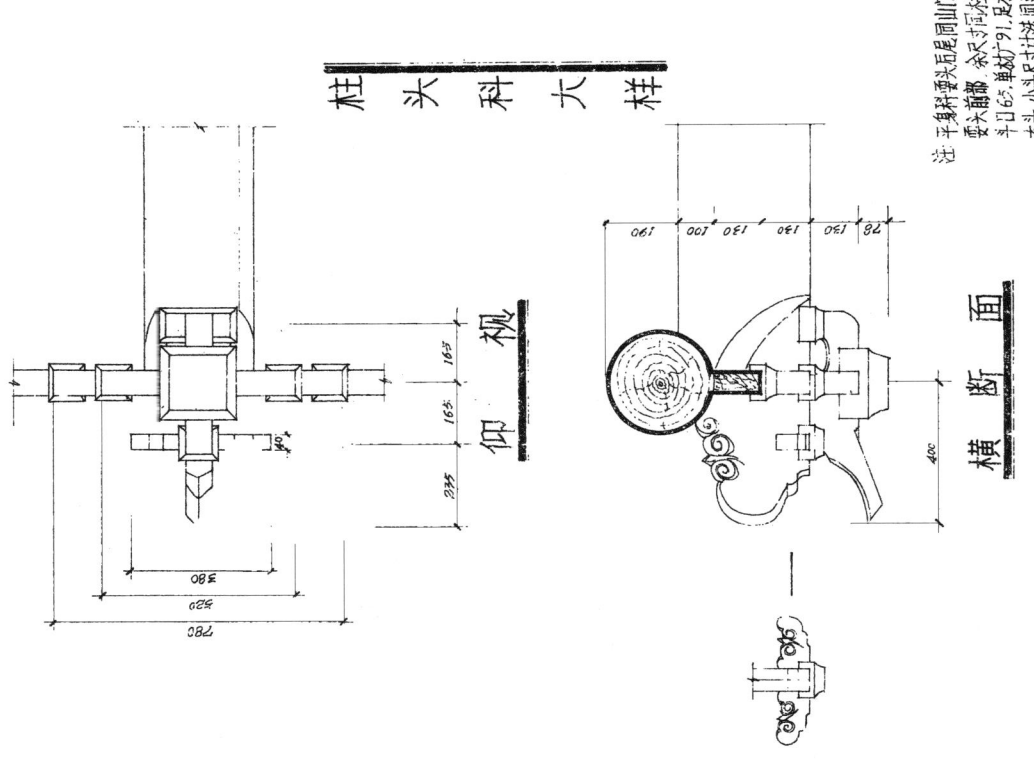

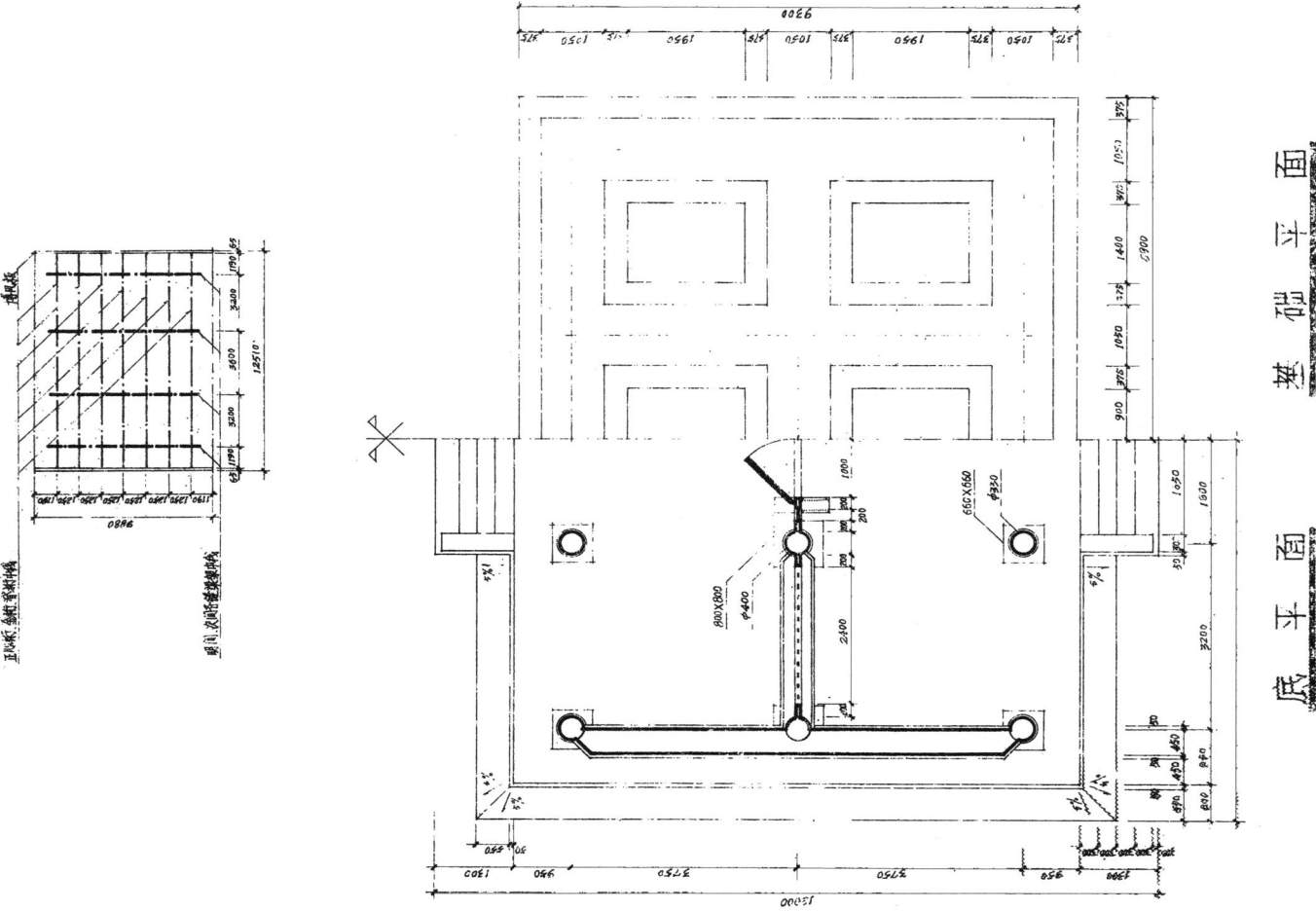

图 7.5.4 山门设计图（二）

补充说明:

1. 将男、女厕各减去一蹲位后,匀排其余蹲位并在每蹲位两侧加1200mm高的木屏,前面加小门。
2. 男厕小便池内及池上(距室内地坪1000mm高为上限)墙壁之表贴白色瓷砖。
3. 分别在男、女厕的内部砌800mm高的行李台(男厕靠北墙、女厕靠南墙)。
4. 砖、木结构,灰布瓦顶。

图 7.5.5　厕所设计图

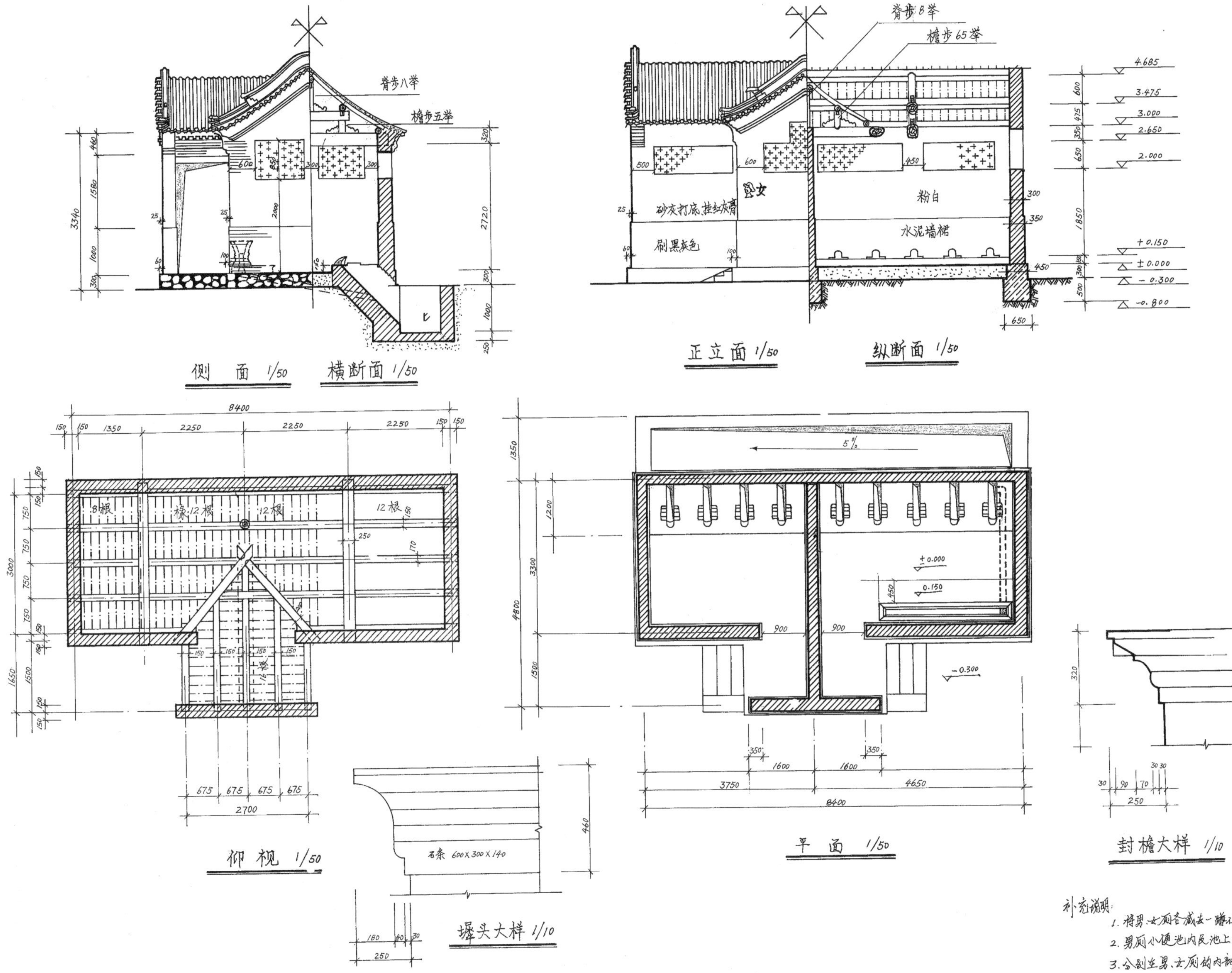

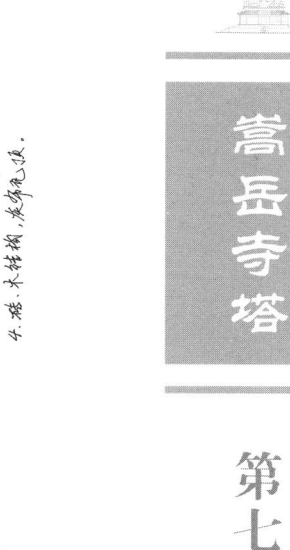

第六节 嵩岳寺塔修缮工程验收工作

1984年冬开始准备工作，搭设勘测施工架子。1985年对嵩岳寺塔进行勘测。1986年进行工程地质勘察和塔体变形观测。1987年进行茔地基探查和自重计算，并修订整修方案。1988年4月召开现场方案论证会。1989年4月国家文物局批准了修缮方案，正式动工整修。1990年底塔体整修完毕，工程基本结束。1991年收尾工程完成。嵩岳寺塔修缮期间，得到国家、河南省、登封县领导和专家的支持，并曾先后请国家文物局专家组专家进行阶段性检查、验收，对重点、难点项目作现场指导，并研究、修订具体修缮方案。

一、嵩岳寺塔防雷工程验收

1990年6月14日，河南省文物局、河南省气象局、河南省古代建筑保护研究所、河南省城乡建筑设计研究所、登封县气象局、登封县文化局、登封县文管所等单位的专家和领导组成专家组，对嵩岳寺塔防雷工程的施工质量、设计资料，进行现场检查、验收。到场的各方专家和领导一致同意予以验收（见附录二：嵩岳寺塔避雷工程验收文件）。

验收意见：接地网及接地极的敷设与焊接，全部材料为红铜，扁铜规格为40.0厘米×4.0厘米，圆铜规格为直径3.0厘米，长300.0厘米，共9根，材质符合设计要求，接地电阻值1.5Ω。接地网及接地极的敷设符合设计图纸要求，焊接质量符合国家有关规范的质量要求。检验项目优良率100%，实测项目合格率100%，工程质量符合设计要求。接地网坑槽，经检验符合设计图纸要求。

开工日期1990年4月18日，竣工日期1990年6月4日，竣工验收日期1990年6月14日，工程范围为避雷针及接地极安装，工程资料评定为良好。设计安全系数大，能起到避雷保护效果。施工符合设计要求，施工质量良好。

验收人：河南省文物局张斌远，河南省气象局张定林、刘爱香，河南省古代建筑保护研究所张家泰、李传泽、郭建邦，登封县气象局张聪智，河南省城乡建筑设计研究所李全诚、蔡长安，登封县文化局李振中，登封县文物管理所郭鹏宇。

二、嵩岳寺塔主体工程验收

1990年11月6日，国家文物局、河南省文化厅、河南省文物局、河南省古代建筑保护研究所、登封县人民政府、登封县文物局、登封县文物保管所、嵩山风景区管理委员会等单位的专家、领导共同参与了嵩岳寺塔修缮工程的竣工验收。本次竣工验收项目主要包括：1）塔体内、外崩裂、脱皮、塌檐的加固修缮；2）防滑排桩桩工程；3）山门迁建工程（重建）；4）围墙及排洪水沟工程；5）地宫修复工程；6）避雷设施等六项工程。

国家文物局专家组现场检查了施工质量和设计、施工资料，听取了修缮工程的总结汇报。经过讨论，一致同意嵩岳寺塔修缮工程予以竣工验收（见附录二：嵩岳寺塔竣工验收文件）。

专家组验收意见：1）勘测资料比较完善和系统。2）技术方案经过充分论证，各项维修措施的确定是慎重的、科学的。3）上述六项工程的质量是好的，同意验收。4）希望在今后工程中注意下列几个问题：地宫的维修方法，似以复原方案更为理想；塔体外涂石灰的做法，虽有考古依据，但是如何解决过于整齐单调的外观效果，也是今后修塔中应该重视的一个课题，对于塔身构造上的某些薄弱环节，如修补塔檐等可以采用一些高强度的黏合材料；长期观测塔的倾斜变化是必要的。

验收人：单士元、于卓云、傅连兴、姜怀英。

同意专家组关于技术验收方面的意见，维修的质量是好的。同意验收。朱长翎，1990年12月17日。

第七节 整修嵩岳寺塔工作简报

整修嵩岳寺塔工作简报由河南省古代建筑保护研究所整修嵩岳寺塔办公室编写，共 8 份。时间从 1986 年 10 月 3 日至 1989 年 12 月 1 日。以下内容为原文录入，未加修改。

一、第 1 号工作简报

嵩岳寺塔整修方案首次论证会纪要

1986 年 9 月 8 日，嵩岳寺塔整修方案首次论证会在北京举行。地点五四大街红楼。会期一天。

参加论证会的有：文化部文物保护科学技术研究所的高级工程师祁英涛、杜仙洲，工程师梁超、孔祥珍；河南省古代建筑保护研究所所长张家泰、研究室主任陈进良、杜启明。首先由河南的同志介绍了方案及建筑勘察情况。之后，专家们对方案进行了论证，提出了许多重要意见，建议修订。

杜仙洲说："一头一尾，归安加固。第一层是要害的部位。一层结构是松散的墙体，加固好，就能保安全；搞不好，就成问题了。西安大雁塔是包砌的。"又指出："方案考虑到了可逆性的（指用材），但强度怎么样？内部可以考虑拉的钢筋，不影响外观，叠檐上用箍子。"

祁英涛说："方案注意保持古塔特点很正确。是要保持好，陈明达先生就怕改样。小雁塔缺角缺棱不搞没道理。有科学根据，为什么不能补？上边（指塔刹）大宝瓶不知是什么东西，就不补。我是赞成，肯定效果不错的。"具体意见有以下几个方面：

（1）"基础不会有大毛病，先把塔修好了。"

（2）"塔身可以加圈梁，可以用钢板，钢板外加水泥封护。十二、十三层可加箍。"

（3）"在下地面打板四块，券上加板（水泥板）。地面下列槽。"

（4）"塔顶内部，可先择砌一下。然后可以顶起来，也可不去下。（但支架）不宜用金属，全用木头。防止引雷（球雷）。"（杜工："可用斗八藻井"）。"藻井法，用材断面不要太大。"

（5）"避雷针，自北边入室，北边出。折角是钝角，不能是锐角。入地一米，就没有跨步电压了。"

孔祥珍说："1986 年，曲阜金堂被球雷打了。"

梁超说："西陵也被电锯引来雷把一棵树头全打掉了。"

杜仙洲又指出："宝顶部分，莲花座下边，应加防渗层。"特别强调："基础下层，先不要动，不能擅动，动了涉及大局。彩画不要再新画，存缺。"

祁英涛说："柱头也不要动了。色彩不动、基础不动、艺术雕塑不动。"

杜仙洲：（加固壁体的）"水泥塔身柱，断面小了不行，要计算一下。"

孔祥珍说："在一层反叠涩处，加过梁一圈。"

对于专家们提出的宝贵意见，河南同志感到非常重要，并决定对方案进行修正，把专家们的意见体现在修正方案中。

论证会后，河南的同志向文物局文物处的朱处长汇报了情况。朱处长指示：

（一）先就征地、修殿等计划一下，订货备料，用好的木头，保证质量。

（二）要对塔的基础进行考察。在塔基础探完以后，再提出处理基础的办法。

（三）基础材料都要做，图安全，每走一步要照相，不要抢工，希望每一个步骤都要有资料。

（四）东西厢房，可先做工棚用；在重点区，要报一下。

（五）工期不要太紧，86 年动工，88 年完成就可以了，不要抢工，一定搞好。

1986 年 10 月

二、第 2 号工作简报

嵩岳寺塔附近地质物理勘测工作

一、根据文化部文物局有关领导及专家的意见，在整修嵩岳寺塔前，在不开挖探沟之情况下，应用地质物探法，勘察塔基及其附近地质结构情况。为此，我们邀请了安徽省滁县地区文物保护科学技术研究所协作完成此项勘察任务，该所又特聘了铁道部科学研究院铁道建筑研究所以及铁道部第三设计院九队参加了此项活动。我所除负责组织、后勤工作外，一部分同志也投入了测量与制图工作。先后投入工作者二十余人，其中邀请外省十二人。他们是：

1. 安徽滁县地区文研所：

姜晞（工程师）、张宏斌（工程师）、刘乐山（所长）、张寅生（副所长）共四人。

2. 铁道部科学研究院铁道建筑研究所：

钟世航（副研究员）、历本芹（工程师）、李少新（实验工）共三人。

3. 铁道部第三设计院九队：

隋景峰（工程师）、张恩义（实习生）、高文杰（实习生）、胡树国（物探工）、方立生（雷达车司机）。共五人。

4. 河南省古建研究所：

陈进良（助理研究员、室主任）、晋全信（工程队队长、工地办公室主任）、王国奇（技术员、工地办公室副主任）、吕军辉（实习员）、孙艳云（实习员）、李仲翔（技术员）、崔秉华（副所长）、朱兆杰（司机）等十余人。

登封县人民政府、县文化局、县文管所和嵩山旅游局对这次勘测工作都很重视，在各方面给以大力支持。并派文管所一名工作人员协助工作。

二、工作进展情况（11～12 月）：

1. 原计划任务是：（1）查明古塔是否坐落在基岩上？（2）塔基部分有无地宫？（3）塔基完整情况。（4）塔附近的地质结构情况。

2. 经现场勘察后，发现在距塔很近的西北与正北方向有早期滑坡地带，且以正北面威胁尤甚。据此，确定认真探测滑坡可能给古塔带来之威胁及防患措施，同时对塔基进行测试。

3. 现在已经完成的工作及采用的办法：

（1）嵩岳寺塔院内的勘测，使用了美国"SIR-8 型"地质雷达（自天津开专车到登封），用它探测院内基岩深度（利用电阻率变化定深浅）共测了十八个剖面；同时又使用电测深法，做了约六十个点。结果（不是最后定论）大抵轮廓是这样：①嵩岳寺塔坐落在基岩上，而不是在土层上；②当时的岩面可能西高东低，下基有一部分垫层，但不厚；③东侧（塔基东）数米外，有一条约 10 米深的沟，原生活面可能是一个较平的小台地。④院内基岩埋深 3 米左右；⑤塔基中心部分，约 90 厘米以下，发现异常电层反映（90 厘米部分为高电层；其下为低电层）。有 1 米直径的范围的洞内是回填的碎瓦土石，原来是塑像的桩桩坑，还是地宫，尚难确定。钟世航认为："院子的地质结构比较放心"。（由于钢管架的影响，地质雷达作用发挥得不好。主要靠电测法）。塔心"地宫"深约 250 厘米。

（2）塔周围的勘测：使用了电测法与声波法。基本看法是：①西北、北两处滑坡是交合的。西北是典型的滑坡体，但不是太严重；②塔南没有滑坡；③塔北面的滑坡，威胁较大；④塔本身没有滑坡。

初步意见：为确保此塔安全，应采取一定的防治措施：①西北山坡，退耕还林即可；②塔北"无论如何要建防滑的堵墙，疏导的排水沟。做防水层。"③对西北、正北两滑坡，必须作长期观测——注意其平面移动与沉降（主要是移动，西北向的几棵柏树即有明显的移位变态现象），应有专人、有必要的仪器。④对塔的倾斜，可用专门仪器，附在塔体上，进行较准确的观测。（定期观测，进行比较）。

三、为了保证勘测工作顺利进行，河南省古代建筑保护研究所与安徽滁县地区文科所等单位签订了协议书。勘察部分实行任务承包办法。其他绘图人员、仪器以及接待由古建所另做开支。现已按协议付款百分之七十。待正式报告于今年三月底交接后一次付清。按协议，交付的勘测报告应经过验收。

四、根据上级要求及新出现的情况，在地质报告及修订方案完成之后，将约请各方面专家到现场（登封或郑州）举行论证会，再次对整修方案提出改进意见。时间二季度为宜。

五、技术资料，以最后报告为准。以上各点谨供了解大概工作情况。

1987年1月4日

三、第3号工作简报

大塔变形观测结束

六月初，河南省矿局测绘大队协助我所对嵩岳寺塔的变形（倾斜）进行了实地观测，观测报告已整理完毕。

因塔四周有院墙，院内空地狭窄，又有脚手架、安全网和树冠遮蔽，给测量工作带来了一定的困难。因此在院内和院外布设了边长20～190米之间，由四个结点组成的一级导线网。导线网的边长采用瑞典"AGA14A红外测距仪"施测，施测前该仪器进行了全面鉴定，各项限差符合要求。水平角观测采用经过鉴定的瑞士威尔特厂"T2经纬仪"。观测计算结果如下：

（一）塔基为不规则的十二边形，边长最大差数为0.206m，对角线最大差数0.313m。第二层同样为不规整的十二边形。

（二）塔顶中心对第一层中心的倾斜方向的方位角为173°16′20″（即南东6°43′40″），水平位移距离为751mm，倾斜角度为1°11′40″。

（三）第一层至第十四层基本上在同一个倾斜方向上，平均倾斜方位角为156°34′41″（即南东23°25′19″），塔顶部分不在塔身倾斜方向上，而偏离于塔身西南方向。

（四）水平位移距离与塔层高度基本成正比例增大，系塔身整体倾斜，基本上与地形坡度相一致。

（五）以塔南门中点标高为准，塔高36.018m。

以上各项结论与我所去年实测及简单测量结果基本相符，如用钢尺实量高度较这次测量高度误差为－8.3cm。

这次观测存在以下问题：

（一）大塔整修方案没有最后确定，院内地面不好处理（未决定恢复到哪一个生活面），所以作为长期观测的固定坐标点不好埋设，这次仅埋设半固定性的坐标点，如对大塔进行长期的观测，需待大塔整修中在塔身埋设永久观测标志和地面固定坐标点。

（二）由于树冠、铁架、安全网的影响，还有3、4、5、13、15层无法测量，所以所得数据尚欠完整。

1987年7月2日

四、第4号工作简报

嵩岳寺塔工程地质危害外野勘察工作结束

嵩岳寺大塔附近地质物探工作已于去年底完成现场作业，报告初稿现已完成，所得结论与2号简报所述大致相同，就以上地质物探情况和所得结果，张家泰所长于今年初专程赴京，向国家文物局领导和专家进行了汇报，他们对我们的这一工作表示满意，同时指出：物探只是一种间接勘探手段，它根据从地面上得到的地下物体所发出的信号，来推断地下物体的状态。换言之，未经验证的物探结果并不十分可靠。为此，领导和专家指示我们：需对滑坡进一步做工作，对滑坡的存在与否及其对大塔的危害程度要作出明确的回答，以使我们的整修方案建立在稳妥可靠的勘探资料的基础上。所以，对大塔的工程地质情况也需查明，以便对大塔的倾斜做出科学的论断。

地质勘探任务由河南省地矿局环境水文地质总站承担，他们接受任务后，三次派工程技术干部到现场踏勘，并制订了"嵩岳寺塔工程地质危害勘察设计书"。三月份我们先把设计书送国家文物局审查，四月份我所又协同该站派员到文物局汇报，五月份正式签订了《嵩岳寺塔工程地质危害勘察协议书》，在协议书中明确规定了勘察内容的：①嵩岳寺塔西、北部是否存在滑坡？如果存在，其危害程度如何？②对塔体基础进行工程地质评价。并提出勘察要求和勘察报告的具体内容，还要求对其结论性的意见承担责任。

一、工作进展情况

五月十三日进入现场正式开始外野作业，七月九日全部结束。

撤离现场。按设计方案在塔周钻孔四个，总进尺为43.18米，全部到硬基岩终孔；如加快勘察速度，在塔外改钻孔为开挖探井，计十四个，大部见到硬基岩。

按原设计方案，应钻孔十个，计划完成时间依二十天左右，野外作业完成后的一个月内提交正式报告。开钻后发现地质条件十分恶劣，石英岩、孤石与填层卵石密布，每天只能钻进几厘米，且机件损坏严重。如按原计划打十个钻孔，半年时间也难以完成。改挖探井后，明显地加快了工程进度，同时也增加了直观性和可靠性。经文化部文物保护科学技术研究所主任黄志忠高级工程师现场察看，认为开挖探井的做法还是相当好的。

取完资料后，钻孔以水泥砂浆封孔，探井以原土回填七个，另有重要现象的七个探井保留，以供评审会时专家们察看。

二、开挖探井工作中的新发现

塔院外开挖探井时有不少重要发现：如塔北第一阶台地上的一个探井中，离地面半米左右，发现一件供养人石雕像（部分），石像分上下两段雕制，此为腰带以下部分，雕工精良，高一米左右，基本完整，时代不晚于隋唐，该井距地表1米左右又发现殿宇后墙和整齐的铺地方砖。塔北第二阶台地探井中，深5米左右发现第一个生活面，有大量古砖出土，经查看，砖的质量和大塔上层用砖相似。塔西院墙外3.55米处发现第一个生活面，最下层砖就铺设在风化基岩上，白衣殿西墙外，2米深发现建筑木构件、木炭、铁锅等。塔西第二阶台地有三个探井都发现了覆盖层与风化基岩面之间有夹泥层，据认为这就是形成滑坡的"滑床"物质，不过该层较薄（2～4厘米），倾角不大，且方向不正对大塔，如没有外加因素（如涉水、破坏平衡等）尚不会形成滑坡。

三、勘探初步结论

塔周四个钻孔距塔都在6米左右，风化基岩埋深，西、北在4米左右，南、东在8米左右。硬基岩较深，东、南9米以上，西6米，北18米以上。塔院外滑坡区基岩埋深较浅，从开挖的十四个探井看，除塔南一井挖至7.05米，未见基岩外，其余基岩（风化基岩）大都在1～5米左右。

值得注意的是，此次钻探和开挖的结果，都与去年进行的物探结果有较大差异，如塔外某点相差竟达8米以上。我们发现此问题后，经与黄志忠主任商量，决定与安徽滁县文保所及北京铁道建筑研究所联系，请他们到现场察看钻探和开挖情况，修正他们的物探结论。六月中旬和七月上旬，安徽滁县姜晞工程师、北京钟世航副研究员先后到现场，现正修改报告。原计划七月二十日完成修订工作，但现在还没有消息。

塔周钻孔，从所取样品看，2米以上基本上都是砖瓦等建筑遗弃物，由此推断，大塔下部可能被埋2米左右。塔的基础还可能是坐落在风化基岩上，但不像物探结果那样，只有2～3米深。四个钻孔都没有发现有规律的铺砖，很可能是塔基范围还没有这样大。

塔院西墙外的地势要比塔院高1米多，这里发现的第一个生活面与塔院内的第一个生活面大致在一个平面上。

塔南的二阶台地，按原设计勘察方案，没有布置钻孔，但发现物探结果与钻探结果有差异时，为了校正物探结果，又在此挖了一个探井，该点的物探结论是基点岩埋深5米，可是挖至7.05米处，仍未见风化层，因孤石块太大，太多，无法继续下挖。根据这一结果，推断这两个台地的覆盖层比物探结果厚的多，不过这对大塔没有什么影响。

通过以上工作，大体上可以得到以下初步结论：①塔基座在风化基岩层上，风化基岩的抗压强度也是比较高的；②塔西、塔北是具备了滑坡条件的，但基岩产状向山，遍地都是大孤石，覆盖层较薄，只要没有较大雨水沿夹层下渗，就不会形成活动滑坡，即使形成滑坡，滑坡的方向都不正对大塔，对大塔也不会形成大的威胁。

对于这样的地形和地质条件，地质部门建议，这里不宜再耕种并应注意排水，这里的两阶台地都是人工形成的，对台地边缘应采取防滑措施。我们考虑塔院以内，回填层吸水滞水，对塔基保护不利，在塔修缮方案中，应当考虑塔院地面的处理恢复原生活面或将现地面做防渗处理。

地质勘察报告现正在整修中。

嵩岳寺塔整修办公室人员调整

根据工作需要，原整修办公室主任晋全信同志因改任其他职务不再负责本室工作。梁仁智同志因身体欠佳，亦不再担任办公室副主任职务。现任命陈进良同志为整修办公室主任，王国奇同志为副主任。成员有李中翔、刘国卿和靳士信同志。

1987 年 1 月 20 日

五、第 5 号工作简报

嵩岳寺塔基探查工作有重要发现

通过物理探测和地质勘察，都没有解决塔基的范围、结构、埋深、保存现状及塔东基岩沟坎的具体位置和塔中心电效应异常区的情况，国家文物局专家根据钻探结果，认为有必要通过局部开挖小探沟进一步查明以上几个问题。经请示，我所组织了副所长郭天锁同志（助研，曾主持长葛石固大型裴里岗文化遗址的发掘工作）为领队，由王国奇（整修大塔办公室副主任，1984 年考古专业毕业）及靳士信（有发掘经验的技工）参加的探查组，于 11 月 20 日至 12 月 14 日对塔基外围进行了局部探掘。

这次探查，在塔西北、西南、东南、东北四向开挖小探沟四条，长宽分别为 2 米×8 米、1.5 米×5 米、2 米×5 米、1.5 米×5 米，均在台明以外三米处开口向外放射，其中西北向探沟，向内收为 0.8 米挖至塔基。探沟最深为 2 米。探查中有以下重要发现：

1. 西北、东南、东北三条探沟内距现地面 1.4 米左右同一标高处，有一层砖铺地坪。可能是塔院的第一个生活地面。

2. 距塔身 4 米处，有一个近于正方形的护基石墙（堰），边长 19 米、墙高 0.3～1 米、宽 0.9～1 米。东北部有的部分已漏出现塔院地面。

3. 此塔基根垂直而下，没有放脚。自现台明上面向下 1.3 米（22 层砖）即可见到塔基最底层砖和夯土层的接壤线（距现地面仅 50 厘米）。夯土厚 25 厘米，系纯红色亚黏土。夯土以下为风化片麻基岩。塔基台明是塔建成后另砌的。夯土层：西北厚 50 厘米，东南 160 厘米。

4. 塔之东南、东北基岩较深，当挖至护基石墙以下 50 厘米时，发现有一平整的古地面，故未继续下挖，现在基岩埋深和沟坎位置尚未确定。

5. 当清理塔心乱砖时，发现了地宫。地宫完全为乱砖充填，底部距现塔内地面 1.4 米。顶部已被破坏，似穹窿顶。地宫以砖砌壁，表面涂以白灰层，壁面绘有红色人字栱图案。因塔内脚手架较多，无法完全清理乱砖，从暴露出的部分推测，地宫面积约 6 平方米。

因天气原因，探查工作现已暂停，探沟尚未回填，但已采取了安全措施，妥加保护。拟请国家文物局、省文物局的领导和有关专家察看后，再决定下步工作。

专家认为嵩岳寺塔塔西、北部不存在"滑坡"而居稳定性斜坡

由安徽滁县地区文物保护科学技术研究所和铁道建筑研究所所提交的《嵩岳寺塔及其周围地区的物理探测报告》认为嵩岳寺塔西部及西北部有两个滑坡体；根据国家文物局文物处领导和专家的指示，我们又请河南地矿局环境水文地质总站做了工程地质勘察，经过地质钻探和开挖深井，认为塔周台阶状斜坡尚未构成滑坡，应居稳定性斜坡。由于两家结论差异甚大，我们原拟邀请有关专家到现场进行论证。但经征求意见，一些专家不愿参加此类仲裁性的会议。恰好今年十月国家文物局主持在新疆召开克孜尔千佛洞维修方案论证会，我们获悉有不少地质方面的专家、教授赴会，所以就带去了两家提交的报告，会间请教了武汉地质学院水文及工程地质系副主任潘别桐教授、中国科学院地质研究所所牟会宠、曲永新副研究员，以及国家文物局的有关领导和专家朱长翎、黄克忠等。十月二十二日又邀请潘别桐教授和联邦德国的两位地质师赴现场踏勘。专家一致认为这里不具备形成滑坡的条件，只凭物探结果就下有无滑坡的结论，是不慎重的。河南地矿局环境水文地质总站的结论，根据是充分的，是符合实际的。但地质专

家也认为像这样的地形、地貌，应特别注意排水，更不能引水灌溉，否则，也有可能给形成滑坡创造条件。

根据以上专家的意见，问题已经十分明确。经请示国家文物局文物处朱长翎处长，决定不再召开专家论证会。

1987年12月22日

六、第6号工作简报

嵩岳寺塔整修方案现场汇报会

在河南省文物事业管理局的主持下，四月六日至七日在登封县召开了"嵩岳寺塔整理方案现场汇报会"，参加会议的有国家文物局高级工程师杨烈，文化部文物保护科学技术研究所高级工程师祁英涛，河南省文物局局长杨焕成，河南省城乡建计设计研究所所长、工程师周可法，河南省地矿局环境水文地质总站主任石宝富，工程师张玉祥；河南省古代建筑保护研究所所长、副研究馆员张家泰，书记崔秉华，省古建所总工程师、建筑师李传泽，所长助理杜启明，副研究馆员郭天锁、陈进良，所办公室副主任杨宗琪，整修嵩岳寺塔办公室副主任王国奇；登封县政府办公室主任王主任，登封县文化局局长李长拴，副局长赵麦冬，协理员李振中，登封文管所书记薛世荣、名誉所长宫熙、所长张金传等二十余人。

会上，杜启明同志汇报了《嵩岳寺塔勘测报告》和《嵩岳寺塔自重计算报告》；陈进良同志汇报了《嵩岳寺塔及周围地区物理勘测报告》《嵩岳寺塔变形观测报告》及《裂缝灌浆和黏合剂的设想》；郭天锁同志汇报了"基础探查及地宫清理情况"。石宝富、张玉祥同志汇报了《嵩岳寺塔工程地质勘察报告》。周可法同志汇报了"防雷装置设计的设想"。张家泰同志汇报了1988年修订后的《河南登封嵩岳寺塔整修方案》。汇报之后，与会同志到现场进行了考察。

四月七日上午，祁英涛、杨烈同志针对现场察看情况和各项汇报，先后做了重要指示。祁英涛同志讲："修古建就是更深一步的研究，只有通过大修，才能做到最彻底的研究，你们的工作做得很细，请了各方面的专家，对我们的工作很有利"，祁工对我省技术力量的迅速成长，感到特别高兴。对工程的做法，祁工指示的更为详尽，归纳起来有以下12个方面：

（1）滑坡虽基本不存在，但防护措施要做好，防渗非常重要，排水沟、挡土墙都应设置。

（2）塔基四周石墙还起一定作用，地基处理只需在东、南部位加固。

（3）台明可防止塔周渗漏，还应做成台子，打灰土面搞什么形式，可考虑几个方案。

（4）方案中没有提具体的维修原则，应该以保存现状为主，有科学根据的适当恢复，如风铎钩，上面几层有而顶部几层没有，再砌时就应恢复；十三层塔檐的做法与原状不一样，现在也应该恢复原状，塔刹若不动，铁杆是弯的原来就不是这样。

（5）对方案中塔身的处理基本同意，他认为考虑的很细。粘结材料用红泥，可加一些增强剂。灌浆材料不要用太强的。

（6）方案中谈到塔外层维修用旧砖，旧砖来源恐怕有困难，实在不行，还得复制。

（7）关于塔身灰皮，身、檐比较容易做，困难的是莲花头、狮子头等部位，缝隙可补，缺的部分不补。彩画不变，在方案中应写得坚决些，属几何图形的可适当修补。

（8）第一层塔身可加隐蔽钢箍，用不锈钢好。

（9）地宫上面还做佛台，但不能随便做个台；可留入口，但入口设置要有限制，不能随意就能进去。批准进地宫的权应放在国家文物局，若放在下面，顶不住。

（10）防雷设施应该搞，中岳庙、少林寺都有落雷记录，看来这里还是落雷区。安上避雷针招雷率高一些这是管理问题，每年检查两次，定为死任务。祁工赞成安针状避雷器，引下线放在不影响照相的部位。

（11）对斜坡稳定性和塔的变形，应定点、定仪器、定人观测，起码二定。

（12）在方案中对这一地区的地震情况应有说明。

杨工同意祁工的以上意见，此外又作了10项指示：

（1）以现场加固为主，局部可以修复，但不属于复原，特别是十三层以上。

（2）这次设计是二次设计，要根据祁工的意见，进行技术设计，比现在的更细一些，做法、工艺都要有个定型的东西。采用二次设计的办法，经批准后正式进入施工。

（3）基础加固同意祁工的意见，在东、南方向搞成弧形加固柱，必要时可考虑打些钢桩，钢桩之间不一定都连接，不一定都打到基岩，有的可以用钻孔的办法钻到基岩，主要起防滑作用（祁工意见打到基岩的桩应是梅花桩，要尽量少动）。

（4）灌浆材料同意祁工意见。补砌部分，黏合剂强度不能太大，应与砖强度相配合。

（5）十四层以上，认为是后来补作的部分和内部穹隆顶部分，能不能拆下重做，补作的补不好，这样里边就不再做木斗八藻井，还可加防渗层，里外都不变，里边用新砖也可以。拆塔刹时要拆地仔细。这样比补砌好做一些。这部分我同意复原干脆按下层的做法做，总高度不能变。这属于部分复原。刹没有了，还可以装上去。现在不知宝珠是什么样。现在的相轮估计是明代的。技术设计时，做个相轮的，做个宝珠的，我们请几个专家看了后就可做。现状的资料应留下。

（6）反叠涩的砖不要用有机硅，辽宁曾在上瓦以前用豆浆浸泡24小时以上，现在已有20年左右了，颜色不变，一点也不渗水。要做抹灰的批水时是另一回事（祁工：批水是一定要做的，老的批水可都去掉，也没有必要在原处留些做标本）。

（7）新砖都达到150号不一定都能做到，如达不到可以降为100号，或用桐油浸泡。

（8）现在经过大量的勘测，目前就按斜坡考虑。如经一二百年后出现问题，让后人处理，排水，加强植被是应考虑的保护范围应大一些，你们提个意见，和当地政府、环保部门共同做一下。

（9）台明要有，结合台明做加固地基，台明做什么形状？圆不合适，做八角、方形未尝不可，做方形和基墙一致，方形也可以。

（10）这次工作做得比较全，细致，各方面心里都有底了，这是社会协作的结果。

最后杨工又补充了几点意见：

（1）所有尖拱券上的裂缝，需勾缝，缝宽的要填充，然后灌浆，不要用别补法。

（2）在做反叠涩檐时，每层砌砖都要略有坡度，以便于排水，喷浆可用桃花浆，即用登泥、白灰、细砂合成。

（3）塔身灰皮颜色一定要注意，且忌纯白、纯红……。

两位专家指示以后，省文物事业管理局杨焕成局长讲了话，他说：今天两位老师、专家讲的指导思想、具体做法都交代得很详细，我们一定要按此要求去干，在施工中如出现问题，我们再去请示，现在挖了一些探沟，对塔基可能会有一定的影响（杨工指示：现在可以回填，用三七灰土，分层打夯，不要填石头。祁工补充说：要证明塔基是圆的，可以虚线挖，挖几个角，证明是圆的就行）。杨局长、家泰所长问：地宫门道是否不往外再打，如宫道伸向塔外，是否也不挖？祁工回答：还是在塔内开口好。杨局长接着说：地宫要控制严格些，就把进宫权交到国家文物局。杨工说交省局即行。避雷不做网状，引线用两根，施工升降架超过限度，应搞临时避雷设施，必须装临时避雷针应装80米高，材料用紫铜，祁工又交待迎客槐一定要保住。

县政府办公室主任最后表示：感谢两位专家亲临现场指导，县文化局李长拴局长表示：坚决配合好，做好工作，欢迎各位专家多来指导。

这次汇报会时间不长，参加人员也不多，但解决了许多关键性问题。我们现正组织技术力量，学习、讨论、领会专家的指示，进一步修改方案，尽快拿出技术设计。竭尽全力把嵩岳寺塔修好。

1984年4月20日

七、第7号工作简报

国家文物局已原则批准嵩岳寺塔整修总体方案

一九八八年四月登封嵩岳寺塔整修方案现场汇报会后，河南省古建所整修嵩岳寺塔技术领导小组又多次奔赴现场勘察，在原整修工程总体方案的基础上，经多次慎重细致的修订，使其充分体现现场会议拟定的原则，于一九八八年八月上报国家文物局审批。国家文物局于一九八九年四月，以"（89）文物字第167号"文给予批复。其主要内容为：

一九八八年八月河南省古建所所报"河南登封嵩岳寺塔整修方案"基本符合一九八八年三（四）月现场会勘察时所拟定的总体方案，经研究我局同意：

1. 原则上同意关于塔体及塔基的整修和加固措施；
2. 基本同意关于塔院的治理，排洪及迁建山门的综合措施；
3. 当上述工程完成后，除了按照方案所述继续观测塔体的稳定情况外，尚须安排对塔后崖体的观测；
4. 所报方案仅属轮廓性的设计，对于关键性工程，必须进行技术与施工设计，不可以理论代替技术措施。

关键性的设计措施或方案中未曾预料到的问题，要随时上报国家文物局，经国家文物局同意后方可施工。

对于国家文物局的批复，我们技术领导小组及时进行了传达和学习领会，现正积极组织骨干力量逐项进行落实。对关键性的技术措施也正逐步进行研究和设计，如裂缝灌浆剂及黏合剂的研究报告、避雷设施设计等均已上报，裂缝灌浆剂及黏合剂的报告已经国家文物局同意实施。

嵩岳寺塔整修列为所长一九八九年目标管理项目之一

为了落实所长目标管理责任制，年初省文化厅与我所所长张家泰同志签订了一九八九年目标管理责任书。在责任书中明确规定了所长一九八九年度应完成的重点工作项目。其中"完成国家级重点文物保护单位嵩岳寺塔外壁的加固整修、山门迁建及部分围墙增建工程"，列为重点项目之一。目前所长已多次召开会议，到现场研究工作，从人力、物力、技术力量等方面作了周密布置，以保证年底前高质量地完成上述任务。

嵩岳寺塔砖热释光年代测定已有初步结果

嵩岳寺塔建造的确切年代，至今没有查到可靠的文献资料，通过精密勘测也未在塔身上发现任何有关建塔的文字记录，现在古建界及文物界公认的该塔建于北魏的说法，是以间接的文献资料和建筑风格上考查研究为结果的。为了确证这一结论，我所委托中国社会科学院考古研究所热释光室李虎侯研究员和故宫博物院科技部苗建民馆员，对塔砖进行热释光年代测定。从现有九块塔砖的测定结果表明，最早年代为 1580 ± 160 年，最晚年代为 1015 ± 120 年。

对于取样范围和测定结果，我们征求了国家文物局有关专家的意见，他们认为取样范围还应扩大，最好把塔内外不同类型的砖尽可能地都取样测定，这样就更具有代表性。我们已按照专家们的意见，于五月下旬完成了第二次采样，准备进行更全面的热释光年代测定。

工程进度

到五月底止，整修工程主要进行了两个项目：

（1）改造了原作为测绘工作架的塔内脚手架，使之便于施工和人员上下；

（2）集中力量进行基础加固工程。按整修总体方案，需要在塔东、南方向打弧形排桩，现已完成大部分土方开挖工程，并已完成了三个桩的浇注混凝土任务。因这里地质条件十分复杂，地下孤石密布，给地桩打孔工作带来了巨大困难，但工人们硬是一厘米一厘米地往下挖凿，直到基岩以下。所以原计划麦收前全部浇注完混凝土的计划，未能如期完成。至5月26日为止（工人放麦忙假），各桩孔开挖的情况如下表：

排桩进度表

桩号	已挖深度（米）	估计深度（米）	说明
1	5.7		已浇注了混凝土
2	8.22	10以上	周边接近基岩，但中心，遇到大孤石阻挡
3	11.80	13	井底三块大孤石
4	15.70		已挖至基岩以下1.2米，已浇注混凝土
5	8.5	15	大孤石堵严井底，最大难点
6	11	13	有高1.3米的孤石，大小占井底的三分之二
7	5.70	11~12	出现东北高、西南低的大孤石，封满井底
8	9	10~11	孤石很多，边上有乱石及黄砂

续表

桩号	已挖深度（米）	估计深度（米）	说明
9	10.10		已深入基岩，已灌注了混凝土
10	9.20		已深入基岩，已灌注了混凝土

本期简报由陈进良编写

1989年6月2日

八、第8号工作简报

一九八九年嵩岳寺塔整修工程超额完成目标管理

由省文物局局长与我所所长签订的今年的"目标管理责任书"第三条中规定：年内应"完成全国重点文物保护单位登封嵩岳寺塔外壁加固整修、山门迁建及部分围墙的增建工程"，这一目标分解、落实到整修嵩岳寺塔办公室陈进良主任和技术部郭建邦主任承担。在整修嵩岳寺塔技术领导小组的具体指导下，经过管理人员与工人同志们的共同努力，克服了原材料不足、山地构造复杂等种种困难，于十一月下旬超额完成了今年的目标管理任务，除前述三项工程外，还打好了一排（10个）防滑桩，加固了塔体倾斜方向近处的地基，现分项简报于下：

一、塔刹重砌及密檐、塔身外壁整修加固结束

由河南省古建所工程队三分队承担的塔身外部整修工程，经过近五个月的施工，现已结束。十一月十七日及二十五日，省文物局副局长刘海清同志及我所整修嵩岳寺塔技术领导小组部分成员到现场进行了认真检查，认为施工工作还应更认真一些，总体效果保持了原有面貌，同时也指出在新粉刷的墙皮做旧工作方面还有待进一步改进。要求工程队抓紧当前未上冻的有利时机，把做旧工作做好，真正做到"整旧如旧"。

塔身外部整修工程是从七月份正式开工的，开工之前，技术领导小组在现场认真研究了施工方案，认为外部整修工程的关键部位是塔刹和塔体下部1~2层，必须细心操作，以防意外事件发生。为此，进一步明确了各个部位工程的具体做法。

（1）塔刹的整修，按国家文物局专家的意见拆除后按原件重砌，这样既便于施工，又能保证施工质量。在拆除前要进行拍照和绘制整体图，在拆除时，每层都要绘制平面图，每隔几层的标高都在架子的固定处做出标记，拆除下来的砖按方位编号，以保证在复原时达到原高、原大、原貌。从目前复原的效果看，基本上达到了上述要求。

（2）因塔身上部第11~15层损坏严重，为保证整修质量，在第11、13、15层沿塔身各打15厘米×20厘米隐蔽混凝土圈梁一道，并在穹窿顶上部构筑了一厚10厘米的混凝土防渗层，防止上部雨水渗入塔内。

（3）塔身第1、2层整修的关键在于处理裂缝和塔身外鼓部位。裂缝的处理按专题报告的技术措施执行，但在封缝时不采取用铁件焊死的办法，要留有余地，外鼓部分经仔细检查后，仅一砖之厚，没有危险，故采取拆除重砌的办法。

（4）砌砖黏合剂按专题报告的成分和比例和制（即红黏土、白灰用丙烯酸乳液调和制成），里层用砂浆垒砌。

（5）按照原貌，塔身通体以麻刀白灰泥粉刷，仅一层的砖雕狮子不再粉刷，以保持其原有风格。

（6）新添配的塔砖，经过了豆浆和石灰水的两次浸泡后再用，以增加新砖的强度。

（7）严格按照国家文物局批准的整修方案和这次所订的具体做法施工，不准任意改动。

此外，为留下此次整修标记，在新砌的塔刹中砌入釉花瓶一件，内装烙字竹板与墨水竹板各两件。烙字板题"河南古建所""一九八九年修"十一字，墨书板题"塔刹莲座原拆原建皆依旧制""河南省古建研究所一九八九年整修"二十七字。

由于施工目的和方法的明确，在关键时刻都有技术领导小组现场把关，施工队又能按要求施工，所以整个塔身外部整修工程进展顺利、质量较好。

二、防滑桩一期工程完成

按总体方案要求，需打双排防滑桩，今年已完成了外层十根桩的开挖和浇注工艺，因为这里地质条件十分

复杂，给桩孔的开挖造成了意想不到的苦难，但工人们硬是冒着塌方与空气稀薄等各种危险，克服重重困难，完成了比设计任务大得多的开挖桩井的工程。其中最深者达到16.5米，每根桩的具体情况为下表：

桩号	深度（米）	开挖情况	桩号	深度（米）	开挖情况
1	5.5	距塔较远，底部遇大孤石后停挖	6	16.5	11米以下有大孤石，扩方排除，凿入基岩1.5米
2	8.5	周边已接近基岩中心遇到大孤石	7	15.50	5.7~7.40米处有大孤石，以下孤石不断，凿入基岩1.5米
3	12.90	11.35米处有大孤石，凿透后深入基岩1.1米	8	10.05	9米以下为孤石，凿入基岩
4	15.70	开口即有大孤石，排除后，下挖至基岩1.2米	9	10.50	孤石较少，深入基岩2米
5	14.9	8.05米处有大石堵严井口，穿凿后，深入基岩1.9米	10	9.20	孤石较少，深入基岩2米

总计：十根桩总计浇注混凝土近300米^3。

三、山门迁建工程完工

按照总体规划、山门南迁，以利古塔安全与观瞻。新建山门为悬山式灰瓦顶，面阔三间，建筑面积100平方米。土木结构已于十月中旬竣工，计划明春油漆。

四、完成山门左右围墙47米，墙体用青色中砖砌造，以灰瓦封护。

附：一九八九年工程初步计划

按照嵩岳寺塔总体方案，除目前正在安排施工的安装避雷设施外，其余工程项目拟于1990年基本完工，这些项目是：

1. 塔内壁（内檐9层）整修，包括一层复原叠檐修补和通体勾缝等。
2. 地宫上顶及佛台（二者为相关工程）的复原整修和地宫彩绘保护（包括甬道出口的修复）
3. 塔基地圈梁和台明的修建。
4. 塔基沉降和塔身变形观测设施、"滑坡"监视观测设施以及所需仪器的购置，为保证观测桩的长久稳定准确，拟建在封闭式亭子内。
5. 构筑围墙、护坡与排水沟，此次工程量最大（主要是土石方的开挖）。
6. 院落整理，包括一座唐碑亭（徐浩书）和零散碑碣的归整，道路修建，塔围地面硬化，院内排水系统和厕所等。
7. 防滑桩二期工程，本工程是在已打十根防滑桩的内圈再打九根防滑桩，两圈桩以地梁相连，形成双排防滑桩。
8. 院外道路改建（因塔院扩建后，截断了村民耕种西山土地的道路，所以需在院北和院南修建通往西山的道路）。
9. 建立完整的五年修塔档案，并报送国家文物局与省文物局存查。
10. 争取使塔院成一个"中国古塔展览"场所，使文物古迹在精神文明建设中充分发挥其积极作用，也可改变参观者独观孤塔的单调感。

以上各项工程的经费约需85万元。

1989年12月1日

第八节　嵩岳寺塔保护管理工作

嵩岳寺塔于1961年3月由国务院公布为第一批全国重点文物保护单位。这是国家文物局对不可移动文物所核定的最高保护级别。

第一批全国重点文物保护单位共计108处，其中古建筑及历史纪念建筑物共77处，嵩岳寺塔荣列为1处。说明嵩岳寺塔具有重大的历史、艺术、科学价值，它是古代科学技术信息的媒体，对于科技史和科学技术研究有着重要意义，在全国优秀历史文化遗产中占有重要地位。按照文物保护单位保护管理规定，划定保护范围和建设控制地带，设立文物保护标志及说明，建立记录档案，成立专门机构负责管理。

一、保护范围和建设控制地带

1. 1989 年划定的重点保护范围和一般保护范围

河南省文化厅、河南省文物局《关于公布国家级、省级文物保护单位保护范围的通知》（豫文物字〔1989〕第 196 号）规定：

重点保护范围：自塔基外壁向东至围墙外 90.0 米，向西 270.0 米，向北 120.0 米，向南 200.0 米。

一般保护包括：自重点保护区边线，向西 150.0 米，向南 200.0 米，北至太室山峰顶，东至东灵台山脊。

2. 2004 年划定的保护范围和建设控制地带

河南省建设厅、河南省文物管理局《关于公布全国重点文物保护单位和省级文物保护单位保护范围和建设控制地带的通知》（豫文物〔2004〕330 号）规定：

保护范围：自东围墙外壁向东 200.0 米处，自西围墙外壁向西 300.0 米处，自北围墙外壁向北 200.0 米处，自山门前墙向南 400.0 米处。

建设控制地带：自保护区边线向西 150.0 米处，向南至石坊南 150.0 米，北至太室峰顶，东至东灵台山脊。

二、法律法规文件

为保护这处优秀的历史文化遗产，制定了《郑州市登封观星台嵩岳寺塔少林寺塔林保护管理条例》，以法规文件的形式进行保护。于 2003 年 6 月 27 日郑州市第十一届人民代表大会常务委员会第三十八次会议通过，2003 年 9 月 27 日河南省第十届人民代表大会常务委员会第五次会议批准，2003 年 10 月 21 日郑州市人民代表大会常务委员会公告公布。《条例》共二十八条法规条文，规定将其保护管理工作，纳入国民经济和社会发展计划，并规定了嵩岳寺塔在保护、安全、修缮、生存环境等一系列的保障措施。

三、嵩岳寺塔"四有档案"建档工作

1. 嵩岳寺塔"四有档案"

嵩岳寺塔文物保护单位的"四有档案"建档，由河南省古代建筑保护研究所（河南省文物建筑保护研究院前身）承担，从 1991 年 6 月开始，至 10 月底完成。主卷和副卷共十卷 14 册，主卷一至八共八卷，其中第七、八卷每卷 3 册，其余每卷 1 册，副卷、参考卷为九、十两卷，每卷 1 册。

2. 嵩岳寺塔"四有"建档情况说明

文物保护单位"四有"建档工作，已列入今年省文物局与我所的工作管理目标之中，我所又将任务下达给研究室。嵩岳寺塔由郭建邦同志承担。有明确分工，相互配合，通力协作，圆满地完成了全年任务。

嵩岳寺塔的四有建档工作，从今年六月开始，郭建邦同志全面负责，收集资料，装订成册，前言及文字部分由张家泰同志执笔，竣工报告由陈进良同志撰写，地球物理勘探和工程地质勘察以及防雷、变形观测等资料均由陈进良同志收集整理。郭建邦、李仁清二同志亲赴现场进行碑刻拓印拓片，费时半月，完成任务。九月各种资料收集齐备，十月装订成册。在收集资料，汇集成册的过程中曾得到张家泰、陈进良、李中翔、陈平等同志的大力支持，终于十月底全部完成。

文物保护单位的"四有"建档工作，是一项科学性较强的工作，它包括收集资料、现状测绘、碑刻拓印、文字撰写、照片洗印、各种复制、图纸描晒等，工作具体，开支较大，通过嵩岳寺塔国保单位的建档，深感经费之不足，恳望各位领导今后给予大力支持。

研究篇

第八章　嵩岳寺塔主要历史遗留问题考

第一节　嵩岳寺塔几个"悬而未决"问题的探讨

嵩岳寺塔研究篇开篇，先探讨一下世人比较关心的这几个"悬而未决"的问题。

嵩岳寺塔因建造年代久远，历史上遭受多次的损坏和修缮，其部分原构损毁缺失，加上又有后代改造等情况存在，致使学者对嵩岳寺塔和地宫的建造年代、塔四周有无副阶、塔内有无楼板、楼梯、塔心柱等问题有不同的看法和疑问，成为了在该塔研究中"悬而未决"的几个问题。现根据此次对塔的勘察结果探讨如下：

一、关于嵩岳寺塔砌砖的热释光年代测定相关问题

1. 嵩岳寺塔塔体砌砖热释光年代测定的年代

因 1989 年第一次未作嵩岳寺塔内关键部位砌砖的热释光年代测定，并且采取的不同部位砌砖测定结果有北魏和其他时期，以致嵩岳寺塔建于北魏的论断，不被部分学者所采信，并提出异议，于是 2019 年我们又采取塔内第二层塔龛砌砖作热释光年代测定。从两次各部分砌砖的热释光年代测定结果看，塔基第十二面东南砌砖测定年代为距今（1989 年）1580±160 年，年代换算约为曹魏正始十年（249）~ 北魏永兴元年（409）~ 北齐天统五年（569）；塔内第二层塔龛砌砖里侧测定年代为距今（2019 年）1517±91 年，年代换算约为东晋义熙七年（411）~ 北魏景明三年（502）~ 隋开皇十三年（593）；塔内第二层塔龛砌砖外侧测定的年代为距今（2019 年）1349±81 年，年代换算约为隋开皇九年（589）~ 唐总章三年（670）~ 唐天宝十年（751）。上述塔砌砖热释光测定的年代，时间约在 409 ~ 502 年之间，随着热释光年代测定技术的进步，我们认为 2019 年测定的年代更客观，基本可判定嵩岳寺塔建于北魏晚期，其与历史文献记载的年代大致相符。塔内第二层塔龛砌砖外侧测定的年代约为唐朝咸亨元年（670），这与《嵩岳寺碑》记载嵩岳寺塔在隋末唐初塔内被大火燃烧的年代相符。其他砌砖测定的年代，也与塔内出土文物和寺内碑刻记载嵩岳寺修缮的年代基本相符（嵩岳寺塔建于北魏的具体年代论述，详见本章第三节内容）。

2. 嵩岳寺塔地宫的建造年代

1989 年地宫东北角砌砖热释光年代测定为 1560±160 年，年代换算约为西晋泰始五年（269）~ 北魏神麃二年（429）~ 隋开皇九年（589），与塔基第十二面东南砌砖测定年代基本相同。《登封嵩岳寺塔地宫清理简报》揭示，地宫宫室、甬道墙体与周围夯土基础结合紧密，没有空隙和填筑材料等现象，是先砌塔基、筑宫室、甬道墙体，后夯筑周围夯土；甬道砖砌墙体南端被压在塔砖墙体下，并与之砌筑成一体，均证明地宫与塔砖基础、夯土基础等为同时期建造。塔基、地宫与塔体砌砖的物理性能、化学成分、尺寸规格、粘接材料及砌筑方法基本相同，塔基、地宫砌筑的年代测定与塔内第二层塔龛砌砖年代测定虽有出入，但现今的热释光年代测定技术更为先进，可认为塔基、地宫、塔体的年代相同，基本可断定地宫建于北魏时期（其他可判断地宫建造年代的论述详见第十一章第六节的内容）。

二、嵩岳寺塔基础、台座、阶基、副阶相关问题

通过 1987 ~ 1988 年对塔基础及周围地层的探察，基本查明了塔砖基础、夯土基础、塔台座、阶基，以及周

围散水等关系情况。

1. 塔基础构造

嵩岳寺塔经历多次自然灾害和人为破坏，仍屹立不倒并稳固如初，说明嵩岳寺塔的基础符合建筑土力学和结构力学的科学理论。有人认为塔基础是直接砌筑在下部基岩上，或是基础下部有宽大的大放脚，也有人怀疑此塔是在已毁北魏塔的基础上重建[1]，或是现塔基础之下还压有一个塔基础等传言。本次通过对1987～1988年嵩岳寺塔塔基础探察资料的整理，清楚地了解到塔基础由砖基础和夯土基础两部分组成。夯土基础是在原地面上直接夯筑而成，平面基本呈方形，边长约1910.0厘米，高（原地面至台座顶间距离）75.0～216.0厘米。如按砖基础底至原地面间距离计算，夯土基础高为44.0～170.0厘米；如上部加上阶基夯土高度，总高为155.0～206.0厘米左右。砖砌基础平面圆形，为四块互不相连的砖砌体；上部与塔基座墙体同时砌筑并连为一体，下无砖基础大放脚，周围与夯土基础结合紧密，而并非直接砌筑在基岩上。施工方法是先砌筑砖基础后筑周围夯土，证明夯土基础和砖基础是同时建造，仍保持着始建时状态，而非在其他建筑基础上建造或重建（图8.1.1、图8.1.2）。这些情况与相近时期建造的洛阳永宁寺塔塔基有所区别，永宁寺塔基[2]系就地挖坑、填土、夯筑而成，本塔夯土基础是直接在原地面向上夯筑而成，并且砖基础是在下部夯土基础之上砌筑，砖基础砌筑完成后，再夯筑周围夯土，这体现了古人"因地适用"的聪明才智和科学营造手段。

嵩岳寺塔砖基础采用四块扇形砌体组成的圆形平面，是科学的利用拱券的力学原理，减少了塔心室地宫墙体的外侧水平推力，为形成较大地宫宫室空间提供了有利条件，这也是嵩岳寺塔下为什么出现大空间地宫的主要原因之一。

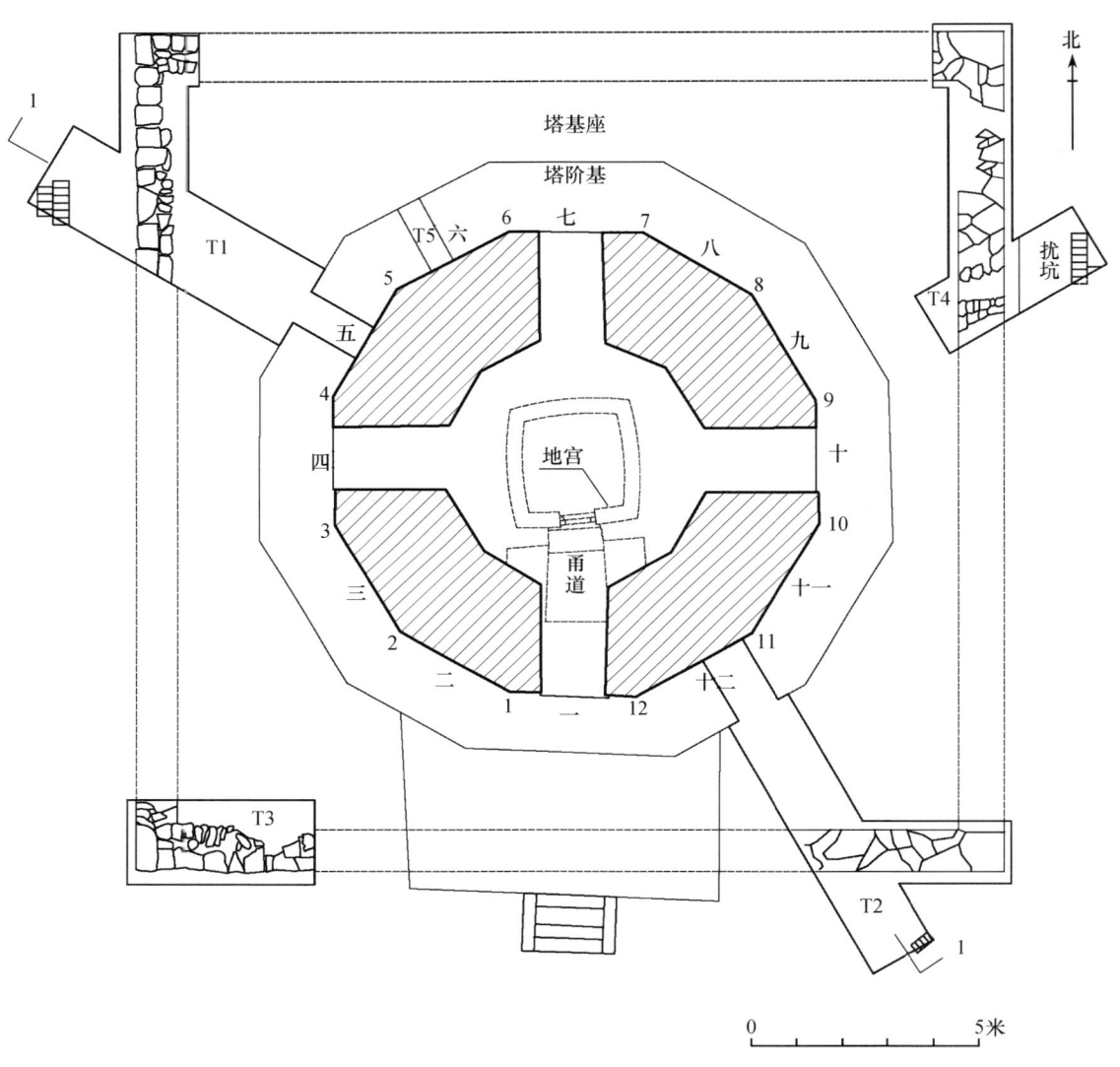

图 8.1.1　嵩岳寺塔塔基础探沟平面布置图

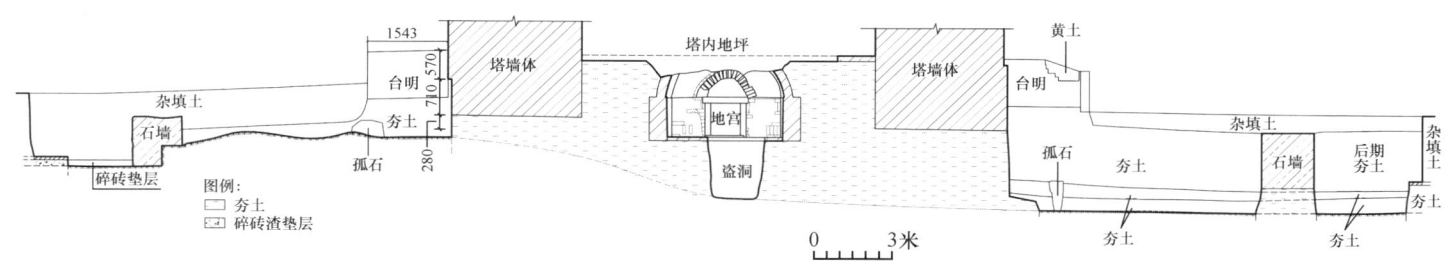

图 8.1.2　嵩岳寺塔基础 1-1 剖面图

2. 塔台座、阶基构造

塔基础探察资料揭示，塔下原有两层台子，而非现今看到的只有一层台子（阶基），即下层为正方形平面的台座和上层为平面十二边形的塔阶基。

台座遗构埋藏在现地面以下，顶部基本与现地面相平，由四周墙体和内筑夯土组成，墙砌体全部佚失。现墙体和内部夯土上部已毁，但从夯土遗存和周围散水砖铺装方式上看，仍能判定台座平面为正方形，边长约1910厘米，高约150.0厘米。

塔阶基，从塔砖基础和现阶基间遗留有夯土，以及砖基础外壁粘连的夯土看，塔砖基础外原是被夯土包围，即是十二边形塔阶基的夯土内心。

砌墙、栏杆，因台座和塔阶基外部砌体全部损毁，遗址处也未见原砖石构件，砌体和栏杆形制不得而知。但塔院内保存有类似于砌墙用的带有榫卯的条石，不知是否为塔上原构件。如结合同时期建造的洛阳永宁寺塔台座[3]，依夯土为内心，四周包砌青石上设石勾栏，以及嵩岳寺塔台座外观造型和安全防护的需要看，我们认为台座、塔阶基四周应有砌墙和勾栏。

3. 塔基座副阶

关于嵩岳寺塔有无副阶的问题，也有不同的声音。因原塔阶基等构件全部损毁，塔基座墙壁上又无明显安装木构架的卯口（因现塔基座墙外有灰皮粉刷遮挡，无法重新勘察是否有安装卯口，或如风铎一样的铁件安装痕迹），部分学者认为此塔无副阶。但从几个现象看，一是嵩岳寺塔砖基础基本是从台座夯土基础顶向上砌筑的，又在砖基础外围夯筑夯土阶基，是为防护砖基础和下部夯土基础不受人为和雨水侵蚀破坏，对于夯土基础和阶基夯土内心来说，如上部无遮挡物或周围排水不畅，极易受到雨水侵蚀，造成砖基础周围夯土开裂和夯土基础软化。二是塔阶基上为绕塔做行道，是做礼拜的重要通道，需要保持清洁和舒适的环境，如上部无遮挡物，可想象在烈日雨雪天绕塔礼拜时的不适情景。三是塔基座叠涩平坐最下层叠涩不规整，不像上部叠涩檐下部用两层规整的砖"阑额"来箍头，塔基座墙体外壁也不像上部塔体外做粉饰等。四是结合北魏洛阳永宁寺塔、平城思远佛图、龙城思燕浮图等佛塔，平面布置均是围绕中部夯土塔心做一周木构架回廊，使雨水距塔下夯土基础有一定的安全距离，来保护塔下夯土基础。再来看一个北魏高层佛塔曹天渡石塔的造型，塔最下部为台座，台座上筑塔阶基，再上建造九层塔体，塔体最下一层可明显看出有围绕塔主体一周的副阶，其作用即是保护塔下基础和地基，这也是我国传统木结构建筑保护基础和地基的传统处理手法。上述一切现象均指向嵩岳寺塔塔基座外应有一周副阶。

对于副阶与塔基座的连接问题，塔阶基宽150.0厘米左右，其上构成的木构架建筑结构，不固定于塔基座墙体，或采用木壁柱和铁钉锚固的方法，完全可保证自身的整体稳定，更别说是连续成周的木结构框架体。并且不在塔基座墙体上开洞，还能减少对砌体结构带来的不利影响。因此，从结构安全、功能需要、传统建筑构造手法，以及遗存现状上看，我们认为塔基座外有木构副阶。

三、嵩岳寺塔高度、内外层数的对应关系

1. 塔的高度

嵩岳寺塔的研究者一般认为该塔高40余米[4]，或塔高41米[5]，或塔全高3980.0厘米[6]，或塔总高36.7

米[7]等，上述嵩岳寺塔的高度多指现地面以上塔的高度。通过 1989 年对嵩岳寺塔塔基及周围环境的探察，以及 1985~1986 年的手工测绘和近期采用三维激光扫描仪、空三摄影测量技术的校核，基本核准现存塔总高 3843.0 厘米，其中台座、塔阶基通高约 240.0 厘米，塔阶基地面（室内地面）至第十五层顶通高 3144.5 厘米，室内地面至砖构塔刹顶 3603.0 厘米，塔内第一层地面至第十层穹隆顶间距离为 3107.0 厘米。

2. 塔内、外层数的对应关系

在嵩岳寺塔内、外层数的对应关系上，塔内部层数比外部（外部塔基座除外）少 5 层，内、外层数不是层层对应。从塔内、外层高看，内部第一层与外部塔基座基本对应，内部第二层与外部第一层塔身和部分塔檐相对应，内部第三层与外部第一层部分塔檐、第二层塔体、第三层塔身相对应，内部第四层与外部第三层塔檐、第四层塔体相对应，内部第五层与外部第五塔体、第六层塔身和部分塔檐相对应，内部第六层与外部第六部分塔檐、第七层塔体、第八层塔身和部分塔檐相对应，内部第七层与外部第八层部分塔檐、第九层塔体、第十层塔身和部分塔檐相对应，内部第八层与外部第十层部分塔檐、第十一层塔体、第十二层塔身相对应，内部第九层与外部第十二层塔檐、第十三层塔体相对应，内部第十层与外部第十四层、第十五层塔体相对应。可看出嵩岳寺塔内、外层数和层高，没有一定的对应关系，其层高是各自设置，但总的规律是自下至上逐渐降低。从塔体每层墙体剖面形态看，内部层高的设置可能与墙体的高厚比或高度尺寸隐含的意义有关。这些对应关系与我国传统木结构内外层层相对，或内部层数多于外部层数的传统构造手法不尽相同，这也是区分砖构密檐式塔和木构楼阁式塔，在结构和造型上的主要特征差别。

四、嵩岳寺塔塔刹形制构造问题

嵩岳寺塔塔刹现存部分，在 1989 年修缮前残损严重，经拆除重新按原形制砌筑。修缮前塔刹遗存已不是北魏原构，从塔内第十层塔心室穹隆顶刹柱洞被封堵，上部刹柱洞下段为六边形，上段为方形，其内遗留糟朽的柏木刹柱，刹柱洞顶至相轮顶处被封堵，再上有下部埋入宝瓶的铁杆，并结合塔刹砌筑方法、材料规格、材质、砌砖的热释光年代测定，以及塔刹天宫出土文物等情况，均说明 1991 年塔刹修缮前至少经历过唐、五代或宋时期两次大的重修，仰莲以下部分为一个时期砌筑，仰莲以上为另一个时期砌筑。

从北魏时期佛塔塔刹形象的基本构成看，嵩岳寺塔塔刹遗存部分并非原塔刹的全部构造，在宝瓶之上还应有高耸的刹杆和宝珠等构件。塔刹顶部的高大刹杆是北朝时期佛塔塔刹标志性组成部分。《魏书·释老志》载："肃宗熙平中，于城内太社西，起永宁寺。灵太后亲率百僚，表基立刹。"[8]《洛阳伽蓝记》载："有金刹复高十丈……。刹上有金宝瓶，容二十五斛。宝瓶下有承露金盘三十重。"[9] 嵩岳寺塔塔刹不可能背离时代特征，原刹杆应是在唐初失火时损毁，后期又多次重修改造所致。完整的嵩岳寺塔塔刹应是由刹座、覆莲（覆钵）、须弥座、仰莲、相轮、宝瓶、刹杆及宝珠等构成。

五、嵩岳寺塔内部遗留卯口的问题

1. 塔内第二层叠涩上的卯口

塔内第二层叠涩上部第一、二、五、七面两端每面各有两个卯口，第一面与第五面、第三面与第七面卯口两两相对，卯口宽 30.0 厘米，高 27.5 厘米，上口与叠涩顶平。从其位置和形制看，应是为安置楼板楞木之用。从卯口尺寸看，其内楞木断面也应与卯口尺寸相差不多，为塔内主要承重结构，足以承托楼板等结构荷载。

2. 塔内第二层门洞内的卯口

塔内第二层四门洞壁面上部两侧，每侧各有两个卯口，作两两相对状分布，个别卯口内尚存木枋残段。从塔上部小券门的门洞内砌筑门额、立颊等构件，以及南北朝时期陵墓券门构件配置看，这些卯口是为安插门额枋木之用。

3. 塔内第八层叠涩上的卯口

塔内第八层叠涩上部有四对东西向平行的卯口，第三面和第七面两端各有一个卯口相互对应，卯口宽、高各 15.0 厘米，深入塔内 48.0~49.0 厘米，第三面卯口中至中距离 99.0 厘米，第七面卯口中至中距离为 78.5 厘米。第二面对应第六面和第四面对应第八面叠涩上部，也各有一对大卯口，卯口高30.0厘米，宽20.0~21.0厘米，深入塔体内57.0~62.0厘米，卯口中至中间距离180.5~184.5厘米，其与第三面、第七面卯口中之中间距离为40.5~52.5厘米，虽卯口间距离有偏差，但卯口与对面卯口可相互对应。从卯口尺寸大小和卯口上皮同叠涩上皮平的位置看，卯口内应是安置楼板楞木之用。本层安置四条楞木，两端均插入塔墙内，可知本层承受的荷载相对较大，且形成的结构体是稳固永久性的，说明楞木除具有承托楼板荷载的作用外，还有稳固承托刹柱等构造的作用。其内侧两卯口与第九层叠涩上的卯口基本上下对应，即可说明具有稳固刹柱的用途。

4. 第九层叠涩上的卯口

第九层叠涩中上部7、8层两层的第三面和第七面两面，各有两个小卯口互相对应，卯口高10.0厘米，宽16.0厘米，深入叠涩57.0~76.0厘米，卯口中至中间距离为79.0~85.0厘米，其内也应是安置方木之用。从卯口所处位置和断面宽大于高的尺寸看，此楞木不是承重构件，其主要功能应是稳固刹柱，并抵抗刹柱晃动产生的水平荷载。

5. 第二至九层塔内壁上的小洞

该塔内部第二至九层第四、五、六面三壁面和叠涩檐上，共有68个高、宽相等、深浅不一的小洞，部分洞内尚残留有外端已被烧毁的栗木棍残段，可知小洞原作插木棍之用。

第二层的小洞在第四角处竖向通道口内墙壁上，共3个，为左边上下2个，右边中间1个，竖向排列。第三层的小洞在塔壁第四面和第五面，每面5个，第四面上的小洞接着第二层小洞，向左上方斜线排列，塔壁第五面小洞作反向排列。第四层的小洞在塔壁第四面和第五面，第四面3个，第五面4个，下部的小洞接下层的小洞，同作右上斜向排列，但第四面小洞没有排到第五层。第五层小洞在第四面和第五面，每面各5个，自下向右上方斜线排列。第六至第九层的小洞在塔壁第五面和第六面，第六层、第七层每面6个，第八层每面4个，第九层每面3个，每面小洞排列大部分变成上下基本垂直。第十层无小洞。

从各层的小洞排列方向和间距均不尽相同，洞内木棍断面有方有圆也不一样，以及嵩岳寺塔的建筑营造技术水平讲，即便是作为安插临时爬梯木棍之用，小洞也应是方便攀登、有规律、预先设计好的排列，并且每层叠涩檐口距塔内壁有约50.0厘米的距离，安插的木棍要悬挑相当远的长度，才能用于攀登，如每层再不设楼板，安全问题可想而知。因此，至少说明插入的木棍不是单独作为爬梯之用。至于小洞内遗留的木棍是何用途，需同仁们共同研究。

六、嵩岳寺塔内是否有楼板问题

关于嵩岳寺塔内是否铺设有楼板的问题，一直以来有两种说法：一是说塔内层层设置有楼板和楼梯[10]；二是说塔内无楼板，仅有用于检查、维修的简易攀爬梯道[11]。此次通过对塔内现状勘察和历史文献的记载，我们认为塔内第二、三、九层这三层有永久性的固定楞木和楼板，第四至八层、第十层这六层至少设有简易楼板层。分析如下：

1) 塔内第一层塔壁顶凸出有小平台。塔内第一层上部平面为圆形，至第二层转变成八边形，转换处壁面会出现不规整和不连续。从建筑壁面外观和结构安全上讲，如第一、二层空间上下贯通而不设楼板分隔，第一层塔壁出地面就可以将平面做成八边形与第二层平面统一，这样第一、二层塔壁壁面上下平直规整，平面不必来回变换，增加施工难度，以及塔壁中间出现错台的不美观现象。再者第一层中部佛台平面为八边形，如第一层内壁平面为八边形，能更好地与佛台形状结合，每面都能相互对应，扩大塔内廊道利用的空间。第三是第一层门洞壁无安装楼板梁或楞木的卯口，仅在第二层门洞上部遗留有卯口，如门洞内有门，卯口应是安装门额之用，其下立颊就高达600.0厘米多，中间不加横向支撑，很容易倾覆或变形，更不用在第一、二层交界处留出错台，致使第一、二层门洞宽窄不一和壁面上下不齐整。因此，我们认为第一与第二层交界处铺设有楼板。

现塔内第一层顶有楼板梁和楼板，楼板梁断面较大，基本可判定为后建，但安装粗大楼板梁的洞口，是否由原楼板楞木洞扩大而成，需再作探查。

2) 从第二层、第八层叠涩平台顶与其卯口上边相平看，第三层和第九层应设有永久性的固定楞木和楼板。并且从第二层叠涩上开有用于竖向交通的梯道口看，也侧面说明第二、三层交界处铺设有楼板分隔。

3）第二层至第九层塔壁小洞内尚存部分外端被焚断的木棍、方木，塔内壁、穹窿顶表面有火烧痕迹，以及塔内第二层壁龛砌砖外侧热释光年代测定为唐初看，塔内曾被火燃烧过。塔内上部构件被烧断，塔砖经二次高温，穹窿顶被烧黑，都表明只有持续的大火，才能出现上述情况，仅有可攀登的几根木棍难以烧到顶部，说明塔内每层原有大量可燃烧的建筑木构件，每两层间也有相互联系的大型木构件，致使大火从下至上连续燃烧到顶。

塔内第二层壁龛砌砖外侧热释光年代测定为距今1349±81年，即公元670年左右被大火二次燃烧过，这与唐·李邕《嵩岳寺碑》中载在隋仁寿一年（601）至唐武德四年（621）之间，嵩岳寺塔遭遇"逮豺狼恣睢，龙象凋落，天宫坠构，劫火潜烧"的记载相吻合，佐证嵩岳寺塔内失火之前，有大量木构件，即是每层的木楼板。因此，我们认为塔内第四层至第八层均设置有楼板，至少是设有简易的楼板层。

4）塔内第四层至第八层、第十层这几层叠涩上无卯口，如叠涩平台上不是放置楼板之用，而只是为加厚塔壁增强结构安全或是为承托上部塔壁，其叠至上层塔壁即可，不用叠出塔壁并形成平台；如只为检查、维修施工时搭设临时脚手架之用，因检查具有经常性，搭设后的楞木、楼板也没必要每次都拆除下来，再者第二层叠涩处的垂直梯道口尺寸较小，也不便于脚手架的上下搬运。如每层都不设置楼板，仅靠安插于塔壁小洞内的木棍进行向上攀登，危险性较大，且通行颇不便。

另外，从塔内每层叠涩的力学结构上说，第二、八层上部叠涩密集陡立并设置较大的卯口，是因为这两层要承托永久性的固定楼板梁和楼板，其余各层叠涩稀疏、高度较小，是因这些楼板层只用于竖向交通转向和安全防护的作用，没有必要永久性固定。因此，我们认为刘敦桢先生的有楼板和楼梯的说法更合理。

七、嵩岳寺塔心柱问题

关于嵩岳寺塔塔心柱问题，现阶段仍没有发现塔心柱的遗迹。但有几个情况值得探讨，一是地宫宫室的穹窿顶，从1990年修缮前的穹窿顶弧度看，如按穹窿顶弧度向上延续补全封顶，其顶高会远超出塔内第一层地面。二是宫室地面距室内第一层地面仅有162.0厘米，人进入宫室基本不能直立，为何建造时宫室地面不再降低一些，将宫室顶埋入地面以下，或宫室顶再升高一些，增加宫室的高度空间方便使用。三是塔内第二层、第八层、第九层叠涩上的卯口，以及修缮前宫室穹窿顶洞口尺寸的上下对应关系看，其上部卯口之间的距离与宫室穹窿顶在塔心室第一层地面处洞口的尺寸相当。综上所述，如塔内设有塔心柱，其与塔内失火时大火能从下至上持续长时间燃烧的事实相符；第二至第九层塔壁上小洞内的木棍，可能就是为稳固塔心柱而设；如设置有塔心柱，可使每层铺设楼板的距离缩小，这可能就是第四至第八层、第十层叠涩上不设楞木，而可以直接铺设楼板的原因，以及包括楼梯的问题都可合理的解决。因此，我们认为塔内原有塔心柱，是从地宫直接通到第九层卯口处上接刹柱，或是刹柱包裹在塔心柱的中央一直通到地宫。也有认为刹柱下部是采用"悬空固定之法"固定，但为何第九层的楞木不直接设置在刹柱底部，而将承托固定刹柱的楞木设置在刹柱两侧，从结构上讲楞木置于刹柱之下更为安全合理。

另外，历史文献中多记载北魏时期建塔先表刹，可知刹柱和塔刹在早期佛塔上的重要性，塔心柱即是刹柱的下部分构造，再从北魏洛阳永宁寺塔、龙城思燕佛图及日本飞鸟时期的佛塔实例看，塔内均有上下贯通的柱子，但塔心柱和刹柱不一定是一根柱子，或是一组柱子，因此嵩岳寺塔也不应脱离时代特征而存在。

八、塔内主体空间和原貌

嵩岳寺塔为单壁筒体结构，从塔内部遗存和空间结构看，塔内部第一、二层空间应是该塔的主体空间，亦是塔内空间设计的精髓所在。

第一层地面东北部有高出地面的残缺石构件遗存，从其雕刻题材和技法看，当为佛台须弥座残件，结合塔内第一层地面铺地石遗存的铺装形状和方式看，该佛台平面呈正八边形，置于塔心室正中。从北朝时期石窟中心柱窟和北魏洛阳永宁寺塔的形制，以及当时佛事活动主要以右绕佛礼拜来看，此时期中心塔柱和塔内中部墙壁上大多有佛龛和佛造像，本佛台上原也应有佛龛、佛造像和支撑佛龛的构造，至于佛像是八个、四个，或是其他个数有待进一步研究。

塔内第二层塔壁中下部第二、四、六、八四面各设一个壁龛，从壁龛残损现状看，每个壁龛台座之上原应有一躯小造像。

参 考 文 献

[1] 曹汛. 嵩岳寺塔建于唐代 [J]，建筑学报. 1996（6）：41.
[2] 中国社会科学院考古研究所. 北魏洛阳永宁寺1979-1994年考古发掘报告 [M]. 北京：中国大百科全书出版社. 1996：13、14、16.
[3] 中国社会科学院考古研究所. 北魏洛阳永宁寺1979-1994年考古发掘报告 [M]. 北京：中国大百科全书出版社. 1996：13、16.
[4] 梁思成著. 中国建筑史 [M]. 天津：百花文艺出版社. 1998：70. 张家泰. 嵩岳寺塔 [J]. 文物. 1979（6）：91.
[5] 张驭寰：中国古代高层砖石建筑——嵩岳寺塔和其他 [C]. 中国古代科技成就 [M]. 北京：中国青年出版社. 598.
[6] 萧默. 嵩岳寺塔渊源考辨——兼谈嵩岳寺塔建造年代 [J]. 建筑学报. 1997（4）：49.）
[7] 任伟、宋文佳. 嵩岳寺塔：中国现存最古老的砖塔 [J]. 中国文化遗产. 2009（3）.
[8] （北齐）魏收撰. 魏书 [M] 卷一百一十四. 北京：中华书局. 1974：3043.
[9] 尚荣译注. 洛阳伽蓝记 [M]. 北京：中华书局. 2012：20.
[10] 刘敦桢. 河南省北部古建筑调查记 [J]. 中国营造学社会刊第六卷四期. 中华民国二十六年（1937）：98. 张驭寰：中国古代高层砖石建筑——嵩岳寺塔和其他 [C]. 中国古代科技成就 [M]. 北京：中国青年出版社. 598。
[11] 杜启明. 登封嵩岳寺塔勘测简报 [J]. 中原文物. 1987（4）：17、18.

第二节 《嵩岳寺碑》碑文校勘

《嵩岳寺碑》碑文记载了嵩岳寺从北魏创建到唐开元年间的情况，是历史上唯一全面记载嵩岳寺历史、创建、格局、建筑、环境、兴衰等内容的文献，也是各种历史文献介绍嵩岳寺引用的基础，对嵩岳寺塔的研究具有不可替代的重要价值。但承托碑文载体的嵩岳寺碑何年佚失已不可查，去向更不可知，原碑的佚失是对嵩岳寺塔研究的一大遗憾。明万历四十年（1612）撰写的《嵩书》载："读李邕碑，想其壮丽"[1]，未知其读的嵩岳寺壮丽场景是原碑上的碑文，还是其他文献中的碑文。清康熙十五年（1676）撰写的《嵩山志》载："今惟一塔一殿，二三残碑而已"[2]，也未知这两三块残碑中可有嵩岳寺碑。清康熙五十年（1711）撰写的《说嵩》载："李北海极状其盛，竹素再其文，而石毁无存，贞珉之易磨，如此哉，惜矣！"[3]可知此时嵩岳寺碑已毁，碑文仅能在文献中看到。幸嵩岳寺碑抄文仍存于古文献中流传于世，这些文献中的碑文有全文抄录或部分摘抄，因后代抄录或刊印，其文献中碑文出现有误抄、脱字、讹误或不确定字之标识等问题，为进一步的研究嵩岳寺塔，有必要对其碑文进行校勘。

一、碑文的撰写年代

首先是《嵩岳寺碑》碑文的撰写年代，古文献中仅有成书于宋嘉祐八年（1063）的《集古录跋尾》中载："嵩岳寺碑撰写于开元二十七年（739年），唐淄州刺史李邕撰，胡英书"[4]，《说嵩》载："唐嵩岳寺碑，《郑氏通志》金石略云，隶书"[5]，查其撰写碑文的李邕生平，其记载应是可信的。李邕即李北海，也称李括州，字泰和，生于唐仪凤三年（678），卒于天宝六年（747），广陵江都（今扬州江都区）人，唐代书法家。据明嘉靖二十五年（1546）的《淄川县志》载："李邕在唐朝开元中任淄州刺史"[6]，《新唐书》载："开元二十三年（735年）李邕起为括州刺史，后历淄、滑二州刺史，开元二十九年（741年）滑州刺史李邕献马"[7]，说明李邕任淄州刺史是在开元二十三至二十九年这6年期间。又碑文中记载道凭禅师"千里求蒙，一言书事，专精每极，临纸屡空"，从登封嵩岳寺至淄博相距千里的距离上看，其碑文撰写时间，也应是李邕任淄州刺史时所撰。

二、文献录入碑文情况

文献中录入《嵩岳寺碑》碑文全文的见于《文苑英华》[8]、《李北海集》[9]和《钦定全唐文》[10]。成书时间最早的为《文苑英华》，撰写开始于太平兴国七年（982），雍熙三年（986）完成，经修订、复校后于嘉泰元年（1201）刻版，所载碑文未知是否采抄于原碑。《李北海集》是大抵皆采摭《文苑英华》诸书。《钦定全唐文》成书于清嘉庆十九年（1814），以清内务府所藏抄本为基础厘定。摘录的有《嵩书》[11]、《嵩山志》[12]、《说嵩》[13]、《登封县志》[14]、《河南府志》[15]等文献。《嵩书》成书于明万历四十年（1612），碑文未知摘抄于何处，但从所载碑文中有标识缺字的情况，有可能是抄于原碑。《嵩山志》、《说嵩》内容摘抄于《嵩书》，并附加有部分考证，其中《嵩山志》序中说"元魏碑存者嵩阳寺而已。"说明嵩岳寺碑在清康熙年间已不存。《登封县志》所载内容，自述是参照旧志。《河南府志》从所载内容看，也应是参考或摘抄于《嵩书》。从以上文献录入碑文的情况，下以《文苑英华》、《钦定全唐文》和《嵩书》所载碑文为主进行对照校勘。

三、《嵩岳寺碑》碑文校勘

碑文：

凡人以塔廟者，敬田也，執於有為；禪寂者，慧門也，得於無物；今之作者，居然異乎！至若智常不生，妙用不動，心滅法滅，性空色空，喻是化城，竟非住處。所以平等之觀，一洗於有無，自在之心，大通於權實。導師假其方便，法雨任其根莖，流水盡納於海壖，聚沙俱成於佛道。大矣廣矣！不可得而談也。

嵩岳寺者，後魏孝明帝之離宮也。正光元年，牓閒①居寺②。廣大佛刹，殫極國財。濟濟③僧徒，彌七百眾；落落堂宇，踰一千間。

① 閒：《嵩书》、《洛阳伽蓝记》作"閒"，清乾隆版《登封县志》作"間"，《文苑英华》及其他文献皆作"閑"字。"閒"字为多音字，一是 xian，有无事、空、清静等意思，《康熙字典》："【唐韻】古閑切"；二是 jian，也有"中"的意思，《说文解字》"间，古文閒"，《康熙字典》"【唐韻】古閑切【集韻】【韻會】居閑切，【禮·樂記】一動一靜者，天地之閒也。"《墨子·經上》："有閒，中也。"文献中出现"閑、閒、间"三字，原碑文中最有可能的应是"閒"字，兼具休闲清净和"中"两个概念。

② 寺：《文苑英华》作"壬"，《李北海集》作"士"；《钦定全唐文》及其他文献为"寺"。应作"寺"字，"壬""士"为误抄。

③ 济：《文苑英华》载一个"济"字，其他文献皆为"济济"两字。《毛传》："济济，众多也。"通文意看，应作"济济"，《文苑英华》脱一"济"字。

藩戚近臣，逝將依止，碩德圓戒，作為宗師。及後周不祥，正法無緒，宣皇悔禍，道葉①中興，明詔兩京，光復二②所。議以此寺③為觀，古塔為壇④，八部扶持，一時靈變，物將未可，事故獲全。

① 叶：《文苑英华》作"什"，《全唐文》、《嵩书》及其他文献作"叶"。《毛传》："叶，世也。"《诗·商颂·长发》："昔在中叶，有震且业。"通文意应作"叶"字，"什"字为误抄。

② 二：一般文献均作"二"字，仅《嵩书》作"三"字。"二所"指道教的子孙庙和丛林庙，"三"字为误抄。

③ 寺：《文苑英华》作"事"，其他文献作"寺"。"事"字为误抄。

④ 坛：《文苑英华》、《全隋文》作"壀"。《汉典》："壀音 tan，坛的异体字。"

隋開皇五年，隸僧三①百人。仁壽一②載，改題嵩嶽寺，又度僧一百五十人。逮豺狼恣睢，龍象凋落，天宮墜構，劫火潛燒③。唯寺主明藏等八人，莫敢為屍，不暇匡補。

① 三：《文苑英华》作"三（一作二）"，《全唐文》、《嵩书》作"三"。应作"三"字。

② 一：《文苑英华》作"一（一作二）"，《全唐文》《嵩山志》作"一"。《全隋文》：载"隋高祖杨坚仁寿元年（601年）自己的降生之日，以修营福善、追报父母之恩为名，在全国三十州统一建造舍利塔，其中就有嵩州间居寺。"隋高祖在嵩岳寺建塔的时间，也应是寺院改名的时间。应作"一"字。

③ 劫火潛燒：《文苑英华》作"劫火潛燒（一作劫潛燒然）"，《全唐文》、《嵩书》均为"劫火潛燒"。从文意

看，也应作"劫火潜烧"。

且王充①西拒，蟻聚洛師，文武東遷，鳳翔巖邑。夙②承羽檄，先應義旗，輓粟供軍，悉心事主③。及傅奕進計，以元嵩為師。凡曰僧坊，盡為除削，獨茲寶地，尤④見褒崇，賞⑤典殊科，明勅洊及，不依廢省，有錄勳庸，特賜田碾四所。代有都維那惠果等，勤宣法要，大壯經行，追思前人，髣髴舊貫。

① 王充：一般文献作"王充"，《嵩山志》作"王世充"。从历史文献写作看，有避讳当朝帝名的传统，"王充"是避讳李世民的"世"字，给隐晦掉了，文脉上也应作"王充"。

② 夙：《全唐文》作"夙"，《文苑英华》、《嵩书》作"风"。《说文解字》："夙，早敬也。"通文意看，应为"夙"字。

③ 事主：《嵩山志》作"王事"，其他文献均作"事主"。"王事"应为讹误。

④ 尤：《文苑英华》作"尤（一作夫）"，其他文献作"尤"。《說文》："尤，異也。"通文意看，应作"尤"。

⑤ 赏：《文苑英华》作"实（一作赏）"，《全唐文》作"实"，其他文献均为"赏"。《说文》"赏，赐有功也。"通文意，应作"赏"。

十五層塔者，後魏之所立也。發地四鋪而聳，陵空八相而圓，方丈十二，戶牖數百。加之六代禪祖，同示法牙。重寶妙莊，就成偉麗。豈徒帝利，固以化開。

其東七佛殿者，亦襄時之鳳陽殿也。其西定光佛堂者，瑞像之庋止；昔有石像，故現應身；浮於河，達於洛。離京轂也，萬輦延請，天柱不迴；惟此寺也，一僧香花，日輪俄轉。其南古塔者，隋仁壽二年，置舍利於群嶽，以撫天下，茲為極焉。其始也，亭亭孤興，規制一絕；今茲也，巖巖對出，形①影雙美。

① 形：《文苑英华》作"刑"，其他文献均作"形"。为"形"之讹误。

後有無量壽殿者，諸師禮懺誦念之場也。則天太后護送鎮國金銅像置焉。今知福利所資，演成其廣。珠幡寶帳①，當陽之鋪有三；金絡花鬘，備物之儀不一。皆光②滿秋③月，色陵湟丹。窮海縣之國工，得人天④之神妙。

① 帐：文苑英华》作"怅"，其他文献均作"帐"。为"帐"字之讹误。

② 光：《文苑英华》作"光（一作相）"，其他文献均作"光"。《洛阳伽蓝记》载："满月流光"。《集韵》："古旷切，广去声。饰色也。"通文意，应作"光"字。

③ 秋：《文苑英华》作"利（一作秋）"，其他文献均作"秋"。《尔雅·释天》："秋为白藏。"郭璞注："气白而收藏。"古以五色、五行配四时，秋为金，其色白，故指白色。通文意，应作"秋"。

④ 人天：《全唐文》作"天人"，其他文献作"人天"。虽文意大致相同，但对照前句的"海县"，后句对"天人"更为顺畅、工整。

逍遙樓者，魏主之所構也。引流插竹，上激登樓，菱鏡漾於玉池，金虯飛於布水。食堂前古鐵鐘者，重千斤函二十石，正光年中寺僧之所造也。昔兵戎孔殷，寇穰偕作，私邑竊而為寶，公府論而作仇。後有都維那惠登，發夕①通夢，遲明獨往，以一已之力，抗分眾之徒，轉戰而行，踰昏而至。雖神靈役鬼，風雨移山，莫之捷也。

西方禪院者，魏八極殿之餘趾也。時有遠禪師，座必居山，行不出俗，四國是仰，百福攸歸，明准帝庸，光啟象設。

① 夕：《文苑英华》作"夕（一作力）"，其余文献均作"夕"。《说文解字》："从月半见"《康熙字典》："晨之對，暮也。"《徐曰》："月字之半，月初生則暮見西方，故半月爲夕。"通文意，应作"夕"字。

南有輔山者，古之靈台也。中宗孝和①皇帝詔於其頂，追為大通秀禪師造十三級浮圖，及有提靈廟，極地之峻，因山之雄，華夷②聞傳，時序瞻仰。每至獻春仲月，諱日齋辰，雁陣長空，雲臨層嶺，委命貞柏，掩映天榆，迢③進寶階，騰乘星閣。作禮者，便登④師⑤子；圍繞者，更攝蜂王。其所內⑥焉，所以然矣。

① 和：《文苑英华》作"利"，其余文献均作"和"。"孝和"为唐中宗李显谥号，"利"为讹误。

② 夷：《文苑英华》作"夷（一作戎）"，其他文献均作"夷"。《说文解字》："夷，東方之人也"通文意，应作"夷"字。

③ 迢：《文苑英华》作"迢（一作超）"，其余文献均作"迢"。《说文解字》"迢，前往。"通文意，应作"迢"。

④ 登：《文苑英华》我"登（一作发）"，其余文献均作"登"。《康熙字典》："【玉篇】上也，進也。【註】龜言登者，尊之也。"通文意，应作"登"字。

⑤ 师：《嵩书》作"狮"，《文苑英华》、《钦定全唐文》作"师"。《佛学大词典》："师子，梵语 sim!ha，巴利语 si^ha。又作狮子。狮子为百兽之王，故诸经论中每以狮子比喻佛之无畏与伟大。"

⑥ 内：《全唐文》作"由"，其他文献均作"内"。《说文解字》"内，入也。"《易·坤卦》"君子敬以直内，義以方外。"通文意，应为"内"。

若不以達磨①菩薩傳法於可，可付於璨，璨受於信，信愆於忍，忍遺於秀，秀鍾於今和尚②寂。皆宴坐林間，福潤寓內，其枕倚也；陰陽所啟，居四岳之宗，其津梁也。

① 磨：《文苑英华》《嵩书》作"磨"，《全唐文》作"摩"。《佛学大词典》："达磨，梵语 dharma，巴利语 dhamma 之音译。又作达摩、驮摩、陀摩、昙摩、昙谟、昙无、昙。意译法。"

② 尚：《文苑英华》作"上（一作尚）"，《钦定全唐文》作"上"，《嵩书》作"尚"。段玉裁《说文解字注》："尚，上也。釋言曰：庶幾，尚也。"

密意所傳，稱十方之首。莫不佛前受記，法中出家，湛然觀心，了然見性。學無學，自有證明；因非①因，本來②清淨。開頓漸者，欲依其根；設戒律者，將攝手亂。然後微妙之義，深入一如；廣大之功，遍滿三界。則知和雅所訓，皆荷法乘；慈悲所加，盡為佛子。是以無言之教，響之若山；不舍之檀，列之如市。

① 非：《文苑英华》作"（一作无）"，其他文献均作"非"。《康熙字典》："【玉篇】不是也。【書·說命】無恥過作非。【易·繫辭】辨是與非。"通文意，应作"非"字。

② 来：《文苑英华》"（末，一作来）"，其他文献均作"来"。《佛教大词典》："谓无物之始。犹如无始以来。摄大乘论释卷五（大三一·三四四上）：'自性清净者，谓此自性本来清净，即是真如自性。'法华经卷一（大九·八中）：'诸法从本来，常自寂灭相。'"通文意，应作"来"。

則有和上姪，寺主堅意者，憑信之力，統僧之綱。崇現前之因，鳩最後之施。相與上座崇泰、都維那曇慶等，至矣廣矣，經之營之，身田底平，福河流注。

今昔紛擾，雜事夥多。是以功累四朝，法崇七代。感化可以函靈應，緣起所以廣玄①河②。故得尊容赫曦，光聯日月，廈屋弘敞，勢麾山川。迴向有足度四生，鐘重有足安萬國。

① 玄：《文苑英华》、《嵩书》作"玄"，《全唐文》作"元"。《佛学大词典》"玄，缁之意。"通文意，应作"玄"。

② 河：《文苑英华》作"河（一作成）"，《全唐文》作"河"，《嵩书》缺字。《佛学大词典》"玄流，谓披着缁衣（黑色法衣）之流派，即指僧侣。"通文意，应作"河"。

豈伊一邱一壑之異，一水一石之奇。禪林玲瓏，曾深隱見，祥河皎潔，丹臆澄明而已哉。鹹以為表於代者，業以成形；藏於密者，法亦無相。非文曷以陳大略，非石曷以示將來。乃命道奐禪師，千里求蒙，一言書事，專精①每極，臨紙屢空。愧迷津之未悟，期法主之可通。其詞曰：

西域傳耆闍山，世尊成道於其間。於南部洲嵩岳寺，達磨傳法於茲地。天之柱，帝之宮，赫奕奕兮飛九空；禪之門，覺之徑，密微微兮通眾聖。鎮四國定有力，開十方慧有光。立豐碑之隱隱，表大福之穰穰。

① 精：《文苑英华》作"積（疑作精）"，其他文献均作"精"。唐·孙过庭《书谱》"极虑专精"，通文意，应作"精"。

参 考 文 献

[1]（明）傅梅. 嵩书［M］：卷三. 续修四库全书.（影印上海图书馆藏明万历刻本）：第 725 册. 上海：上海古籍出版社. 2002：74.

[2]（清）叶封. 嵩山志［M］：卷八. 国家图书馆. 影印清康熙十五年刻本.

[3]（清）景日昣. 说嵩［M］. 故宫珍本丛刊. 影印清康熙五十五年刻本.

[4]（宋）欧阳修. 欧阳修全集［M］：卷六. 北京：中国书店. 1986：1163.

[5]（清）景日昣. 说嵩［M］. 故宫珍本丛刊. 影印清康熙五十五年刻本：181.

[6]（明）王纳. 淄川县志［M］：卷六. 影印宁波天一阁藏明代嘉靖刻本. 上海：上海古籍出版社. 1961：75.

[7]（宋）欧阳修、宋祁. 新唐书［M］. 北京：中华书局. 1975.

[8]（宋）李昉. 文苑英华 [M]：卷八五八. 北京：中华书局. 1966：4530-4531.

[9] 永瑢. 四库全书总目 [M]. 北京：中华书局. 1965：1279.《四库全书总目》称"邕文集本七十卷,《宋志》已不著录. 此本为明无锡曹荃所刊. 前有荃序, 称绍和徽君刻唐人集, 初得《北海集》, 而余论之. 不言为何人所编. 大抵皆采撷《文苑英华》诸书, 裒而成帙, 非原本矣"。

[10]（清）董诰. 全唐文 [M]：卷三百六十三. 影印嘉庆本. 北京：中华书局. 1983：2673-2675.

[11]（明）傅梅. 嵩书 [M]：卷二十. 续修四库全书（影印上海图书馆藏明万历刻本）：第725册. 上海：上海古籍出版社, 2002：74.

[12]（清）叶封. 嵩山志 [M]：卷八. 国家图书馆. 影印清康熙十五年刻本.

[13]（清）景日昣. 说嵩 [M]：卷二十一. 湖南图书馆藏. 清康熙岳生堂刻本.

[14]（清）洪亮吉, 陆继萼. 登封县志 [M]：卷十二. 影印清乾隆五十二年刊本：华北地方第462号. 台北：成文出版社有限公司.

[15]（清）施诚. 河南府志 [M]：卷七十六. 中国历史文献库. 影印清同治六年补刊本.

第三节　嵩岳寺塔历史建制沿革考

嵩岳寺位于河南省登封市城区西北六公里的嵩山太室南麓, 为北魏宣武帝建造的兼离宫的皇家佛教寺院, 寺院中的主体建筑嵩岳寺塔, 被称为我国密檐塔的鼻祖, 在建筑、考古、美术学界等各领域都有很高的知名度。嵩岳寺塔历史上经历过辉煌和衰落, 寺院的格局、建筑和环境也历经多次破坏、重建和修缮, 诸学者从不同角度对其进行过多次调查研究, 并有不同的认识和观点, 但对其历史、建制沿革均未作系统的分析。本次以时间为顺序进行一些梳理, 其中唐·李邕撰《嵩岳寺碑》碑文内容涉及较多, 不再逐条引注, 详见本章第二节。

一、嵩岳寺及嵩岳寺塔的称谓

嵩岳寺的寺名历史上有多个称谓, 如闲居寺、闲居寺、闲居佛寺、间居寺、嵩岳寺、闲居精舍、岳寺、闲居院、大塔寺等等, 所谓"立名要有其义", 因此每个寺名的由来都应有其历史背景和原因。

1. 闲居寺

按寺名出现的时间早晚, 始名曰闲居寺, 最早见于《洛阳伽蓝记》："嵩高中有闲居寺"[1]。从嵩岳寺始名看, 寺名由"闲居"和"寺"两部分组成, 其中"闲"为多音字, 有两音, 一读xián, 有休闲之意；二读jiān, 有中间之意。"寺"有朝廷官府和佛寺两意。

1)首先说一下"寺",《康熙字典》："【说文】廷也, 有法度者也.【释名】寺, 嗣也, 官治事者相嗣续于其内也.【唐书·百官表】汉以太常, 光禄, 勋卫尉, 太仆, 廷尉, 大鸿胪, 宗正, 司农, 少府为九卿. 后魏以来, 卿名虽仍旧, 而所莅之局谓之寺, 因名九寺.【汉书注】凡府廷所在, 皆谓之寺. 又汉明帝时, 摄摩腾自西域白马驼经来, 初止鸿胪寺, 遂取寺名, 为创立白马寺. 后名浮屠所居皆曰寺。"可知在北魏时, 寺有朝廷官府和佛寺两种意思。《魏书·冯亮传》记载闲居寺为"闲居佛寺", 说明此"寺"是指佛寺。

2)"闲"读xián时, 在一般情况下与"闲"不相通, 只有在"空闲""闲暇"意义上时通假"闲", 所以闲居寺这时也被称为闲居寺。《说文解字》："闲, 隙也. 古闲切。"《康熙字典》："闲,【唐韵】古闲切.【韵会】居闲切.【集韵】安也. 闲,【正字通】闲暇、闲宂与闲音同义别. 潘岳闲居赋, 清穆敞闲, 本作闲, 吴棫韵补引赋改作闲. 字汇引入闲注, 讹误与韵补同. 正韵十删闲注：俗作闲. 分闲、闲为二. 闲注, 阑也, 习也. 又训散也, 宂也, 暇也。"是闲暇无事、安静悠闲、清静等意思。《魏书》中有"每岁以秋日闲月""孟冬十月, 民闲岁隙""闲敞之处, 别立一馆""借其所闲地"等, 其"闲"均为休闲之意。"闲居",《魏书》中有"次之凝闲堂. 高祖曰：'名目要有其义, 此盖取夫子闲居之义'""虽闲居宴处, 亦无慢色惰容""处江淮而不变, 对朝市而闲居""闲居同洛涘, 归身款武城""于是闲居养志, 不出城邑"等记载, 与潘岳闲居赋中的"闲居"相同, 皆为闲静住所、安闲居家之意。《魏书·冯亮传》载："闲居佛寺. 林泉既奇, 营制又美, 曲尽山居之妙。"[2]说

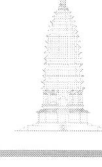

明闲居寺是北魏宣武帝在嵩高营造的一座环境优美，兼作休闲居所和佛寺之用的寺院。

另外，《大智度论·释初品中般若相义》中有："如一国王出，在园中游戏，清朝见林树花果蔚茂，甚可爱乐，王食已而卧，王诸夫人婇女皆共取花，毁折林树，王觉已，见林毁坏，而自觉悟：'一切世间无常变坏，皆亦如是'，思惟是已，无漏道心生，断诸结使，得辟支佛道，具六神通，即飞到闲静林间。"[3]宣武帝在嵩高林泉之处建造兼具离宫和佛寺的寺院，取"閒居"之名，是否就是寓意为自己修道成佛而建造的离宫寺寺。

3）"閒"读 jiān 时，在有中间之意时同"間"，亦称间居寺。《墨子·经上》："有閒，中也。"[4]《康熙字典》："间，【唐韵】古闲切【集韵】【韵会】居闲切。【礼·乐记】一动一静者，天地之閒也。"有中间、天地之间的意思。嵩高古来被认为是"天地之中"，其"閒居"被部分古人写成"间居"，可能即是代表天地之中的清净悠闲居所。清·乾隆二十五版《登封县志》载："嵩书间居寺，故元魏宣武帝离宫"[5]，可能是洪亮吉等人就是取其"间"字之意而为之，但也不排除是抄"閒"字之误。

综上因素，宣武帝选天地之中的嵩高形胜之处，营造兼具居住和佛事功能的佛寺，取名"閒居寺"无疑是最好的寓意。

2. 嵩岳寺

嵩岳寺之名是隋文帝仁寿一年（601）由閒居寺改题而来。隋文帝杨坚降生、成长于佛寺，为笃实的佛教信徒，登基帝位后重兴佛法，给各州颁发舍利，下诏在五岳四镇建寺修塔设像立祀，于是仁寿元年（公元601）自己的降生之日，以修营福善、追报父母之恩为名，首次在全国三十州统一建造的舍利塔，其中就有嵩州闲居寺，并将嵩岳寺作为中岳嵩山的代表，摒弃"閒居"寺名，赐名"嵩岳寺"，以山代名，应是以示庄重。

3. 闲居精舍

闲居精舍是唐·储光羲《至闲居精舍呈正上人》诗中的名字，说明閒居寺也是僧人和诵经修道之人的住所；并且诗中还将闲居寺称为"天游宫"，即天后故宫，唐朝时武则天也将其作为离宫之用，也说明是沿用了北魏皇家离宫的功能。

4. 岳寺

岳寺之称也是唐代文人对其的称谓，如唐·白居易的《夜从法王寺下归岳寺》，唐·宋之问的《幸岳寺应制》，唐·温庭筠的《和赵嘏题岳寺》等，此名多出现在唐代文人的诗中，有的诗名用之，有的隐于文中，可视为文人墨客对嵩岳寺的简称或代称。

5. 閒居院

闲居院是嵩岳寺的别名，清·乾隆二十五年版《登封县志·山川记下》载："孝明帝永平二年作闲居院於嵩山"[6]，《说嵩·巡祀》载："作閒居院于嵩山"[7]，此寺院兼有休闲雅居的功能，后人称其"閒居院"也在情理之中。

6. 大塔寺

大塔寺谓之俗称，"大塔"是当地人对嵩岳寺塔的一种昵称，"发地四铺而耸，陵空八相而圆，方丈十二，户牖数百"的十五层塔在当地人心目中耸立高大，并约定俗成地称此塔为大塔，也表示对它的亲近和喜爱，此寺以塔而得名。

7. 嵩岳寺塔

嵩岳寺塔之名是近代以寺冠名。《嵩岳寺碑》载："十五层塔者，后魏之所立也。……加之六代禅祖，同示法牙，重宝妙莊，就成伟丽。"说明嵩岳寺塔是佛牙舍利塔。另外，北魏景明四年（503）南天竺国献辟支佛牙[8]，但未见宣武帝建舍利塔供养其辟支佛牙，对于笃信佛教的宣武帝来说，有佛牙舍利不造佛塔供养，让人感觉不合常理，可能嵩岳寺塔就是供养这辟支佛牙的舍利塔。

古代一直称嵩岳寺塔为十五层塔，未知其原名。

二、嵩岳寺的建造年代

（一）嵩岳寺建造年代的历史记载

嵩岳寺建造年代在历史上有北魏永平二年（509）和唐开元十五年（727）之说。

1. 北魏永平二年（509）之说

明·傅梅在万历四十年（1612）说嵩岳寺建于北魏永平二年（509），但建造年份未说明出处。其余如清康熙十五年（1676）叶封撰《嵩山志》、康熙三十五年（1696）张圣诰等撰《登封县志》、乾隆五十二年（1787）洪亮吉、陆继萼等纂《登封县志》等历史文献，基本都言嵩岳寺建于永平二年，应多是采自《嵩书》。

明·傅梅撰《嵩书》载："嵩岳寺，在法王寺西一里许，元魏宣武帝於永平二年，令冯亮于沙门统僧暹、河南尹甄琛等同视嵩山形胜之处，勑兴土木。本离宫也，孝明帝正光元年，榜闲居寺。广大佛刹，殚极国财，僧徒济济，弥七百众，堂宇落落，踰一千间，可谓盛矣。后周断废佛法，欲以寺为观，以塔为坛未果。至隋开皇五年，始改题嵩岳寺，又度隶僧徒四百五十人，未几兵乱焚毁，唐兴重为修复，特赐田碾四所，武后每年幸嵩山，则以寺为行宫，送镇国金佛像贮焉。后中宗又於寺前造十三层佛图。读李邕碑想其壮丽，宋元以后，渐堕伟观。今也，荒凉不堪，吊矣！"[9]

针对傅梅的北魏永平二年之说，清·景日昣在康熙五十五年（1716）对其进行了考证。《说嵩》载："閒居寺，故元魏宣武帝离宫。建於永平年（永平508年-512年）。……按閒居寺，傅梅以为宣武离宫，明帝始牓为寺。今按纲目（资治通鉴纲目）所书，永平二年冬十一月，魏主亲讲佛书，作永明閒居寺。时佛教盛于洛阳，沙门自西域来者，三千余人，别立永明寺处之。令处士冯亮，於嵩山立閒居寺，极岩壑土木之美，则是宣武已立为寺，而明帝始牓其名。由是远近承风，无不佞佛。比及延昌州郡，共有一万三千余寺，盖残民蠹国。未有如佛教之此者也，而犹托福庇之名，以沉泗于其中，可谓祸之甚矣。独是宣武佞佛造寺，乃不许梁以求成。岂佛法乐於用兵不息，视民命如土营哉！所谓佛教以好生怨杀为事者。安在欺明帝。……魏书永熙二年，齐献武王破朱兆於赤洪岭。车驾幸嵩高，石窟灵岩寺，盖两寺并幸，非一寺也。如永明閒居之作，两寺合书耳。"[10]考证发现嵩岳寺建于永平二年之说是源自《资治通鉴纲目》，并且《资治通鉴纲目》中将"永明閒居"合称，是源自两本书。

据南宋·朱熹撰《资治通鉴纲目》载："（永平二年）冬十一月，魏主亲讲佛书，作永明閒居寺。……时佛教盛於洛阳，沙门自西域来者三千余人，魏主别为之立永明寺千余间以处之。处士冯亮有巧思，魏主使择嵩山形胜之地，立閒居寺。极岩壑土木之美，由是远近承风，无不事佛。比及延昌州郡，共百一万三千寺。"[11]查文献可知这段文字是抄袭宋·司马光撰《资治通鉴》，司马光在文中说梁武帝天鉴八年（509）十一月宣武帝为安置三千西域僧人立永明寺，冯亮等人在嵩山立閒居寺，但并没有将永明寺和閒居寺两寺合称为永明閒居寺，朱熹将两寺合称，并认为都是建于北魏永平二年（509），以至于后世通引永平二年（509）为嵩岳寺的建造年代。

《资治通鉴·梁纪三》载："（梁武帝天鉴八年）十一月，己丑，魏主於式乾殿为诸僧及朝臣讲《维摩诘经》。……时佛教盛于洛阳，沙门之外，自西域来者三千餘人，魏主别为之立永明寺千餘间以处之。处士南阳冯亮有巧思，魏主使与河南尹甄琛、沙门统僧暹择嵩山形胜之地，立闲居寺，极岩壑土木之美。由是远近承风，无不事佛，比及延昌，州郡共有一万三千餘寺。"[12]

其实《资治通鉴》这部分内容是改写自《魏书》和《洛阳伽蓝记》这两本书，虽清·景日昣《说嵩》中已经提到，但未直接说明。《魏书·世宗纪》载："（永平二年）十有一月……己丑，帝于式乾殿为诸僧、朝臣讲《维摩诘经》。"[13]同书《冯亮传》载："亮既雅爱山水，又兼巧思，结架岩林，甚得栖游之适，颇以此闻。世宗给其工力，令与沙门统僧暹、河南尹甄琛等，周视嵩高形胜之处，遂造閒居佛寺。"[14]同书《释老志》："至延昌中，天下州郡僧尼寺，积有一万三千七百二十七所，徒侣逾众。"[15]《洛阳伽蓝记》载："时佛法经像，盛于洛阳，异国沙门，咸来辐辏，负锡持经，适兹乐土，世宗故立此寺以憩之。房庑连亘，一千餘间。庭列修竹，檐拂高松，奇花异草，骈阗阶砌。百国沙门三千餘人。"[16]司马光将永平二年（509）十一月十九日宣武帝讲经的时间，假借成了永明寺的建造年代，并将冯亮等人在嵩山立閒居寺的内容直接组合成文，致使朱熹撰《资治通鉴纲目》时产生误解并加以篡改。

又据《魏书·冯亮传》载："会逆人王敞事发，连山中沙门，而亮被执赴尚书省，十余日，诏特免雪。亮不敢还山，遂寓居景明寺。敕给衣食及其从者数人。后思其旧居，复还山室。"[17]同书《世宗纪》又载："（永平三年）十有二月……殿中侍御史王敞谋反伏诛。"[18]可知冯亮在北魏永平三年（510）十二月王敞谋反事发被连累，在洛阳景明寺居住一段时间后，回嵩高旧居宣武帝才令其营造閒居佛寺，所以说嵩岳寺不可能建造于北魏永平二年（509）。

2. 唐朝开元十五年（727）

明·李明通在隆庆年间（1567~1572）纂修《登封县志·寺观》载："嵩岳寺，法王寺西，唐开元十五年建。"[19]

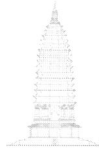

说嵩岳寺建于唐开元十五年（727），界定依据未知，可能是因为嵩岳寺在唐代曾大修，地宫壁画中有唐开元二十一年题记，而认为建于唐代。

因此，将嵩岳寺的建造年代定为北魏永平二年（509）或唐朝开元十五年（727）的说法是不准确的。

（二）嵩岳寺建造年代的判断

既然嵩岳寺建于北魏永平二年（509）是朱熹误解产生，那么真实的建造年代应再深入分析。嵩岳寺建筑的营造是有一个建造过程的，即有起建时间和完成时间，不是仅在某一个年份内就能全部完成的。

1. 嵩岳寺建造的起始时间

嵩岳寺建造有三个关键性人物，即河南尹甄琛、沙门统僧暹和逸士冯亮。

（1）甄琛（建造嵩岳寺时已是河南尹）

据《魏书·甄琛传》载："甄琛……卢昶败于朐山，诏琛驰驿检按。迁河南尹，加平南将军，黄门、中正如故。"[20]同书《世宗纪》载："（永平四年）十有一月……朐城陷，卢昶大败而还。"[21]同书《卢玄传》又载："昶见城降，于是先走退。诸军相寻奔遁，遇大寒雪，军人冻死及落手足者三分而二。……昶于朐山失利，最为甚焉。世宗遣黄门甄琛驰驿锁昶，穷其败状。"[22]同书《律历志上》载："大寒十二月中立春正月节。"[23]其中的"大寒"即农历二十四节气的最后一个节气，在十二月份月中到立春这段时间。可知甄琛最早可能在永平四年（511）十二月份检按卢昶时才升任河南尹。

（2）僧暹（建造嵩岳寺时已是沙门统）

据《魏书·释老志》载："（永平四年夏）尚书令高肇奏言：'……都维那僧暹、僧频等，进违成旨'。"[24]说明僧暹在永平四年（411）夏天时为都维那，还不是沙门统，最多到永平四年夏以后才可能升任为沙门统。

从甄琛和僧暹升任河南尹、沙门统时间上，基本可判定嵩岳寺始建不早于永平四年（511）十二月份。

（3）逸士冯亮（冯亮永平三年十二月后回嵩高，延昌二年冬十一月去世）

"会逆人王敞事发，连山中沙门，而亮被执赴尚书省，十余日，诏特免雪。亮不敢还山，遂寓居景明寺。敕给衣食及其从者数人。后思其旧居，复还山室。……世宗给其工力，令与沙门统僧暹、河南尹甄琛等，周视嵩高形胜之处，遂造闲居佛寺。林泉既奇，营制又美，曲尽山居之妙。亮时出京师。延昌二年（513）冬，因遇笃疾，世宗敕以马舆送令还山，居嵩高道场寺。数日而卒。……亮以盛冬丧。"[25]同书记载"永平三年十有二月甲申，殿中侍御史王敞谋反伏诛"[26]，所以至少是在永平三年（510）十二月以后，冯亮才有机会回嵩高建造闲居寺。"盛冬"为农历每年十一月的雅称，说明冯亮在延昌二年（513）十一月时去世。因此，嵩岳寺起始建造时间，也应是在北魏延昌二年（513）十一月以前。

综合三人的情况，嵩岳寺建造的最早时间是甄琛、僧暹分别上任河南尹和沙门统，应在永平四年（511）十二月以后，最晚时间是冯亮去世之前，应在延昌二年（513）十一月之前。因此，嵩岳寺的始建时间应在永平四年（511）十二月至延昌二年（513）十一月这2年内，从建筑营造是先设计后施工的规律上讲，嵩岳寺起始建造最有可能是在延昌元年（512）。

2. 嵩岳寺塔建造的完成时间

《嵩岳寺碑》载："嵩岳寺者，後魏孝明帝之离宫也。正光元年，牓闲居寺。"可知闲居寺在牓名之前"离宫"部分已建造完成，并且《魏书》也载明闲居佛寺的建造者，宣武帝在正光元年时已去世，因此正光元年不是闲居寺的始建年份。孝明帝正光元年为闲居寺"牓"名是给其挂匾额，不是改名或起名，从我国传统建筑的营造规律上讲，一座寺院不可能在未建成时先牓名，而是待全部竣工后才会牓名庆祝，说明孝明帝正光元年是嵩岳寺塔及塔院建造完成的时间。另外，《魏书·肃宗纪》载："正光元年（520）……秋七月……乃幽皇太后于北宫"[27]，同书《京兆王黎》又载："正光五年（525）秋，灵太后对肃宗谓君臣曰：'隔绝我母子，不听我往来儿间，复何用我为？放我出家，我当永绝人间，修道于嵩高闲居寺。先帝圣鉴，鉴于未然，本营此寺者正为我今日。'"[28]胡灵太后正光五年（525）欲去闲居寺出家，当时她仍被囚禁，囚禁期间不太可能去关注闲居寺的建造情况，更不会选择一个未建成的寺院修道，也说明正光元年七月份她在被囚禁之前就已知道寺院建造完成。以上均说明正光元年（520）是闲居寺建造完成的时间，这也是孝明帝此时给寺院牓名的原因。

《嵩岳寺碑》又载："食堂前古铁钟者，重千斤函二十石，正光年中寺僧之所造也。"如正光元年寺院未建成，寺中僧人不可能先铸造梵（佛）钟这种重要法器，而后建造佛塔，这与孝明帝牓閒居寺应是同一个庆祝活动。据相距不远的永泰寺内唐代《永泰寺碑》载："寺主绚彩凝华，心镜虚朗，再成宝殿，重立尊仪，但有阙遗，尽加营葺。并铸大铜钟一口，重四千斤，函二十石，装饰严丽，备物维新。"[29]是宝殿落成才铸造大钟，亦非是建造之初。

因此，表明正光元年（520）是嵩岳寺建造完成的时间。

三、嵩岳寺的建造者

嵩岳寺的建造者在历史上有北魏宣武帝建造和孝明帝建造两说。

1. 北魏宣武帝建造之说

《魏书·元叉传》载："正光五年秋，灵太后对肃宗谓君臣曰：'……放我出家，我当永绝人间，修道于嵩高閒居寺。（北魏宣武帝）先帝圣鉴，鉴于未然，本营此寺。'"[26]同书《冯亮传》载："世宗给其工力，令与沙门统僧暹、河南尹甄琛等，周视崧高形胜之处，遂造閒居佛寺。"[30]均明确说嵩岳寺建造者是北魏宣武帝。其余如《嵩书》、《说嵩》等均持此观点。

2. 北魏孝明帝建造之说

乾隆五十二年版《登封县志》载："后魏孝明帝作閒居院"[31]。部分研究者也认为建造者是北魏孝明帝，并在正光元年（520）改作寺院，其多是依据《嵩岳寺碑》中："嵩岳寺者，後魏孝明帝之離宮也。正光元年，牓閒居寺。"而认为是北魏孝明帝建造，但碑文中只是说是孝明帝离宫，给寺院牓名而已，并没有说是孝明帝建造。对此清·景日昣考证说嵩岳寺是宣武帝因佞佛造寺，而非孝明帝建造，《说嵩》载："独是宣武佞佛造寺，乃不许梁以求成。岂佛法乐於用兵不息，视民命如土营哉！所谓佛教以好生怨杀为事者。安在欺明帝。"[32]

3. 关于嵩岳寺建造者是北魏宣武帝还是孝明帝的问题

产生嵩岳寺建造者是北魏宣武帝还是孝明帝的问题，主要是对《嵩岳寺碑》中："嵩岳寺者，後魏孝明帝之離宮也。正光元年，牓閒居寺。……仁壽一載（601），改題嵩嶽寺"的认识不同，焦点在于"嵩岳寺者，後魏孝明帝之離宮也"（关于离宫问题见下文），以及閒居寺"牓"名的理解。

1) 古人多认为"牓"是给建造好的寺院挂立牌匾，"改题"是改名字，两者与立寺或给寺院起名都是有区别的。如明万历四十年《嵩书》："令冯亮于沙门统僧暹、河南尹甄琛等同视嵩山形胜之处，勅兴土木。本离宫也，孝明帝正光元年，牓闲居寺。……至隋开皇五年，始改题嵩岳寺。"[33]清康熙十五年《嵩山志》："帝使冯亮与沙门统上下河南尹甄琛等营建本离宫也。正光间牓曰闲居寺。隋开皇中改名嵩岳寺。"[34]清康熙三十五年《登封县志》："帝使冯亮与沙门统僧暹建，本离宫也。正光间牓曰闲居寺。隋开皇中改名嵩岳寺。"[35]清康熙五十五年《说嵩》："则是宣武已已立为寺，而明帝始牓其名……仁寿元年，改名嵩岳寺。"[36]清乾隆四十四年《河南府志》："北史称冯亮雅爱山水，又兼工思。造闲居佛寺。后魏孝明帝离宫，正光元年牓闲居寺。隋仁寿一载，改嵩岳寺。"[37]均是说閒居寺由北魏宣武帝建造，孝明帝"牓名"，隋朝时改名。

2) 部分近现代研究者，认为孝明帝给閒居寺"牓"名是建造寺院，或"牓"名和"改题"都是改名字，并是"舍宫为寺"改名而来。

3) "牓"，《说文解字》："所以辅弓弩。从木旁声。補盲切"，是用来辅助弓弩的衬板。《康熙字典》解释："《玉篇》：牌也。《广韵》：题牓。《集韵》：本作榜，木片也。《集韵》：铺郎切，音滂。履編模也。"其意思均是挂立匾额，而不是立寺，这与《魏书》中言明閒居寺是北魏宣武帝建立佛寺，《嵩岳寺碑》中孝明帝"牓名"的意思是一致的。清·景日昣亦有同认识，也认为"令处士冯亮，于嵩山立闲居寺，楄岩墾土木之美。则是宣武已立为寺，而明帝始牓其名"[38]。其实我国古代营造重要建筑，在开工时先是奠基，完工时才是挂立牌匾，如《魏书·释老志》载："肃宗熙平中，于城内太社西，起永宁寺。灵太后亲率百僚，表基立刹"[39]，洛阳永宁寺开工时灵太后是为永宁寺塔奠基，而不是给永宁寺挂牌匾或起名。

所以，閒居寺是由北魏宣武帝建造，而正光元年孝明帝只是"题写匾额"。

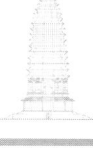

四、嵩岳寺的性质及与离宫的关系

（一）嵩岳寺的性质

嵩岳寺是兼具佛寺和离宫两种功能的寺院。

1. 佛寺

《魏书·元叉传》："正光五年秋，灵太后对肃宗谓君臣曰：'……放我出家，我当永绝人间，修道于嵩高閒居寺。先帝圣鉴，鉴于未然，本营此寺者正为我今日。'"[40]同书《冯亮传》载："世宗给其工力，令与沙门统僧暹、河南尹甄琛等，周视嵩高形胜之处，遂造閒居佛寺。"[41]均指閒居寺起始营造时就是佛寺。《嵩岳寺碑》载："凡人以塔廟者，敬田也，執於有為。……嵩岳寺者……正光元年，膀閒居寺。廣大佛刹，殫極國財。……十五層塔者，後魏（北魏）之所立也。……食堂前古鐵鐘者，重千斤函二十石，正光年中寺僧之所造也。"閒居寺膀名时寺内有佛塔和僧人，也证明正光元年以前閒居寺就是佛寺。閒居寺为塔庙，是指有十五层塔的塔院，应是"立塔为寺"，而非后"捨宫为寺"。

2. 离宫

《魏书·冯亮传》载："閒居寺。林泉既奇，营制又美，曲尽山居之妙。"[42]閒居寺一部分建筑是具有居住功能的山居园林。《嵩岳寺碑》载："其東七佛殿者，亦曩時之鳳陽殿也。……逍遙樓者，魏主之所構也。……西方禪院者，魏八極殿之餘趾也。"《嵩書》解释："鳳陽殿，北魏离宫殿名，后改为閒居寺七佛殿。八極殿，北魏离宫殿名，后改为西方禅院。逍遥楼，在閒居寺，本魏之离宫也。"[43]说明閒居寺内的八极殿等这部分建筑就是宣武帝建造的离宫。

可知閒居寺不但是佛寺，还是宣武帝"山居"式的离宫，兼顾了佛寺和离宫两种功能，即塔寺和离宫一体。这与嵩岳寺建筑群各院落分别布置的格局是一致的，其东部塔院为佛寺，西部八极殿为离宫，北部有逍遥楼等。

（二）关于嵩岳寺是宣武帝离宫还是孝明帝离宫的问题

閒居寺是北魏宣武帝和孝明帝两代皇帝的离宫。

1. 宣武帝离宫

《魏书》中冯亮传和元叉传中均说閒居寺是北魏宣武帝所建造，如是离宫也应是宣武帝离宫。同书《世宗纪》载："（延昌）四年春正月甲寅，帝不豫，丁巳，崩于式乾殿，时年三十三。"[44]《嵩岳寺碑》载："正光元年，膀閒居寺。"从我国传统建筑营造规律上讲，规模宏大的閒居寺建造约2年时，宣武帝便去世了，去世时应是寺院尚未完工，而没有给兼具离宫的寺院"膀名"，也没有真正居住过，到正光元年工程持续建造6~8年全部竣工，才由孝明帝为其"膀名"。《说嵩》中考证说"閒居寺，故元魏宣武帝离宫"[45]。

2. 孝明帝离宫

《嵩岳寺碑》载："嵩岳寺者，後魏孝明帝之離宫也。"查孝明帝的生平事迹，《魏书·肃宗孝明帝纪》载："肅宗孝明皇帝……永平三年三月丙戌，帝生於宣光殿之東北……（延昌四年）九月乙巳，皇太后親覽萬机。……（神龜二年）九月庚寅，皇太后幸嵩高山；癸巳，還宫。"[46]同书《皇后传》载："宣武靈皇后胡氏……幸嵩高山，夫人、九嬪、公主已下從者數百人，升于頂中。"[47]閒居寺开始建造时孝明帝2~3岁，正光元年（520）不过10岁，如此年幼的小皇帝不太可能为自己营造离宫，历史上也未见有不到10岁的小皇帝为自己建造离宫的记载，并且当时是胡灵太后执政。因此，应是神龟二年九月胡灵太后游嵩高山时孝明帝曾在此居住过，是续用离宫，而后被认为是他的离宫。

因此，閒居寺是北魏宣武帝和孝明帝两代皇帝的离宫，由宣武帝建造而没命享用，孝明帝又沿用。

五、嵩岳寺塔的建造年代

在嵩岳寺塔的研究上，其建造年代和形制结构问题，是前辈学者们历来关注的焦点，诸家从不同的角度对其进行分析研究，各抒己见。其建造年代主要有北魏、北齐和唐朝三个朝代说，北魏建造说是主流共识；北魏说还有北魏永平二年（509）、正光元年（520）和正光四年（523）等具体年份的不同看法。

（一）嵩岳寺塔与塔院的关系

从历史文献记载和考古发掘的北魏佛寺情况看，此时期寺院的基本格局有两种，第一种是无塔寺院，此种一般是小型寺院，多是僧人"精舍"或是"舍宅为寺"，寺院内空间较小不易造塔或就不造塔。第二种是有塔寺院，一般是较重要或较大的寺院，多是新建造的佛寺，塔和寺是同体营造即"立塔成寺"，或是在"舍宅为寺"的院中立塔，此类型的寺院称为塔寺或塔庙。

《嵩岳寺碑》记载：嵩岳寺为塔庙，北魏时建造的寺院塔院格局，是十五层塔立院中，塔东为凤阳殿，塔西为石佛像，塔北为无量寿佛殿的佛寺。现存嵩岳寺塔院格局情况虽经历变化，但仍分辨出是以嵩岳寺塔为中心的平面格局，属于当时新建"立塔成寺"的佛寺。因此，基本可以判定是嵩岳寺塔和塔院同时建造。

（二）嵩岳寺塔建造年代的判断

北魏永平二年（509）说，主要是依据《嵩书》记载永平二年建造闲居寺。正光元年（520）说的主要依据是《嵩岳寺碑》记载的正光元年孝明帝榜闲居寺。正光四年（523）说的主要依据是"舍宫为寺"或地宫出土北魏正光四年佛造像题记。北齐说主要是依据嵩岳寺塔塔龛形制与北齐类似塔的对比研究和北齐名僧僧稠。唐代说一是主要是依据嵩岳寺塔地宫的唐代题记及相关研究，二是根据嵩岳寺塔地宫与唐代墓冢砖室形制比较。对于上述建造年代的说法，需梳理一下。

北魏永平二年说，上述已经说明闲居寺不可能建造于永平二年。正光元年说，上述也已说明正光元年是孝明帝为闲居寺榜名的时间，应是嵩岳寺最后建造完成的时间。正光四年说，"舍宫为寺"的依据未知出处；地宫出土佛像题记的年代，根据题记内容可知，此佛像是佛教信徒祈愿供养所造，与建塔年代无直接关系，按常理应是寺院建造完成后，才会有信徒造像于寺院供养。正光元年（520）至五年（525）说，查此段历史，一是皇室动乱，崇佛的灵太后被幽禁，她不可能在此期间建造佛塔，二是孝明帝在正光元年已经为寺院榜名，为何榜名后又续建佛塔，因此嵩岳寺塔在正光元年或正光四年及正光元年（520）至五年（525）建造之说不太可能。北齐说，因北魏后期与北齐同属北朝后期，时间相距不远，嵩岳寺塔塔龛与北齐同类佛塔形制类似是很正常的事，如从嵩岳寺塔龛和倚柱雕刻艺术上讲，北齐此类佛塔的"山花蕉叶"、火焰券以及莲花柱头等艺术构件，雕造更为细致和娴熟，北齐的这些特点不可能凭空而出，北齐至北魏年代相差几十年，因此不能说嵩岳寺塔上的这些特点与北齐相同或相近，就将其建造年代定位为北齐，因为建筑技术是一个具有继承、延续、发展的过程，恰好说明北齐类似佛塔是传承了嵩岳寺塔的塔龛和倚柱的特点；二是北齐名僧僧稠，他只是在嵩岳寺居住并讲过一段时间经的僧人，据《续高僧传·释僧稠》载："魏孝武永熙元年（532），既召不出，亦于尚书谷中为立禅室，集徒供养。又北转常山"[48]，"尚书谷"是地名，今河南省洛阳市西北，说明北魏永熙元年（532）僧稠已经离开嵩岳寺，所以不可能是僧稠在北齐所建。唐代说，据《大唐嵩岳闲居寺故大德珪禅师塔记》载："开元四年（716）岁次景辰秋八月甲辰朔十日癸丑，终于庞坞，春秋七十有三，十三日景辰攒厝于寺北岗之东，至十一年岁次癸亥秋七月，乃营塔于浮图东岭之左"[49]，碑文中的"浮图"就是嵩岳寺塔，说明开元四年之前嵩岳寺塔已经存在。又据唐·张说《唐玉泉寺大通禅师碑铭·并序》："神龙二年二月二十八日夜中，顾命趺坐，泊如化灭。……维十月哉生魄明，即旧居后冈定神起塔，国钱严饰，赐逾百万"[50]，《嵩岳寺碑》载："……加之六代禅祖，同示法牙，重宝妙庄，就成伟丽；岂徒帝力，固以化开"，这二段碑文记载神龙二年（706）十月建造大通神秀舍利塔，并同时将嵩岳寺塔重新装饰了一番，也说明嵩岳寺塔早已存在。嵩岳寺塔地宫题记："唐开元二十有一年，岁癸酉□□月九日，重莊寫□□□□□□……"，说明开元二十一年（733）地宫壁画是重新粉饰，其"重莊"题记也印证了李邕碑文中的"重寶妙莊"，只是将嵩岳寺塔的重新装饰，而不是在唐代重建。

从嵩岳寺塔室内第二层壁龛砌砖（里侧）热释光年代测定，为距今（2019年）1517±91年看，基本可断定塔与嵩岳寺建造同时。结合嵩岳寺建造历时6～8年的情况，如果是营造一处木构建筑寺院不会用这么长时间，只有寺内建造难度较大的砖构高层建筑才会费时长久，如北魏洛阳永宁寺和其内九层木构佛塔的营造仅3～4年就全部完成。又据嵩岳寺塔不同特征处样砖的实验分析结果和塔体倾斜分析，塔体砌砖可明显分为第一层、第二层至九层、第十层至十二层、第十三层至十五层等至少四种规格，这些砖具有不同规格、质量、批次及不同

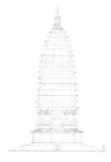

地点烧制的特性,说明当时砖的生产效率低、耗时长、产量小、成本高及技术不普及等,获得这样大量的用砖,也只有"殚极国财"、统领各部门的皇家才能实现。砌砖材料供应跟不上塔建造速度,建造可能要停工等待,才会出现塔体各层有不同时期的构造、质量、用砖和沉降等特征,都说明嵩岳寺砖塔与木构塔不同,建造过程非一朝一夕就能完成,这也是嵩岳寺营造历时6~8年的主要原因。其实严格上说嵩岳寺营造历时6~8年,应是嵩岳寺塔的营造时间。这也与我国古代营造高层砖石塔的时代营造技术和材料生产水平相一致,即使在建筑营造技术比北魏相对先进的唐、宋、元等时期,营造高层砖石塔也要10年时间左右,甚至更长的时间,如苏州云岩寺塔,又称虎丘塔,塔平面八边形,高七层,仿木构楼阁式砖塔,每层均施以腰檐平坐,共高4750.0厘米,塔内部为套筒式回廊结构,创建于五代末后周显德六年(959),北宋初(961)建成,前后建造历经12年[51]。杭州六和塔,塔平面八角形,高七层,南宋绍兴二十三年(1153)重建,隆兴元年(1163)完工,营造历时11年[52]。武汉洪山宝塔,原名灵济塔,塔平面八边形,七层砖石合筑楼阁式塔,高约4300.0厘米,始建于元大德十一年(1307),延祐二年(1315)完工,建造历时8年[53]。因此,可判定嵩岳寺塔是与嵩岳寺同时建造,并且上述北魏正光元年(520)说应是嵩岳寺塔的建造完成年代。

综上,再从寺院建筑营造规律是先设计后施工的过程上讲,嵩岳寺塔的起始营造时间是延昌元年(512)左右,完工时间为正光元年(520)。

六、嵩岳寺塔营造组织

《魏书·冯亮传》载:"亮既雅爱山水,又兼巧思,结架岩林,甚得栖游之适,颇以此闻。世宗给其工力,令与沙门统僧暹、河南尹甄琛等,周视嵩高形胜之处,遂造闲居佛寺。林泉既奇,营制又美,曲尽山居之妙"[54],说明此皇家工程由宣武帝命令甄琛、僧暹、冯亮等人营建,该四人是寺院营造的关键性人物。宣武帝是整个工程组织者,也是人力、财力、物力提供的保障者,即相当于现代营造工程的业主。河南尹甄琛是嵩岳寺塔建设基地嵩高所属地区的最高长官,为寺院建设用地、人事、管理、协调等方面的保障者,也相当于建设工程的官方管理机构,以及监督者。沙门统僧暹是统监全国僧尼事务之僧官,佛教官方机构中的最高长官,可保障佛寺在佛教上的正统性,以及对此寺的认可和阐释,相当于建设工程的宣传者。逸士冯亮为寺院的设计营造者,其有着雅爱山水的情怀,清高脱俗的人品,技艺高超、善于营建的技术,构思精巧、别出心裁的思路,保证了寺院在设计营造上具有栖游之适,即是现代工程中的设计和施工者。可以看出,北魏皇家工程建设有着严密的营造程序,从组织、人力、技术、财力、物力、管理、宣传等各个方面均予以保障,堪称古代建筑工程建设组织程序的典范。

七、嵩岳寺塔建制沿革

1. 北魏时期的嵩岳寺塔及寺院

北魏时期,嵩岳寺始建完成时是"广大佛刹,殚极国财。济济僧徒,弥七百众;落落堂宇,踰一千间",寺院面积广阔、空间宽敞,其在当时的寺院中也是规模宏大。营造过程经历两代皇帝,历时6~8年,北魏永平四年(511)十二月至延昌二年(513)十一月间始建,到正光元年(520)建成完工,孝明帝并为其榜名。整个寺院坐北朝南,由塔院、僧院、八极殿、逍遥楼等几大部分组成建筑群。塔院是嵩岳寺建筑群的主体院落,由嵩岳寺塔、凤阳殿、无量寿殿、佛像、大门、院墙等组成;院落平面方形,塔居中偏南布置,塔东为凤阳殿,塔西有佛像,塔北是无量寿殿,具有明显的北魏塔寺的时代特征;其中嵩岳寺塔是嵩岳寺和塔院的主体建筑,建筑形制是"发地四铺而耸,陵空八相而圆,方丈十二,户牖数百",由台座阶基、塔基座副阶、塔体、塔刹以及地宫组成。其余嵩岳寺主要建筑有八极殿、食堂、僧房、逍遥楼、菱镜泉、玉池、瀑布等。嵩岳寺经考古勘探和调查显示,现寺院由塔院、塔院建筑遗址、西岭建筑遗址、塔院北侧、东侧建筑遗址组成,范围面积约4.1万平方米。塔院基本为方形院落,十五层塔居于寺中,占地约0.34万平方米。塔院西岭上的"八极殿"院,范围面积约有1.2万平方米。塔院东北应为食堂院,内有铁钟一口,范围面积约0.3万平方米。塔院北有逍遥台、逍遥楼、菱镜泉、玉池、瀑布等园林建筑景观。其与宣武帝在洛阳都城建造的景明寺和永明寺建筑数量相比,建筑规模相当或还要大，《洛阳伽蓝记》记载为安排西域来的三千名僧人而建造的永明寺，是"房庑连亘，一千馀间。庭列修竹，檐拂高松，奇花异草，骈阗阶砌"[55]，景明寺是"其寺东西南北，方五百步。……形胜之地，爽垲独美。山悬堂观，光盛一千馀间。复殿重房，交疏对溜，青台紫阁，浮道相通"[56]。

整个寺院东部塔院为佛寺，西部八极殿为离宫，北部有逍遥楼等。其中的八极殿、凤阳殿、逍遥楼等，《嵩书》解释："凤阳殿，北魏离宫殿名，后改为閒居寺七佛殿。八极殿，北魏离宫殿名，后改为西方禅院。逍遥楼，在閒居寺，本魏之离宫也，见李北海碑。"[57]说明閒居寺内八极殿等这部分建筑是宣武帝建造的离宫。从八极殿现场位置和面积看，其是离宫的主体院落，即宫殿部分，逍遥楼为离宫园林部分。至于凤阳殿，其所在塔东位置面积有限，可能就是一座建筑。

2. 北周至隋时期的嵩岳寺塔及寺院

北周时期，嵩岳寺塔及寺院保持着始建完成时的格局、规模和状态。虽北周武帝宇文邕建德六年（577年）正月攻陷北齐，下令禁断齐境佛教，这次灭佛法也波及到了嵩岳寺，但对寺院的建筑、格局影响不大。至北周宣帝宇文赟时，中途道教兴起，讨论欲将嵩岳寺改为道观，嵩岳寺塔用作玄坛，但最后都未能实现。

隋朝时期，嵩岳寺塔及寺院范围有所扩大，在寺院前南辅山增建了一座舍利塔，其余仍保持着始建完成时的基本格局、规模和状态。开皇五年（585）时，隶属寺院的僧人达到300人；仁寿一年（601）寺院又增僧人150人，至此寺院已有450个僧人，并改寺院名为嵩岳寺，说明寺院此时保持着以前的格局和规模。隋仁寿二年（602）在寺院南增加建造的舍利塔，即是著名的隋仁寿舍利塔之一，由"隋文帝下诏选用统一造样，在仁寿一年十月十五日正午，全国三十州同时建造。"[58]嵩岳寺的这座舍利塔是在仁寿二年建造完成。现考古调查在南辅山顶发现有南、北两座塔基遗址，其南塔基可能就是此舍利塔。

3. 唐朝时期的嵩岳寺塔及寺院

唐朝时期，嵩岳寺塔及寺院形制、格局、规模有较大的改变。唐初嵩岳寺赶上兵乱，恶人在寺院内胡作非为，嵩岳寺塔遭劫火，塔上木构部分全部烧毁，塔顶天宫建筑构件坠落；寺内木构建筑部分烧毁，佛像表面脱落，当时寺内只有寺主明藏等八人，不敢去施救。唐武德四年（621）时，为抵抗王世充军队，寺院举起正义的大旗，全心操办军粮供应军队。武德七年（624）在傅奕反佛时，要拆除所有寺院，因嵩岳寺供军粮有功，特赦保留，还奖赏了四所田地和碾房。后经过都维那惠果等人的经营，寺院仿照以前"重建"。

此时塔院内有北魏十五层塔，塔西佛像戾址处建造定光佛堂，塔东凤阳殿改名七佛殿，塔北有无量寿殿，为僧人礼忏诵念的场所。食堂院内食堂前有北魏正光年间铸造的古铁钟，重千斤，函二十石。塔院西岭上北魏八极殿建筑遗址处建西方禅院，其双阜上还建有凤凰台和妆台，因武则天皇后得名。寺北魏逍遥台、逍遥楼、菱镜泉、玉池等亦如北魏原状。寺南辅山上除有隋古塔外，神龙二年（706）十月[59]，唐中宗孝和皇帝为大通神秀追造十三级法牙舍利浮图及灵庙，同时重新粉饰了嵩岳寺塔。唐开元二十一年（733）重修地宫及壁画。唐开元四年（716）至十一年（723），于寺院北岗之东营造大德元珪师浮图。唐宝应二年（763）九月，在寺院之北阜建大德大证禅师塔。唐开元二十七年（739），淄州刺史李邕撰《嵩岳寺碑》[60]。唐高宗游幸嵩山时，武则天皇后曾以此寺为行在，并护送的镇国金铜像置于无量寿殿。唐以后寺院逐渐衰落。现仍保存有唐代的石经幢、石函、塔铭、碑刻等附属文物，以及唐朝的部分建筑遗址。

4. 宋朝至中华民国时期的嵩岳寺塔及寺院

宋、金时期，嵩岳寺塔及寺院，比起北魏至唐朝时期，除嵩岳寺塔外，寺内有三座石门、常住院，寺后有逍遥台[61]，其余建筑大部分被毁，建筑格局改变、规模缩小。宋代遗物现仅存宋崇宁元年（1102）立的《嵩岳寺感礼罗汉洞记》残碑一通。

明朝时期，嵩岳寺塔及寺院受到更大的破坏，仅存嵩岳寺塔和一两座佛殿。明洪武（1368~1398）初经过重修[62]；明末年经历战乱，寺残毁尤甚，除浮图塔外，仅余鼠瓦蠹椽、一两座破殿[63]。

清朝时期，嵩岳寺塔及寺院基本保持在明朝以来的格局和规模，建筑并有损毁、重建。清康熙三十五年（1696）时，仅存一塔一殿，二、三块残碑，然其形势绝胜，可与法王相颉颃云[64]。康熙四十四年（1705）重修白衣菩萨殿[65]。雍正二年（1724）寺内殿宇倾圯，台榭萎落，仅余一殿一塔，大雄殿"灰飞瓦解，栋折榱崩，佛像处于烈风严霜之下"，住持僧心愿经营三载，于雍正二年（1722）二月至六年十月间，备料修缮大雄殿，七年（1729）立《重修大雄殿记》碑[66]。雍正五年（1727年）重装寺院内佛像，立《重装佛像记》碑[67]。雍正

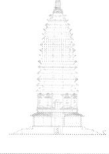

六年（1728年）金装佛像，油画大殿，修缮韦陀殿[68]。乾隆七年（1742）时，寺僧心愿化缘筹款，重整寺院的殿宇，大雄宝殿、莲阁重展新的面貌，山门、禅室扩展到了以前的规模，并将伽蓝宝殿迁移于寺中部重建，修复后的院落广阔平正，庭前廊柱稳稳高擎，殿宇宽敞明亮，立《重修茄兰殿记》碑[69]。咸丰五年（1855年），重修白衣菩萨殿[70]。雍正二年（1724）开启嵩岳寺塔地宫，乾隆八年（1743）封闭。此时除塔院内有嵩岳寺塔、大雄宝殿、白衣菩萨殿、韦陀殿等，嵩岳寺塔台座及塔院内地面已被埋130.0厘米，其余建筑多以破坏仅剩建筑遗址。

民国年间，嵩岳寺塔及寺院，基本保持清朝以来的建筑规模。民国二十五年（1936），塔院内存有北魏嵩岳寺塔，塔南有简陋山门三间，塔北为大雄宝殿，殿西白衣菩萨殿为三间，殿东为伽蓝殿三间，东垣外杂列关帝殿、方丈杂屋等，以及佛顶尊胜陀罗尼经石经幢、石狮、多通碑刻、多尊佛像等[71]。据当地人了解，寺院无人管理，破损严重，附近村民依塔建房，殿宇用作农舍，残垣断壁，满目荒凉；塔院内有驻军，士兵常枪击塔顶山鸽，加之风雨侵袭，致使塔顶砖檐塌毁，多处已成砖堆，塔身东南部有多处裂缝。

5.新中国成立后的嵩岳寺塔及寺院

新中国成立后，国家多次对嵩岳寺塔及塔院内文物进行修缮和环境整治，将原方形平面的塔院向南扩展，增建厕所、围墙等。1964年12月省文化局拨款清理了塔附近杂乱环境，砌筑砖石结构围墙。20世纪80年代以来，对塔、殿、围墙等加以整修，1980年修缮大雄殿；1984年至1991年历时7年，由国家文物局批准，对嵩岳寺塔的塔基、地宫、天宫等进行考古探察清理，全面修缮嵩岳寺塔本体残损、坍塌地宫，塔体安装避雷装置；修缮工作中，发现塔院建塔时原地面埋在现地面下，塔阶基为后建，塔体第13层以上和塔刹唐宋时期进行过维修；南迁山门，扩充院落，重建围墙。

今嵩岳寺院塔院内存北魏嵩岳寺塔，塔南有山门，塔北大雄殿、白衣殿、伽蓝殿，院内西南设厕所，四周为外围墙，并保存有石经幢、元珏石函、石狮、多通碑刻等。其余建筑遗址，塔院西岭上有多处北魏、唐朝的建筑遗迹和遗物，塔院北、东均有建筑遗址，南辅山上有2座塔建筑基址。

参 考 文 献

[1] （北魏）杨衒之著，杨勇校笺.洛阳伽蓝记校笺.北京：中华书局.2006：244.

[2] （北齐）魏收.魏书[M]：卷九十.北京：中华书局.1974：1931.

[3] （后秦）鸠摩罗什译.大智度论[M]：卷十八.中华大藏经（第二五册）：五九六.北京：中华书局.1987：421.

[4] 吴疏江撰，孙启治点校.墨子校注[M]：经上.北京：中华书局.1993：476.

[5] （清）洪亮吉、陆继萼撰.登封县志[M]：卷十二.成文出版社有限公司.影印清乾隆五十二年刊本：华北地方第462号：340.

[6] （清）洪亮吉、陆继萼撰.登封县志[M]：卷十二.成文出版社有限公司.影印清乾隆五十二年刊本：华北地方第462号：179.

[7] （清）景日昣.说嵩[M]：卷二十一.中国名山胜迹志（第三辑）.台北：文海出版社有限公司.1971：561.

[8] （北齐）魏收.魏书[M]：卷八.北京：中华书局.1974：196.

[9] （明）傅梅.嵩书[M]：卷三.续修四库全书（影印上海图书馆藏明万历刻本）：第725册.上海：上海古籍出版社.2002：73、74.

[10] （清）景日昣.说嵩[M]：卷二十一.中国名山胜迹志（第三辑）.台北：文海出版社有限公司.1971：1054、1055、1059.

[11] （宋）朱熹撰.资治通鉴纲目[M]：卷第三十.明崇成化九年刻本影印.十三～十四.

[12] （宋）司马光编著，（元）胡三省音註.资治通鉴[M]：卷一百四十七.北京：中华书局.1956：4594.

[13] （北齐）魏收撰.魏书[M]：卷八.北京：中华书局.1974：209.

[14] （北齐）魏收撰.魏书[M]：卷九十.北京：中华书局.1974：1931.

[15] （北齐）魏收撰.魏书[M]：卷一百一十四.北京：中华书局.1974：3042.

[16] （北魏）杨衒之撰，尚荣译注.洛阳伽蓝记[M]：卷第四.北京：中华书局.2012：329.

[17] （北齐）魏收撰. 魏书 [M]：卷九十. 北京：中华书局. 1974：1931.

[18] （北齐）魏收撰. 魏书 [M]：卷八. 北京：中华书局. 1974：210.

[19] （明）李明通纂修. 登封县志 [M]：卷四. 明隆庆（1567-1572）刻本. 国家图书馆藏.

[20] （北齐）魏收撰. 魏书 [M]：卷六十八. 北京：中华书局. 1974：1514.

[21] （北齐）魏收撰. 魏书 [M]：卷六十八. 北京：中华书局. 1974：211.

[22] （北齐）魏收撰. 魏书 [M]：卷四十七. 北京：中华书局. 1974：1059.

[23] （北齐）魏收撰. 魏书 [M]：卷一百七上. 北京：中华书局. 1974：2666.

[24] （北齐）魏收撰. 魏书 [M]：卷一百一十四. 北京：中华书局. 1974：3042.

[25][41][42] （北齐）魏收撰. 魏书 [M]：卷九十. 北京：中华书局. 1974：1931.

[26] （北齐）魏收撰. 魏书 [M]：卷六十八. 北京：中华书局. 1974：210.

[27] （北齐）魏收撰. 魏书 [M]：卷九. 北京：中华书局. 1974：230.

[28] （北齐）魏收撰. 魏书 [M]：卷十六. 北京：中华书局. 1974：405.

[29] （清）董诰等编. 全唐文 [M]：卷九百五十五. 北京：中华书局. 1983：9330.

[30][40] （北齐）魏收撰. 魏书 [M]：卷十六. 北京：中华书局. 1974：405.

[31] （清）洪亮吉、陆继萼等纂. 登封县志 [M]. 清乾隆五十二年刊本影印. 台北：成文出版社有限公司.

[32][36][38][45] （清）景日昣. 说嵩 [M]：卷二十一. 中国名山胜迹志（第三辑）. 台北：文海出版社有限公司. 1971：1055.

[33] （明）傅梅. 嵩书 [M]：卷三. 续修四库全书（影印上海图书馆藏明万历刻本）：第725册. 上海：上海古籍出版社. 2002：74.

[34] （清）叶封. 嵩山志 [M]：卷八. 国家图书馆. 影印清康熙十五年刻本.

[35] （清）张圣诰等. 登封县志：卷八 [M]. 影印北京大学图书馆藏清康熙三十五年刻本. 济南：齐鲁书社. 1996：368.

[37] （清）施诚. 河南府志 [M]：卷七十六. 中国历史文献库. 影印清同治六年补刊本.

[39] （北齐）魏收撰. 魏书 [M]：卷一百一十四. 北京：中华书局. 1974：3043.

[43][57] （明）傅梅. 嵩书 [M]：卷三. 续修四库全书（影印上海图书馆藏明万历刻本）：第725册. 上海：上海古籍出版社. 2002：80.

[44] （北齐）魏收撰. 魏书 [M]：卷八. 北京：中华书局. 1974：215.

[46] （北齐）魏收撰. 魏书 [M]：卷九. 北京：中华书局. 1974：221、222、229.

[47] （北齐）魏收撰. 魏书 [M]：卷十三. 北京：中华书局. 1974：338.

[48] （唐）释道宣撰. 续高僧传 [M]：卷第十六. 中华大藏经：第六一册. 北京：中华书局. 1993：754.

[49] （清）董诰等编. 全唐文 [M]：卷九百十四. 北京：中华书局. 1983：9527.

[50] （清）董诰等编. 全唐文 [M]：卷二百三十一. 北京：中华书局. 1983：2334.

[51] 罗哲文著. 中国古塔 [M]. 北京：中国青年出版社. 1985：176-177.

[52] 罗哲文著. 中国古塔 [M]. 北京：中国青年出版社. 1985：185-186.

[53] 罗哲文著. 中国古塔 [M]. 北京：中国青年出版社. 1985：245-246.

[54] （北齐）魏收. 魏书 [M]：卷九十. 北京：中华书局. 1974：1931.

[55] （北魏）杨衒之撰，尚荣译注. 洛阳伽蓝记 [M]：卷第四. 北京：中华书局. 2012：329.

[56] （北魏）杨衒之撰，尚荣译注. 洛阳伽蓝记 [M]：卷第三. 北京：中华书局. 2012：192.

[58] （唐）释道宣撰. 法苑珠林 [M]：卷四十. 北京：中华书局. 2003：1273-1277.

[59] （清）董诰等编. 全唐文 [M]：卷二百三十一. 北京：中华书局. 1983：2334.

[60] （宋）欧阳修撰. 集古录 [M]：卷六. 钦定四库全书：十一.

[61] （清）叶封. 嵩山志 [M]：卷八. 国家图书馆. 影印清康熙十五年刻本.

[62] （清）孙灏撰. 河南通志 [M]：卷五十.

[63] （清）乾隆七年《重修茄兰殿记》，石碑今藏嵩岳寺院内.

[64] （清）洪亮吉、陆继萼撰. 登封县志 [M]：卷八. 影印清乾隆五十二年刊本：华北地方第462号. 台北：成文出版

社有限公司
[65] （清）清康熙《重修白衣菩萨殿碑记》，石碑今藏嵩岳寺院内.
[66] （清）雍正七年《重修大雄殿记》，石碑今藏嵩岳寺院内.
[67] （清）雍正五年《重装佛像记》，石碑今藏嵩岳寺院内.
[68] （清）雍正六年《金装佛像油画大殿修韦陀殿碑》，石碑今藏嵩岳寺院内.
[69] （清）乾隆七年《重修茄兰殿记》，石碑今藏嵩岳寺院内.
[70] （清）雍正七年《重修大雄殿记》碑背面碑文，石碑今藏嵩岳寺院内.
[71] 刘敦桢. 河南省北部古建筑调查记[J]. 中国营造字社汇刊第六卷第四期. 中华民国二十六年（1937）：96-99.

第九章　嵩岳寺塔建筑选址与格局

第一节　嵩岳寺塔建筑选址探源

一、嵩岳寺塔选址嵩高缘起

北魏在天兴元年（383）改国号为魏，先后灭夏、北燕，太延五年（439）灭北凉，统一我国黄河流域的北方地区，至孝文帝时为巩固政权进行汉化改革，并占卜天象、勘察地理迁都洛阳，与江南的南齐形成对峙。此时北魏地域广阔，领域内包含了五岳中的东岳泰山、西岳华山、北岳恒山和中岳嵩山四岳之地（图9.1.1），宣武帝为何独选中岳嵩高营造兼具佛寺和离宫的閒居寺，原因历史上无明确记载。读《魏书》、《嵩岳寺碑》等历史文献，可知嵩岳寺塔是北魏宣武帝登皇基十几年后，令隐士冯亮、沙门统僧暹、河南尹甄琛等人，选嵩高形胜之处营造。寺院始名閒居寺或称閒居佛寺，整个建筑群由塔院、僧院、离宫等部分组成。閒居寺的营造有当时北魏最高僧官沙门统僧暹参与，说明塔院起初就是北魏的皇家佛寺，而非由"舍宫为寺"形成；关于这一点，《魏书》中胡灵太后说："放我出家，我当永绝人间，修道于嵩高閒居寺。先帝圣鉴，鉴于未然，本营此寺者正为我今日"[1]，可以说明嵩岳寺起始就是佛寺。宣武帝让博览群书、通晓佛理、雅爱山水，又兼巧思的隐士冯亮主持营造，说明是要将嵩岳寺建成具有佛教和传统文化双重意义的特别建筑群。宣武帝选嵩高营造佛寺兼离宫的建筑群，虽史无明言，但必有原因，现就促使宣武帝在嵩高营造兼具离宫的閒居寺可能因素探讨如下：

1. 选址嵩高营造离宫的原因

嵩高山古称外方，其名始见于《尚书·禹贡》，夏商时称崇高、崇山，西周时称岳山，并定嵩高为中岳，始称中岳嵩山。《史记·封禅书》载："昔三代之居，皆在河洛之间，故嵩高为中岳。……曰太室。太室，嵩高也。"[2]《礼记·孔子闲居》载："《诗》曰：嵩高维岳，峻极于天。"[3]北魏时孝文帝的《祭嵩高山文》中说嵩高山是"太极分浑，两仪是生。辰作乾宝，岳树坤灵。昭彰天地，吐纳五精。唯中挺神，祥契幽经。日月交晖，寒暑递成。万象合和，兆类孳盈……朕承法统，诞邀休宏。"[4]并嵩高专指太室[5]。《嵩书·峙胜篇》总结："《易》曰：'天地定位山泽，通气体用相须，讵有二哉。乃若山之长无如岳，五岳之长无如嵩尔。'《雅》云：'山高而大曰嵩。'《白虎通》云：'中央之岳独加高字者可高，故曰嵩高。彼其奠位中土，二气之所均，会四方之所统，宗不徒以其名矣。'然名以考实有二，东曰太室，西曰少室。夫山者宣也，室则有包含之义焉，藏精孕灵以时布之，诸如峰峦岩岫岗岭崖谷之类，至於不可胜数，大抵皆嵩之支也，其他诸小山环嵩之余气所波及也。……太室，《山海经》作泰室……郭璞註《山海经》於太室则曰'即中岳嵩高山，於少室则否，是专以太室为嵩山，盖自古已然矣。"[6]可见古人认为中岳嵩山是五岳之尊、天地所合、四时所交、风雨所会、阴阳所和、藏精孕灵的风水宝地，代表着高峻、崇高和尊贵之意。

《史记·封禅书》又曰："自古受命帝王，曷尝不封禅？盖有无其应而用事者矣，未有睹符瑞见而不臻乎泰山者也。……每世之隆，则封禅答焉，及衰而息。……《尚书》曰：中岳，嵩高也。五载一巡狩。"[7]清·康熙《登封县志·岳祀志》载："国之大事在祀，嵩岳为五岳长，居天地之中，阴阳之所会，风雨之所交也。岂僅禦大灾捍大患已哉。黄帝而降，龙旂鸾路，庋止斯域者，指不胜屈，汉武增祠置邑，唐肇称殷礼创矣！进以帝王之号，神其安之平。"[8]自汉武帝礼祭中岳太室起，嵩山便被认为是"灵贶之感乎，封祀之慈举；与天锡飞，羽化灵物"的山岳，故成为历代帝王祭祀、巡游的圣地。《魏书》开篇即说："昔黄帝有子二十五人，或内列诸华，或外分荒服，昌意少子，受封北土，国有大鲜卑山，因以为号。……黄帝以土德王，北俗谓土为托，谓后为跋，

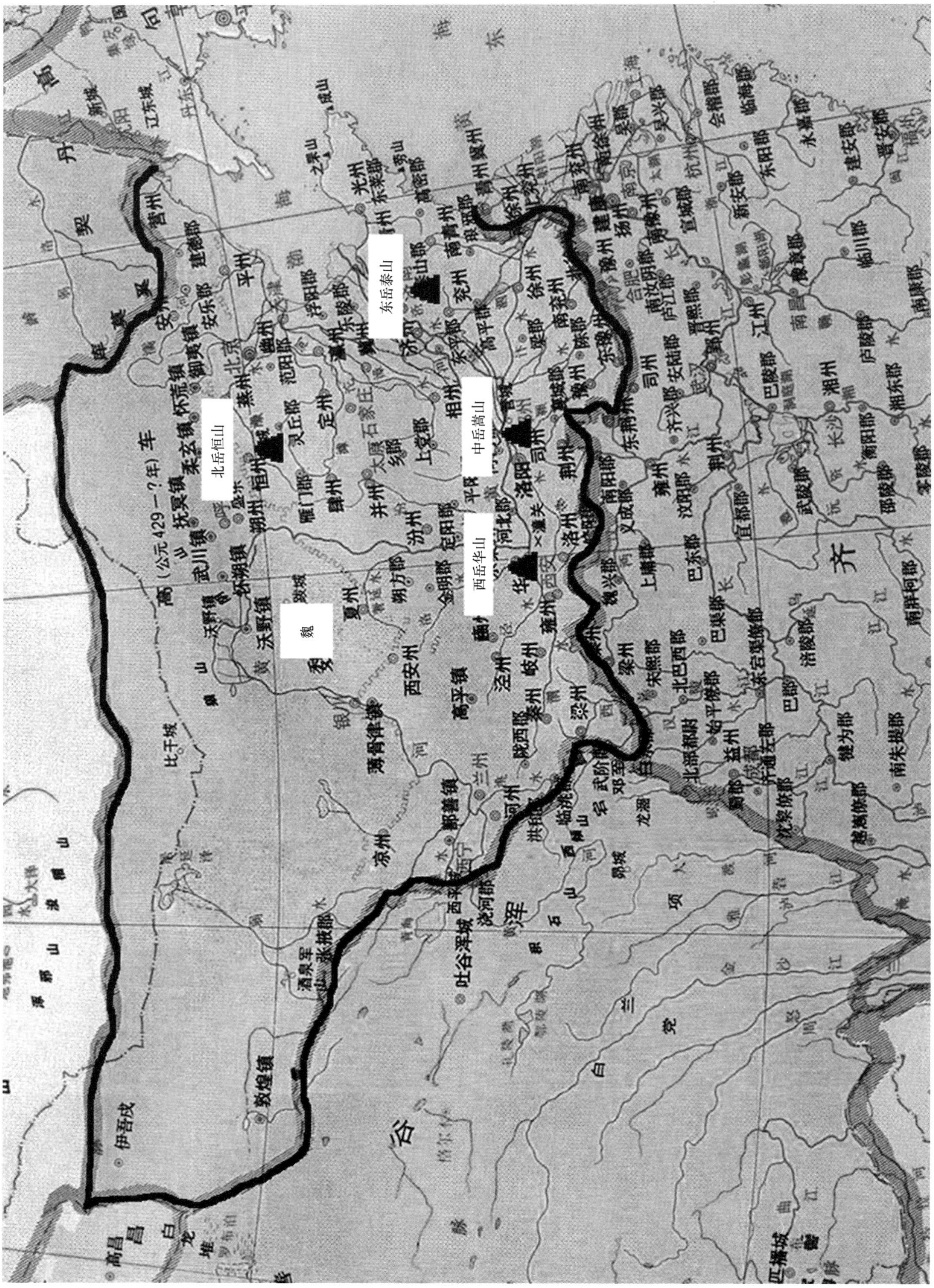

嵩岳寺塔

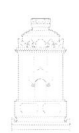

图 9.1.1 北魏地域内岳山位置图（描绘于谭其骧《中国历史地图集》）

故以为氏。"[9]又同书《礼志一》："天兴元年……诏有司定行次，正服色。诏有司定行次，正服色。群臣奏以国家继黄帝之后，宜为土德，故神兽如牛，牛土畜，又黄星显曜，其符也。于是始从土德，数用五，服尚黄。"[10]说北魏皇族是黄帝少子昌意的后代，国家继承于黄帝，为土德，宣称为华夏正统。《史记·天官书》载："历斗之会以定填星之位。曰中央土，主季夏，日戊、己，黄帝，主德，女主象也。"[11]《晋书·天文志》："填星曰中央季夏土，……填为黄帝之德……天子之星也。"[12]《新唐书·天文一》云："鹑火、大火、寿星、豕韦为中州，其神主於嵩丘，填星位焉。"[13]《嵩书·星政篇》载："读天官诸书……嵩位填星，其於帝为黄。"[14]古人认为嵩山是中央黄帝之位，北魏皇室认为自己是黄帝的后代，华夏正统的继承者，对中岳嵩高山亦是更加的认同、重视和推崇，其多位皇帝祭祀嵩山来祈福除灾患。如北魏泰常八年（423）明元帝拓跋遣使祠嵩高；太武帝在太延元年（435）立庙于嵩岳上，岁时祈祷水旱，其春秋泮涸，遣官率刺史祭以牲牢、玉帛；太和十八年（494），即北魏迁都洛阳第一年，孝文帝拓跋宏便亲祭嵩高，并在嵩高南麓营建离宫，今为会善寺；正光三年（522）孝明帝元诩遣使驰祈嵩岳等。但历史文献中均未见宣武帝亲自到嵩山祭祀的记载，并且在营造闲居寺兼离宫之前，宣武皇帝于景明年（500~503），在洛阳宣阳门外一里御道东立景明寺，"其寺东西南北，方五百步。前望嵩山、少室，却负帝城"[15]。宣武帝为何在洛阳都城南建寺院，面朝东南方的嵩高山不得而知，推想可能是与未亲至嵩山祭祀，而选用望祀嵩高山有关。因此，北魏宣武帝选在尊贵的嵩高营造离宫，作为以后亲至嵩山祭祀、巡游时的住所，应是原因之一。

2．选嵩高营造离宫的时间

北魏宣武帝为何登皇基十几年后，在嵩高山营造佛寺离宫，并且也不沿用距嵩岳寺不远的孝文帝离宫，也应是事出有因。我国古人认为地上的一切事物与天体现象是相互对应的，这源自古人对日月星辰的自然崇拜，于是世间重要事情或重大决策包括帝王宫殿的营造，总要占卜天象，依据"天象吉凶"来行事。《周易·系辞上》载："天尊地卑，乾坤定矣。卑高以陈，贵贱位矣。动静有常，刚柔断矣。方以类聚，物以群分，吉凶生矣。在天成象，在地成形，变化见矣。"[16]《史记·天官书》载："内冠带，外夷狄，分中国为十有二州，仰则观象於天，俯则法类於地。天则有日月，地则有阴阳。天有五星，地有五行。天则有列宿，地则有州域。三光者，阴阳之精，气本在地，而圣人统理之。……二十八舍主十二州，斗秉兼之，所从来久矣。……由是观之，未有不先形见而应随之者也。"[17]《魏书·天象志》载："夫在天成象，圣人是观，日月五星，象之著者，变常舛度，徵咎随焉。……《易》称：'天垂象，见吉凶'，'观乎天文，以察时变'；……是故有国有家者之所祇畏也。"[18]古人认为地是天的本源，将天上的日、月、五星、二十八宿，与地上的阳、阴、五行、十二州郡一一相互对应，并且天上的北斗和列宿分主、兼主地上的州郡，地上的事物福祸是先由天象先表现出来，反之天象的表现，地上也会有相应的事情发生。根据天体运行的变化，还给出了"日变修德，月变省刑，星变结和。凡天变，过度乃占。国君彊大，有德者昌；羽小，饰诈者亡。太上修德，其次修政，其次修救，其次修禳，正下无之"[19]等应对天体变化的对策，包括宫室等重要建筑的营造也要依据占卜结果。

北魏皇帝大动土木营造宫室，也多是根据占卜天象来进行的。《魏书·天象志》"天赐二年（405）四月己卯，月犯镇星，在东壁；七月己未又如之；十月丁巳又掩之，在室。夫室星，所以造宫庙而镇司空也。占曰'土功之事兴'。明年六月，发八部人，自五百里内缮修都城，魏於是始有邑居之制度。或曰，北宫后庭，人主所以庇卫其身也，镇主后妃之位，存亡之基。"[20]北魏道武皇帝拓跋珪根据天象占卜的结果，为镇司空而缮修都城。同书又载太和"十七年（493）二月庚戌，火、土合于室。室星，先王所以制宫庙也，荧惑天视，填为司空，聚而谋之，其相宅之兆也。且纬曰：'人君不失善政，则火土相扶，卜洛之业庶几兴矣'。是岁九月，上罢击齐，始大议迁都。冬十月，诏司空穆亮、将作董迹缮洛阳宫室，明年而徙都之。於是更服色，殊徽号，文物大备，得南宫之应焉。凡五星分野，荧惑统朱鸟之宿，而填以轩辕寓之，皆周鹑火之分。室，又并州之分。是为步自并州，而经始洛邑之也。"[21]孝文帝也是根据占卜天象、勘察地理的结果营造宫室，以填司空，迁都洛阳。上述两个北魏皇帝在大动土木前，都是依据天象出现的变化，占卜后认为都城或宫室"司空"，为镇"司空"而进行都城、宫室的营造。

关于宣武帝时期遇到的天象变化，《魏书·天象志》记载自永平四年以来有多次天象占卜，如永平"四年（511）十一月癸卯，日中有黑气二，大如桃。占曰：'天子崩'"[22]，又"四年四月庚午，荧惑轩辕大星；十月壬申，月失行，犯轩辕大星。至延昌元年（512）三月，填星在氐，守之九十余日。占曰'有德令，拜太子，女主不居宫'。至十月，立皇太子，赐为父后者爵，旌孝友之家"[23]。延昌"元年（512）三月己酉，木、土相犯。占曰'人君有失地者，将死之。……元年（512）三月乙未，有流星起太阳守，历北斗，入紫宫，抵北极，至华盖而灭。太阳守所以弼承帝车，大臣之象。今使星由之，以语天极之位，臣执国命，将由此始乎？且占曰：'天下大凶，主室其空'。先是，去年八月至十月，月再入太微，是岁三月，又如之；十二月甲戌，月犯火于太微。占曰：'君死，不出三年，贵人夺权失势'。二年三月辛酉，荧惑又犯太微。占曰：'天下不安，有立君之戒'"[24]等，都集中在这个时期。其中延昌元年（512）三月，填星在氐，守之九十余日，天象占卜为"有德令，拜太子，女主不居宫"，宣武帝随即在当年十月就立第二子元诩为皇太子，可见其对天象占卜结果的重视。"氐"即是二十八宿在嵩高之分野，其"德令"即是"土德"。《史记·天官书》载："岁填一宿，其所居国吉。未当居而居，若已去而復还，还居之，其国得土，不乃得女。……其居久，其国福厚。文耀钩云：'填，黄帝含枢纽之精，其体璇玑，中宿之分也。'……其一名曰地侯，主岁。……斗为文太室，填星庙，天子之星也。"[25]同时上述占卜天象，有"主室其空"的结果，因此宣武帝此时选择在嵩山营造离宫以镇"司空"，应是又一主要原因。

《魏书》还记载此时期多次出现水灾、旱灾、地震等自然灾害和一些不适宜的政令，为应对上述天象凶兆和现实灾害，宣武帝便是按照"太上脩德，其次脩政，其次脩救，其次脩禳"的方法来进行处理，也可佐证选嵩山营造离宫就是为应对天象凶兆。《魏书》记载从永平四年（511）十二月至延昌四年（515）正月，宣武帝开始积极的修德、改革政事，期间有多次给因旱灾、水灾、地震地区，赈济救援、减免税负、派医治疗，大赦天下等修德行为，并修改官员考核、奖惩及司法制度，整顿奢侈风气等政策，还诏立国子学、太学、明堂、四门、立理诉殿、申讼车等，来充实礼乐，兴办教育，亲自处理冤狱。在积极应对自然灾害的这些修德、修政、修救等动作外，在延昌元年（512）三月出现"天下大凶，主室其空"的天象凶兆不久，宣武帝便在四月二十五日将年号改为延昌，延昌即有绵延昌盛之意，可看出自身的安危和国家兴亡才是宣武帝关心的重点。

《黄帝宅经》序和总论中说："宅是人之本，阴阳之枢纽，人伦之轨模，无论上到国家、城市、宫殿，还是村宅山居，均有阴阳、善恶的差别，宅的吉凶由天文地理决定，其兴衰会直接影响到人，犯者有灾，镇而祸止；修德纳福的方法在于常依循天道，天德和月德到位就要动工修造住宅。"[26]虽此序和总论为唐中叶或稍后古人所作[27]，但也能说明古人对宅第营造的一些看法。按此说法离宫自然也是皇帝之本，修德到位就要择时选地来营造。因而宣武帝需要在此时营宫室来镇"其空"，造塔寺来禳"君死"。

另外，《晋书·天文志》载："黄帝坐在太微中，含枢纽之神也。天子动得天度，止得地意，从容中道，则太微五帝坐明以光。黄帝坐不明，人主求贤士以辅法，不然则夺势。……帝坐一星，在天市中候星西，天庭也。光而润则天子吉，威令行。"[28]帝即黄帝，其帝坐星光明亮，预示天子吉祥。又载："角二星为天关，其间天门也，其内天庭也。其星明大，王道太平，贤者在朝。亢四星，天子之内朝也，总摄天下奏事，听讼理狱录功者也。一曰疏庙，主疾疫。星明大，辅纳忠，天下宁。氐四星，王者之宿宫，后妃之府，休解之房。"[29]《嵩书·星政篇》总结说嵩高是"阴阳所会，风雨所交之地，五星居镇星，五帝中央黄帝，枢纽之关，十二次度数为寿星，二十八宿在角、亢、氐，郑，兖州。"[30]可知嵩高山被认为是镇星、寿星、黄帝在地上的对应的地区。《六臣註文选·杂拟下》载："善曰：河图龙文曰：镇星光明，八方归德。"[31]反过来即是八方归德，镇星光明。宣武帝营建的嵩山离宫主殿名称八极殿，东汉·高诱曰："八极，八方之极也。"[32]将嵩山离宫主殿取名"八极"，也应是寓意聚"八方之德"，使镇星、黄帝坐光明、帝王吉祥之意。这与北魏洛阳宫城主殿"建中立极"[33]取名太极殿是一致的，《周易系辞上》载："《易》有太极，是生两仪，两仪生四象，四象生八卦。"[34]因此宣武帝在此时选择"阴阳所会、风雨所交"的嵩高来营造宫室，镇"主室其空"，是寓意使黄帝坐充实明亮，为自己消灾避祸、延年益寿的一项重要内容，这也应是不沿用孝文帝在嵩高离宫而重新营造原因。

至于李邕在《嵩岳寺碑》中说嵩岳寺为孝明帝的离宫，建造此佛寺离宫时孝明帝仅是二三岁的皇太子，历史文献中记载的皇帝离宫都是自己为自己建造，当时孝明帝年幼不具备自己建造离宫的条件。《魏书》中也明确说是由宣武帝建造的，历史上也未曾见有皇帝为皇子建造离宫的个案，因此李邕说嵩岳寺为孝明帝的离宫，应是因孝明帝在正光元年为寺院牓名，或是孝明帝时沿用造成的。

二、营造嵩岳寺塔及寺院的原因探讨

为何要在嵩高山南麓建闲居佛寺及塔，并且又将寺与宫同体营造，历史上也未见有记载。从佛教初传中国后，汉·恒帝便同时"祭祀黄老、浮屠，为求福祥，延寿命"[35]，文献中亦多有明确"修立寺院，以禳灾祸"[36]的记载，便可以看出，我国古人认为造塔建寺立像，可积功德、得善报、延寿命、禳凶避祸。

查史上北魏皇家营造佛塔建佛寺的原因，如《魏书·释老志》载："其岁，高祖诞载。于时起永宁寺，构七级佛图，高三百余尺，基架博敞，为天下第一。又于天宫寺，造释迦立像，高四十三尺。"[37]此佛塔是为北魏孝文皇帝诞生所建，并用"永宁"年号为寺名。同书又载："承明元年八月，高祖于永宁寺……资福于显祖。是月，又诏起建明寺。……又於方山太祖营垒之处，建思远寺。"[38]其建明寺是为北魏献文皇帝拓跋弘积福所建。《洛阳伽蓝记》载："秦太上君寺，胡太后所立也。……当时太后正号崇训，母仪天下，号父为秦太上公，母为秦太上君。为母追福，因以名焉。"[39]同书卷第三载："秦太上公二寺……西寺，太后所立。……东寺，皇姨所建，并为父追福，因以名之。"[40]同书卷第三又载："报德寺，高祖孝文皇帝所立也，为冯太后追福。"[41]都是为追福先人而造塔建寺。同书卷第四载："永明寺，宣武皇帝所立也。……时佛法经像，盛於洛阳，异国沙门，咸来辐辏，负锡持经，適兹乐土，世宗故立此寺以憩之。"[42]北魏太和十九年（495），孝文帝元宏为"安顿印度僧人跋陀，在嵩山少室山北麓敕建少林寺"[43]，这两座佛寺是为安置僧人建造，寺院中没有建佛塔的记载。孝文帝和皇后于太和五年（481）二月巡狩中山时，在河北定县造五级浮图，于五月二十八日基创始建，出土石函记载："二圣乃亲发至愿，缘此兴造之功。愿国祚延长，永享无穷，妙法熙隆，灾患不起，时和年丰，百姓安逸，出因入果，常与佛会。与一切臣民，大宫眷属，十方世界，六趣众生，咸同斯福，剋成佛果。"[44]《魏书·崔光传》载"（神龟）二年（519）八月，灵太后幸永宁寺，躬登九层佛图。光表谏曰：'伏见亲升上级，伫跸表刹之下，袛心图构，诚为福善，圣躬玉趾，非所践陟。臣庶恒惶，窃谓未可。'"[45]同书《灵征志》又载："出帝永熙三年（534）二月，永宁寺九层佛图灾。既而时人咸言有人见佛图飞入东海中。永宁佛图，灵像所在，天意若曰：永宁见灾，魏不宁矣。渤海，齐献武王之本封也，神灵归海，则齐室将兴之验也。"[46]可见北魏皇室造塔的目的是祈福、消灾、成佛和愿国泰民安等等，并且皇家佛塔存亡还被人们认为是国家兴衰的象征。

依上述北魏皇家立塔建寺的原因，及《嵩岳寺碑》记载嵩岳寺为孝明帝离宫的背景。查北魏永平至延昌年间可能为孝明帝立塔建寺相关的大事，有永平三年（510）三月十四日孝明帝元诩诞生[47]，延昌元年（512）十月十八日立元诩为皇太子[48]，这两件事情中，虽前有为皇子诞生建寺立塔的先例，但孝明帝元诩诞生的时间比建造嵩岳寺要早约二三年，不可能是为其诞生而立塔。如是为立皇子之事造塔建寺，为何不在洛阳都城营造，而选在百里之外的嵩高，亦不大可能。如是为他人追福或为安置僧人造塔建寺，也不可能将其与自己的离宫建为一体。因此，对于宣武帝来说此时选在镇星主管之地建造佛寺，应是如《魏书·释老志》所载"辄树私福"，来"镇"天象凶兆，为自己延寿和祈福国运延昌应是主要原因。当时造塔建寺被认为是修持功德，为自己建造离宫是劳民伤财之事，故将离宫与佛寺同体营造，离宫不冠宫名，而用寺名兼之的原因。

虽历史文献中北魏未有言明皇帝为自己祈福造塔建寺的记载，但有以"帝身为佛"来造佛像的事情，如《魏书·释老志》载：孝文帝延兴元年（471）"诏有司为石像，令如帝身。既成，颜上足下，各有黑石，冥同帝体上下黑子。论者以为纯诚所感。兴光元年秋，敕有司于五级大寺内，为太祖已下五帝，铸释迦立像五。"[49]此外，在北魏初期佛门中人早就将帝王比喻成了佛，《魏书·释老志》载："初，法果每言，太祖（北魏道武皇帝拓跋珪）明叡好道，即是当今如来，沙门宜应尽礼，遂常致拜。谓人曰：'能鸿道者人主也，我非拜天子，乃是礼佛耳。'"[50]《嵩岳寺塔碑》载："十五层塔者，后魏之所立也。……加之六代禅祖，同示法牙。"可知嵩岳寺塔为佛牙舍利塔。查其"佛牙"的来历渊源，《魏书·帝纪第八》载："景明四年（503）夏四月，庚寅，南天竺国献辟支佛牙。"[51]在北魏宣武帝时包括整个北魏时期，仅有此一次获得辟支佛牙舍利的记载，但宣武帝自得到辟支佛牙舍利至营造嵩岳寺塔这段时间，未曾见为"佛牙"舍利建寺供养的记载，嵩岳寺塔供养的佛牙是否就是此辟支佛牙有待进一步论证。

又据《大智度论·释初品中般若相义》载："问曰：若辟支佛道亦如是者，云何分别声闻、辟支佛？答曰：

道虽一种，而用智有异。若诸佛不出，佛法已灭，是人先世因缘故，独出智慧，不从他闻，自以智慧得道。如一国王出，在园中游戏，清朝见林树花果蔚茂，甚可爱乐，王食已而卧，王诸夫人婇女皆共取花，毁折林树，王觉已，见林毁坏，而自觉悟：'一切世间无常变坏，皆亦如是'，思惟是已，无漏道心生，断诸结使，得辟支佛道，具六神通，即飞到闲静林间。如是等因缘，先世福德、愿行、果报，今世见少因缘，成辟支佛道，如是为异。复次，辟支佛有二种：一名独觉，二名因缘觉。因缘觉如上说"[52]，经文中这一国王即是观悟十二因缘之理而得道成为辟支佛，并飞入闲静林间。宣武帝于永平二年（509）十一月，在式乾殿为诸僧、朝臣讲《维摩诘经》，以及主持翻译的《十地经纶》，主要内容都是讲世人修持得道成佛的思想。可能宣武帝是为了避凶，也将自己比喻成了辟支佛，在得道圆满后飞到了闲静林间，所以选在嵩高南麓清净岩林间为自己造塔立寺，并用"閒居"为寺名，可能亦是此意。《牟子理惑论》载：释迦牟尼"所生天竺者，天地之中，处其中和也。……佛教授天下，度脱人民，因以二月十五日泥洹而去。"[53]嵩高即居天地之中，阴阳调和之地，宣武帝选嵩高营造嵩岳寺塔，亦有可能是将自己比喻成释迦牟尼涅槃之意。

另外，我国历史上建塔建寺的目的，还有为了镇压江湖、镇火、镇妖等消除灾祸的精神需求。如杭州六和塔即是为镇压钱塘江江潮所建[54]，旌德文昌塔是为镇火、定龟所建[55]，岳阳慈氏塔是为镇洞庭湖里水妖所建等等。其实在北魏也有为镇妖而建的寺院，如《洛阳伽蓝记》载："崇虚寺，在城西，即汉之濯龙园也。延熹九年，桓帝祠老子於濯龙园，设华盖之座，用郊天之乐，此其地也。高祖迁京之始，以地给民，憩者多见妖怪，是以人皆去之，遂立寺焉。"[56]

综上，促使宣武帝在嵩高营造佛寺兼离宫的建筑群，缘由应不止一个。我们认为主因有二，一是营造离宫为镇"主室其空"，并用于祭祀嵩高时的居所。二是将自己比喻成辟支佛，造塔为自己禳灾，祈祷"国祚延长，永享无穷；咸同斯福，尅成佛果"。

参 考 文 献

[1]（北齐）魏收撰．魏书［M］：卷十六列传第四．北京：中华书局．1974：405．

[2]（西汉）司马迁撰．史记［M］：卷二十八．北京：中华书局．1982．1371．

[3] 陈戍国撰．礼记校注［M］．长沙：岳麓书社．2004：403．

[4]（清）严可均校辑．全后魏文［M］：卷七．全上古三代秦汉三国六朝文．北京：中华书局．1958：3551．

[5]（北齐）魏收撰．魏书［M］：卷一百六十中．北京：中华书局．1974：2549．

[6]（明）傅梅撰．嵩书［M］：卷二．续修四库全书（影印上海图书馆藏明万历刻本）：第725册．上海：上海古籍出版社．2002：38．

[7]（汉）司马迁撰．史记［M］：卷二十八．北京：中华书局．1959：1355-1356．

[8]（清）张圣诰纂修．登封县志［M］：卷三．四库存目丛书．清康熙三十五年刻本．

[9]（北齐）魏收撰．魏书［M］：卷一．北京：中华书局．1974：1．

[10]（北齐）魏收撰．魏书［M］：卷一百八之一．北京：中华书局．1974：2734．

[11]（汉）司马迁撰．史记［M］：二十七．北京：中华书局．1959：1319-1320．

[12]（唐）房玄龄等撰．晋书［M］：北京：中华书局．2000：204．

[13]（宋）欧阳修、宋祁撰．新唐书［M］：卷三十一．北京：中华书局．1975：820．

[14]（明）傅梅撰．嵩书［M］：卷二．续修四库全书（影印上海图书馆藏明万历刻本）：第725册．上海：上海古籍出版社．2002：33．

[15]（北魏）杨衒之撰，尚荣译注．洛阳伽蓝记．北京：中华书局．2012：192．

[16] 郭彧译注．周易［M］：系辞上．北京：中华书局．2006：356．

[17]（汉）司马迁撰．史记［M］：卷二十七．北京：中华书局．1959：1342．

[18]（北齐）魏收撰．魏书［M］：卷一百五．北京：中华书局．1974：2333．

[19]（汉）司马迁撰．史记［M］：卷二十七．北京：中华书局．1959：1351．

[20]（北齐）魏收撰．魏书［M］：卷一百五之三．北京：中华书局．1974：2392．

[21] （北齐）魏收撰. 魏书[M]：卷一百五之四. 北京：中华书局. 1974：2427.
[22] （北齐）魏收撰. 魏书[M]：卷一百五之一. 北京：中华书局. 1974：2339.
[23] （北齐）魏收撰. 魏书[M]：卷一百五之四. 北京：中华书局. 1974：2435.
[24] （北齐）魏收撰. 魏书[M]：卷一百五之四. 北京：中华书局. 1974：2436.
[25] （汉）司马迁撰. 史记[M]：二十七. 北京：中华书局. 1959：1319-1320.
[26] 佚名. 黄帝宅经[M]：卷上. 道藏：洞真部众术类. 上海：上海书店出版社. 1988：4-979-981.
[27] 季羡林主编. 敦煌大词典[M]. 上海：上海辞书出版社. 1998：624.
[28] （唐）房玄龄等撰. 晋书[M]：卷十一. 北京：中华书局. 2000：187、189.
[29] （唐）房玄龄等撰. 晋书[M]：卷十一. 北京：中华书局. 2000：192.
[30] （明）傅梅撰. 嵩书[M]：卷二. 续修四库全书（影印上海图书馆藏明万历刻本）：第725册. 上海：上海古籍出版社. 2002：33.
[31] （梁）萧统编，（唐）李善等注. 六臣注文选[M]：卷第三十一. 北京：中华书局. 1987：583.
[32] （西汉）刘安等编著，（东汉）高诱注. 淮南子[M]：第一卷原道训. 上海：上海古籍出版社. 1989：5.
[33] 中国社会科学院考古研究所洛阳汉魏故城队. 河南洛阳市汉魏故城发现北魏宫城四号建筑遗址[J]. 考古. 2014（8）：3-6.
[34] 郭彧译注. 周易[M]：系辞上. 北京：中华书局. 2006：371.
[35] （刘宋）范晔撰，（唐）李贤等注. 后汉书[M]：卷三十下襄楷传. 北京：中华书局. 1999：727.
[36] 梁释慧皎撰，汤用彤校注. 高僧传：卷第十. 北京：中华书局. 1992：384.
[37] （北齐）魏收撰. 魏书[M]：卷一百一十四. 北京：中华书局. 1974：3037.
[38] （北齐）魏收撰. 魏书[M]：卷一百一十四. 北京：中华书局. 1974：3039.
[39] （北魏）杨衒之撰，尚荣译注. 洛阳伽蓝记[M]：卷第二. 北京：中华书局. 2012：130.
[40] （北魏）杨衒之撰，尚荣译注. 洛阳伽蓝记[M]：卷第三. 北京：中华书局. 2012：207.
[41] （北魏）杨衒之撰，尚荣译注. 洛阳伽蓝记[M]：卷第三. 北京：中华书局. 2012：213.
[42] （北魏）杨衒之撰，尚荣译注. 洛阳伽蓝记[M]：卷第四. 北京：中华书局. 2012：329.
[43] （北齐）魏收撰. 魏书[M]：卷一百一十四. 北京：中华书局. 1974：3040.
[44] 河北省文化局文物工作队. 河北定县出土北魏石函. 考古. 1966（5）：253.
[45] （北齐）魏收撰. 魏书[M]：卷六十七. 北京：中华书局. 1974：1495.
[46] （北齐）魏收撰. 魏书[M]：卷一百一十二上. 北京：中华书局. 1974：2913.
[47] （北齐）魏收撰. 魏书[M]：卷第八. 北京：中华书局. 1974：209.
[48] （北齐）魏收撰. 魏书[M]：卷第八. 北京：中华书局. 1974：212.
[49] （北齐）魏收撰. 魏书[M]：卷一百一十四. 北京：中华书局. 1974：3036.
[50] （北齐）魏收撰. 魏书[M]：卷一百一十四. 北京：中华书局. 1974：3031.
[51] （北齐）魏收撰. 魏书[M]：卷八. 北京：中华书局. 1974：196.
[52] （后秦）鸠摩罗什译. 大智度论[M]：卷十八. 中华大藏经（第二五册）：五九六. 北京：中华书局. 1987：421.
[53] （梁）僧祐编撰，刘立夫、胡勇译注. 弘明集[M]：牟子理惑论. 北京：中华书局. 2011：13.
[54] 罗哲文著. 中国古塔[M]. 北京：中国青年出版社. 1985：185.
[55] 罗哲文著. 中国古塔[M]. 北京：中国青年出版社. 1985：198.
[56] （北魏）杨衒之撰，尚荣译注. 洛阳伽蓝记[M]：卷第三城南. 北京：中华书局. 2012：257.

第二节　嵩岳寺塔建筑择地与风水格局

嵩岳寺塔位于嵩阳之麓的双溪河西岸高地上，坐北朝南，北有嵩岭玉柱峰及诸峰，东、西两侧内有东岭和西岭，外有太室诸峰，东、南两面有双溪河等溪水环绕，并水流东南方，南为视野开阔、地势平坦的广陌之地，

再南近有青烟岭，远有大熊山、小熊山、三尖山、交牙山等诸山（图9.2.1、图9.2.2）。

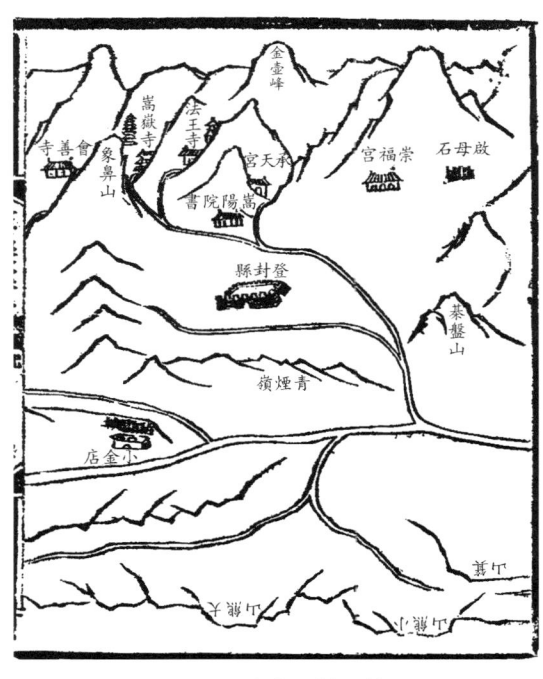

图9.2.1　太室区域环境图
（采自清乾隆五十五年版《登封县志》）

图9.2.2　太室环境图
（采自清康熙版《嵩山志》）

一、嵩岳寺塔周围环境和基址选择

北魏宣武帝决定在嵩高山营造嵩岳寺塔，就要在嵩高区域内选址择地，寻找适合营造的地点，这部分工作是古代建筑营造的一项重要内容。《魏书·冯亮传》载："世宗给其工力，令与沙门统僧暹、河南尹甄琛，周视嵩高形胜之处，遂造闲居佛寺。林泉既奇，营制又美，曲尽山居之妙"[1]，说明嵩岳寺塔营造地点是嵩高区域内环境优越之地。其建设基地是经过冯亮等人缜密考虑，对嵩高自然环境进行"仰观天文、俯察地理"精细选择的结果，选定位置是地位优越、山形壮美、林泉既奇、风景秀丽的地方，也是"二气均和、风气平顺"之处。为何冯亮等人能在短时间内，在嵩高选到既适合营造离宫，又可立塔建寺的形胜之地呢？《魏书·冯亮传》载："冯亮……少博览诸书，又笃好佛理。……亮性情清净，至洛，隐居嵩高"[2]，这是因冯亮对嵩高的地形地貌、环境景观格局比较熟悉，并且又熟知当时流行的佛理和传统文化，这也应是宣武帝令冯亮主持营造嵩岳寺的主要原因。

嵩岳寺塔建设基地环境，北齐·魏收用"形胜"一词来形容，"形胜"是有山川壮美、地势优越之意，亦是我国堪舆"风水形势宗"的专用术语。《嵩书·太室》载："太室，三台在左，轩辕居右，颍水界其前，洛水绕其后。山阳正面望之，浑沦端正，如长城障天，不见崚嶒参差之势；及登绝顶周遭俯瞰，峰岭纷出，脉络分明，如乔木卧生枝干，历历可指。日初出时看见海气，天晴北望黄河，如一疋白练铺大地中，自中锋二分之，南多悬崖，北多峻阪，东多断峤，西多重障，至其大洞溶穴，处处有之。"[3] 明·徐霞客《游嵩山日记》曰："太室雄厉称尊，俨若负扆，自翠微以上，连崖横亘，列者如屏，展者如旗，故更觉岩岩。"[4]《说嵩·太室》载："太室即嵩也。厥胜在阳，绵亘横澜，兀立尊岩。而少室旁峙。大都岩嶂苍翠相间，峰壁环向攒崟，如芙蓉城列报於上，正面望之浑沦端整。正如龙眠，稍近，则岭壑开绽，逼人，则崚嶒参差，或雾雨云屯。虚谷霞蒸，掩映前后。方见层峦叠嶂，不可穷际。登其岭周遭俯瞰。峰络岭联，峻峻如吐芷葩。"[5]《嵩山志·太室山图》描述说："画山犹画石，有立有卧，有面有背，有顶有脚。太室，其卧石与二十四峰，面与华盖，其顶象鼻望朝，其脚与石看，三面山则不然，山大而石小也。苟置身山外，而以石视山，龙潭、永泰、诸山虽侧面，咸在轮廓中矣。"[6] 等等，诸多描述嵩岳寺塔周围嵩阳胜境的文献，均说嵩阳是山石犹如卧龙之态，峰岩恍若芙蓉之姿，洞穴幽邃，云岚萦绕，溪泉清幽，林茂草丰，自然环境美不胜收。这些优越的自然环境景观，是雅爱山水的冯亮选择此处营造嵩岳寺塔的主要因素之一，其被这些环境围合之地，也是魏收认为的嵩阳"形胜"之处。

《嵩阳寺碑铭序》中载嵩阳之地为"卜兹福地，创立神场。当中岳之要害，对众术之抠耳。乃北背高峰，南临广陌，西带浚涧，东接修林。"[7]《登封县志·伽蓝记》载汉法王寺是"背负嵩岭，合抱如倚，俯瞰二熊，诸山排列如拱，当为嵩高第一胜处。"[8]《嵩书·宫观》载："白鹤观，在太室上，西去绝顶约四五里，背负三峰，左右皆绝壁，空南一面，下瞰远山如屏，幽邃平阔，实太室之奥也。"[9]《说嵩·太室上》载："白鹤观，南面空阔，下瞰远山如屏，横者如案，排者如髻，列者如眉，幽邃轩敞，为嵩之奥。"[10]等等，对嵩阳寺、法王寺、白鹤观所处环境的记述，均指嵩阳的环境是山环水抱、负阴抱阳，为嵩高山的形胜之处。因此，嵩岳寺塔所处为嵩阳双溪河之汭，周围环境是背负嵩岭诸峰，左右山排如拱，空南一面平阔，俯瞰青烟二熊；合抱如倚，溪水如带，近岭如案，远山如屏，并隐含着"天地之合、阴阳所会、风雨之交、藏精孕灵"，是理想的堪舆格局模式，也是博览诸书的冯亮将嵩岳寺塔选址于此的又一主要因素。

二、嵩岳寺塔的建筑风水格局

堪舆被晋人·郭璞在所撰《葬书》中始称为"风水"，堪舆原本是古人在建筑营造、选址、择基活动中体现出的朴素环境观，后加入阴阳、四象、五行、八卦、天干、地支、黄道、二十八宿等天文地理理论，并围绕"生气"展开对周围山川环境进行审查择定，又融入"吉凶"观念，便形成了带有神秘色彩的"风水"。早在《诗经·大雅·公刘》中就有"笃公刘，既溥既长，既景乃冈。相其阴阳，观其流水。其军三单，度其隰原，彻田为粮。度其夕阳，幽居允荒。"[11]《尚书·周书·召诰》中有"惟太保先周上相宅。越若来三月，惟丙午朏，越三日戊申，太保朝至于洛，卜宅；厥既得卜，则经营。越三日庚戌，太保乃以庶殷攻位于洛汭，越五日甲寅，位成。"[12]等等，记述早期建筑营造时朴实的相土尝水、观察山川的择地堪舆活动。经过魏晋南北朝时期玄学思想的洗礼，便出现如《管氏地理指蒙》、《葬经》、《天罡诀》、《黄帝宅经》等堪舆书籍，说明我国古人对建筑营造的风水极为重视，大到国家宫城小到家宅园景的营造均深受影响。北魏时选形胜之地营造佛寺，也受风水观念影响甚大，在《洛阳伽蓝记》中多有记载，如宣武帝建造的景明寺是"青林垂影，绿水为文。形胜之地，爽垲独美"[13]等，这也是佛寺在我国"入乡随俗"的表现。嵩岳寺塔所择之地，如按建筑风水的思想剖析，也可看到受"风水"的至深影响，嵩岳寺塔周围山环水抱、背山面水、临虚朝阳、负阴抱阳的生态小环境，就是名副其实的福贵之地或称"风水宝地"，很好地诠释了我国传统建筑风水的理想模式和最佳位置选择，也是"顺应自然、利用自然、改造自然、和谐自然"，创造良好生态环境，向往美好生活的典型实例。

郭璞《天罡诀》讲："门前曲曲弯弯过，……东高西低为泽地，……后高前低为上吉，……后有丘岭前有河，弯弯曲曲透长江，……三山玄武气昂昂，水流东去復朝堂；……宅后青山数丈高，前面池塘起波涛；东南流水滔滔滚，九重直上作班僚……"[14]。郭璞《葬经》云："朝海拱辰，龙虎抱卫，主客相迎，四势端明……千尺为势，百尺为形，势来形止，前亲后倚，为吉藏也。地有四势，气从八方。故砂以左为青龙，右为白虎，前为朱雀，后为玄武。……以支为龙虎者，来止迹乎冈阜，要如肘臂，谓之环抱。以水为朱雀者，衰旺系乎形应。"[15]即是讲古人认为的"吉凶"风水布置格局。尚廓、程建军、一丁等现代学者在研究总结我国"风水"理想格局时说，负阴抱阳、背山面水是风水论中基地选址的基本格局，基址后面有主峰来龙山，左右有次峰或岗阜的左辅右弼山，或称为青龙、白虎砂山，山上要保持丰茂植被，前面有月牙形的池塘或弯曲的水流，水的对面还有一个对景案山，轴线方向最好是坐北朝南，建设基地正好处于这个山水环抱的中央，就是理想的风水格局。其形成风水格局的几个要素，亦如清·袁守定撰《地理唊蔗录》所载：建设基地周围有"祖山，少祖山，主山或称龙山，青龙山或称辅山，白虎山或称弼山，外护山又称通砂山，案山、朝山或称屏山、水口山，并分内水口和外水口，龙穴，龙脉，明堂分内明堂和外明堂，内明堂或称小明堂，外明堂或称大明堂，玉带水等。"[16]（图9.2.3）如将嵩岳寺塔周围环境与这些要素一一对应，那么嵩岳寺塔的太祖山、少祖山和龙脉系指昆仑山及太行山系，"风水"观念中的祖山源系昆仑山，《说嵩·嵩高山》载："嵩高山，十三洲说曰：'昆仑在西海之戌地，东海之亥地，山东南接积石圃'实昆仑之支辅。"[17]说明昆仑山为嵩

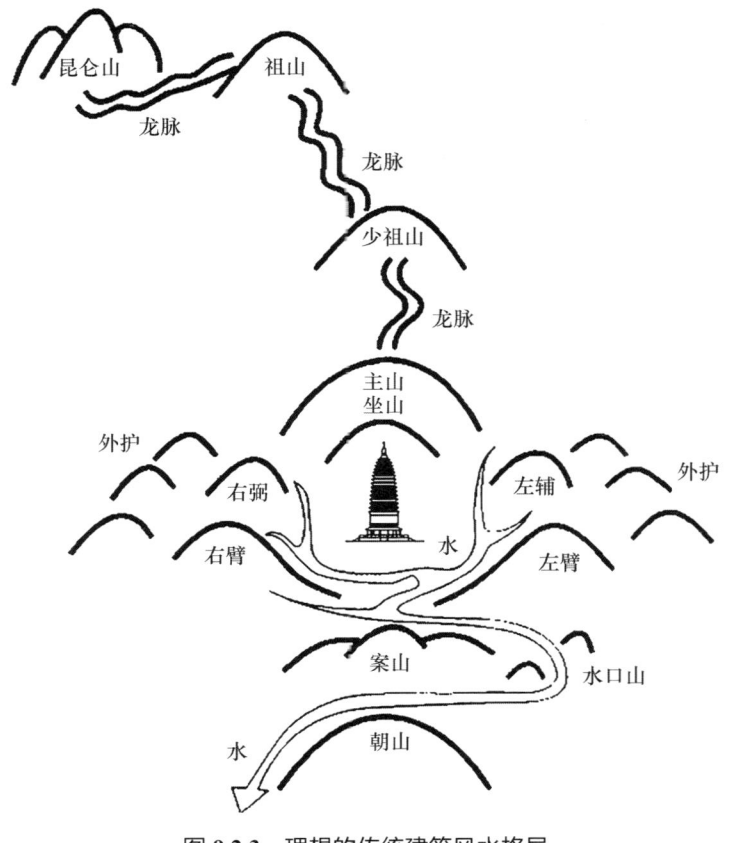

图 9.2.3 理想的传统建筑风水格局

岳寺塔的祖山、少祖山。嵩岭玉柱峰等诸峰可视为主山，东岭为青龙山，西岭为白虎山，外侧太室诸峰为外护山，青烟岭为案山，大、小熊山为朝山，其与主山遥对相望，是嵩岳寺塔南前瞻视线的收束点，格局上的内水口为象鼻山，外水口为傲来山。嵩岳寺塔所处之地为龙穴，位居山水环抱之中央，被认为是来龙止息之处，万物精华"生气"的聚合点，即为最适合营建的福地。塔前空旷之坂田为内明堂，再前的登封县城之地为外明堂。双溪河等溪水为玉带河，嵩岳寺塔就处在双溪河的汭位之地。

三、嵩岳寺塔环境景观格局

我国古代建筑风水选址过程中所体现的朴素建筑环境观，其实是对建设基地周围的地质、地文、水文、日照、风向、气候、气象、景观等一系列自然环境因素的勘察，并做出优劣评价和选择的过程，以此创造良好环境来适合人类生存和符合人心里感受的活动，也是我国传统的宇宙观、自然观、环境观、审美观等的反映。虽"风水术"中不乏有诸多的玄学和迷信成分色彩，但其中仍有科学合理的部分，如秦·樗里子《风水口义》所说，"凡山川，以得水藏风为主。得水藏风者，不合星卦体魂自安。风来则生气，散而穴寒，风去则生气，凝而穴暖。"即是论述基地周围自然环境和客观规律的科学理论，如烈风对基地的温湿度会产生不利的影响，和风会使基地温暖湿润等。

从舒适安全、环境景观的角度来看，嵩岳寺塔的营造基地是良好的。塔北崇高俊秀的嵩岭玉柱峰等诸峰顶，地理高程约为138000.0厘米，嵩岳寺基地地理高程约为65000.0厘米，峰顶高出基地约73000.0厘米，折合北魏营造尺约为2430尺。《葬经》中说"山势原骨，千尺为势，百尺为形，势来形止，是谓全气。"[18] 按此说嵩岭诸峰已经达到"势"的状态，《古汉语字典》解释"势：力量、气势。"正如清·景日昣描述嵩阳是"绵亘横澜，兀立尊岩。岩嶂苍翠相间，峰壁环向攒峯，如芙蓉城列报於上，正面望之浑渝端整。正如龙眠，岭壑开绽，峻嶒参差，或霁雨云屯。虚谷霞蒸，掩映前后。方见层峦叠巘，不可穷际"[19]之美景。嵩岳寺塔用气势磅礴、群峰连绵、端崇尊贵、景象深远的崇山作为背景，可形成背部多层次的立体天际轮廓线，使人观感远景如画，悦目尽收。嵩岳寺塔坐北朝南，基地处在地球的北温带，季风气候明显，风向随季节周期性变化，冬季北、西北寒风呼啸而来，高大雄伟的嵩岭和树木便是遮挡寒风的天然屏障，使嵩岳寺塔基地成为了一个良好的御寒避风场所。东、西双岭和外侧太室诸峰，北连嵩岭围合成三面包围状态，亦是抵挡侧面烈风的双层屏障，也起着"藏风聚气"的作用。塔前两侧分列的诸岭峰向南逐渐降低，使嵩岳寺塔如护簇拥、臂弯环抱，形成主宾有序、中轴对称、左右均衡、内外层叠的景观模式，并增加了景观的景深和连续性。

塔南远处青烟岭、大、小熊山为基地的对景和借景，是前瞻视线的收束点和归宿，形成前方远景的构图中心。青烟岭地理高程约41000.0厘米，比北侧岭脚高约3000.0厘米，可谓低平如几案，《嵩山志·形胜》载："登封城之庚方蜿蜒而东，为青烟岭，县城之南案也。"[20] 小熊山顶地理高程约90000.0厘米，大熊山顶地理高程约106000.0厘米，两山比北侧岭脚高出约54000.0~68000.0厘米，折合北魏营造尺约为2260尺，也具有千尺高山之势，这"一岭两山"形成叠错深邃的嵩前远景，作为对景或借景，美不胜收。明·傅梅在《嵩书》中说"小熊山，景颇幽胜。大熊山，顶上宽平，四围陡峻。二熊山并列嵩高之阳，东西长四十里，峰嵘参差，争奇献秀，县齐望之遥遥，青翠之色如列画屏。若嵩高无此如贵人之前无仪衛，则亦不成其为岳之尊矣。"[21] 可以看出大、小熊作为朝山对景的重要性，以致世人有"无此二山在，嵩岳不成尊"的感慨。

双溪河为玉带河，双溪河的西溪导源于嵩岳寺塔后山涧，从塔东曲流至塔前与东溪合流，穿过广阔坂田流向东南，隔水回望波光倒影，形成生动绚丽的画面。塔前开阔平远的视野空间，迎纳着南部的阳光和暖湿气流，形成了良好小气候。嵩岳寺塔龙穴地处西溪上游西岸高地，溪流弯曲的汭位，加之下有厚实坚硬的岩层，基地安全稳固，形成背山面水、负阴抱阳、山环水抱，得水藏风，"生气"凝聚的最佳福地。撇开嵩岳寺塔选址中风水观念的玄虚部分，客观评价其周围的自然环境，其内隐含的大量科学合理的建筑营造理论是值得借鉴的。

参 考 文 献

[1] （北齐）魏收撰. 魏书：卷九十. 北京：中华书局. 1974：1931.
[2] （北齐）魏收撰. 魏书：卷九十. 北京：中华书局. 1974：1931.
[3] （明）傅梅撰. 嵩书［M］：卷二. 续修四库全书（影印上海图书馆藏明万历刻本）：第725册. 上海：上海古籍出版社. 2002：39.
[4] 朱惠荣译注. 徐霞客游记［M］. 北京：中华书局. 2009：120.
[5] （清）景日昣. 说嵩［M］：卷一太室上一. 故宫珍本丛刊. 影印清康熙五十五年刻本.
[6] （清）叶封. 嵩山志［M］：卷三形胜一. 国家图书馆. 影印清康熙十五年刻本.
[7] 王景荃. 嵩岳寺造像碑研究［J］. 中原文物. 2016（6）：90.
[8] （清）洪亮吉、陆继萼纂. 登封县志［M］：卷十二. 影印清乾隆五十二年刊本：华北地方第462号. 台北：成文出版社有限公司.
[9] （明）傅梅撰. 嵩书［M］：卷三. 续修四库全书（影印上海图书馆藏明万历刻本）：第725册. 上海：上海古籍出版社，2002. 72.
[10] （清）景日昣. 说嵩［M］：卷一. 故宫珍本丛刊. 影印清康熙五十五年刻版.
[11] 王秀梅译注. 诗经［M］. 北京：中华书局. 2006：343.
[12] 幕平译注. 尚书［M］：周书. 北京：中华书局. 2009：198.
[13] （北魏）杨衒之撰，尚荣译注. 洛阳伽蓝记［M］. 北京：中华书局. 2012：192.
[14] （东晋）郭璞撰. 天罡诀［M］.
[15] （晋）郭璞、景纯著. 葬经笺注［M］. 上海陈氏藏版泽古斋重钞. 清乾隆八年.
[16] （清）袁守定撰，金志文译注. 地理啖蔗录［M］. 北京：世界知识出版社. 2010.
[17] （清）景日昣. 说嵩［M］：卷一. 故宫珍本丛刊. 影印清康熙五十五年刻本.
[18] （晋）郭璞、景纯著. 葬经笺注［M］. 上海陈氏藏版泽古斋重钞. 清乾隆八年.
[19] （清）景日昣. 说嵩［M］：卷一. 故宫珍本丛刊. 影印清康熙五十五年刻本.
[20] （清）叶封撰. 嵩山志［M］：卷八. 国家图书馆. 影印清康熙十五年刻本.
[21] （明）傅梅撰. 嵩书［M］：卷二. 续修四库全书（影印上海图书馆藏明万历刻本）：第725册. 上海：上海古籍出版社，2002. 42.

第三节　嵩岳寺塔院历史格局

嵩岳寺经历1500年的历史沧桑，北魏始建时的建筑大部分损毁，现遗存有塔院内的北魏嵩岳寺塔、三座清代木构建筑，以及1984~1991年间建造的几座传统建筑，其余建筑仅存建筑遗址。嵩岳寺建筑群在经历各朝代多次损毁、改建和重建，导致塔院、离宫等建筑群的始建平面格局产生了较大变化。嵩岳寺院落平面的历史格局，可辨识的大致可分为四个时期，一是北魏始建时的平面格局，二是唐代的平面格局，三是宋代至1984年间的平面格局，四是1984~1991年修缮后的平面格局。

一、嵩岳寺塔院的北魏平面格局

《魏书·冯亮传》载："闲居佛寺，林泉既奇，营制又美，曲尽山居之妙。"[1] 这是历史上对嵩岳寺格局最早的记载，虽格局描述不甚具体，但仍可知始建时嵩岳寺是一座园林式山居佛寺，有形制优美的建筑和林泉称奇的环境景观。《嵩岳寺碑》载："嵩岳寺者，……落落堂宇，踰一千间。……十五层塔者，后魏之所立也。……其东七佛殿者，亦曩时之凤阳殿也。其西定光佛堂者，瑞像之戾止，昔有石像……后有无量寿殿者，诸师礼忏诵念之场也。……逍遥楼者，魏主之所构也。引流插竹，上激登楼，菱镜漾于玉池，金虹飞于布水。食堂前古铁钟者，重千斤函二十石，正光年中寺僧之所造也。……西方禅院者，魏八极殿之余趾也。"[2] 这是历史文献中对北魏嵩岳寺建筑格局最完整的记载，可知嵩岳寺在北魏始建时，是由塔院、离宫、僧院（食堂）和逍遥楼等四大部分组成的建筑群，并且每一部分都是分开独立布置，以山间小路相联系，结合嵩岳寺现存建筑和建筑遗址的考古勘探结果看，《嵩岳寺碑》记载的嵩岳寺与现状基本相符（图9.3.1）。塔院为嵩岳寺的主体，主要用于做佛事活动，院内现存北魏十五层塔，其他建筑基址遗存被埋于现地下1.3米左右。西岭上离宫主要是皇家居住，地上建筑损毁殆尽，建筑基址遗存被埋于现地面下0.6～1米左右。逍遥楼、泉池主要是休闲游玩，建筑全部已毁，建筑遗址在寺院北，具体位置待定。僧院主要是僧侣用房，建筑尽毁，其位置尚未确定，从现存寺院与周围环境的关系分析，考虑是在塔院东北大塔寺村处。上述建筑基址仅离宫建筑遗址经考古勘探，探知有多处建筑基址遗迹，但平面格局未知，其余建筑遗存均未考古勘探和发掘，具体情况不详。因此，本次只讨论塔院的平面格局，其余不作为探讨的重点，待经考古发掘后另作论述。

塔院是嵩岳寺建筑群的核心，坐落在双溪河内汭高地之上，坐北朝南，位居龙穴。因塔院未进行全面的考古发掘，现根据《嵩岳寺碑》记载和部分考古探察、地质勘探，以及塔院现状资料，试作北魏始建时的平面格局探讨。地质勘探报告显示，塔院原地形为西北高东南低的台阶状山坡地，北、南高差约690.0厘米（图9.3.2）。北魏时的塔院地基由人工夯填土和天然片麻岩两部分构成，西、北两面基本为原始天然片麻岩地基，东、南两侧为人工夯土地基，其上铺砖地面。依据周围环境和人为加工痕迹的边界范围，可知塔院为平面方形的合院，南北长约5100.0厘米，东西宽约6600.0厘米。塔院中央偏南立塔，左右对称布置凤阳殿和佛像，塔北为无量寿殿，塔南设塔院门，外作围墙，塔院门前有东西向小路。整个塔院形成以佛塔为中心，"十字"正交轴线上布置建筑和佛像，塔前做大门，后立佛殿，左右立偏殿和佛像的平面格局（图9.3.3）。

二、嵩岳寺塔院唐朝至今的平面格局

唐代时期塔院平面格局大致仍保持北魏时的格局，院内有北魏十五层塔，塔北无量寿佛殿，塔西佛像改为了定光佛殿，塔东凤阳殿改为了七佛殿（图9.3.4）。

宋朝至1984年期间，塔院建筑历经多次损毁、改建和重建，平面格局发生重大变化。除北魏十五层塔保持原位外，唐朝及以前的建筑，宋代的石山门，清代的韦陀殿、莲阁、禅室，以及民国时期塔院东墙外的关帝殿、方丈杂屋等建筑均损毁，位置不详，塔院内地面抬高。至1984年时，塔北并列有大雄宝殿、白衣殿、伽蓝殿三座清代建筑，塔南设山门，及四周围墙等，院落东西宽5320.0厘米，南北长4720.0厘米（图9.3.5）。

1984～1991年修缮以后的塔院平面格局，是山门、院落南围墙向南迁建，西围墙外扩，并与东围墙向南延长，山门内西侧增建厕所，整个院落变成南北长方形，东西宽6900.0厘米，南北长10700.0厘米（图9.3.6）。

三、嵩岳寺北魏时期塔院与同时期佛寺平面格局的比较

嵩岳寺塔院的北魏平面格局，其基本特征是院落方位坐北朝南，平面近方形，嵩岳寺塔作为院内主体建筑居中偏南布置，塔正北立佛殿，塔东、西两侧正对轴线建偏殿和佛像，塔南设院门，四周围以围墙；整个塔院形成以南北中轴线为主的"十"字轴线，前塔后殿，塔左右对称布置其他建筑，院最南端设大门的基本平面格

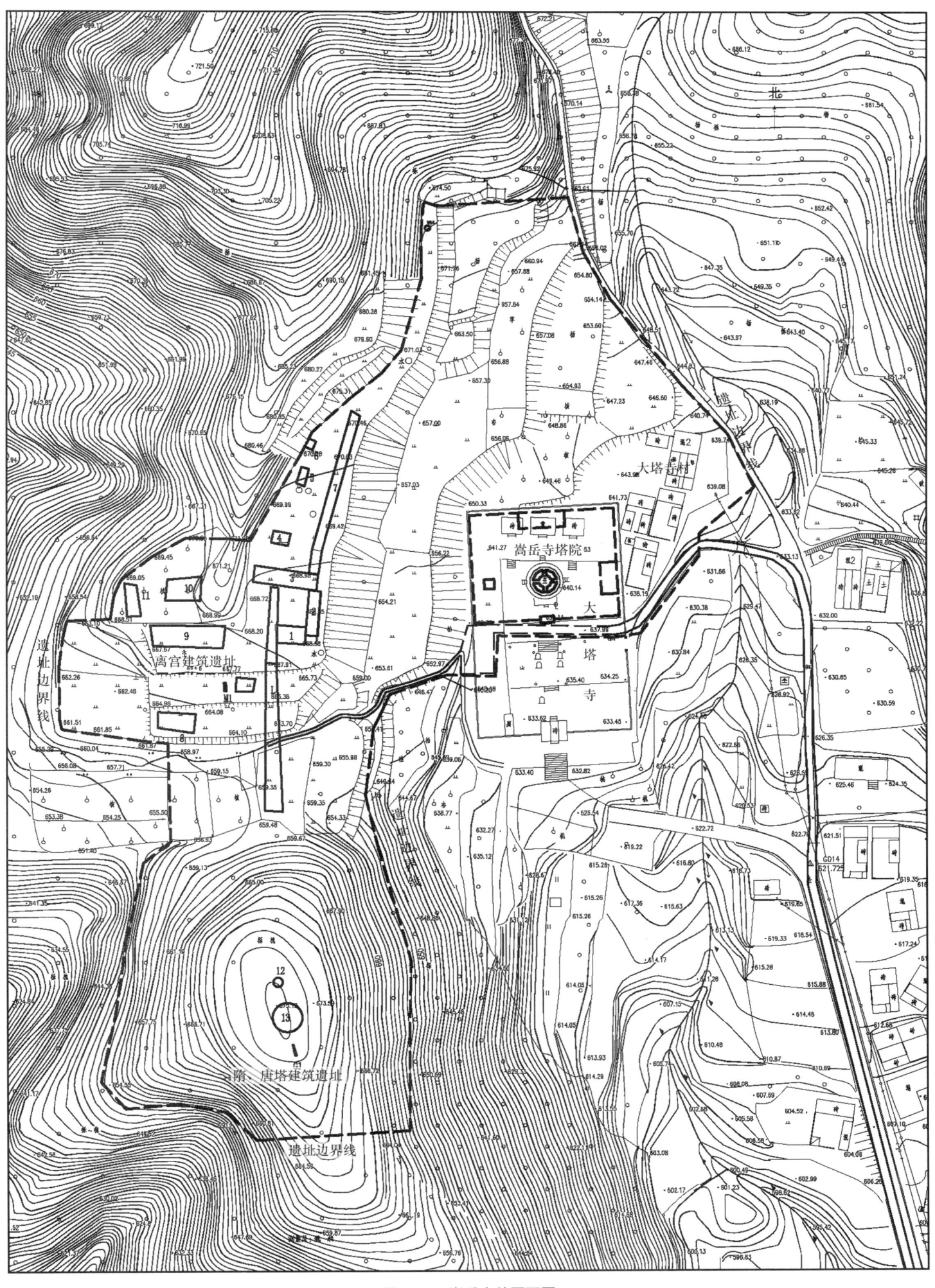

图 9.3.1 嵩岳寺总平面图

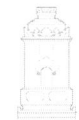

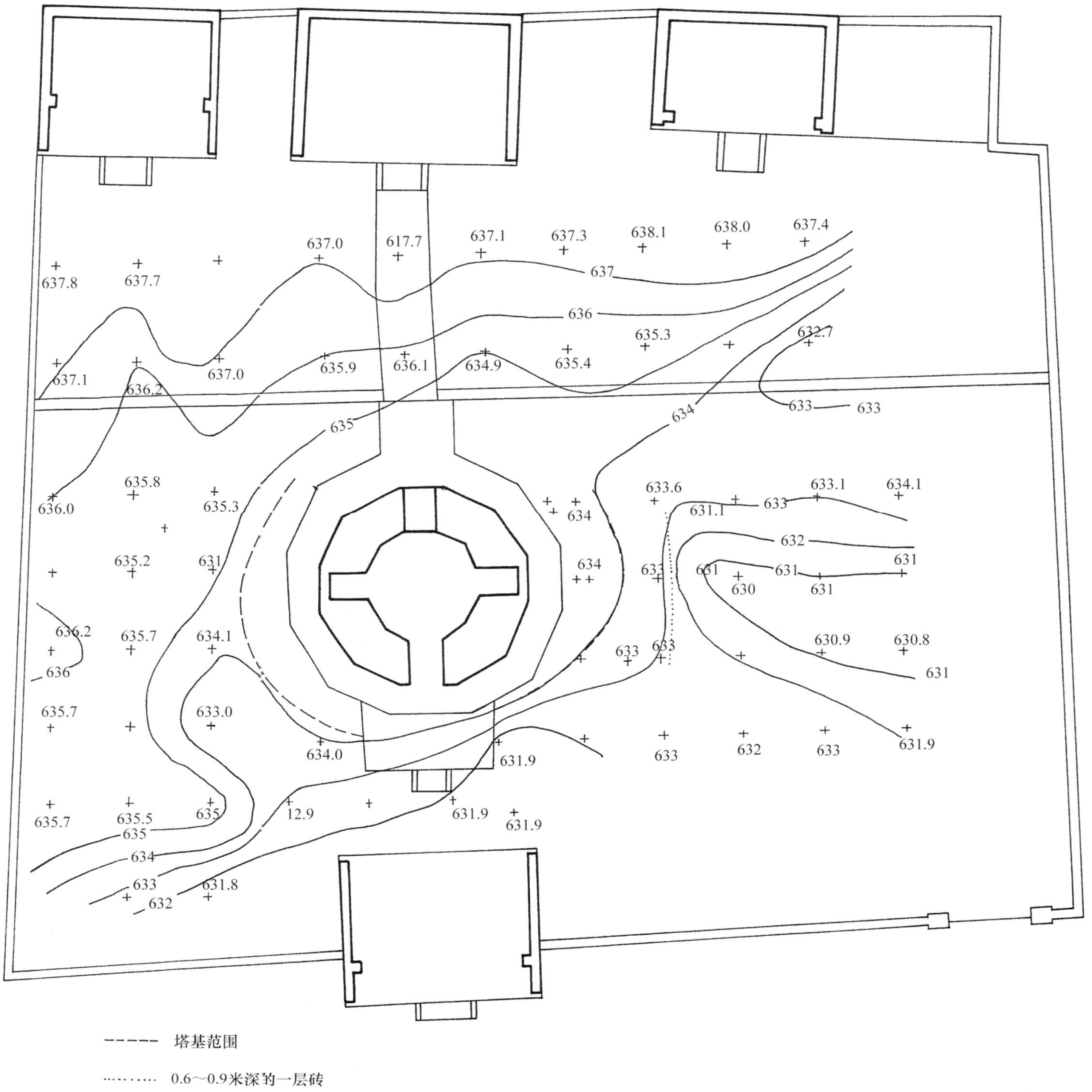

图中标注:
----- 塔基范围
········ 0.6～0.9米深的一层砖

图 9.3.2 嵩岳寺塔院原地形图

局。这种塔院平面布置格局，同建于北魏熙平元年（516）的洛阳永宁寺基本一样，不同的是嵩岳寺塔院是山林寺院，洛阳永宁寺为平地寺院，以及建筑自身形制的差异。这两座寺院均为北魏皇家营造，创建时间相差十余年，可视为同时期、同等级的塔寺。据洛阳永宁寺考古发掘显示："寺院平面布局比较明晰，是一座规整的长方形院落，方位坐北朝南，佛塔居院中央偏南，塔正北立佛殿，四院门与塔"十"字轴线正对，四周作外围墙，自南至北主轴线上依次布置南门、佛塔、佛殿、北门，东、西院门左右均称布置，整个建筑群布局谨严，庄严肃穆，主次分明，错落有致，是一座以佛塔为主、以佛殿为辅，具有强烈时代气息的寺院。"[3]（图 9.3.7）目前洛阳永宁寺塔院内尚未找到这"僧房楼观一千馀间"的建筑遗迹，可能是塔院内本不居住僧人，僧院是另处设置，这同嵩岳寺塔院与僧院分别独立设置一样。另一座建于北魏太和三年（479），比这两寺稍早建造的平城思远佛寺皇家寺院，经考古发掘显示："塔寺坐北朝南，平面呈长方形，院中偏南立佛塔，塔北建佛殿，塔南设山门，四周作围墙。"[4]（图 9.3.8）其基本平面格局同上述两座佛寺。

从上述几座北魏皇家塔寺平面格局看，嵩岳寺塔院这种以塔为中心，佛塔四向开门，其余建筑对应塔"十

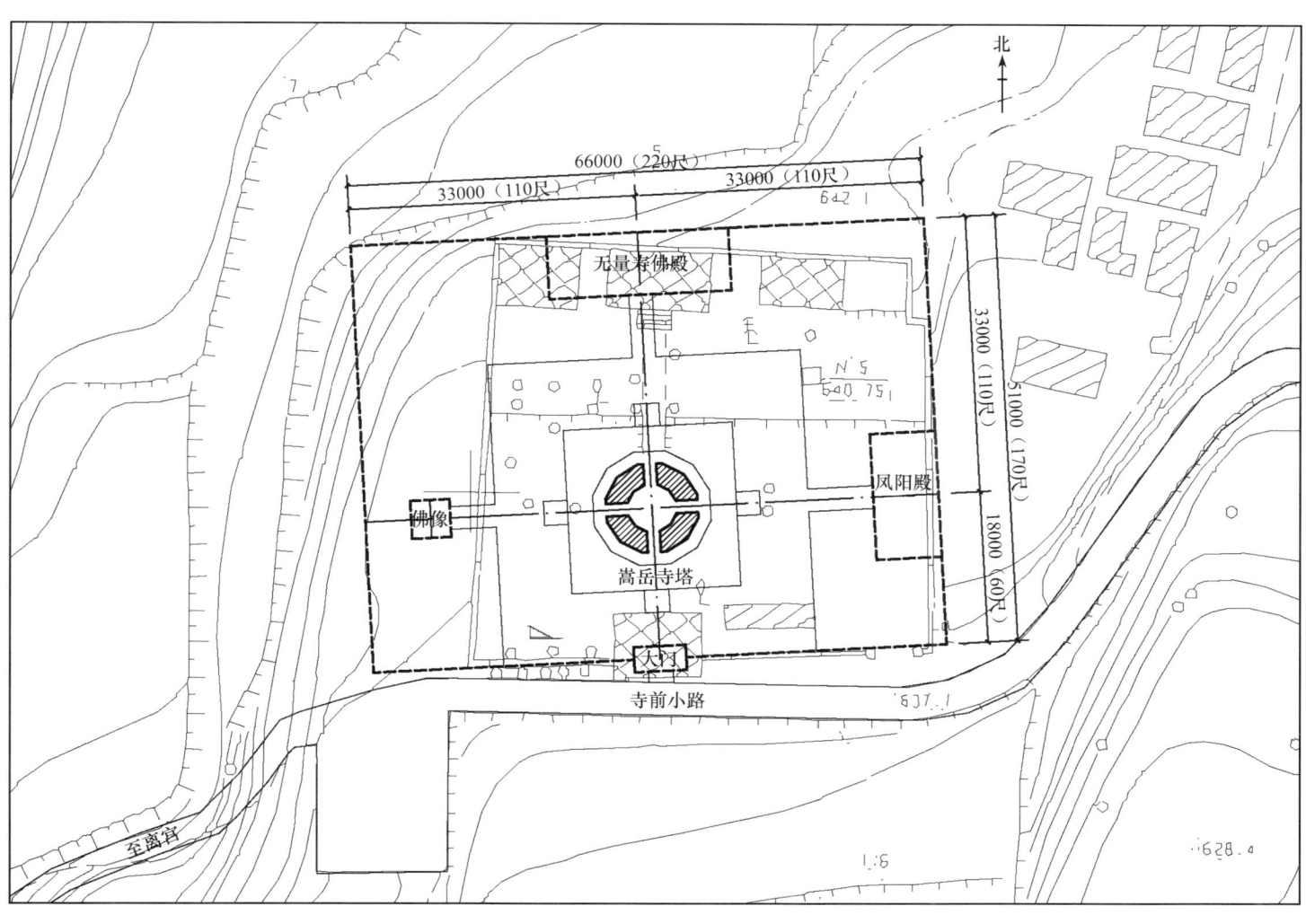

图 9.3.3　嵩岳寺塔院北魏平面格局示意图

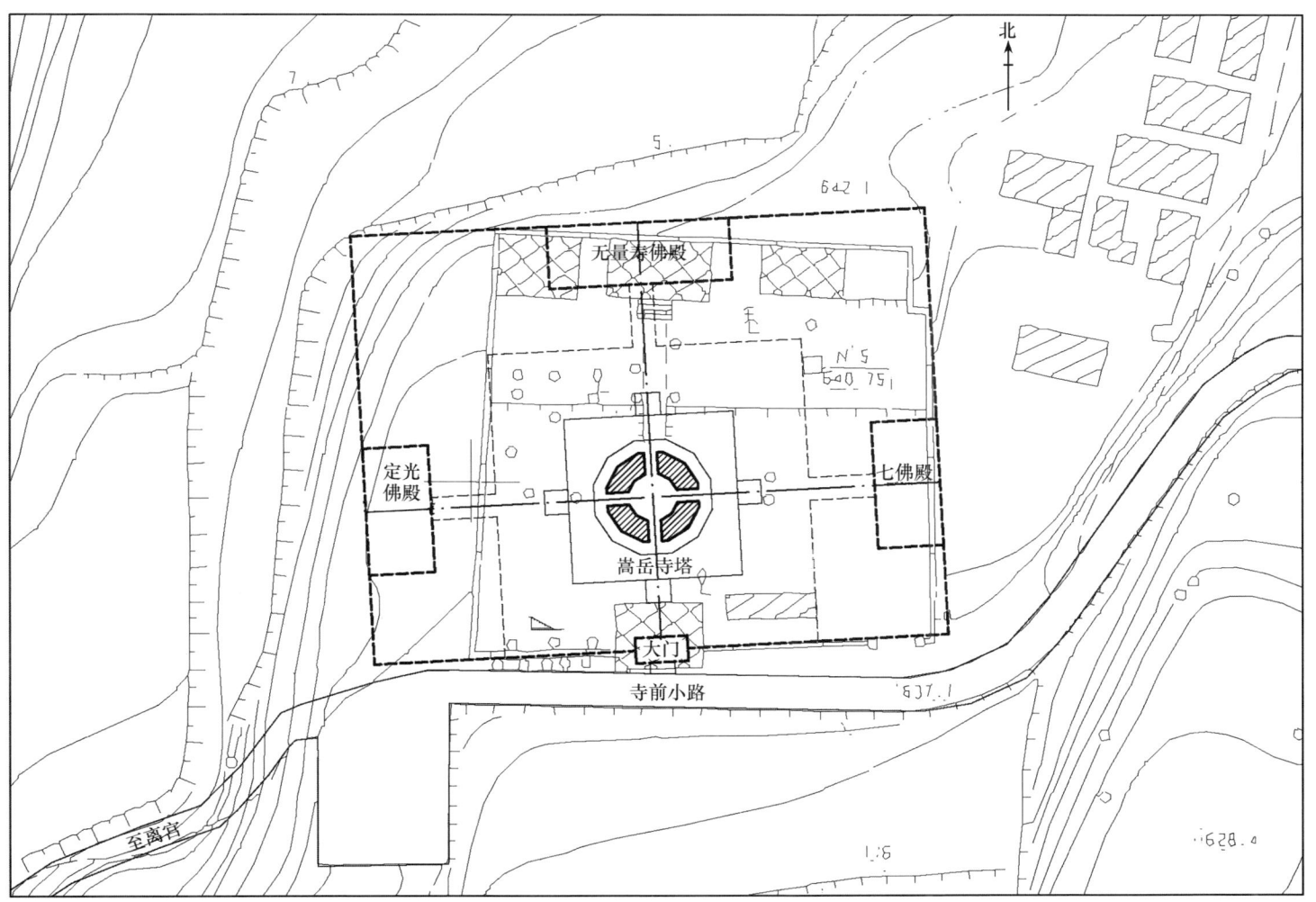

图 9.3.4　嵩岳寺塔院唐朝平面格局示意图

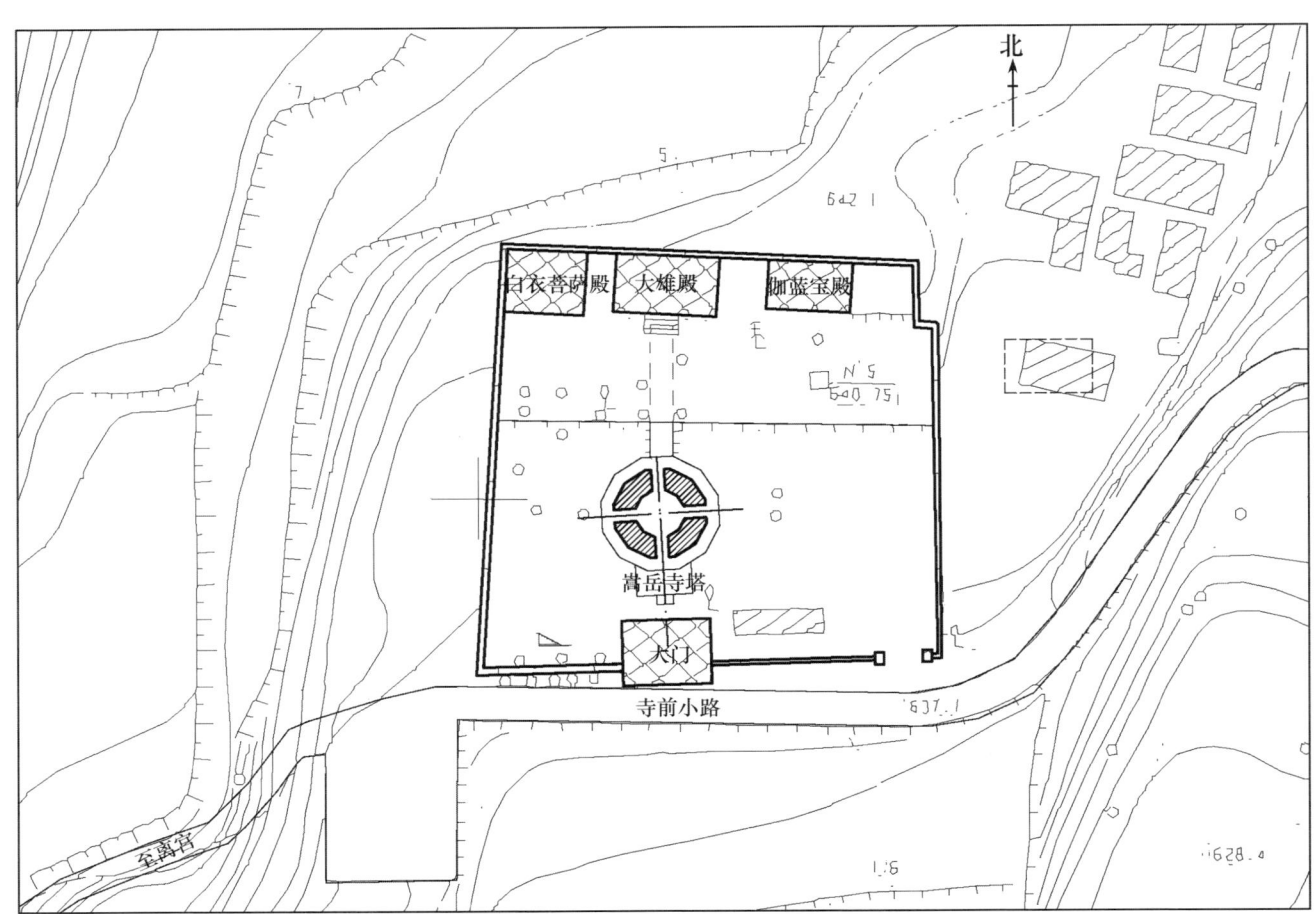

图 9.3.5 嵩岳寺塔院 1984 年平面格局图

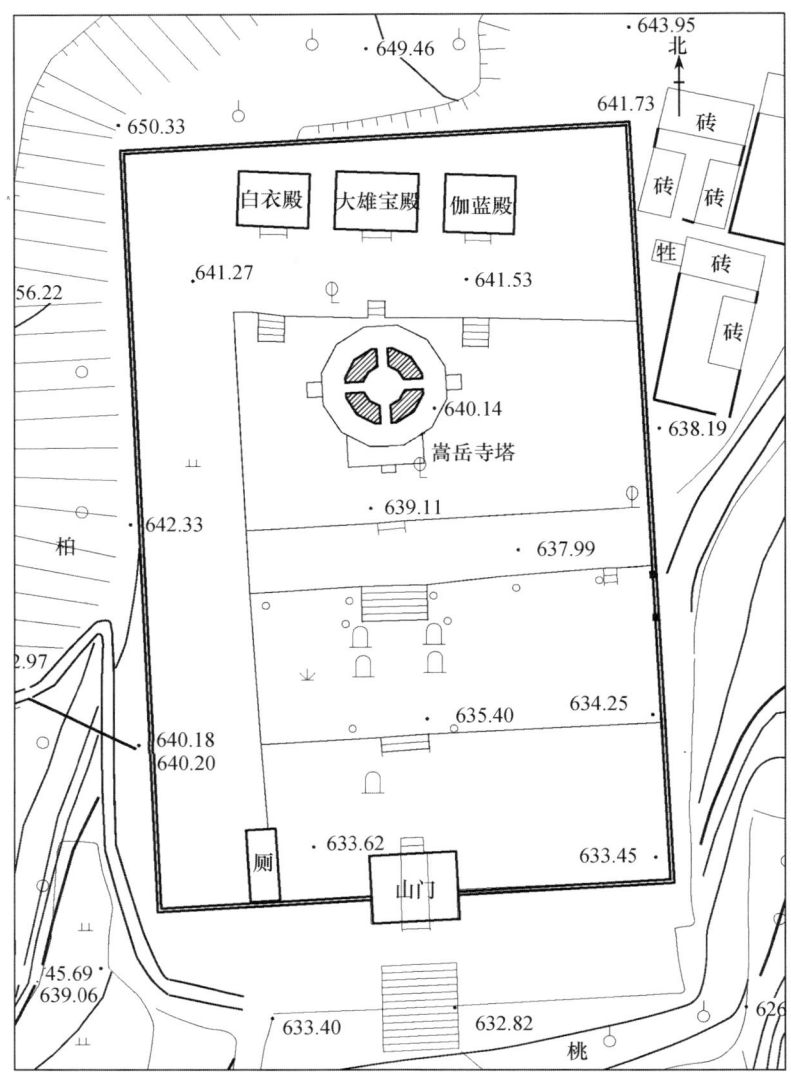

图 9.3.6 嵩岳寺塔院 1991 年以后平面格局图

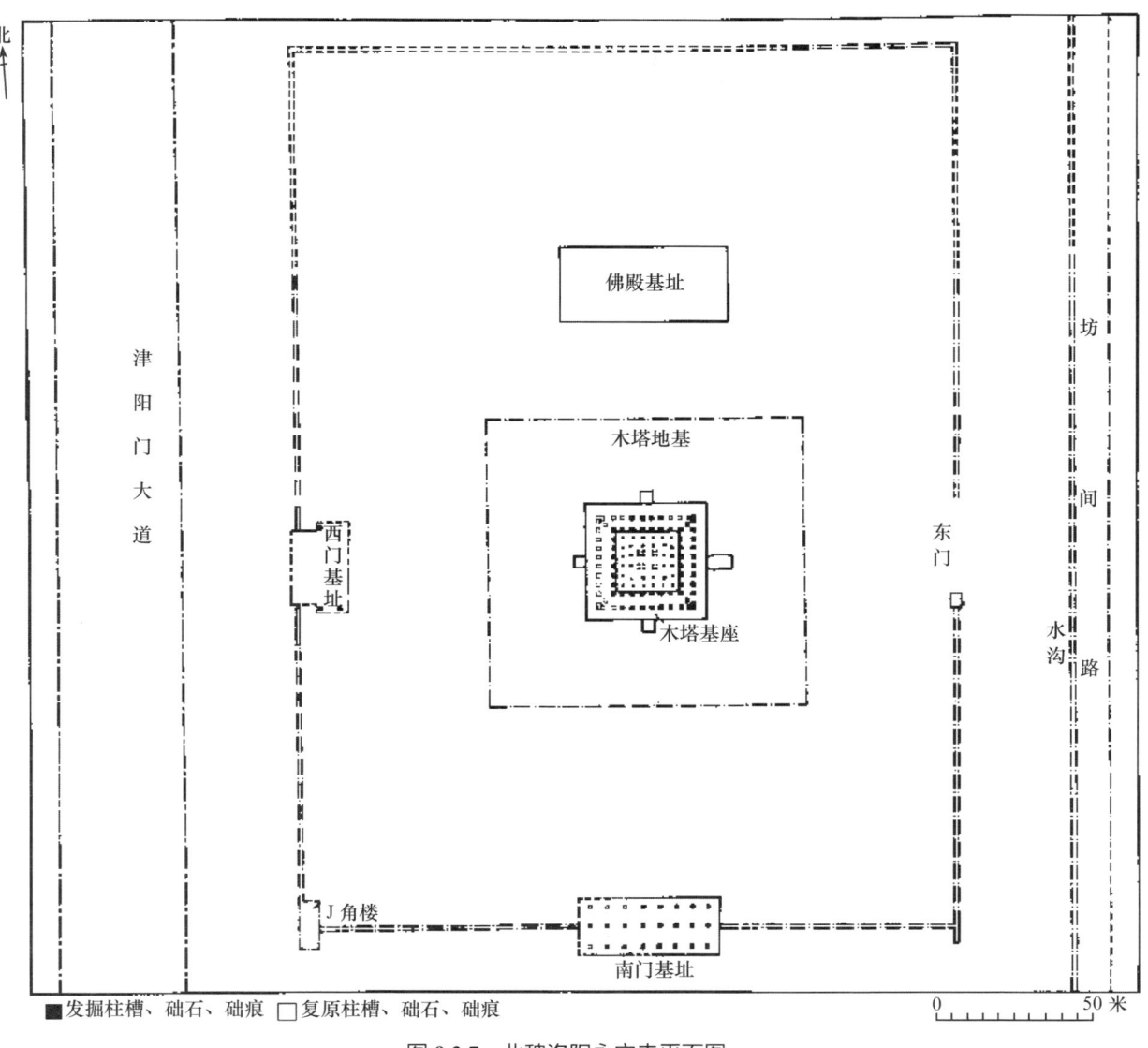

图 9.3.7 北魏洛阳永宁寺平面图
（采自《北魏洛阳永宁寺 1979~1994 年考古发掘报告》）

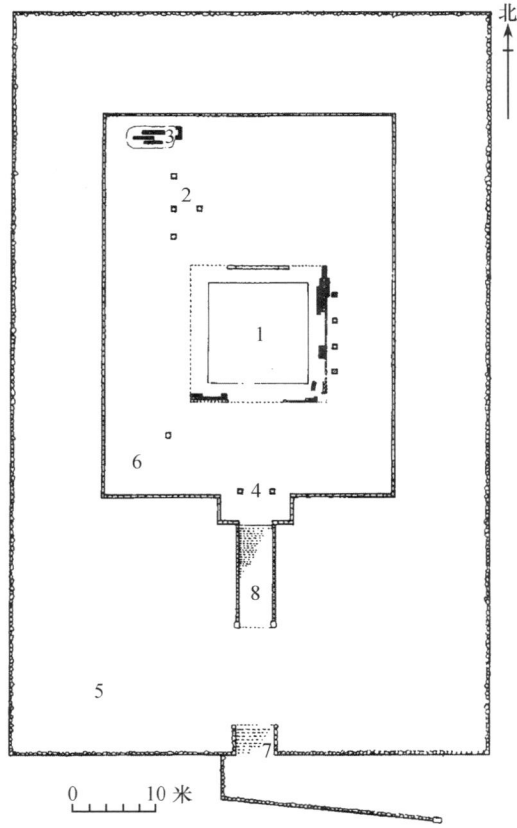

图 9.3.8 北魏平城方山寺院佛图平面图
（采自《文物》2007 年第 4 期）

字"轴线布置，"前塔后殿"，四周建围墙，形成封闭的独立合院，应是北魏时期皇家塔院比较成熟的一种平面格局布置模式。这种"十字"正交轴线上均布置建筑物，也是其他非皇家塔寺平面布置中所不常见的。

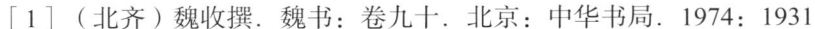

参 考 文 献

[1]（北齐）魏收撰. 魏书：卷九十. 北京：中华书局. 1974：1931.

[2]（唐）李邕撰. 嵩岳寺碑. 文苑英华［M］：卷八五八. 北京：中华书局. 1956：4530、4531.

[3] 中国社会科学院考古研究所. 北魏洛阳永宁寺 1979-1994 年考古发掘报告［M］. 北京：中国大百科全书出版社. 1996：6-21.

[4] 大同市博物馆. 大同北魏方山思远佛寺遗址发掘报告［J］. 文物. 2007（4）：4-26.

第四节　嵩岳寺塔院与古印度地区塔寺格局的渊源

嵩岳寺塔营造完成距东汉初佛教传入我国有 400~500 年的时间，随着佛教建筑在我国的革新发展，创造出了嵩岳寺的平面格局。嵩岳寺的塔院与僧院等建筑分开独立设置，在塔院中立塔，塔北建佛殿，塔南开院落正门，其余建筑物均对应塔"十字"正交轴线而建，形成以佛塔为主体的方形封闭合院格局模式。这种塔院格局是随佛教从古印度地区传来的，还是由我国传统建筑格局演化而来，需要梳理一下。按古印度地区佛塔和佛寺的形态，可粗略将其分为窣堵坡佛寺和佛精舍佛寺两种格局，石窟佛寺暂不列入其内。

一、嵩岳寺塔院与窣堵坡佛寺格局的关系

佛教产生之初包括佛陀本人在内反对个人崇拜，佛陀涅槃后，按照古印度地区当时的丧葬习俗进行埋葬，埋葬佛陀尸骨（舍利）的独立圆形小坟墓被称为窣堵坡，即是古印度地区早期的佛塔。在佛陀逝世一百年后，佛教弟子将他从"觉者"逐渐神话升华为神圣的"佛"，才开始礼拜他的象征物，并借鉴古印度地区绕坟礼仪的习俗，顺时针绕窣堵坡礼拜来表示对佛陀的纪念和尊敬，后也被认为是为自己积累功德，《菩萨本行经》载："若人旋佛及旋佛塔，所生之处得福无量也。"[1] 右绕佛或佛塔逐渐变成了佛教徒纪念佛陀和为自己积福的主要活动方式，其窣堵坡和周围场地作为绕塔行道，也成为佛教徒主要的膜拜物和礼拜场所。为表现佛陀的崇高形象，窣堵坡也随之增高加大，并外加设镂空栏楯以示佛地区域，在窣堵坡和栏楯之间形成了专门的绕塔行道。随着佛教发展，窣堵坡的半球体被象征为天宇[2]，比作佛灵魂化的宇宙缩影，暗喻佛陀无处不在，刹柱被认为是宇宙中心、宇宙之柱[3]。在希腊造像艺术传入印度后，佛教徒认识到造型艺术在佛教宣传中的优越性，又在窣堵坡栏楯的四个方向外加设牌坊式塔门，上雕刻与佛相关的事物，这四座塔门标志着宇宙的四个方位[4]。至此，窣堵坡开始有了"十字"正交轴线概念，这一"十字"轴线在古印度地区的方座佛塔和有塔门的佛塔上体现得最为清晰。这些象征佛陀、宇宙中心的佛教概念和绕塔礼节，是古印度早期窣堵坡塔寺平面基本格局形成的主要因素。至迟公元 1 世纪前后，古印度中天竺地区就形成了这种以窣堵坡为中心，外绕镂空栏楯、塔门的圆形平面塔寺，或称为"栏楯式"塔寺的圆形平面格局。如古印度中天竺的桑奇（Sanchi）佛塔[5]，位于印度中央邦首府博帕尔附近的桑奇村，始建于公元前 250 年的孔雀王朝阿育王时期，原始为小型覆钵式砖窣堵坡；公元前 140 年左右巽伽王朝在小窣堵坡外包砌大窣堵坡，外作栏楯一周，塔座为圆柱状，南侧随塔座设阶梯，上部砌半圆球形覆钵，覆钵顶作方形平头、栏楯和伞盖，外涂银白色与金黄色灰泥；至公元前 1 世纪后半叶到公元 1 世纪初叶安达罗王朝时，又在每面正方向上增加一个牌坊式塔门，栏楯与窣堵坡之间形成绕塔行道，最后形成以大窣堵坡为中心，外绕栏楯、塔门和绕塔行道的圆形平面格局（图 9.4.1）。

大约在公元 1 世纪末期古印度北天竺犍陀罗地区产生了佛像[6]，为安置这些佛像，环绕大窣堵坡建造了许多内置佛像的小龛式佛殿或雕塑佛像的小窣堵坡，大窣堵坡与佛殿或小窣堵坡之间为绕塔行道，形成以大窣堵坡为中心，类似于"聚落式"塔寺的圆形平面格局。如古印度北天竺的塔克西拉达摩拉吉卡（Dhar mara-jika）

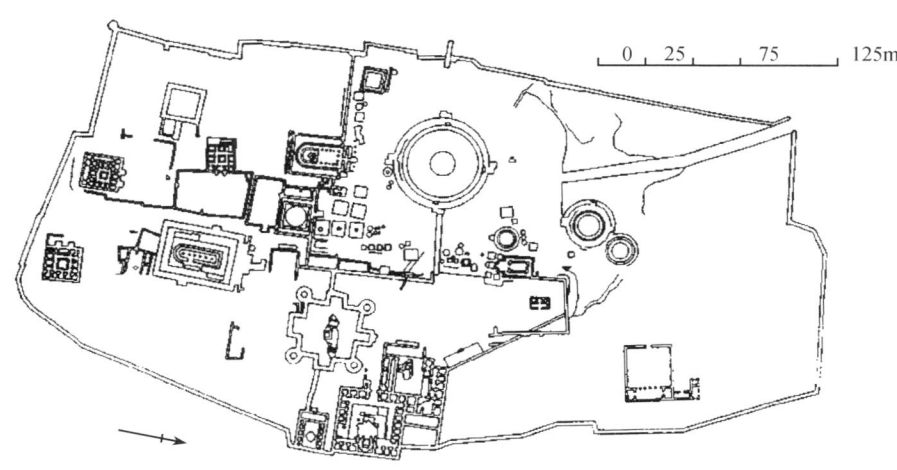
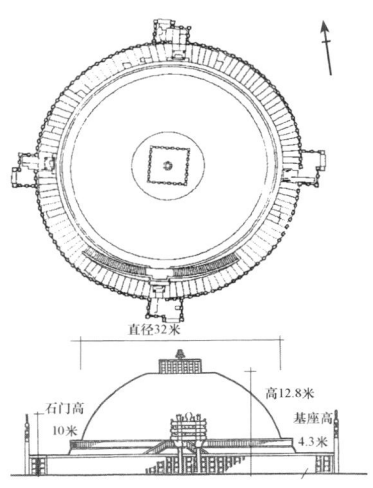

图 9.4.1 桑奇（Sanchi）佛塔总平面；平面、立面图
（采自《东方建筑》）

佛塔，位于犍陀罗地区，今巴基斯坦首都伊斯兰堡西北约 50 公里处，建于大约公元 1 世纪的大窣堵坡，为圆形平面的石造覆钵塔，四面对应塔中心设台阶，公元 1～3 世纪陆续在塔周围建造许多小窣堵坡和小型佛殿，塔与小佛殿之间为绕塔行道，塔寺北侧有僧院，院内置讲经堂和僧房[7]（图 9.4.2）。

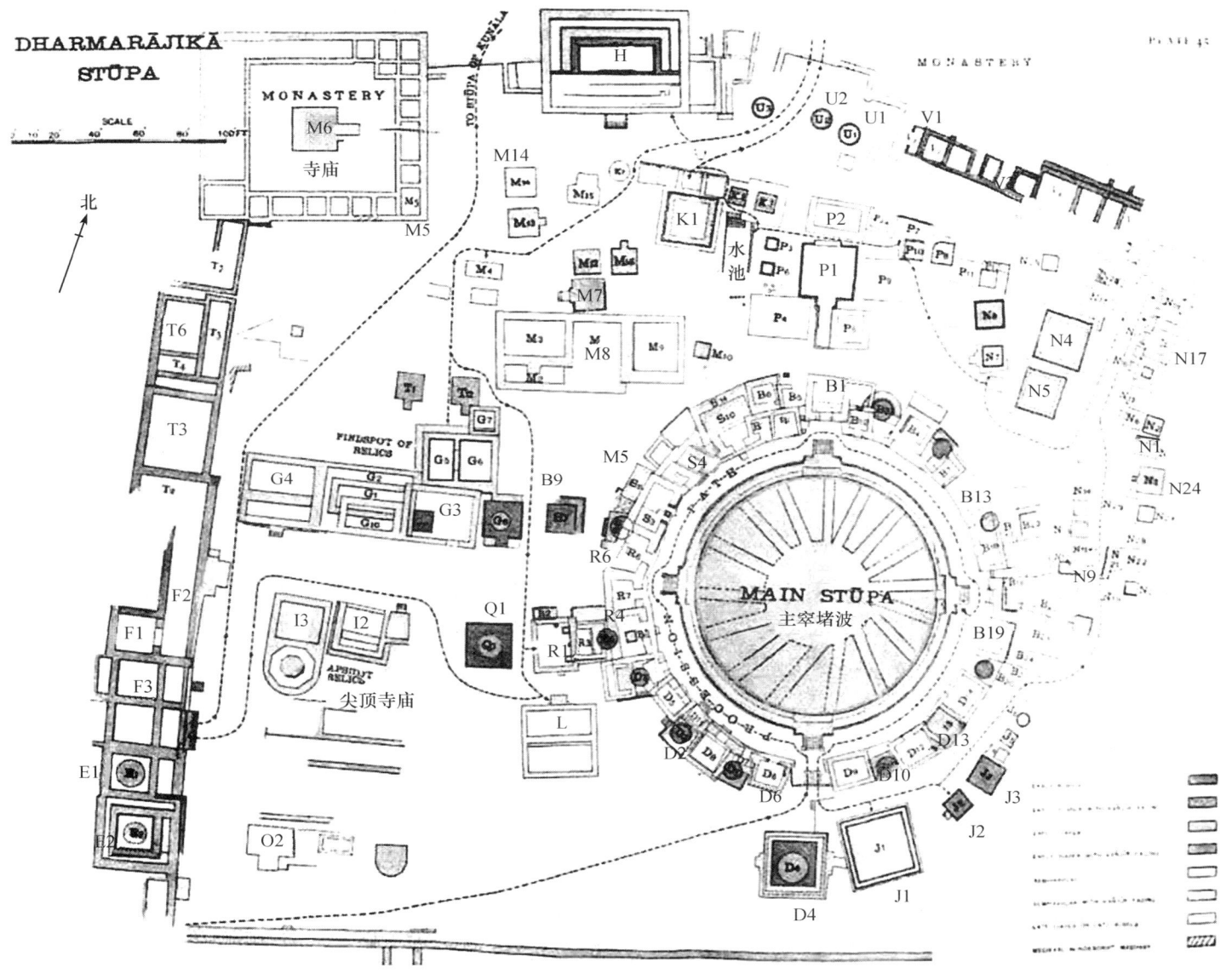

图 9.4.2 达摩拉吉卡（Dhar mara-jika）佛塔平面图
（采自《历史之城塔克西拉》）

在佛教进入古印度北天竺的犍陀罗地区后，佛寺逐渐发展出塔院和僧院两部分，塔院与僧院间往往有中庭相隔，塔院平面发展为方形，以大塔为中心，周围设许多小窣堵坡或小佛殿，或以围墙环绕[8]。塔与周围小佛

殿或外围墙间形成绕塔行道，上述这些寺院基本上是"前塔后寺"和"拓扑性"两种平面布局[9]，但塔院始终没有形成"前塔后堂"的平面格局。如犍陀罗塔夫提拜山岳寺院，建于2世纪，塔院平面方形，佛塔居院中央，四周建小型佛殿，北面正对塔门设塔院门（图9.4.3），这些具有方形平面格局的塔寺，是与当地建筑文化融合变革的结果。另外，《法显传·狮子国记游》载：师子国（斯里兰卡）"王城北迹上起大塔，高四十丈，金银庄校，众宝合成。塔边复起一僧伽蓝，名无畏山，有五千僧。起一佛殿，金银刻镂，悉以众宝。中有一青玉像，高一丈许，通身七宝炎光，威相严显，非言所载。……取贝多树子于佛殿旁种之，高可二十丈。……树下起精舍，中有坐像，道俗敬仰无倦。"[10] 从法显描述斯里兰卡的这座佛寺看，大塔与僧伽蓝即僧院的关系也是分别独立布置，僧院内有佛殿，此与古印度地区的窣堵坡佛寺格局基本相同。

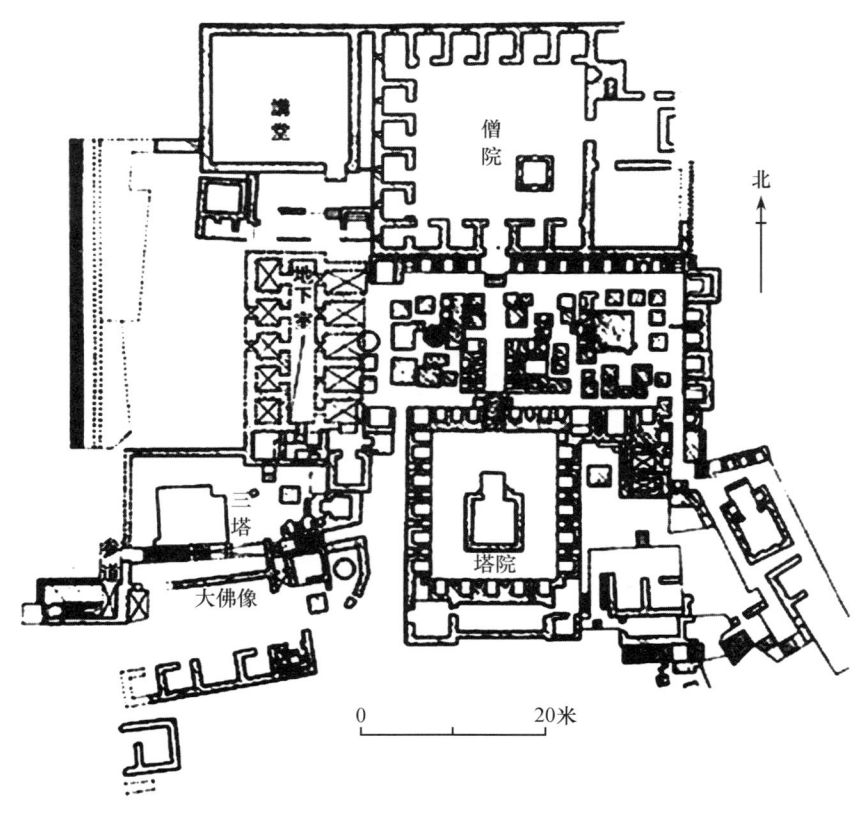

图9.4.3 塔夫提拜山岳寺院遗址平面
（采自《佛像的起源》）

上述古印度地区窣堵坡形成的塔寺格局，始于古印度原始的坟墓，由单独的窣堵坡变成"栏楯式"圆形平面塔寺，再到"聚落式"的圆形平面塔寺，最后形成方形平面的塔寺格局，并且僧院与塔院分别独立布置。率先传入我国西域的就是这种方形平面的塔寺格局，同时也可以看出古印度地区的塔寺自身也在发展变化，但最终也没有形成"前塔后殿（堂）"的封闭塔院平面格局。嵩岳寺塔院平面格局与其相比，除院中塔立，塔周围有绕塔行道外，其余均不相同，说明嵩岳寺塔院格局非完全延续窣堵坡佛寺。

二、嵩岳寺塔院与佛精舍佛寺及天祠格局的关系

古印度地区的佛精舍佛寺格局未见有建筑实例，仅能从文献和雕刻中佛精舍佛寺的形象分析。《法显传》载：祇洹精舍"东向开门户，两厢有二石柱，左柱上作轮形，右柱上作牛形。池流清净，林木尚茂，众华异色，蔚然可观，即所谓祇洹精舍也。……佛于是移住南边小精舍……祇洹精舍本有七层……祇洹精舍大援落有二门，一门东向，一门北向。此园即须达长者布金钱买地处也。精舍当中央，佛住此处最久。"[11]《大唐西域记》载："鹿野伽蓝，区界八分，连垣周堵，层轩重阁，丽穷规矩，……大垣中有精舍。"[12] 鹿野伽蓝即祇洹精舍，根据两书描述可知祇洹精舍为佛住的房子，其建筑形制应是源自古印度地区的高层住宅，结合书中其他佛精舍的格局，可知佛精舍周围设有绕塔行道，有些在外围建围墙或栏楯形成院落，佛精舍居院中布置，院内其他建筑与佛精舍没有固定统一的布置对应关系，并且佛精舍门和院落门多是东向。其形象见于印度巴特那近郊库木拉哈

尔出土浮雕石板上的佛精舍，佛精舍立于栏杆围成的方形平面中央，佛精舍前两侧立佛像，正前方设牌坊门，形成方形的栏楯式佛精舍佛寺格局（图9.4.4），此佛精舍也被认为是佛陀伽耶大塔的雕刻模型[13]。

古印度地区的天祠建筑格局，如布瓦内斯瓦尔梵天主神庙，为一处平面矩形的合院建筑群，院落中央布置天祠，对应天祠四角布置"悉卡罗"，周围设带有曼荼罗特征的围墙，天祠正面和侧面围墙中间各设一院门[14]（图9.4.5）。

上述古印度地区佛精舍和天祠格局的基本特征，均是院中立主体建筑，四周设围墙或栏杆，佛精舍门多东向开设，天祠四角布置"悉卡罗"等。其与嵩岳寺塔院南端设正门，塔后建佛堂（殿），正对塔"十字"轴线上布置建筑物形成的封闭合院格局，均不相同。

总之，古印度地区的窣堵坡佛寺、佛精舍佛寺、天祠等建筑的院落平面格局，如塔院与僧院分开设置、佛塔居于塔院中央等，与嵩岳寺塔

图9.4.4 巴特那近郊库木拉哈尔出土石板上的佛精舍
（采自《佛教石窟考古》）

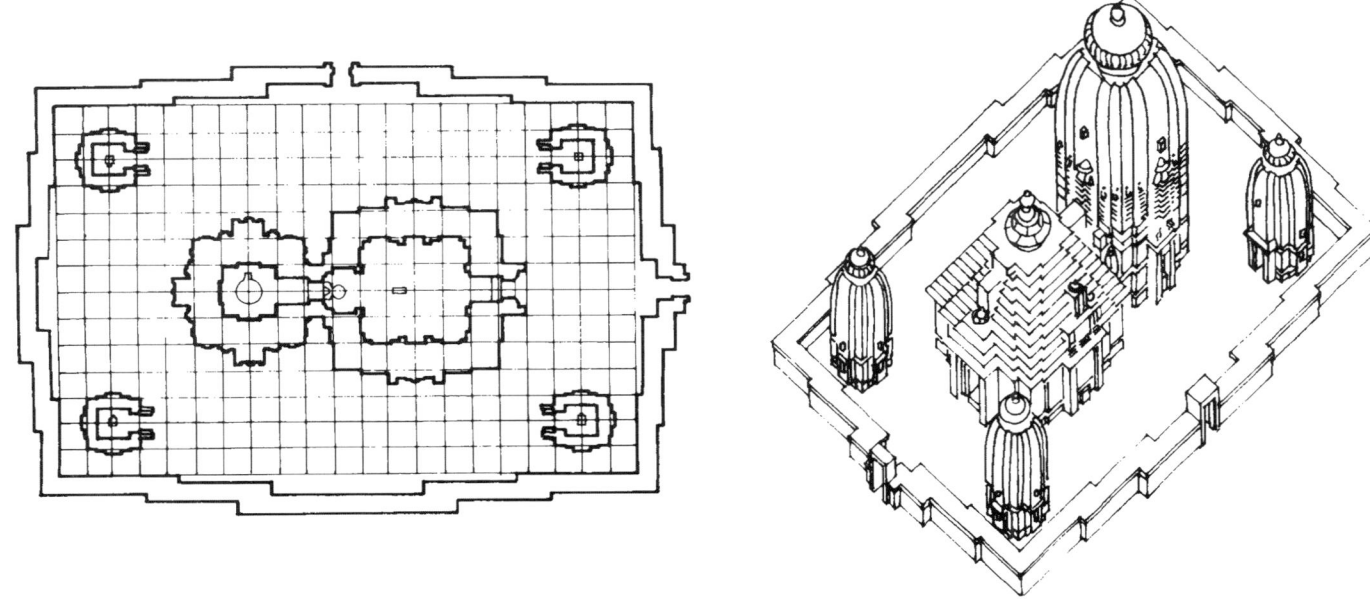

图9.4.5 布瓦内斯瓦尔梵天主神庙
（采自《东方建筑》）

院的平面格局有诸多相似之处，说明嵩岳寺塔院同塔的概念一样，可能是源自古印度的塔寺，或是受其影响。但与嵩岳寺塔四向开门，前塔后殿（堂），"十字"轴线上布置其他建筑物，塔南开塔院正门等特征相比均不相同。在单体建筑上，佛精舍和天祠建筑本体并非独立的单体建筑，而是"前厅后塔"的组合建筑，多是正面或前后开门，与嵩岳寺塔也不尽相同，并且古印度和中亚地区塔寺内还有一个独特的"阿育王"石柱，是我国塔院内所没有的。因此，嵩岳寺塔院的平面格局概念可能是导源于古印度地区的塔寺，或是受其影响，并非是完全继承。

参 考 文 献

[1]（东晋）佚名. 菩萨本行经[M]. 中华大藏经：第二二册. 北京：中华书局. 1987.

[2] 陈志华著. 外国建筑史（19世纪末叶以前）[M]. 北京：中国建筑工业出版社. 1997：278.

[3] 常青著. 西域文明与华夏建筑的变迁[M]. 长沙：湖南教育出版社. 1987：47.

[4] 萧默著. 嵩岳寺塔渊源考辨——兼谈嵩岳寺塔建造年代[J]. 建筑学报. 1997（4）：49-53.

[5]（意）马里奥·布萨利著，单军、赵炎译. 东方建筑[M]. 北京：中国建筑工业出版社. 1999.

[6] 高田修著，高桥宣治、杨美莉译. 佛像的起源（下）[M]. 台北：华宇出版社. 1986（佛历2529）：571.

[7] 邹飞. 塔西克拉佛教遗址发掘历程述论[J]. 敦煌学辑刊. 2017（3）：178-188.

[8] 贾应逸. 印度到中国新疆的佛教艺术[M]. 兰州：甘肃教育出版社. 2002：116.
[9] 艾斯卡尔·模拉克、乌布里·买买提艾力. 丝绸之路新疆段佛塔特征研究[J]. 学术论文专刊. 2015增刊：78.
[10] （东晋）释法显撰，章巽校注. 法显传校注[M]. 上海：上海古籍出版社. 1985：150、151.
[11] （东晋）释法显撰，章巽校注. 法显传校注[M]：拘萨罗国舍卫城. 上海：上海古籍出版社. 1985：72、73.
[12] （唐）玄奘、辩机原著，季羡林等校注. 大唐西域记校注[M]. 卷第七鹿野伽蓝. 北京：中华书局. 1985：561.
[13] 杨鸿勋. 唐长安慈恩寺大雁塔原状探讨[C]. 文物建筑（第1辑）. 北京：科学出版社. 2007：52-58.
[14] 萧默著. 天竺建筑行记[M]. 北京：生活·读书·新知三联书店. 2007：131.

第五节　嵩岳寺塔院与我国西域古国和汉地早期塔寺格局的关系

一、嵩岳寺塔院与我国西域古国塔寺格局的关系

古印度犍陀罗地区在佛教传入我国西域古国时，为古印度北天竺的佛教中心，公元70年犍陀罗人世友尊者在这里组织了佛典第四次结集，此地也是佛教传入我国西域古国和汉地的主要发源地。自西汉·张骞开通古丝绸之路后，这里就成为了中西精神、物质文化交流的重镇，东与我国西域古国接壤。公元1世纪中叶，我国祁连至敦煌一带的大月氏后裔在这里建立了贵霜王朝，时正值佛教初传我汉地的时期，到我国汉地传教的安姓、支姓、康姓等僧人，均是来自贵霜王朝影响下的地区[1]，如西晋怀帝永嘉四年（310）来洛阳传法的竺佛图澄，也是从小在此地区的乌苌国和罽宾学法并得道[2]，北魏时期的道人统师贤也来自罽宾等等，对我国西晋至南北朝时期的佛教文化影响甚大，也正是此地的僧人陆续的将佛教和塔寺文化通过我国西域古国传入了汉地。

佛教通过古丝绸之路经我国西域古国传入汉地有两条路线，南道以于阗古国为中心，北道以龟兹古国为中心，这两个地区的塔寺最具我国西域古国的代表性。区域内遗留下来的早期佛寺多为封闭的方形合院，多由塔院和僧院组成，塔院在前僧院在后，分开独立设置，塔院和正门开设方位不固定，佛塔居于塔院中心，四周建有小佛殿、围墙或回廊式双围墙，塔与殿或围墙之间是绕塔行道，围墙上开院门，部分塔后建有佛殿（堂）的格局。这种"前塔院后僧院"，塔立院中，周围建小佛殿、围墙的平面格局，是源自贵霜的佛寺建筑[3]。其佛塔基座多为方形，上部为圆形或方形塔体，有明确的"十"字正交轴线，塔与院门、佛殿（堂）等建筑之间多没有严格的对应关系。如于阗（和阗）地区的热瓦克佛寺遗址，位于新疆和田地区洛浦县城西北50公里的沙漠中，佛寺塔院平面方形，中心为露天大塔，塔基座方形、双层、四面设台阶，四周设双层围墙形成回廊，内墙内、外雕饰佛像和壁画，南墙中间辟院门，壁画和出土文物时代为公元3～4世纪[4]（图9.5.1）。龟兹脱库孜萨来佛教建筑遗址，位于脱库孜萨来山南部的山脚下，建于公元3～4世纪左右，佛寺平面方形，由塔院、僧院、佛殿等组成，塔院中心为大型佛塔，四周配置小佛殿，塔院外北侧建一座大型佛殿，佛殿后是僧院[5]（图9.5.2）。苏巴什佛寺东寺遗址3号建筑群，位于新疆库车县城东北却勒塔格山南麓，塔院平面呈长方形，正中建佛塔，四周有小佛殿和围墙，西围墙内壁开元佛龛[6]（图9.5.3）等等。另外，东晋法显翻译的《摩诃僧祇律》载："塔法者……下基四方，周匝栏楯，圆起二重，方牙四出，上施槃盖，

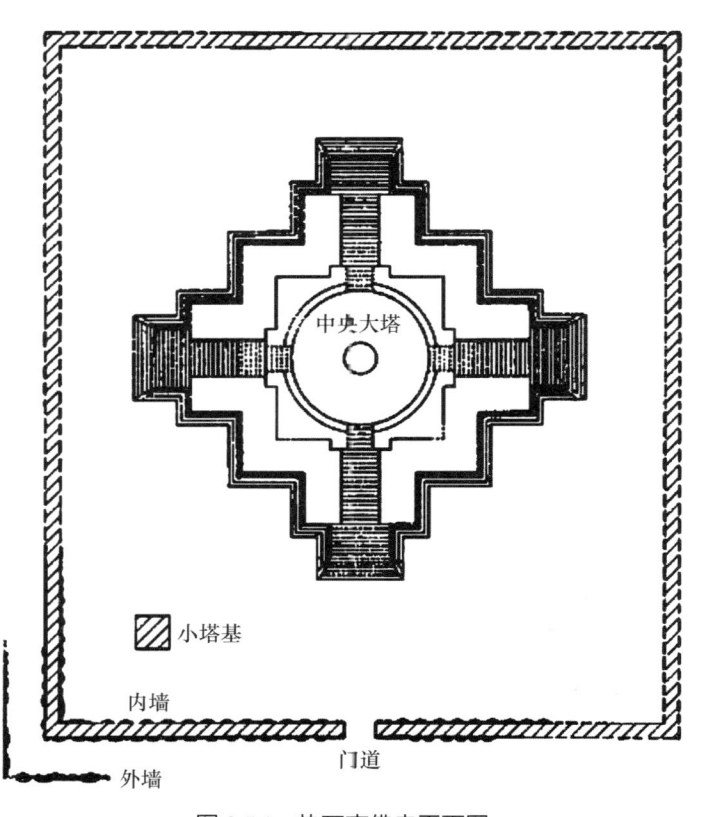

图9.5.1　热瓦克佛寺平面图
（采自《考古》2010年第11期）

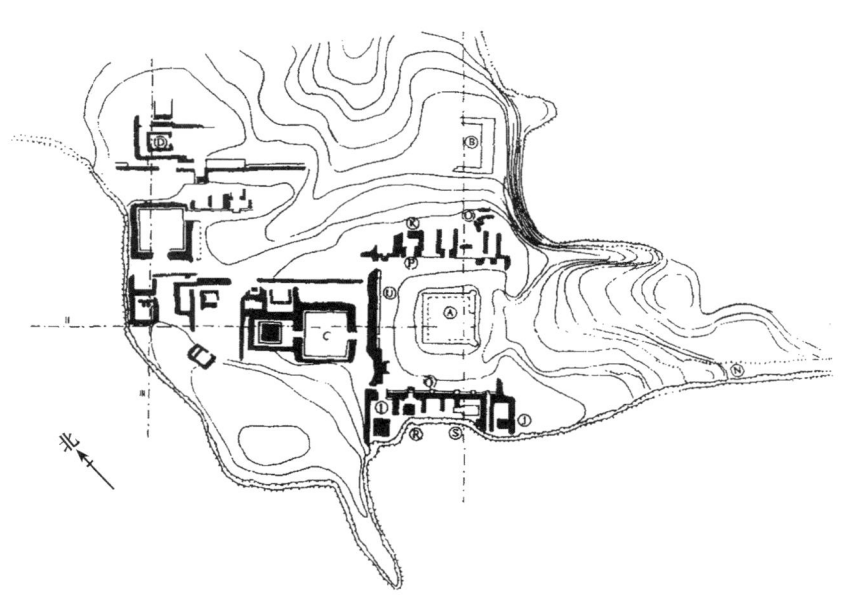

图 9.5.2 脱库孜萨来佛寺遗址平面图
（采自《图木秀克》）

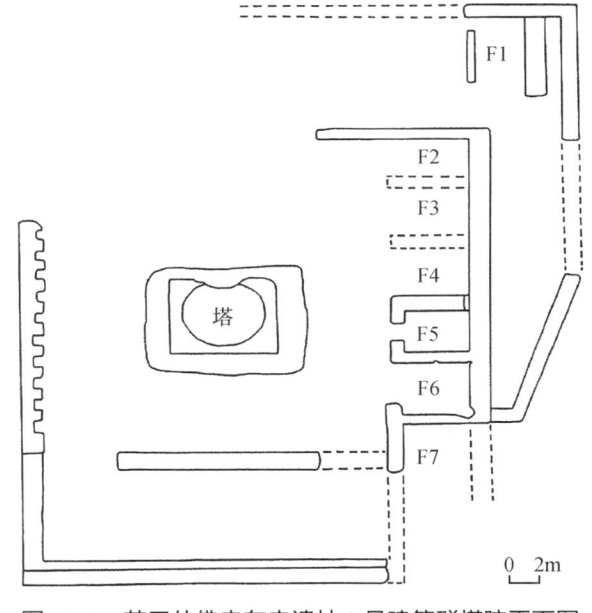

图 9.5.3 苏巴什佛寺东寺遗址 3 号建筑群塔院平面图
（采自《龟兹地区的佛塔及相关问题研究》）

长表轮相。……塔事者，起僧伽蓝时，先预度好地作塔处，塔不得在南，不得在西，应在东，应在北。不得僧地侵佛地，佛地不得侵僧地。若塔近死尸林，若狗食残持来污地，应作垣墙。应在西若南作僧坊，不得使僧地水流入佛地，佛地水得流入僧地。塔应在高显处作。"[7] 其规定的佛塔形制和塔院、僧院格局，多与我国西域古国和犍陀罗地区的塔寺格局相似，说明我国西域古国的佛塔、塔寺制度同古印度犍陀罗地区的塔寺有很深的渊源。

除上述我国西域古国塔寺的实例外，文献中还记载了古于阗国的王新寺，其佛寺平面格局是"前塔后殿"，塔院和僧院分别独立设置，是目前查知唯一一座与嵩岳寺及塔院格局基本相同的我国西域古国佛寺。《法显传》载："城西七八里有僧伽蓝，名王新寺，作来八十年，经三王方成，可高二十五丈……塔后作佛堂，庄严妙好，梁柱、户扇、窗牖，皆以金薄。别作僧房，亦严丽整饰，非言可尽。"[8] 此寺经古于阗国三代国王建成，属于大乘佛教的皇家寺院，根据法显等人的西域行程，到达古于阗的时间应在东晋隆安五年（401）四月，说明在401年以前我国西域古国就有在佛塔后建佛堂的塔院格局。《汉书·西域传》载："于阗之属，数遣使置质于汉，愿请属都护。"[9] 可知古于阗国在西汉时已归属汉朝管辖，汉地文化早已到达这里。古于阗国王新寺在塔后建佛堂的平面格局，与古印度犍陀罗地区和我国西域古国的其他塔寺格局不同，应是受到了当时汉地塔寺的影响。

总之，我国西域古国早期的塔寺格局，多同古印度犍陀罗地区方形平面的塔寺相似，这种塔寺格局应是率先传入我国西域古国的类型，并影响至深。另一方面也说明我国西域古国的塔寺格局源于犍陀罗地区，并结合当地的建筑形制形成了当地的特点。与嵩岳寺塔院格局相比，除方形寺院中央立塔，周围有绕塔行道外，寺院的坐落方位和院门开设位置，以及大塔四周建小佛殿或双层围墙等，均有一定的差别。

二、嵩岳寺塔院与我国汉地早期塔寺格局的关系

我国汉地北魏以前的塔寺建筑实例目前尚未发现，其格局仅能参考历史文献记载和出土文物、雕刻绘画上的塔寺形象等予以窥探。汉代的塔寺格局，如《洛阳伽蓝记》载："白马寺，汉明帝所立也。佛教入中国之始。……浮图前柰林蒲萄异于余处。[10]" 可知建于东汉永平十一年（68）的白马寺是我国最早的塔寺，寺内有园林；但关于白马寺是否为我国汉地建造的第一座塔寺问题，部分学者也有不同意见。《魏书·释老志》载："自洛中构白马寺，盛饰佛图，画迹甚妙，为四方式。凡宫塔制度，犹依天竺旧状而重构之，从一级至三、五、七、九。"[11]《法苑珠林》载："白马寺，壁画千乘万骑，绕塔三匝之像，如诸传备载。……汉永平十四年（71）正月一日……白马寺南门立三坛。"[12] 从上述文献中所说白马寺是按照天竺塔寺制度建造，寺院有南门、塔、园林，以及塔上有绕塔三匝的佛像龛看，应是一座院中立窣堵坡，周围有绕塔行道的封闭式塔院，其形制格局犹如古印度、我国西域古国地区或《摩诃僧祇律》中的方形窣堵坡塔院。《后汉书·襄楷传》载："延熹九年（166），楷自家诣阙上疏曰：'……又闻宫中立黄、老、浮屠之祠。'"[13] 东汉·桓帝将佛陀、黄帝、老子同时立祠祭祀，可知佛教初入汉地

时，佛陀被汉代上层社会人物认为是神仙或圣人，其浮图祠采取的可能是我国礼制类建筑的平面格局模式。三国时期的塔寺，如《三国志·刘繇传》记载东汉末期"笮融信仰佛教……大起浮图祠，以铜为人，黄金涂身，衣以锦采，垂铜槃九重，下为重楼阁道，可容三千余人。"[14]这座创建于东汉末期的浮屠祠下为重楼阁道，其内能容三千人，应是一座以佛塔为中心的封闭塔寺。如按《后汉书·陶谦传》载："下为重楼，又堂阁周回。"[15]的描述，其浮屠祠应是如河南灵宝县张湾汉墓出土陶楼模型的院落格局，方形塔院中央立四面开门的两层楼，四周围墙四角上设角楼等[16]（图9.5.4）；以及甘肃武威市雷台东汉墓出土坞堡陶楼院落格局，院落平面长方形，院中立五层楼，正面建三层楼阁式大门，四周院墙四角上设二层角楼，角楼二层及大门三层间用阁道相连，院内正中用隔墙分隔成一、二进院，一进院又内分一个大院和两个小院[17]（图9.5.5），其明显是借鉴了我国传统礼制建筑的形制和院落格局。东汉时期我国汉地的寺院记载甚少，诸文献记载除上述白马寺、恒帝和笮融立的浮图祠外，仅记有少数如汉明帝所造大孚灵鹫寺[18]和一些佛教活动遗迹等，说明东汉佛寺并不多，且塔寺格局有犍陀罗地区塔寺和我国传统礼制建筑院落两种格局。此时期塔寺格局的实际形象，见于湖北襄樊樊城菜越东汉中晚期或是三国早期墓出土的塔寺院落，为一进合院，佛塔居院中央，塔前建院门，其余三面设外围墙[19]（图9.5.6），此塔院为我国传统祠堂类合院建筑格局。早期塔寺经在我国发展后，选用我国传统礼制建筑的格局模式，是因两者的平面主体格局相同，均是主体建筑居院中，主体建筑与院墙间或周围阁道可作为绕塔通道，其实这些塔院平面的形成均是为显现佛塔的高大形象和满足绕塔礼拜的空间要求。刘敦桢先生说"外来的佛教建筑到了中国以后，很快地被传统的民族形式所融亿，创造出中国佛教建筑的形式。这种平面方形，四面开门，中央建主体建筑的布局方法，是从印度的佛寺得到启示，同时结合汉以来的礼制建筑而发展起来的。"[20]但从上述汉代塔院格局看，可能在东汉末期还没有形成"前塔后殿"的塔院格局，与嵩岳寺塔院格局仍有不同之处。

图9.5.4 河南灵宝县张湾汉墓出土陶楼模型
（采自《文物》1975年第1期）

图9.5.5 甘肃武威市雷台东汉墓出土坞堡陶楼模型

图9.5.6 湖北襄樊樊城菜越出土的塔寺模型
（采自《文物》2010年第9期）

至曹魏·明帝青龙三年（235）时洛阳都城有三座佛寺，还有一座寺院因在皇宫西侧道路西，距宫中太近，被魏明帝迁建，据《魏书·释老志》载："魏明帝曾欲坏宫西佛图。外国沙门乃金盘盛水，置于殿前，以佛舍利投之于水，乃有五色光起，于是帝叹曰：'自非灵异，安得尔乎？'遂徙于道东，为作周阁百间。"[21]《法苑珠林·舍利篇感应缘》载："魏明帝洛城中本有三寺。其一在宫之西。每系舍利在幡刹之上。辄斥见宫内。帝患之将毁除坏。时有外国沙门居寺，乃赍金盘盛水，水贮舍利，五色光明腾焰不息。帝见叹曰：'非夫神效安得尔乎。'乃于道东造周间百间，名为官佛图精舍。"[22]两本文献记载这座曹魏官佛图精舍情况基本相同，可知此佛寺内已有佛塔和大殿，迁建后的佛寺是围绕佛塔有"周间百间"，其形制格局基本同笮融所立浮图祠，但未知其佛殿与佛塔的前后位置关系。如从早期佛塔在佛寺中重要地位，以及北魏时塔寺中佛塔与佛殿的位置关系看，这座官佛图精舍可能就是我国历史文献中记载的最早"前塔后殿"格局。佛教在汉世，是因上流社会好黄老之术，才兼及浮屠[23]，虽东汉以来"汉人皆不得出家。魏承汉制，亦循前规"[24]，但文献记载汉地在曹魏甘露五年（260）我国历史上第一位汉族僧人朱士行出家[25]，并西行取经求法。佛教初入汉地时佛寺内只是西域僧人，塔寺格局是按照天竺塔寺的制度建造，或信徒选用我国类似格局的传统礼制建筑建造，随着汉人出家，将我国祭祀神仙或圣人的方式也带进了佛教，并且僧人逐渐增多，佛寺除要满足绕塔礼拜的主要原始功能外，也要满足我国传统祭祀礼拜习惯和僧人诵经，因之塔院格局也发生了变化，便在塔后出现了我国内置神像的传统祠堂功能型建筑，即佛殿（堂）。

西晋时期政治黑暗，战乱频繁，社会极不安定，上层人士和下层群众均人心不安，此时大乘佛教为使人们得到心灵安慰和寄托，大乘般诺学说依附于魏晋玄学发展，受到了上层士大夫重视[26]，随之建造佛寺增多。西晋末期永嘉年间（307~312），当时佛教中心洛阳城中已有四十二所佛寺[27]，至北魏时期这四十二座佛寺仅剩石塔寺中的石塔，这座西晋的石塔寺原有寺门、三层石浮图、浴池、井、咸池、花圃等[28]，从《摩诃僧祇律》规定佛寺中有佛塔、塔园林、塔池即浴池等内容看，这座佛寺制度似同白马寺，可能是一座具有犍陀罗地区佛寺特点的寺院。自西晋·世祖武皇帝司马炎（236~290年）以来，也多见有皇家立塔建寺的情况[29]，但这些皇家寺院的平面格局均不详。在西晋泰康年间（280~298），仍然禁止晋人出家为僧，信徒只能私下里在住宅中建立精舍，据《法苑珠林》载："晋抵世常，中山人也，家道殷富。太康中（280~298）禁晋人作沙门。世常奉法精进，潜于宅中起立精舍，供养沙门。"[30]说明我国西晋开始出现"舍宅为寺"的佛寺，其平面格局应是我国传统宅第的格局，如在院中立塔便是"前塔后堂"的格局。

北方十六国时期的佛寺多是僧人依靠官方建立，佛寺具有官方色彩是十六国的普遍特征，仅后赵石勒时佛图澄所立便有893所佛寺，亦有国家供养的大寺[31]，目前这些佛寺格局均不太清楚。至东晋时期佛寺继后赵逐渐发展起来，僧人建造了大量的寺院，如《高僧传·竺法汰传》载："东晋兴宁（363~365）中，沙门慧力启乞为寺，止有堂塔而已。及汰居之，更拓房宇，修立众业，又起重门，以可地势。"[32]同书《慧力传》载："至晋兴宁（363~365）中启乞陶处以为瓦官寺。初标塔基，是今塔之西。每夕标辄东移十余步，旦取还，已复随徙，潜共伺之，见一人着朱衣武冠，拔标置东方，仍于其处起塔，今之塔处是也。记者云：'寺立后三十年，当为天火所烧。至晋孝武太元二十一年（396）七月夜，自然火起。寺僧数十，都无知者，明旦见塔已成灰聚。'"[33]可知释慧力在东晋兴宁年间（363~365）建造的瓦官寺，寺中建有木构佛塔、佛堂、大门，至太和六年（371）竺法汰又增建二重门和僧房。此时期也有先建佛殿后立塔的塔寺，并且明确是"前塔后殿"的格局，如江陵东、西二寺，在东晋太元八年（383）先建造十三间大殿，约在南朝宋元嘉十六年（439）时又于殿前造。《法苑珠林》载："昔符坚伐晋……时桓仲为荆牧，邀翼法度江造东寺，安长沙寺僧，西寺安四层寺僧。……西东二寺因旧广立……大殿一十三间……即弥天释道安，使弟子翼法师之所造也。……殿前塔，宋谯王义季所造。"[34]以上塔寺格局显示北魏早期已明确是"前塔后殿"的格局。此后出现大量"舍宅为寺"院中立塔的佛寺，是与大乘佛教"出世教理"思想得到发挥有关，其教理既接受小乘佛教注重个人修行的"行"，也重视普世的"知"和"诵"，对佛教和佛教徒修行产生了重大的影响[35]，将本来僧人以祭祀、崇敬、供养佛为主的立塔建寺信仰活动，融入了普通人祷告上天保佑，为先人追福、自己积福的功德活动，致使东晋十六国时期"舍宅为寺"大量增加。随着宅院中立塔增多，"前塔后殿"的塔院格局也逐渐成为常用格局。

北魏天兴元年（398）道武皇帝始建的第一座佛寺，就应是"前塔后殿"的塔院，并且塔院和僧人自用建筑分别独立设置。《魏书·释老志》载：天兴元年"始作五级佛图、耆阇崛山及须弥山殿，加以缋饰。别构讲堂、禅堂及沙门座，莫不严具焉。"[36]其实北魏时期仍有按照"天竺旧状"建造的塔寺，如云冈石窟窟顶西区北魏的佛教寺院，即是塔院中央立方形佛塔，四周建成排的小佛殿，形成封闭的方形塔院，其塔寺格局与古印度、中亚地区和我国西域古国的塔寺格局基本相同[37]（图9.5.7）。

虽《魏书·释老志》中记载我国汉地早期的佛寺是按照天竺旧状营造，并且世人相承，实际上我国早期大部分的塔寺格局与其已有很大差别，可能在佛教传入汉地的一段时期内，或部分有特殊要求的是按照古印度地区或我国西域古国塔寺形制格局营造，随着佛教汉化、礼佛方式的改变，逐步变革融入到了我国的传统建筑格局中，并且是在我国与之相似的传统建筑格局上发展起来的，我国塔寺"前塔后殿"的平面格局应是在曹魏时期奠定了基础。因此我国塔寺的平面格局模式，如说是延袭或借鉴古印度地区或我国西域古国"立塔成寺"的佛教寺院平面格局，不如说是其为适应我国佛教的实际发展需要，主动选择了我国与之相似的传统建筑格局，又进一步革新发展

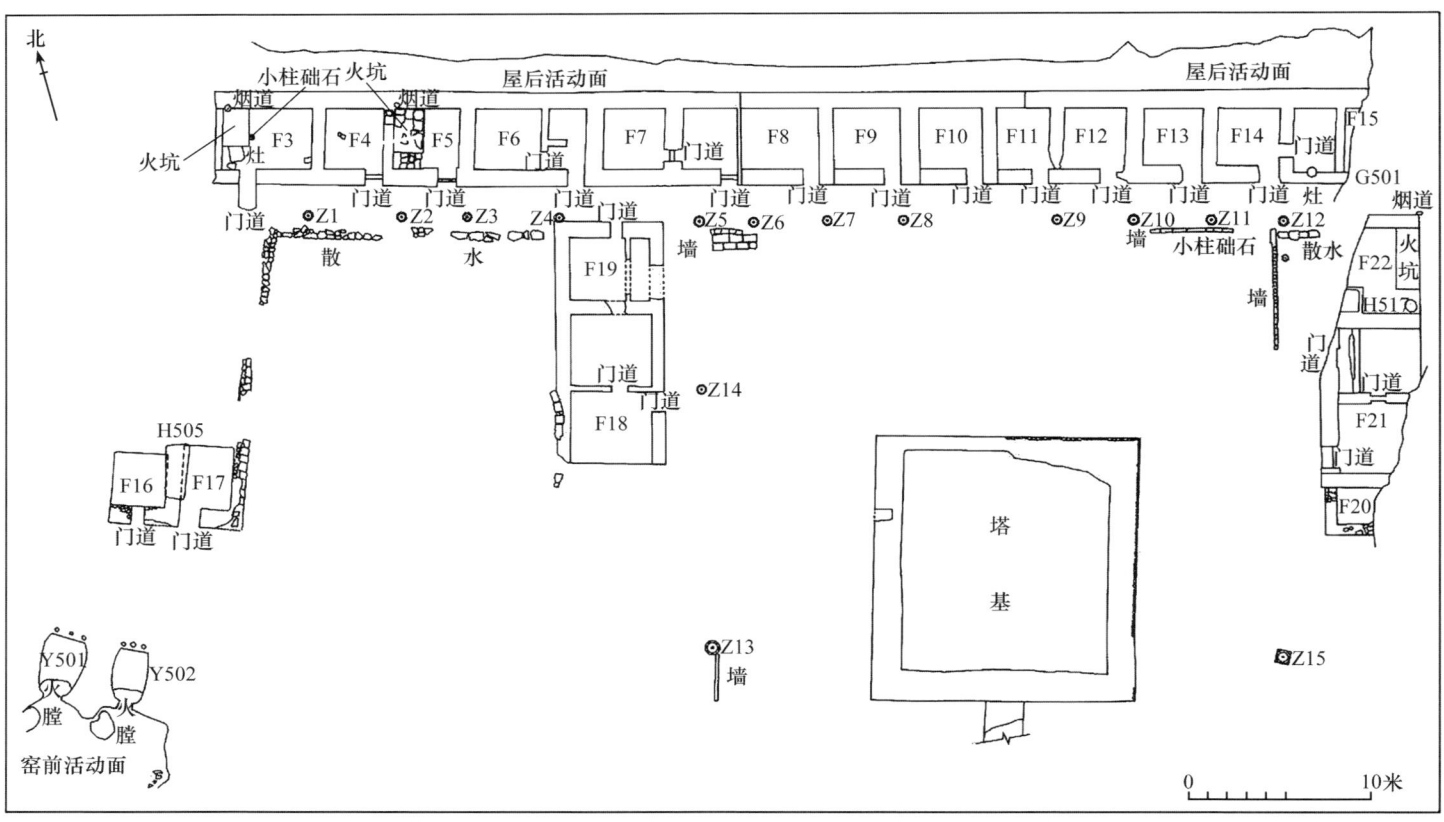

图 9.5.7　云冈石窟窟顶西区北魏的佛教寺院平面
（采自《考古学报》2016 年第 4 期）
（Z1 至 Z15 为柱础石）

而形成，并且"前塔后殿"的格局一直延续到南北朝末期。另一方面，这些早期僧人建造和"舍宅为寺"的佛寺，与北魏皇家营造的嵩岳寺塔院相比，在佛塔"十字"正交轴线的四个方向上布置建筑物的格局，仍有一定的差别。

参 考 文 献

[1]　常青著. 西域文明与华夏建筑的变迁 [M]. 长沙：湖南教育出版社. 1987：40.

[2]　（梁）释慧皎撰，汤用彤校注，汤一玄整理. 高僧传 [M]：卷第九. 北京：中华书局. 1992：345-357.

[3]　艾斯卡尔·模拉克、乌布里·买买提艾力. 丝绸之路新疆段佛塔特征研究 [J]. 学术论文专刊. 2015 增刊：78.

[4]　陈晓露. 西域回字形佛寺源流考 [J]. 考古. 2010（11）：79-89.

[5]　贾应逸、祁小山. 印度到中国新疆的佛教艺术 [M]. 兰州：甘肃教育出版社. 2002：237.

[6]　李梦阳. 龟兹地区的佛塔及相关问题研究 [D]. 西北大学. 2012：7-8.

[7]　（东晋）佛陀跋陀罗、法显译. 摩诃僧祇律 [M]. 重庆市北碚图书馆. 明崇祯十四年（1641）写本影印版.

[8]　（东晋）释法显撰，章巽校注. 法显传校注 [M]. 上海：上海古籍出版社. 1985：14.

[9]　（汉）班固撰，（唐）颜师古注. 汉书 [M]：卷九十六下. 北京：中华书局. 1999：2894.

[10]　尚荣译注. 洛阳伽蓝记 [M]：卷四. 北京：中华书局. 2012：278.

[11]　（北齐）魏收撰. 魏书 [M]：卷一百五. 北京：中华书局. 1974：3025、2029.

[12]　（唐）释道世撰，周叔迦、苏晋仁校注. 法苑珠林 [M]：卷十三. 北京：中华书局. 2003：453.

[13]　（宋）范晔撰，（唐）李贤等注. 后汉书 [M]：卷三十下. 北京：中华书局. 1999：727.

[14]　（晋）陈寿撰，（宋）裴松之注. 三国志 [M]：卷四十九. 北京：中华书局. 1999.

[15]　（宋）范晔撰，（唐）李贤等注. 后汉书 [M]：卷七十三. 北京：中华书局. 1999：1599.

[16]　河南省博物馆. 灵宝张湾汉墓 [J]. 文物. 1975（11）：75-86.

[17]　甘博文. 甘肃武威雷台东汉墓清理简报 [J]. 文物. 1972（2）：16-19.

[18]　（唐）释道世撰，周叔迦、苏晋仁校注. 法苑珠林校注 [M]. 2003：1250.

[19]　襄樊市文物考古研究所. 湖北襄樊樊城菜越三国墓发掘简报 [J]. 文物. 2010（9）：4-20.

[20]　刘敦桢. 中国古代建筑史 [M]. 北京：中国建筑工业出版社. 1984：90.

[21]（北齐）魏收撰. 魏书［M］：卷一百一十四. 北京：中华书局. 1974：3029.
[22]（唐）释道世撰，周叔迦、苏晋仁校注. 法苑珠林校注［M］：卷四十. 北京：中华书局. 2003：1268.
[23] 汤用彤著. 汉魏两晋南北朝佛教史［M］. 北京：中华书局. 1963：120.
[24] 汤用彤著. 汉魏两晋南北朝佛教史［M］. 北京：中华书局. 1963：18.
[25]（梁）释僧祐撰. 出三藏记集［M］：序卷第七. 中华大藏经：第五三册. 北京：中华书局. 1992：53-924.
[26] 任继愈主编. 中国佛教史［M］：第二册. 北京：中国社会科学出版社. 1985：22.
[27]（北齐）魏收撰. 魏书［M］：卷一百一十四释老志. 北京：中华书局. 1974：3029.
[28] 尚荣译注. 洛阳伽蓝记［M］：卷第四城西. 北京：中华书局. 2012：281.
[29] 唐·释道世撰，周叔迦、苏晋仁校注. 法苑珠林校注［M］：卷一百. 北京：中华书局. 2003：2889-2892.
[30] 唐·释道世撰，周叔迦、苏晋仁校注. 法苑珠林校注［M］：卷二十八. 北京：中华书局. 2003：869.
[31] 傅熹年著. 中国古代建筑史［M］：第二卷. 北京：中国建筑工业出版社. 2001：158.
[32]（梁）慧皎撰，汤用彤校注. 高僧传［M］：卷第五，北京：中华书局. 1992：193.
[33]（梁）慧皎撰，汤用彤校注. 高僧传［M］：卷第十三释，北京：中华书局. 1992：480.
[34] 唐·释道世撰，周叔迦、苏晋仁校注. 法苑珠林校注［M］. 北京：中华书局. 2003：1257.
[35] 傅熹年著. 中国古代建筑史［M］：第二卷. 北京：中国建筑工业出版社. 2001：21.
[36]（北齐）魏收撰. 魏书［M］：卷一百一十四. 北京：中华书局. 1974：3030.
[37] 云冈石窟研究院、山西省考古研究所、大同市考古研究所. 云冈石窟窟顶西区北魏佛教寺院遗址［J］. 考古学报. 2016（4）：533-561.

第六节 嵩岳寺塔院格局的形成

中国的建筑体系是在世界各民族数千年文化史中一个独特的建筑体系，它是中华民族数千年来世代经验的累积所创造的，至迟在公元前十五世纪已经基本形成[1]。我国古代建筑群平面格局的形成，与其当时所在区域的礼制文化、政治经济、审美思想、技术材料、功能要求、习俗风尚、气候环境等都有很大关系，并且具有很强的延续性，即便是新功能有很强烈的要求，在我国这个汉化改造力极强的国度，也不可能严格按照既定的功能要求将传统的建筑格局全盘推翻，只可能根据新功能的需要，在我国固有的传统建筑中寻找与其相似的格局，作局部调整和优化，并融入其中。但也不排除有特殊或刻意要求下采用新格局，最终也会随着发展被汉化融合。如印度佛教的石窟建筑，早期对于我国汉代来说是一个全新的建筑形式，在进入汉地之初便在我国传统建筑的基础上对其进行了改革，或是在我国西域传播的过程中已受我国建筑的影响，其石窟内部空间在满足右绕礼佛功能的基础上，将其中心的印度窣堵坡大部分改成了具有我国传统建筑特色的塔柱，窟内分隔窣堵坡与绕塔行道的列柱消失，外部窟檐等建筑结构形制也全部汉化，仅保留了部分雕刻、图样等装饰部分。至北魏龙门石窟时不但建筑是中国体系的，就是雕刻佛像等等，也有强烈的汉代传统风格，当时澎湃的外来艺术影响并没有改变中国原有结构方法和分配规律[2]。不仅是石窟建筑有变化，在佛教入汉地之初，就将浮屠（佛）与黄老并提，同时拜祭，且寺亦称祠或庙，并将佛经附会汉学经典，佛礼世俗化[3]等等，都是根据我国古人的观念，将佛教事物借鉴、汉化融入我国传统文化的现象。所以佛教塔院的平面格局，也摆脱不了我国传统建筑文化的影响，其只能在我国人民喜欢的传统建筑格局的基础上优化，来满足功能空间的要求，才能在我国生存发展。

我国传统建筑院落的平面格局大致可分为三种类型。第一类是院落以"十"字正交轴线格局为主，平面方形，院落中心布置主体建筑，主体建筑轴线延长线上设置其他建筑，外作围墙或回廊，多用于皇家祭祀、礼制、墓葬等建筑。第二类是院落以单向轴线为主，一般为多进院，主体建筑坐落在中轴线上，早期周围设廊房，后期两侧设厢房，外作围墙，多用于宫殿、衙署、祠庙、宅第等建筑。第三类是院落没有统一的轴线，主房与其他建筑多不在同一轴线上，用于山居、园林或地形复杂区域的建筑。这些建筑及格局至迟从周代开始，就已经出现了等级差别，大到城市、建筑组群、院落，小到斗栱、脊饰、色彩等，都有严格的规定，逐渐成为了我国传统建筑礼制中的一种象征和标志。据《周礼·冬官·考工记》载："匠人营国……门阿之制，以为都城之制；宫隅之制，以为诸侯之城制；环涂，以为诸侯经涂；野涂，以为都经涂。"[4]等，规定诸侯的城以皇帝都城制度为标准，严格的降级后作为诸侯城的营造标准。《汉书·郊祀志》载："天子祭天下名山大川……五岳（泰、衡、华、恒、嵩）视同（天帝的）三公，四渎（长江、黄河、淮河、济水）视同（天帝的）诸侯；诸侯祭其疆内名山大川；大夫祭门、户、井、灶、中霤（中庭）五祭；士、庶人祖考而已。"[5]其将自然物也赋予了人格化、等级化，规定上至天子下至平民均有不同等级的祭祀规格，其目的实际是为了强化上层社会在人间的等级。更有汉代萧何在他主张建造未央宫时说"天子以四海为家，非令壮丽亡以重威，且亡令后世有以加也"[6]的言论，因此说明建筑艺术是可以作为统治者巩固政权的一种工具。我国的佛寺建筑自然也逃脱不了这种建筑等级制度的约束。

魏晋以来佛教为在我国汉地生存，基本是依附于魏晋玄学和我国传统文化发展，皇家和民众也将佛陀视为同黄老一样的神仙或圣人，虽十六国时期的后赵崇奉佛教，但此时的佛寺多是僧人依靠皇家或官方资助营造，塔寺也多是根据实际需要，在普通的礼制建筑或宅第建筑格局上发展，并没有严格的格局模式。至北魏时期皇家对玄学不大感兴趣，更注重追求想象中的今世和来世的利益，对佛教逐渐重视，多位帝王立塔建寺，积累"功德"[7]，特别是北魏宣武帝痴迷于佛教，带动了整个朝野对佛教的崇拜，大量的建造塔寺，并形成了相互攀比的社会风气，皇家为彰显权威地位，促使皇家佛寺在一定的格局上要区别于其他佛寺。文献中记载北魏塔寺多有三级、五级、七、九级的等级别差异，特别是像嵩岳寺这样的皇家佛寺建筑，应是北魏佛寺中的最高等级，亦是不可能如"舍宅为寺"一样随意营造。这一点在嵩岳寺塔同时期建造的北魏皇家佛寺洛阳永宁寺建筑上体现得更为明确，《洛阳伽蓝记》载："永宁寺，熙平元年灵太后胡氏所立也。……中有九层浮图一所……浮图北有佛殿一所，形如太极殿。……僧房楼观一千馀间……是以常景碑云：'须弥宝殿，兜率净宫，莫尚於斯也。'……寺院墙皆施短椽，以瓦覆之，若今宫墙也。四面各开一门。南门楼三重，通三阁道，去地二十丈，形制似今端门。……东、西两门亦皆如之，所可异者，唯楼二重。北门一道不施屋，似乌头门。"[8]其记载与洛阳永宁寺考古发掘报告显示的寺院格局基本一致。文中的端门是北魏皇宫的正门，进入皇宫的最后一道门，据北魏洛阳宫城考古发掘报告显示，端门为"开间七间，一门三道，三通道分别设在明间和两梢间三间"[9]，永宁寺南门与之基本相同，所以洛阳永宁寺的大门规格是参照北魏皇宫设置的，大殿形如北魏皇宫正殿太极殿，围墙也同宫墙，均说明永宁寺这些建筑是参照北魏皇宫的建筑形制规格、等级制度营造的。但因皇宫和佛寺的功能不同，平面格局也不尽相同，如永宁寺主体建筑佛塔四面开门，使塔院形成明确的以佛塔为中心的"十"字轴线，这种有明确"十"字轴线的院落，更像我国皇家礼制建筑和皇陵的平面布置格局。

释迦牟尼被我国古人视同神仙来敬拜，塔寺本是纪念、祭祀佛陀和礼佛、祈祷的场所。佛教初传汉地时，汉明帝就"令画工图佛像，置清凉台及显节陵上"[10]，"明帝崩，起祇洹於陵上"[11]，以及北魏孝文皇帝元宏在方山太祖营垒之处，建思远寺等等，都说明佛教建筑传入汉地后，便迅速与我国皇家祭祀、礼制、皇陵等建筑产生了密切的关系。在北魏这个世人攀比立塔建寺、"舍宅为寺"的时代，特别是宣武帝肆意妄佛，更是直接营造佛寺，为彰显皇家权威，皇家佛寺的规格等级与其他寺院相比自然也要有所区别。因此，只能借鉴与塔寺有类似格局，只有皇家才能拥有的礼制建筑来营造。如我国早期的皇家礼制建筑西汉长安明堂，"外有方形宫垣，四面辟门，宫垣内四隅有曲尺形配房，中庭地坪整个抬高，呈大台状，中央又筑圆形地基，布置一个四面朝向的高台建筑"[12]（图9.6.1）。汉魏洛阳城南的东汉灵台"院落平面方形，中央建主体建筑，四周设围墙（回廊），墙垣正中开门，正对主体建筑'十字'轴线"[13]（图9.6.2）。北魏平城明堂"院落平面为圆形，院中央建方形主体建筑，正对主体建筑轴线设四座建筑，接四座建筑作圆形围墙，最外围是环水渠，北魏平城明堂与灵台为一体"[14]等等（图9.6.3）。上述这些皇家礼制建筑的基本格局特点是方位坐北朝南，院落均为封闭的合院，平面为方形或圆形，主体建筑和院落均有明确的"十字"正交轴线，主体建筑居于院中央，正对主体建筑轴线四面设其他建筑物，四周外围墙（回廊）中建院门，设南门为正门，主体建筑与其他建筑或围墙、回廊之间有行走的空间，其与佛教要求的佛塔为宇宙中心和绕塔礼佛的空间要求相弥合。因此，这些礼制建筑的格局成为了皇家佛寺基本平面格局借鉴的主要原因，这也是北魏皇家塔寺与"舍宅为寺"等寺院的主要区别。

总之，嵩岳寺塔院平面格局与古印度、我国西域古国和汉地早期佛寺，以及我国皇家礼制建筑格局比较，可明显地发现嵩岳寺塔院平面格局形成的脉络。古印度的佛塔最初为普通的圆形小坟冢，随着佛教徒将释迦牟尼升华为"佛"，为满足绕塔礼拜的需要，在小佛塔外增筑扩大，外加栏楯、塔门和绕塔行道，佛塔有了宇宙中心和方向的概念，初步形成了栏楯式塔寺。佛像雕塑出现后，为安置这些佛像和有雕饰佛像的小窣堵坡，在佛

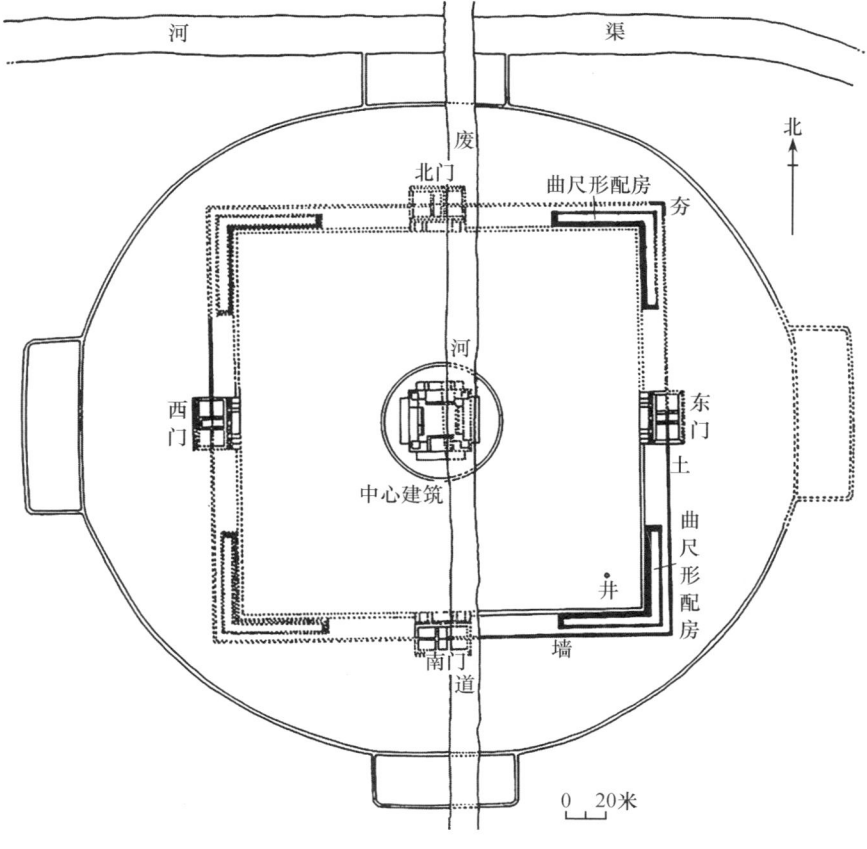

图 9.6.1　汉长安明堂遗址总平面图
（采自《建筑考古学论文集》）

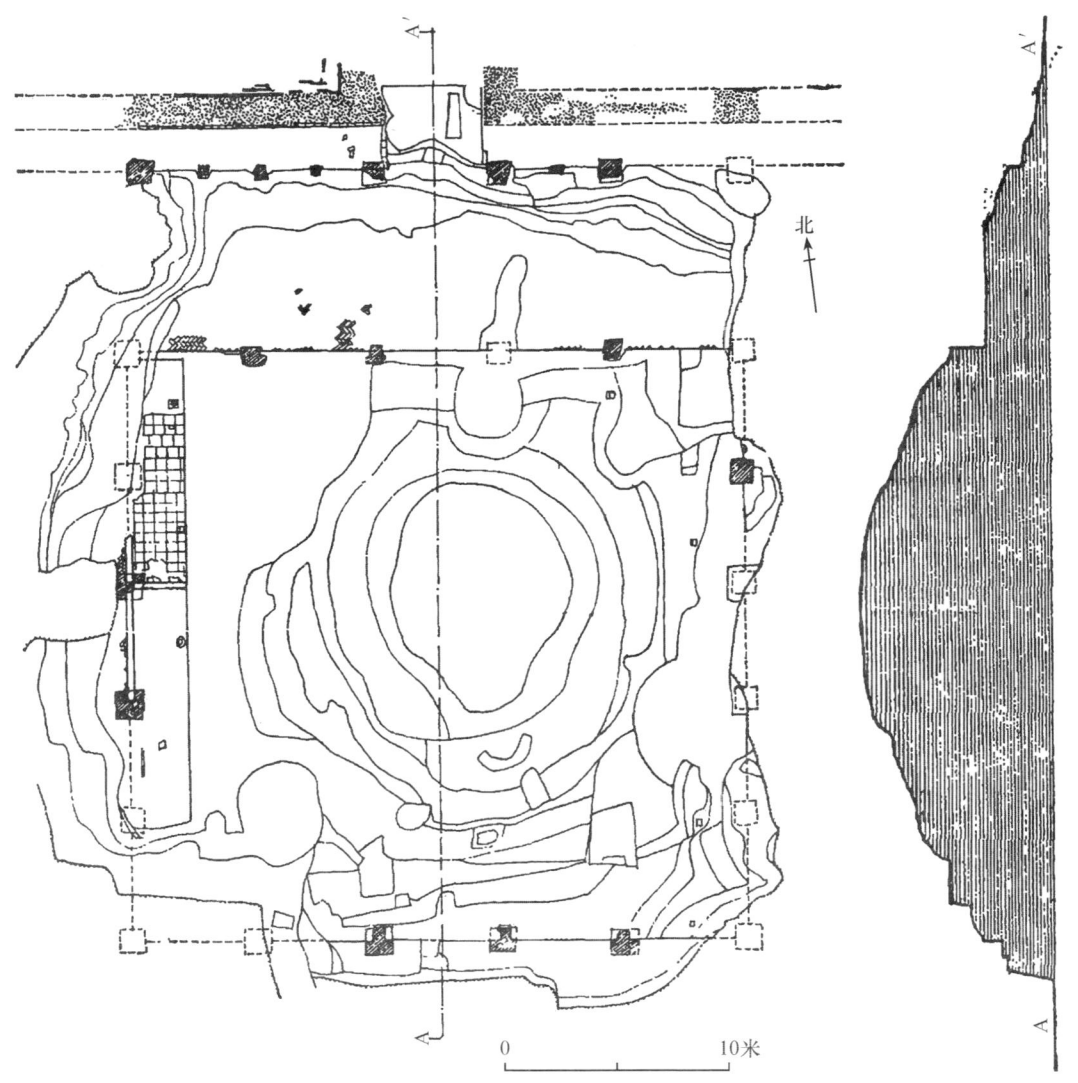

图 9.6.2　东汉灵台遗址平、剖面示意图
（采自《考古》1978 年第 1 期）

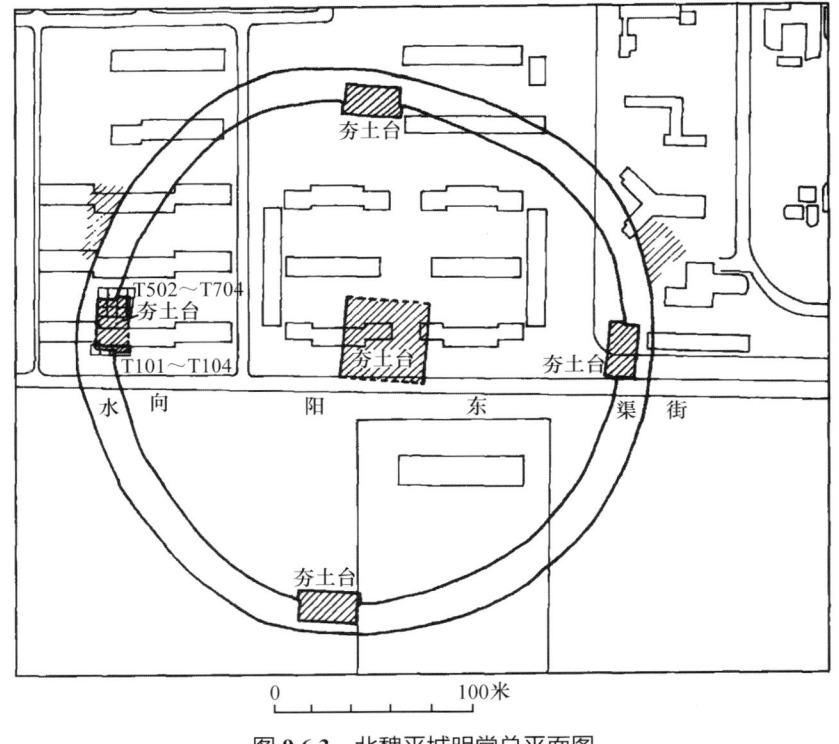

图 9.6.3 北魏平城明堂总平面图
（采自《考古》2001 年第 3 期）

塔周围增建许多小佛殿，形成了聚落式塔寺。佛塔进入古印度北天竺后，结合当地建筑文化进一步发展，圆形平面的聚落式塔寺演变成了以塔为中心的平面方形塔寺，即是最早传入我国西域古国和汉地的塔寺平面基本格局。塔寺初入汉地时主要是为安置舍利、佛像或安置西域僧人而建，佛寺可能是按照"天竺旧状"的宫塔制度，或部分借鉴我国祠庙格局营造，至迟东汉末期已逐渐演变成了我国传统建筑形制格局。魏晋时随着汉人佛教徒增多、礼佛方式改变，佛寺空间已不能兼顾同时礼佛和祈祷的需要，而在塔后建殿或堂，在"舍宅为寺"的佛寺中立塔，来满足绕塔、诵经、祈福的需要，逐渐在我国传统建筑格局的基础上，形成"前塔后殿"的塔寺平面格局。此时人们依旧认为佛塔代表着佛和寺，只有立塔才能为寺，因此佛塔仍作为佛寺的主体建筑立于中央，称为塔寺或塔庙。至北魏时期皇家重视佛教，开始直接营造皇家佛寺，为彰显皇家的权利地位，借鉴了皇家才拥有的制建筑平面格局，最终形成了如嵩岳寺塔院这样具有时代特征的皇家寺院平面格局。

参 考 文 献

[1] 梁思成著. 中国建筑的特征. 梁思成全集[M]：第五卷. 北京：中国建筑工业出版社. 2000：179.

[2] 梁思成. 中国建筑发展的历史阶段. 梁思成全集[M]：第五卷. 北京：中国建筑工业出版社. 2000：253.

[3] 尚荣译注. 洛阳伽蓝记[M]：卷第四城西. 北京：中华书局. 2012：.《洛阳伽蓝记》载："(汉)明帝崩，起祇洹于陵上。自此以后，百姓家上，或作浮图焉。……是以道俗礼敬之"。

[4] 张道一注译. 考工记注译[M]. 西安：陕西人民美术出版社. 2004：132.

[5] (汉)班固撰，(唐)颜师古注. 汉书：卷二十五上. 北京：中华书局. 1999：996.

[6] (汉)班固撰，(唐)颜师古注. 汉书[M]. 卷一下. 北京：中华书局. 1999：47.

[7] 任继愈主编. 中国佛教史[M]：第三卷. 北京：中华书局. 1988：42、43.

[8] (北魏)杨衒之撰，尚荣译注. 洛阳伽蓝记[M]：卷第一城内. 北京：中华书局. 2012：16-23.

[9] 中国社会科学院考古研究所. 河南洛阳市汉魏故城发现北魏宫城三号建筑遗址[J]. 考古. 2010(6)：3-6.

[10] (北齐)魏收撰. 魏书[M]. 卷一百一十四. 北京：中华书局. 1974：3026.

[11] (北魏)杨衒之撰，尚荣译注. 洛阳伽蓝记[M]：卷第四. 北京：中华书局. 2012：277.

[12] 杨鸿勋. 从遗址看西汉长安明堂（辟雍）形制[C]. 建筑考古学论文集[M]. 北京：文物出版社. 1987：169-200.

[13] 中国社会科学院考古研究所洛阳工作队. 汉魏洛阳城南的灵台遗址[J]. 考古. 1978(1).

[14] 王银田、曹臣明、韩㚻存. 山西大同市北魏平城明堂遗址 1995 年发掘[J]. 考古. 2001(3)：26-34.

第十章　嵩岳寺塔建筑空间

建筑空间是为满足人们某种生活或生产的需要，利用各种建筑要素与形式，所构成的建筑内部空间与外部空间的统称，且是与建筑实体同时客观存在的相对空间。创造有价值的建筑空间是建筑营造的基础，建筑空间也依附于建筑而存在，建筑创造是手段，获得建筑空间是目的。《道德经·论道》云："三十辐共一毂，当其无，有车之用。埏埴以为器，当其无，有器之用。凿户牖以为室，当其无，有室之用。故有之以为利，无之以为用。"[1] 这段经典哲学论述，精辟地道明了人造物"有"与"无"的辩证关系，创造有形的实体，是为获得无形的空间。空间能否发挥特定的功能，是检验实体是否"便利"的根本，无形的空间不能被利用，有形的实体就失去了存在的意义，反之实体利用不方便，也不能很好的发挥空间的功用。老子将建筑的墙、户、牖等建筑实体比作"有"，将室内空间比作"无"，是对建筑及建筑空间很恰当的解释，只有在建筑墙体上开启门、窗，室内空间才能真正有实用价值，没有四壁，室内空间就不能围合，墙上不开门窗，房间就不能出入、采光和流通空气，室内空间也就发挥不了实用功能；反之室内空间不发挥特定功能而被利用，墙、门、窗也就失去了真正存在的意义，两者是相互依存、缺一不可的。其实建筑空间的创造，不仅仅只是由地面、墙体、门窗、屋顶等围合的建筑内部空间，建筑物与周围环境中的建筑物、树木、山峦、水面、街道、广场等形成的建筑外部空间，均属于这种"无"。要创造有价值的建筑空间，就必须满足人们的某些需求，根据实用功能和艺术观感来创造，嵩岳寺塔的建筑空间创造也不例外，并且上述塔院平面格局的形成也是依赖于这些建筑空间。因此，要想知嵩岳寺塔建筑空间的形成，首先要了解一下佛塔建筑空间的源流，以及产生这些建筑空间的实际需求。

参 考 文 献

[1] 饶尚宽译注. 老子 [M]. 上篇第十一章. 北京：中华书局. 2006：27.

第一节　嵩岳寺塔与古印度地区佛塔建筑空间的关系

佛塔将"建筑与雕刻柔和为一体后，真正成了佛的化身，它更是对佛及其统治整个宇宙和精神世界的无边法力本质的体现，即通过一种非偶像化的形式来表现佛的存在。它以一种对天穹的隐喻，象征着佛的无处不在和无迹无形。通过这种方式，佛不仅被视为是人类的导师，更被视为宇宙的本体。"[1] 创造佛塔建筑空间的目的，就是为使佛塔能彰显佛的崇高形象，以及信众礼拜和塑造庄严肃穆的礼拜氛围，我国高层佛塔的建筑空间还担负着创造区域主体景观的需要，部分也担负着俯瞰景观的功能。

一、嵩岳寺塔与古印度地区窣堵坡建筑空间的关系

古印度地区窣堵坡式佛塔是埋葬释迦牟尼舍利的墓冢，塔内实心，立塔是表示对佛陀的纪念，起初仅被视为佛陀的纪念物，后因个人崇拜使之演变成了佛陀本尊的象征物，佛教徒为表达对佛陀的崇高敬仰，借鉴古印度地区右绕墓冢的礼节进行绕塔礼佛，逐步形成了以窣堵坡为中心，周围绕行窣堵坡的空间环境，这就是古印度地区早期窣堵坡式佛塔建筑空间形成之雏形。早期窣堵坡周围没有限定的边界，旋绕窣堵坡礼拜的空间是开敞的，创造的建筑空间也是散漫的、不严肃的气氛。据《根本说一切有部毗奈耶杂事》云："缘在室罗伐城时，

诸苾刍於夏雨时，旋绕制底，有泥汙足。佛言：应可布砖，上以碎砖和泥打之，复安礓石灰泥。塔大难遍。佛言：应齐一寻。此亦难辩。佛言：安版。復更难求。佛言：步步安砖。苾刍，寺门及寺内地多有泥陷。佛言如上所作，准事应为。"[2]即说明古印度地区早期绕塔礼拜如同荒野中绕坟一样，是在塔周围露天的土地面上进行，没有人工专门铺设的绕塔行道等限定物，在雨天绕塔时出现地面泥汙的情况。随着古印度地区帝王对佛教的信仰和利用，为体现佛陀高大形象和皇权，便扩大窣堵坡，在外加筑基台、覆钵、栏楯、平头等部分，并在基台上铺设绕塔行道，来解决这种散漫环境，创造出相对肃穆的佛塔建筑空间环境。为进一步体现这种肃穆的空间气氛，又在大窣堵坡外增设栏楯、塔门，以示佛地边界，并窣堵坡与栏楯间围合成有明确限定空间的绕塔行道，使人在栏楯内绕塔礼佛，近观窣堵坡颇显高大，形成更为严肃的栏楯式塔院建筑空间。随着佛像的出现，又环绕大窣堵坡建造了许多内置佛像的小佛殿，形成以窣堵坡为中心，外绕小佛殿的封闭聚落式塔院建筑空间。下面看几座古印度地区具有代表性的早期佛塔建筑空间，如印度现存最早的桑奇（Sanchi）佛塔，公元前三世纪孔雀王朝阿育王建造，早期为小型砖窣堵坡，公元前140年左右巽伽王朝在小窣堵坡外增砌砖石基坛和栏楯，形成了专门的绕塔行道，公元前1世纪后半叶到公元1世纪初叶安达罗王朝时，在大窣堵坡外又增设了南、北、东、西四座砂石的塔门牌坊（图10.1.1）。野鹿苑答枚克（Dhamekh）佛塔，公元前3世纪阿育王时建造，公元4世纪左右芨多王朝时期，在佛塔外增修两层圆柱形覆钵顶，一层塔壁砌八个莲花瓣，上作佛龛，下部须弥座外设有绕塔行道（图10.1.2）。塔克西拉达摩拉吉卡（Dhar mara-jika）佛塔，阿育王时创建，后加大塔身，外设栏楯、台阶、绕塔行道，塔周围又建造一周的小型佛殿，形成两周绕塔行道，建筑风格是独特的犍陀罗式（图10.1.3）。

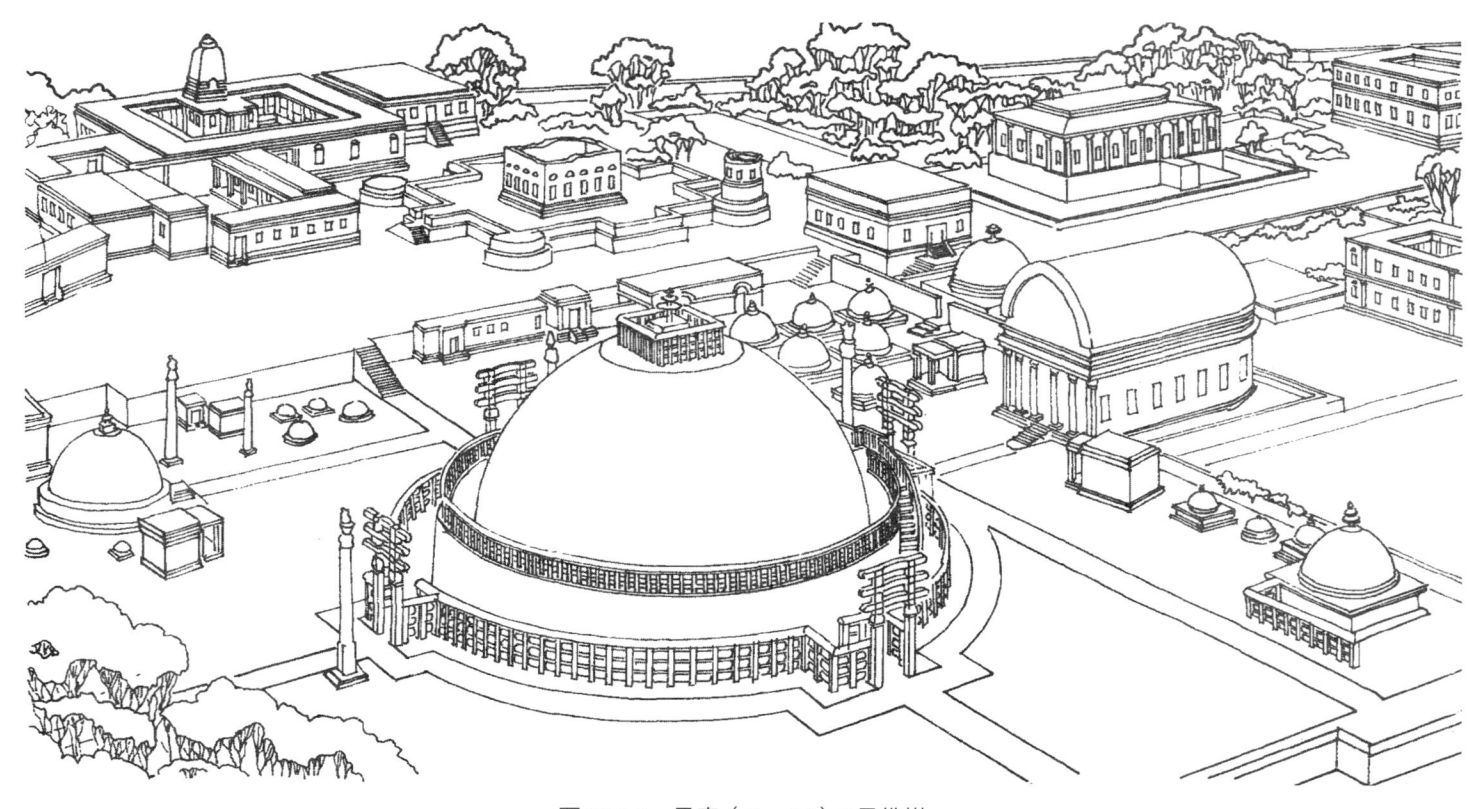

图10.1.1　桑奇（Sanchi）3号佛塔
（采自《东方建筑》）

可以看出古印度地区对佛陀的纪念方式自身发生着变化，从单纯的纪念上升到了系统的礼佛，佛塔建筑空间也从单独的小窣堵坡和空旷的旋绕空间，发展成了以大窣堵坡为中心，外绕相对较低的塔门、栏楯、小佛殿、绕塔行道等众多建筑组成的院落，来突出佛塔崇高形象，形成庄严肃穆的"绕塔礼佛"建筑空间。此类型的佛塔无室内空间，主要被利用的空间是佛塔与栏楯、小佛殿之间形成的"绕塔礼佛"建筑空间。这种佛塔在犍陀罗地区结合当地的建筑技术，产生了以方形基台佛塔为中心，四周围绕小佛殿和塔门的方形塔院建筑空间（图10.1.4）。这些封闭的方形院落建筑空间，相对于以圆形大窣堵坡为中心的聚落式建筑空间，彰显得更加规整庄重，这就是至迟在公元前1世纪左右，古印度地区形成的"绕塔礼佛"建筑空间的基本特征。嵩岳寺塔外部绕塔的建筑空间与之基本相同。

图 10.1.2　野鹿苑答枚克佛塔

图 10.1.3　塔克西拉达摩拉吉卡（Dhar mara-jika）佛塔
（采自《中国古塔的历程》）

图 10.1.4　犍陀罗地区的窣堵坡院落空间
（采自《嵩岳寺塔的困惑》）

图 10.1.5　巴特那出土石板上的"塔庙"
（采自《中国建筑类型及结构》）

二、嵩岳寺塔与古印度地区佛精舍建筑空间的关系

佛精舍式佛塔的性质与窣堵坡类似，也被视为是佛的象征，其与窣堵坡建筑空间的区别，在于建筑内有可供奉佛像或圣物的内部空间，佛像与塔壁间形成塔内旋佛礼拜行道的建筑空间。如《法显传》载："祇洹精舍东向开门……波斯匿王思见佛，即刻牛头栴檀作佛像，置佛坐处。佛后还入精舍，像即避出迎佛。佛言：'还坐。吾般泥洹后，可为四部众作法式。'像即还坐。此像最是众像之始，后人所法者也。……祇洹精舍本有七层，诸国王、人民竞兴供养，悬缯幡盖，散华烧香，然灯续明，日日不绝。……大援（院）落有二门，一门东向，一门北向……精舍当中央。……婆罗门于是夜自伺候，见其所事天神，持灯绕佛精舍三匝，供养佛已。"[3]《大唐西域记·昏驮多城伽蓝》载："伽蓝大精舍中有石佛像，像上悬金铜圆盖众宝庄严，人有旋绕盖亦随转，人止盖止莫测灵鉴。"[4] 又如印度古都巴特那出土的三世纪[5]石板上的佛精舍，主体建筑居于院中，塔内立佛像，塔前建大门，四周设栏楯，院内也立有佛像（图10.1.5）。这些佛精舍创造的外部建筑空间同窣堵坡一样，可"绕塔礼拜"，并且也创造出了建筑内部空间，供奉佛像或代表佛法的法器圣物，可"绕佛礼拜"。

古印度地区这些佛塔内、外旋绕礼拜的典型建筑空间形成，是源自当地右绕坟墓礼拜的习俗，并且是一个由普通建筑空间向庄重建筑空间发展的历史过程。这种以佛塔为中心的方形院落和庄严的"右绕礼佛"建筑空

间，于大约公元1世纪经我国西域古国传入汉地，并影响着我国西域古国和汉地早期佛塔建筑空间的形成。嵩岳寺塔创造的建筑空间与佛精舍基本相同，都是为满足"绕塔礼拜"和"绕佛礼拜"，我国如嵩岳寺塔这样高大佛塔的建筑空间应是导源于佛精舍式佛塔的建筑空间。

参 考 文 献

[1]（意）马里奥布萨利著，单军、赵焱译，段晴校. 东方建筑[M]. 北京：中国建筑工业出版社. 1999：62.
[2]（唐）义净译. 根本说一切有部毗奈耶杂事[M]：卷十四. 中华大藏经：卷三十九. 北京：中华书局. 1994：123.
[3]（东晋）释法显撰，章巽校注. 法显传校注[M]. 上海：上海古籍出版社. 1985：72、73.
[4]（唐）玄奘、辩机原著，季羡林等校注. 大唐西域记校注[M]：卷第九. 北京：中华书局. 1985：976.
[5] 刘致平. 中国建筑类型及结构[M]. 北京：中国建筑工业出版社. 2000：184.

第二节　嵩岳寺塔与我国早期佛塔建筑空间的关系

一、嵩岳寺塔与我国西域古国佛塔的建筑空间关系

佛塔在古印度地区历经孔雀王朝时期的辉煌后，贵霜王朝时期早期便沿着贯通亚洲大陆的古丝绸之路逐步东渐到我国西域古国，后传入我国中原地区。我国西域古国现存的典型佛塔和佛寺遗址多残缺不完整，具体的始建年代大部分没有考证，其建造年代多是从佛塔、寺院赖以存在的古城建造时期，以及佛塔、寺院形制上来判断，认为多应与古城的建造时间相同，时间多在汉朝至南北朝时期之间。其"塔院为方形平面，高大佛塔居院中，佛塔下为方基台，上为两层的圆形塔身，基台或一层塔身开塔门和塔心室，内设佛像，是采用当地固有的夯土及土坯砌筑的拱券建筑形式，一般是模仿于犍陀罗佛塔外形"[1]，如新疆和田洛浦县热瓦克佛塔，佛塔居于正方形的塔院中央，下为方形基台，上为圆柱形塔身的土筑大窣堵坡，一层塔身内设塔心室供奉佛像，是典型的犍陀罗佛教艺术特征，院南墙中部开院门，外围墙壁内、外两侧塑佛和菩萨像，塔院内和塔基台上可以进行绕塔礼佛（图10.2.1）。新疆库车苏巴什佛寺，院中心立佛塔，四周建殿堂、僧房等建筑，东寺南塔下为两层基台，二层基台内设塔心室，上为圆形塔身和穹形塔顶，塔周设有围墙，墙上有佛龛（图10.2.2）。楼兰古城佛塔，是楼兰古城中最高的建筑物，塔基台方形，八角形塔身和圆形塔顶（图10.2.3）。新疆维和田民丰安迪尔佛塔，院中央立塔，塔下部三层方形基台，由下向上逐渐内收，覆钵形塔身，塔身内设塔心室[2]（图10.2.4）。从上述我国西域古国遗存的佛寺和佛塔看，塔周围作相对低矮夯土墙或小佛殿和院门，彰显佛塔高大，塔基台和塔院内设有绕塔行道，营造出了完全封闭的方形"绕塔礼佛"院落建筑空间，基本是延续了犍陀罗地区方形塔院"绕塔礼佛"的建筑空间，其建筑空间与嵩岳寺塔外部建筑空间基本相同。

图10.2.1　新疆和田洛浦县热瓦克佛塔院

图10.2.2　新疆库车苏巴什东佛塔

图 10.2.3　楼兰故城佛塔

图 10.2.4　新疆维和田民丰安迪尔佛塔

二、嵩岳寺塔与我国汉地早期佛塔的建筑空间关系

我国汉地南北朝以前的大型佛塔，除北魏嵩岳寺塔实物以外几乎无存，仅遗存有部分小石塔、建筑基址和石窟、造像中雕刻绘画的佛塔，以及文献中描述的佛塔形象。因佛塔建筑实物多不存，其创造的建筑空间也随之覆灭，且遗存的大部分佛塔遗址多没有经过全面的考古发掘，现只能参考仅有的资料进行梳理窥探其营造的建筑空间。

文献中记载的我国汉地早期佛塔的建筑空间，如我国汉地创立的第一座佛寺白马寺，《魏书·释老志》载："白马寺，盛饰佛图，画迹甚妙，为四方式。"[3]《法苑珠林·敬佛篇·感应缘》载："白马寺，壁画千乘万骑，绕塔三匝之像，如诸传备载。"[4] 可知白马寺早期是一座塔院，院中立塔，塔上绘制有绕塔三匝的壁画，虽不知这座佛塔有无供奉佛像的塔心室，但可明确的是塔外能绕塔礼佛，说明在佛塔传入我国汉地之始，就继承了"绕塔礼佛"的建筑空间。《三国志·刘繇传》记载笮融建造的浮图祠，为"以铜为人，黄金图审，衣以锦采，垂铜盘九重，下为重楼阁道，可容三千余人"[5]，可知此塔内有铜佛像，外设绕塔阁道，是延续了"外绕塔内绕佛"礼拜的建筑空间。曹魏·明帝迁建后的官佛图精舍，也是"一座塔院，院内立塔，周阁百间"[6]，以及晋朝的瓦官寺，亦是"寺中立塔，塔周围建佛堂、院门和僧房"[7] 等等，均是延续了"旋绕礼佛"的建筑空间特征。石刻、壁画中也有绕塔礼佛的场景，如陕北八大梁墓地 M1 壁画中的佛塔，"时代为北魏至西魏，塔周围有6名手持莲花的信徒"[8]，这些信徒作右绕塔礼佛，说明塔外是"绕塔礼佛"的建筑空间（图 10.2.5）。

我国早期佛塔遗址现经考古发掘的寥寥无几，仅有北魏皇家建造的几座佛寺，如建于北魏太和年间（485-490）的平城方山思远佛寺，建造时间早于嵩岳寺塔三十余年，塔寺"平面长方形，塔立院中，后建讲堂，塔前设院门，四周围墙等，塔内有夯土塔心和回廊，夯土塔心墙壁上设佛龛和佛像"[9]（图 10.2.6）。建于北魏孝文帝太和年间的龙城思燕佛图，"塔平面方形，塔内有夯土塔心，从柱网推定塔内有回廊，根据出土北魏泥塑佛像的位置，推定夯土塔心墙壁四周原有佛龛和佛像，塔内回廊为绕佛行道，塔外四周又建有回廊一周"[10]（图 10.2.7）。另一座是建于北魏孝明帝熙平元年（516）的洛阳永宁寺塔，考古发掘报告显示洛阳永宁寺遗址建筑格局完整，"坐北朝南，平面方形，塔院是由塔、殿和四院门、围墙等组成的方形院落，塔立院中央，高四十九丈"[11]（图 10.2.8）。上述三座北魏皇家佛寺，均是塔内设回廊作为绕佛行道，形成内部建筑空间，塔阶基上及院内作为绕塔行道，形成外部建筑空间。其创造的这些佛塔建筑空间是北魏时期佛塔典型的建筑空间，也是此时期佛塔建筑空间的主要形式，均是延续了"旋绕礼佛"的建筑空间，与嵩岳寺塔的建筑空间基本相同。

总之，我国汉地早期佛塔外部"绕塔礼拜"和内部"绕佛礼拜"的建筑空间，是延续了古印度地区佛精舍式佛塔"旋绕礼佛"的建筑空间。并且这一"旋绕礼佛"功能，一直影响着我国早期佛塔建筑空间的形成，也是早期佛塔格局形成的关键因素。

图 10.2.5　陕北八大梁墓地 M1 壁画中的佛塔
（采自《龟兹地区的佛塔及相关问题研究》）

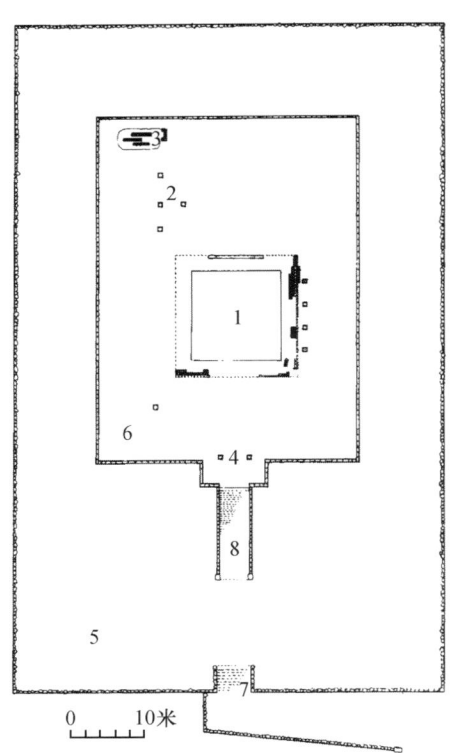

图 10.2.6　北魏平城思远佛寺遗址
（采自《大同思远佛寺遗址发掘报告》）

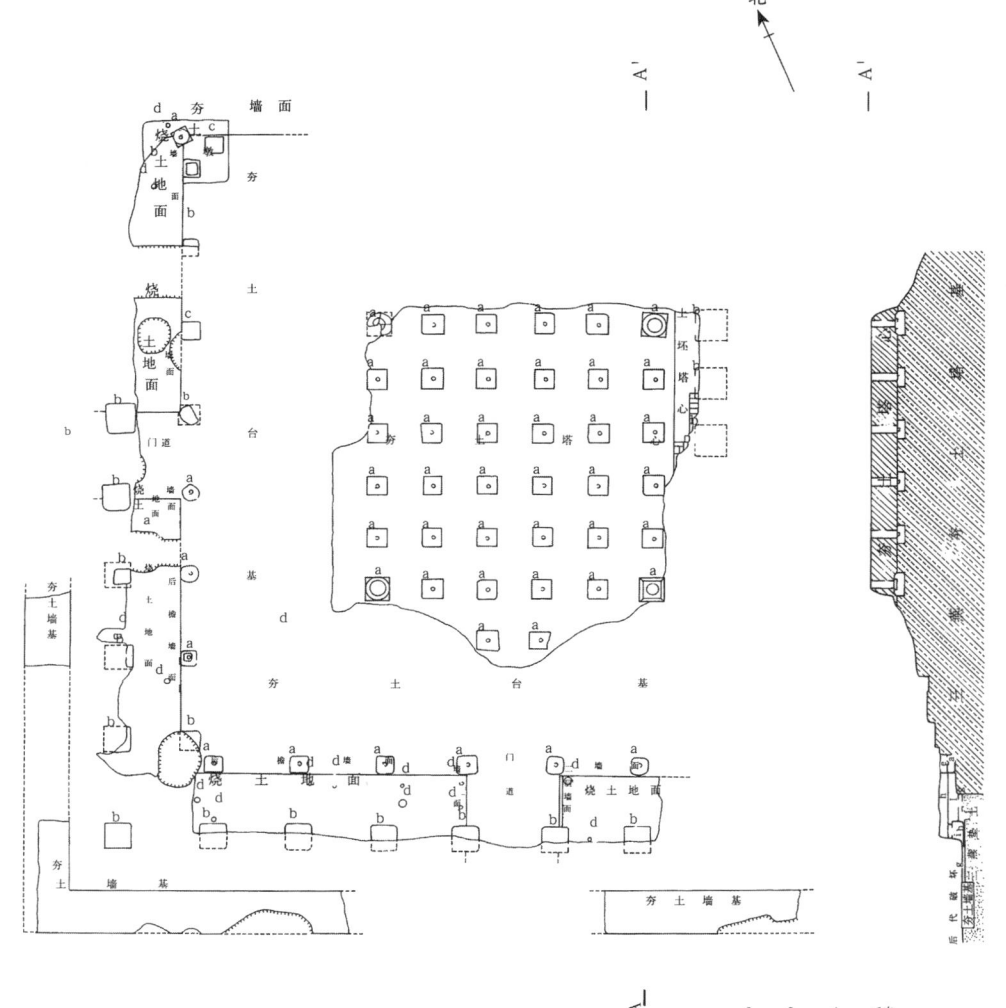

图 10.2.7　北魏龙城思燕佛图平面
（采自《朝阳北塔考古发掘报告与维修工程报告》）
a. 柱础石　b. 础窝、碾墩　c. 础痕　d. 小柱洞　e. 檐墙　f. 柱洞
g. 三燕地面、垫土层　h. 烧面与瓦片堆积　i. 北魏垫土层

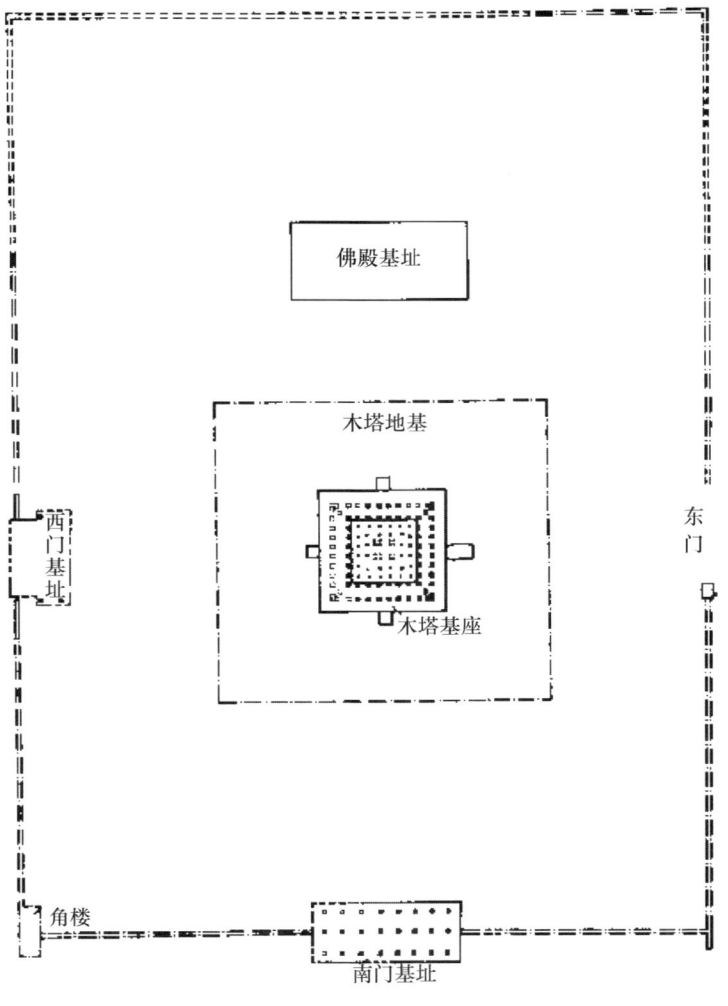

图 10.2.8　北魏洛阳永宁寺塔院平面
（采自《北魏洛阳永宁寺 1979～1994 年考古发掘报告》）

三、嵩岳寺塔建筑空间普遍特征的形成

佛塔自东汉初由古印度地区经我国西域古国传入汉地，同华夏传统建筑文化融合，并根据我国人民不同时期对塔的需求，发展出了不同性质、风格和类型，且具有我国传统建筑特征的中国塔和相应的建筑空间。早期佛塔创造的建筑空间，或多或少都带着古印度地区佛塔建筑空间的影子，后逐渐与汉地各时期的传统建筑融合、革新，其营造的建筑空间就具有了特定历史、地域、功能等多样性的时代特征。佛塔作为我国汉传佛教最具特征和内含意义的特殊建筑，创造的建筑空间环境同样具有延续、革新的特点，其建筑空间表现出的不同时代的特征，都具有自身的历史使命。我国早期佛塔的建筑空间多分为室外和室内两部分，总结起来有二方面的需求。

一是作为佛的象征和"旋绕礼佛"功能的需求，主要表现在塔内绕佛和塔外绕塔礼拜的建筑空间。中国佛教信徒礼佛的方式因时代、地域、宗派等有所差异，早期多是传承古印度地区佛教的礼仪，绕塔和绕佛便是继承的主要和重要礼仪之一。《佛学大词典》解释"绕佛，在印度信徒对佛及塔必先行一礼，其次依右转方向绕巡礼拜，称为绕佛（或称行道）、右绕、旋右、旋匝、旋绕、行道，为佛教礼仪之一，即围着佛右绕（即顺时针方向行走）一圈、三圈或百千圈，表示恭敬仰慕之意；原为古代印度礼节之一，佛陀住世时即保留此仪礼，后更应用于修持上，或法会行道中。绕塔，指由右旋绕佛塔，与'绕佛'同义"。绕塔和绕佛作为佛教重要的礼拜、修行活动，在古印度地区的佛塔和石窟等建筑空间中均有体现，并经我国西域古国革新后逐渐传入中原地区，虽佛塔在风格、形制、类型上有很大的差别，但早期绕佛、绕塔创造的建筑空间却有延续性、继承性，其是我国汉地早期佛塔内、外建筑空间形成的最重要的因素之一。

二是佛塔作为佛寺的主要标志性建筑，有创造优美景观环境的需求，主要表现在外部建筑环境空间。我国早期佛寺中的佛塔，除象征佛陀形象外，作为佛寺主体，也要创造良好的建筑环境艺术，并融入到周围的环境之中。特别是山林寺院，在创造佛塔外部建筑空间时，更是融入了我国道教的"天人合一"思想，将佛塔嵌入山林之间，创造出"得天人之神妙"的画面。中国道教是本土宗教，以"道"为最高信仰，是在我国古代鬼神崇拜的观念上，以黄、老道家思想为理论根据，承袭战国以来的神仙方术衍化形成。自战国中期的齐国兴盛起尊崇黄帝和老子的黄老道教始，以"道"作为宇宙本体、万物规律，内含阴阳五行思想和神仙思想，宣扬"气化天地、天人合一、天道承负、乐生好善"的思想，对我国后世影响至深，北魏太武帝时期道教被封为北魏国教。其"天人合一"思想对我国传统建筑的空间、景观营造至关重要，将建筑融入自然环境，使之和谐统一就是此思想的具体体现之一。北魏时虽道教、佛教独立发展，但佛教为融入中原大地，借用了不少道教的神仙之术，使人们在观念中将释迦牟尼也尊崇为神。在营造佛教重要建筑佛塔时也是入乡随俗，借用"神仙好高楼"的建筑营造思想，选择我国与之具有类似建筑空间的传统建筑，来打造佛教的"天人合一"建筑空间。

特别是在山水间创造的佛塔和寺院，除要显现佛塔的崇高形象，满足"旋绕礼拜"的功能外，更是要将其融入到山林之中形成优美的画面，嵩岳寺塔就是这样一座具有很高建筑空间艺术的佛塔。

参 考 文 献

［1］ 艾斯卡尔·模拉克、乌布里·买买提艾力. 丝绸之路新疆段佛塔特征研究［J］. 建筑学报. 2015（增刊1）：77.
［2］ 梁涛. 新疆和田安迪尔古城佛塔保存现状及保护对策［J］. 文物保护与考古科学. 2009（3）：42.
［3］ （北齐）魏收. 魏书［M］：卷一百一十四. 北京：中华书局. 1974：3029.
［4］ （唐）释道世撰，周叔迦、苏晋仁校注. 法苑珠林校注［M］：卷第十三. 北京：中华书局. 2003：453.
［5］ （晋）陈寿撰，（宋）裴松之注. 三国志［M］：卷四十九. 北京：中华书局. 1999：876.
［6］ （唐）释道世撰，周叔迦、苏晋仁校注. 法苑珠林校注［M］：卷四十. 2003：1268.
［7］ （梁）释慧皎撰，汤用彤校注. 高僧传［M］：卷第十三释慧力传. 北京：中华书局. 1992：480.
［8］ 李梦阳. 龟兹地区的佛塔及相关问题研究［D］. 西北大学. 2009：28.
［9］ 大同市博物馆. 大同北魏方山思远佛寺遗址发掘报告［J］. 文物. 2007（4）：4-26.
［10］辽宁省文物考古研究所、朝阳市北塔博物馆. 朝阳北塔考古发掘报告与维修工程报告［M］. 北京：文物出版社. 2007：26-52.
［11］中国社会科学院考古研究所. 北魏洛阳永宁寺1979～1994年考古发掘报告［M］. 北京：中国大百科全书出版社. 1996：6-21.

第三节　嵩岳寺塔建筑空间的营造

嵩岳寺是由北魏宣武帝令逸士冯亮等人营造的皇家山林佛寺。嵩岳寺塔作为嵩岳寺的主体建筑，是在我国传统建筑基础上营造起来的佛教特色建筑，也是整个嵩岳寺观感的精华所在，同时也是宣武帝利用佛教来巩固自己利益服务的产物。嵩岳寺塔既象征着"佛"的崇高形象，又代表着皇家的尊严，更是嵩岳寺建筑群的主体景观点，要求创造的佛塔建筑空间是兼具庄严肃穆和优美景观两种功能。嵩岳寺塔的建筑空间是根据实际功能需要，利用建筑要素和形式组合形成，其形成的建筑空间也是物质存在的一种客观形式，被形态所包围和限定，具有长度、宽度和高度的三维尺度属性，只有这些建筑空间的尺度、比例等构图配置合理，才能达到所需旋绕礼佛和理想景观的要求。

一、嵩岳寺塔的建筑空间及建筑要素

嵩岳寺塔营造的建筑空间分内部空间和外部空间两部分，均是在突显佛塔崇高形象、"旋绕礼佛"和营造景观等方面的功能需求下，通过佛塔建筑要素、景观要素和形式组合来实现的建筑空间。塔外部建筑空间由绕塔空间即旋绕礼佛空间和景观空间组成。外部绕塔空间，一是指塔院内佛塔与佛殿、院门、围墙等建筑之间围合的绕塔行道空间，即院落建筑空间，建筑要素包括佛塔、佛殿、院门、围墙、道路等建筑物；二是指在塔台座、

阶基上形成的绕塔空间，即塔自身外部建筑空间，这部分建筑空间也可被看成是建筑内部空间，建筑要素包括台座、阶基和塔基座副阶回廊。在院落、台座和阶基地面上，形成绕塔三匝的外部礼佛建筑空间。建筑景观空间，主要是指塔院建筑与外部自然环境之间形成的空间，建筑环境要素是太室胜境的地形地貌，即周围的低山丘、树木、溪流和太室诸峰等。塔内建筑空间，一是指塔内第一层佛台与塔壁间形成的内廊式绕佛行道空间，建筑要素包括八边形佛台及佛像和塔内壁；二是塔内第二层塔壁上的佛龛及造像围合的建筑空间，从此建筑空间看，北魏后期塔内绕佛礼拜的建筑空间已发生变革，由绕佛礼拜逐渐变成了观像礼佛的情况，以致唐代释道宣有"入塔观像"之说。

总之，体现佛塔崇高形象、满足"旋绕礼拜"、"观像礼拜"功能和创造美好景观的要求，是嵩岳寺塔建筑空间产生的基础，并通过合理的形式组合和建筑尺度、比例等设计构图，形成了具有时代特征的嵩岳寺塔建筑空间。嵩岳寺塔的建筑空间是我国早期佛塔建筑空间的基本模式，也是早期佛塔最具时代特征的表现之一，这些在塔院内、台座、阶基上和塔内设旋绕礼佛行道的早期佛塔建筑空间形式，自隋唐以后随着礼佛方式的改变在佛塔上逐渐消失了。

二、嵩岳寺塔院内的建筑空间营造

唐·李邕撰《嵩岳寺碑》载：北魏时嵩岳寺塔院内中部有十五层塔，塔西有石像，东有凤阳殿，北有无量寿殿等建筑。因嵩岳寺塔院内尚未全面考古发掘，除十五层塔屹立地面之上外，其余建筑遗迹和原地面均埋在现地面下1.25米处左右，塔院的院门、佛像、凤阳殿、无量寿殿等建筑基址的具体位置有待确定，但根据塔院内地球物理勘察、地质雷达勘探、工程地质勘探和塔基础考古探察，以及院内地形现状等情况，基本可判定塔院的范围和建筑布置的大致方位，与其李邕描述的塔院格局大致相应。塔院平面基本呈方形，南北边长约5100.0厘米，东西边长约6600.0厘米，居中偏南而立塔，塔中心距塔院南围墙约1800.0厘米，距东、西、北围墙约3300.0厘米，出现塔南距离偏小的情况，是因塔院内东、西、北三面布置有建筑物的缘故，如减去建筑物占用面积，塔周围空间基本被限定在边长3600.0厘米的方形平面内，塔与建筑物之间形成宽度约为600.0厘米的绕塔行道，此行道上是塔院内最适合观察嵩岳寺塔全貌的范围，观感上能体现出佛塔的崇高形象，也是嵩岳寺塔近景的最佳观察点。塔院的建筑空间，即塔院内的绕塔行道空间，由嵩岳寺塔与院门、佛像、凤阳殿、无量寿殿以及院墙等围合而成，为四面完全限定的幽静内向性空间，具有强烈的封闭感，可使人感觉到庄严肃穆的院落环境氛围。

塔院建筑空间的视觉水平设计，人眼观察立体成像的最大水平视角为124°，最佳水平视区约是60°。人站在院内绕塔行道上观察佛塔，平视可清晰观察到塔基座的整体宽度，余光可察觉到台座和两侧其他建筑物，目光远处被建筑物和外围墙全部限制在塔院内，使人在观感上既有完美的观察又有视线的限制，在内心感受到塔院既庄严肃穆又亲切的空间气氛（图10.3.1）。此种院落空间与我国如明堂等传统皇家礼制建筑相同，与其他传统的办公、居住等合院院落有所不同。

塔院建筑空间的视觉竖向设计，塔中心距塔院建筑围合空间边缘的距离为1800.0厘米，塔通高4050.0厘米（包括刹顶损毁的刹杆、宝珠等部分高度），台座高150.0厘米，中等身高的人正立时眼的高度在157.7~160.3厘米左右[1]，人眼平视时的最大垂直视角为40°。人站在塔院内绕塔通道上，平视可观察到塔下部阶基和塔基座的全部，若需观察塔顶时，垂直视角约在65°~72°的范围内，远大于人眼平视时的最大垂直视角40°，说明人在塔院内绕塔行道上平视时不能看到塔的整体，要看塔顶最高处需要抬头仰望，这就营造出了塔体高耸巍峨的状态，加之周围相对较低建筑物的烘托，塔体犹如"众星捧月"，形成敬仰佛塔的空间氛围，来满足象征佛崇高形象的需要。另一个巧妙的建筑空间设计，就是在塔外第一层塔壁上砌筑八座塔龛并内置佛像，塔龛顶距台座地面为996.0厘米，绕塔行道中心距塔龛的水平距离约为975.0厘米，其两者之比约为1∶1，人站在塔院内绕塔通道上观看完整的塔龛佛像，垂直视角约在31°~46°的范围内，是塔院内观察塔龛佛像完整界面最佳的位置，若要观察塔龛最上部分，垂直视角达到了空间形成封闭感垂直视角45°[2]的上限，这样的建筑空间竖向设计，既保证了庄严肃穆的空间气氛，又使人有舒适、健全的视觉和心理感受，也表现出了佛亲和力的一面，以不至于使人产生恐惧感（图10.3.2~图10.3.4）。

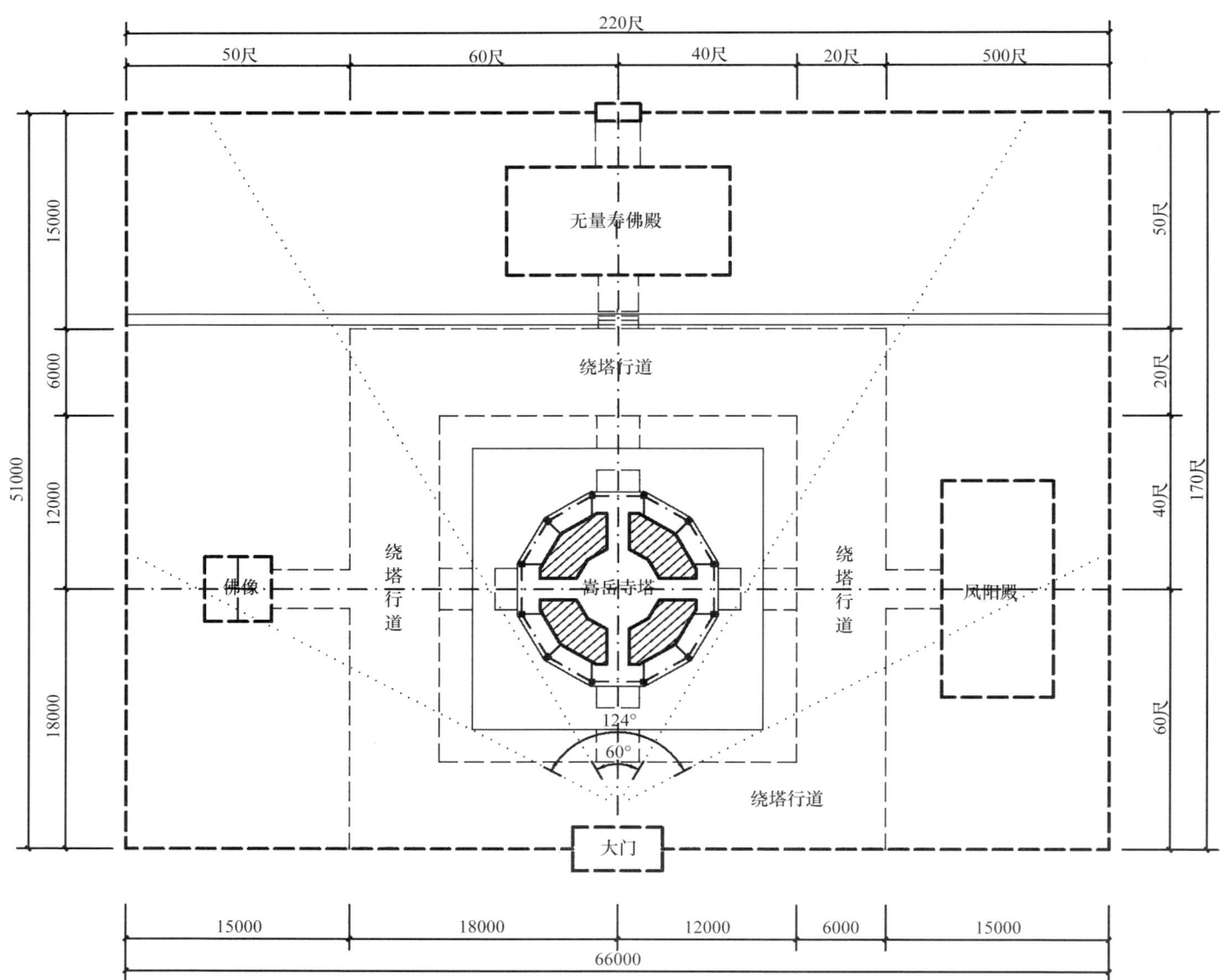

图 10.3.1 嵩岳寺塔院建筑空间平面分析图

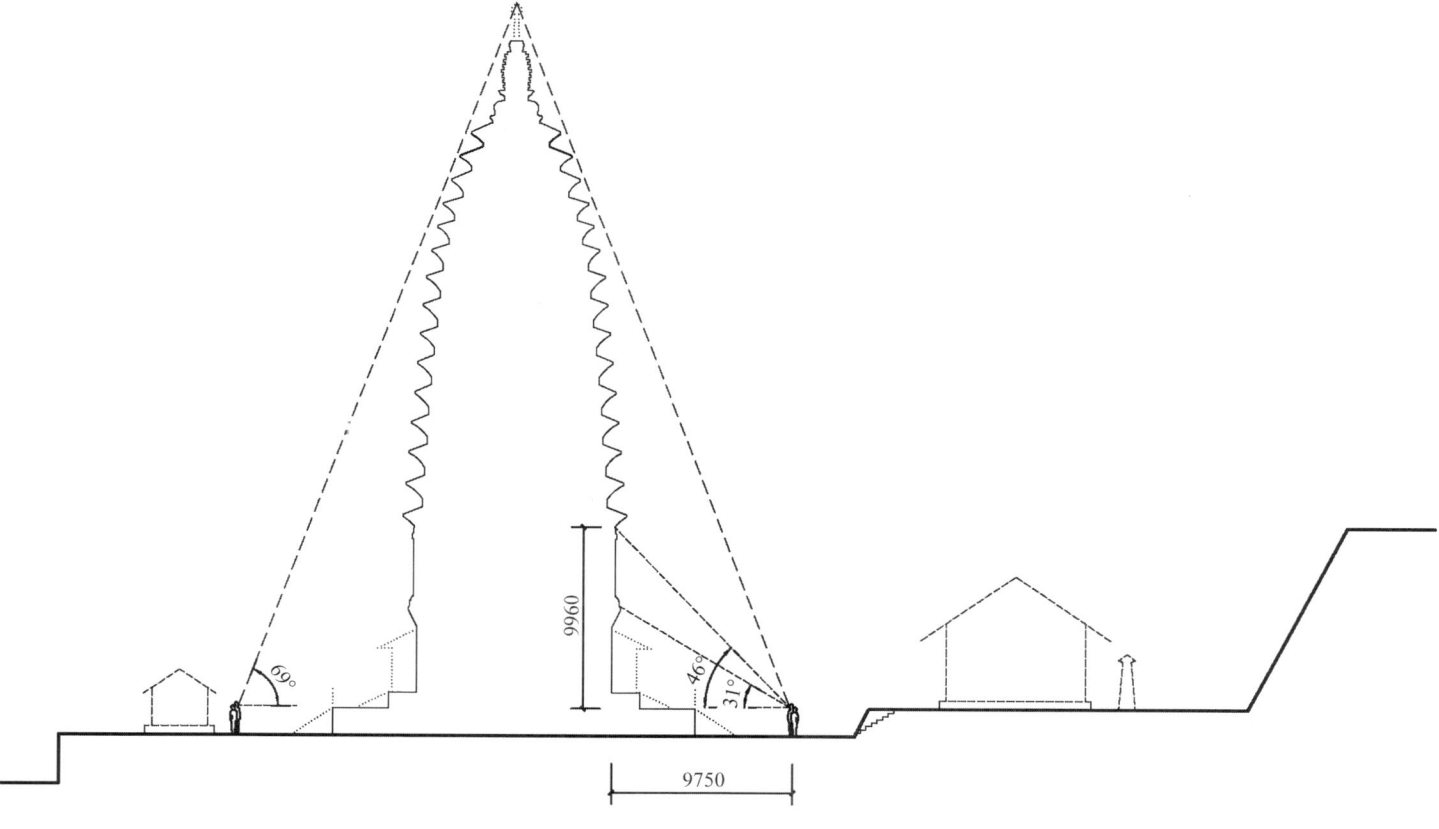

图 10.3.2 嵩岳寺塔院建筑空间南北竖向分析图

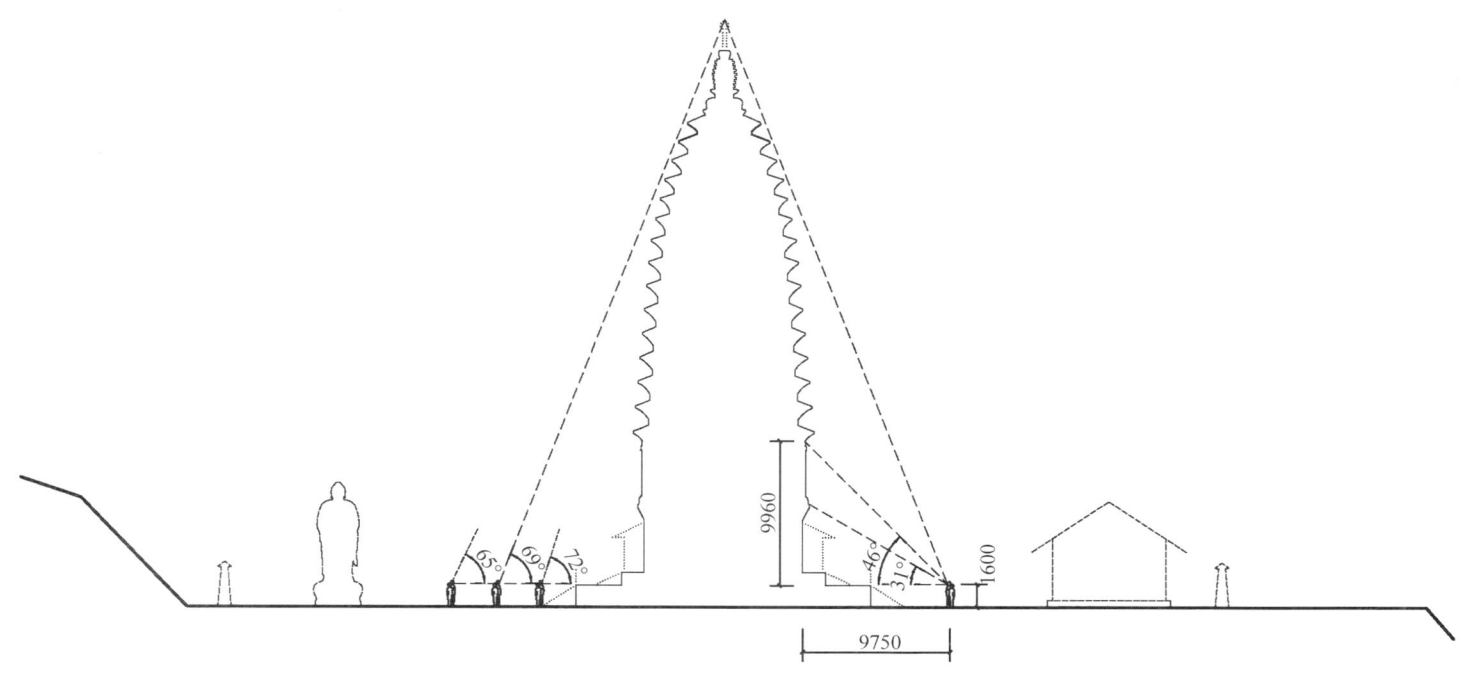

图 10.3.3 嵩岳寺塔院建筑空间东西竖向分析图

三、嵩岳寺塔自身的建筑空间营造

嵩岳寺塔自身营造的建筑空间主要是局部空间，有室外和室内两部分。

塔外部建筑空间，主要是在塔下部设台座、阶基和塔基座，形成内收的两层平台，并高出塔院地面，以示嵩岳寺塔建筑空间的主体性和范围，台座和阶基上置绕塔行道，形成绕塔行道空间，即塔自身的外部建筑空间，阶基上副阶内这部分也可视为塔的内部空间。台座上绕塔行道宽度为 300.0 厘米，阶基上绕塔行道的宽度约为 150.0 厘米左右。人登上台座观看塔体，在最佳水平视区内已不能清楚观察到塔的整体宽度，但塔宽度仍在水平视角的范围内，塔体仍有模糊的立体形象，使人感受到的是佛塔威严和庄严肃穆的场景氛围，亲和力减弱。站在阶基上的副阶内观察塔体效果基本同台座，但视觉已完全被限制在塔基座副阶廊道内，场景气氛更加严肃（图 10.3.5）。人登上这两道绕塔行道，仰头基本看不到塔顶，前视看不完整塔体，可形成壁障的封闭空间效果，使佛塔产生崇高、雄伟的形象，形成威严、神秘建筑空间的心理感受。站在台座绕塔行道上观看塔龛佛像，最小的垂直视角约为 49°，最大垂直视角达 66°，远超出了人眼平视的最大垂直视野 40°，观看时必须抬头仰望，形成了佛高大形象的空间氛围（图 10.3.6）。

图 10.3.4 嵩岳寺塔院绕塔行道上的视觉图

嵩岳寺塔内的主要建筑空间分第一层和第二层两部分。塔内第一层建筑空间的营造，在塔心室中间设佛台，上置佛像，佛台、佛像与塔内壁间形成内廊式绕佛行道空间，即塔内第一层建筑空间。此建筑空间同北魏木构佛塔室内旋绕礼佛的建筑空间一样，应是我国早期大型佛塔室内建筑空间共有的特点；其与木构佛塔室内的绕塔行道空间相比，因砖结构的影响，绕佛行道宽度较窄，空间比例狭高，封闭感更强，营造的空间气氛更严肃（图 10.3.5）。塔内第一层绕塔行道最窄处约 45.0 厘米，基本仅供一个人通行，上部空间宽约 120.0 厘米左右，层高约 450.0 厘米，绕佛空间高宽比约为 4∶1，形成的建筑空间狭高、急促，站在绕佛行道上观看佛像顶部，最大垂直视角达到了 72°，在这样封闭的建筑空间内仰视佛像，会使人心里感到无比的敬畏，甚至恐惧的感觉，只

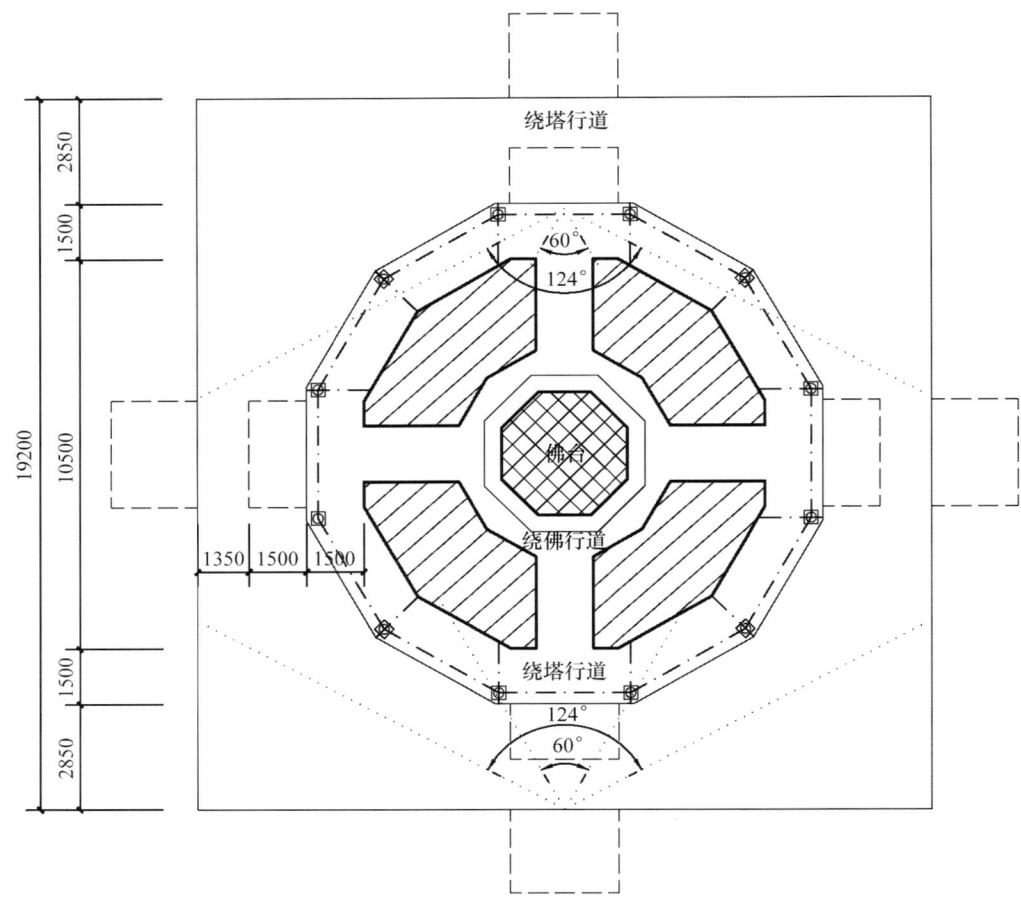

图 10.3.5 嵩岳寺塔建筑外部空间平面分析图

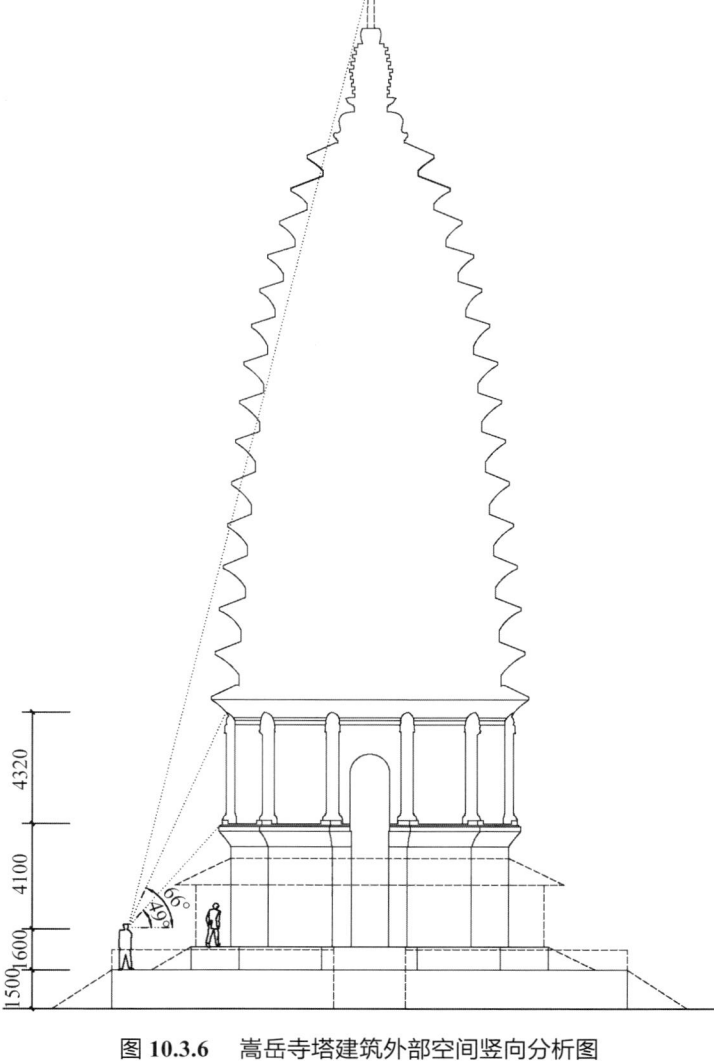

图 10.3.6 嵩岳寺塔建筑外部空间竖向分析图

有退至塔门洞内用 43°垂直视角观察佛像，才可消除这种感觉，因此佛台上可能仅有四塔门的方向设置有佛像。塔内二层的建筑空间营造，在除塔门外的其他四壁上每面砌筑一壁龛，龛内置神像，形成第二层的建筑空间；在塔内即便中间有佛像或塔心柱的情况下，人观察神像顶的垂直角度约为 34°，小于人眼平视的最大垂直视野 40°，是最佳的观察视角，可形成较为亲和的空间氛围（图 10.3.7）。

四、嵩岳寺塔建筑景观空间营造

嵩岳寺塔所居之处堪称嵩阳第一胜处，周围山环水抱，北侧有玉柱峰和嵩岭诸峰，南为地势较低的河流和谷地，西侧紧靠西岭，东侧有溪谷平地与东岭相离，嵩岳寺塔周围山体围成的区域空间半径约 300 米。从最佳观赏点或观察带的角度讲，依据使人产生舒适、健全的视觉和心理感受的和谐原则分析，观看距离 2000.0～2500.0 厘米为近景，7000.0～10000.0 厘米为中景，15000.0～20000.0 厘米为远景[3]。塔院外这部分建筑空间的创造主要是远景和中景景观，是使佛塔满足作为佛寺景观主体及佛崇高象征物的需求来设置（图 10.3.8）。嵩岳寺塔远景的最佳观景点在东岭、南辅山等处，东岭观景点距塔约 30000.0 厘

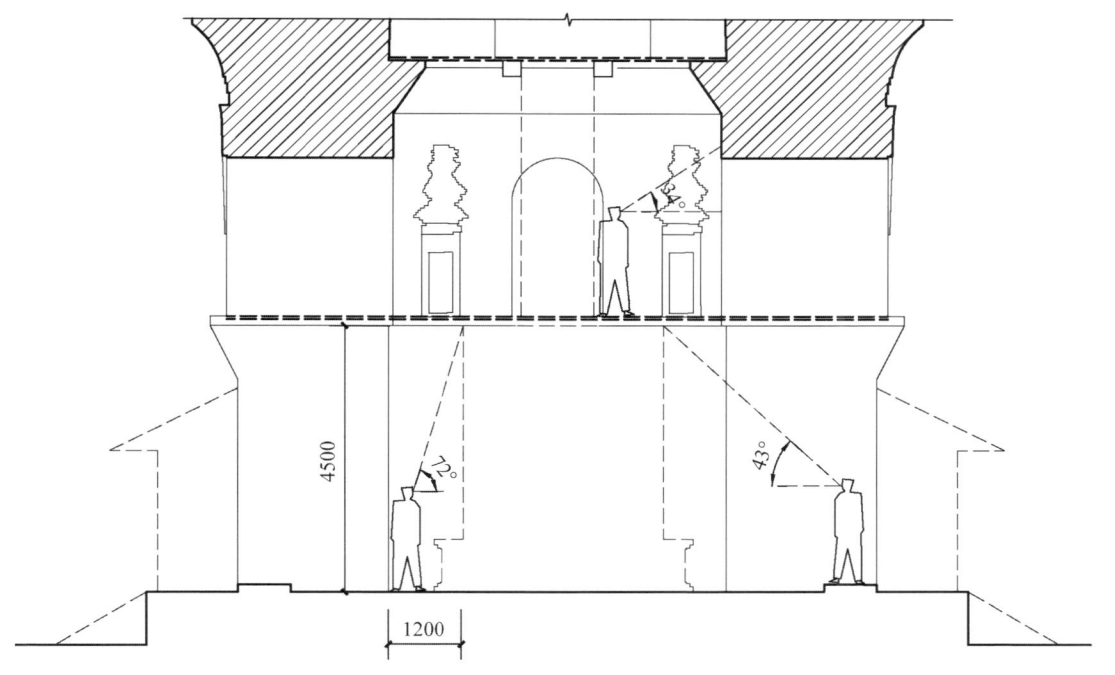

图 10.3.7 嵩岳寺塔内建筑空间竖向分析图

米（视距 D），塔高 4050.0 厘米（被观察物高 H），D/H 约为 7.4，此比例大于 5 时，形成的建筑空间封闭感基本消失，塔与山丘间的建筑空间界面相互间的影响已经很薄弱，塔体基本融入了山峦中，适合远观嵩岳寺塔天际线轮廓。东岭顶地势高出塔地面约 4700.0 厘米，观察点人眼与塔顶连线的中心垂直视角约为 −1.5°，垂直视角在人眼平视时不用低头观察的范围内，观景点人眼与塔顶连线的延长线至西岭处，仍高出西岭顶约 860.0 厘米，在视觉上塔顶高于西岭，使塔成为景观的主体，能体现出佛塔的高大形象（图 10.3.9）。南辅山顶距塔约

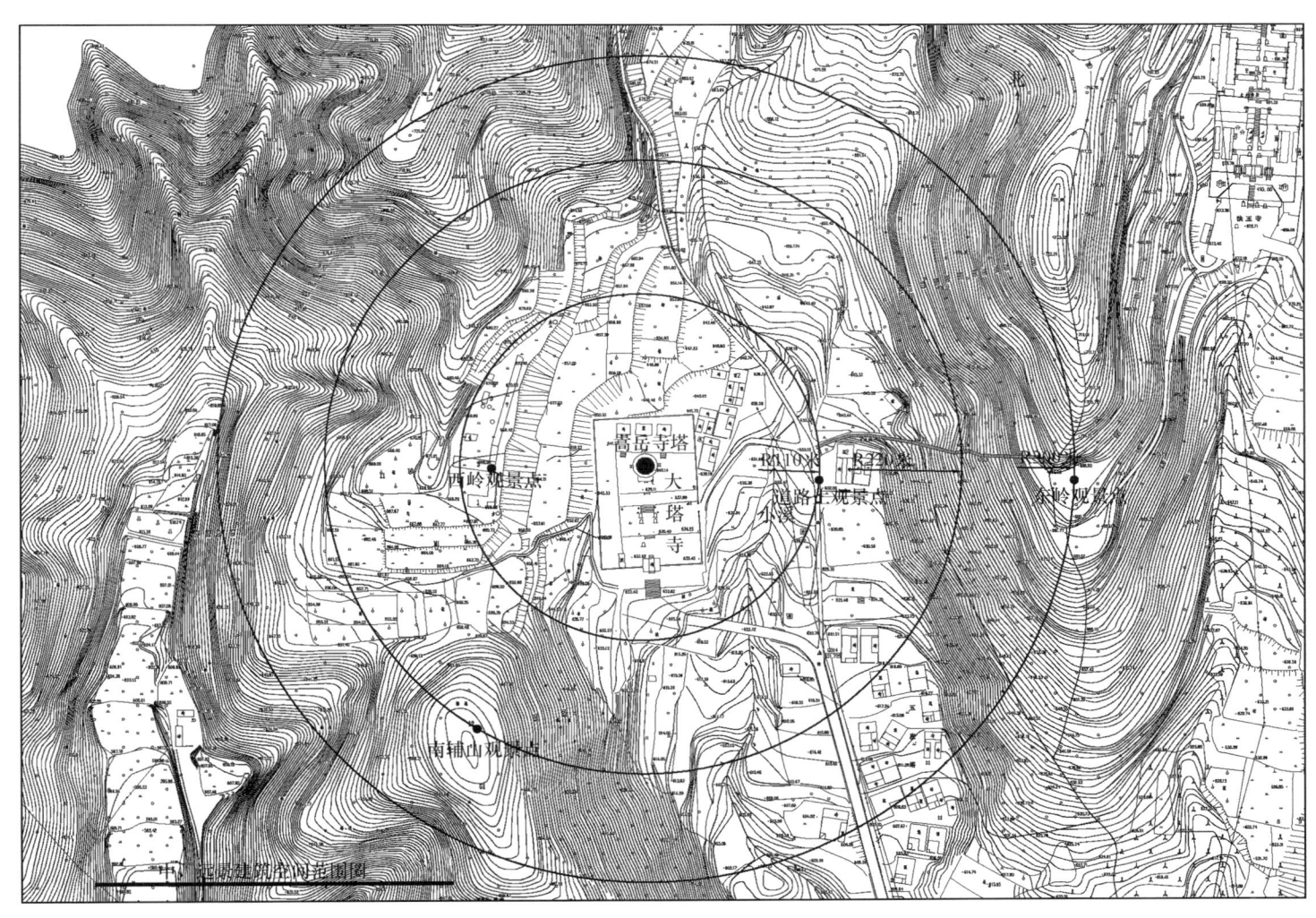

图 10.3.8 嵩岳寺塔中、远景平面分析图

22000.0厘米，高出塔院地面约3300.0厘米，略低于塔顶高度，站在南辅山观看佛塔，在视觉上塔顶均高于周围山丘，后以玉柱峰和嵩岭诸峰为背景，周围环以太室诸峰为衬景，使塔犹如"太室一峰"，刘敦桢先生说嵩岳寺塔"与背面沉静阴遂的山色，十分和谐"[4]。如将东北方向的法王寺唐塔融入景观，就有唐·白居易诗曰"双刹夹虚空，绿云一径通。似从忉利下，如过剑门中"[5]的景观效果，这可是营造嵩岳寺塔时冯亮等人没有想到的美景。如站在塔院北侧向南观看嵩岳寺塔，就有明·傅梅形容的"梵刹俯临双阙，浮图高出九城"[6]的效果。

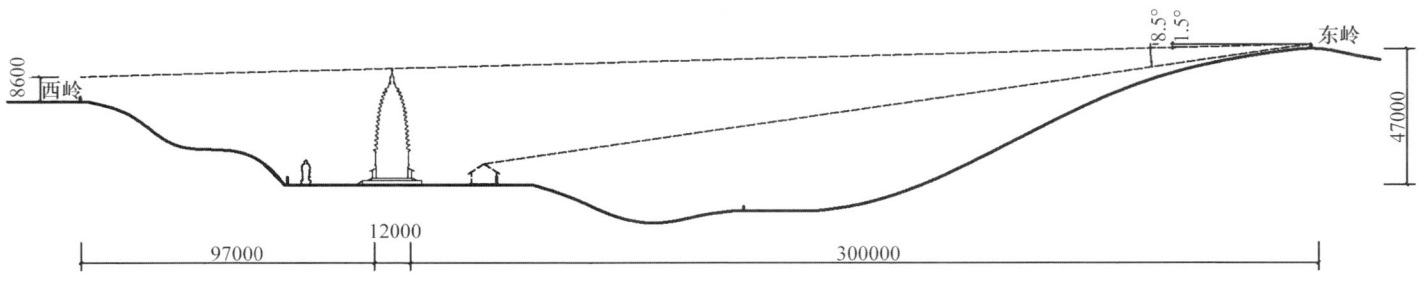

图 10.3.9　东岭观景点视觉分析图

中景是建筑景观最重要的观景状态，其观景点是主观景点，嵩岳寺塔的最佳观景点或观景带位于西岭和塔东溪岸小路上。西岭观景点距塔（D）约9700.0厘米，D/H约为2.5，此距离和比例观察塔的细部基本看不太清楚了，但可完整的观察塔整体和细部轮廓，能充分欣赏到以塔为主体的景观环境。西岭顶高出塔院地面约2900.0厘米，低于塔顶高度1000.0厘米左右，观景点处于仰视观景，观察点人眼与塔顶连线的中心垂直视角约为5.5°，在人眼平视时最佳观察角度的范围内，人眼与塔顶连线的延长线至东岭，高出东岭顶约22.4米，虽塔高绝对高度小于东岭，但在视觉上塔高于东岭，使塔成为景观主体，加之塔身白色的外观，犹如"擎天玉柱"耸立山间，与旁边的太室诸峰相媲美，形成"塔光山色"的胜境（图10.3.10、图10.3.11）。观景点设在塔东溪岸的小路上，从地理环境上此条南北向道路为一条观景带，南段可作为远景的动态观景点，北段作为中景的观景点，即嵩岳寺的主入口处。道路南段道路地势北高南低，在观察嵩岳寺塔时，一直处在仰视的角度，并且随着

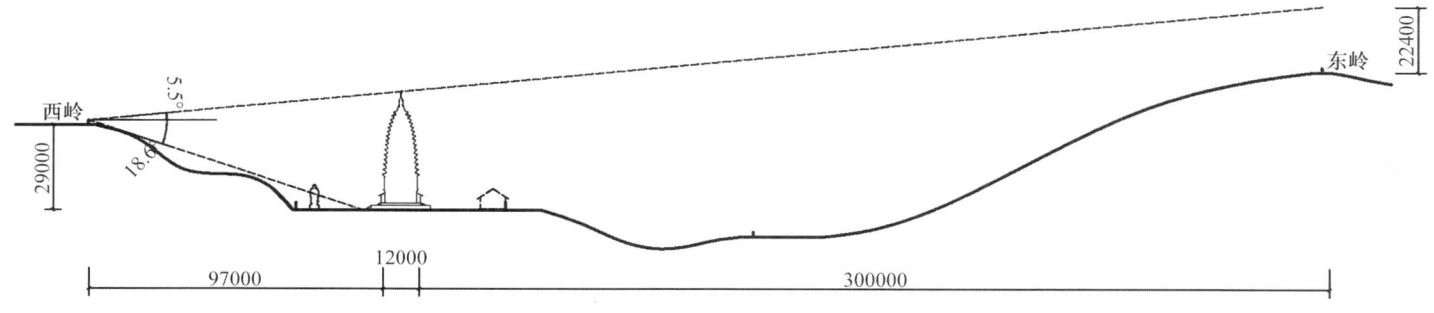

图 10.3.10　西岭观景点视觉分析图

图 10.3.11　西岭上观景点视觉图

距离的缩短，仰角逐渐增大、轮廓逐渐清晰，透过依稀遮挡的树木看佛塔，创造出佛塔的高大和神秘感，形成具有视觉引导的空间维度。道路北段是观看佛塔中景最主要的观景点或观察带，观景点距塔约110米，D/H约为2.8，地势低于塔院地面900.0厘米左右，观察点人眼与塔顶连线的中心垂直视角约22.4°，是观察塔及塔院全貌最佳的视角和距离，观景点人眼与塔顶连线的延长线至西岭，高出作为背景的西岭顶约5400.0厘米，可创造出佛塔作为景观主体崇高形象的建筑空间，清·景日昣曰："度涧而西，望浮图透岭际"[7]（图10.3.12、图10.3.13）。

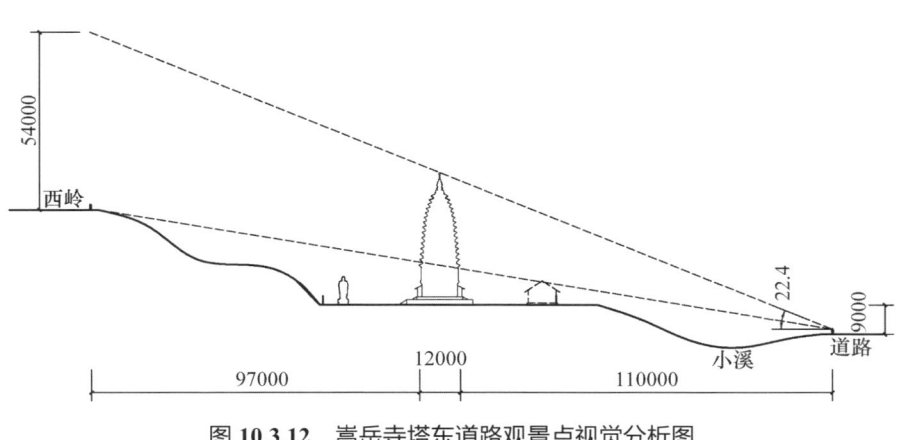

图 10.3.12 嵩岳寺塔东道路观景点视觉分析图

图 10.3.13 嵩岳寺塔东道路观景点视觉图

参 考 文 献

[1] 建筑设计资料集编委会. 建筑设计资料集（1）[M]. 北京：中国建筑工业出版社. 1994：6.

[2][3] 赵晓光. 民用建筑场地设计[M]. 北京：中国建筑工业出版社. 2004：111. "部分建筑空间的视觉分析，实验证明结论："D/H=1，2，3 为最广泛应用的数值。D/H 在 1 与 2 之间时空间平衡，是最紧凑的尺寸；D/H=1 时，中心垂直视角 45°，可观察到界面全貌，视线仍集中于界面细部，具有较好的封闭感；D/H=2 时，中心垂直视角 27°，是观察完整界面的最佳位置，既能观察对象的整体，又能感觉到它的细部效果，为空间形成封闭感的上限；D/H=3 处于 18° 仰角时，细部已看不太清楚，但却能充分感觉到以周围建筑为背景的十分清晰的主体对象；D/H＞4 处于仰角＜14° 时，两界面相互间的影响已经薄弱了；D/H＞5 处于仰角＜11° 时，适于远观城市空间群体建筑的天际线轮廓。6m 左右可看清花瓣，20～25m 可看清人的面部表情，这一范围通长组织为近景；中景为 70～100m，可看清人体活动，一般为主景，要求看清建筑全貌；远景为 150～200m，可看清建筑群与大轮廓"。

[4] 刘敦桢. 河南省北部古建筑调查记[J]. 中国营造学社汇刊第六卷第四期. 中华民国二十六年（1937）：99.

[5] （清）叶封撰. 嵩山志[M]：卷八. 国家图书馆. 影印清康熙十五年刻本.

[6] （明）傅梅撰. 嵩书[M]：卷十七韵始篇六. 续修四库全书：七二五·史部·地理类. 影印上海图书馆藏明万历刻本. 上海：上海古籍出版社，2002：305.

[7] （清）景日昣著. 说嵩[M]：卷三太室南麓一. 故宫珍本丛刊. 影印清康熙五十五年岳生堂刊本. 中国名山胜迹志（第三辑）. 台北：文海出版社有限公司. 1934：231.

第十一章 嵩岳寺塔形制流变

第一节 嵩岳寺塔形制研究现状和佛塔类建筑类型概念

一、嵩岳寺塔形制结构研究现状

嵩岳寺塔是我国优秀的古代建筑遗产和世界建筑之林中的璀璨明星，其优美的造型和丰富的内含意义，享誉古今和海内外。北齐·魏收在《魏书》中赞美曰"林泉既奇，营制又美，曲尽山居之妙。"[1]唐·李邕撰碑云："发地四铺而耸，陵空八相而圆，方丈十二，户牖数百。规制一绝。"[2]明·傅梅曰："梵刹俯临双阙，浮图高出九城。"[3]清·冉觐祖形容为"貌若插孤梃耳。"[4]刘敦桢先生称它的外轮廓轻快秀丽，全体形范，十分雄健，而局部比例，亦能恰到好处，为我国单层多檐式塔的鼻祖[5]。梁思成先生称其凸肚形塔身外轮廓如现代的炮弹壳形，既秀丽又雄浑[6]。罗哲文先生称其建筑结构、艺术造型又称绝响，从古塔的各个方面讲，都是堪称第一[7]。张驭寰先生称它是我国现存最古的高层砖石楼阁式塔建筑，是世界名建筑之一[8]。萧默先生说它是唯一一座十二角平面的密檐式砖塔，风姿卓越，造型完美[9]。这些赞誉殊荣都来自于它悠久绵长的历史积淀和优美绝伦的形制外观。嵩岳寺塔作为我国现存最古老的此类型砖塔，其建造年代和形制结构问题，是前辈学者们历来关注的焦点，诸家从不同的角度对其形制结构进行研究，各抒己见，争论居多。萧默先生说"探讨嵩岳寺塔和密檐塔的渊源及其演变过程，实具有颇大学术意义。"[10]因此，我们有必要再对它的形制结构再作一番梳理。

在探讨嵩岳寺塔的形制结构前，先确定一下其所属类型。最早鲍鼎先生按塔的外观形式及多层与单层之别，将我国古塔的类型分为三大类，即楼阁型、砖塔型、石塔型，其中将嵩岳寺塔分为砖塔型[11]。梁、刘二先生按其形范将塔暂分为楼阁式塔、单檐塔、密檐塔、喇嘛塔、金刚宝座式塔等五类，将嵩岳寺塔划为密檐塔[12]。罗哲文先生又从塔的艺术造型与结构形式上，将其分为楼阁式塔、密檐式塔、亭阁式塔、花塔、覆钵式塔（喇嘛塔）、金刚宝座式塔、过街塔及塔门、宝箧印塔等八种基本类型，将嵩岳寺塔划为密檐式塔等等[13]。上述多是因此种塔下部塔身高耸，上部多层塔身低矮，叠涩檐丛密，将之定义为密檐。嵩岳寺塔在被称为密檐塔外，大家对它的类型称谓，曾有单层多檐式塔、密檐阁楼塔及"内部楼阁式，外部密檐式"塔[14]等。自梁、刘二先生将嵩岳寺塔形制在二十世纪四十年始称为最古密檐塔以后，绝大多数人亦称为密檐塔，故本文也随称为砖构"密檐塔"。

在嵩岳寺塔形制结构的渊源研究上，诸家看法也不尽相同，总体上可大致分为二种观点。第一种观点是古印度来源说，一是认为由窣堵坡转化而来，密檐塔高高的基座和下部塔身代表窣堵坡的基座和覆钵，上面十五层密檐代表着窣堵坡顶上的塔刹相轮；二是认为脱胎于印度的佛精舍、"希诃罗"（sikhara）式天祠或中亚祆教塔庙等，在中国传统梁柱式土木结构的建筑物上，难以出现这种炮弹形的效果，所以它不大可能在中国自身的建筑意匠中产生，这种轮廓线当来自印度。第二种观点是中国化物说，认为由我国的阁楼式建筑转化而来，其塔的实质性组件与楼阁式塔并没有根本的差别，或者可以看作是一种"压缩式的楼阁式塔"，其原因是为了取得观念上的高度，而对楼阁式建筑采取的一种艺术上的处理；但部分学者也不否认塔的概念导源于印度，可能在外轮廓上吸收了外来因素。这些观点中，也有部分研究者在不同的时间阶段有不同的认识。因我国北魏及以前的砖塔建筑实物不存，早期雕造绘画中表现的塔均无相同类型可比，古代文献中关于嵩岳寺塔及密檐塔的产生原因亦无明确说明，所以学者们只能根据各自掌握的相关资料作分析推论，以致产生不同的观点。

《庄子·秋水》曰："今予动吾天机，而不知其所以然。天下诱然皆生，而不知所以生；同焉皆得，而不知其所以得。"[15]梁·刘峻《辩命论》中进一步讲："自然者，物见其然，不知所以然；同焉皆得，不知所以得。"[16]在我国古代建筑的研究上，也不能"只知其然，而不知其所以然"，应是如《朱子语类·论知行》篇中所说："不可去名上理会，须求其所以然。"[17]即要知其然也要知其所以然。英国人爱迪京（J.Edkine）在所论《中国建筑》中说："欲明了一国之建筑，必须先考其古代之历史，因大抵建筑物均系根据以往事实及古人之观念而成也，请举例以明之。"[18]特别是像嵩岳寺塔这样古老的建筑，要想知其所以然，必须先知其历史、道其渊源。因此，我们不妨在嵩岳寺塔详细勘察和前辈们研究的基础上，再探讨一下与嵩岳寺塔有关的塔类建筑起源和自身形制结构的特征。

二、佛塔建筑类型概念

古印度佛塔类建筑因功能用途、形制结构、时间地域上的不同，同时又受到不同时期、地区和外来文化如希腊、波斯、罗马等影响，自身也有不同年代、地域、类型等风格特点。随着佛教传入我国汉地，以及佛教对标志性建筑的需要，这些佛塔类建筑也随之而来，并与我国传统建筑交融，形成了具有我国特色的佛塔类建筑。

塔的概念导源于古印度是大家所公认的，由于古时对这些佛塔类建筑有音译、意译、"以塔之外表，辄有图绘雕刻"[19]的"形"译，以及西域人译、中国人译等不同情况，佛塔类建筑在我国历史上出现众多称谓，致使后人对其概念产生了混淆，这也是如今研究我国佛塔类建筑的渊源和形制结构时，产生诸多不同观点的原因之一。其实古印度这些佛塔类建筑，从形制结构和用途上来说是有一定区别的，据《弥沙塞部和醯五分律》载："佛言，听有四种人应起塔，如来、圣弟子、辟支佛、转轮圣王。诸比丘欲作露塔、无壁塔和屋塔。欲于内作龛像，于外作栏楯。欲作承露盘。欲于塔前作铜铁石木柱上作象师子种种兽形。"[20]可知佛塔类建筑有露塔、无壁塔和屋塔三种类型。《摩诃僧祗律》载："作塔法者。下基四方，周匝栏楯，圆起二重，方牙四出，上施槃盖，长表轮相。……塔枝提者。佛住舍卫城，乃至佛语大王：得作枝提，过去迦叶佛般泥洹后，吉利王为迦叶佛四面起宝枝提，雕文刻镂，种种彩画。今王亦得作枝提，有舍利者名塔，无舍利者名枝提。如佛生处、得道处、转法轮处、般泥洹处、菩萨像、辟支佛窟、佛脚迹，此诸枝提得安佛、华盖、供养具。若有言佛，贪、欲、嗔、恚、愚、痴已断用，是精舍供养为，得越比尼罪，业报重，是名塔枝提。"[21]依塔内有无舍利将其分为塔和塔枝提，并且将塔枝提与精舍视为同一类建筑。结合古印度和中亚地区现存的佛教建筑类型看，佛塔类建筑的形制也基本就是如《弥沙塞部和醯五分律》所载的三种形式。第一种露塔，为窣堵坡式佛塔，"就像桑吉大塔那种露天所建之样式"[22]，也包括犍陀罗地区的第尔佛塔样式。第二种无壁塔，"是在塔上方以木或竹搭一顶棚，唯棚下无墙壁，就像帕鲁德大塔栏楯上的浮雕塔"[23]。第三种屋塔，从翻译的名字看，是一座有内部空间的房子，即是可以安置佛像礼拜的佛精舍式佛塔，就像印度巴特那近郊库木拉哈尔出土石板上的"塔庙"和佛陀伽耶佛塔的式样。为叙述方便和分清概念，现将佛塔类建筑定义为三种类型，一是窣堵坡（露塔），二是无壁塔，三为佛精舍（塔枝提）。一窣堵坡（Stūpa），为安葬佛舍利的舍利塔；梵语Stūpa这个词，"最早出现在《梨俱吠陀》（Rgveda）中，意为'柱'或'树干'，二词皆富于稳定之意，而在《鹧鸪氏本集》（Taittirīya Saṁhitā）中，则被译作'发髻'，暗指至高或最高地位"[24]，音译有窣堵坡、数斗波、苏偷婆、兜婆、塔婆等，意译有塔、圆坟、方坟等；形制为下部圆形或方形基座，基座上为塔身和覆钵，再上为宝匣或平头，顶立柱置相轮、宝瓶，内部实心的佛塔。二无壁塔，是内安置小窣堵坡或佛像的佛塔；形制为下部为基座，基座上立柱，柱间作拱券门，上顶窣堵坡的单层建筑，内部空心。三是佛精舍，即支提（caitya），为内安置佛像或其他佛教法物的佛塔；"精舍"一词屡见经典之中，然其原语不一，或为阿蓝摩（ārāma），或为毗诃罗（vihāra）、阿练若（āranya）、求呵（guhā）等等，意为智德精练者的舍宅[25]；梵语caitya，有积集之义，又译聚相，印度古来原用以指崇拜的对象[26]；音译有制底、制多、支提、枝提、脂帝等，意译有塔、庙、塔庙、灵庙、高显聚相、可供养处、灭恶生善处等；形制为下部为基座，基座上建高大墙体，屋顶置缩小窣堵坡的高层或多层建筑，内部空心。从《法显传》和《大唐西域记》中对祇洹精舍等佛精舍的描述看，其为高层或多层建筑，顶置"庵摩罗果"，内有砖室设佛像或锡杖等佛教法物，起初为佛陀的住处，后内置佛像。[27]

对于上述这些塔类建筑，塔上多有雕造绘制的佛像，因"供奉浮屠像，所以这种建筑佛教上谓'浮图'"[28]，因此在我国还译有佛图、浮屠等名称。葛洪《字苑》解释："塔即佛堂；佛塔，庙也"，说明佛塔在我国融合了窣堵坡、无壁塔、佛精舍三者具有的墓葬、纪念、礼拜等功能意义，最后我们的先人发挥聪明智慧，将其通称之为"塔"。罗哲文先生讲"塔"这一字造得很好，它采用了梵文佛字"布达"的音韵，较旧译佛图、浮屠更为接近；加上土作偏旁，以表示土冢之意义，也就是埋佛的土冢，这就十分切合实际的内容了[29]。从嵩岳寺塔的功能作用、建筑形制上看，其性质更接近佛精舍式佛塔。

参 考 文 献

[1] （北齐）魏收. 魏书 [M]：卷九十. 北京：中华书局. 1974：1931.

[2] （宋）李昉. 文苑英华 [M]：卷八五八. 北京：中华书局，1966：4530.

[3] （明）傅梅撰. 嵩书 [M]：卷十七韵始篇六. 续修四库全书：七二五·史部·地理类. 影印上海图书馆藏明万历刻本. 上海：上海古籍出版社. 2002：305.

[4] （清）张圣诰等. 登封县志 [M]：卷十上游嵩顶记. 四库全书存目丛书（第214册）：史部. 影印北京大学图书馆藏清康熙三十五年刻本. 济南：齐鲁书社. 1996：43.

[5] 刘敦桢. 河南省北部古建筑调查记 [J]. 中国营造学社汇刊第六卷第四期. 中华民国二十三年（1937）：99.

[6] 梁思成. 华北古建筑调查报告. 梁思成全集 [M]（第三卷）. 北京：中国建筑工业出版社. 2001：340.

[7] 罗哲文. 中国古塔 [M]. 北京：中国青年出版社. 1985：228.

[8] 张驭寰. 中国古代高层砖石建筑——嵩岳寺塔和其他 [J]. 中国古代科技成就. 北京：中国青年出版社. 1995：648-652.

[9] 萧默. 嵩岳寺塔渊源考辨——兼谈嵩岳寺塔建造年代 [J]. 建筑学报. 1997（4）：49-53.

[10] 萧默. 嵩岳寺塔渊源考辨——兼谈嵩岳寺塔建造年代 [J]. 建筑学报. 1997（4）：49-53.

[11] 鲍鼎. 唐宋塔之初步分析 [J]. 中国营造学社汇刊第六卷第四期. 1937：3-4.

[12] 刘敦桢. 中国之塔. 刘敦桢文集 [M]：第四卷. 北京：中国建筑工业出版社. 1982：2.

[13] 罗哲文. 中国古塔 [M]. 北京：中国青年出版社. 1985：31.

[14] 张驭寰. 张驭寰文集 [M]：第五卷. 北京：中国文史出版社. 2208：163.

[15] 孙通海译注. 庄子 [M]：外篇秋水. 北京：中华书局. 2007：258、164.

[16] （唐）姚思廉撰. 梁书 [M]：卷第五十. 北京：中华书局. 1973：702.

[17] （宋）黎靖德编，王星贤点校. 朱子语类 [M]：卷第九. 北京：中华书局. 1986：159.

[18] （英）爱迪京，瞿祖豫译. 中国建筑 [J]. 中国营造学社汇刊第二卷. 中华民国二十年（1931）.

[19] 黄宝瑜. 中国佛教建筑 [J]. 中国佛教史论文集Ⅲ. 台北：中华文化出版社事业委员会. 1956：881.

[20] （南朝宋）罽宾三藏佛陀什共竺道生译. 弥沙塞部和醯五分律 [M]：卷二十六. 中华藏律（第一卷）. 北京：国家图书馆出版社. 2009：259.

[21] （东晋）天竺三藏佛陀跋陀罗共法显译. 摩诃僧祇律 [M]：卷第三十三. 中国律藏：第二卷. 267、268.

[22][23][24] 李崇峰. 佛教考古——从印度到中国 [M]. 上海：上海古籍出版社. 2015：16、4-5.

[25] 中华佛教百科文献基金会. 中华佛教百科全书（六）[M]. 台北：收藏家艺术有限公司. 1994：2076、3337、5058.

[26] 中华佛教百科文献基金会. 中华佛教百科全书（三）[M]. 台北：收藏家艺术有限公司. 1994：1331.

[27] （东晋）释法显撰，章巽校注. 法显传 [M]. 上海：上海古籍出版社. 1985：72.

[28] 刘致平著. 中国建筑类型及结构 [M]. 北京：中国建筑工业出版社. 2000：133.

[29] 罗哲文. 中国古塔 [M]. 北京：中国青年出版社. 1985：3.

第二节 嵩岳寺塔与窣堵坡式佛塔形制的关系

一、古印度和中亚地区窣堵坡的形制

古印度地区早期的窣堵坡，基本特征是"都有围栏（vedika）围合，在围栏的主要方位设有由立柱和横梁构成的围栏大门'陀兰那'（torana）；至于窣堵坡本身的形式，一般有一个圆柱形的台座；主体是一个被称为'安荼'（anda）的覆钵体；顶部有一个被称为宝匣（harmika）的小平台；在平台的中心是一根竖轴，由一系列向上半径逐渐变小的伞盖（相轮）构成，它代表了宇宙之轴和佛陀。"[1]其窣堵坡的上述形制至迟在公元前1世纪就已形成，由圆形基座、栏楯、覆钵、平头、伞盖（宝盖）等部分组成，伞盖多是一层，栏楯与覆钵之间有绕塔行道（图11.2.1）。后窣堵坡基座逐渐升高、层数增加，层间用栏楯分隔，出现上大下小到锥形的平头，部分塔身上砌筑佛龛，内部为实心的砖石砌体（图11.2.2、图11.2.3）。

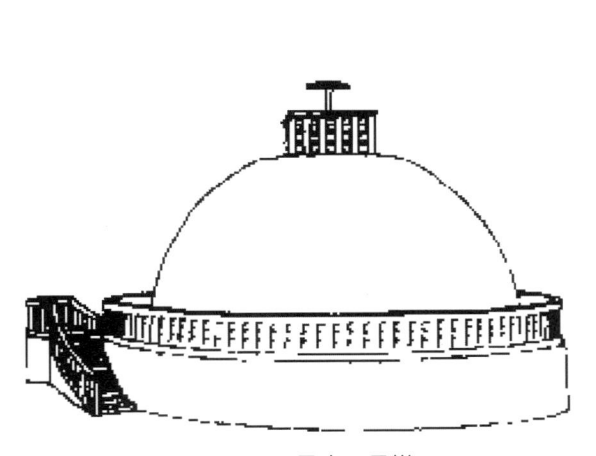

图 11.2.1 桑奇3号塔
（采自《中国古代建筑史·第二卷》）

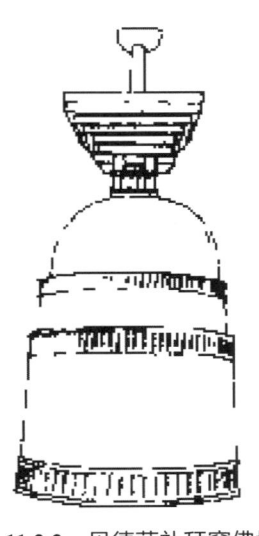

图 11.2.2 贝德萨礼拜窟佛塔
（采自《中国古代建筑史·第二卷》）

图 11.2.3 鹿野苑答枚克佛塔

窣堵坡传入犍陀罗地区后，受当地建筑、外来因素和佛像出现的影响，发展出方形或多边形基座、圆形塔身、覆钵、平头、多层相轮等部分组成的窣堵坡，此时还出现多层的方形基座和多层的圆形塔身，层间用"叠涩檐"分隔，檐间置倚柱和佛龛、佛像，相轮层数增多，外轮廓呈圆锥形，部分塔身和覆钵正面开有拱形门（图11.2.4）。从窣堵坡圆形塔身的形态看，覆钵下部增高的部分可称为塔身，其是由早期的圆形基座叠加演变而成，塔上栏楯演化成"檐"或绘制的形象，内部多为实心砖石砌体结构，这种"窣堵坡有神秘主义倾向的竖向趋势，它是印度北方地区所特有的形式"[2]。

这些窣堵坡从犍陀罗地区传入中亚（包括中亚五国、阿富汗和巴基斯坦东北一小部分）和我国西域（包括玉门关、阳关以西，葱岭即今帕米尔高原以东，巴尔喀什湖东、南及新疆广大地区）后，结合当地建筑技术、材料和地方文化，创造出了土坯和土砖石等材料的窣堵坡。如巴基斯坦土瓦特第尔覆钵砖塔，下部为四层方形基座，形如须弥座，基座中部设柱子和佛像，上下为叠涩，上部圆形覆钵下圆形柱身较低（图11.2.5）。巴基斯坦东北部契拉斯2号岩摩崖刻画的礼拜覆钵塔，时代大约在公元1至2世纪[3]，圆形台基上建半球形覆钵丘，前设五级台阶，覆钵丘周

图 11.2.4 犍陀罗地区小石塔
（采自《天竺建筑行记》）

围设栏楯和礼拜道,栏楯正面开门,覆钵腰部有腰檐,顶饰三角形垂莲,顶部置平头和刹杆、三层相轮,此塔更像印度早期的桑奇大塔(图11.2.6)。巴基斯坦的塔尔潘摩崖刻画的礼拜高台覆钵塔,时代在公元5至8世纪[4],下部为四层方形台基,外雕佛龛、柱及其他装饰,台基上为两层圆柱形塔身,层间有"檐",其上建覆钵丘,顶部置平头和相轮(图11.2.7)。阿富汗喀布尔古尔达拉窣堵坡(图11.2.8)和巴米扬石窟壁画中的窣堵坡(图11.2.9),及由贵霜王朝修建的乌兹别克南端的捷尔梅兹古城内,卡拉切配1号洞窟寺院壁画的窣堵坡等(图11.2.10)。窣堵坡最后的形制是台基层数增多,平面呈方形,塔身为多层圆形,宝匣完全变成了平头的基座,相轮增多,外轮廓呈锥形,部分台基上开有券门,内部有小室,其形态基本同犍陀罗地区。上述古印度和中亚地区的窣堵坡与嵩岳寺塔的形制相差甚远,仅在相轮上小下大和多层的外观轮廓上有形态类似之处。

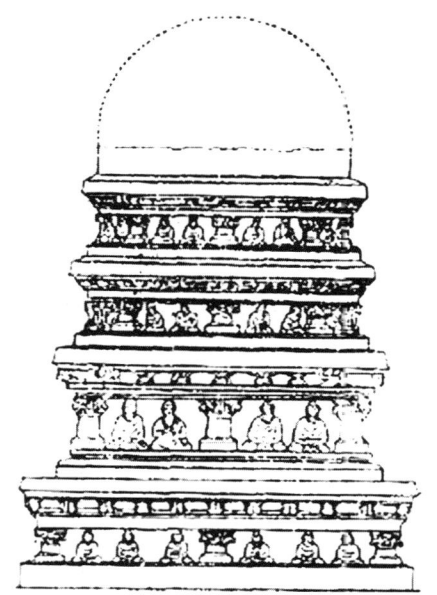

图11.2.5 巴基斯坦土瓦特第尔覆钵砖塔
(采自《印度中亚的佛寺和佛像》)

图11.2.6 巴基斯坦齐拉斯2号岩礼拜覆钵塔摩崖刻画
(采自《中国古塔的艺术历程》)

图11.2.7 塔尔潘礼拜高台覆钵塔摩崖刻画
(采自《中国古塔的艺术历程》)

二、我国西域古国窣堵坡的形制

我国西域古国的窣堵坡,也是"仿照古印度犍陀罗地区窣堵坡的形制,并进行了革新,形成具有我国西域古国特征的窣堵坡式佛塔"[5],现存这些佛塔由基座、塔身、覆钵等组成,覆钵以上的建筑构件均损毁。如新疆苏巴什佛寺(昭怙釐)东寺遗址3号建筑群中佛塔,时代为公元2~3世纪,下部为方形基座,上部圆形塔身顶为半圆形覆钵,上部构件佚失(图11.2.11、图11.2.12)。新疆尼雅佛塔,时代大约为公元2世纪末~3世纪初[6],

图11.2.8 阿富汗喀布尔古尔达拉窣堵坡
(采自《东方建筑》)

图11.2.9 巴米扬石窟壁画中的窣堵坡
(采自《西域文明与华夏建筑的变迁》)

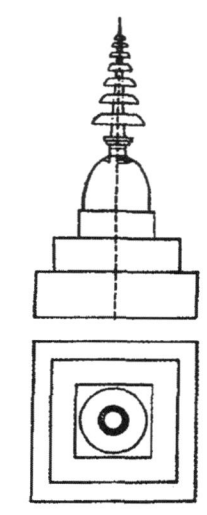

图11.2.10 乌兹别克卡拉切配1号洞窟寺院壁画上的窣堵坡复原图
(采自《中国古塔的艺术历程》)

下部为两层方形基座，上部圆形塔身顶为半圆形覆钵，上部构件佚失（图11.2.13、图11.2.14）。从窣堵坡遗留的刹柱和雕造绘画中的窣堵坡形象看，这些窣堵坡上部原应有平头、相轮（或伞盖）等构件，其基座是单层或多层的方形台基，单层或多层的圆形塔身，呈圆锥形的多层相轮，部分基座或塔身内设拱券式塔心室（或称佛堂）。《洛阳伽蓝记》和《魏书·西域传》等文献记载于阗有"覆盆浮图"、"覆瓮之影"，可能就是特指这种窣堵坡式佛塔。其形制与犍陀罗和中亚地区的窣堵坡式佛塔基本相同，因西域古国地区至今未发现如桑奇大塔式的窣堵坡，似是未经过此种形式的窣堵坡阶段，而是由犍陀罗或中亚地区的多层窣堵坡形制直接传入。其形制与嵩岳寺塔相去甚远。

图 11.2.11　苏巴什佛寺东寺佛塔

图 11.2.12　苏巴什佛寺东寺佛塔立面图
（采自《苏巴什佛寺遗址调查报告——东寺遗址》）

图 11.2.13　新疆尼雅佛塔

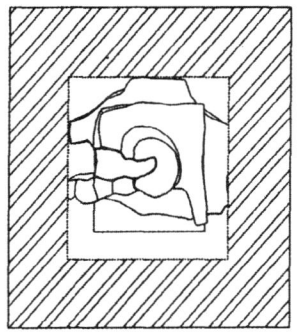

图 11.2.14　新疆尼雅佛塔平、立面
（采自《新疆尼雅遗址佛塔保护加固实录》）

三、我国汉地早期窣堵坡的形制

初传汉地的第一座佛塔白马寺佛图，据《魏书·释老志》载："自洛中构白马寺，盛饰佛图，画迹甚妙，为四方式。"[7]《牟子理惑论》载："时于洛阳城西雍门外起佛寺，于其壁画千乘万骑，绕塔三匝。"[8]《法苑珠林》又载："案南齐王琰冥祥记云：……又于白马寺壁画千乘万骑，绕塔三匝之像，如诸传备载。"[9] 从文献描述白马寺塔为"四方式、壁画千乘万骑，绕塔三匝"看，可知能在塔壁上绘制千乘万骑绕塔三匝的壁画，说明此塔是外有较大墙壁面的窣堵坡，萧默先生也认为"白马寺塔不是楼阁式。所谓'天竺旧状'乃是砖石结构的覆钵窣堵坡；'重构'应是'重叠'的意思，所以白马寺塔是砖石结构的多层窣堵坡。"[10] 这与古印度犍陀罗、中亚地区的窣堵坡形制，以及《摩诃僧祇律》规定的"塔法者，下基四方，周匝框栏楯，圆起二重，方牙四出，上施槃盖，长表轮相"[11] 中描述的窣堵坡式佛塔较为一致。《洛阳伽蓝记》载："太康寺，本有三层浮图，用砖为之。石铭云：'晋太康六年，岁次乙巳，九月甲戌朔，八日辛巳，仪同三司襄阳侯王濬敬造'。……太尉府前砖浮图，形制甚古，犹未崩毁，未知早晚造？逸云：'晋义熙十二年，刘裕伐姚泓，军人所作。'"[12] 同书又载："宝光寺，有三层浮图一所，以石为基，形制甚古，画工雕刻。隐士赵逸见而叹曰：'晋朝石塔寺，今为宝光寺也！'人问其故，逸曰：'晋朝四十二寺尽皆湮灭，唯此寺独存。'"[13] 这些西晋形制甚古、外有壁画和雕刻的砖石浮图，未知是否也是这种窣堵坡，但被认为是形制甚古，至少说明与北魏当时流行的佛塔风格与之相去甚远。

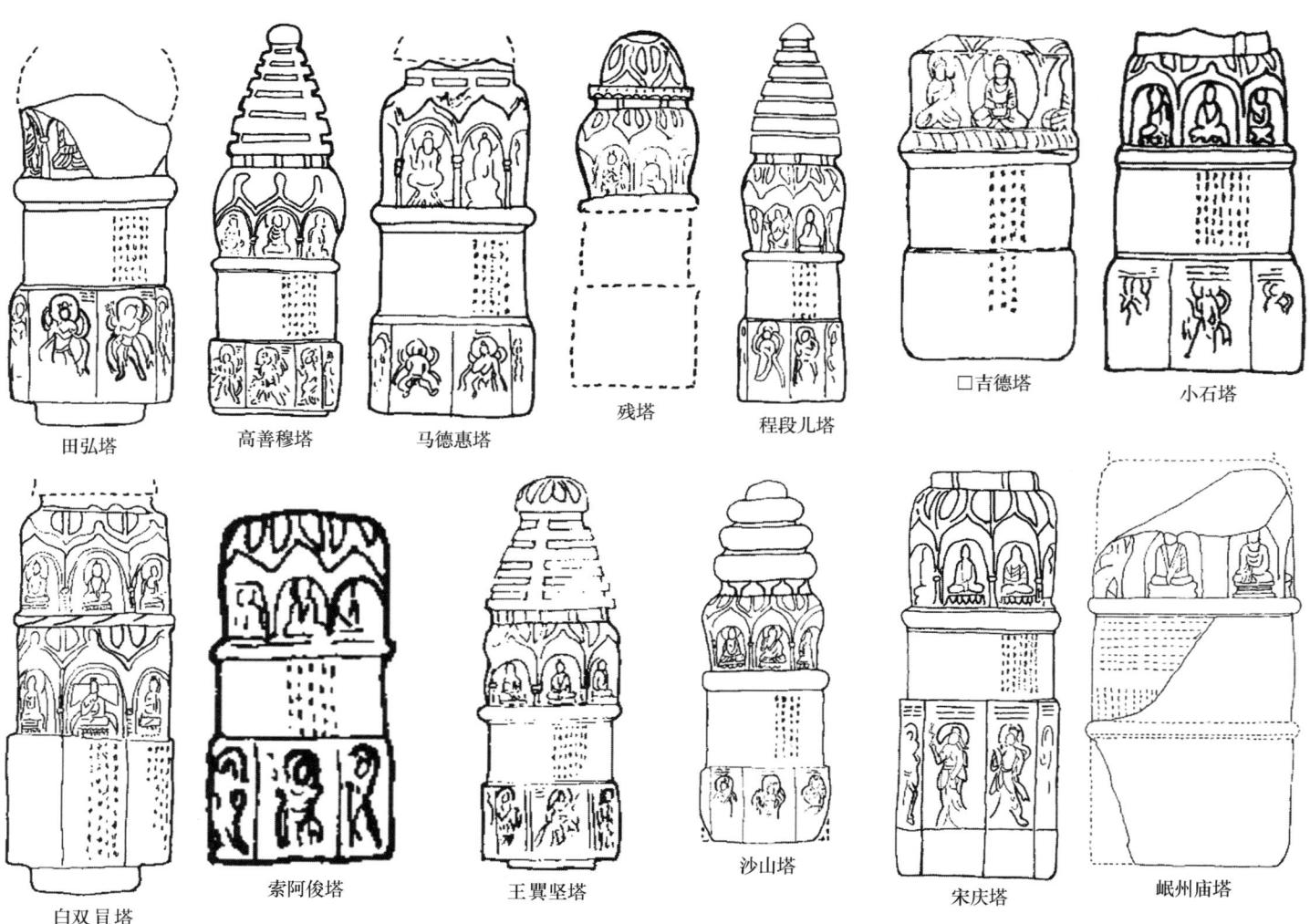

图 11.2.15　北凉小石塔
（采自《北凉石塔艺术》）

现今我国仍未发现北魏及以前的窣堵坡建筑实物，仅能在雕造、绘画中窥见一斑。在雕造的石塔中如北凉时期的供养小石塔（图 11.2.15），下部是方形或八边形台基，单层或多层圆形塔身，塔身开有诸多佛龛，覆钵上雕饰八瓣覆莲，覆钵与外轮廓呈锥形的多层相轮间有短柱连接，顶部为宝盖。

壁画中的窣堵坡，如甘肃临夏永靖县炳灵寺石窟第169窟，西秦（385~431）壁画中见到有类似此类塔的形象，有高大的方形台基，上建近似圆形的覆钵，顶部立"三叉戟"式相轮（图11.2.16）。北魏时期壁画中的窣堵坡式佛塔多是附在我国传统建筑的屋顶上，圆形塔身上置半圆形覆钵，平头顶部变成了"山花蕉叶"，相轮外轮廓呈锥形或称伞盖，上置"三叉戟"（图11.2.17）。可以看出我国汉地此种塔的形制是直接来源自于犍陀罗、中亚或我国西域地区，平头部分发生了一些变化，部分基座演化成了须弥座式样，平头上增加了缩小的覆钵和"山花蕉叶"。并且"这种形式经过一段时期的演变，形成了中国西藏地区的藏式塔。这些藏式塔甚至将原来窣堵坡的覆钵也加以变形，形成了倒瓮形式"[14]（图11.2.18）。

图11.2.16 炳灵寺石窟第169窟壁画窣堵坡
（采自《北凉石塔艺术》）

图11.2.17 敦煌北魏第257窟壁画中的窣堵坡
（采自《敦煌建筑研究》）

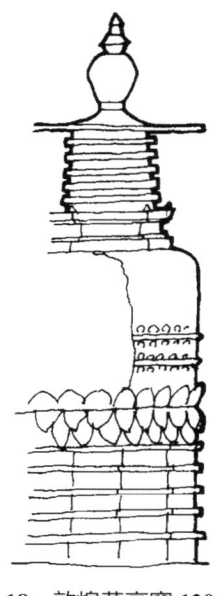
图11.2.18 敦煌莫高窟120窟北魏壁画塔
（采自《中国塔》）

从上述窣堵坡的形制演变过程看，最后也是多层台基、圆形塔身和外轮廓呈锥形的多层相轮，但仍然没有脱离窣堵坡的形象，这与多层的嵩岳寺塔形制差别甚大，仅与嵩岳寺塔塔刹在基本构成上有所类似（图11.2.19）。

四、供养小塔（窣堵坡）形制

关于嵩岳寺塔形制的来源还有一种说法，认为嵩岳寺塔的塔檐是由如北凉窣堵坡型供养小石塔的相轮转化而来，我们看看北凉小石塔的流源和造型，此类小塔也属于窣堵坡类佛塔。

公元2、3世纪，古印度犍陀罗和中亚地区流行一种供养小塔，主要是石雕或木雕的小窣堵坡，这类塔仍遵循着古印度犍陀罗原地区窣堵坡的基本形制，但由于供养上的需要，造型上有了很大变化，观赏性得到增强，其覆钵丘意义上的平台及相轮加粗增高，几乎与覆钵丘一样大小。台座有的仍延续古印度地区窣堵坡的圆形台基，有的则是犍陀罗地区的方形台基，塔身有方形和圆柱形，上置覆钵丘、平台（平头）、相轮、宝盖顶等六部分。在犍陀罗地区罗里延唐盖出土的供养塔，约为二至三世纪作品[15]，下为方形台座，中部多层圆柱形塔身上置覆钵，上部为较大的平头、相轮等（图11.2.20）。巴基斯坦乔里央（Jaulian）地区也出土了一座木雕供养小塔，为方形基座，多层圆形塔身，覆钵上是平头和高大的相轮（图11.2.21）。我国西域古国楼兰出土的供养木雕塔，时代为3~4世纪[16]，由方形基座、圆形塔身、覆钵、平头、相轮等组成（图11.2.22）。我国吐鲁番高昌故城至武威出土的一批北凉供养小石塔（图11.2.15）形制看，其基本造型与上述供养小塔基本一样。因北凉小石塔均脱离了原在位置，从塔下的榫卯结构看，应是安装在其他构件上的，现存造型由八边形基座、圆柱形塔身、覆钵、高大的相轮（宝盖）等组成。

图11.2.19 嵩岳寺塔塔刹立面图

图 11.2.20　罗里延唐出土供养石雕塔
（采自《北凉石塔艺术》）

图 11.2.21　乔里央出土木雕供养小塔

图 11.2.22　楼兰出土木雕窣堵坡
（采自《斯坦因西域游记》）

这些供养小塔的造型显示，从犍陀罗至武威有很强的延续性，其基座、塔身、覆钵、高大的相轮等基本构成清晰，虽部分相轮整体外轮廓变成了曲线，但相轮部分的基本形态和位置未变，也没有向塔身和塔檐发展的趋向，并且多层的塔身也是自身的叠加，非由塔刹演变而成。这些与嵩岳寺塔的形制有根本的区别，嵩岳寺塔的塔檐是真正的建筑屋檐，与塔刹概念和形状完全不同，因此不可能由塔刹演变而成。

参 考 文 献

[1] [2] （意）马里奥·布萨利著，单军、赵焱译，段晴校. 东方建筑[M]. 北京：中国建筑工业出版社. 1999：62.
[3] [4] 常青. 中国古塔的艺术历程[M]. 西安：陕西人民美术出版社. 1998：33.
[5] 艾斯卡尔·模拉克、乌布里·买买提艾力. 丝绸之路新疆段佛塔特征研究[J]. 学术论文专刊. 2015 增刊：79.
[6] 贾应逸、祁小山. 印度到中国新疆的佛教艺术[M]. 兰州：甘肃教育出版社. 2002：206.
[7] （北齐）魏收撰. 魏书[M]：卷一百一十四. 北京：中华书局. 1974：3029.
[8] （梁）僧祐编撰，刘立夫、胡勇译注. 弘明集[M]. 北京：中华书局. 2011：47.
[9] （唐）释道世著. 周叔迦、苏晋仁校注. 法苑珠林[M]：卷十三感应缘. 2003：453.
[10] 萧默著. 敦煌建筑研究[M]. 北京：文物出版社. 1989：155.
[11] （东晋）佛陀跋陀罗共法显译. 摩诃僧祇律[M]：卷第三十三. 中华律藏：第二卷. 北京：国家图书馆出版社. 2009：267.
[12] （北魏）杨衒之撰、尚荣译注. 洛阳伽蓝记[M]. 北京：中华书局. 2012：120、124、125.
[13] （北魏）杨衒之撰、尚荣译注. 洛阳伽蓝记[M]. 北京：中华书局. 2012：281.
[14] （意）马里奥·布萨利著，单军、赵焱译，段晴校. 东方建筑[M]. 北京：中国建筑工业出版社. 1999：62.
[15] 张宝玺. 北凉石塔艺术[M]. 上海：上海辞书出版社. 2006：9.
[16] 艾斯卡尔·莫拉克、乌布里·买买提艾力. 丝绸之路新疆段佛塔特征研究[J]. 学术论文专刊. 2015（增刊）：80.

第三节 嵩岳寺塔与无壁式佛塔形制的关系

一、古印度和中亚地区无壁式佛塔的形制

古印度地区早期的无壁塔是木结构建筑，现已无存，后发展为砖石结构建筑，从石窟石刻和遗址中可见到这些塔的形象。建筑基本形制为方形基座上立柱，砖石建筑用墙或柱，柱间或作有拱券门，上部为圆形屋檐，用"矮墙"连接覆钵，覆钵顶上作宝顶盖，塔内置小窣堵坡或佛像的单层建筑。如印度北方邦安拉阿巴德城帕鲁德大塔栏楯上的浮雕无壁塔，时代约为公元前2世纪，台基上立柱，柱间辟尖拱形券门，券顶穿过屋檐至覆钵，柱顶做屋檐、覆钵和顶盖，内置小窣堵坡，前连有讲堂类建筑（图 11.3.1）。犍陀罗地区石雕佛像上的无壁塔，时代约2~3世纪，方基座上立柱子，柱顶作屋檐上接"矮墙"，再上为覆钵和宝顶盖，内设佛像（图 11.3.2）。印度阿旃陀石窟第19窟外石雕的无壁塔，时代为5世纪左右，方台基上立柱子，柱间做拱券门，柱顶置缩小的窣堵坡，宝顶盖变成了平头和伞盖等，塔内设佛像（图 11.3.3）。建筑实物如巴基斯坦塔赫特巴希寺院遗址塔院周匝的无壁塔（图 11.3.4），

图 11.3.1 印度帕鲁德大塔栏楯上浮雕无壁塔
（采自《佛教考古：从印度到中国》）

图 11.3.2 犍陀罗地区石雕佛像上的无壁塔

图 11.3.3 阿旃陀石窟第19窟外石雕无壁塔
（采自《天竺建筑行纪》）

时代约为2世纪[1]，此时已发展成了砖石构，方台基上砌筑墙、柱，正面开门，墙柱顶砌圆形屋檐，与覆钵间连"矮墙"，顶做宝顶盖，内设佛像。最后此种塔已经不是无壁，而是在柱间增设墙壁或直接用墙柱代替了独立柱。

二、我国西域古国无壁式佛塔的形制

我国西域古国的无壁塔建筑实物至今未发现，其形象仅存在于石窟壁画中，这些佛塔在古印度和中亚地区无壁塔的基础上结合当地建筑特点，形成由方基座（或须弥座）、方形塔身、塔檐、覆钵、平头、相轮等组成的形象。如新疆拜城克孜尔石窟第38窟内侧壁画中的佛塔，时代为两晋[2]，下部为方形基座，其上做木骨墙壁，墙中间开券门，券顶已降至屋檐以下，圆形屋檐上做内弧"木骨矮墙"与覆钵相接，顶上立平头、刹

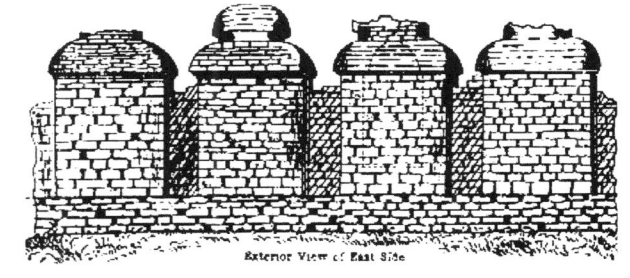

图 11.3.4 巴基斯坦塔赫特巴希寺院无壁塔
（采自《佛教考古：从印度到中国》）

杆、相轮、宝珠等（图11.3.5），基本形制是延续了古印度无壁塔的造型，仅覆钵下增加了一层屋檐。新疆维吾尔自治区库车县东北森木塞姆石窟中的无壁塔，约公元4世纪，方形台基上立四柱形成三开间，柱间设墙和券门，屋顶上做弧形短柱、墙壁来承托上部屋檐和覆钵，顶部立平头、相轮、宝珠等构件（图11.3.6），造型基本同前，只是木框架感更明显。新疆拜城县克孜尔石窟第172窟壁画中的佛塔，时代约为4世纪[3]，方形台基上立柱，柱间开拱券门，柱顶为圆形屋檐，檐顶增设"山花蕉叶"，再上做正反覆钵，之间或用短柱连接，此部分更像"须弥座"，其上更做一层屋檐和覆钵，顶部立平头、相轮、宝珠等，塔内设佛像或窣堵坡（图11.3.7）。我国西域古国这些无壁塔与古印度和中亚地区的无壁塔相比，部分台基变成了须弥座，屋顶上"矮墙"基本消失，或变成了正反覆钵形的须弥座状，并且檐上出现了"山花蕉叶"的雏形。

图11.3.5 克孜尔第38窟壁画上的无壁塔

（采自《中国佛教石窟考古概要》）

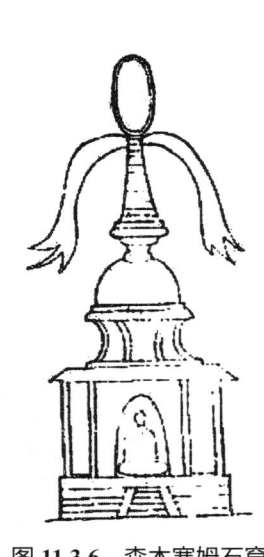

图11.3.6 森木塞姆石窟中的窣堵坡

（采自《西域文明与华夏建筑的变迁》）

1.第172窟后廊右壁　2.第7窟甬道尽端侧壁　3.第7窟甬道外侧壁

图11.3.7 克孜尔石窟壁画中的佛塔

（采自《中国古代建筑史·第二卷》）

三、我国汉地无壁式佛塔的形制

我国汉地的无壁塔早期实物亦无存，仅见于北魏石窟、造像中雕造的佛塔形象。在无壁塔传入汉地后，与佛教的发展一样，首先是寻找与之形制相当的建筑来融合演化，在结合了我国传统木构和砖石构建筑后，发展出木构无壁塔和砖石构无壁塔两种形制。

第一种是木构单层亭式无壁塔。其基本特征是在我国传统木构建筑屋顶上附加完整的小窣堵坡，如大同云冈石窟第2窟东壁中层北侧浮雕佛塔，时代为太和年间（465~494）[4]，下部为方形基座，塔身为四柱支顶屋檐的单层盝顶式建筑，屋顶中置须弥座，上雕饰"山花蕉叶"和化生佛像，"山花蕉叶"内侧的覆钵上立刹杆、相轮、宝珠等构件（图11.3.8）。此种无壁塔随后沿我国传统木构建筑发展方向进行演变，最后演变成了与佛教建筑无关系的上置宝顶的木构亭子。这种佛塔顶部塔刹形制的演变更像佛精舍上的窣堵坡，此种塔非本章节讨论重点略。

第二种是砖石结构单层无壁塔。其基本特征是下部为方形台基，方形塔身上开门，叠涩塔檐边缘上做山花蕉叶，覆钵直接置于叠涩檐之上，覆钵上立刹柱、相轮等构件，最后形成了我国方形砖石构单层叠涩檐塔。这种早期无壁塔形象见于北魏雕造的石造像和石窟中，如北魏太和二十三年（499）恒氏一族石造像背面雕造的佛塔[5]，方形基座上立四间木构建筑，屋顶上直接置覆钵和山花蕉叶，覆钵上立刹杆、伞盖等构件（图11.3.9），其是新疆维吾尔自治区库车县森木塞姆石窟中窣堵坡造型的延续，此无壁塔与汉地木构单层无壁塔造型很相似，其区别在于覆钵下无塔基座，而是直接将覆钵和山花蕉叶置于屋顶。

此种无壁塔在发展过程中形成两种过度式样。第一种式样，如云冈石窟第2窟西壁雕造佛塔，属云冈石窟二期（465~494）[6]，下为方形基座，上立柱子支顶"平板檐"，柱间设墙和券洞门，形成塔身，上置"山花蕉叶"和覆钵，覆钵顶上作须弥座和"三叉戟"式相轮等，塔门内置佛像[7]（图11.3.10）。云冈

图 11.3.8　云冈石窟第 2 窟东壁中层北侧浮雕佛塔
（采自《云冈石窟·第一册》）

图 11.3.9　北魏造像上的无壁塔
（采自《中国历代纪年佛像图典》）

石窟第 11 窟西壁浮雕塔，年代为太和七年（483）[8]，下部为须弥座，上立柱子支顶"平板檐"，柱间设券门和墙壁，檐边缘上雕饰下部连体的山花蕉叶，山花蕉叶内侧覆钵再上做须弥座，座顶再置覆钵和雕饰山花蕉叶，覆钵上立"三叉戟"式相轮、宝珠等（图 11.3.11）。云冈石窟第 11 窟东壁下层雕造的佛塔，造型与西壁的基本相同，因塔下部残损，未知是须弥座式台基还是方形塔基，山花蕉叶和塔刹部分作了形象简化处理（图 11.3.12）。龙门石窟第 712 窟（莲花洞）北壁雕造的佛塔，年代为正光二年（521）至北齐武平六年（576）[9]，因塔下部残损，未知是须弥座式台基还是方形塔基，立柱间做墙，墙中辟券门，门楣为尖拱形，"平板檐"上做山花蕉叶，山花蕉叶内为覆钵，覆钵顶置两层反叠涩，再上立三叉戟形相轮[10]（图 11.3.13），塔刹其形象基本是延续了云冈石窟北魏时期浮雕塔的造型。虽上四座塔塔檐做成了"平板檐"，但塔身仍没有完全脱离木构建筑的原型。

图 11.3.10　云冈石窟第 2 窟西壁雕造佛塔
（采自《云冈、龙门佛塔比较》）

图 11.3.11　云冈石窟第 11 窟西壁中层北侧浮雕佛塔
（采自《龙门石窟一千五百周年国际学术讨论会论文集》）

图 11.3.12　云冈石窟第 11 窟东壁下层雕造的佛塔
（采自《2005 年云冈国际研讨会论文集·研究卷》）

图 11.3.13　龙门石窟第 712 窟（莲花洞）北壁雕造的佛塔
（采自《2005 年云冈国际研讨会论文集·研究卷》）

进一步发展，变成了如云冈石窟第 14 窟西壁雕刻的单层塔[11]（图 11.3.14），年代（494～524 年）[12]，以及云冈石窟第 6 窟后室中心塔柱上层雕造佛塔的造型[13]（图 11.3.15），其形制为下部方形台基，上立柱子，柱间设券门和墙壁，柱头支顶"平板檐"，塔檐边上置山花蕉叶和覆钵，覆钵上设须弥座，须弥座上再置山花蕉叶和覆钵，覆钵顶立"三叉戟"式相轮等。也有的发展成如北魏太和七年二十一年（497）[14]候□造释迦坐像背面雕刻的佛塔（图 11.3.16）。云冈石窟第 5 窟（465～494）[15]南壁东部下层雕刻的佛塔（图 11.3.17），属云冈石窟二期，这两座无壁塔的柱子变成了墙壁，已完全脱离了木构建筑的形态。

图 11.3.14　云冈第 14 窟西壁单层塔立面图
（采自《2005 年云冈国际研讨会论文集·研究卷》）

图 11.3.15　云冈石窟第 6 窟后室中心塔柱上层的无壁塔
（采自《2005 年云冈国际研讨会论文集·研究卷》）

图 11.3.16　候□造像雕刻无壁塔
（采自《中国历代纪年佛像图典》）

图 11.3.17　云冈石窟第 5 窟南壁东部下层雕刻无壁塔
（采自《云冈石窟·第一册》）

至此，因这些石窟、造像中雕饰的佛塔具体年代多不能准确判定，历史文献中记载的晋代砖塔形制无法知晓，上述无壁塔的演变过程可能会有倒置情况，但可以确定的是在北魏迁都洛阳前，汉地石窟、造像中无壁塔的塔身和塔檐已发生了彻底的变化，从木构建筑的屋檐变成"平板檐"。

关于这个"平板檐"的出现，应是受到当时佛龛造型的影响，由"佛罩子"代替屋檐发展而来，如云冈石窟第 6 窟（465～494）[16]东壁上层北侧佛龛上的佛罩子（图 11.3.18）。也有用屋檐代替佛罩子的，如云冈石窟第 10 窟（484～489）[17]后室南壁第 3 层东侧佛龛（图 11.3.19），上部的佛罩子即是用屋檐代替了。

图 11.3.18　云冈石窟第 6 窟东壁上层北侧佛龛上的佛罩子
（采自《云冈石窟·第二册》）

图 11.3.19　云冈石窟第 10 窟后室南壁第 3 层东侧佛龛
（采自《云冈石窟·第二册》）

从同时期云冈石窟多层佛龛上体现得更为清楚，如云冈石窟第1窟（465~494）[18]西壁中层北侧浮雕佛塔（图11.3.20），以及云冈石窟第1窟中心塔柱（图11.3.21），下层为屋檐，上层屋檐为"佛罩子"的造型，下段侧面向外倾斜，明显的是在仿造屋檐的造型，因此"平板檐"的形成是受到了"佛罩子"造型的启发产生。

图11.3.20　云冈石窟第1窟西壁中层北侧浮雕佛塔
（采自《云冈石窟·第一册》）

图11.3.21　云冈石窟第1窟中心塔柱
（采自《云冈石窟·第一册》）

第二种式样，如敦煌莫高窟第257窟南壁壁画中的北魏佛塔，下部为须弥座台基，塔身用砖石墙体，墙中辟券门，墙顶置我国传统木构建筑屋檐式的塔檐，再上直接置覆钵，覆钵上立平头、"山花蕉叶"、伞状"相轮"等构件[19]（图11.3.22）。随着第二种无壁塔两种式样的继续发展，至龙门石窟时两种式样逐渐融合统一，塔身采用砖石墙体，塔檐采用"平板檐"，"平板塔檐"为满足塔檐挑出长度的要求，在下部增加多层叠涩，出现叠涩檐，其形成或是借鉴了覆钵顶"平头"或墓葬中的叠涩券的构造。如龙门石窟521年[20]开凿的莲花洞外，第20号塔（726窟北壁）雕造佛塔[21]，下为方形基座，塔檐为四层叠涩，檐顶两角做两朵"山花蕉叶"，其上置覆钵，顶为两侧反叠涩和相轮（图11.3.23）。洛阳龙门石窟普泰洞，开凿于普泰元年（531）前[22]，南壁雕刻的单层石塔，此时平板塔檐变成了叠涩檐，相轮变成了瘦高的"梭形"，顶部"宝珠"变大（图11.3.24）。无壁塔这种叠涩檐的做法在龙门石窟以前的石窟和石造像中至今未曾发现。此类型的塔仅与嵩岳寺塔的塔龛形制相似，与嵩岳寺塔整体形制无类同之处。

四、嵩岳寺塔塔龛的形制

嵩岳寺塔外部第一层墙壁上砌筑的塔龛，其形制是下部须弥座上做方台座，方台座正面砌筑两个壸门内置狮子，塔龛身墙体中辟券门，门楣尖拱状，门楣顶上镶方形门额一方，墙顶置叠涩檐，檐顶上雕造下部连体的"山花蕉叶"，"山花蕉叶"内侧做窣堵坡，窣堵坡覆钵下设圆柱形塔身，叠涩平头上雕饰"忍冬草"（图11.3.25、图11.3.26）。塔龛的造型基本是综合我国汉地第二种无壁塔形制，并进一步发展，总体形象与龙门石窟北魏晚期浮雕塔更为相近，在出现的时间上也是一致的，有明显的延续性。

图 11.3.22　敦煌莫高窟第 257 窟南壁壁画中的佛塔

（采自《敦煌建筑研究》）

图 11.3.23　龙门石窟第 20 号塔（726 窟北壁）雕造的佛塔

（采自《2005 年云冈国际学术研讨会论文集·研究卷》）

图 11.3.24　龙门石窟普泰洞南壁塔

（采自《中国石窟：龙门石窟·第 2 卷》）

图 11.3.25　嵩岳寺塔塔龛

图 11.3.26　嵩岳寺塔塔龛立面图

无壁塔从古印度至我国汉地一路走来，虽在塔身、塔檐部分发生了彻底的变化，但形制基本构成仍保持一致，在汉地的无壁塔上有明确的延续性。并且塔身和塔檐部分，没有向高空或多层发展的趋向，这与嵩岳寺塔整体形象相去甚远，可说明嵩岳寺塔整体造型并不是由窣堵坡或无壁塔演变而来。刘致平先生说"有的说塔全是由窣堵波演变发展而成的显然谬误"[23]。梁思成、林徽因、刘敦桢三位先生在对云冈石窟雕刻艺术评价时说："断定中国艺术约莫由这时期，走入一个新的转变，是毫无问题的"[24]，也可进一步认为我国佛塔形制、艺术大致也是从此时进入了一个新的起点。

参 考 文 献

[1] 李崇峰著. 佛教考古从印度到中国 [M]. 上海：上海古籍出版社. 2015：277.

[2] 马世长、丁明夷著. 中国佛教石窟考古概要 [M]. 佛教美术全集 17. 北京：文物出版社. 2009：40.

[3] 傅熹年. 中国古代建筑史 [M]. 第二卷. 北京：中国建筑工业出版社. 2001：180.

[4] 宿白. 云冈石窟分期试论 [J]. 考古学报. 1978（1）：27.

[5] 徐永利. 塔中之塔——嵩岳寺塔形制探微 [C]. 建筑历史与理论 [M]：第十辑. 2009：105.
[6] 宿白. 云冈石窟分期试论 [J]. 考古学报. 1978（1）：27.
[7] 严辉、杨超杰. 云冈、龙门北魏佛塔的比较研究 [C]. 2005年云冈国际学术研讨会论文集研究卷 [M]. 北京：文物出版社. 2006：541.
[8] 徐永利. 塔中之塔——嵩岳寺塔形制探微 [C]. 建筑历史与理论 [M]：第十辑. 2009：105.
[9] 阎文儒、常青著. 龙门石窟研究 [M]. 北京：书目文献出版社. 1995：69.
[10] 严辉、杨超杰. 云冈、龙门北魏佛塔的比较研究 [C]. 2005年云冈国际学术研讨会论文集研究卷 [M]. 北京：文物出版社. 2006：541.
[11] 严辉、杨超杰. 云冈、龙门北魏佛塔的比较研究 [C]. 2005年云冈国际学术研讨会论文集研究卷 [M]. 北京：文物出版社. 2006：545.
[12] 宿白. 云冈石窟分期试论 [J]. 考古学报. 1978（1）：34.
[13] 严辉、杨超杰. 云冈、龙门北魏佛塔的比较研究 [C]. 2005年云冈国际学术研讨会论文集研究卷 [M]. 北京：文物出版社. 2006：545.
[14] 徐永利. 塔中之塔——嵩岳寺塔形制探微 [C]. 建筑历史与理论 [M]：第十辑. 2009：105.
[15] [16] 宿白. 云冈石窟分期试论 [J]. 考古学报. 1978（1）：27.
[17] 宿白. 敦煌莫高窟早期洞窟杂考. 中国石窟寺研究 [M]. 北京：文物出版社. 1996：220.
[18] 宿白. 云冈石窟分期试论 [J]. 考古学报. 1978（1）：27.
[19] 萧默. 敦煌建筑研究 [M]. 北京：文物出版社. 1989：169.
[20] 阎文儒、常青著. 龙门石窟研究 [M]. 北京：书目文献出版社. 1995：69.
[21] 严辉、杨超杰. 云冈、龙门北魏佛塔的比较研究 [C]. 2005年云冈国际学术研讨会论文集研究卷 [M]. 北京：文物出版社. 2006：545.
[22] 李文生. 龙门石窟北朝主要洞窟总叙 [C]. 龙门石窟 [M]：第一卷. 北京：文物出版社. 1991：270.
[23] 刘致平. 中国建筑类型与结构 [M]. 中国建筑工业出版社. 2000：21.
[24] 梁思成、林徽因、刘敦桢. 云冈石窟中所表现的北魏建筑 [J]. 中国营造学社第四卷第三四合刊. 中华民国二十二年（1933）：173.

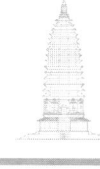

第四节　嵩岳寺塔与佛精舍类建筑形制的关系

一、古印度地区早期佛精舍的形制

古印度地区高层或多层佛塔类建筑是指佛精舍式佛塔，公元6世纪及以前的实物无存，只能在历史文献记载或雕造绘画中窥探这些佛塔的一些情况。如《法显传》中记载的拘萨罗国舍卫城祇洹精舍，即给孤独园佛精舍，高七层，向东开门，内立木雕佛像，因遭火灾损毁，后重建为两层[1]。《大唐西域记》记载至公元7世纪初唐·玄奘到此时，已成废墟，仅留有一砖室[1]。祇洹精舍东门道西论道处精舍，高六丈许，里有坐佛[3]，玄奘也曾见到此精舍[4]。那竭国界醯罗城（酰罗城）的佛顶骨精舍，有可开启的门，内为重阁画栋丹楹，第二阁中置高五尺许七宝解脱塔盛佛顶骨[5]。还记载有迦尸国波罗痆城仙人鹿野苑精舍，高二百余尺，石构台基，砖作层龛，龛匝四周节级百数，皆有隐起黄金佛像，顶作庵没罗果，内有量等如来身的石佛像等等[6]。

玄奘在《大唐西域记》中还记载了大量此种佛精舍，其特征同法显所述基本一样，如羯若鞠阇国的石精舍，是高二百余尺的高层建筑，石砌台基，石墙上雕饰佛像，内部砖室，立有三十余尺的佛像[7]。摩揭陀国菩提树东侧的精舍，高一百六七十尺，青砖台基面广二十余步，表面涂石灰，层层佛龛内有金像，四壁镂作奇制，或连珠形，或天仙像，顶置金铜阿摩落迦果（亦谓宝瓶，又称宝壶）[8]。除上述文献记载的佛精舍外，在印度巴特那近郊库木拉哈尔出土一块浮雕圆形石板，其上雕刻的五层佛精舍，外观轮廓是四壁直线收分，下部台基前设台阶，第一层塔身高大，中间开券门，上部低矮塔身层层设栏杆分隔，并开拱券式佛龛内置佛像，平顶上置缩小的完整窣堵坡，窣堵坡下部周围设栏楯，覆钵上有平头和相轮，就是玄奘说的佛精舍顶部"庵没罗果"或"阿摩落迦果"（亦谓宝瓶又称宝台），塔内一层设须弥座和坐像等（图11.4.1、图11.4.2）；关于石板的年代，有认为是公元一世纪或二世纪的印泥[9]，也有认为是三世纪的封泥[10]，也有称菩提树东侧精舍和石板上雕饰的佛精舍，是建造于公元5世纪的佛陀伽耶精舍[11]。上述佛精舍的基本构成特征是高层或多层建筑，平面为方形，石砌台基和台阶，多层塔身直线收分呈梯形，第一层塔身高大，塔壁上辟贯通一层的券门，其上层层低矮塔身上设拱券龛并内置佛像，顶部为缩小的窣堵坡型塔刹或称"庵没罗果"，内部空体结构的塔心室置佛像，砖石结构。这些平面方形，外壁雕佛像，室内置佛像的高层佛精舍，可能也是我国将佛塔称为方坟、聚相、聚相方坟，以及塔庙、佛堂的缘故。

图11.4.1 巴特那近郊库木拉哈尔出土石板上的佛精舍图
（采自《中国建筑类型及结构》）

图11.4.2 巴特那近郊库木拉哈尔出土石板上的佛精舍
（采自《佛教石窟考古》）

现存佛陀伽耶大塔建于12世纪，公元1~2世纪时可能是一座圆形窣堵坡，公元4世纪是经婆罗门重建，公元5世纪初非现在的模样[12]。塔平面方形，塔高5200.0厘米，外轮廓直线收分呈方椎体，外观九层，层间用叠涩水平分层，每层四面刻有佛龛内置佛像，雕镂精致庄严，顶部为"庵没罗果"，内部两层，下部台座室内供奉释迦像，上部中空，内供奉摩耶夫人像（图11.4.3~图11.4.5）。其基本形制同早期的佛精舍有很多相似之处，但早期佛精舍用栏杆分层，顶部为缩小窣堵坡也有明显不同。

这些佛精舍在内部塔心室中置佛像，顶部为缩小的窣堵坡等，与嵩岳寺塔的基本构成颇为类似，可能嵩岳寺塔是借鉴了佛精舍的概念和部分形制，"但各层之间，却无向外挑出的'檐'，以及具有折线收分的外轮廓，仍与嵩岳寺塔的外观相差的很远"[13]，其实嵩岳寺塔外轮廓也是折线。

二、印度天祠建筑的形制

还有学者认为嵩岳寺塔的形制源于印度"希诃罗"（Sikhara）式天祠或中亚"塔庙"之说，因公元6世纪及以前印度和中亚地区的天祠和塔庙建筑实物无存，仅能依靠古文献记载略知一二。《法显传》中记载公元5世纪的天祠不多，仅有中天竺拘萨罗国舍卫城的外道"影覆"天寺，与祇洹精舍东门道西论议处精舍夹道相对，高度为六丈许[14]，与《大唐西域记》记载亦同[15]，文中只是说天祠与佛精舍在体量高度上一样，其形制不可而知。《大唐西域记》记载公元7世纪时，古印度地区建有大量涂灰外道（印度教大自在天，即湿婆）和露形外道

图 11.4.3 1865年拍摄菩提伽耶大塔

图 11.4.4 菩提伽耶大塔效果图
（采自《世界建筑史图集》）

图 11.4.5 菩提伽耶大塔

（耆那教天衣派）的天祠，其形制多为重阁层台，雕石文木，内有高大石像，规模同佛精舍[16]。可知这些外道天祠是多层石构建筑，外部有雕刻，内部为空体并置石像，在规模体量、形制上与佛精舍类似，但从玄奘多称为外道天祠看，天祠与佛精舍在宗教特征上应是有一定区别。两种建筑处于同一地区，形制结构类似，从建筑营造技术上讲不可能独立发展，两者的建筑形制应是有相互借鉴。

再看一下印度现存的天祠（神庙），其多是公元7世纪以后建造的建筑，按学者对天祠屋顶形式形态学的划分，分为希诃罗式、维摩那式、瞿布罗式。"希诃罗"式神庙是印度北方尖圆屋顶形式的神庙，此种建筑的"曲线屋顶结构与窑砖使用有关。由于采用了砖的叠涩砌方式，屋顶在水平和纵向上都形成线角；而无论这些屋顶是圆形的阿玛拉卡式，还是多边形形式，都是为了纯化从矩形的基部向圆形顶部的体形过度。从立方体基座上升起的屋顶，由一层层被纵向的凹凸带饰贯穿的水平面叠置而成——这些带饰的边缘或许是纯圆的，或许是尖角的形式"[17]。如布巴内斯瓦尔"梵天主"神庙（图11.4.6）、建于1090～1104年[18]的林迦罗阇神庙（图11.4.7）、那伽罗神庙等（图11.4.8）。这些天祠建筑受曼荼罗图形的影响，平面几何形状复杂，墙体外壁不抹石灰，没有层层并列的神龛，不使用拱券，塔内叠涩空筒不分层，其外轮廓的主要特征是"曲线"，并且每层的水平分隔距离相等，均与印度佛精舍和我国楼阁式塔、嵩岳寺塔有很大的不同，也证明了唐·玄奘所说天祠和佛精舍有所区别。也有学者说嵩岳寺塔外轮廓线和内部空筒结构源于天祠，嵩岳

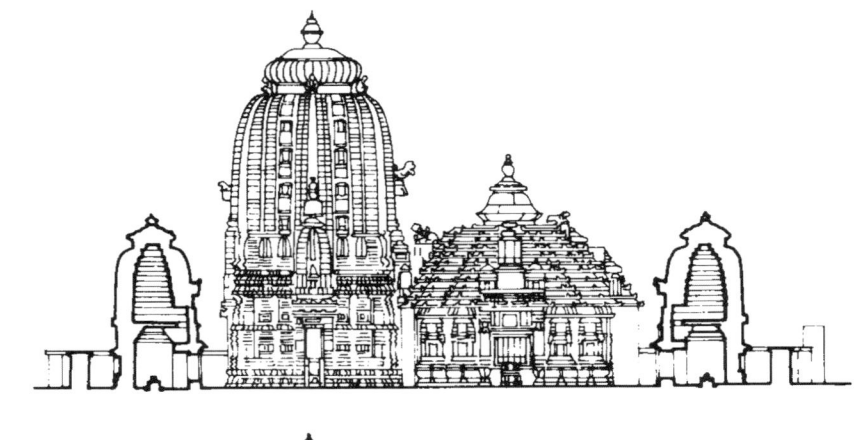

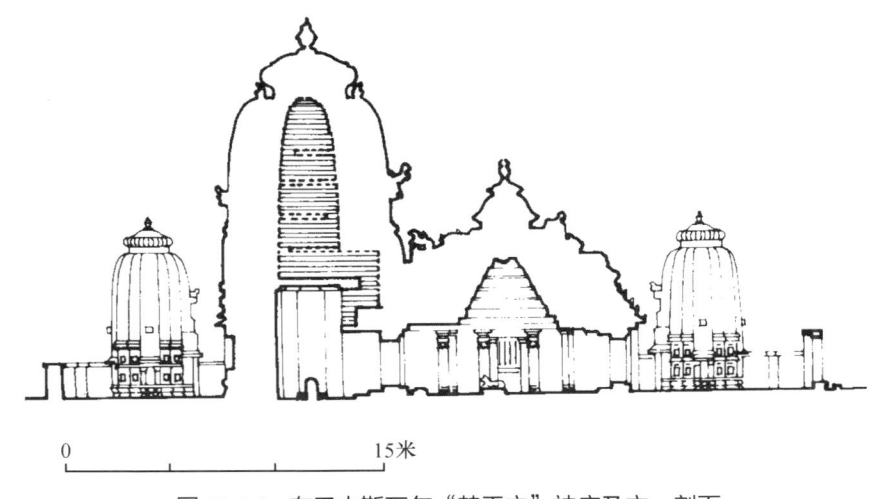
图 11.4.6 布巴内斯瓦尔"梵天主"神庙及立、剖面
（采自《东方建筑》）

图 11.4.7　布巴内斯瓦尔林迦罗阁神庙主体建筑立面图
（采自《东方建筑》）

图 11.4.8　那伽罗神庙复原图
（采自《东方建筑》）

寺塔外轮廓是折线向心内收，整体上每层的高度也是逐渐降低，不可能是借鉴"曲线"的外轮廓；塔内部空筒用叠涩平台加楼板分层，这是我国楼阁式建筑的特点，至少说明即使嵩岳寺塔内部结构如受天祠建筑影响，也是在我国传统楼阁建筑结构的基础上形成，并非是完全的仿造。

至于中亚地区如祆教的"塔庙"建筑，至今未发现高层的塔庙实例和详细的历史文献记载，仅凭内部的叠涩或拱券结构技术，不能作为判断是嵩岳寺塔形制结构的来源，我国使用叠涩和拱券技术从汉代就开始了，至北魏时已有几百年历史，虽多用于地下墓室，但这两种技术已非常成熟。

三、我国西域楼阁式佛塔的形制

我国西域地区现存佛塔实物和雕造绘画中的佛塔形象，均没有发现公元6世纪以前如嵩岳寺塔一样的高层密檐塔和楼阁式塔，《法显传》和《洛阳伽蓝记》等早期历史文献中均没有记载这种塔类建筑。现仅遗存有晚于公元6世纪的高层佛塔，如苏巴什佛寺遗址中发现3座，考古编号为2号建筑、11号建筑（图11.4.9）和20号建筑群中的双塔，这些建筑的时代上限不早于公元7世纪，2号建筑外部轮廓略呈梭形，这与内地一些密檐式塔的外部轮廓较为相近，在新疆哈密、吐鲁番、焉耆等地，均发现受中原楼阁砖塔影响的佛塔[19]。据伯希和1906年照片显示2号建筑塔身原为4层，塔基方形，呈阶梯状上缩，各级塔身之间用出檐分隔[20]。吐鲁番交河故城塔林中佛塔，平面方形，两层塔身，塔身之间以出叠涩檐分隔，是一种典型的楼阁式样，塔身之上立一圆形覆钵[21]（图11.4.10）。台藏塔建于公元7~8世纪，现存高三层，平面正方形，塔身逐层内收，四面外壁层层设佛龛，层间无塔檐，内部墙壁开有佛龛，土坯砌筑[22]（图11.4.11）。公元7世纪初期唐·玄奘西行求法途经我国西域各古国，只记述了大窣堵坡，而未见有这种高塔。上述我国西域地区的佛塔，基座和塔身平面均呈方形，塔身为多级的方柱体，塔层之间作方形叠涩状塔檐，塔内实心，除台藏塔外，其余明显是受到中原地区楼阁砖塔或石塔的影响，但与嵩岳寺塔仍有明显的区别。

我国西域各地至今均未发现公元6世纪以前的这种佛塔遗迹，有两种可能情况，一是可能与当地多使用土坯建筑材料有关，全部损毁。二是从早期文献和雕造绘画中也均未见其形象，也许早期此地区不存在此种建筑。

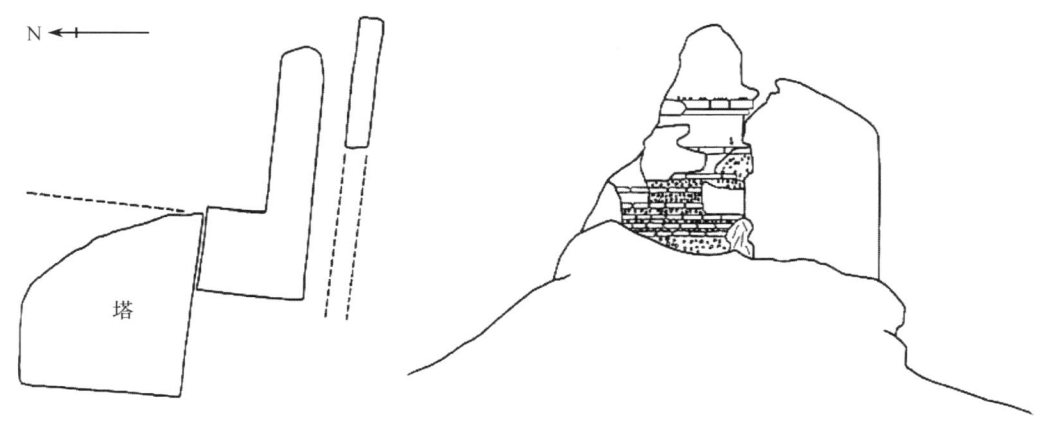

图 11.4.9　苏巴什佛寺西寺 11 号佛塔平面、立面图
（采自《龟兹地区的佛塔及相关问题研究》）

图 11.4.10　交河故城楼阁塔
（采自《交河故城保护与研究》）

图 11.4.11　台藏塔

通过学者们的研究，认为公元 7 世纪以后出现的此类塔型是受汉地佛塔影响产生，此时期汉地楼阁式或密檐式佛塔的形制和营造技术已比较成熟，并且此地区现存同为土坯砌筑的窣堵坡式佛塔，早于公元 6 世纪的建筑实物和壁画中所见不少，因此我们认为出现第二种情况的可能性较大。如是第二种情况，那么高层密檐塔在西域向内地传承的过程中就出现了断续，这在窣堵坡式和无壁式佛塔传承上是没有发生过的情况，因此嵩岳寺塔形制最可能是创造于我国汉地。

参 考 文 献

[1]（东晋）沙门释法显撰，章巽注．法显传校注［M］．上海：上海古籍出版社．1985：72．"精舍东向开门，门户两厢有二石柱，左柱上作轮形，右柱上作牛形。……佛上忉利天为母说法九十日，波斯匿王思见佛，即刻牛头栴檀作佛像，置佛坐处。……此像最是众像之始，后人所法者也。……祇洹精舍本有七层，诸国王、人民竞兴供养，悬缯幡盖，散华、烧香，然灯续明，日日不绝。鼠衔灯炷，烧花幡盖，遂及精舍，七重都尽。诸国王、人民皆大悲恼，谓栴檀像已烧。却后四五日，开东小精舍户，忽见本像，皆大欢喜，共治精舍，得作两重，还移像本处。"

[2] 唐玄奘、辩机原著，季羡林等校注．大唐西域记校注［M］．北京：中华书局．1985：489．"给孤独园，胜军王大臣善施为佛建精舍。昔为伽蓝，今已荒废。东门左右各建石柱，高七十余尺。左柱镂轮相于其端，右柱刻牛形于其上，并无忧王之所建也。室宇倾圮，唯余故基，独一砖室岿然独在。中有佛像。昔者如来升三十三天为母说法之后，胜军王闻出爱王刻檀像佛，乃造此像。"

[3]（东晋）沙门释法显撰，章巽校注．法显传校注［M］．上海：上海古籍出版社．1985：73．《法显传》："出祇洹东门，北行七十步，道西，……又于论议处起精舍，精舍高六丈许，里有坐佛"。

［4］ 唐玄奘、辩机原著，季羡林等校注. 大唐西域记校注［M］. 北京：中华书局. 1985：498.《大唐西域记》："伽蓝东六七十步有一精舍，高六十余尺，中有佛像，东面而坐。如来在昔于此与诸外道论议"。

［5］ （东晋）沙门释法显撰，章巽校注. 法显传校注［M］. 上海：上海古籍出版社. 1985：46. "那竭国界醯罗城，中有佛顶骨精舍，尽以金薄、七宝校饰。国王敬重顶骨，虑人抄夺，乃取国中豪姓八人，人持一印，印封守护。清晨，八人俱到，各视其印，然后开户。……中有七宝解脱塔，或开或闭，高五尺许，以盛之"。

［6］ （东晋）沙门释法显撰，章巽校注. 法显传校注［M］. 上海：上海古籍出版社. 1985：134. "迦尸国波罗捺城。城东北十里许，得仙人鹿野苑精舍。此苑本有辟支佛住，常有野鹿栖宿。世尊将成道，诸天于空中唱言：'白净王子出家学道，却后七日当成佛。'辟支佛闻已，即取泥洹，故名此处为仙人鹿野苑。世尊成道已，后人于此处起精舍。"

［7］ 唐玄奘、辩机原著，季羡林等校注. 大唐西域记校注［M］. 北京：中华书局. 1985：445. "羯若鞠阇国，……伽蓝东南不远，有大精舍，石基砖室，高二百余尺。中作如来立像，高三十余尺，铸以鍮石，饰诸妙宝。精舍四周石壁之上，雕画如来修菩萨行所经事迹，备尽镌镂"等等。石砌台基，墙外石壁上有雕像"。

［8］ 唐玄奘、辩机原著，季羡林等校注. 大唐西域记校注［M］. 北京：中华书局. 1985：672-673. "摩揭陀国，……菩提树东有精舍，高百六七十尺，下基面广二十余步，垒以青砖，涂以石灰。层龛皆有金像，四壁镂作奇制，或连珠形，或天仙像，上置金铜阿摩落迦果（亦谓宝瓶，又称宝壶）。东面接为重阁，檐宇特起三层，榱柱栋梁，户扉寮牖，金银雕镂以饰之，珠玉厕错以填之。奥室邃宇，洞户三重。外门左右各有龛室，左则观自在菩萨像，右则慈氏菩萨像，白银铸成，高十余尺。"

［9］ 刘敦桢、梁思成著. 塔概说［M］.

［10］ 刘致平. 中国建筑类型及结构［M］. 北京：中国建筑工业出版社. 2000：184.

［11］ 杨鸿勋. 唐长安慈恩寺大雁塔原状探讨［J］. 文物建筑（第1辑）. 2007：52-58.

［12］ 萧默. 天竺建筑行记［M］. 北京：生活·读书·新知三联书店. 2007：38-40.

［13］ 刘敦桢、梁思成著. 塔概说［M］.

［14］ （东晋）沙门释法显撰，章巽校注. 法显传校注［M］. 上海：上海古籍出版社. 1985：73.

［15］ （唐）玄奘、辩机原著，季羡林等校注. 大唐西域记校注［M］. 北京：中华书局. 1985：498.

［16］ 唐玄奘、辩机原著，季羡林等校注. 大唐西域记校注［M］. 北京：中华书局. 1985：558-560.

［17］ （意）马里奥布萨利著，单军、赵炎译. 东方建筑［M］. 北京：中国建筑工业出版社. 1999：110.

［18］ 萧默. 天竺建筑行记［M］. 北京：生活·读书·新知三联书店. 2007：133.

［19］ 李梦阳. 龟兹地区的佛塔及相关问题研究［D］. 西安：西北大学. 2012：31-33.

［20］ 艾斯卡尔模拉克、乌布里买买提艾力. 丝绸之路新疆段佛塔特征研究［J］. 建筑学报. 2015（S1）：76-81.

［21］ 贾应逸. 交河故城佛寺调查报告［C］. 交河故城保护与研究［M］. 乌鲁木齐：新疆人民出版社. 1999：241-285.

［22］ 林立. 新疆天山南北地面佛寺建筑遗址［D］. 北京：北京大学. 2004：85.

第五节　嵩岳寺塔与我国汉地多层楼阁式佛塔的关系

关于我国多层或高层楼阁式佛塔的形成有两种观点，第一种观点认为源自我国传统的多层木楼阁，由木楼阁建筑顶上加缩小的窣堵坡形成，木楼阁是我国传统建筑自身发展的结果。第二种观点是源自犍陀罗型楼阁，认为"东汉以降我国多层木楼阁，作为塔的基本构型，从发生学的角度看，其实就是对犍陀罗型楼阁意向的模仿"[1]。首先我们看一下我国多层木楼阁的发展形成。

一、我国传统多层楼阁建筑的发展形成

《墨子》载："子墨子曰：古之民，未知为宫室时，就陵阜而居，穴而处，下润湿伤民，故圣王作为宫室，为宫室之法，曰：宫高足以辟润湿，旁足以圉风寒，上足以待霜雪雨露。"[2]早在母系氏族社会中、晚期我国已出现地面建筑[3]，来解决"下润湿伤民"的居住问题，完成了从穴居→半穴居→地上建筑的过渡，随之地穴土

壁变成了地上木骨泥墙，为增加墙体的稳定性和承载能力，墙内木骨逐渐增粗形成规律排列的细柱，部分墙体并在一侧增加"壁柱"，较大穴居、半穴居室内的独立柱子演变成了多根内柱或中央"都柱"，上部为横向或斜向绑扎连接的承重"屋架"，虽浙江余姚河姆渡新石器时代遗址中已出现穿透榫卯[4]，但木构架间的连接应主要还是绑扎。至迟到夏代晚期，为解决下部潮湿水浸问题，在建筑群下部筑夯土台基，单体建筑又在其上加筑台基；上部结构随铜制工具和构件的使用，解决了部分木构架纵横连接问题，为防护台基和檐柱、墙体根基等需要，出檐用"擎檐柱"支撑，形成了挑出较远的檐部构架；室内用增加内柱，或内柱和木骨墙体并用的方式承托"屋架"，来解决扩大室内空间和承重问题。如河南偃师县二里头夏代1号宫殿，建筑群下部夯筑高出地面80.0厘米（残高）的夯土地基，单体建筑又在夯土台基上加筑台基，全高100.0~300.0厘米，"擎檐柱"和檐柱脱离木骨泥墙，室内台上遗迹被破坏情况不明，从周围其他建筑和2号宫殿建筑可知是台基上布置有内柱和木骨泥墙[5]（图11.5.1、图11.5.2）。

图 11.5.1　河南偃师二里头 1 号宫殿建筑复原设想图
（采自《建筑考古学论文集》）

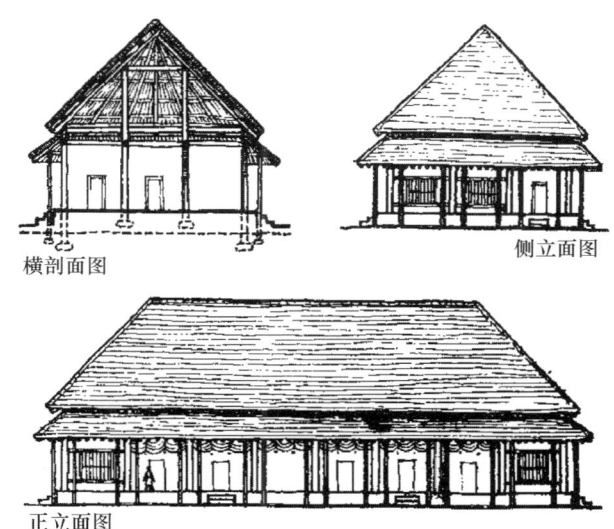

图 11.5.2　主体殿堂复原设想图
（采自《建筑考古学论文集》）

商代中、晚期及西周的建筑，一直延续着高出地面夯土台基的做法，如湖北黄陂县盘龙城商代宫室，下部为夯土台基，台基上布置檐柱、内柱和木骨泥墙承重，檐部用"擎檐柱"承托（图11.5.3）。同时期的河南安阳市小屯妇好墓（M5）上建筑（图11.5.4）、陕西岐山县凤雏村西周甲组建筑等结构形式亦同（图11.5.5）。此时我国传统木构建筑经过漫长的夏、商、周三代，已是"宫高足以辟润湿，旁足以圉风寒，上足以待霜雪雨露"的形态，逐步形成了由台基、木构架（包括墙）和坡屋顶三部分组成的地上建筑，奠定了我国传统木构建筑的基本形制和结构。

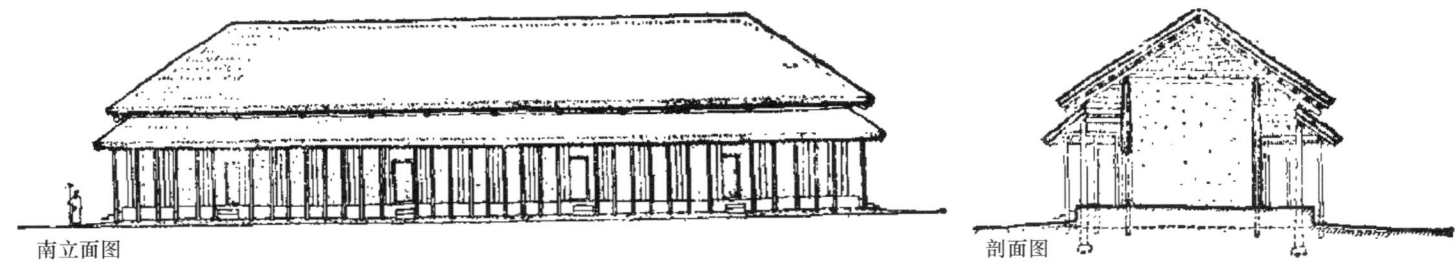

图 11.5.3　湖北黄陂县盘龙城商代宫殿 F1 立、剖面复原图
（采自《建筑考古论文集》）

除上述夏、商、西周时期的建筑遗址外，《考工记》中记载："殷人重屋，堂崇三尺，四阿重屋。周人明堂，堂高一筵。"[6]其商代建筑不但下部有夯土台基，上部还是"重屋"。在"甲骨文中也有'重屋'图形（图11.5.6），金文亦有很多简化的'重屋'图形文字（图11.5.7），足证殷商时代确已创造了'重屋'殿堂"[7]。《说文解字》中解释"楼，重屋也。"常青先生说"'重屋'有两意，一是重檐，二是重楼"[8]，从其两种文字图案中，确实可以看出有"重檐"和"重楼"两种建筑的形象。总之，不管"重屋"是代表哪一类型，都表示木构架有向多层发展的趋势，并且建筑"坐落在夯土台基上，正是高台建筑的雏形，提示了高台建筑发生的线索"[9]，这是我国

图 11.5.4 安阳小屯 5 号墓（妇好墓）上享堂复原设想图
（采自《建筑考古论文集》）

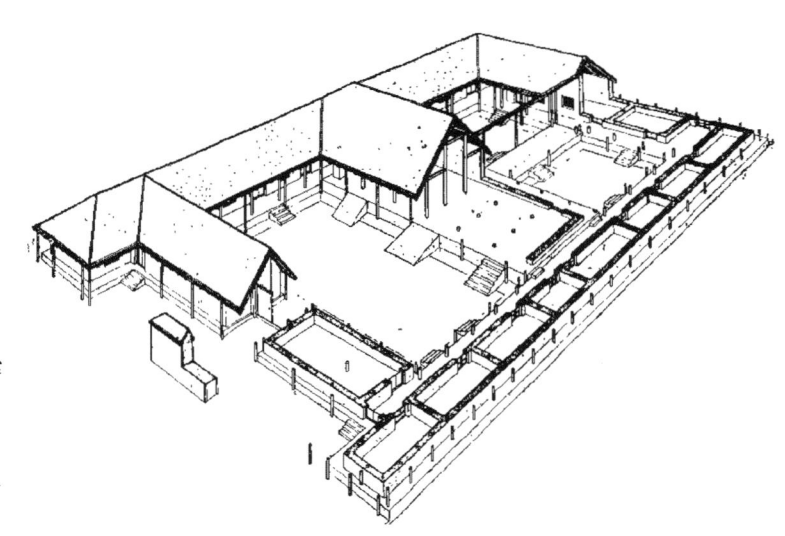

图 11.5.5 陕西岐山县凤雏村西周甲组建筑复原图
（采自《文物》1981 第 3 期）

图 11.5.6 重屋或楼图形文字
（采自《文物》1976 第 2 期）

图 11.5.7 重屋图形文字
（采自《文物》1976 第 2 期）

传统木构建筑从地面迈向多层、高空发展的重要一步。

春秋战国时期诸国统治者为了炫耀权势地位和居住、防卫安全，以及向往"仙人好楼居"和满足生活上奢靡的需要，低矮的夯土台和地面上的"重屋"已满足不了当时的要求，随着夯土技术的不断提高，多层高台孕育而生，人们便借助高台在上建"重屋"的方式来彰显各种需求，即形成了高台建筑。《尔雅·释宫》曰："四方而高曰台。陕而修曲曰楼。"[10]《尔雅注疏》进一步解释"四方而高者名台，即上阔也。修，长也。凡台上有屋，狭长而屈曲者，曰楼。"[11]《释名》解释："台，持也。筑土坚高，能自胜持也。楼，谓廉户之间，有射孔楼楼然也。"[12]《老子》曰："九层之台，起于累土。"[13]上述对台和楼的种种解释，说明台和楼密不可分，台是自身能够稳定，高可达九层的四方台，台上建造曲折狭长的房屋而形成楼，即将夯土高台做成阶梯状，木构建筑在逐层缩小的台阶梯和顶上建造，将夯土高台与木构建筑融合到一起。此时"擎檐柱"消失，可能已被插到檐柱上支撑出檐的斜撑替代，柱、梁等木构架间用"金钉"连结，使高台建筑在形制上形成了多层"楼"的雏形。如邯郸战国时期赵国小城中轴线上的夯土台，最大一个底面积 20000.0 厘米×28000.0 厘米，高 1350.0 厘米，上下分三层阶梯形，每层台基上有柱础遗迹，可以判断台上应是一个宫室建筑群[14]。东周燕下都"老姆台"（4 号建筑遗址），平面呈方形，分为四层，一层台基东西广 900.0 厘米，南北长 1100.0 厘米，二层台基边长 600.0 厘米，三层台基边长东西广 300.0 厘米，南北长 250.0 厘米；台残总高 1200.0 厘米，一、二层共高 700.0 厘米，三、四层共高 500.0 厘米[15]。河北平山县战国的中山王陵享堂，三层高台现高约 1500.0 厘米，第一层台阶平面方形，边长 5200.0 厘米，高 130.0 厘米，第二层台阶边长 4400.0 厘米，层层台阶上建造回廊，直立台壁上有壁柱，顶部建主体建筑等等[16]（图 11.5.8）。上述高台建筑的基本特征是由许多建筑物聚合在一个阶梯夯土上[17]，阶梯夯土高台体量较大，廊屋建筑在台基每层阶梯上建造，台顶建造主体建筑，每层建筑荷载直接由夯土台承受，外观是逐层内退的阶梯状外轮廓。

随着铁质工具在建筑上的使用，加工榫卯更加方便，简单的斗栱和多层木构架出现，人们不再只是限于建筑高度和体量上的炫耀，特别是对内部空间利用的追求，迫使建筑下的高台宽度变窄和高度增大，向瘦高发展，为使变高的台壁稳定和增加承重，台壁上增加了壁柱、壁带，上部"重屋"也变成了墙、柱支撑的多层木构架，荷载通过墙、柱直接传递给夯土高台或地基。此种楼形象在出土的战国铜鉴上多次出现，如辉县赵固村战国墓出土铜鉴上的楼形象，建筑高共三层，第一层内部为台基和壁柱，外侧为木构建筑，第二、三层为木构建筑，第二层设有"都柱"，虽上下柱子均不对应，但每层柱头上均置有斗栱支顶楼板，作为楼层间转换结构的一部分（图 11.5.9）。另一件故宫博物院藏的铜鉴残片上的楼形象，也是下部为高台，上部为两层木构建筑（图 11.5.10）

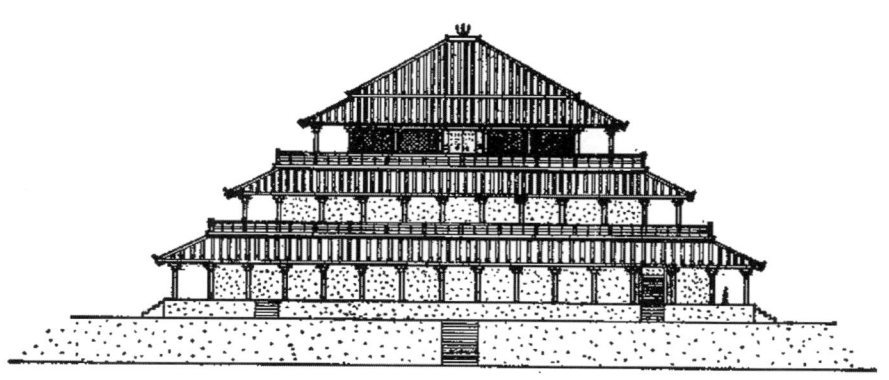
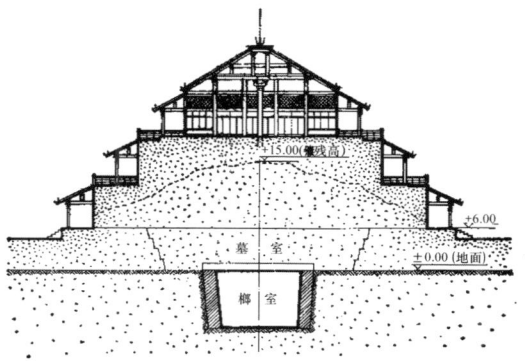

图 11.5.8　平山战国中山王陵享堂立面、剖面复原图
（采自《考古学报》1980 年第 1 期）

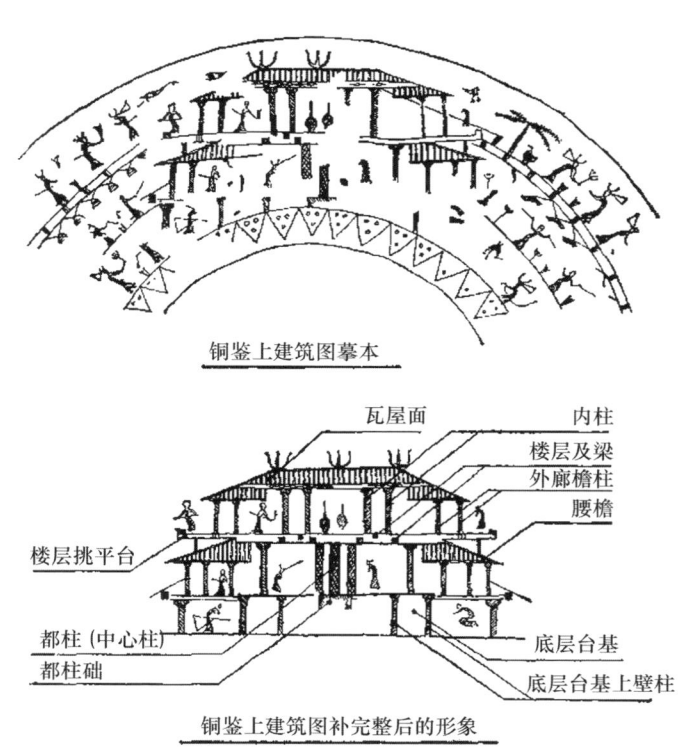

图 11.5.9　辉县赵固村战国墓出土铜鉴上的楼形象
（采自《考古学报》1980（1））

图 11.5.10　故宫博物院藏的铜鉴残片上的楼形象
（采自《文物》1962 年第 2 期）

等等。这些建筑都是借助内部高台完成多层建筑形式，其在春秋战国时期大量出现，并成为普遍现象，说明已是此时期很成熟的多层建筑形制，这与《尔雅·释宫》中对楼的解释也较为一致。

秦统一六国后，仍延续战国时期的高台建筑，但在称谓上"台的记载减少，宫室的记载多了起来，宫室实质上也是由台发展出来的一个新的建筑类型"[18]，每层台基相对变窄增高，台壁周围建筑逐渐出现上下连续的多层构架。如秦咸阳宫一号宫殿，东西宽 6000.0 厘米，南北长 4500.0 厘米，夯土台分两层，一层台基高 96.0 厘米，上层台面距地面约 500.0 厘米，台基边有壁柱和暗柱遗迹，回廊傍依夯土台兴建，排列整齐，主次分明，建筑结构为大木架构与夯土相结合。上层台基之中部为主体殿堂，平面呈方形，东西广 1340.0 厘米，南北长 1200.0 厘米，四周皆由厚实夯土墙围绕，东墙厚 210.0 厘米，墙内嵌有壁柱，墙内另置暗柱若干，为构造加固之用。室之中央有直径 64.0 厘米的圆形"都柱"一根，某些考古学家推测为两层木楼阁[19]（图 11.5.11）。

西汉时期的楼阁建筑，在前代的基础上向多层和高空发展更进一步，已出现高达七层的阁楼。如河南淮阳于庄村出土的西汉前期的三进陶院落，角楼内部四层，外部三层屋檐，做四阿屋顶，室内设楼梯，有彩绘"木格墙"、"柱子"、"角柱"等上下连续的构架特征[20]（图 11.5.12）。河南荥阳魏河村出土的西汉中、晚期七层陶仓楼，下部两层没有屋檐；第一层正面立三根柱子，柱头置下短上长的两层方木支顶二层楼板，两山墙上出栱头悬挑二层楼板，正面带有廊子，廊内中部架设倒八字形楼梯上二层，内墙上无门；第二层正面设廊，内墙上开方孔窗，山面立两柱，左面设窗，右为楼梯可上三楼；上部五层，每层设有屋檐，顶为四阿屋顶，檐间墙上设

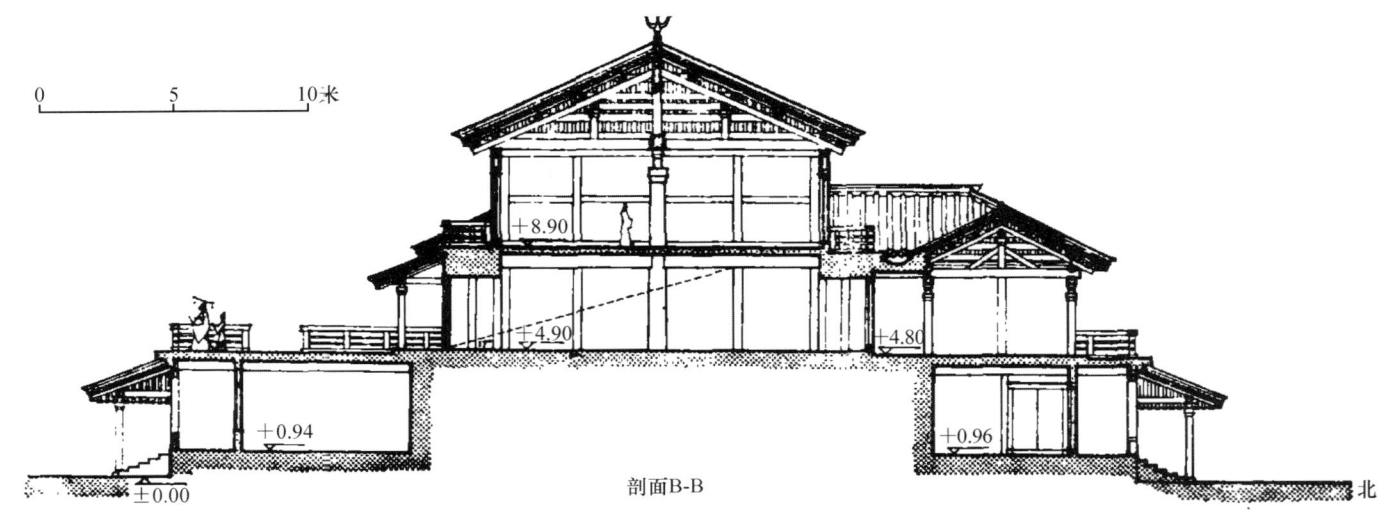

图 11.5.11　秦咸阳宫一号宫殿横剖面复原图
（采自《建筑考古学论文集》）

方窗，内部中空；结构为第 1、2 层由墙和柱承重，第 3～7 层由四周墙体承重[21]（图 11.5.13）。这座西汉七层陶楼模型从外观看，至迟此时高台建筑在外观已经形成了真正意义上多层楼，但下部两层不设屋檐和上部逐层内收的墙柱和屋檐，仍是阶梯高台建筑的遗风；在结构上，下部两层由墙、柱支撑楼板，上部为墙体承重，室内空心无夯土高台，建筑荷载通过墙、柱向下逐级传递。从发掘的西汉楼阁建筑遗址看，当时大型和多层楼阁建筑，内部仍然没有脱离夯土高台、壁柱来承重和稳定的结构形式。如西汉未央宫前殿（编号为 1 号遗址），位于未央宫中部，属于高台建筑，现存台基遗址呈长方形，南北长 40000.0 厘米，东西宽 20000.0 厘米，前殿台基从南向北有三个台基面逐渐升高，北部现存最高达 1500.0 厘米，第三层台面比第二层台面高 810.0 厘米，每个台基面上有一座大型宫殿建筑遗址，北部宫殿建筑基址东西 11800.0 厘米，南北 4700.0 厘米，台壁上设有壁柱，夯土台周围建有其他小型建筑，台顶建筑遗迹被破坏[22]。这与《三辅黄图》记载："未央宫周回二十八里。前殿东西五十丈，深五十丈（按：恐为'十五丈'之误），高三十五丈"[23]相比，第三层台上建筑遗址长约 52 丈（西汉尺长 23.0～23.4 厘米[24]），宽约 21.5 丈的尺寸基本相符，高度上加减去台残高约 6.5 丈，上部木构建筑高度仍有 28.5 丈，合计约 6500.0 厘米，由此可知未央宫前殿是建在三层高台上的多层楼阁建筑。未央宫天禄阁（编号为未央宫 7 号建筑遗址），夯土基址东西 5500.0 厘米，南北 4500.0 厘米，其南边东西居中位置，基址夯土向南伸出，南北长 1500.0 厘米，东西宽 2500.0 厘米，其北对夯土台基；地面之上尚存高约 1000.0 厘米的夯土台基，底部平面近方形，边长约 2000.0 厘米。未央宫石渠阁（编号为未央宫 7 号建筑遗址），系西汉初年萧何建造，初始用于藏各种"图籍"，西汉晚期又藏收"秘书"，是当时著名的经学研究中心，现遗址夯土基址南北 10000.0 厘米，东西 8000.0 厘米，地面之上夯土台基高 874.0 厘米，底部东西宽 7700.0 厘米，南北长 6500.0 厘米。[25]上述两阁的夯土基址上部和夯土台基四壁、顶部表层均被破坏，未发现壁柱和其他建筑遗存，但从台基和地基的关系以及前殿的夯土台基壁柱遗迹看，台基四壁应有壁柱，四周亦置回廊[26]，台顶也有建筑，其现存地上夯土高

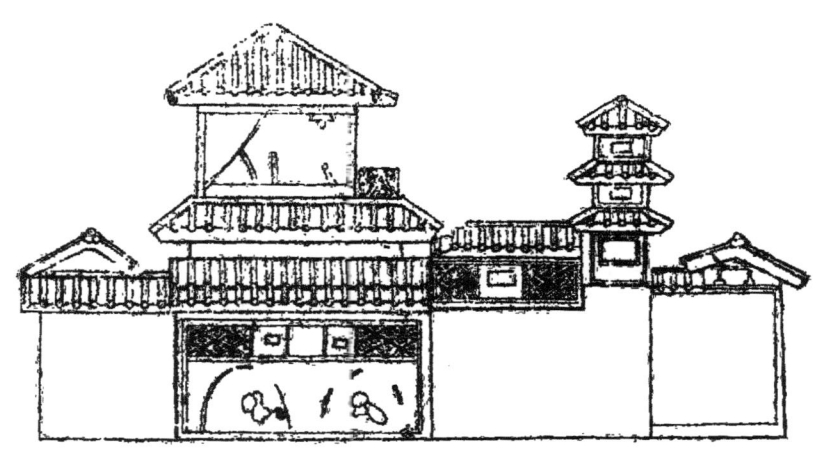

图 11.5.12　西汉前期的三进陶院落侧立面
（采自《中原文物》1987 年第 4 期）

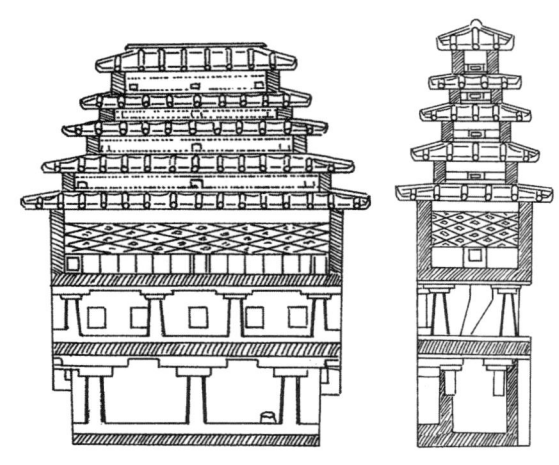

图 11.5.13　西汉陶楼正立面、侧立面
（采自《中原文物》1987 年第 4 期）

台应是多层楼阁构架中心的稳定结构体。此种多层楼阁内部结构处理方式到南北朝末期仍在使用，直至隋唐时期才出现内部不依赖夯土高台稳定的多层纯木结构建筑。

至迟到东汉时期，建筑斗栱的昂、栱、斗等各种构件演变形成，出现成组斗栱，构架和构件间的连结组合趋于娴熟，促使我国木构架建筑营造突飞猛进，逐渐解决了木构架纵横上下间结构节点的连结，木构架体系发展至此已较为成熟[27]，以致东汉至南北朝时期"高台建筑已被淘汰"[28]，被多层楼阁式建筑代替。仅从陶楼、石刻上楼阁建筑的外观形象上看，形成了由屋檐分层、平坐加屋檐分层和平坐与屋檐各自分层等三种基本类型。一是屋檐分层的楼阁，如河南南阳市杨官寺西汉中期[29]墓画像石上的楼阁，共4层（图11.5.14）。甘肃武威市雷台东汉墓出土坞堡陶楼，共5层（图11.5.15）[30]。二是平坐加屋檐分层的楼阁，如河北阜城桑庄东汉晚期墓出土方形陶楼，方形陶楼立在院落中央，外观如以腰檐平坐栏杆间分为5层，从内观察，在外观第4层以下的每层腰檐下都有夹层，实际上陶楼的内部空间可分为9层，每层墙体上开有门窗，第1～4层墙体和斗栱承重，第4层无墙体，由柱子和斗栱承重（图11.5.16）[31]。三是平坐与屋檐各自分层的楼阁，如河南陕县刘家渠汉墓陶楼（报告中称为水阁），共7层（图11.5.17）[32]。这些楼式建筑屋檐的外轮廓特征，即屋檐间的连线基本是一条直线，楼层柱间或墙上开设有门窗。

图 11.5.14 南阳杨官寺汉墓画像石上楼阁
（描绘于南阳汉代画像石）

图 11.5.15 武威雷台东汉陶楼
（采自《文物》1972年第2期）

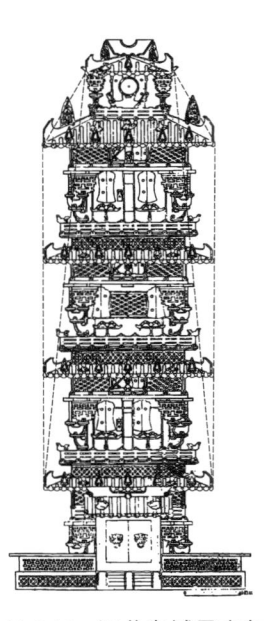

图 11.5.16 河北阜城桑庄东汉墓出土陶楼
（描绘于《文物》1990年第1期）

图 11.5.17 河南陕县刘家渠汉墓陶楼
（采自《中国古代建筑史·第一卷》）

从上述我国多层楼阁式建筑的发展过程看，母系氏族社会中、晚期完成了穴居、半穴居到地面建筑的过度。至迟到夏代晚期建筑已形成由台基、木构架（包括墙、柱）、屋顶三个部分的基本构成。春秋战国时期木构建筑建造在夯土高台阶梯和台顶上，形成了多层"楼"雏形的高台建筑，随着夯土和木结构建筑技术的不断革新发展，夯土高台逐渐缩小变窄呈瘦高状，夯土台与壁柱、壁带、内柱、回廊等木构结合，使木结构上下对接，高台从主体承载结构变成了稳定木构架的辅助结构，使整个建筑外观的阶梯感减弱，竖向连续感增强，整齐划一。至西汉时期已演变成了多层的楼，此多层楼阁建筑的出现，要早于西汉中期张骞"凿空西域"和东汉初佛教建筑传入我国汉地。因此，我国传统多层楼阁建筑，无论从形制、结构及筑造技术的发展过程看，都是一脉相承，均没有受到外来建筑文化的影响，基本可以判定是自身发展的结果。另外，从北魏思远灵图[33]、洛阳永宁寺塔[34]、思燕佛图[35]等多层楼阁式佛塔的发掘报告看，三座高层木构佛塔内部均是夯土台基内心，后两座塔还在夯土台内加入了木构架，形成土木结构。北魏时此种高层木构建筑一直在延续发展，仍没有完全解决多层木构框架体系的整体稳定性和部分技术的要求，说明我国楼阁式建筑是自身不间断演变发展的因果关系。这些楼阁的屋檐外轮廓有两种明显的构图，一是屋檐两端点连线为一条直线；二是屋檐两端连线为折线，特别是折线外轮廓楼阁的最上一层屋檐宽度，明显小于下层，这种构图的产生与我国早期传统楼阁内部为夯土台心，外为木构回廊，台顶作木构建筑有很大关系。

二、我国汉地早期楼阁式佛塔的形象

我国现存北魏以前的楼阁式佛塔建筑实物无存，只能从文献、石窟、石刻、绘画中略知一二。史载建于东汉永平十一年（68）的白马寺佛图，塔壁上画有绕塔三匝的千乘万骑壁画，被称为我国第一座佛塔，北齐·魏收说它是我国汉地四方式佛塔的范本[36]，仅从文献对这座东汉佛塔的简单描述，很难准确判断其具体形制结构，我们认为此塔非木构楼阁式佛塔。但也有说河北南宫普彤塔始建年代为东汉永平十一年（68）早于白马寺塔[37]，以及建于东汉熹平年间（172～178）的"襄乡（淮阳县）浮图"为中国最早佛塔[38]的不同意见。

从佛塔概念传入汉地至三国这段时间，楼阁式佛塔形象现今发现的不多，如四川什邡出土的东汉画像砖上的楼阁式佛塔，至今被认为我国发现的最早佛塔实物形象，塔下为方形塔基，上为三层楼阁式塔身，塔顶置三重相轮和摩尼宝珠，佛塔两侧有两珠菩提树（图11.5.18）[39]。湖北襄樊樊城菜越三国早期墓出土的陶楼，也有认为时代为东汉中晚期[40]，是我国最早的"浮屠祠"模型[41]。整组陶楼模型为一合院，由门楼、院墙和两层楼阁等组成，门楼为悬山建筑，前坡下有两根八边形柱，柱下有熊形柱础，前墙中每门扇上堆塑两个双手合十于胸前的"羽人"，陶楼距于院中，平面方形，上下两层，下层为墙体承重的悬山建筑，屋顶上做四熊唾弃的平坐栏杆，结合比较生硬，其上为二层墙体承重的四阿屋顶建筑，屋顶中立刹杆，下部为覆钵，上镂刻母子熊斗虎图案，上置平头和呈锥形外轮廓的七重相轮，顶作月牙形兽（图11.5.19、图11.5.20）[42]。对这两座楼阁式佛塔，也有认为是与神仙方术相关的高楼而并非佛塔看法[43]。综合来看，其主要认识差别在于屋顶上部的圆盘，是佛教的相轮还是我国仙人承露盘的问题，在我国历史文献中多有将承露盘、华盖、相轮混为一谈的现象，但从三者的状态、作用和意义上讲，是有一定区别的。仙人承露盘主要作用是承接上天下降的甘露，状态为盘口向上的盘状容器（图11.5.21～图11.5.23），形状为"⌣"形。华盖主要作用是彰显身份、遮天之用，状态为一种长柄圆顶、伞面外缘垂有流苏的仪仗物（图11.5.24），形状为"⌢"形。《佛学大词典》解释："华盖，梵语（pus!pacchatra），华，即花、花鬘等；盖，即遮阳之伞，以花装饰而成之伞盖，称为华盖"。相轮，《佛学大词典》中解释："《四分律·行事钞资持记下四之一》曰：'相轮者，圆轮耸出，以为表相故也。'《翻译名义集·寺塔坛幢》曰：'言轮相者，僧祇云：佛造迦叶佛塔，上施盘盖，长表轮相，经中多云相轮，以人仰望而瞻视也'"，亦有认为相轮即是由印度的圆形伞状华盖演变而来[44]。可以看出在意义和状态上相轮与华盖更为相似，与承露盘在作用、意义、状态上均有很大的差异，从上述两楼阁建筑屋顶上部的圆盘看，形状为"⌢"形，其与相轮和华盖相同，也应是与《三国志》中记载笮融建造浮屠祠上的"垂铜槃"[45]类同。另外，什邡汉代画像砖上佛塔的两侧有与佛教密切相关的莲花或称菩提树；襄樊三国陶楼门上有双手合十的"羽人"，合掌礼是典型的佛教礼节，裸体羽人在我国传统道德文化观念下也不可能出现，只能是外来文化中的形象，羽人的颈、手脚腕上都带有佛教的宝珠璎珞或称佛珠（图11.5.25），应为佛教供养童子[46]，其"对覆钵丘加以了改造，将熊虎瑞兽这样的中国元素用作覆钵的母体，捏塑呈装饰化的熊虎座覆钵丘，中、印要素在陶楼顶作此组合，意在标示陶楼杂糅神仙佛陀的功能指向"[47]，足以说明这两座建筑为我国早期的楼阁式佛塔。

图11.5.18 什邡汉代画像砖上的楼阁式佛图

图 11.5.19 襄樊出土的三国陶佛塔院
（采自《文物》2010 年第 9 期）

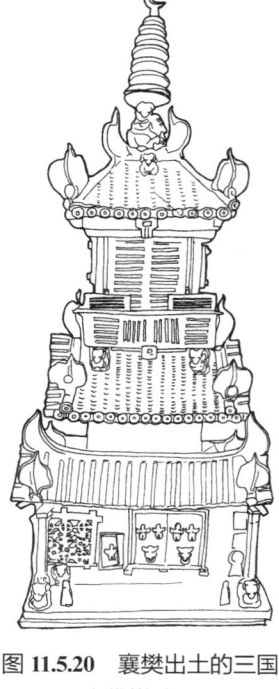
图 11.5.20 襄樊出土的三国陶佛塔院图
（采自《故宫博物院院刊》2012 年第 4 期）

图 11.5.21 中国北极阁气象博物馆藏汉代承露盘

图 11.5.22 北海公园承露盘

图 11.5.23 石天禄承露盘
（采自《文物》1991 年第 4 期）

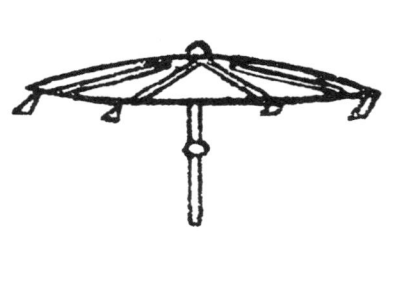
图 11.5.24 车盖
（采自《考工记注释》）

图 11.5.25 襄樊三国陶楼门上的"羽人"

《三国志·刘繇传》记载东汉末期笮融"大起浮图祠……垂铜槃九重，下为重楼阁道。"[48]《后汉书·陶谦传》载："大起浮屠寺。上累金盘，下为重楼，又堂阁周回。"[49]《魏书·释老志》载："魏明帝曾欲坏宫西佛图。……遂徙于道东，为作周阁百间。"[50]《法苑珠林·舍利篇感应缘》载："魏明帝洛城中本有三寺。其一在宫之西。每系舍利在幡刹之上。辄斥见宫内。……乃于道东造周阁百间，名为官佛图精舍。"[51] 这两座三国时建造的佛塔就是这样的木楼阁式佛塔。

我国楼阁式佛塔经过魏晋时期的发展，至北魏时可在石窟、造像中见到大量雕造、雕刻的楼阁式佛塔形象。如北魏曹天度石塔，现存山西朔县崇福寺，北魏天安元年（466）雕造于平城，为平面方形的九层楼阁式佛塔，由台座、塔体、塔刹三部分组成，现存高 202.6 厘米。台座为一层方台，边长 63.0 厘米，高 24.5 厘米，正面雕狮子、莲花、摩尼宝珠和供养人，左右雕供养人，背面雕刻题记和供养人。塔体共九层，为我国传统木构楼阁建筑，高 128.6 厘米，底边长 42.0 厘米；第一层下为阶基，中部为角柱、墙、斗栱和屋檐组成，四角柱亦是下为方形台座、中部为三层角柱和"平坐"、上部为歇山顶构成的楼阁，四面墙中开门，壁面上雕佛像；其余各层均由角柱、墙体、斗栱和屋顶等组成。塔刹由刹座、单檐盝顶方亭阁、"山花蕉叶"、覆钵、九重相轮和等组成，通高 49.5 厘米。曹天度石塔塔檐外轮廓的基本特征为从下至上每层逐渐内收，外轮廓即塔檐间连线为一条直线，每层角柱内斜即侧脚，亦是从下至上连为一条直线（图 11.5.26）。[52]

云冈石窟中部第七洞佛雕七层佛塔，雕造于北魏太和年间[53]，下部为方形台座，中部为逐层内收的塔檐和塔身，角柱向内倾斜即侧脚，顶部为塔刹，其塔檐外轮廓特征是塔檐两端连线为一条直线（图11.5.27）。洛阳龙门石窟46号塔，北朝浮雕楼阁塔[54]，共五层，下部应是方形台座（残），中部直壁塔身和塔檐逐层内收，顶部为塔刹，其塔檐外轮廓特征是塔檐两端连线为折两段线，顶部塔檐宽度明显小于下层塔檐（图11.5.28）。

从上述北魏时期多层楼阁式佛塔的塔檐外轮廓连线上看，有两种构图模式，一是一条直线，二是多条直线组成的折线，这两种构图均是我国传统楼阁式建筑的特点，可佐证我国楼阁式佛塔塔体是传承于我国传统楼阁式建筑，刘致平先生说"塔制度虽来自印度，但构造已完全是中国化了。"[55]至此，也说明嵩岳寺塔塔檐的折线外轮廓线是延续我国楼阁式建筑，而非古印度或中亚地区的"希诃罗"建筑，但也不排除两地建筑在营造技术交往上的影响，如嵩岳寺塔内的筒体结构。

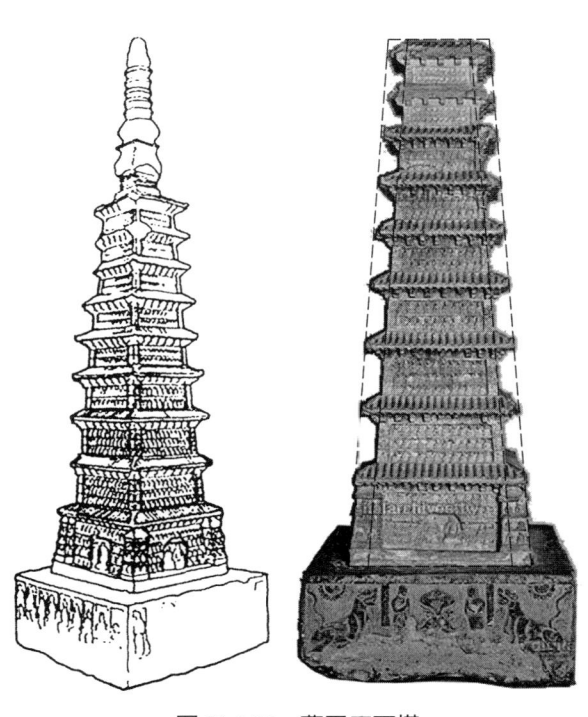

图11.5.26 曹天度石塔
（采自《文物世界》2008年第4期）

图11.5.27 云冈石窟中部第七洞浮雕七层塔
（描绘于《中国营造学社汇刊》第4卷第3、4合本）

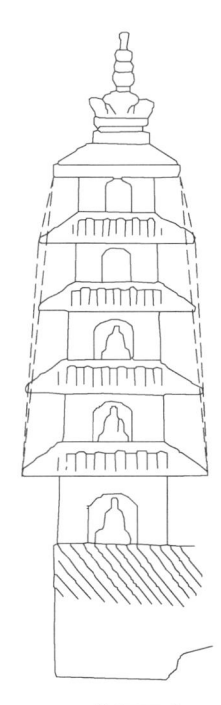

图11.5.28 龙门石窟46号塔
（描绘于《龙门石窟雕刻粹编——佛塔》）

三、嵩岳寺塔和我国汉地楼阁式佛塔的形成

我国传统楼阁式建筑与楼阁式佛塔的最大区别，就在于屋顶端的这部分构造和造型。从上述我国传统楼阁式建筑与楼阁式佛塔相比可以看出，我国早期楼阁式佛塔塔顶部分为缩小的窣堵坡，被称之为"塔刹"。这部分塔刹与印度巴特那近郊库木拉哈尔出土石板上的佛精舍顶部造型基本一样，都是缩小的窣堵坡，从其所在位置、形制看，我国楼阁式佛塔的塔刹是借鉴了古印度地区早期佛精舍顶部的做法。"窣堵坡"本在佛教产生之前就已存在，早期并不是佛教的独有产物，是在原有窣堵坡顶上增加了伞盖或称相轮等佛教饰物后，才产生了佛教独有的窣堵坡形式，其基座被称为"坛城"，半圆形的坟称为覆钵。古印度地区的精舍类建筑，从《法显传》和《大唐西域记》中对其形制的描述和功能看，早期是佛陀或其他人日常活动使用的建筑，同窣堵坡一样，本不带有宗教性质，也不是佛教的专有建筑，后在精舍顶部安置了最具佛教象征意义的佛教窣堵坡以示区别，变成了佛精舍。其与婆罗门教等宗教的精舍类建筑体量相差不大，有小精舍和多层的大精舍，主要不同点也在于精舍顶部的这部分"塔刹"，这同我国传统楼阁式建筑与楼阁式佛塔的区别表现方式如出一辙。

《长阿含经》载："佛告阿难：'圣王葬法……讫收舍利，于四衢道起立塔庙，表刹悬缯，使国行人皆见法王塔，思慕正化，多所饶益'。'阿难，汝欲葬我……讫收舍利，于四衢道，起立塔庙，表刹悬缯，使诸行人，皆见佛塔，思慕如来，法王道化，生获福利，死得上天。'"[56]《摩诃僧祇律》载："作塔法者。……上施槃盖长表轮相。……塔事者……塔应在高显处作。"[57] 上述两段经文内含了三个意思,一是佛塔象征着释尊涅槃,要用塔葬。涅槃是肉体的泯灭火死亡,也是灵魂转世的开始,佛教宣扬灵魂永不灭亡的观念,最为具体的表现即是塔葬。印度自古都存在塔葬制度,如《四分律》卷二十九、《五分律》卷十一的第二分之四第八十九事,以及《十诵律》等均有记载,其制度至我国汉地后,便选择了我国传统木结构的塔楼式建筑,来暗喻佛教中的涅槃思想[58]。二是在高显的位置立塔表相,使人礼拜敬仰释尊。三是造塔者和礼敬者,在佛祖庇护之下生可获无量福,死可升天。古印度地区将象征佛祖的窣堵坡立于佛精舍之顶,并以示与其他建筑的区别,可能就是同以上因素有关。《造塔功德经》载:"所在方未有塔处,能于其中建立之者,其状高妙出过三界,乃至至小如菴罗果。……其人功德如彼梵天,命终之后生于梵世。于彼寿尽,生五净居,与彼诸天等无有异。"[59] 也是说造塔功德能使人死后升天,进入佛国世界,其中比喻窣堵坡的"菴罗果",即是唐·玄奘在《大唐西域记》中所说佛精舍顶部的"庵没罗果"或"阿摩落迦果"。庵没罗果,梵文 āmalaka,慧琳撰《一切经音义》载:"阿摩勒果,此云无垢。"[60] 梵文 amala 意为无垢、洁净、清净,音译为阿摩罗,因为在汉语中没有长短音的区别,所以将"阿摩罗"跟植物庵摩罗果混淆起来,上述几种"阿摩罗果"只是在汉译名字上有所区别,其本意是相同的,说明佛教的窣堵坡代表着清净无垢佛国世界。我国佛塔的塔刹,作为佛塔最为崇高的部分冠表全塔,"刹"梵文译名有"制多罗"、"差多罗"、"纥差怛罗"、"乞叉"、"乞洒"等,意思是土田,代表国土,也称为佛国[61]。《佛学大词典》载:"刹,意谓标志、记号;即佛刹,佛土之意;佛土就是指十方世界、西方极乐世界,俗称宇宙。"《无量寿经》载:"十方世界,无量无边,不可思议。……南西北方,四维上下,亦复如是。……觉了一切法,犹如梦幻响,满足诸妙愿,必成如是刹。……通达诸法性,一切空无我,专求净佛土,必成如是刹。"[62] 上述说明我国对"塔刹"的理解同古印度象征窣堵坡的"庵没罗果"含义基本一样,都认为塔刹是最具佛教色彩的象征符号[63],代表着清净无垢的佛国极乐世界,是佛教象征意义的建筑具象化,也是人们对轮回再生中获得解脱,乃是对至高善境的追求。

我国两汉时期有多种用途和类型的多层楼阁式建筑,这些建筑屋顶或正脊正中多置有"凤鸟"饰物。凤鸟在我国古代被认为是神鸟、仁鸟,祥瑞之禽,为四灵神兽之一,其形象约有五十种,如燕子、乌鸦、鹰、鹗、鹭、鹏、鸡、孔雀等都属凤一类[64],被认为有祛邪、避灾、祈福的作用,出现时天下太平安宁,置于房屋最高处以庇护天下苍生,使人处在祥和的世界之中。《说文解字》解释:"凤,神鸟也。天老曰:'凤之象也,鸿前麐后,蛇颈鱼尾,鹳颡鸳思,龙文虎背,燕颔鸡喙,五色备举。出于东方君子之国,翱翔四海之外,过昆仑,饮砥柱,濯羽弱水,莫宿风穴。见则天下大安宁。'"[65]《说苑·辩物》载:"凡六经帝王之所著,莫不致四灵焉。德盛则以为畜,治平则时气至矣。……夫惟凤为能究万物,随天祉,象百状,达于道。去则有灾,见则有福。览九州,观八极,备文武,正王国。严照四方,仁圣皆伏。"[66] 王鲁民先生说"如果将整座建筑的形象与凤鸟图形联系起来,不仅给予这房子以特殊的神圣意义,并且使居住在建筑中的人和凤合二为一了。按古人将凤视为上帝之使者的观念,通过把建筑和凤鸟合二为一,可以使这种特殊建筑的所有者与上帝建立特殊关系"[67]。凤鸟置于房顶的做法,不只限于楼阁式建筑,在其他建筑上也有相同的做法,如汉代门阙屋顶上也置有凤鸟饰物(图11.5.29)。我国早期佛教建筑在房顶之上置窣堵坡的情况也是如此,如北魏门阙顶上的窣堵婆(图11.5.30),说明窣堵坡置于我国传统建筑房顶的做法,是借用了我国古人乐于接受房顶上置凤鸟的类似做法,来示意佛教建筑与其他建筑的区别。这与佛教初传汉地时,为在所传之处落地生根,想方设法融入汉地文化,以使汉人乐于接受一样,如借鉴当时流行的谶纬神学来附会佛学,并将佛陀形容成如同老子、黄帝等圣人或神人等[68]。在建筑上寻找类同概念的文化,将象征佛教的窣堵坡置于我国传统建筑之顶,替代传统建筑顶部同样具有"庇护"意义的凤鸟,来完成佛教在我国传统建筑上的佛教具象化,形成了楼阁式佛塔。刘敦桢先生总结说"中国的塔虽然仍藏舍利,但塔的功能、结构和形式,结合中国建筑的传统,创造了中国楼阁式木塔,塔内不但供奉佛像,还可以登临远眺。原来的窣堵坡缩小了,安置于塔顶之上,称为刹。刹既具有宗教意义,同时对塔的形象又发挥了装饰的作用"[69]。

总之,从上述我国楼阁式塔的形制看,现存嵩岳寺塔的基座上部有叠涩平坐,倚柱柱头有模仿木结构的由额和阑额,上部用十五层呈内弧轮廓的叠涩来替代铺作类悬挑构件,并且檐口两端向上微翘,来模仿木楼阁的出檐,反叠涩外轮廓用直线模仿当时我国传统建筑的屋面,第二至十五层檐间辟门窗,使塔的每面有"间"的概念,使每层塔体的塔身和塔檐叠加就是一个盝顶建筑,整个塔的外立面构成就是我国高层阁楼式建筑的基本组合,其形象更像我国楼阁式佛塔。塔内每两层间设叠涩平台置楼板隔层,也与我国楼阁式建筑相同,这些都

图 11.5.29　汉阙顶上的凤
（采自《中国古代建筑史》）

图 11.5.30　北魏门阙上的窣堵坡
（采自《敦煌建筑研究》）

是古印度地区窣堵坡、无壁塔、佛精舍等佛教建筑上所没有的，也是与其的主要区别。但在塔内空体结构上，可能受到了佛精舍或天祠建筑形制的影响。因此，我们认为嵩岳寺塔的主体形制，是在我国楼阁式佛塔形制和营造技术的基础上形成，是产生在我国汉地的特色佛塔，在部分形制、艺术、结构上受到了古印度地区佛精舍或天祠的影响。

参 考 文 献

[1]　常青. 西域文明与华夏建筑的变迁[M]. 长沙：湖南教育出版社. 1987：64.
[2]　吴毓江撰，孙启治点校. 墨子校注[M]：卷一辞过第六. 北京：中华书局. 1993：45-46.
[3]　刘叙杰. 中国古代建筑史（第一卷）[M]. 北京：中国建筑工业出版社. 2003：66.
[4]　中国科学院自然科学史研究所. 中国古代建筑技术史[M]. 北京：科学出版社. 2000：250.
[5]　刘叙杰. 中国古代建筑史[M]：第一卷. 北京：中国建筑工业出版社. 2003：133-134.
[6]　闻人军. 考工记译注[M]. 上海：上海古籍出版社. 1993：130.
[7]　杨鸿勋. 从盘龙城商代宫殿遗址谈中国宫廷建筑发展的几个问题[J]. 文物. 1976（2）：20-21.
[8]　常青. 西域文明与华夏建筑的变迁[M]. 长沙：湖南教育出版社. 1987：64.
[9]　杨鸿勋. 从盘龙城商代宫殿遗址谈中国宫廷建筑发展的几个问题[J]. 文物. 1976（2）：16、17.
[10]　管锡华译注. 尔雅[M]：释宫第五. 北京：中华书局. 2014：356.
[11]　（晋）郭璞注，（宋）刑昺疏，李学勤主编. 尔雅注疏[M]：释宫第五. 北京：北京大学出版社. 1992：134.
[12]　（东汉）刘熙撰. 释名[M]：卷五释宫室第十七. 北京：中华书局. 1985：89.
[13]　饶尚宽译注. 老子[M]：六十四章. 北京：中华书局. 2007：155.
[14]　中国科学院自然科学史研究所. 中国古代建筑技术史[M]. 北京：科学出版社. 1985：60.
[15]　中国历史博物馆考古组. 燕下都城址调查报告[J]. 考古. 1962（1）：10-19.
[16]　杨鸿勋. 战国中山王陵及兆域图研究[C]. 建筑考古论文集[M]. 北京：文物出版社. 1987：120-142.
[17]　中国科学院自然科学史研究所. 中国古代建筑技术史[M]. 北京：科学出版社. 1985：60.
[18]　中国科学院自然科学史研究所. 中国古代建筑技术史[M]. 北京：科学出版社. 1985：59-60.
[19]　刘叙杰. 中国古代建筑史[M]. 北京：中国建筑工业出版社. 336.
　　　杨鸿勋. 秦咸阳宫第一号遗址复原问题的初步探讨[J]. 文物. 1976（11）：31-41.
[20]　淮阳县博物馆. 淮阳出土西汉三进陶院落[J]. 中原文物. 1987（4）：69-73.
[21]　张松林. 荥阳魏河村汉代七层陶楼的发现和研究[J]. 中原文物. 1987（4）：45-47.

[22] 中国社会科学院考古研究所. 汉长安城未央宫1980-1989年考古发掘报告［M］. 北京：中国大百科全书出版社. 1996：15-17、223、265.

[23] 刘叙杰. 中国古代建筑史［M］. 北京：中国建筑工业出版社. 403.

[24] 刘敦桢. 中国古代建筑史［M］. 北京：中国建筑工业出版社. 1984：421.

[25] 中国社会科学院考古研究所. 汉长安城未央宫1980—1989年考古发掘报告［M］. 北京：中国大百科全书出版社. 1996：17-18.

[26] 李毓芳. 汉长安未央宫的考古发掘与研究［J］. 文博. 1995（3）：83.

[27] 祁英涛. 中国古代木构建筑的时代特征［J］. 文物. 1983（4）.

[28] 中国科学院自然科学史研究所. 中国古代建筑技术史［M］. 北京：科学出版社. 1985：59.

[29] 张勇、田丽. 谈南阳杨官寺汉画像石墓的年代问题［J］. 中原文物. 2009（6）.

[30] 甘博文. 甘肃武威雷台东汉墓清理简报［J］. 文物 1972（2）：16-19.

[31] 河北省文物研究所. 河北阜城桑庄东汉墓发掘报告［J］. 文物. 1990（1）：19-30.

[32] 黄河水库考古工作队. 河南陕县刘家渠汉墓［J］. 考古学报. 1965（1）：107-164.

[33] 大同市博物馆. 大同北魏方山思远佛寺遗址发掘报告［J］. 文物. 2007（4）：4-26.

[34] 中国社科院考古研究所. 北魏洛阳永宁寺1979-1994年考古发掘报告［M］. 北京：中国大百科全书出版社. 1996：13-19.

[35] 辽宁省文物考古研究所、朝阳市北塔博物馆. 朝阳北塔［M］. 北京：文物出版社. 20017：26-29.

[36] （北齐）魏收. 魏书［M］：卷一百一十四. 北京：中华书局. 1974：3029.

[37] 南宫市文保所. 河北南宫普彤塔［J］. 文物春秋. 1994（4）：97.

[38] 张驭寰. 张驭寰文集［M］：第6卷中国塔（二）. 北京：中国文史出版社. 2008：44.

[39] 谢志成. 四川汉代画像砖上的佛塔图像［J］. 四川文物. 1987（4：）：62-64.

[40] 何志国. 从襄樊出土东汉佛塔模型谈中国楼阁式佛塔起源［J］. 民族艺术. 2012（2）：104.

[41] 汪海波. 中国最早的佛寺："浮屠祠"——襄樊出土"陶楼"模型辨析［J］. 佛教文化. 2010（4）：18.

[42] 襄樊市文物考古研究所. 湖北襄樊樊城菜越三国墓发掘简报［J］. 文物. 2010（9）：4-20.

[43] 张同标. 关于什邡画像和襄樊陶楼并非佛塔的辨析（上）［J］. 中国美术研究. 2017（1）：86-99.

[44] 吴庆洲. 中国佛塔塔刹形制研究（上）［J］. 古建园林技术. 1994：28.

[45] （晋）陈寿撰，（宋）裴松之注. 三国志［M］：卷四十九·吴书四·刘繇传. 北京：中华书局. 1992：876.

[46] 汪海波. 中国最早的佛寺："浮屠祠"——襄樊出土"陶楼"模型辨析［J］. 佛教文化. 2010（4）：19.

[47] 罗世平. 仙人好楼居：襄阳新出相轮陶楼与中国浮图祠类证［J］. 故宫博物院院刊. 2012（4）：13.

[48] （晋）陈寿撰，（宋）裴松之注. 三国志［M］：卷四十九. 北京：中华书局. 1999.

[49] （宋）范晔撰，（唐）李贤等注. 后汉书［M］：卷七十三. 北京：中华书局. 1999：1599.

[50] （北齐）魏收撰. 魏书［M］：卷一百一十四. 北京：中华书局. 1974：3029.

[51] （唐）释道世撰，周叔迦、苏晋仁校注. 法苑珠林校注［M］：卷四十. 北京：中华书局. 2003：1268.

[52] 葛钢、葛世民. 北魏曹天度石塔考［J］. 文物时间. 2008（4）：22-26.

[53] 林徽因、梁思成、刘敦桢. 云冈石窟中所表现的北魏建筑［J］. 中国营造学社汇刊第四卷第三、四合期. 中华民国二十二年（1933）：180.

[54] 杨超杰、严辉著. 龙门石窟雕刻粹编——佛塔［M］. 北京：中国大百科全书出版社. 2002：16.

[55] 刘致平著. 中国建筑类型及结构［M］. 北京：中国建筑工业出版社. 2000：22.

[56] （后秦）佛陀耶舍共竺佛念译. 佛说长阿含经·游行经第二中（卷三）［M］. 中华大藏经（第三一册）：六九七. 北京：中华书局. 1985：34.

[57] （东晋）天竺三藏佛陀跋陀罗共法显译. 摩诃僧祇律［M］：卷第三十三. 中华律藏（第二卷）. 北京：国家图书馆出版社. 2009：267.

[58] 高歌. 云冈石窟楼阁式中心柱的涅槃象征［J］. 文博. 2015（2）：102-109.

[59] （唐）天竺三藏法师地婆诃罗译. 佛说造塔功德经［M］. 中华大藏经（第二四册）. 北京：中华书局. 1985：277.

[60] （唐）慧琳撰．一切经音义 [M]：卷二十六．中华大藏经（第五七册）．北京：中华书局．1993：943．
[61] 罗哲文．中国古塔 [M]．北京：中国青年出版社．1985：63．
[62] （曹魏）康僧铠译．佛说无量寿经（卷下）[M]．中华大藏经（第二八册）．北京：中华书局．1985：603．
[63] 吴庆洲．佛塔的源流及中国塔刹形制研究 [J]．华中建筑．1999（4）：132．
[64] 王大有．龙凤文化源流 [M]．北京：北京工艺美术出版社．1988：1、10．
[65] （汉）许慎撰．说文解字 [M]．北京：中华书局．1963：79．
[66] （汉）刘向撰．向宗鲁校证．说苑校证 [M]：卷十八辩物．北京：中华书局．1987：454-456．
[67] 王鲁民．中国古典建筑文化探源 [M]．上海：同济大学出版社．1997：6．
[68] （北齐）魏收．魏书 [M]．卷一百一十四．北京：中华书局．1974：3025-3028．
（宋）范晔撰，（唐）李贤等注．后汉书 [M]．卷三十下·襄楷传．北京：中华书局．723．
[69] 刘敦桢．中国古代建筑史 [M]．北京：中国建筑工业出版社．1984：90．

第六节　嵩岳寺塔地宫形制渊源

佛塔地宫是埋藏在塔地面以下的暗室，多由甬道、宫室组成，简单的仅有宫室。在北魏及以前史书中未查见有固定的专属名称，依其所在位置、功能、意义等概念，历史上曾有"龙窟"[1]、"地府"[2]、"龙宫"[3]、"石室"[4]、"地塔"[5]、"地宫"等不同的名称，冉万里先生根据掌握的各时期佛塔地宫的铭文，研究发现"地宫"之名直到宋代才成为地宫的称谓[6]，此称谓至今一直被大部分人所沿用，久之约定成俗，不再深究，我们亦称嵩岳寺塔下砖室为地宫。我国已知的佛塔地宫有土室、石室、砖室等，宫内多出土有盛舍利的石函、铜函、宝瓶或罐、金棺银椁等容器，以及佛经、佛像、佛珠、小塔、法器、供养具等佛教圣物，罗哲文先生说这些佛塔地宫，是借鉴了我国古代陵墓地宫的修建方式[7]，其瘗埋舍利的方式也"与古印度和中亚地区用罂坛或盒有所不同，更符合我国的埋葬习惯"[8]。我国佛塔地宫既有如窣堵坡瘗埋佛舍利的功用，又有如佛精舍供奉经书、佛像等佛教象征物的功用，其形制是结合我国传统墓室制度而形成的独具特色的地宫，嵩岳寺塔地宫就是这样一座形制完备的佛塔地宫。

一、嵩岳寺塔地宫形制

嵩岳寺塔地宫，位在塔心室正下方的夯土塔基中，坐落方位南偏东5°，由甬道、宫室组成，整体平面呈"甲"字形。甬道平面呈外宽里窄的梯形，外口宽137.0厘米，里口宽114.0厘米，长230.0厘米，甬道底至塔心室地面间距离170.0厘米，墙厚90.0厘米，砌筑方式多为顺砖，甬道顶部全毁。宫室平面近方形，边长204.0（角间距离）~219.0（中部距离）厘米，宫室地面至塔心室地面距离162.0厘米，砖砌筑四壁中部外弧，内壁面带有收分，墙厚33.0厘米（不带粉刷层），砌筑方式为一顺一丁（立砖），至高80.5~84.0厘米处起券，起券处向墙内错一小平台，顶为四面内弧穹窿顶，始以平砖顺砌，上部砌砖内侧向下微倾。1989年维修前宫室顶部坍塌，残高130.0~150.0厘米，如以遗留穹窿顶弧度结顶，顶部要高出塔心室地面。宫门门洞宽87.0厘米，门及附属构件均为唐代重建。通道、地宫墙体与周围夯土结合紧密，甬道墙体南段与塔体墙壁连为一体，部分被压在塔体下，可以判定地宫和塔体以及夯土塔基是同时建造。地宫内出土有北魏时期及后代的佛、菩萨雕像、建筑构件、钱币等遗物（图11.6.1~图11.6.3）。

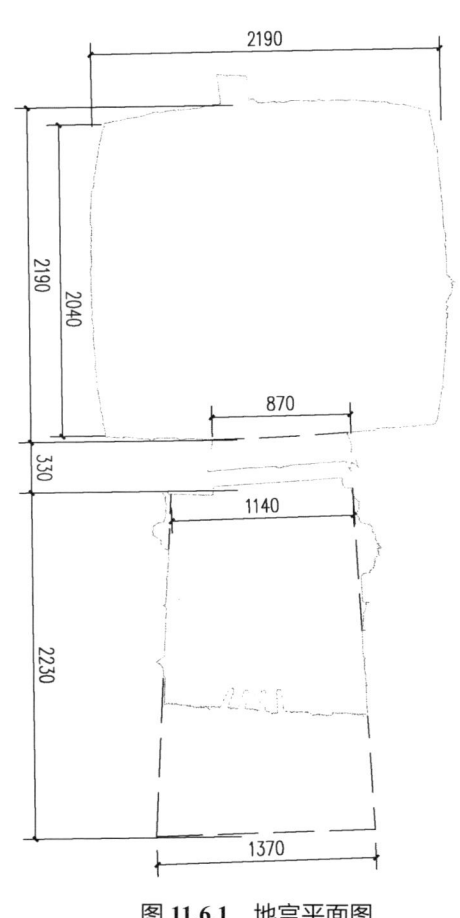

图11.6.1　地宫平面图

图 11.6.2 地宫南北剖面图

二、嵩岳寺塔地宫题记及年代

因嵩岳寺塔地宫在唐代开元年间对部分墙体、地宫门进行了修缮，壁画重新绘制，其上题写有开元二十一年（733）的题记，部分学者依据地宫内壁上唐代的题记，认为"嵩岳寺塔地宫为唐代"[9]，也有根据地宫题记以及与我国隋唐塔地宫作比较，肯定地认为"嵩岳寺塔地宫为唐代7世纪晚期至8世纪前半期，而非北魏正光时期"[10]，不过也有学者对嵩岳寺塔地宫建于唐代开元说提出了异议，如朱永春先生说嵩岳寺塔"地宫有唐开元年间题记和局部唐代纹饰，不足以得出地宫本身建于唐代，并且北魏塔基下也不可能有唐代地宫和其他"[11]。在我国佛塔地宫的研究上，有

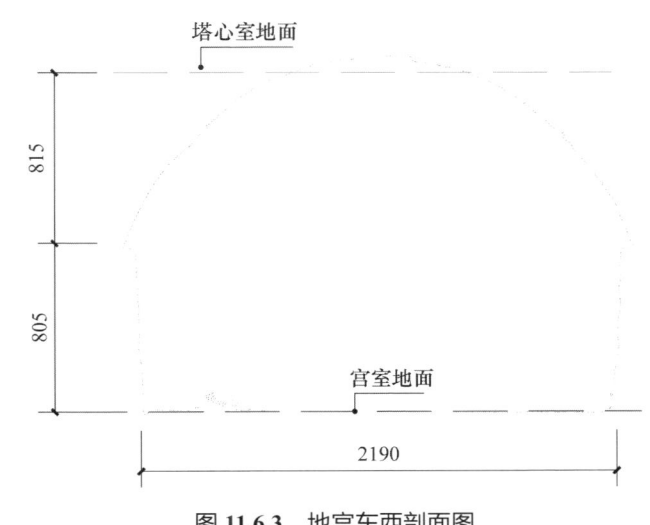

图 11.6.3 地宫东西剖面图

认为"北魏时佛塔未筑地宫，只是把放置舍利的石函直接买入塔基夯土中。隋代开始以砖石构筑简单的墓室状建筑，不再把放舍利的石函直接埋入土中"[12]，也有根据自己掌握的北魏、隋唐时期塔基发掘情况，判断"唐代塔地宫才正式出现"[13]。可见嵩岳寺塔地宫的建造年代和形制，事关我国佛塔建造地宫的起始，因此对于地宫的唐代题记和形制有必要讨论一下。撇开塔基、地宫、塔体砌砖热释光年代测定为北魏的事实，先从地宫的唐代题记开始，题记书写在地宫门正对的穹窿顶内壁上，经过重新辨认，并与古人书法比较，基本可判断题记内容为"唐开元二十有一载岁癸酉□□□月九日重莊寫……"（图 11.6.4），其中"重莊"（图 11.6.5、图 11.6.6）二字并非是有学者认为的"重安"[14]（图 11.6.7）。这个题记内容与撰写于唐开元二十七年（739）

图 11.6.4 嵩岳寺塔地宫唐代题记

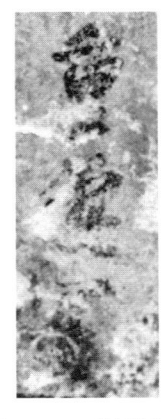

图 11.6.5 嵩岳寺塔地宫唐代题记局部

图 11.6.6 东晋·王羲之"莊"字行书
（采自《六体书法大字典》）

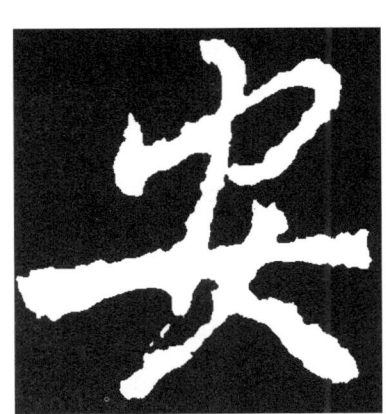

图 11.6.7 唐·李邕"安"字行书
（采自《中国书法大字典·行书卷》）

《嵩岳寺碑》中描述嵩岳寺塔当时是"重寶妙莊，就成偉麗"的情景是对应的，从题记上基本可以断定地宫非唐代所重建，而是重修。

三、嵩岳寺塔地宫形制渊源及年代

1. 嵩岳寺塔地宫形制与北魏墓葬渊源

最能代表北魏时期墓葬砖室特征的是皇家墓葬，据《大同方山北魏永固陵》发掘报告：北魏文明皇后冯氏永固陵太和五年（481）动工，太和八年（484）完成，坐北朝南，北偏东4°，地下砖室由墓道、前室、甬道、后室四部分组成，砖砌结构。前室平面呈前宽后窄的梯形，南北长420.0厘米，东西宽385.0厘米，墙体四壁呈外弧线形，高210.0厘米处起券，拱形顶起券较低，券顶高380.0厘米。甬道平面呈长方形，南北长698.0厘米，东西宽170.0厘米，券顶高220.0厘米。后室平面近方形，南北长640.0厘米，东西宽683.0厘米，墙体四壁呈外凸的弧线形，高258厘米处起券，墓顶为四角攒尖式，从下到上慢慢向内收缩，券顶高730.0厘米，用横平砖错缝平砌起券，顶中间嵌一块白砂石，上雕莲纹图案。甬道和室门不在宫室南壁正中，而略偏东，顶部为纵联式筒券（图11.6.8）。同时期建造的万年堂形制与永固陵形制基本相同[15]。《北魏宣武帝景陵发掘报告》揭示：宣武帝景陵地下宫室为坐南朝北的砖室墓，北偏东3°，由墓道、前甬道（前室）、后甬道、墓室等四部分组成，平面略呈"甲"字形，青砖砌筑。前甬道（前室）平面呈横长方形，东西338.0～340.0厘米，南北235.0～240.0厘米，拱券顶高378.0厘米，在190.0厘米高处起券。后甬道在墓葬中轴线上，连接前甬道和墓室，平面呈纵长方形，长512.0厘米，宽194.0厘米，券顶高264.0（南部）～280.0（北部）厘米，直立墙壁至164.0厘米处起券。墓室平面近方形，四壁中部稍向外弧，以相对两壁中部的最大距离计，南北673.0厘米，东西692.0厘米，壁厚209.0厘米；墙体自330.0厘米高往上，逐渐向内呈弧线形收缩，最终形成四角攒尖顶，四角可见明显的角线，高936.0厘米；顶部砖砌法全部以平置丁砖或顺砖逐层错缝砌筑，方形顶心，用两块条砖封死；石棺床作南北长的长方形，长386.0厘米，宽220.0厘米，用十五块方石拼砌而成（图11.6.9）。[16]

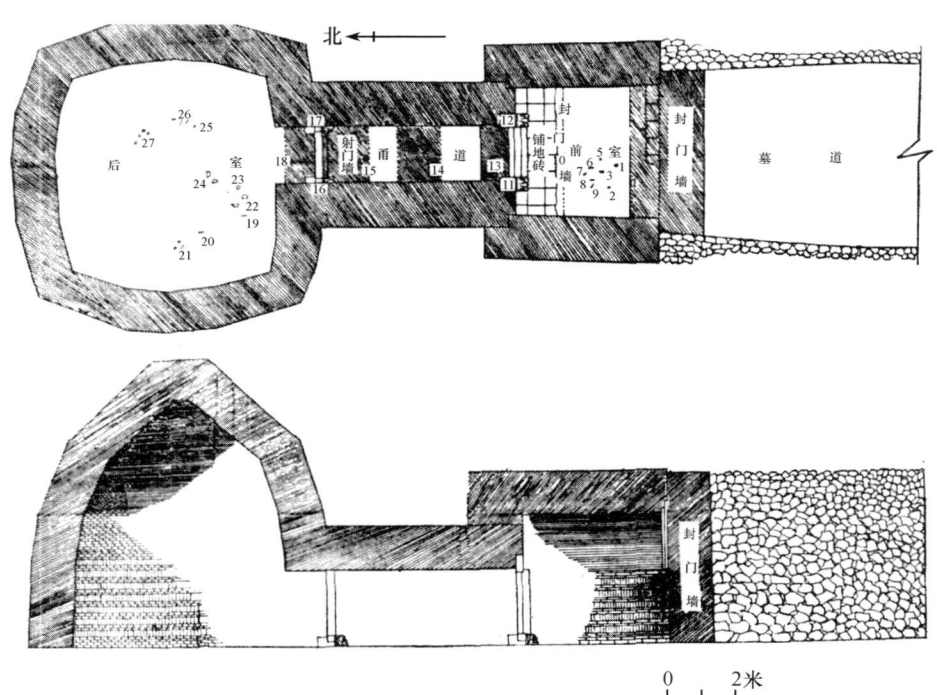

图11.6.8 北魏文明皇后冯氏永固陵砖墓室
（采自《文物》1978年第7期）

从永固陵、景陵这两座皇室陵墓的砖室形制看，嵩岳寺塔地宫与之相比，坐落方位、"甲"字形平面、前宽后窄的前室平面、墓室平面近方形、四壁中部外弧、平砖砌筑四角攒尖式券顶、甬道和墓室门在墓室南壁偏东等情况，与嵩岳寺塔地宫基本相同，惟不同的是嵩岳寺塔地宫为单室。建造时间与嵩岳寺塔地宫更接近的景陵，其墓室南壁中部外弧尺寸比其他三面减小，墓室顶弧线更为流线，墓室前甬道明显缩短，在细部处理上也更能说明嵩岳寺塔地宫的同时期特征。这些做法不只是体现在北魏皇室陵墓，"单室平面近方形，顶为四角攒尖式，四壁多呈外凸弧线形。这样的形制，魏晋以来在中原地区甚为流行"[17]，"北魏洛阳时代的墓葬结构以弧边方形砖石墓为墓葬形制的主流，这是西晋中后期中原墓葬的基本形制"[18]，举个普通北魏砖墓的例子，如河南省洛阳市吉利区北魏正光五年（524）的砖墓，C9M315号墓由墓道、前甬道、后甬道和墓室组成，后甬道用砖错缝平砌而成，券顶长370.0厘米，宽140.0厘米，高174.0厘米；墓室平面近方形，四角抹圆，墓壁向外弧凸，四壁用青砖以二平一竖砌垒，穹窿顶，南北进深490.0厘米，东西宽530.0厘米，残高380.0厘米（图11.6.10）[19]。说明此种墓

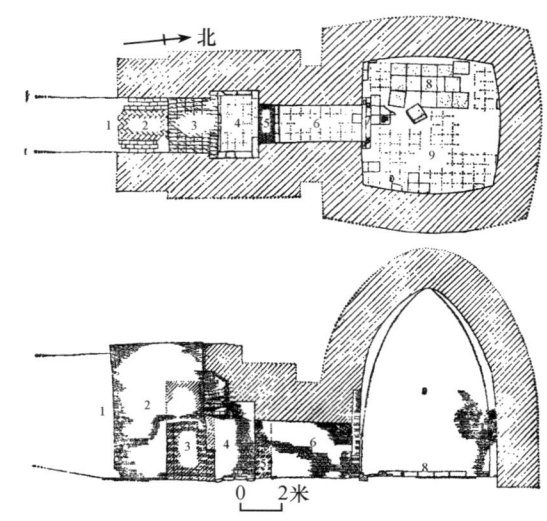

图11.6.9　北魏宣武帝景陵砖墓室
（采自《考古》1994年第9期）

室的做法不但是北魏时期中原地区的流行做法，并有着悠久的历史。嵩岳寺塔地宫形制有明显的北魏墓葬砖室特点，是借鉴了北魏当时流行的墓葬砖室形制，而非借鉴唐代的墓葬砖室建造。

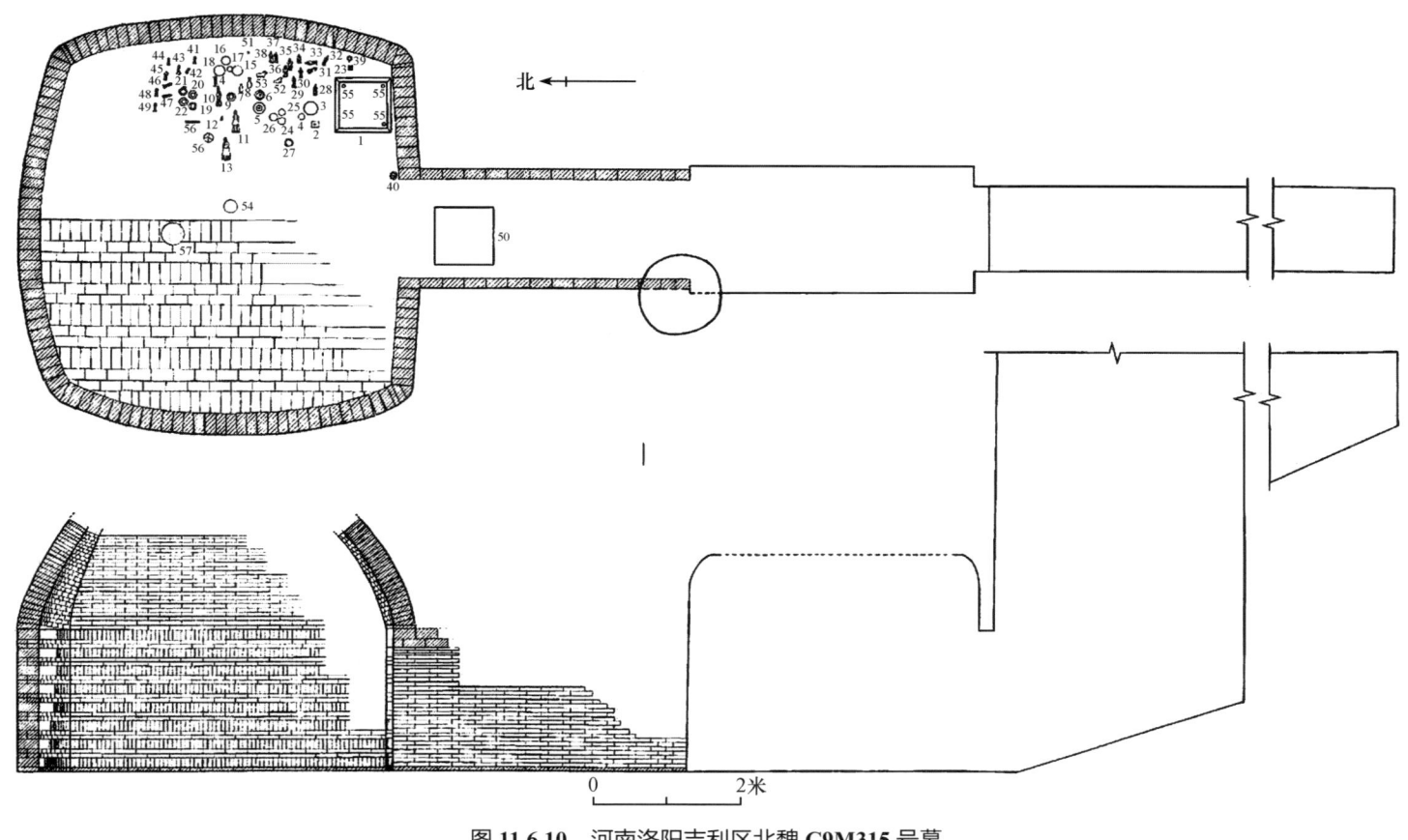

图11.6.10　河南洛阳吉利区北魏C9M315号墓
（采自《考古》2011年第9期）

2. 嵩岳寺塔地宫与北朝及隋唐佛塔地宫的比较

北朝时期的佛塔均为夯土塔基，高层塔主体多为木构建筑，现已发掘的北魏早期塔基中未见有完整的地宫形制，仅部分塔基夯土中深埋有舍利石函。《洛阳伽蓝记》记载"晋代太康六年（285）建造的三层砖浮图下有石铭。"[20] 不知此石铭是否为直接埋入地下的石函。至今发现最早有题记的石函，是河北定县静志寺宋代塔基地宫出土的北魏兴安二年（453）石函[21]，因石函出土于宋代地宫，未知北魏时其与塔的关系。建于北魏太和三年（479）的方山思远佛图，据发掘报告显示"塔心实体平面正方形，南北残长1205.0厘米，东西残长1220.0厘米，残高125.0厘米，环塔心夯土由一圈回廊"（图11.6.11）[22]。从发掘报告对塔心实体的描述看，塔基夯土内部情况未探测，不知其内是否存在地宫或舍利函。建于北魏太和年间（485~490）的龙城思燕佛图，据《朝

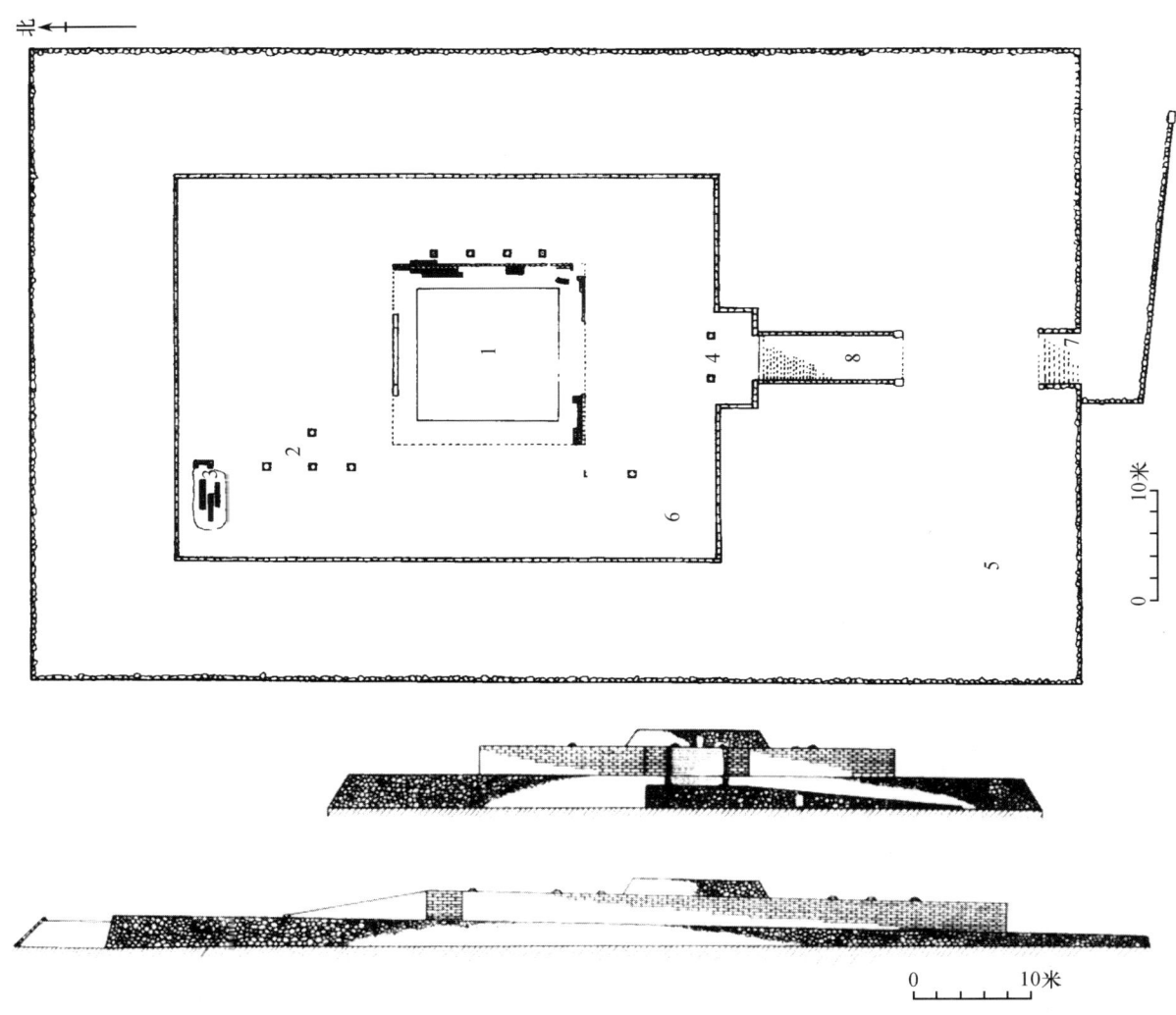

图 11.6.11　大同北魏方山思远佛图平、立面图
（采自《文物》2007 年第 4 期）

阳北塔考古发掘与维修工程报告》揭示：塔为土木结构楼阁式塔，直接利用三燕宫殿夯土台基作塔基础，在台基上布置柱网，柱网平面呈正方形，现存四圈柱础石和础窝。塔心实体平面呈方形，在基础石面以下 910.0 厘米处有大石板，未知是否为建塔时埋藏舍利石函的基石（图 11.6.12）。[23]

已探明将舍利石函埋入塔下夯土内的佛塔，是建于北魏太和五年（481）的河北定县北魏佛塔，据发掘报告称此塔"为孝文帝和文明太后为祈福、成佛而建造的舍利塔，夯土塔基（原报告称土丘）东西长 1200.0 厘米，南北长 2000.0 厘米，在塔基中部偏南，深 150.0 厘米处发现太和五年（481）的盝顶石函，石函平面长方形，长 65.0 厘米，宽 57.5 厘米，通高 58.5 厘米"[24]。以上北魏早期佛塔下有舍利函的，是将舍利函直接深埋于塔基夯土中，舍利函与土坑间没有空间，如同我国早期传统的土圹墓，还没有形成地下"室"的概念。北魏洛阳永宁寺塔，建于北魏熙平元年（516），据《北魏洛阳永宁寺》发掘报告"塔基中心有边长 170.0 厘米的正方形竖坑，坑口整齐，四壁直立，壁面平整，看不出其为盗掘者所挖的痕迹，或疑为地宫旧址，因地下水仅清理 200.0 厘米深，而未见底"[25]。又据《北魏永宁寺塔基发掘简报》讲"坑深挖至 500.0 厘米余，未发现遗存，根据方坑的位置及其遗迹现象来看，推测这个方坑应是木塔的地宫，由于盗掘破坏，其形制已不清除"（图 11.6.13）[26]。北魏洛阳永宁寺塔遗址中出土的砖、石建筑构件甚少，可知此塔砌砖是被人盗取，从地宫和第一圈柱的平面位置看，不可能在距第一圈柱边仅有 75 厘米处，开挖一个对结构不利的土坑居于柱础侧下方，推测地宫墙体砌砖也被盗取了。河北临漳县北朝佛塔，据发掘报告"夯土台基平面方形，边长 3000.0 厘米，中部有夯土塔心实体，柱网由四圈柱组成，地宫砖室（原报告称砖函）位于塔心实体中刹柱础石下，平面方形，边长 70.0 厘米，高 70.0 厘米。砌砖细腻黑灰色，宫内遗物被盗"（图 11.6.14～图 11.6.16）[27]。上述发掘的北朝佛塔塔基均为夯土，主体为木制结构，塔心有夯土台和柱子，早期将舍利函深埋于夯土中，晚期采用深埋的小型砖室地宫，而没有出现如嵩岳寺塔一样有相对较大空间的砖室地宫，是与塔心下部要承受较大荷载，不能很好地解决佛塔主体与地宫结构问题有关。虽临漳县东魏或北齐佛塔小砖室地宫晚于嵩岳寺塔地宫，但至少证明

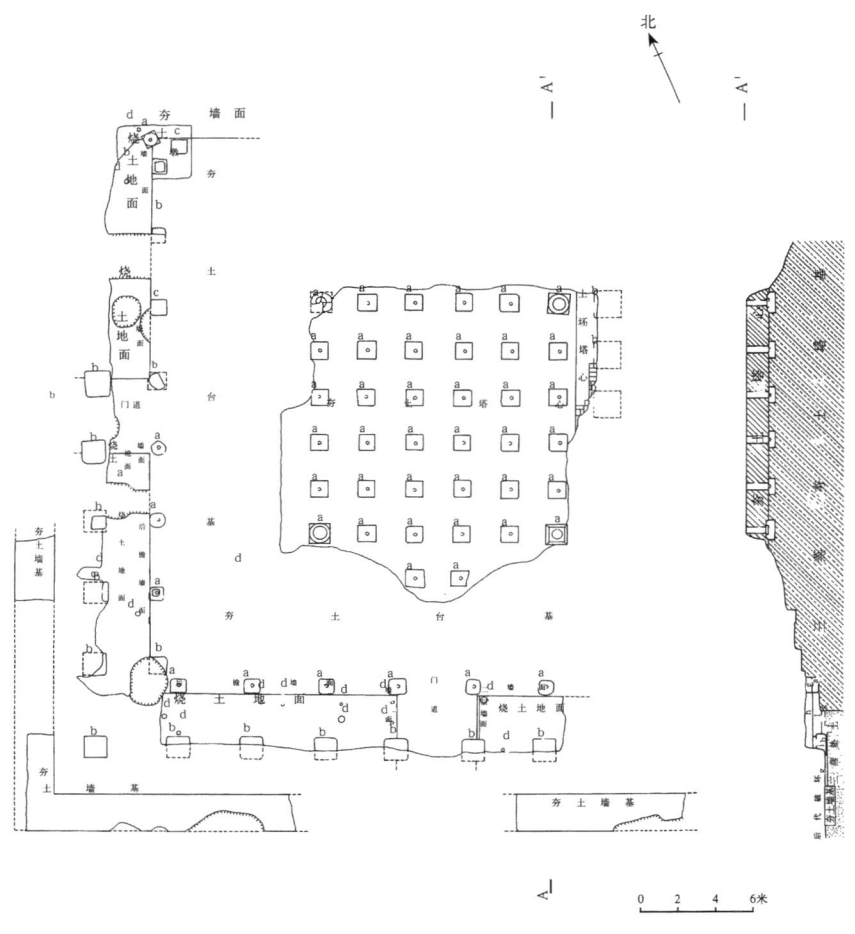

图11.6.12 北魏龙城北魏思燕佛图
（采自《朝阳北塔考古发掘与维修工程报告》）

北朝晚期木构佛塔下已有砖室地宫。

既然北魏、东魏、北齐佛塔已有砖室地宫，隋代佛塔没理由只采用土埋舍利函，或在舍利函四周仅砌筑简单的石和砖墙的方式，而不建造地宫。随着我国考古工作的发展，隋代舍利塔的地宫终于在1998年被发现，经考古工作者对山西省周至县仙游寺隋代法王塔地宫的发掘，此塔地宫由"小平台、台阶、踏步慢道、隧道（甬道）、宫室几部分组成，全长705.0厘米，甬道长150.0厘米，宽105.0厘米，高139.0厘米，宫室长126.0厘米，宽约92.0厘米，高96.0厘米，顶为覆斗状盝顶，宫门毁坏。宫内出土《舍利塔下铭》发愿文：'维大隋仁寿元年（601）岁次辛酉十月亥朔十五日乙丑，皇帝普为一切法界，幽显生灵，谨於雍州周至县仙游寺，奉安舍利，敬造灵塔。愿太祖武元皇帝、明元皇后、皇帝、皇后、皇太子、诸王子孙等，并内外群官，爰及民庶，六道三涂，人非人等生生世世，值佛闻法，永离苦空，同升妙果'，另一面发愿文：'……此塔即大隋仁寿元年十月十五日置也。至大唐开元四年（716）重出舍利……至开元十三年（725）岁次乙丑十二月十五日甲子朔，庄严事毕，重入灵塔。其塔乃莹以丹青，饰以朱漆，致使固齐天地，岿然独存。其铭曰：蜂台构毕，雁塔休工，天花随喜，地塔崇封。开元十三年十二月十日下'"（图11.6.17）[28]。从出土隋、唐两则发愿文看，此塔为隋塔，唐代时开启地宫，事后封闭。其地宫平面呈"甲"字形，宫室长方形，条石砌筑，是完整的标准小型地宫形制，与嵩岳寺塔地宫平面布置基本一致，隋代佛塔地宫是延续早期的佛塔地宫规制。如非要说河北临漳县北朝佛塔下的小砖室为舍利砖函的话，那么隋代法王塔完整的地宫形制，足以证明唐代佛塔地宫不可能是始创了。法王塔地宫出土的隋代铭文，与先前被学者引用的陕西耀县神德寺发现的隋仁寿四年（604）舍利函铭文，"维大隋仁寿四季岁次甲子四月丙寅朔八日癸酉，皇帝普为一切法界，幽显生灵，谨於宜州宜君县神德寺，奉安舍利，敬造灵塔。愿太祖武元皇帝、明元皇后、皇帝、皇后、皇太子、诸王子孙等，并内外群官，爰及民庶，六道三涂，人非人等生生世世，值佛闻法，永离苦空，同升妙果"[29]，在文字内容上基本相同，这两座塔是隋文皇帝杨坚在隋仁寿元年（601）、二年（602）、四年（604）三次下诏在全国统一建造舍利塔[30]其中的两座，从塔铭文落款日期可知仙游寺法王塔舍利塔是第一批，神德寺舍利塔是第三批，因描述神德寺舍利塔地宫的论文中仅说"石函的四周及盖上均有长条形或方形的护石包裹，周围又砌有砖墙。石函高119.0厘米，长宽各103.0厘米。函高52.0厘米"[31]，其形制描

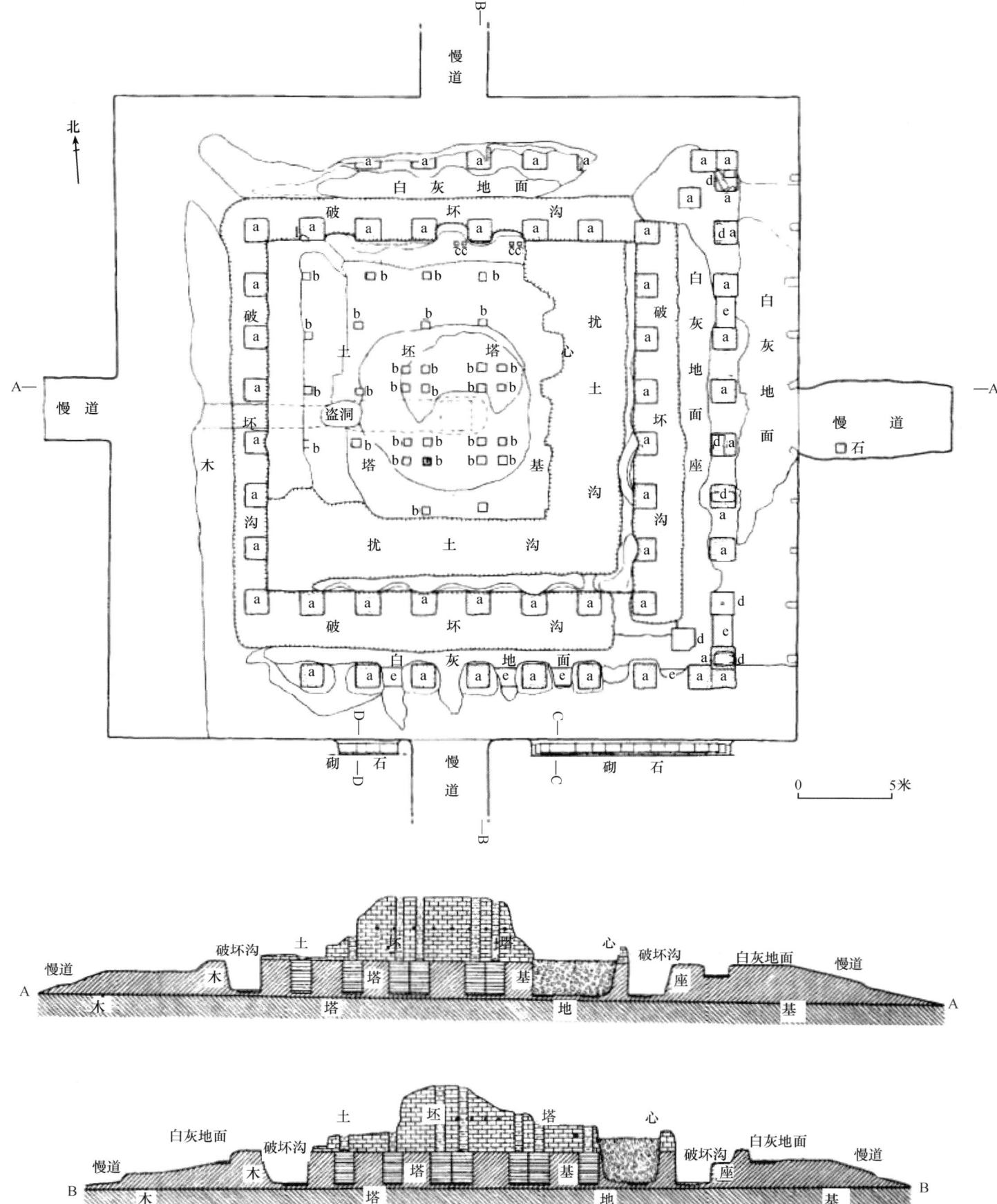

图 11.6.13　北魏洛阳永宁寺塔基

（采自《北魏洛阳永宁寺 1979～1994 年考古发掘报告》）

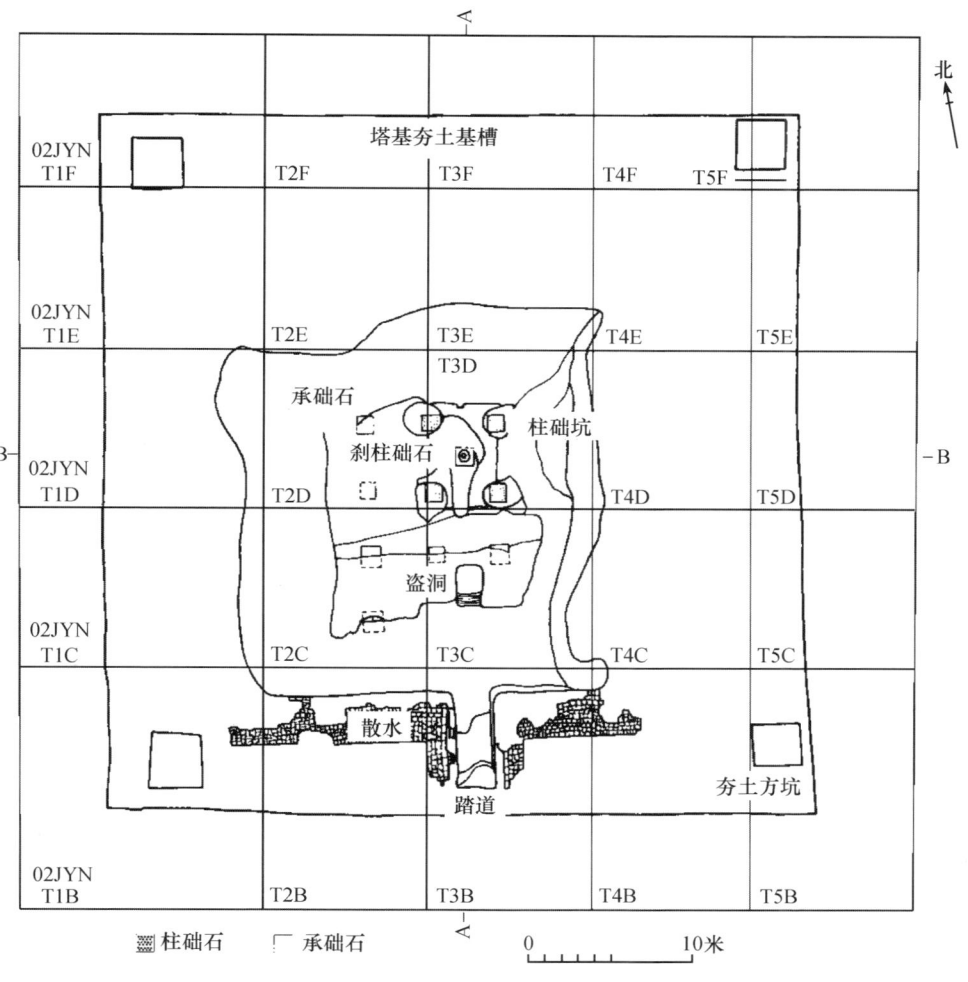

图 11.6.14　河北临漳县北朝佛塔平面
（采自《考古》2010 年第 7 期）

图 11.6.15　河北临漳县北朝佛塔地宫
（采自《考古》2010 年第 7 期）

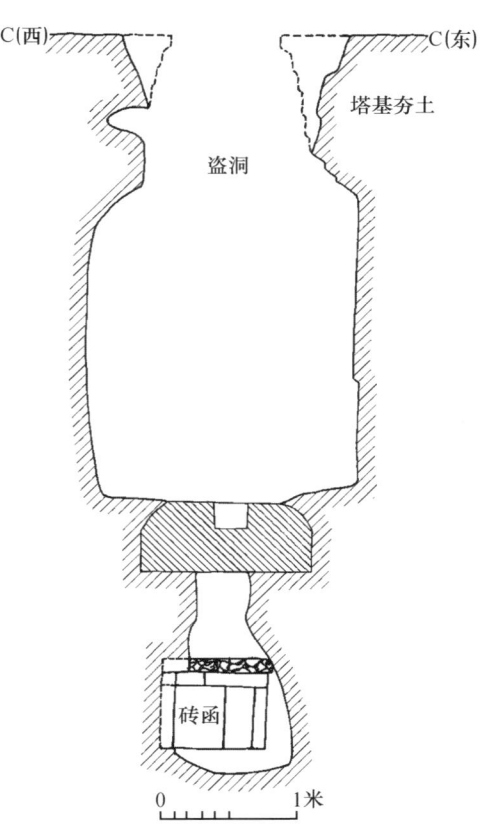

图 11.6.16　河北临漳县北朝佛塔地宫剖面
（采自《考古》2010 年第 7 期）

述不甚具体，以致引用者误判，其实从石函的尺寸，也基本可判断这部分砖墙围合的内部空间已不是小空间，应是如法王塔地宫的规制相差无几。在这些敕建的隋代舍利塔中，嵩岳寺也建造了一座，《广弘明集》载："嵩州于闲居寺起塔。"[32] 记载隋文皇帝杨坚在隋仁寿元年（601）在嵩岳寺敕建了一座舍利塔，为第一批，《嵩岳寺碑》载："其南古塔者，隋仁寿二年（602），置舍利于群岳，以抚天下，兹为极焉。"其记载为第二批，后者可能是建造完成时间，两则记载在建造时间上有所差别。从现场调研看，应是南辅山上的一座塔基遗址，因至今未对这个隋代塔基进行考古发掘，塔下地宫的具体情况不甚明了（图 11.6.18）。

图 11.6.17　山西周至仙游寺法王塔地宫
（采自《收藏家》2000 年第 7 期）

图 11.6.18　嵩岳寺隋代塔基现状

再来看一个嵩岳寺塔近邻法王寺二号唐塔的地宫，据发掘报告描述地宫"方向正南，由踏道、宫门、甬道、宫室。踏道位于宫门之外，平面长方形，南北长 430.0 厘米，东西宽 140.0 厘米；宫门通高 260.0 厘米，宽 200.0 厘米；甬道平面长方形，位于宫室正南，平面呈长方形，长 235.0 厘米，至高 100.0 厘米处采用分节纵联起券；宫室位于塔基下部中心，平面方形，四角攒尖顶，边长 245.0 厘米，墙体中部向外略呈弧形，通高 255.0 厘米，自 150.0 厘米开始收分，起券部分以错缝平铺和一顺一丁的方法砌筑，直至券顶，最后以碎砖填塞封顶"（图 11.6.19）[33]。此唐塔地宫虽平面呈"甲"字形，四壁中部略有外弧等特征，总体上是延续早期佛塔地宫的形

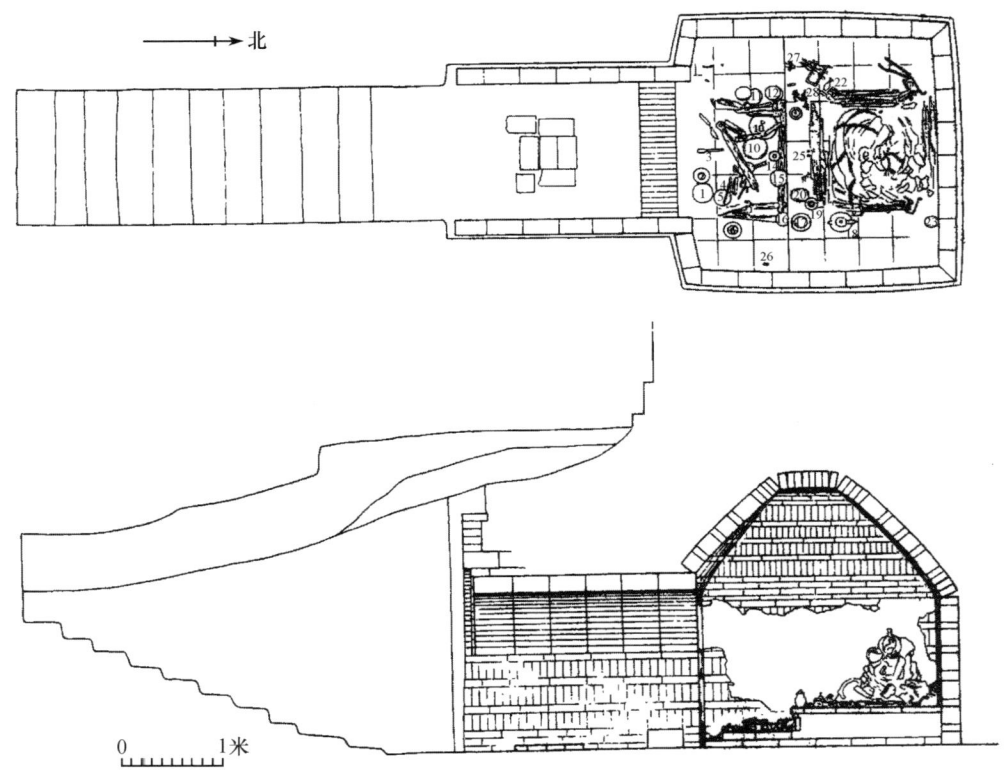

图 11.6.19　河南登封法王寺二号塔地宫
（采自《华夏考古》2003 年第 2 期）

制，但宫室穹窿顶用一顺一丁（立砖）砌筑以及封顶的方式，前部设台阶踏道延续至塔外的做法，与北魏佛塔地宫或墓冢砖室已有很大的区别。

至此，嵩岳寺塔地宫的形制渊源、壁画重饰时间已经明了，加之砌砖热释光年代测定，基本可断定嵩岳寺塔地宫为北魏建造时的原构，并且是借鉴了我国北朝成熟的传统砖墓室形制。进一步讲，至今未发现有早于嵩岳寺塔地宫的佛塔，现已发掘早于嵩岳寺塔的佛塔，均为夯土塔基，主体为木结构，塔基中均未见地宫，仅有直接埋藏于夯土中的舍利函。晚于嵩岳寺塔的佛塔，因塔内有夯土台心和柱网的弊端，地宫空间较小，且没有甬道，形制不算完整。砖构嵩岳寺塔解决了木构塔内夯土台心和柱下承载的问题，将塔墙体直接埋入夯土塔基，以承受塔体自重等绝大部分荷载，减掉了室内柱子和夯土塔心，使塔内"完全空心"，塔心室下部地宫不再承受其上较重的荷载，完全借鉴了当时流行的墓葬砖室形制，这是嵩岳寺塔形成完整地宫形制的主要原因。因此嵩岳寺塔完整的砖构地宫形制，在更早期的佛塔地宫未发现之前，今可定为我国佛塔建造地宫之始。

参 考 文 献

［1］（唐）姚思廉撰．梁书［M］：卷第五十四·列传第四十八．北京：中华书局．1973：791．"初穿土四尺，得龙窟及昔人所舍金银镮钏钗镊等诸杂宝物。可深九尺许，方至石磉，磉下有石函"，按此段记载看，在东晋孝武帝太元十六年（391）之前建康阿育王寺下既有地宫，地宫高有五尺，地宫下再埋石磉和石函，因《梁书》为唐人所撰，并且文中记载带有神异事件，不知这个龙窟是否如是今所称地宫形制。

［2］（唐）释道世撰，周叔迦、苏晋仁校注．法苑珠林校注［M］：卷三十八．北京：中华书局．2003：1211．"乃将至崇义寺佛堂西南塔下，依旧以大石函盛之，本铭覆上，埋于地府"。

［3］浙江省文物管理委员会．金华市万佛塔塔基清理简报［J］．文物参考资料，1957（5）：41．文中记载万佛塔塔基下出土宋嘉祐七年（1056）石刻铭文，均称塔下石室为"龙宫"。"龙宫"一词在西晋·月氏国三藏竺法护译《佛说海龙王经·请佛品说》等经书中就已出现，只是其意为龙王的宫殿或供养佛的大殿。

［4］韩金科、王焯．法门寺唐塔地宫及中国舍利瘗埋制度［J］．文博．1993（4）：52．文中讲从出土的《大唐咸通启送歧阳真身志文碑》和《监送真身使随身供养道具及恩赐金银遗物帐碑》铭看出，当时人们称为"石室"。

［5］刘呆运．仙游寺法王塔的天宫地宫与舍利子［J］．收藏家．2000（7）：61-62．

［6］冉万里．中国古代舍利瘗埋制度研究［M］．北京：文物出版社．2013．在唐·释道世撰《法苑珠林·序》中已出现"自地火焰，烧自地宫"一词，其意为地下的宫殿。

［7］罗哲文．古塔摭谈［J］．文物．1982（3）：52．

［8］熊雯．涅槃与生死：唐庆山寺地宫宗教、艺术与文化［D］．西安美术学院．2016：8．

［9］［14］曹汛．嵩岳寺塔建于唐代［J］．建筑学报．1996（6）：42．

［10］李崶．从地宫形制看嵩岳寺塔的建造年代［N］．中国文物报．2014-8-15（第006版）．

［11］朱永春．论嵩岳寺塔唐代重建说不成立［J］．合肥工业大学学报（社会科学版）．2000（2）：81．

［12］杨泓．法门寺塔基发掘与中国舍利瘗制度［J］．文物．1988（10）：30．

［13］徐萍芳．唐宋塔基的发掘［C］．新中国的考古发现和研究［M］．北京：文物出版社．1984：614．

［14］解廷琦．大同方山北魏永固陵［J］．文物．1978（7）：29-33．

［15］中国社会科学院考古研究所洛阳汉魏城队、洛阳古墓博物馆．北魏宣武帝景陵发掘报告［J］．考古．1994（9）：801-808．

［17］河南省文化局文物工作队第二队．洛阳晋墓的发掘［J］．考古学报．1957（1）：169-175．

［18］倪润安．北魏洛阳时代墓葬的发现与研究述评［J］．许昌学院学报．2010（3）：45-49．

［19］洛阳市文物工作队．河南洛阳市吉利区两座北魏墓的发掘［J］．考古．2011（9）：44-46．

［20］（北魏）杨炫之，尚荣译注．洛阳伽蓝记［M］．北京：中华书局．2011：120．

［21］王丽花．定州静志寺塔基地宫出土的银塔即相关问题［J］．保定学院学报．2019（2）：86．

［22］大同市博物馆．大同北魏方山思远佛寺遗址发掘报告［J］．文物．2007（4）：4-10．

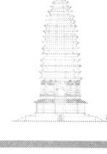

[23] 辽宁文物考古研究所、朝阳市北塔博物馆. 朝阳北塔考古发掘与维修工程报告［M］. 北京：文物出版社. 2007：26-27、127.

[24] 河北省文化局文物工作队. 河北定县出土北魏石函［J］. 考古. 1966（5）：252-259.

[25] 中国社会科学院考古研究所. 北魏洛阳永宁寺（1979-1994年考古发掘报告）［M］. 北京：中国大百科全书出版社. 1996：20.

[26] 中国社会科学院考古研究所洛阳工作队. 北魏永宁寺塔基发掘简报［J］. 考古. 1981：224.

[27] 中国社会科学院考古研究所、河北省文物研究所、邺城考古队. 河北临漳县邺城遗址赵彭城北朝佛寺塔基的发现与发掘［J］. 考古. 2010（7）：31-37.

[28] 将福泉. 仙游寺、法王塔及地宫秘密［J］. 西安教育学院学报. 1999（1）：35-39.

[29]［31］朱捷元、秦波. 陕西长安和耀县发现的波斯萨珊朝银币［J］. 考古. 1974（2）：127、128.

[30]［32］（唐）释道宣撰. 广弘明集［M］：卷一七佛德篇. 中华大藏经（第六三册）. 北京：中华书局. 1993：63-122、125.

[33] 河南省文物考古所. 河南登封市法王寺二号塔地宫发掘简报［J］. 华夏考古. 2003（2）：28-38.

第十二章　嵩岳寺塔营造尺度分析

第一节　嵩岳寺塔营造用尺考

一、营造用尺概述

度量权衡为百物制度标准，不知度量权衡即不可与言百物制度，是知考古之学，度量权衡颇重要，然又最难定者也[1]。度量衡不但是考古学重要的研究课题，作为百物制度的标准，也是包括古代建筑在内一切营造的基础和标准。嵩岳寺塔及寺院建筑遗址是我国优秀的古代建筑遗存，对这些瑰宝的研究也自然离不开度量衡标准的分析，特别是"度"建筑之"长短"的营造用尺，即营造尺。《汉书·律历志》载："度者，分寸尺丈引也，所以度长短也。本起黄钟之长。……分者，自三微而成著，可分别也。寸者，忖也。尺者，蒦也。丈者，张也。引者，信也。师古曰：蒦音约。"[2]《说文解字》解释："尺，十寸也。人手却十分动脉为寸口。十寸为尺，所以指斥规榘事也。"[3]《说文解字注》说："用规榘之事，非尺不足以为程度。尺居中，下可咳寸分，上可包丈也。"[4] 上述古人对尺的解释有"蒦"、"规榘"、"程度"等之意，隐含尺有专物、制度、法度、标准等意义，也说明"尺"为"度"的法定标准，即尺是长度单位的法定基本单位，营造尺也就是建筑营造尺度的法定基本长度单位。营造尺的实际长短对嵩岳寺塔的营造、修缮活动至关重要，为更好的分析嵩岳寺塔和寺院建筑遗址的营造制度和保护研究，有必要对当时使用的营造用尺进行一下梳理和讨论。明·朱载堉曰："商尺者，即今木匠所用曲尺，盖自鲁班传至於唐，唐人谓之大尺，由唐至今用之，名曰今尺，又名营造尺。……今制三种尺，曲尺即营造尺，铜尺即裁衣尺，钞尺即量地尺。"[5] 按朱载堉之说，营造尺是由商代尺转化而来，自春秋鲁国人·鲁班拿来用作木工的曲尺，演变到唐朝时，有了自己的专属名字和固定长度，称为大尺，并一直沿用到明代，言外之意是唐以前的营造尺长度不统一，唐至明朝所用营造尺长度基本固定，与唐以前的营造尺不同。《辞源》注释："营造尺，唐以来历朝工部营造用的尺。也称部尺，俗叫鲁班尺。因由工部制造，故名营造尺。起初以巨黍种子定尺，一粒黍纵广为一分，百粒黍为一尺，故又称纵黍尺。"[6] 此与朱载堉解释基本相同。《鲁班经》载："曲尺者，有十寸，一寸乃十分。凡遇起造经营，开门高低，长短度量，皆在此上。"[7] 也是讲营造尺是建筑营造的专用尺，是用于控制建筑营造尺度的法定基本单位标准，一尺等于十寸，一寸等于十分，其"尺"度大小影响着包括建筑实际尺寸和比例关系等各个方面。

营造尺之称谓，始见于《金史·食货志二》："量田以营造尺。"[8] 建筑营造活动使用的营造尺具体产生于什么年代，史不可考。据《周礼·冬官考工记》载："匠人营国……夏后氏世室，堂修二七，广四修一。五室，三四步，四三尺。……殷人重屋，堂修七寻，堂崇三尺，四阿重屋。周人明堂，度九尺之筵，东西九筵，南北七筵，堂崇一筵，五室，凡室二筵。室中度以几，堂上度以筵，宫中度以寻，野度以步，涂度以轨。……王宫门阿之制五雉，宫隅之制七雉，城隅之制九雉。经涂九轨，环涂七轨，野涂五轨。"[9] 文中从城市、宫城、院落、单体建筑、道路、城墙、屋墙等营造，直接用尺或其他长度单位表述看，夏、商、周三代已有用于营造活动的"营造尺"。至北魏时掌管营造、修缮工程的部门叫"起部曹"[10]，虽未有"工部"之称，但所从事业和功能上与工部基本相同，可谓是工部的前身，故将北魏时期建筑营造所用之尺亦称为"营造尺"。

尺在历史上经过传承和递变，后期逐渐统一，并制度化和定型化，但因地域、时期和介质的不同，历史上各阶段的实际尺长亦有所差别。王国维在《观堂集林·记现存历代尺度》中说："尝考尺度之制，由短而长，殆成定例；而其增长率之甚，莫剧于东晋后魏之间，三百年间几增十分之三，求其原因，实由魏晋以后，以绢、布为调……，官吏惧其短耗，又欲多取于民，故尺度代有增益，北朝尤甚。"[11] 至南北朝时期开始，常用尺与调律、天文用尺逐渐形成各自的发展系统[12]，且北魏时期尺凡三变。《隋书·律历上》载："后魏前尺实比晋前尺一尺二寸七厘。实比晋前尺一尺二寸一分一厘。实比晋前尺一尺二寸八分一厘，即开皇官尺及后周市尺。"[13]《宋史·律历志四》："魏前尺，比晋前尺为一尺一寸七厘。中尺比晋前尺为一尺二寸一分一厘。后尺同隋开皇尺、周氏尺，比晋前尺为一尺二寸八分一厘。"[14] 两书记载北魏前尺有所不同，邱光明等先生认为隋书记载有误[15]。北魏时尺的长短规定久争不定，很难确定其绝对长度，《魏书》载："景明四年（503），并州获古铜权，诏付崇以为钟律之准，永平中（508~512），崇更造新尺，以一黍之长，累为寸法。寻太常卿刘芳受诏修乐，以秬黍中者一黍之广即为一分，而中尉元匡以一黍之广度黍二缝，以取一分。三家纷竞，久不能决。太和十九年（495），高祖诏，以一黍之广，用成分体，九十黍之长，以定铜尺。有司奏从前诏，而芳尺同高祖所制，故遂典修金石。迄武定末，未有谙律者。"[16] 近代学者对北魏尺研究并折合成公尺，结果也略有出入，据《中国科学技术史·度量衡卷》载："后魏前尺，当晋前尺1.107尺，故前尺当25.57厘米。中尺当晋前尺1.211尺，当今制27.97厘米。后尺当晋前尺1.281，当今制29.59厘米。"[17]《中国历代尺度概述》中认为："北魏前尺27.9厘米，中尺28.0厘米，后尺1尺等于29.6厘米。"[18]《中历代尺度考》载："据刘复氏之推算，后魏前尺0.27868公尺，中尺0.2796036公尺，后尺等于0.2957656公尺。"[19] 刘敦桢先生著《中国古代建筑史》称："北魏尺0.255~0.295米。"[20] 但北魏这三种尺文献中均未明确是在北魏哪个具体时段使用，并且尺的长度也是以晋前尺长为基础推论而来，目前北魏的尺实物发现甚少，仅中国历史博物馆藏北魏铜尺长30.9厘米，比文献记载略长[21]。《辞源》注释："一营造尺合0.32公尺，0.96市尺。"[22] 与杨宽先生著《中历代尺度考》所载刘复氏推算营造尺相当。吴承洛先生著《中国度量衡史》中讲"清代营造尺1尺为32.0厘米，约2400年以前为24.88厘米，约2400年以后为31.1厘米。"[23] 说营造尺从商朝至明朝的长度一样。朱庭枢等学者研究北魏平城孝文帝时期建筑的营造尺长为27.78厘米[24]，按北魏享国和迁都平城时间情况看，此时应是北魏中期。

北魏用尺长度几经变化，其嵩岳寺塔的营造用尺长度，是如刘复氏推算、《辞源》所载的32.0厘米，吴承洛所讲的31.1厘米，以及是北魏三尺其一之长，还是独立于这些尺之外的"营造尺"，历史文献中没有明确记载，目前也未发现北魏营造尺实物面世。因此，只能依靠上述尺长与北魏建筑遗存内隐藏的营造尺，来探讨建造嵩岳寺塔时所用的营造尺长度。现存北魏时期的地上建筑如凤毛麟角，与嵩岳寺塔建造年代相近的地上建筑更是难寻，今只能从与嵩岳寺塔建造时间相距不远，同为北魏皇家建造，并经过考古发掘的洛阳北魏永宁寺建筑基址和北魏洛阳宫城建筑基址等遗存作参考对比分析。

二、北魏洛阳永宁寺建筑基址营造用尺折算

洛阳北魏永宁寺始建于熙平元年（516），神龟二年（519）建成，与嵩岳寺塔的始建时间相差约4年左右，建成时间约相当，均为北魏后期，可视为同时期建造，并都是北魏皇家工程，采用的营造尺也应相同。其建筑基址在1979~1994年经考古发掘，《北魏洛阳永宁寺（1979~1994年考古发掘报告）》显示：寺院由永宁寺塔、大殿及南、北、东、西四座院门和围墙等组成（图12.1.1~图12.1.3），建筑尺寸详见表12.1.1~表12.1.4。[25]

《水经注》载："水西有永宁寺，熙平中始创也。作九层浮图，浮图下基，方一十四丈，自金露桦下至地四十九丈，取法代都七级，而又高广之，虽二京之盛，五都之富，利刹灵图，未有若斯之构。"[26] 言明洛阳北魏永宁寺塔基台边长140尺，发掘报告实测基台边长3820.0厘米，按两者尺寸折算得1尺等于27.2857143厘米，折合以毫米为最小单位，计1营造尺约等于27.3厘米，以下简称为"27尺"。此尺与众人所推算北魏中尺1尺等于27.96~28.0厘米的长短相差无几，但仍有一定差距，也有学者认为洛阳永宁寺塔的营造尺就是北魏中尺，为减少对建筑基址遗存尺寸折合的计算量，今以"27尺"代为计算。《辞源》所载营造1尺等于32.0厘米，以下简称"32尺"，《中国度量衡史》所载营造尺1尺等于31.1厘米，以下简称"31尺"，北魏后尺在29.5~29.6厘米之间，以下简称"29尺"。

本次以这四种尺来验算洛阳北魏永宁寺建筑基址、北魏宫城建筑基址遗存和嵩岳寺塔主要特征部位的尺寸。洛阳北魏永宁寺图纸均采自《北魏洛阳永宁寺（1979~1994年考古发掘报告）》。

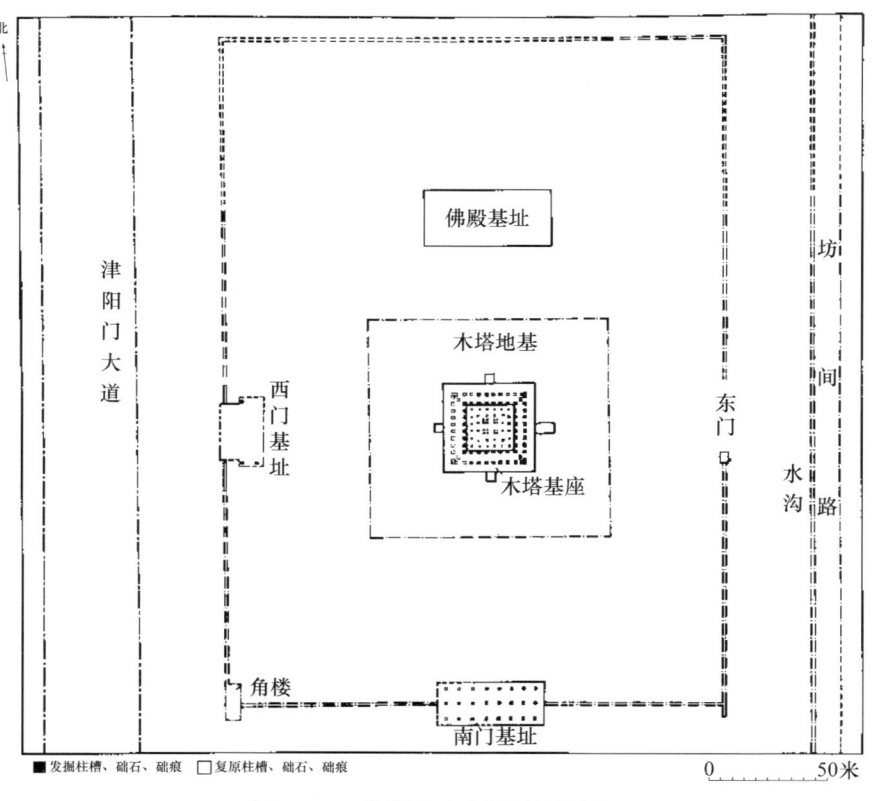

图 12.1.1　洛阳永宁寺遗址平面图

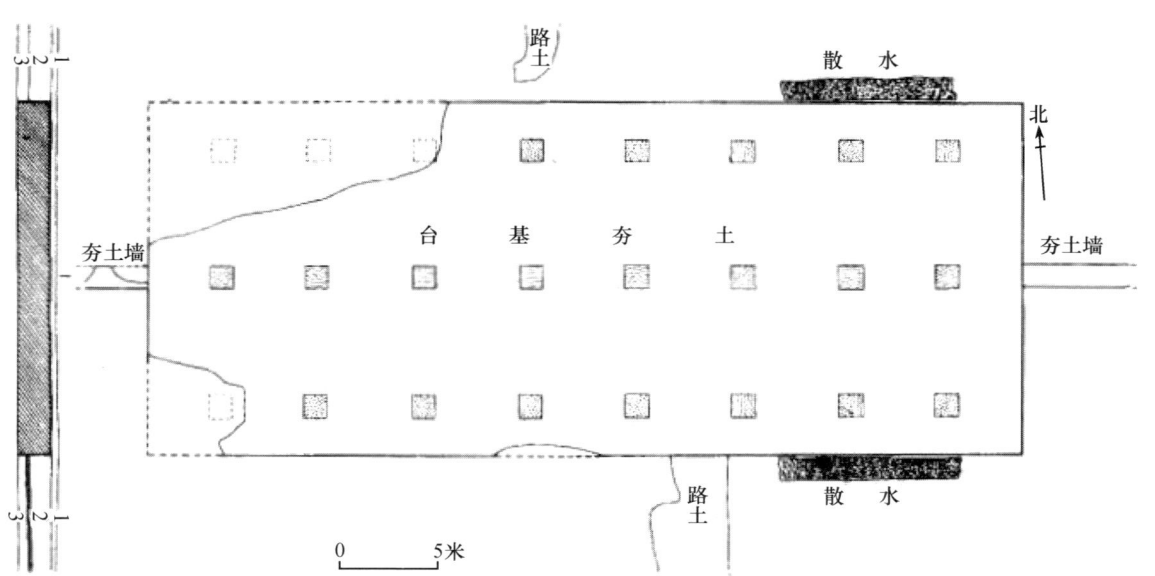

图 12.1.2　洛阳北魏永宁寺南门基址平面图
1. 耕土层　2. 北魏文化层（晚）　3. 北魏文化层

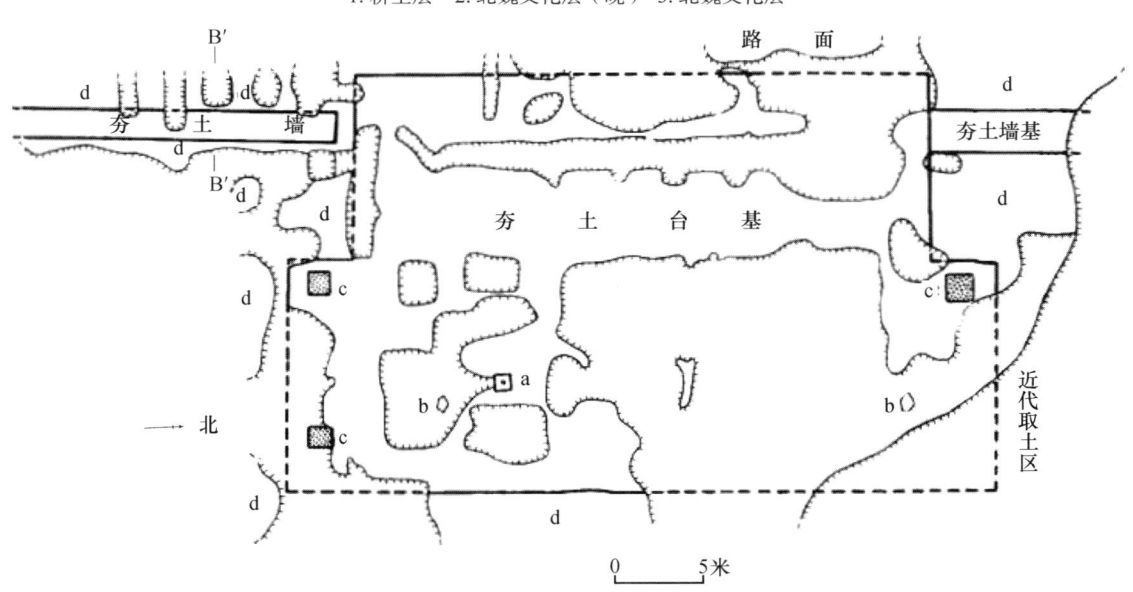

图 12.1.3　洛阳北魏永宁寺西门基址平面图
a. 柱础石　b. 柱础石碎块　c. 黄砂础痕　d. 北魏硬土面

表 12.1.1　洛阳永宁寺建筑院落基址尺寸折算表　　（单位：厘米）

名称	尺寸	27 尺	29 尺	31 尺	32 尺	30 尺
南北长	30100	1102.564	1016.892	967.846	940.625	1003.333
东西宽	21200	776.557	716.216	681.672	662.500	706.667
墙宽	120	4.396	4.054	3.859	3.750	4.000

表 12.1.2　洛阳永宁寺南门基址尺寸折算表　　（单位：厘米）

名称	尺寸	27 尺	29 尺	31 尺	32 尺	30 尺
台基东西长	4550	166.667	153.716	146.302	142.188	151.667
台基南北宽	1910	69.963	64.527	61.417	59.688	63.667
散水宽	130	4.762	4.392	4.180	4.063	4.333
明、次间面阔	560	20.513	18.919	18.006	17.500	18.667
梢间面阔	495	18.132	16.723	15.916	15.469	16.500
进深	685	25.092	23.142	22.026	21.406	22.833
角柱至台基南、北边	270	9.890	9.122	8.682	8.438	9.000
角柱至台基东、西边	330	12.088	11.149	10.611	10.313	11.000

表 12.1.3　洛阳永宁寺西门基址尺寸折算表　　（单位：厘米）

名称	尺寸	27 尺	29 尺	31 尺	32 尺	30 尺
台基西部南北长	2400	87.912	81.081	77.170	75.000	80.000
台基东部南北长	3000	109.890	101.351	96.463	93.750	100.000
台基西段东西宽	800	29.304	27.027	25.723	25.000	26.667
台基东段东西宽	1020	37.363	34.459	32.797	31.875	34.000
东西通宽	1820	66.667	61.486	58.521	56.875	60.667
进深	680	24.908	22.973	21.865	21.250	22.667
开间通面阔	2730	100	92.230	87.781	85.313	91.000
柱础边长	70	2.564	2.365	2.251	2.188	2.333
柱础厚	28	1.026	0.946	0.900	0.875	0.933

表 12.1.4　洛阳永宁寺塔基址尺寸折算表　　（单位：厘米）

名称	尺寸	27 尺	29 尺	31 尺	32 尺	30 尺
塔基东西长	10120	373.626	341.892	325.402	316.250	337.333
塔基南北宽	9780	358.242	330.405	314.469	305.625	326.000
基台边长	3820	140	129.054	122.830	119.375	127.333
青石构件宽	50	1.832	1.689	1.608	1.563	1.667
青石构件厚	26 ~ 28	0.952 ~ 1.026	0.878 ~ 0.946	0.836 ~ 0.900	0.813 ~ 0.875	0.867 ~ 0.933
慢道长	830	30.403	28.041	26.688	25.938	2.767
慢道宽	450	16.484	15.203	14.469	14.063	15.000
慢道铺石长	54	1.978	1.978	1.736	1.688	1.800
慢道铺石宽	53	1.941	1.791	1.704	1.656	1.767
柱断面边长	50	1.832	1.689	1.608	1.563	1.667
柱础边长	120	4.396	4.054	3.859	3.750	4.000
柱础厚	60	2.198	2.027	1.929	1.8875	2.000

续表

名称	尺寸	27 尺	29 尺	31 尺	32 尺	30 尺
第一圈柱间距	295	10.806	9.966	9.486	9.219	9.833
第一至二圈柱间距	115	4.213	3.885	3.698	3.594	3.833
第二圈柱间距	295	10.806	9.966	9.4886	9.219	9.833
	115	4.212	3.885	3.698	3.594	3.833
第二至三圈柱间距	250～280	9.158～10.256	8.446～10.256	8.039～9.003	7.813～8.750	8.333～9.333
第三圈柱间距	300	10.989	10.135	9.646	9.375	10.000
第三至四圈柱间距	250	9.158	8.446	8.039	7.813	8.333
第四圈柱间距一	300	10.989	10.135	9.646	9.375	10.000
第四圈柱间距二	350	12.821	11.824	11.254	10.938	11.667
第四至五圈柱间距	275	10.073	9.291	8.842	88.594	9.167
第五圈柱间距	300	10.989	10.135	9.646	9.375	10.000
第五至六圈柱间距	410～420	15.018～15.385	13.851～14.189	13.183～13.505	12.813～13.125	13.667～14.000
第六圈柱间距	300	10.989	10.135	9.646	9.375	10.000
壁柱间距一	300	10.989	10.135	9.646	9.375	10.000
壁柱间距二	40	1.465	1.351	1.286	1.250	1.333
壁柱边长	20	0.733	0.676	0.643	0.625	0.667

三、北魏洛阳宫城建筑营造用尺折算

北魏洛阳宫城建筑经历了北魏孝文帝和宣武帝两任皇帝营造，从孝文帝太和十七年（493）开始建造，太和十九年（495）迁都洛阳，至宣武帝景明二年（501）太极殿初步建成，历时达8年，宫城建筑多是在此期间建造完成。据《河南洛阳汉魏故城北魏宫城阊阖门遗址》发掘报告：阊阖门位于宫城主轴线的最南端，城门楼在宫城南墙缺口北侧，缺口两端分别设置左右两阙，城门楼是一座开间七间，进深四间，三门道的殿堂式建筑，详细尺寸见表12.1.5[27]。《河南洛阳市汉魏故城新发现北魏宫城二号建筑遗址》发掘报告：二号建筑位于宫城主轴线上，南距阊阖门约9500.0厘米，北面正对太极殿，是一座开间七间，进深四间，三门道的殿堂式建筑，详细尺寸见表12.1.6[28]。此建筑有可能是《洛阳伽蓝记》中记载的与永宁寺塔南门形制相似的端门[29]，对照两座建筑的考古发掘报告，发现台基东西宽度和开间数即尺寸均相同。《河南洛阳市汉魏故城发现北魏宫城三号建筑遗址》发掘报告：三号建筑位于宫城主轴线上，南为二号建筑基址，北面正对太极殿，是一座中部开间九间，进深三间，东西两侧开间两间，进深一间的殿堂式建筑，详细尺寸见表12.1.7[30]。《河南洛阳市汉魏故城发现北魏宫城四号建筑遗址》发掘报告：四号建筑位于宫城中部偏西北处，南距阊阖门遗址约46000.0厘米，南面正对阊阖门、二号和三号宫门遗址，即北魏宫城正殿太极殿，俗称"朝王殿"或"金銮殿"，是一座大型殿堂式建筑，详细尺寸见表12.1.5～表12.1.8。[31]

表 12.1.5　北魏宫城阊阖门建筑基址尺寸折算表　　　　　　　　（单位：厘米）

名称	尺寸	27 尺	29 尺	31 尺	32 尺	30 尺
台基东西长约	4450	163.004	150.338	143.087	139.063	148.333
台基南北宽约	2440	89.377	82.432	78.457	76.250	81.333
开间明间宽	600	21.978	20.270	19.296	18.75	200.000
其余开间宽	570	20.879	19.257	18.328	17.813	19.000
进深中间两间宽	350	12.821	11.824	11.254	10.938	11.667
进深两侧两间宽	570	20.879	19.257	18.328	17.813	19.000

续表

名称	尺寸	27尺	29尺	31尺	32尺	30尺
东墩台南北长	1950	71.429	65.878	62.701	60.938	65.000
东墩台东西宽	680	24.908	22.973	21.865	21.250	22.667
西墩台南北长	1950~1960	71.429~71.795	65.878~66.216	62.701~63.023	60.938~61.250	65.000~65.333
西墩台东西宽	670~690	24.542~25.275	22.635~23.311	21.543~22.186	20.938~21.563	22.333~23.000
东隔间墙南北长	880~890	32.234~32.601	29.730~30.068	28.296~28.617	27.500~27.813	29.333~29.667
东隔间墙东西宽	680~700	24.908~25.641	22.973~23.649	21.865~22.508	21.250~21.875	22.667~23.333
西隔间墙南北长	860~870	31.502~31.868	29.054~29.392	27.653~27.974	26.875~27.188	28.667~29.000
西隔间墙东西宽	690~710	25.275~26.007	23.311~23.986	22.186~22.830	21.563~22.188	23.000~23.667
柱础边长	105~108	3.846~3.956	3.547~3.649	3.376~3.473	3.281~3.375	3.500~3.600
中间门道宽	480	17.582	16.216	15.434	15.000	16.000
东西门道宽	470~480	17.216~17.582	15.878~16.216	15.113~15.434	14.688~15.000	15.667~16.000
门道南北长	860~880	31.502~32.234	29.054~29.730	27.653~28.296	26.875~27.500	28.667~29.333

表12.1.6　洛阳北魏宫城二号建筑基址尺寸折算表　　　　（单位：厘米）

名称	尺寸	27尺	29尺	31尺	32尺	30尺
台基东西长约	4450	163.004	150.338	143.087	139.063	148.333
台基南北宽约	2400	87.912	81.081	77.170	75.000	80.000
开间宽	500~600	18.315~21.978	16.892~20.270	16.077~19.293	15.625~18.75	16.667~20.000
隔墙南北长	840~990	30.769~36.264	28.378~33.446	27.010~31.833	26.250~30.938	28.000~33.000
隔墙东西宽	700~750	25.641~27.473	23.649~25.338	22.508~24.116	21.875~23.438	23.333~25.000
墩台南北长	2000	73.260	67.568	64.609	62.5	6.667
墩台东西宽	700~740	25.641~27.106	23.649~25	22.508~23.794	21.875~23.125	23.333~24.667
门道东西宽	400	14.652	13.514	12.862	12.500	13.333

表12.1.7　洛阳北魏宫城三号建筑基址尺寸折算表　　　　（单位：厘米）

名称	尺寸	27尺	29尺	31尺	32尺	30尺
台基东西长约	3640	133.333	122.973	117.042	113.75	121.333
台基南北宽约	900	32.967	30.405	28.939	28.125	30.00
明间开间	490~500	17.949~18.315	16.554~16.892	15.756~16.077	15.313~15.625	16.333~16.667
其余开间	230~250	8.425~9.158	7.770~8.446	7.395~8.039	7.188~8.446	7.667~8.333
进深	220~250	8.059~9.158	7.432~8.446	7.074~8.446	6.875~8.446	7.333~8.333
柱坑边长	90	3.297	3.041	2.894	2.812	3.000
道路宽	790~800	28.938~29.304	26.689~27.027	25.402~25.723	24.688~25	26.333~26.667

表12.1.8　洛阳北魏宫城四号建筑基址尺寸折算表　　　　（单位：厘米）

名称	尺寸	27尺	29尺	31尺	32尺	30尺
台基东西长约	10200	373.626	344.595	327.974	318.750	340.000
台基南北宽约	5900~6400	216.117~234.432	199.324~216.2	189.711~205.788	184.375~200.000	196.667~213.333
开间、进深	680	24.908	22.973	21.865	21.250	22.667

四、嵩岳寺塔主要特征部分营造用尺折算

嵩岳寺塔因东南角夯土基础较厚，压缩较大，使塔体整体向东南角倾斜，即塔体第6角向第12角倾斜。从塔体各层第六面和第十二面的层高现状对比可知，嵩岳寺塔在建造过程中已发现塔体第12角处下沉比第6角处大，并且是边施工边调整每层的水平，总体上塔体第六面和第七面在高度上调整、变形较小。在塔的局部尺寸上，塔龛现状较为规整，从塔体第一层上部和下部下沉量基本相等看，塔龛受塔体变形和施工误差影响较小，并应是连续建造完成。因此，本次选用塔体第六面的高度和第二面塔龛尺寸作为折算的特征部分（图12.1.4、图12.1.5），具体尺寸详见表12.1.9、表12.1.10。

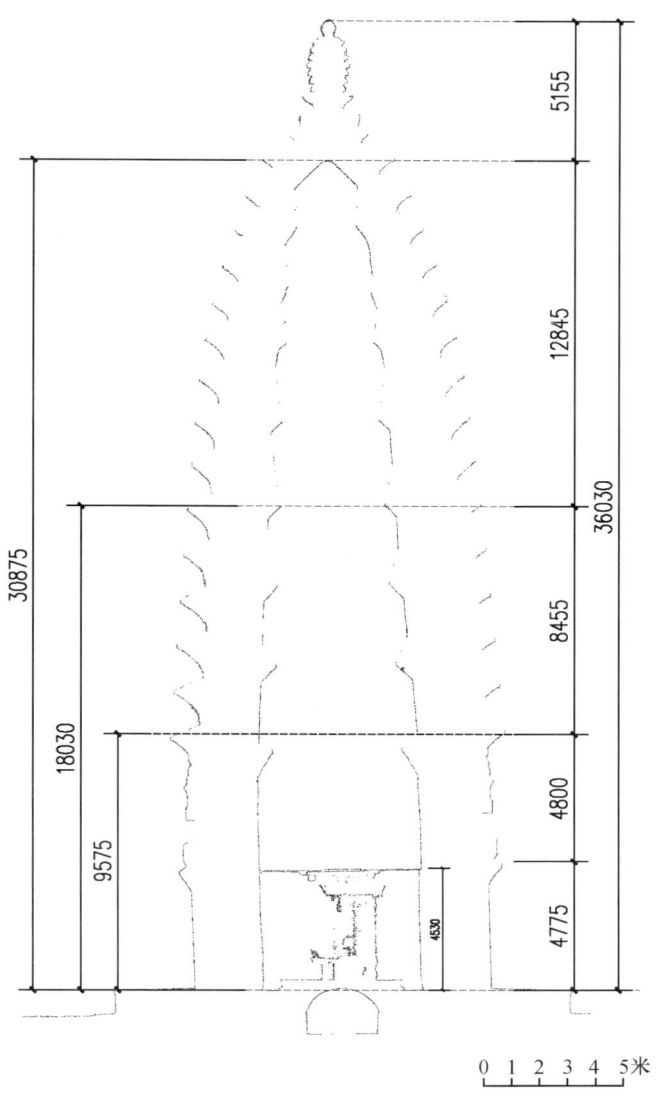

图 12.1.4　嵩岳寺塔第六 - 十二面剖面图

从上述对北魏洛阳永宁寺和北魏洛阳宫城建筑基址各种尺长，以及嵩岳寺塔特征部分尺寸的折合验算，可以看出折合所得尺丈结果多非"整尺"。考虑北魏尺长有几经变化的情况，我们又选用与北魏后尺尺长接近的多种尺长，对这些北魏建筑尺寸进行折合验算，发现1尺等于30.0厘米的尺长折算尺丈多为"整尺"，以下简称"30尺"。按我国传统建筑开间、进深、层高等设计尺寸，多以"整尺"[32]或"半尺"[33]为最小单位，即法定基本单位的规律，以及误差调整相对较小的原则，我们认为嵩岳寺塔营造使用的营造尺，应是1营造尺等于30.0厘米，即"30尺"，这一尺长与《中国科学技术史·度量衡》中北朝日用尺长30.0厘米相吻合[34]。

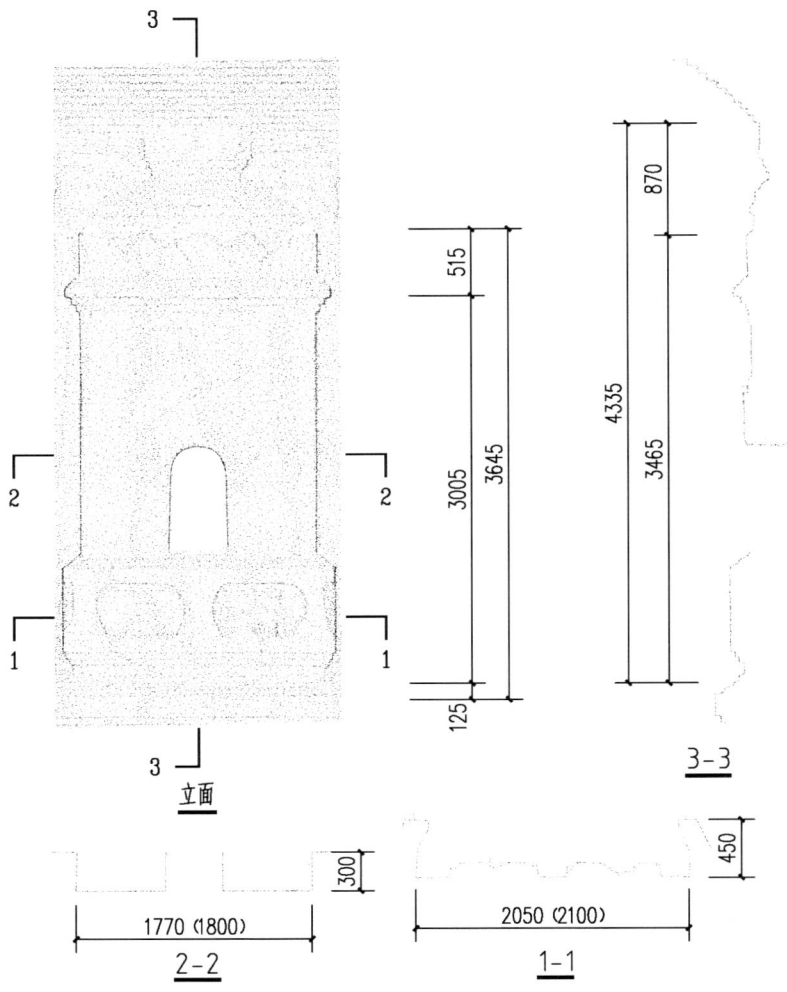

图 12.1.5　嵩岳寺塔塔龛平、立、剖面图

表 12.1.9　嵩岳寺塔尺寸折算表（第六面高度）　　　　　　　　　　　　　　　　　　　　（单位：厘米）

名称	尺寸	27 尺	29 尺	31 尺	32 尺	30 尺
一层室内地面至宝瓶顶	3603.0	131.978	121.723	115.852	112.594	120.100
	1989 测绘高度 3600.5	131.886	121.639	115.772	112.516	120.017
塔基座高	477.5	17.491	16.132	15.354	14.922	15.917
第一层高	480.0	17.582	16.216	15.434	15.000	16.000
一层室内地面至第一层塔檐	957.5	35.073	32.348	30.788	29.921	31.917
一层室内地面至第六层塔檐	1803.0	66.081	60.912	57.974	56.344	60.100
一层室内地面至第十五层檐	3087.5	113.095	104.307	99.277	96.484	102.917
一层室内地面至第十五层顶	3144.5	115.183	106.233	101.109	98.266	104.817
室内第一层高	453.0	16.593	15.304	14.566	14.156	15.100

表 12.1.10　嵩岳寺塔塔龛尺寸折算表（第二面塔龛为例）　　　　　　　　　　　　　　　（单位：厘米）

名称	尺寸	27 尺	29 尺	31 尺	32 尺	30 尺
须弥座底至忍冬花顶	433.5	15.879	14.645	13.984	13.547	14.450
须弥座底至山花蕉叶顶	346.5	12.692	11.706	11.177	10.828	11.550
须弥座底至塔龛檐	300.5	11.007	10.152	9.694	9.391	10.017
塔身高（方座顶至塔龛叠檐）	210.0	7.692	7.095	6.752	6.563	7.000
须弥座底至覆钵	364.5	13.352	12.314	11.758	11.391	12.15
方座宽	205.0（210.0）	7.509（7.692）	6.926（7.095）	6.592（6.774）	6.406（6.563）	6.833（7.000）
塔身宽	177.0（180.0）	6.484（6.593）	5.980（6.081）	5.691（5.806）	5.531（5.625）	5.900（6.000）
方座凸出厚	45.0	1.648	1.521	1.447	1.406	1.500
塔龛墙突出厚	30.0	1.099	1.014	0.965	0.938	1.000

注：括号内尺寸为其他方座宽。

因"30尺"与"27尺"存在300∶273约等于1.099，计比率1.1，273∶300等于0.91的比例关系，现存北魏建筑及建筑基址有施工、变形、测量、损坏、用尺损耗等误差因素，如将两尺折算尺丈加以误差调整，似都有可能是这些建筑使用的营造用尺。虽这些建筑尺寸以"27尺"或"30尺"折算成整尺或半尺，对建筑本身的比例关系影响不大，但对建筑尺寸隐含的文化意义和设计理论影响较大，如将营造尺尺长分析错误，这些方面会产生"差之毫厘，谬以千里"的结果，所以也保留有用"27尺"的可能，望与有志之士商榷。

参 考 文 献

[1] 杨宽. 中国历代尺度考[M]. 上海：商务印书馆. 1938：1.
[2] （汉）班固撰，（唐）颜师古注. 汉书[M]：卷二十一上. 北京：中华书局. 1962：966、967.
[3] （汉）许慎撰. 说文解字[M]. 北京：中华书局. 1963：175下.
[4] （汉）许慎撰，（清）段玉裁注. 说文解字注[M]. 上海：上海古籍出版社. 1981：401下.
[5] （明）朱载堉撰. 律学新说[M]：卷三·审度篇第一之上. 乐律全书. 哈佛大学哈佛燕京图书馆藏. 明万历郑藩刻增修清印本影印. 4-7.
[6][22] 商务印书馆编辑部. 辞源[M]. 北京：商务印书馆. 1998：1960、3106.
[7] （明）午荣著. 张庆澜、罗玉平译注. 鲁班经[M]. 重庆：重庆出版社. 2007：75.
[8] （元）脱脱等撰. 金史[M]：卷四十七. 北京：中华书局. 1975：1043.
[9] 杨天宇撰. 周礼译注[M]：考工记. 上海：上海古籍出版社. 2004：665-670.
[10] （元）马端临. 文献通考[M]：卷五十二·官职六. 北京：中华书局. 1986：考481.
[11] 王国维著、彭林整理. 观堂集林[M]：记现存历代尺度. 石家庄：河北教育出版社. 2003：465.
[12][15] 邱隆等. 中国古代度量衡图集[M]. 北京：文物出版社. 1984：4.
[13] （唐）魏征. 隋书[M]：卷十六. 北京：中华书局. 1973：404-405.
[14] （元）脱脱等. 宋史[M]：卷七十一志第二十四. 北京：中华书局. 1977：1610-1011.
[16] （北齐）魏收. 魏书[M]：卷一百七上. 北京：中华书局. 1974：2658-2659.
[17] 邱光明、邱隆、杨平. 中国科学技术史·度量衡卷[M]. 北京：科学出版社. 2001：283.
[18] 曾武秀. 中国历代尺度概述[J]. 历史研究. 1964（3）：163-182.
[19] 杨宽. 中国历代尺度考[M]. 上海：商务印书馆. 1938：64-65、407、411.
[20] 刘敦桢. 中国古代建筑史[M]. 北京：中国建筑工业出版社. 1984：421.
[21] 丘隆等. 中国古代度量衡图集[M]. 北京：文物出版社. 1984：20.
[23] 吴承洛. 中国度量衡史[M]. 上海：上海书店出版社. 1984：63、66.
[24] 朱庭枢、刘鸿胜. 北魏平城孝文帝时期建筑营造尺研究[J]. 山西建筑. 2017（6）：38.
[25] 中国社会科学院考古研究所. 北魏洛阳永宁寺1979-1994年考古发掘报告[M]. 北京：中国大百科全书出版社. 1996：6-21.
[26] （北魏）郦道元著，陈桥驿校证. 水经注校证[M]：卷十七. 北京：中华书局. 2007：398.
[27] 中国社会科学院考古研究所洛阳汉魏故城队. 河南洛阳汉魏故城北魏宫城阊阖门遗址[J]. 考古. 2003（7）：20-41.
[28] 中国社会科学院考古研究所、日本独立行政法人国立文化财机构奈良文化财研究所. 河南洛阳市汉魏故城发现北魏宫城二号建筑遗址[J]. 考古. 2009（5）：3-6.
[29] （北魏）杨衒之撰，尚荣译注. 洛阳伽蓝记[M]. 北京：中华书局. 2012：23.
[30] 中国社会科学院考古研究所、日本独立行政法人国立文化财机构奈良文化财研究所. 河南洛阳市汉魏故城发现北魏宫城三号建筑遗址[J]. 考古. 2010（6）：3-6.
[31] 中国社会科学院考古研究所、日本独立行政法人国立文化财机构奈良文化财研究所. 河南洛阳市汉魏故城发现北魏宫城四号建筑遗址[J]. 考古. 2014（8）：3-6.
[32] 梁思成著. 营造法式注释（卷上）[M]. 北京：中国建筑工业出版社. 从宋《营造法式》对间广尺寸的举例，如"只心间用双补间者，假如心间用一丈五尺，次间用一丈之类。或间广不匀，即每补间铺作一朵，不得过一尺"，以

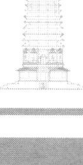

及笔者对我国早期传统建筑测绘数据的分析，这些建筑的间广基本是以"整尺"为最小单位．1983：123．

柴泽俊等编著．太原晋祠圣母殿维修工程报告［M］．北京：文物出版社．2000：125．如山西晋祠圣母殿平面，开间明间面阔500.0厘米，次间403.0厘米，梢间372.5厘米，尽间310.0厘米；进深明间374.0厘米，次间373.5厘米，梢间310.0厘米，从测绘数据可知圣母殿1营造尺等于31厘米，折合开间明间16.13尺，计16尺，次间13尺，梢间12.02，计12尺，尽间10尺，进深明间12.06尺，计12尺，次间12.05尺，计12尺，梢间10尺等。

[33] 梁思成编钉．营造算例［M］．北京：中国建筑工业出版社．1981：137．"面阔，按斗栱定；明间按空当七份，次梢间各递减斗栱空当一份。如无斗栱歇山庑殿，明间按柱高六分之七，核五寸止，次梢间递减，各按明间八分之一，核五寸止。通进深，按通面阔八分之五。如有斗栱，核正空当，要空当坐中。如斗栱歇山庑殿房，核五寸止"，是以半尺为开间、进深尺寸的最小单位。

[34] 邱光明、丘隆、杨平著．中国科学技术史·度量衡卷［M］．北京：科学出版社．2001：287．

第二节　嵩岳寺塔营造的控制尺寸和调整误差允许值

一、嵩岳寺塔营造控制尺寸的选择

嵩岳寺塔为高层砖砌体建筑，经过1500年的时间洗礼，其平面和高度尺寸存在有多种的偏差，为能正确分析出嵩岳寺塔的设计构图和营造尺度，应先确定嵩岳寺塔建造时的主要控制尺寸作为研究对象。嵩岳寺塔十二边形平面营造控制尺寸的选择：十二边形的特征尺寸主要由边长和内、外切圆直径这三个控制尺寸。对十二边形平面来说，内、外切圆直径作为主控尺寸时，其性质基本相同，考虑到塔体宽等于十二边形平面的内切圆直径，因此选用平面的内切圆直径作为十二边形的控制直径。再从塔基座、塔身、塔檐等平面各边长和内切圆直径尺寸的误差率上看，边长的误差率在5.9~42.53%范围内，内切圆直径的误差率在0.53~2.01%范围内，平面边长尺寸的误差值远大于内切圆直径，说明嵩岳寺塔设计和施工时，控制塔平面尺寸的是平面的内切圆直径即塔宽，具体尺寸详见表12.2.1、表12.2.2。从建筑设计构图上讲，用平面的内切圆直径作为塔体宽度的主控尺寸，有利于塔主观立面高宽比和整体造型的控制。因此，本次将平面的内切圆直径尺寸作为平面控制尺寸的研究对象。塔高度主控尺寸的选择，塔体从第六角向第十二角方向倾斜，经对塔体各个面竖向尺寸的对比分析发现，除塔体第六面和第七面竖向尺寸基本相同外，其余各面每层的竖向尺寸在塔体建造时，都有不同程度的调整。因此，塔体高度控制尺寸选用塔体第六面和第七面的竖向尺寸作为研究对象。

表12.2.1　平坐、外檐边长尺寸误差表　　　　　　　　　　　　　　　　　　　　（单位：厘米）

层数	尺寸	差值	误差率（%）
平坐	297.0（第3面）~315.5（第4面）	19.2	6.28
一层	314.5（第9面）~326.0（第11面）	19.3	5.99
二层	305.0（第7面）~331.5（第11面）	26.9	8.45
三层	299.5（第4面）~323.5（第11面）	26.0	8.38
四层	288.5（第8面）~304.0（第9面）	33.8	11.18
五层	283.0（第10面）~296.0（第9面）	28.2	9.45
六层	270.5（第1面）~297.0（第9面）	33.2	11.54
七层	264.0（第7面）~299.0（第11面）	30.1	10.92
八层	251.5（第10面）~289.0（第11面）	28.4	10.79
九层	220.5（第12面）~270.5（第11面）	49.4	18.92
十层	230.0（第12面）~259.0（第11面）	31.4	12.82
十一层	207.5（第12面）~252.0（第11面）	45.1	19.71

续表

层数	尺寸	差值	误差率（%）
十二层	193.0（第12面）~ 222.5（第11面）	40.9	19.27
十三层	158.5（第10面）~ 219.5（第11面）	45.2	24.71
十四层	139.5（第12面）~ 200.5（第11面）	52.9	31.48
十五层	103.5（第8面）~ 157.5（第7面）	551	42.53

注：误差率定义为平面十二边形边长的最大尺寸减最小尺寸除两者平均值，乘以100%。

表 12.2.2　平坐、外檐内切圆直径尺寸误差表　（单位：厘米）

层数	尺寸	误差值	误差率（%）
平坐	1142.1（第2-8面）~ 1158.9（第6-12面）	16.8	1.46
一层	1196.1（第5-11面）~ 1204.0（第1-7面）	7.9	0.66
二层	1164.7（第5-11面）~ 1174.0（第1-7面）	9.3	0.80
三层	1137.4（第5-11面）~ 1150.7（第1-7面）	13.3	1.16
四层	1109.3（第3-9面）~ 1115.2（第6-12面）	5.9	0.53
五层	1080.5（第3-9面）~ 1090.3（第4-10面）	9.8	0.90
六层	1048.4（第3-9面）~ 1059.1（第1-7面）	10.7	1.02
七层	1016.0（第5-11面）~ 1030.0（第4-10面）	14.0	1.37
八层	977.4（第6-12面）~ 993.1（第4-10面）	15.7	1.59
九层	942.5（第5-11面）~ 961.6（第4-10面）	19.1	2.01
十层	891.8（第5-11面）~ 908.3（第4-10面）	16.5	1.68
十一层	834.2（第5-11面）~ 849.5（第1-7面）	15.3	1.82
十二层	762.6（第6-12面）~ 773.7（第1-7面）	11.1	1.45
十三层	672.3（第6-12面）~ 682.9（第1-7面）	10.6	1.56
十四层	591.8（第5-11面）~ 603.1（第1-7面）	11.3	1.89
十五层	463.8（第2-面）~ 471.6（第6-12面）	7.8	1.67

注：误差率定义为平面十二边形内切圆直径的最大尺寸减最小尺寸除两者平均值，乘以100%。

二、嵩岳寺塔营造尺寸调整的允许误差

嵩岳寺塔是自重较大的砖砌体结构，建造周期相对较长，各部分尺寸均存在有施工、变形、测量，以及营造尺制造、磨损等多种误差因素的影响，塔实际测量尺寸的逆推折算分析，需根据塔的历史生存环境、营造规律以及现状等各种因素，来综合考虑折算时尺寸的允许误差调整。仅产生误差因素的营造尺长度一项，曾武秀先生在《中国历代尺度概述》中说："对于古代常用尺度计量到毫米已经足够了；事实上，0.5厘米以下的出入在古代就是难以划一的。"[1] 傅熹年先生在《中国古代城市规划、建筑群布局及建筑设计方法研究》前言中说："对实测数据和图纸进行分析，还要考虑允许误差问题。……在研究数据时容许它有10‰~20‰的误差。"[2] 考虑嵩岳寺塔为砌体结构，砌砖厚多为5.3~5.5厘米，灰缝厚为0.3~0.5厘米，每层塔高正常施工时调整的最大值，应不会超过二分之一砖层厚，约为2.8厘米左右。塔每层高度约130~170厘米，经计算层间调整率幅度在1.618~2.15%。综合上述因素，本次尺寸误差调整的允许范围，原则上误差调整率控制在不大于±2%的范围内，如误差调整大于此比例时另行说明调整原因。

参 考 文 献

[1] 曾武秀. 中国历代尺度概述 [J]. 历史研究. 1964（3）: 163-182.
[2] 傅熹年著. 中国古代城市规划、建筑群布局及建筑设计方法研究（上）[M]. 北京：中国建筑工业出版社. 2001: 9.

第三节 嵩岳寺塔外部主要尺寸折算

一、嵩岳寺塔台座、阶基尺寸

嵩岳寺塔台座、阶基两部分砌体在 1991 年修缮前已不是始建状态，台座外部砌体全部佚失，阶基砌砖热释光年代测定为距今 1000 年左右。依据塔基、台座、阶基考古探察情况，原室外地面至塔内地面间的距离 240.0 厘米，折算为 8 营造尺。台座高约 150.0 厘米，折算为 5 营造尺，边长 19200.0 厘米，折算为 64 营造尺。阶基高约 90.0 厘米，折算为 3 营造尺，宽 150.0 厘米，折算为 5 营造尺。

二、嵩岳寺塔层高、塔身（墙）高尺寸折算

因嵩岳寺塔体向东南方向倾斜，此次折算采用的塔体层高尺寸为西北处第六面（图 12.3.1），折算结果详见表 12.3.1、表 12.3.2。根据塔体上下构成和外轮廓连线转折点，将现塔体高度尺寸分为七段，从下至上第一段为塔基座，即室内地面至塔基座顶，高度折算为 16 尺。第二段为第一层，即塔基座顶至第一层塔檐下皮，高度折算为 16 尺。第三段为第一至六层，这五层塔檐外皮可连为一条直线，即第一层至第六层塔檐下皮间距离，高度折算为 28.1 尺。第四段为第七至九层，这三层塔檐外轮廓可连为一条直线，即第七层至第九层塔檐下皮间距离，高度折算为 15.9 尺。第五段为第十至十二层，这三层塔檐外轮廓可连为一条直线，即第十层至第十二层塔檐下皮，高度折算为 13.9 尺。第六段为第十三至十五层，这三层塔檐外轮廓经过调整也可连成一条直线，即第十三层塔檐下皮至第十五层塔檐顶，高度折算为 14.9 尺。第七段为塔刹，高度折算为 15.3 尺。从上述塔体的每段高度数据可以看出，在误差允许范围内稍加适当调整，这些尺寸可以调整为第一段、第二段高均为 16 尺，误差调整率 0.52%。第

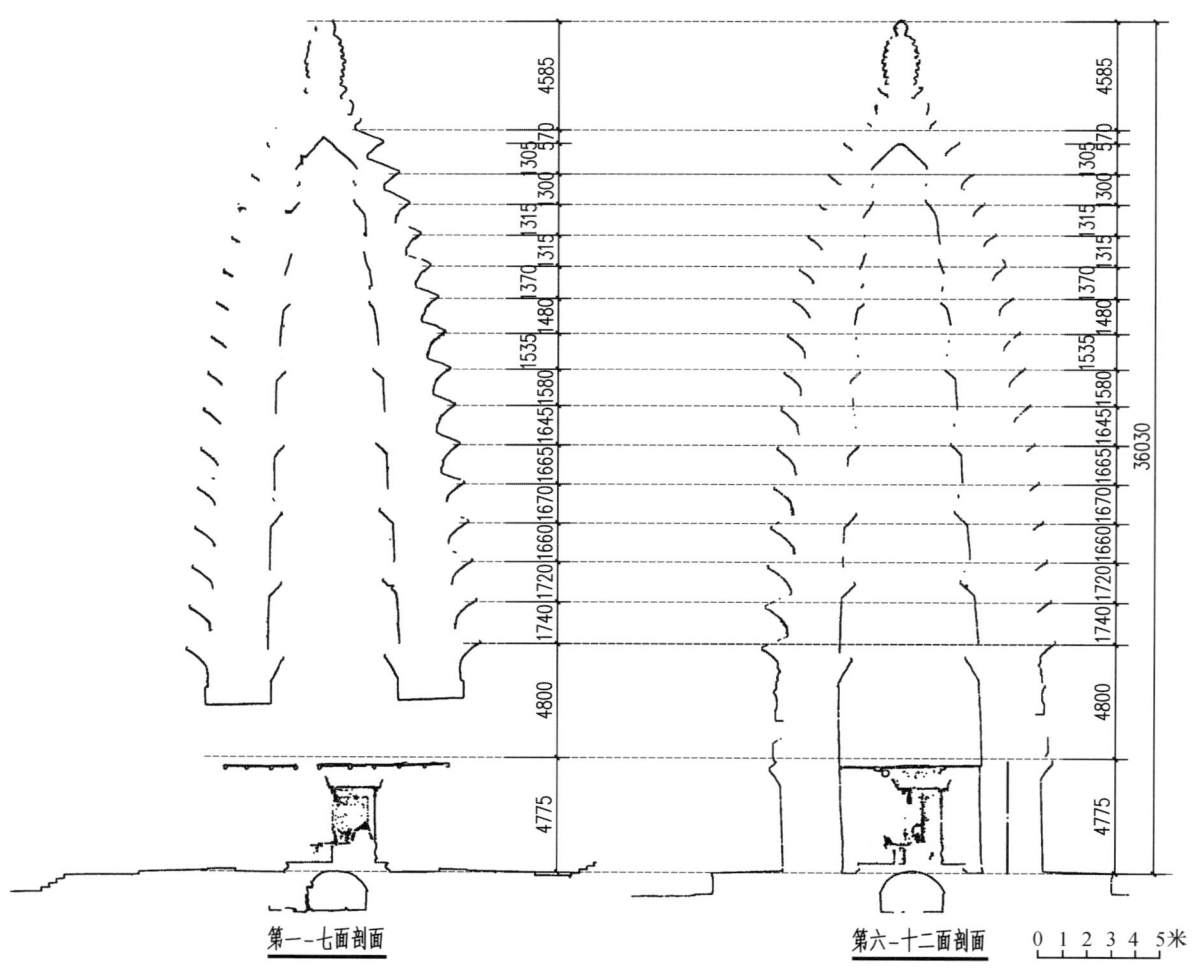

图 12.3.1 嵩岳寺塔第一 - 七面、第六 - 十二面剖面图

三段高调整为 28 尺，误差调整率 0.36%，相应第二层高为 5.8 尺，第三层高为 5.7 尺，第四、五、六这三层高均为 5.5 尺。第四段高调整为 16 尺，误差调整率 0.63%，相应第七层高为 5.5 尺，第八层高为 5.3 尺，第九层高为 5.2 尺。第五段高调整为 14 尺，误差调整率 0.71%，相应第十层高为 4.9 尺，第十一层高为 4.7 尺，第十二层高为 4.4 尺。第六段高调整为 15 尺，误差调整率 0.67%，相应第十三层高为 4.4 尺，第十四、十五两层高均为 4.3 尺，第十五层反叠涩高为 2 尺。第七段为 15 尺，因第七段至少经过唐初、宋和九十年代三次大修，调整率为 2%。

塔基座墙体高调整为 13 尺，误差调整率 0.52%；第一层塔身墙体高调整为 12 尺，误差调整率 0.56%；第二层塔身墙体高调整为 1.5 尺，误差调整率 1.13%；第三层塔身墙体高为 1.4 尺；第四、五、六层塔身墙体高调整为 1.4，误差调整率 1.21%；第七层塔身墙体高为 1.4 尺；第八层塔身墙体高为 1.3 尺；第九层塔身墙体高为 1.2 尺；第十层塔身墙体高调整为 1.2 尺，误差调整率 1.42%；第十一层塔身墙体高为 1 尺；第十二层塔身墙体高调整为 1 尺，误差调整率 1.67%；第十三层塔身墙体高调整为 0.9 尺，误差调整率 1.89%；第十四层塔身墙体高调整为 0.8 尺，误差调整率 2%；第十五层塔身墙体高为 0.7 尺。

表 12.3.1　塔层高尺寸折算表　　　　　　　　　　　　（单位：厘米）

层数	层高	折算结果	归整结果
塔基座	477.5	15.917	16
一层	480.0	16.000	16
二层	174.0	5.800	5.8
三层	172.0	5.733	5.7
四层	166.0	5.533	5.5
五层	167.0	5.567	5.6
六层	166.5	5.550	5.5
七层	164.5	5.483	5.5
八层	158.0	5.267	5.3
九层	153.5	5.117	5.1
十层	148.0	4.933	4.9
十一层	137.0	4.567	4.6
十二层	131.5	4.383	4.4
十三层	131.5	4.383	4.4
十四层	130.0	4.333	4.3
十五层	130.5	4.350	4.3
十五层反叠涩高	57.0	1.900	1.9
塔刹	458.5	15.283	15.3

表 12.3.2　塔身高尺寸折算表　　　　　　　　　　　　（单位：厘米）

塔身层数	层高	折算结果	归整结果
塔基座	392.0	13.067	13
一层	362.0	12.067	12
二层	45.5	1.517	1.5
三层	42.0	1.400	1.4
四层	41.5	1.383	1.4
五层	41.5	1.383	1.4
六层	41.5	1.383	1.4
七层	42.0	1.400	1.4
八层	39.0	1.300	1.3
九层	36.0	1.200	1.2
十层	36.5	1.217	1.2
十一层	30.0	1.000	1.0
十二层	29.5	0.983	1.0
十三层	26.5	0.883	0.9
十四层	24.5	0.817	0.8
十五层	21.0	0.700	0.7

三、嵩岳寺塔塔身（墙）平面尺寸折算

嵩岳寺塔塔身平面内切圆直径尺寸见图 12.3.2，折算结果详见表 12.3.3。因塔身平面内切圆直径尺寸施工误差较大，因此取 6 个方向内切圆直径的多数相近值和平均值相互校正，作为折算的尺寸。塔基座塔内切圆直径调整为 35 尺，误差调整率 0.52%；第一层塔身南至北、东至西内切圆直径（墙外壁间距离）调整为 35 尺，误差调整率 0.14%，其余方向的调整为 34.5 尺，误差调整率 0.23%；第二层塔身内切圆直径调整为 33.5 尺，误差调整率 0.54%；第三层塔身内切圆直径调整为 32.5 尺，误差调整率 0.12%；第四层塔身内切圆直径调整为 31.5 尺，误差调整可忽略；第五层塔身内切圆直径调整为 31 尺，误差调整率 0.62%；第六层塔身内切圆直径调整为 30 尺，误差调整可忽略不计；第七层塔身内切圆直径调整为 29 尺，误差调整率 0.38%；第八层塔身内切圆直径

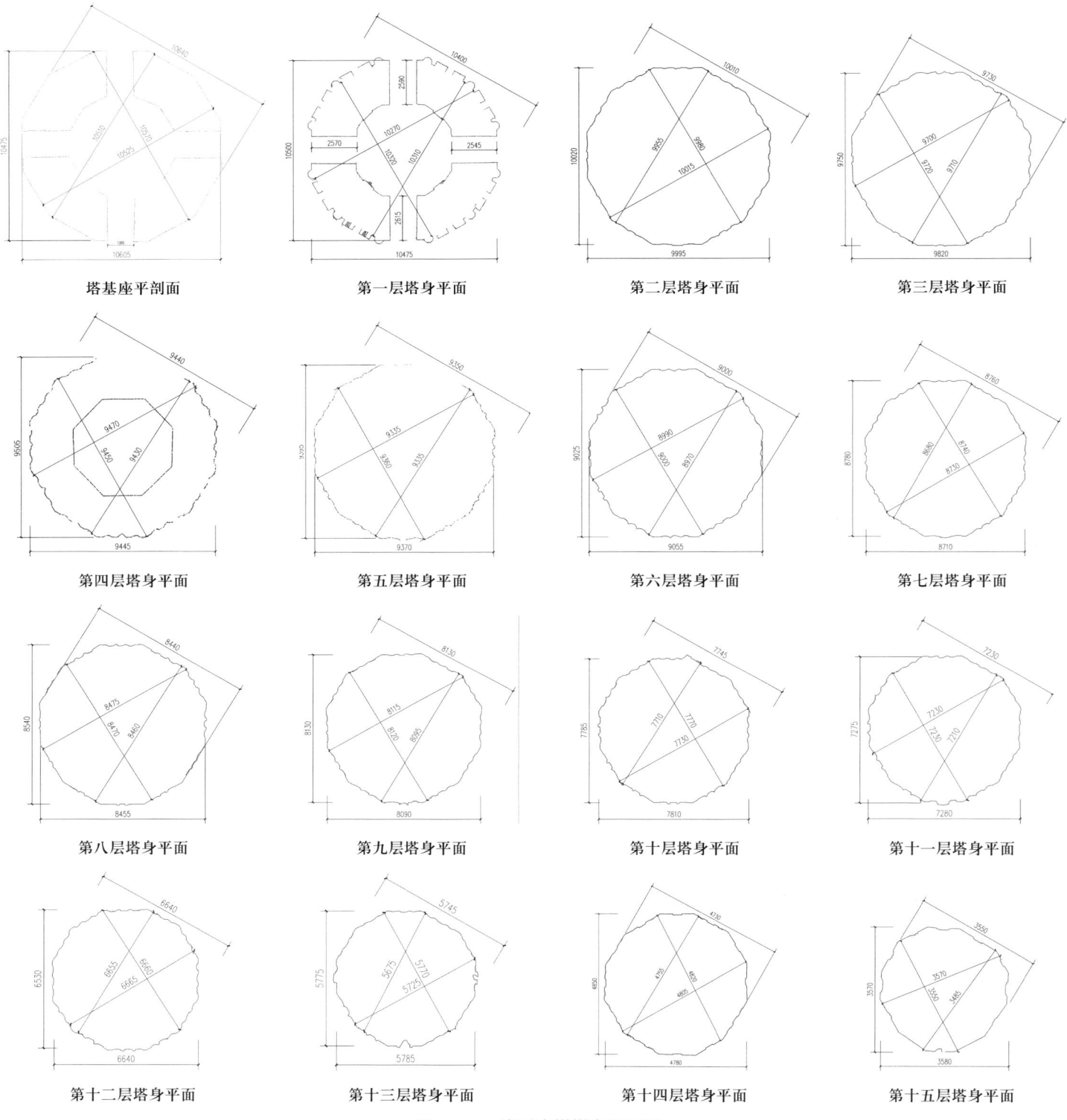

图 12.3.2　嵩岳寺塔塔身平面图

调整为28尺，误差调整率0.87%；第九层塔身内切圆直径调整为27尺，误差调整率0.37%；第十层塔身内切圆直径调整为26尺，误差调整率0.53%；第十一层塔身内切圆直径调整为24尺，误差调整率0.16%；第十二层塔身内切圆直径调整为22尺，误差调整率0.48%；第十三层塔身内切圆直径调整为19尺，误差调整率0.8%；第十四层塔身内切圆直径调整为16尺，误差调整率0.21%；第十五层塔身内切圆直径调整为12尺，误差调整率1.33%。

表12.3.3　塔身平面内切圆直径尺寸表　　　　　　　　　　　　　　（单位：厘米）

层数	1～7	2～8	3～9	4～10	5～11	6～12	平均值	折算结果
塔基座	1047.5	1051.0	1052.5	1060.5	1064.0	1057.0	1055.4	35.18
一层		1031.0	1027.0		1040.0	1032.0	1032.5	34.42
	1050.0			1047.5			1048.5	34.95
二层	1002.0	1001.5	995.5	999.5	1001.0	998.0	999.6	33.32
三层	975.0	971.0	970.0	982.0	973.0	972.0	973.8	32.46
四层	950.5	943.0	947.0	944.5	944.0	945.0	945.7	31.52
五层	939.5	933.5	933.5	937.0	935.0	936.0	935.8	31.19
六层	902.5	897.0	899.0	905.5	900.0	900.0	900.7	30.02
七层	878.0	868.0	873.0	871.0	876.0	874.0	873.3	29.11
八层	854.0	846.0	847.5	845.5	844.0	847.0	847.3	28.24
九层	813.0	809.5	811.5	809.0	813.0	812.0	811.3	27.04
十层	778.5	771.0	773.0	781.0	774.5	777.0	775.8	25.86
十一层	727.5	721.0	723.0	728.0	716.0	723.0	723.1	24.10
十二层	653.0	665.5	666.5	664.0	664.0	666.0	663.2	22.11
十三层	577.5	567.5	572.5	578.5	574.5	577.0	574.6	19.15
十四层	485.0	475.5	480.5	478.0	473.0	482.0	479.0	15.97
十五层	357.0	348.5	357.0	358.0	355.0	355.0	355.1	11.84

四、塔外部塔檐平面尺寸折算

嵩岳寺塔塔檐平面内切圆直径尺寸见图12.3.3，折算结果详见表12.3.4。因塔檐平面内切圆直径尺寸施工误差较大，因此取6个方向内切圆直径的多数相近值和平均值相互校正，作为折算的尺寸。

塔基座塔檐（平坐）平面内切圆直径调整为38尺，误差调整率0.74%；第一层塔檐平面内切圆直径调整为40尺，误差调整忽略不计；第二层塔檐平面内切圆直径调整为39尺，误差调整忽略不计；第三层塔檐平面内切圆直径调整为38尺，误差调整率0.17%；第四层塔檐平面内切圆直径调整为37尺，误差调整率0.27%；第五层塔檐平面内切圆直径调整为36尺，误差调整率0.54%；第六层塔檐平面内切圆直径调整为35尺，误差调整率0.34%；第七层塔檐平面内切圆直径调整为34尺，误差调整可忽略不计；第八层塔檐平面内切圆直径调整为33尺，误差调整率0.42%；第九层塔檐平面内切圆直径调整为32尺，误差调整率0.8%；第十层塔檐平面内切圆直径调整为30尺，误差调整可忽略不计；第十一层塔檐平面内切圆直径调整为28尺，误差调整率0.1%；第十二层塔檐平面内切圆直径调整为26尺，误差调整率1.58%；第十三层塔檐平面内切圆直径调整为23尺，误差调整率1.9%；第十四层塔檐平面内切圆直径调整为20尺，误差调整率0.7%；第十五层塔檐平面内切圆直径调整为16尺，误差调整率1.1%。因第十二层、第十三层两层1989年修缮前残损严重，以及这两层叠涩与上下相邻塔檐叠涩挑出尺寸相比，出檐较短，故本次误差调整稍大。

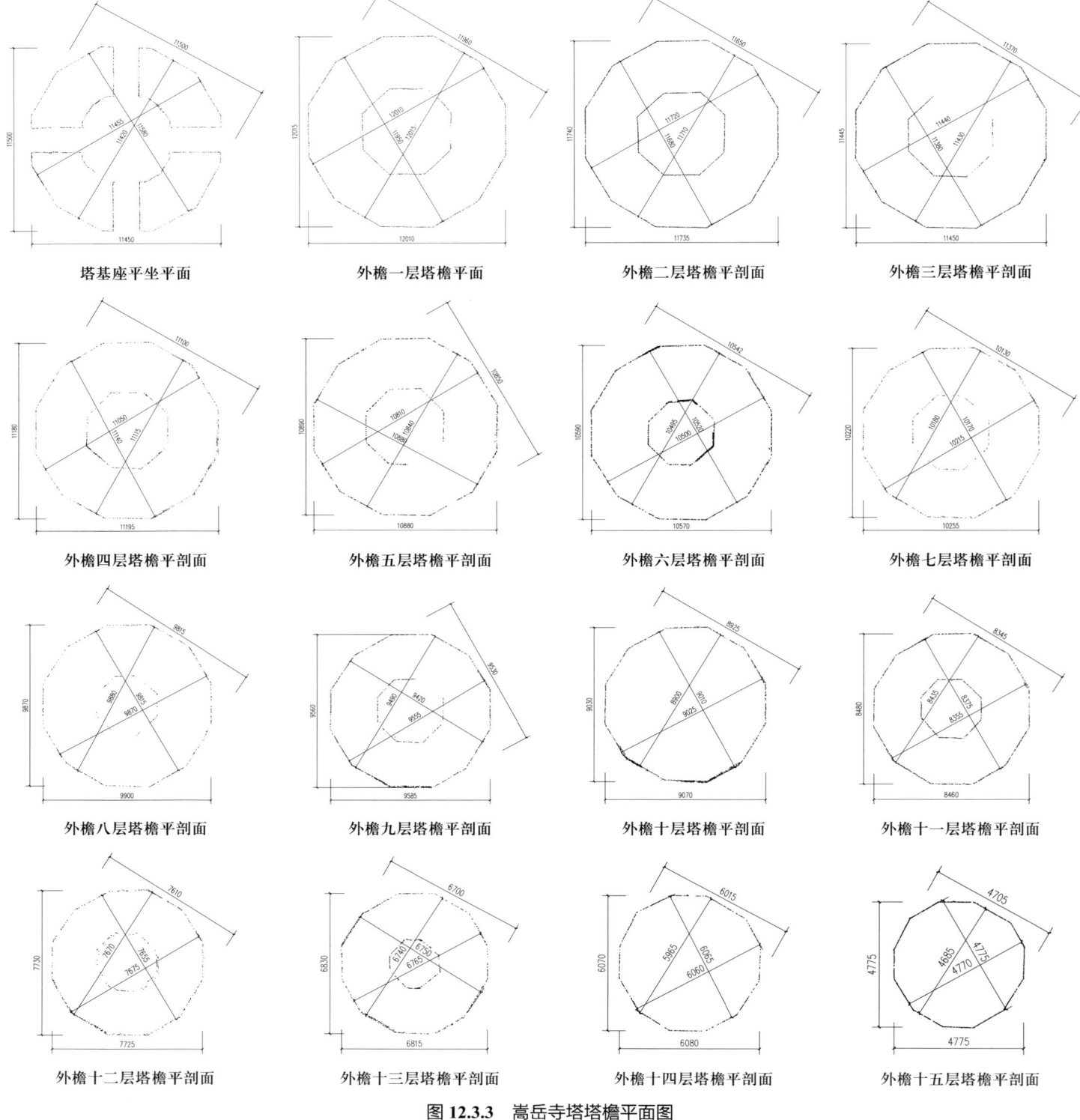

图 12.3.3 嵩岳寺塔塔檐平面图

表 12.3.4 塔基座、外部塔檐内切圆直径尺寸折算表 （单位：厘米）

层数名称	1~7	2~8	3~9	4~10	5~11	6~12	平均	折算结果
塔基座	1150.0	1142.0	1145.5	1145.0	1150.0	1158.0	1148.4	38.28
一层	1201.5	1201.5	1201.0	1201.0	1196.0	1195.0	1199.3	39.98
二层	1174.0	1171.0	1172.0	1173.5	1165.0	1168.0	1170.6	39.02
三层	1144.5	1143.0	1144.0	1145.0	1137.0	1138.0	1141.9	38.06
四层	1118.0	1111.5	1105.0	1119.5	1110.0	1114.0	1113.0	37.10
五层	1089.0	1084.0	1081.0	1088.0	1088.0	1085.0	1085.8	36.19
六层	1059.0	1049.5	1050.0	1057.0	1054.0	1052.0	1053.6	35.12

续表

层数名称	1~7	2~8	3~9	4~10	5~11	6~12	平均	折算结果
七层	1022.0	1018.0	1021.5	1025.5	1013.0	1017.0	1019.5	33.98
八层	987.0	988.0	987.0	990.0	981.5	981.5	985.8	32.86
九层	956.0	949.0	955.5	958.5	942.0	953.0	952.3	31.74
十层	903.0	890.0	902.5	907.0	892.5	901.0	899.3	29.98
十一层	848.0	843.5	835.5	846.0	834.5	837.5	840.8	28.03
十二层	773.0	767.0	767.5	773.0	761.0	765.5	767.8	25.59
十三层	683.0	674.0	676.5	681.5	670.0	675.0	676.7	22.56
十四层	607.0	606.0	596.5	608.0	601.5	606.5	604.3	20.14
十五层	477.5	468.5	477.0	477.5	470.5	477.5	4747.5	15.83

五、嵩岳寺塔塔刹尺寸折算

塔刹至少经过唐代、宋代、1989年三次大的修缮，此次按1986年修缮前测绘尺寸进行折算见图12.3.4，折算结果详表12.3.5。

塔刹总高调整为15尺，误差调整率3.22%，此误差调整率较大的原因，是将塔刹座下部尺寸调整给了第十五层反叠涩；1989年修复前第十五层反叠涩高52.0~53.0厘米，折算为1.733~1.767尺，参考其他叠涩檐反叠涩的高度尺寸，其高度应为2尺；因此也相应将塔基座高0.850~0.883尺，调整为0.5尺。覆莲高为3.5尺。

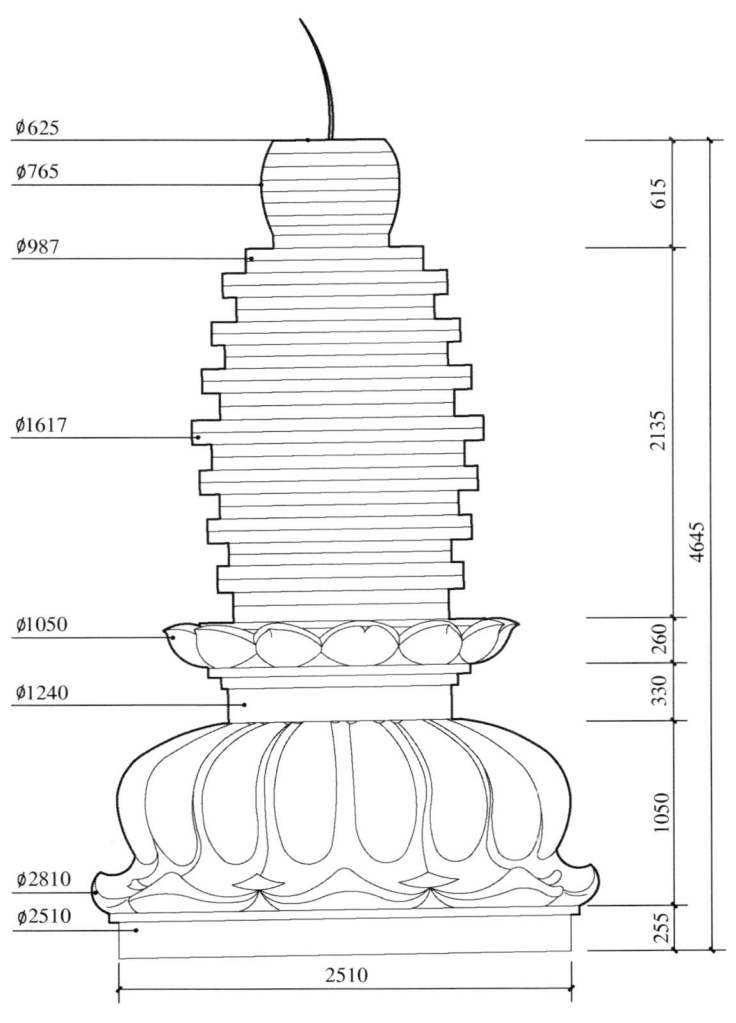

图 12.3.4　嵩岳寺塔塔刹立面

仰莲座高调整为1.1尺。仰莲高调整为0.9尺，误差调整率为3.67%。相轮通高调整为7尺，误差调整率1.67%。宝瓶高调整为2尺，误差调整率为2.5%。塔刹座平面直径调整为8.5尺，误差调整率为1.56%。覆莲平面直径调整为9.3尺，误差调整率0.72%。仰莲座平面直径调整为4.0尺，误差调整率为3.3%，调整原因是外部较厚。仰莲平面直径调整为6.5尺，误差调整率1.8%。相轮平面最大直径调整为5.5尺，误差调整率0.91%，最小直径调整为3.3尺，误差调整率为0.3%。宝瓶平面最大直径调整为5.5尺，误差调整率为2%，最小直径调整为2.1尺，误差调整率为0.81%。

因塔刹经过唐宋时期修缮，砌砖规格多种杂乱及异形、砍制砖，灰缝和灰皮薄厚不一，构件的实际尺寸相对较小等因素，上述尺寸误差调整率部分超过了2%，但实际尺寸调整均在半砖厚之内。

表12.3.5 塔刹尺寸折算表　　　　　　　　　　　　　　　　　　　　　　（单位：厘米）

层数名称	高度尺寸	折算结果	平面直径尺寸	折算结果
通高	4645	15.483		
塔刹座	25.5～26.5	0.850～0.883	251.0	8.367
覆钵	105	3.500	281.0	9.367
须弥座	33	1.100	124.0	4.133
仰莲	26	0.867	191.5	6.383
相轮	213.5	7.117	161.7（最大）	5.390
			98.7（最小）	3.290
宝瓶	61.5	2.050	76.5（最大）	2.550
			62.5（最小）	2.083

关于嵩岳寺塔塔刹座的形制和塔刹顶部佚失部分的高度问题，从北魏时期一些佛塔塔刹形制的基本构成看，覆钵下为须弥座，宝瓶之上多有高耸的刹杆和宝珠。如雕刻形象比较清晰完整的云冈石窟东部第2洞浮雕塔塔刹（图12.3.5，A）、云冈石窟中九洞浮雕塔塔刹（图12.3.5，B）、云冈石窟中七洞浮雕塔塔刹（图12.3.5，C）等[1]。从云冈石窟这些塔刹形制和比例看，塔刹顶的刹杆和宝珠高度约为宝瓶、相轮、覆钵等高度的二分之一，即刹杆和宝珠的高度为塔刹通高的三分之一左右，嵩岳寺塔佚失部分即是这部分刹杆和宝珠。嵩岳寺塔塔刹现高15尺，按上述云冈石窟中北魏浮雕塔的刹杆、宝瓶高为通高三分之一的比例关系推算，嵩岳寺塔刹杆、宝珠的高度为7.5尺左右。据《洛阳伽蓝记》载北魏洛阳永宁寺塔为"九层浮图一所，架木为之，举高九十丈。有金

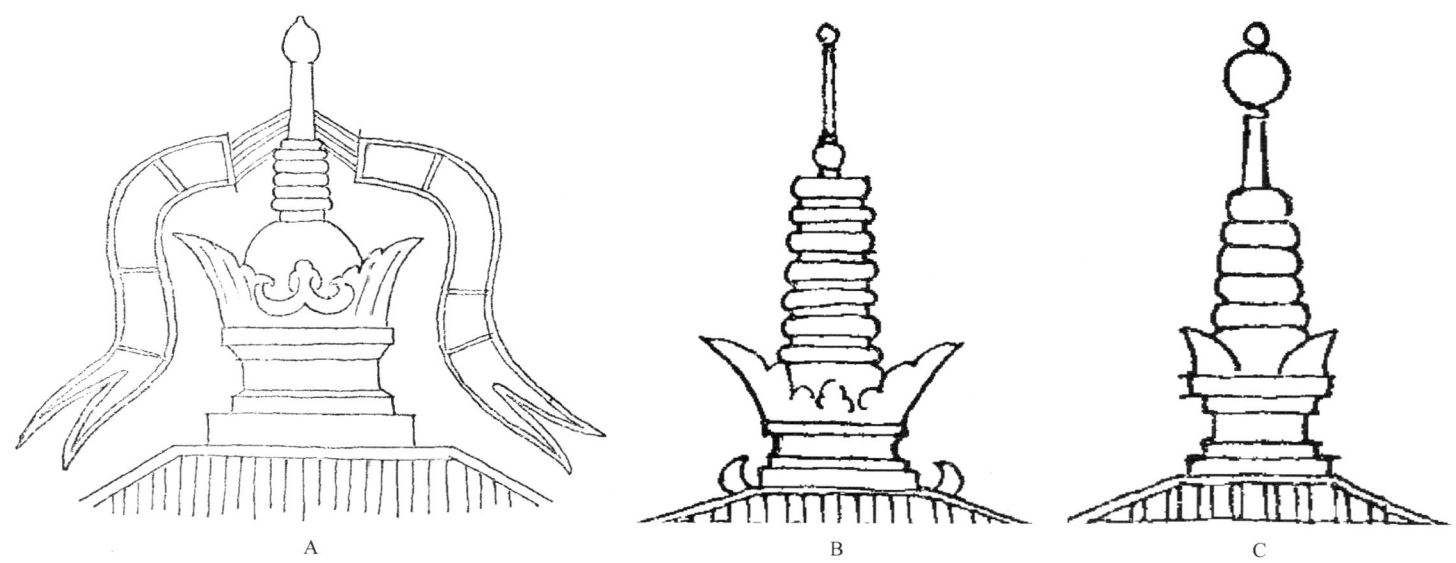

图12.3.5 云冈石窟中浮雕塔塔刹形象
A.东部第二洞浮雕塔塔刹（采自《中国营造学社汇刊》第4卷3、4合刊）；B.九洞浮雕塔塔刹（采自《中国营造学社汇刊》第4卷3、4合刊）；C.七洞浮雕塔塔刹（采自《中国营造学社汇刊》第4卷3、4合刊）

刹复高十丈，合去地一千尺。"[2]可以看出北魏洛阳永宁寺塔通高、塔体高、塔刹高的尺寸均是"整尺"，并且塔刹与塔总高之间还存在1∶10的比例关系，说明塔总高和每一部分高度的设计都是有一定比例关系，且高度尺寸均以"整尺"为最小单位，即基本尺度模数单位。结合嵩岳寺塔高度是表达"十五日"成佛的思想，塔的每组成部分高度尺寸为"整尺"，以及塔每组成部分上下对应均称的构图规律，嵩岳寺塔刹刹杆、宝瓶这部分高度取整尺应为7尺，与台基高8尺均称对应，并合计为15尺，塔总高为135尺，即塔总高是15个9尺或9个15尺，高度尺寸"文化"表达的均是宣武帝在"十五"月圆之日成佛的思想。

六、嵩岳寺塔塔龛、倚柱、阑额、塔门尺寸折算

1. 塔龛尺寸折算

嵩岳寺塔塔龛尺寸以第一层第二面为例见图12.3.6，折算结果详见表12.3.6。塔龛通高14.4尺，方座底至平头顶为12.8尺。须弥座高为0.8尺；宽调整为6.25尺，误差调整率为0.27%。方座高调整为2.3尺，误差调整率为1.4%；宽按照大部分方台座宽为210.0厘米，调整为7尺。塔身高为7尺；宽按照大部分宽180厘米，调整为6尺。塔龛檐至覆钵（覆钵身）间距离调整为2尺，误差调整率1.6%；宽为5尺。覆钵高为0.7尺；宽按照大部分覆钵宽为210.0厘米，调整为0.7尺。平头高为0.7尺；宽为2.5尺。忍冬花高调整为0.9尺；宽为2.7尺。门高为2.8尺；宽为1.4尺。

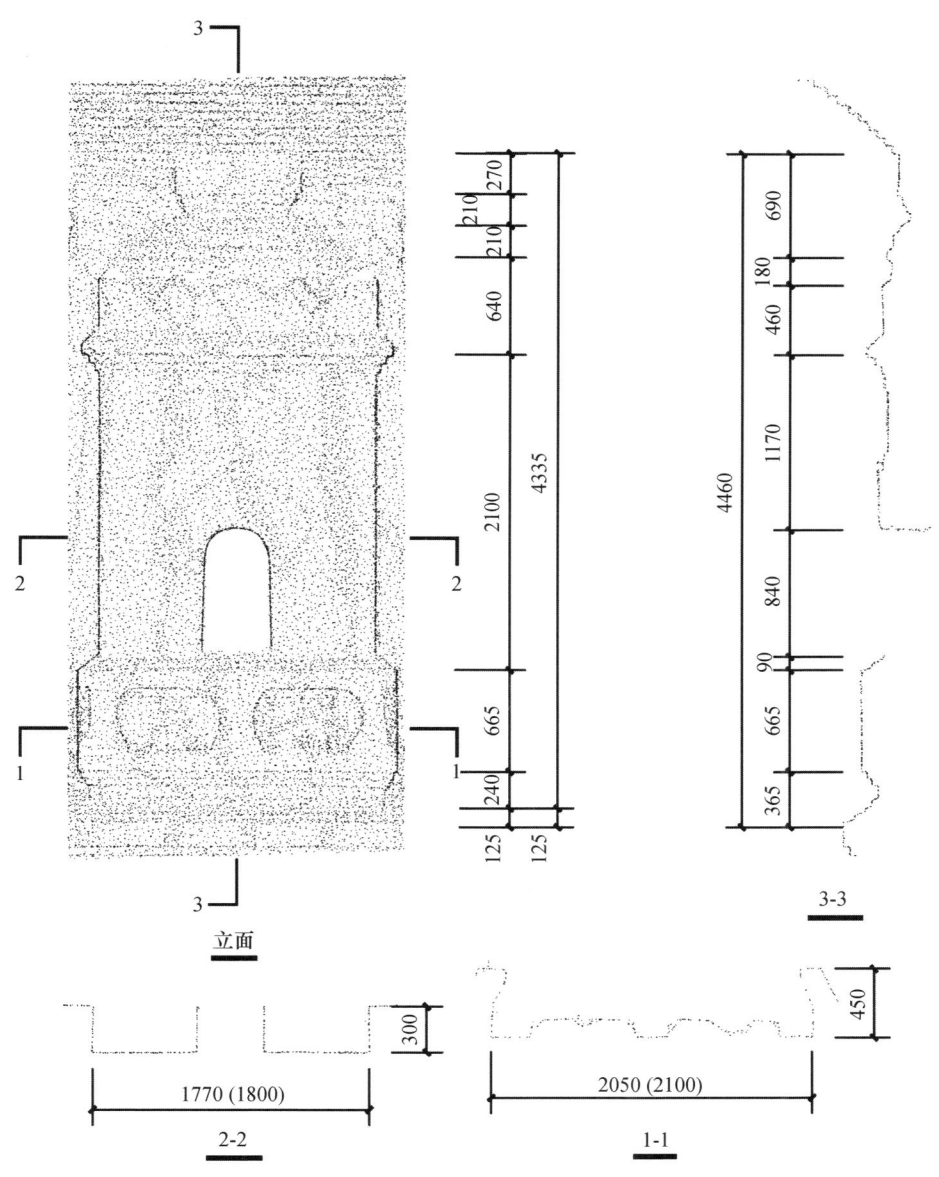

图 12.3.6 嵩岳寺塔塔龛平、立、剖面图

表 12.3.6 嵩岳寺塔塔龛尺寸折算表（第二面塔龛为例） （单位：厘米）

名称	高度尺寸	折算结果	宽度	折算结果
塔基座平坐至塔龛顶	446.0	14.867		
塔龛通高	433.5	14.450	205	6.833
须弥座	24.0	0.800	187.0	6.233
方台座	66.5	2.217	205	6.833
塔身（方台座顶至塔龛叠檐）	210.0	7.000	177	5.900
塔龛檐至覆钵（覆钵身）	64.0	2.133	150.0	5.000
覆钵	21.0	0.700	205	6.833
平头	21.0	0.700	75.0	2.500
忍冬花	27.0	0.900	81.0	2.700
塔龛门	84.0	2.800	42.0	1.400

2. 倚柱、由额、阑额尺寸折算

倚柱尺寸以西北角第 6 柱子为例见图 12.3.7，折算结果详见表 12.3.7。东、西、南、北四正面倚柱间距调整为 9.5 尺，误差调整率为 0.7%。倚柱通高调整为 14.4 尺，误差调整可忽略不计，柱础底至由额为 12.8 尺，柱础覆盆盆唇至柱头宝珠顶为 13 尺。柱础通高为 1.3 尺，础座高 0.6 尺，覆盆高 0.7 尺，础座和覆盆平面直径

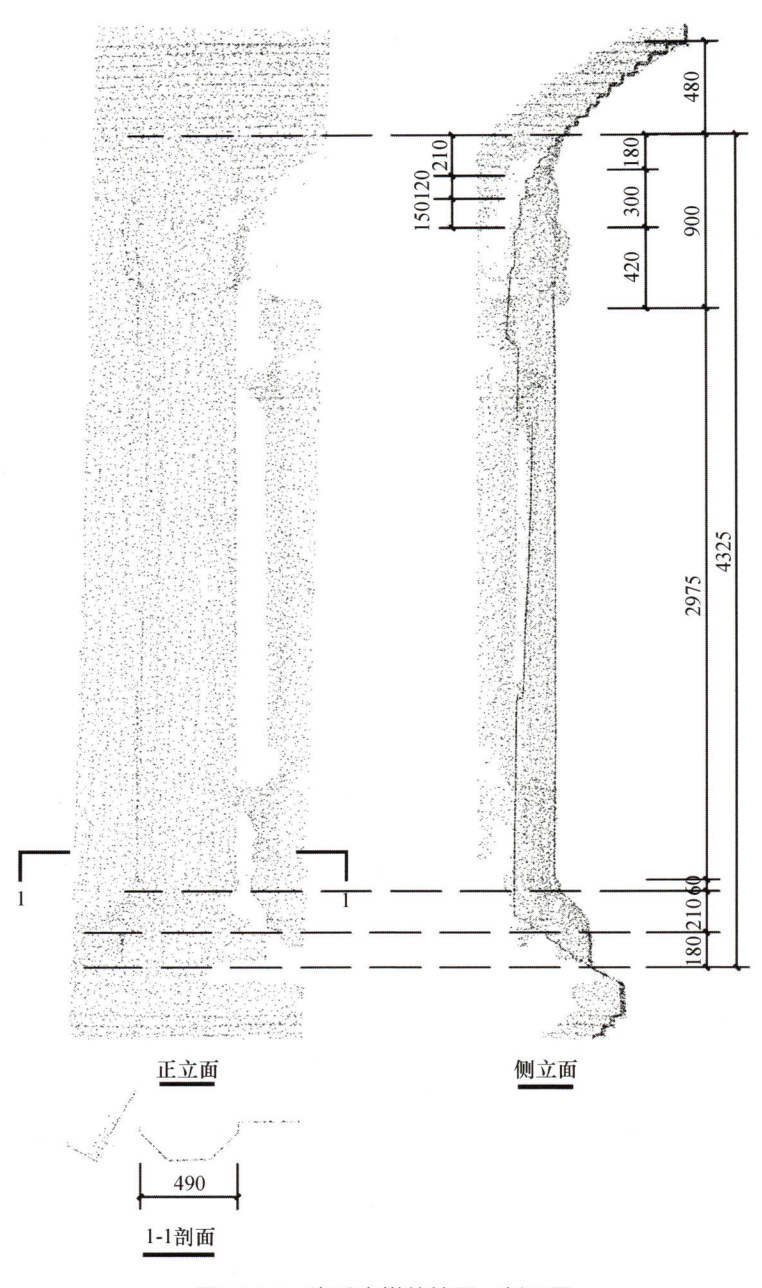

图 12.3.7 嵩岳寺塔倚柱平、剖面图

调整为 2.6 尺，误差调整率为 1.27%。柱櫍高调整为 0.20 尺，柱櫍直径为 1.8 尺。柱身高为 10.0 尺，误差调整率 0.83%；柱直径调整为 1.6 尺，误差调整率为 2%。柱头高调整为 3.0 尺，误差调整率为 1.72%；柱头宽调整为 2 尺，误差调整率 1.65%。覆莲高调整为 1.4 尺，宝珠高为 1.0 尺；背光调整为 0.6。由额高和阑额高分别为 0.5 尺、0.3 尺。

表 12.3.7　倚柱尺寸折算表　　　　　　　　　　　　　　　　（单位：厘米）

层数名称		高度尺寸	折算结果	内切圆直径尺寸	折算结果
柱间距		283.0	9.433		
通高		432.5	14.417		
柱础高	通高	39.0	1.300		
	础座	18.0	0.600	79.0	2.633
	覆盆	21.0	0.700	79.0（底面）	2.633
柱櫍		6.0	0.200	54.0	1.800
柱身		297.5	9.917	49.0	1.633
柱头	通高	90.0	3.000		
	覆莲	42.0	1.400	59.0	1.967
	宝珠	30.0	1.000		
	背光	18.0	0.600		
由额		15.0	0.500		
阑额		12.0	0.300		

3. 塔门尺寸折算

塔门尺寸以北门为例见图 12.3.8，折算结果详见表 12.3.8。塔门通高调整为 24.5 尺，误差调整率为 0.135%。塔基座门高为 15 尺；宽调整为 4.7 尺，误差调整率为 0.71%。第一层塔体门洞高调整为 9.5 尺，误差调整率为 0.347%；门宽调整为 5.1 尺，误差调整率为 0.65%。门拱券矢高为 2.5 尺。门楣高、宽按照倚柱间宽度均调整为 7.5 尺，误差调整率为 1.77%。

表 12.3.8　塔门尺寸折算表　　　　　　　　　　　　　　　　（单位：厘米）

名称	高度尺寸	折算结果	宽尺寸	折算结果
门洞通高	734.0	24.467		
塔基座门	450.0	15.000	140.0	4.667
第一层门洞	284.0	9.467	154.0	5.133
拱券矢高	75.0	2.500	151.0	5.033
门楣	229.0	7.633	231.0	7.700

七、塔墙体、砖尺寸折算

塔基座墙厚第一面为 247.5 厘米，第二面墙厚 246.0 厘米，第三面墙厚 252.5 厘米，第四面墙厚 257.0 厘米，第五面墙厚 251.5 厘米，第六面墙厚 248.5 厘米，第七面墙厚 248.0 厘米，第八面墙厚 243.0 厘米，第九面墙厚 243.5 厘米，第十面墙厚 245.5，第十一面墙厚 246.5 厘米，第十二面墙厚 245.0 厘米，平均为 247.9 厘米，折算 8.26 尺，折合 8.25 尺，误差调整率为 0.12%（见图 12.3.2）。塔砖尺寸折算，条砖规格多为长 30 厘米，宽 15 厘米，厚 5.3～5.5 厘米，分别折算为 1 尺、0.5 尺、0.177～0.183 尺，砖厚加灰缝约为 0.2 尺。方砖边长 33 厘米或 35 厘米，厚 6 厘米，分别折算为 1.1 或 1.2 尺、0.2 尺。

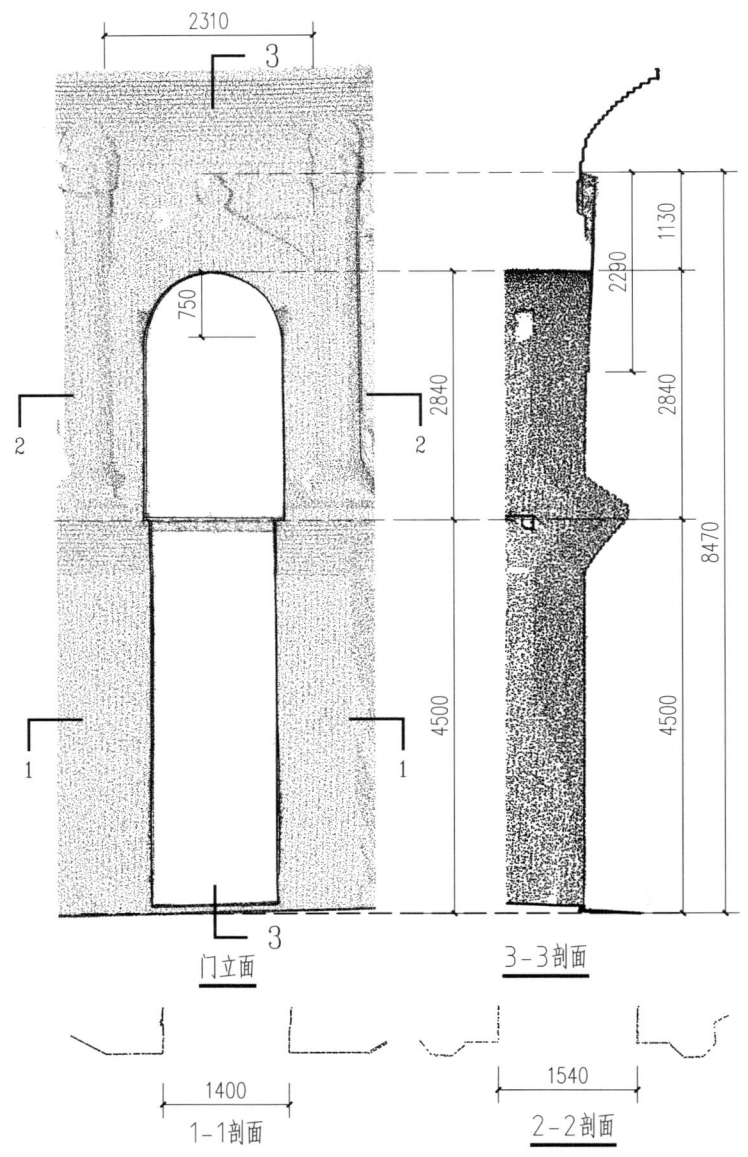

图 12.3.8 嵩岳寺塔塔门平、立、剖面图

参 考 文 献

[1] 林徽因、梁思成、刘敦桢. 云冈石窟中所表现的北魏建筑 [J]. 中国营造学社汇刊. 中华民国二十一年（1932）：171-217.

[2] 尚荣译注. 洛阳伽蓝记 [M]. 北京：中华书局. 2012：20.

第四节　嵩岳寺塔塔内主要尺寸折算

一、地宫尺寸折算

地宫主要尺寸见图 12.4.1，折算结果详见表 12.4.1。地宫宫室边长下部中间调整为 7.3 尺，上口为 7.5 尺，宫室通高调整为 5.4 尺。宫室墙厚为 1.2 尺，去掉灰皮厚 1.1 尺。宫室门洞宽 2.9 尺，去掉 3 厘米灰皮，为 3 尺。甬道里口宽为 3.8 尺，外口宽调整为 4.5 尺，误差调整率为 1.49%；甬道通长 7.5 尺，误差调整率为 0.44%。甬道夯土墙长调整为 1.5 尺，误差调整率 11.13%；甬道砖墙长调整为 6.0 尺，误差调整率 1.67%。甬道高调整为 5.7 尺，误差调整率为 0.58%。砖墙厚为 3 尺。

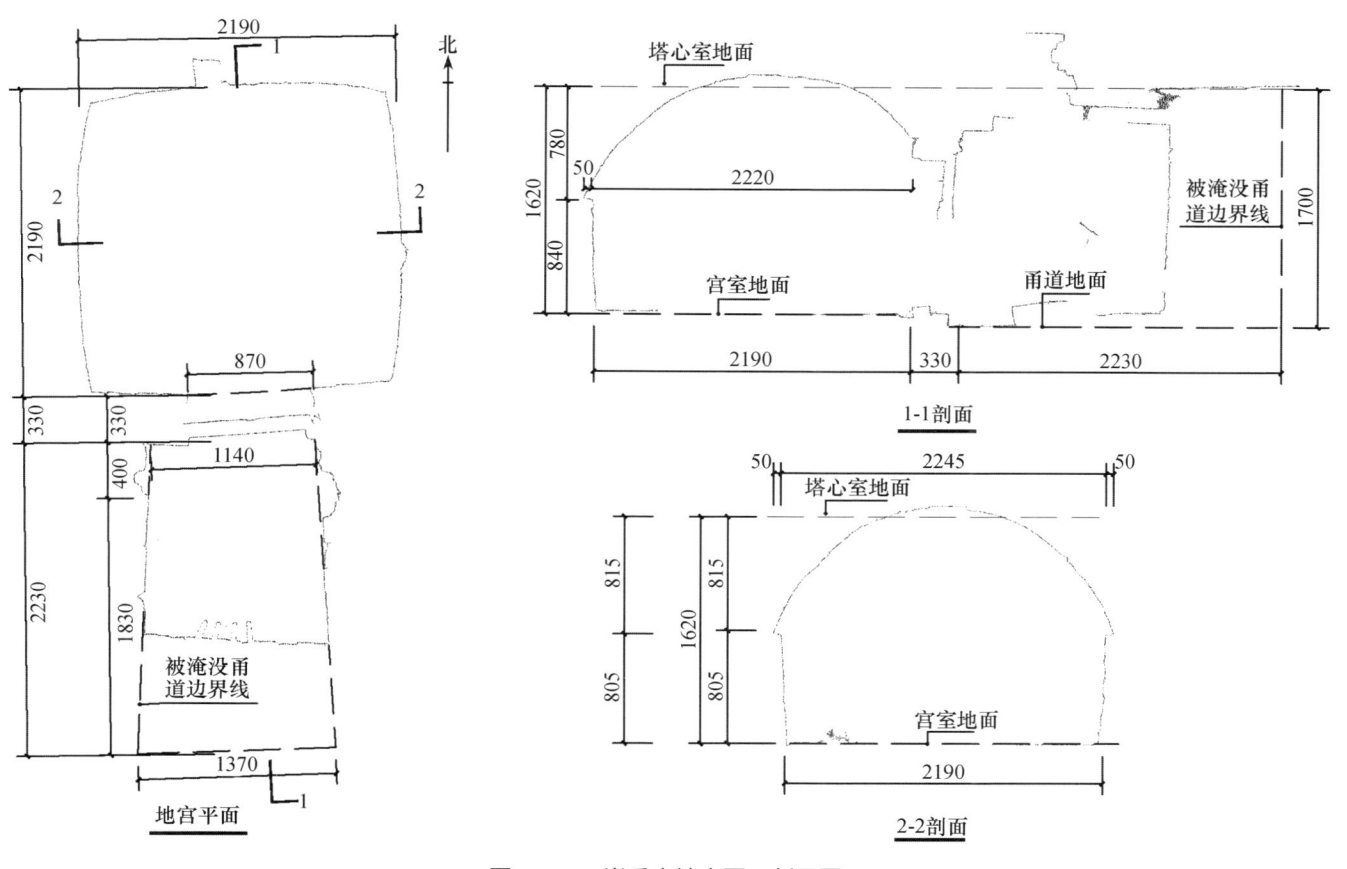

图 12.4.1 嵩岳寺地宫平、剖面图

表 12.4.1 地宫尺寸折算表

名称	尺寸（厘米）	折算结果（尺）
宫室东西边长（中部）	219.0（下），224.5（上）	7.300，7.483
宫室南北边长（中部）	219.0（下），222.0（上）	7.300，7.400
宫室通高（宫室至塔心室地面）	162.0	5.400
宫室墙厚	36.0	1.200
	33.0（去掉灰皮）	1.100
宫室门洞宽	87.0	2.900
甬道里口宽	114.0	3.800
甬道外口宽	137.0	4.567
甬道通长	223.0	7.433
夯土墙长	40.0	1.333
砖墙长	183.0	6.100
甬道墙厚	90.0	3.00
甬道高（通道至塔心室地面）	170.0	5.667

二、塔内平面尺寸折算

塔内平面尺寸见图 12.4.2，折算结果详见表 12.4.2、表 12.4.3。第一层底部平面内切圆直径调整为 18.5 尺，误差调整率为 0.21%；上部圆形平面直径为 18.5 尺，误差调整率为 0.61%。第二层平面内切圆直径调整为 19.5 尺，误差调整率为 0.385%；南至北、东至西墙间距离调整为 17.75 尺，误差调整率为 0.468%。第三层平面内切圆直径调整为 18 尺，误差调整率为 0.489%。第四层平面内切圆直径调整为 17 尺，误差可忽略不计。第五层平面内切圆直径调整为 15.5 尺，误差调整率为 0.11%。第六层平面内切圆直径调整为 15 尺，误差调整率为 1%。第七层平面内切圆直径调整为 14 尺，误差调整率为 0.26%。第八层平面内切圆直径调整为 12 尺，误差调整率为 0.63%。第九层内切圆直径调整为 10.5 尺，误差调整率为 0.114%。第十层平面内切圆直径调整为 9 尺，误差调整率为 1.99%。

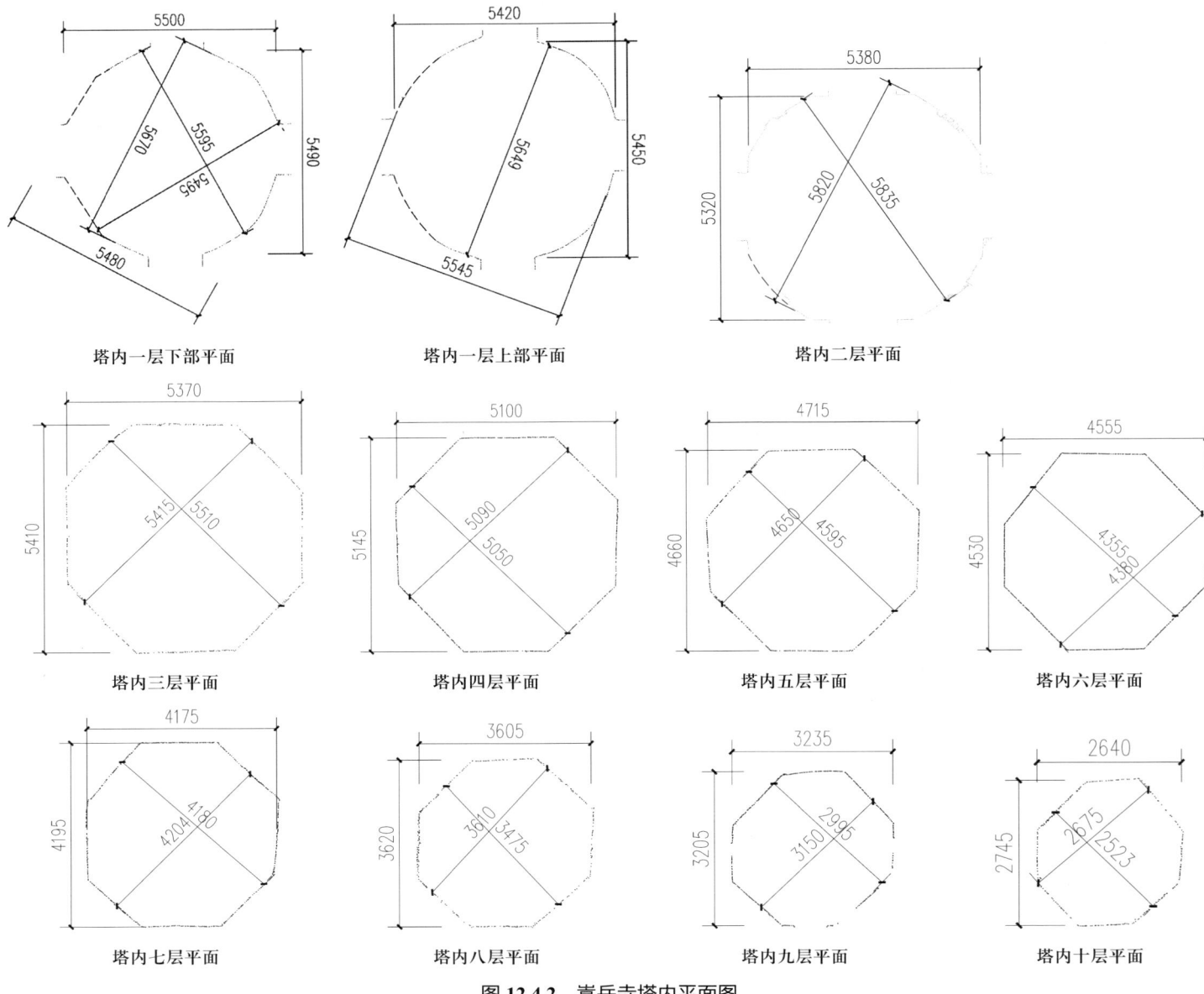

图 12.4.2 嵩岳寺塔内平面图

表 12.4.2 塔内平面内切圆直径尺寸表 （单位：厘米）

层数 \ 剖面	1-7	2-8	3-9	4-10	5-11	6-12	平均	折算结果
一层下部	550.0	548.0	559.5	549.0	567.0	549.5	553.8	18.461

表 12.4.3 平面内切圆直径尺寸表 （单位：厘米）

层数 \ 剖面		1-5	2-6	3-7	4-8	平均	折算结果
一层上部		542.0	554.5	545.0	565.0	551.6	18.387
二层	正方向	538.0		532.0		535.0	17.833
	其余向		582.0		583.5	582.8	19.425
三层		541.0	541.5	537.0	551.0	542.6	18.088
四层		514.5	509.0	505.0	510.0	509.6	16.988
五层		466.0	465.0	471.5	459.5	465.5	15.517
六层		453.0	438.0	455.5	435.5	445.5	14.850
七层		419.5	420.5	417.5	418.0	418.9	13.963
八层		362.0	361.0	360.5	347.5	357.8	11.925
九层		320.5	315.0	299.5	323.5	314.6	10.488
十层		274.5	267.5	264.0	252.5	264.6	8.821

三、塔内高度尺寸分析

塔内层高以第 4 面尺寸为例进行折算，层高尺寸见图 12.4.3，折算结果详见表 12.4.4。室内通高调整为 103.5 尺，误差调整率为 0.065%。第一层高为 15 尺。第二层高调整为 15 尺，误差调整率为 0.67%。第三层高调整为 10.5 尺，误差调整率为 0.31%。第四层高调整为 1O 2850 0 尺，误差调整率 0.33%。第五层高调整为 9.5 尺，误差调整率为 0.37%。第六层高为 10.5 尺。第七层高调整为 9.5 尺，误差调整率为 1.05。第八层高调整为 7 尺，误差调整率为 1.19%。第九层高调整为 7.5 尺，误差调整率为 0.44%。第十层高调整为 9 尺，误差调整率为 0.92%。叠涩穹隆顶矢高为 4.5 尺。

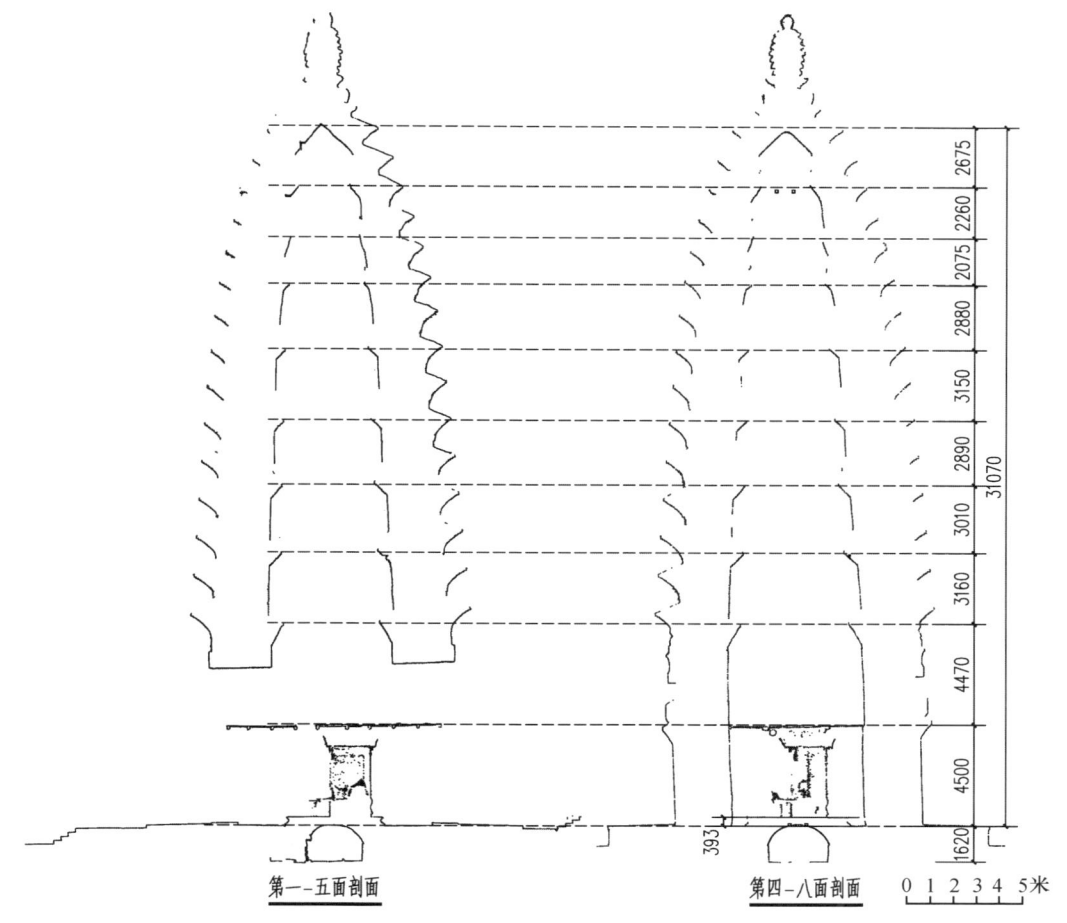

图 12.4.3 嵩岳寺塔室内第一至五、第四至八面剖面图

表 12.4.4 塔内层高尺寸表 （单位：厘米）

名称	第 6 面	折算结果
通高（地面至穹隆顶）	3107.0	103.567
第一层高	450.0	15.000
第二层高	447.0	14.900
第三层高	316.0	10.533
第四层高	3010	10.033
第五层高	289.0	9.963
第六层高	315.0	10.500
第七层高	288.0	9.600
第八层高	207.5	6.917
第九层高	226.0	7.533
第十层高	267.5	8.917
穹隆顶矢高	134.0	4.467

第十三章　嵩岳寺塔形制和建筑文化

第一节　嵩岳寺塔外部十二边形平面的形成

一、嵩岳寺塔十二边形平面产生的地缘

嵩岳寺塔阶基、塔体及塔内第一层下部平面均为正十二边形，此平面形状甚为特殊，中外建筑中均不常见，古印度和中亚地区至今不曾发现，我国传统建筑中也稀有，佛塔类建筑中更是孤例。嵩岳寺塔的平面形状是至今所发现建筑中年代最早，在世界建筑和建筑遗产中无处借鉴，可视为在我国汉地创造，而非外来之物。但也有学者认为可能是由中亚的巴克特里亚塔庙正多边形平面演化而来。[1]

东晋·法显和唐·玄奘游历古印度地区和西域各国求法时，记述的当地除佛教之外的宗教建筑，将其通称为外道天祠或天寺，以视与佛塔、佛精舍等佛教建筑的区别。如法显在描述外道天寺"影覆"时说："佛精舍可以映"影覆"，"影覆"终不得映佛精舍，婆罗门教的天神也要持灯绕佛精舍三匝，以供养佛。"[2]说明在当时我国佛教徒内心认为佛是宇宙中最大的神，也认为佛精舍与外道天祠有区别，并且是等级高于其他宗教建筑，这虽是因佛教徒自崇本教的结果，但也表现出佛教建筑与其他宗教建筑有一定的不同。另一方面"佛教和印度教之间存在着明显的审美差异，这种差异可能来源于其探求真理的出发点不同。佛教徒的求道是为了一种和平安宁的理想；而在印度教中，却力图以强烈的动态变化（如建筑体块的动感）来表现普照尘世万物的神明的唯一。在佛教哲学中，虽然也涉及对宇宙的象征，却是基于一种人的尺度；而在印度教哲学中，则是以宇宙生命的节奏为参数，它超越了个体及命运和思想情感，表达了一种对神的无比敬畏"[3]，因佛教和其他宗教追求的精神世界不同，也会促使佛教建筑有自身的特点。从佛教徒对佛教和其他宗教以及两者建筑的认识上讲，我国佛塔形制如是源自古印度或中亚地区，首先借鉴的应是古印度和中亚地区佛教建筑中佛塔类建筑的形制，不太可能去借鉴佛教之外的其他宗教神庙建筑。但从建筑营造技术上讲，两者同处一地，也不可否认古印度和中亚地区的佛教建筑，为解决建筑营造技术上的某些问题，会融入有其他宗教建筑部分形制结构的情况。

从古印度、中亚地区佛塔类建筑及其他宗教建筑的平面构图方式上看，建筑平面有基本几何图形和组合几何图形两种构图。一是由基本几何图形构图的平面，其基本特征是图形的对角线交点为图形的中心，主要是指如圆形、等边三角形、方形、矩形、正多边形等几何图形。古印度、中亚地区大乘佛教的佛塔类建筑平面多是此种图形，石窟中也见有正八边形平面的洞窟。此种类型的佛教建筑及平面传入我国后，主要用于汉地的佛塔建筑。二是组合几何图形构图的平面，是由多个基本几何图形通过"加减运算"组合而成的图形，或认为是在"假想的圆形内逐渐从方方演变为多边形"[4]的平面，如"十"字形、"星"形、"亚"字形等多边形图形，密教的塔类建筑和印度教等神庙建筑多是此种复杂的多边形平面。如布巴内斯瓦尔梵天主神庙圣所主殿的平面构图（图 13.1.1），这些平面的形成有认为是由"曼荼罗"图形演化而来，如"犍陀罗和中亚的窣堵坡遗址上多见曼荼罗图形及其变体，自上而下设逐层折收的台基，并与四面设阶，形成特征显著的十字形平面，是与远古即已存在的曼荼罗图形有关联"[5]。与我国古代传统建筑由多座单体建筑构成的组合平面，在构图原理上有着本质的区别，这种平面在传入我国后主要流行于密宗佛塔。

嵩岳寺塔的正十二边形平面，属于第一种基本几何图形构图。但在古印度、中亚地区佛教及外道建筑的基本几何图形平面中均未发现，与"曼荼罗图形"组合平面的构图更是有显著区别，所以说嵩岳寺塔十二边形平

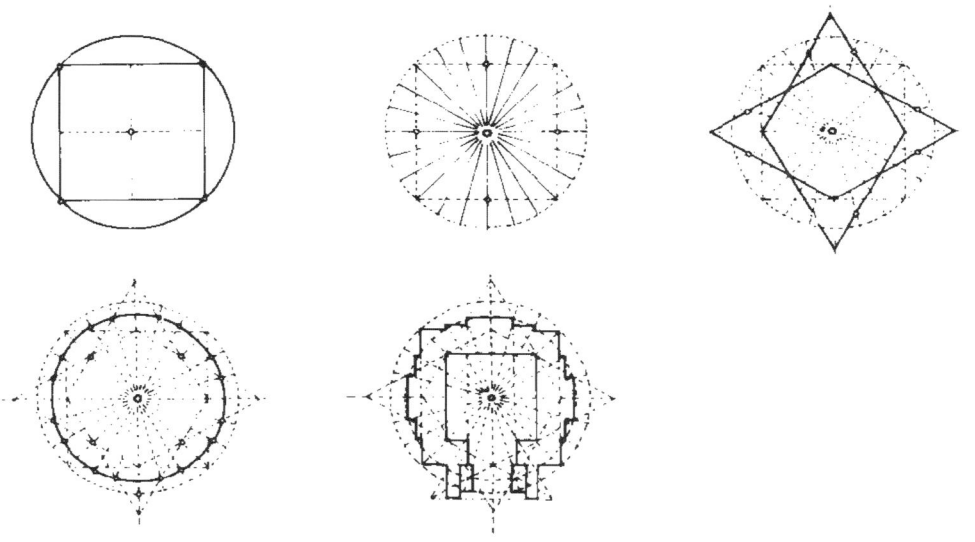

图 13.1.1　布巴内斯瓦尔"梵天主"神庙圣所平面演变
（采自《东方建筑》）

面的形成，不太可能源于古印度或中亚地区的佛教和其他宗教建筑。再者，我国古代有发达的数学和悠久的尺规作图历史，《全唐文》和《太平御览》中李膺记云："黄帝坛石天地，上圆下方，阔一丈二尺，有十二角"[6]的记载。东汉时已有八边形或六边形的多边形平面的楼（图 13.1.2），[7]还有五角形、八角形平面的水井[8]等等。西晋时期我国数学家刘徽在注释《九章算术》时就用"割圆术"作图，将圆切割成内接 192 个边的正多边形来计算圆周率，其有着绘制正多边形的娴熟方法，在建筑平面需要十二边形时，不需要去参考外来建筑平面。因此，可以基本断定嵩岳寺塔的正十二边形平面是由我国先人创造。

另外，这些平面几何图形以及所形成的几何体，多被赋予特殊的象征意义，这种现象在我国的传统建筑中也存在。佛塔平面图形多被赋予佛教的象征意义，如"圆形平面，是源于圆

图 13.1.2　东汉多边形平面楼
（采自《中国画像石全集 3·山东汉画像石》）

形坟墓的形状，附会了诸多佛教哲学和象征意义，圆形的覆钵、刹柱被视为宇宙和宇宙中心"[9]。不但平面形状赋予了象征意义，由平面而形成的实体及雕刻等都被赋予了象征意义，如"相轮轴四周围着一圈方形的栏杆，以四角朝正方位"[10]，栏楯的"四个牌坊门被视为宇宙的四个方位，也有人认为四座石门代表佛教宣传的苦、集、灭、道等'四谛'；栏杆围成的回行道表现轮回；圆冢和华盖代表宇宙及宇宙中心须弥山；刹柱就是宇宙立轴的象征。这些都是大乘佛教的解释"[11]，以及栏楯、塔门上雕刻有"相向坐在莲花上的女性灌水、菩提树、法轮及塔等，象征佛的诞生、成道、初转法轮和涅槃四间伟大事件"[12]等。在犍陀罗地区窣堵坡与当地建筑融合，发展出方形或矩形平面的台基，台基四个方向设台阶，替代了四塔门表示方位，上部为圆形塔身和缩小的覆钵、刹柱，使佛塔同时具有了宇宙中心和方位的概念，随着佛像出现还在佛塔上雕造绘画有"七佛一菩萨（弥勒佛）"，来表现佛教三世轮回的思想。

二、嵩岳寺塔十二边形平面的形成

从建筑的空间实用性角度来讲，八边形、十二边形等正多边形建筑平面与方形或矩形的平面相比，创造的建筑空间对于人们日常生活和生产利用并不方便。从建筑的营造技术上讲，非直角的十二边形平面建造施工难度相对较大，嵩岳寺塔更是用不着将墙体外壁平面做成十二边形，内壁（室内）转变成其他形状，而室内平面又从下至上由十二边形、圆形、八边形至圆形的连续变换，来增加施工的难度。这也与我国早期佛塔和传统建筑多用方形或矩形平面，以及古印度或中亚佛塔类建筑多用圆形或方形平面不一致，也没有延续性。嵩岳寺塔

为何突然将平面设计成外部十二边形、内部八边形及圆形，以这种独特的方式来区别于其他佛塔和建筑，想必与古印度及中亚的佛塔和我国礼制建筑一样，平面及其他被赋予了特殊的象征意义。佛塔本是具有"佛"象征意义的佛教标志性建筑，非日常生活生产的功能性建筑，主要功能是用于礼佛和祈福等，从此意义上讲嵩岳寺塔的平面形状，对其使用功能并无实质性的影响，其十二边、八边和圆形平面的形成更多的应是来自佛教象征意义，并且接近圆形的平面，也更符合当时用于旋塔、旋佛礼拜通道的需求，这在佛塔的外观立面造型上也更出观感效果和更赋艺术性。

1. 嵩岳寺塔十二边形平面的产生

在分析嵩岳寺塔十二边形平面之前，先看一下北凉时期[13]（421～460）创造的一批供养小石塔，它们的建造年代比嵩岳寺塔要早几十至上百年。这批小石塔出土地点主要分布在今新疆吐鲁番高昌和甘肃酒泉、敦煌、武威四地区，所处四地串联在古丝绸之路之上，吐鲁番西接古印度和中亚地区，武威东连我国汉地，是佛教陆路传入我国汉地的必经之地，都是北魏以前佛教昌盛的属地，其中武威是十六国北凉的国都，北凉于公元439年降北魏，其佛教的盛世也被北魏所延续。这些北凉小石塔的形制基本相同，由塔座、塔身、覆钵、宝匣（立柱部分）、相轮、宝盖等六部分组成，其中塔座平面多为八边形，少部分为圆形，在八边形塔座上刻八卦符号和八个"天神王"像，部分刻十二因缘经；塔身平面圆形，上多刻十二因缘经，部分雕刻佛像；覆钵下部雕刻八躯佛像，上部刻八瓣覆莲；覆钵上立短柱承托相轮；顶部为宝盖，部分盖上刻北斗七星。

北凉小石塔的八边形平面塔座上，分刻有后天八卦符号和四男四女"天神王"像，这"与《周易·说卦》中八卦的记载完全一致，其按八卦方位次序排列"[14]，顺序为起始震卦、巽卦、离卦、坤卦、兑卦、乾卦、坎卦、艮卦，其卦象在《周易·说卦》中"相配方位为东、东南、南、西南、西、西北、北、东北，相配人伦为长男、长女、中女、母、少女、父、中男、少男，相配自然为雷、风、火、地、泽、天、水、山"[15]。八个"天神王"与"北凉昙无谶译《大般涅槃经·寿命品》中的龙、鸟、树、风、象、狮子、山、河的八神王基本情况相符，并与塔覆钵造像的主体思想一致，是受印度和犍陀罗覆钵塔上男、女药叉形象，以及当时盛行的传统神仙、鬼神护世护法和杂密思想的影响，按八卦变通为四男四女的八神王，用代表佛教义理中自然界的八部神王与我国传统文化中易经八卦所象征的自然界相比附，附会和宣扬儒家的纲常伦理理想，以八神王分居八方，说明神王降妖灭灾，镇土守方，护持佛法"[16]。

上部覆钵上雕造有八个圆拱龛内置"七佛一菩萨"的三世佛，即第一维卫佛、第二式佛、第三随叶佛、第四拘留秦佛、第五拘那含牟尼佛、第六迦叶佛六个过去佛，第七释迦牟尼佛为现在佛，第八弥勒佛或菩萨为未来佛，这些"七佛一菩萨"的名字与《七佛八菩萨神咒经》、《佛说灌顶经》等杂部密教经典中的七佛相同，前五位佛名与大乘佛教所称毗婆尸佛、尸弃佛、毗舍浮佛、拘留孙佛、拘那含牟尼佛的名字相异，这同当时"北凉佛教重禅观、多禅师"[17]，"国师"昙无谶是一个"强化鬼神系统和禁术咒语，把万物有灵和多神主义引进佛教"[18]的大乘佛教徒有关，其佛名应是大乘教借用早期密宗过去七佛名字的结果。第一维卫佛正对下部基座上雕刻的"帝出乎震"正东方震位，宝盖上阴刻北斗七星，斗柄正对正北方坎位和释迦牟尼佛处，预示艮位的弥勒佛即将出世的隐义，以表示当时人们期待黑暗即将过去，光明即将来临的美好向往，即"末法思想"[19]。小石塔将佛教的"七佛一菩萨"、"八神王"和我国传统的"八卦"、"北斗七星"思想完美的融合到一起，来表达以十二因缘为基础的三世轮回观思想，并在八边形基座上刻画相互对应的八卦符号和八神王的建筑语言来表现，"八"即是这些小石塔产生八边形平面塔座的主要原因。我国古人将当时流行的佛教哲学与传统文化相结合，以独具匠心的建筑语言，用图案化的佛像、图形化的八卦、北斗和"数理"化的平面边数，以及文字，来表达佛教十二因缘观、末法思想、成佛观念等，促成了北凉小石塔这个具有特殊意义的八边形平面塔座出现。还有北凉时期的一些经幢形石塔，其造型风格、雕饰内容于这些小石塔大致相同，"底层也作八角柱形，其上也各按方位刻一八卦符号，第二层圆柱形塔身雕《增一阿含经·结禁品》中的一段和发愿文或称为《佛说十二因缘经》，第三层覆钵上做莲瓣，下部雕八个圆拱龛，龛中列过去七佛和一交脚弥勒佛，顶部为七层相轮，上部圆形伞盖顶雕刻北斗七星"[20]，其营造设计思路与这些北凉小石塔基本相同。其用图案化的佛像表达佛教思想寓意的方式，同古印度用刻画女性灌水、菩提树、法轮及塔等，来象征佛的诞生、成道、初转法轮和涅槃的用意同出一辙，只是这些石塔、经幢结合我国传统文化后表达方式更丰富了。

上述产生塔座八边形平面的八卦符号和八"天神王"、"七佛一弥勒"的基础思想十二因缘，在个别的八边形塔座上也有雕刻一周经文的，但大部分是雕刻在圆形塔身上，这也表明这些内容均是为了表达十二因缘思想。因北凉小石塔上所刻"'十二因缘'经文内容略有出入，学者们对这段经文的来源有不同看法，有人认为是小乘佛教《增一阿含经》之结禁品第四十六（中第三段），也有学者对此提出了质疑"[21]，其实即便是《增一阿含经》中也多有"三乘"、"六度"等大乘菩萨道思想，而大乘佛教也包含有众多小乘佛教的思想，总的来说"十二因缘是大小乘佛学的基础，是大彻大悟，自己了生死而成佛之路，是一切大小乘的经典"[22]，不管这些经文是出自大乘或小乘佛经，其北凉小石塔上的发愿文都是"大众都可成佛"的愿望。吐鲁番宋庆夫妇所造塔上明确题名《佛说十二因缘经》，就表明塔上的"十二因缘"是寓意摆脱轮回之苦后成佛的大乘思想，也是"在末法无佛之世，观十二因缘可修得辟支佛道"[23]的思想，这些思想用在圆形塔身或八边形塔座上刻"十二因缘经"的建筑语言方式来表现。因此，嵩岳寺塔十二边形平面的产生，也应是与佛教的基础理论"十二因缘"有很大的关系。

佛教中的十二因缘，又作十二缘起、十二有支，即是"构成有情生存之十二条件，指无明、行、爱、取、识、名色、六处、触、受、生、老死，为辟支佛之观门，说众生涉三世而轮回六道之次第缘起也"[24]。十二因缘观，即觉悟得到真理而成正觉的概念，"被认为是众人摆脱人生流转轮回之苦，修得成辟支佛的意义，也被大乘教誉为'佛性'，芸芸众生成佛的最根本原因之一"[25]，是佛教三世轮回观最基本的理论。十二因缘经，又称贝多树下思惟十二因缘经，即唐玄奘所译《缘起圣道经》的同本异译，但后者更述及有八正道[26]，是讲佛初坐菩提树下观十二因缘流转还灭之道理而成正觉，也是研究十二因缘的重要资料[27]。另，《牟子理惑论》载：释迦牟尼"所以孟夏之月生者，不寒不热，草木华英，释狐裘，衣絺绤，中吕之时也。所以生天竺者，天地之中，处其中和也。所著经凡有十二部，和八亿四千万卷。其大卷万言已下，小卷千言已上。佛教授天下，度脱人民，因以二月十五日泥洹而去"[28]，此段文字讲述释迦牟尼在草木盛茂的清爽之时，出生于天地之中，著经十二部教授天下，普度众生，最后达到最高精神境界，于二月十五日涅槃。其中经凡十二部，刘立夫、胡勇注释曰："是依佛经的载体、内容、文法分为十二个种类，又称'十二分教'，或'十二分经'。佛说的一切法，皆可统摄为一修多罗，类集为经、律、论三藏。由于一切经的经文体裁和所载的事项不同，故从三藏分出十二种名称，通称'三藏十二部经'，总则称一切经，别则称十二部"[29]，"十二部"即长行、重颂、孤起、譬喻、因缘、无问自说、本生、本事、未曾有、方广、论议、授记。佛教一切经的十二部佛经的基础核心就是"十二因缘"，两者"十二"是否相通，仅此提出，待有志之士予以共同研究。

2. "十二因缘"的社会基础

从这些石塔发愿文上看，当时佛教信众造这些小石塔，主要是表达自己报恩，为自己和他人祈福、解脱和成佛。如塔上所刻发愿文有"'为父母君王'报恩、'七世父母、父母师长、兄弟宗亲、师僧、君王国主及一切众生成最正觉'、'成无上道'、'共成无量道'、'共成最正觉'"[30]，祈愿的目的即是"报恩"、"解脱"、"成佛"，"'报恩'在佛法中是酬报恩德之意，为三福田之一，即报'君、亲、师'的恩，即可得富德，通过立塔造像的善行，为祈愿对象建功德，求福田，愿其能值佛闻法，得道成佛，并且是只有'见十二因缘'，才能摆脱人生流转轮回之苦，才能修成正果"[31]。发愿文中还有"高善穆为父母报恩立此释迦文（牟）尼得道塔"和"即於山岩，步负斯石，起灵塔于窟（或为庙），形容端严"[32]的记载，可知这些小石塔是释迦牟尼"得道成佛"的佛塔，或称灵塔，表达的也是自己和被祈福对象能像释迦牟尼佛一样成佛。因此，造这些小石塔所表达的意思，除写明了是为报答"君、亲、师"之恩外，其主要含义是像释迦牟尼一样摆脱人生轮回之苦，达到成佛的目标，这与"当时大乘佛教把个人成佛同解脱众生结合起来"[33]的时代特征是一致的。这种祈福的方式，是在我国祭祀"神明"求福祥的基础上，将"佛"也视为神明并同祭祀发展而来，据《后汉书》载："前史称桓帝……饰芳林而考濯龙之宫，设华盖以祠浮图、老子，斯将所谓'听于神'乎！"[34]，同书载："桓帝时……又闻宫中立黄、老、浮屠之祠"[35]，同书又载："（东汉楚王刘英）英少时好游侠，交通宾客，晚节更喜黄老，学位浮屠斋戒祭祀。……'楚王诵黄老之微言，尚浮屠之仁祠，絜斋三月，与神为誓'"[36]，东汉楚王刘英将黄帝、老子、释迦牟尼同视为神明，汉桓帝刘志在宫中立黄老、浮屠之祠同祭祀，即说明了这一情况。

当时人们追捧信仰能为自己、他人积福和得到解脱成佛的"十二因缘"、"七佛一弥勒"、"八天神王"等佛教思想，与当时流行的《大般涅槃经》这一大乘佛教经典有很大关系。虽"十二因缘"源自小乘佛教经典，但塔上有"大众都能成佛"发愿文，明显是"认为众生皆有佛性，人人必定成佛"的大乘佛教"十二因缘"观点，这些观点就是在《大般涅槃经》中产生的[37]。《大般涅槃经》由被北凉统治者尊为"国师"的昙无谶在北凉玄始十年（421）译出，此正值北凉小石塔建造前夕，经文中《梵行品》讲：菩萨摩萨诃见佛性故，得常乐我净，成就大涅槃，《光明普照高贵德王菩萨品》讲：不见佛性而断烦恼，是名涅槃，非大涅槃……若见佛性，能断烦恼，是则名为大涅槃也"[38]，即是在宣扬见佛性、断烦恼可得常乐我净成就大涅槃的思想，其"佛性"即是"十二因缘"，小乘的涅槃是指不要再生的灭度或"实相"，而大乘的涅槃是世俗人生诚然是无常苦的，理应从中解脱出来，但涅槃并不意味着死亡，是"诸佛如来都有一个入股投生、出家得道，由凡入圣而至最后涅槃的历程，也是般若空宗理论的进一步发展"[39]。北凉小石塔八角形塔座上雕刻的八个"天神王"，是佛法的护持供养者，这些"神王题材也出自《大般涅槃经》，该经对神王的作用、数量、姿态和手持供物等都有叙述，基本情况与石塔基座神像大都相符"[40]，这也与昙无谶译《金光明经》、《大方筹大集经》中的"四天王"、"天龙八部"、"二十八众"思想一致，并同"当时流行的鬼神护世护法思想有关"[41]。覆钵上雕刻"七佛一弥勒"，是"造塔者期盼弥勒早日下生成佛愿望的强烈表现"[42]，也表明是北凉时期用我国易经八卦学说来解释佛教的"末法思想"[43]的结果。北凉小石塔上出现这些思想，是与《大般涅槃经》"在南北朝时期曾发生过很大的影响"[44]分不开的，这些与北魏时人们对佛教的认识基本是一样的。《魏书·释老志》载："有过去、当今、未来，历三世，识神常不灭。……其诫至于五百，皆以□为本，随事增数，在于防心、摄身、正口。心去贪、忿、痴，身除杀、淫、盗，口断妄、杂、诸非正言，总谓之十善道。能具此，谓之三业清净。凡人修行粗为极。云可以达恶善报，渐阶圣迹。初阶圣者，有三种人，其根业各差，谓之三乘，声闻乘、缘觉乘、大乘。取其可乘运以至道之名。此三人恶迹已尽，但修心荡累，济物进德。初根人为小乘，行四谛法；中根人为中乘，受十二因缘；上根人为大乘，则修六度。虽阶三乘，而要由修进万行，拯度亿流，弥历长远，乃可登佛境矣。……释迦前有六佛，释迦继六佛而成道，处今贤劫，文言将来有弥勒佛，方继释迦而降世。……涅盘译云灭度，或言常乐我净，明无迁谢及诸苦累也。诸佛法身有二种义，一者真实，二者权应。"[45]叙述的基本都是北凉小石塔上表现的佛教思想。

关于这些小石塔的用途，殷光明先生撰文总结说"一是观像，过去七佛与弥勒菩萨是观像必修课目之一，观缘起法（十二因缘）也是佛教禅观的主要观法和必修科目之一。二是护禅，神像能驱妖降魔，与保护禅僧静心修禅的作用有关"[46]，对于信众来说主要目的应是为"报恩、祈福、解脱、成佛"。为了满足这些用途，匠师们从实用角度和当时流行的佛教思想、传统文化出发，用当时流行的窣堵坡式供养佛塔为原型，缩小革新后以方便"安置在寺院殿堂或禅室内塔座"[47]或其他建筑构件上，来满足"观像"之用。为表达期待光明和解脱成佛两种佛教思想，在建筑语言的表现上，用在圆形塔身上雕刻十二因缘经，表现摆脱三世轮回之苦、修道成佛，在八边形塔座刻八卦符号、顶盖上刻北斗七星和在覆钵上雕造佛龛内置"七佛一菩萨"佛像，来表现黑暗即将过去、光明来临的"末法思想"，在八角形基座上刻画八个"天神王"像来期望自己可到保护等，"这些重要的宗教理论问题是受当时当地占统治地位的佛教思想的制约，才产生北凉石塔何以大体上都是出于一个模式的原因所在"[48]。

另一方面，北凉小石塔上同时出现佛像和北斗、八卦符号，也说明佛塔传入我国，至北凉时期其隐含的寓意，不再是只具有佛教的象征意义，同时也融入了我国传统文化，使其同时具有了双重文化的特征，这一结果与大乘佛教在当时比附魏晋玄学有密切关系。当时北凉小石塔上雕刻我国传统文化的北斗、八卦符号是有社会文化基础的，《周易》作为我国最古老的一部筮占之书，被奉为儒家经典和六经之首，始终稳居我国封建时期的学术核心地位，也是观察宇宙人生，建构哲学体系的理论基础，对于我国传统文化特色形成和文化内涵提升起着不可替代的重要作用。《周易》、《老子》、《庄子》三书被称为玄学的"三玄"，是魏晋至南北朝玄学研究和解说的基础。东晋时期"玄学家从佛教的般若学中发现了一个新的理论天地，产生了极大的兴趣，佛教学者也以般若的思想形式讨论玄学的问题，由此形成了一股以'六家七宗'为代表的佛玄合流思潮"[49]。北凉处于东晋、十六国末期和北魏、刘宋早期，"自绝鸠摩罗什死后，抬举《涅槃》，贬低《般若》，兴起的一股新的佛教思潮。大乘空宗的衰落，大乘佛教性学说引起佛教界的普遍关注，乃是南北朝后期直到隋唐时期的总趋势"[50]，此时大乘佛教般若学逐渐被涅槃学所替代，佛玄合流的佛教部分也融入了涅槃学的理论，因此在表现涅槃思想的供养佛塔上出现北斗、八卦图案是情理之中的事。这也与"北凉时期的统治者沮渠蒙逊不仅崇佛，而且重儒，并且凉州硕儒大师沿袭汉魏治学传统，以儒家经学以及老庄玄学为主，注研《周易》也蔚然成风，还受到当时统治者的重用"[51]的社会基础有关。

三、我国传统礼制建筑设计"数理"与嵩岳寺塔十二边形平面形成

我国传统建筑中，特别是具有象征意义的礼制建筑，营造时不但在平面上被赋予文化经典寓意，在竖向的高度上应用也是如此，并多是用"数理"来表达。如礼制建筑的明堂建筑，《新论·正经》载："天称明，故命曰明堂。上圆法天，下方法地，八窗法八风，四达法四时，九室法九州，十二坐法十二月，三十六户法三十六雨，七十二牖法七十二风。为四面堂，各从其色，以仿四方。"[52]北魏贾思伯在议明堂之制时，上议曰："蔡邕论明堂之制云：'堂方一百四十尺（或为一百四十四尺之误），象坤之策；屋圆径二百一十六尺，象乾之策；方六丈，径九丈，象阴阳九六之数；九室以象九州；屋高八十一尺，象黄钟九九之数；二十八柱以象宿；外广二十四丈以象气。'按此皆以天地阴阳气数为法，而室独象九州，何也？若立五室以象五行，岂不快也？如此，蔡氏之论非为通典，九室之言或未可从。窃寻《考工记》虽是补阙之书，相承已久，诸儒注述无言非者，方之后作，不亦优乎？且《孝经援神契》、《五经要义》、《旧礼图》，皆作五室，及徐刘之论，同《考工》者多矣。朝廷若独绝今古，自为一代制作者，则所愿也。若犹祖述旧章，规摹前事，不应舍殷周成法，袭近代妄作。且损益之极，极于三王，后来疑议，难可准信。"[53]《旧唐书·礼仪二》载："（垂拱）四年正月五日，明堂成。凡高二百九十四尺，东西南北各三百尺。有三层，下层象四时，各随方色；中层法十二辰，圆盖，盖上盘九龙捧之；上层法二十四气，亦圆盖。"[54]等等，都说明我国古人在建筑营造时，给建筑的布置、形制、色彩上都赋予特殊的"数理"含义，并且皆以天地阴阳气数为法，这是我国古人运用中国传统文化经典，孕育出来的独具匠心的传统建筑文化。这些"数"象征的意义在我国有着悠久的历史，用意之深广，并娴熟的用于不同领域，如《国语》载"凡人神以数合之，以声昭之。数合声和，然后可同也。故以七同其数，而以律和其声，于是乎有七律"[55]，明确的说明了"人神"之间的感应，要用应乎天文的数目去"合"，人与神、人间与天界才能相通，"七"便是地上七律与天上七星的"和合之数"。"十二"的概念在我国传统文化中，有十二地支、十二时辰、十二次、十二生肖、十二月建等等，这些与阴阳、四象、五行、八卦、十天干等都有明确的相配关系，其表达着事物发展变化的过程，含有事理循环的隐义，并在我国的传统建筑平面中加以应用，明堂建筑中有如《汉书·平帝纪》："应劭曰：明堂……十二重法十二月。"[56]《新论·正经》："天称明，故命曰明堂。……十二坐法十二月。"[57]《明堂论》："十二宫以应十二辰。"[58]等等，都是用十二坐、十二堂、十二宫来代表十二月、辰的例子，这些就是我国传统建筑营造中"数理"的设计意匠。

佛教初入汉地时为了生存，就附会了我国大量传统文化经典，如汉代的黄老神仙道术，魏晋时的谶纬玄学理论等，在魏收的《魏书·释老志》中就有："故其始修心则依佛、法、僧，谓之三归，若君子之三畏也。又有五戒，去杀、盗、淫、妄言、饮酒，大意与仁、义、礼、智、信同，名为异耳"[59]的记载，将当时人们对佛教三乘、四谛、十二因缘、六度等概念与我国传统文化比附关系说得一清二楚。南怀瑾先生也讲"十二时辰与十二因缘是一个道理"[60]，是说我国传统文化的事理循环观念和佛教的十二因缘观相通。因此，当时出现嵩岳寺塔十二边形的平面，也不是突如其来，是由当时流行的大乘佛教"十二因缘"观，加之我国固有的"十二"文化观在建筑营造上的应用为基础，用十二的"数理"代表"十二因缘"，来表达摆脱人生轮回之苦、大彻大悟修道成佛之意，同北凉小石塔的八边形基座一样，十二边形的嵩岳寺塔平面被催生了出来。其在佛塔上表达佛教寓意的方式，与古印度地区或我国西域用"图像"方式来表达不尽相同，嵩岳寺塔不但用了"图像"方式，还结合了在我国传统建筑上运用已久的"数理"方式同时来表达，创造出了独特的十二边形"图形"化的建筑平面。这一创造不仅仅只是表现在嵩岳寺塔的平面形状上，还有几个现象也应与此有关，如嵩岳寺塔第一层塔檐边长为1丈，十二个边共12丈，塔刹"仰莲"用十二瓣等。这些与宣武帝为自己穰灾祈福，破除天象噩兆，希望国祚延长，永享无穷，咸同斯福，剋成佛果的造塔目的是一致的。《魏书·释老志》载："（北）魏先建国于玄朔，风俗淳一，无为以自守，与西域殊绝，莫能往来。故浮图之教，未之得闻，或闻而未信也。及神元与魏、晋通聘，文帝久在洛阳，昭成又至襄国，乃备究南夏佛法之事。"[61]北魏是在占洛阳、灭北凉过程中接触到佛教的，自然当时的佛教事物也会被继承。因此，嵩岳寺塔十二边形平面的"十二"寓意，同北凉小石塔上表达

"十二因缘"的情况类同，即是表达"十二因缘"的建筑具象化。

诚然，当时仅有上面所说"祈福、解脱、成佛"的期望，以及佛教、传统文化思想作基础是不够的，嵩岳寺塔十二边形平面的出现，主要是冯亮等人发挥设计巧思和高超营造技术共同作用，才最终形成了这个举世闻名的十二边形平面的佛塔。

四、其他现存十二边形平面的建筑

图 13.1.3　山西忻州五台县尊胜寺万藏塔

在我国区域内，还有山西忻州五台县尊胜寺万藏塔，于民国二十一年（1932）重修，平面为十二边形，九层密檐式砖塔，塔体高3300.0厘米，通高3900.0厘米，塔下砌筑三十三个洞龛，围塔一周，内原供有三十三尊护法神，这种布局称为三十三天朝玉帝（图13.1.3）；寺内还有万缘阁和三宝楼也均是十二边形平面的两层楼阁（图13.1.4），应与塔同时建造[62]。因这三座建筑的历史资料缺乏，其十二边形平面表达的含义不敢妄加猜测。在世界范围内，平面为正十二边形的建筑，仅有一座建于1220年的西班牙塞维利亚黄金塔（Torre del Oro.）（图13.1.5），此塔最初是用于监视进港的船只，建筑形制为阿拉伯建筑风格，共三层，第三层圆形平面于1760年增建，十二边形的平面每面代表一个方位，这座建筑平面形状虽与嵩岳寺塔一样，但表达的只是单纯的方位，与嵩岳寺塔平面所隐含的佛教哲理和我国传统文化不同。

图 13.1.4　山西忻州五台县尊胜寺万缘阁

图 13.1.5　西班牙塞维利亚黄金塔

参 考 文 献

［1］　常青. 西域文明与华夏建筑的变迁［M］. 长沙：湖南教育出版社. 1992：90.

［2］　（东晋）沙门释法显撰，章巽校注. 法显传校注［M］. 上海：上海古籍出版社. 1985：73.

［3］　（意）马里奥·布萨利著，单军、赵焱译，段晴校. 东方建筑. 北京：中国建筑工业出版社. 1999：45.

[4] （意）马里奥·布萨利著，单军、赵焱译，段晴校. 东方建筑 [M]. 北京：中国建筑工业出版社. 1998：85.

[5] 常青. 西域文明与华夏建筑的变迁 [M]. 长沙：湖南教育出版社. 1992：56-57.

[6] （清）董诰等. 全唐文 [M]：卷九百三十二. 北京：中华书局（影印）. 1983：9710.（宋）李昉. 太平御览 [M]：卷四十四·地部九. 北京：中华书局（影印）. 1960：211.

[7] 中国画像石全集编辑委员会. 中国画像石全集（3）[M]：山东汉画像石. 山东美术出版社、河南美术出版社. 2000：31.

[8] 刘叙杰. 中国古代建筑史 [M]：第一卷. 北京：中国建筑工业出版社. 2003：518.

[9] 常青. 西域文明与华夏建筑的变迁 [M]. 长沙：湖南教育出版社. 1992：47.

[10] 陈志华. 外国建筑二十讲 [M]. 北京：生活·读书·新知三联书店. 2002：279.

[11] 萧默. 天竺建筑行记 [M]. 北京：生活·读书·新知三联书店. 2007：18.

[12] 贾应逸、祁小山. 印度到中国新疆的佛教艺术 [M]. 兰州：甘肃教育出版社. 2002：43、44.

[13] 殷光明. 北凉石塔分期试论 [J]. 敦煌研究. 1997（3）：84-92.

[14] 殷光明. 试论北凉石塔基座像与神王 [J]. 敦煌研究. 1996（4）：8.

[15] 徐子宏译注. 周易全译 [M]：说卦. 贵阳：贵州人民出版社. 1990：393-405.

[16] 殷光明. 试论北凉石塔基座像与神王 [J]. 敦煌研究. 1996（4）：8-19.

[17] 殷光明. 关于北凉石塔的几个问题——与古正美先生商榷 [J]. 敦煌学辑刊. 1993（1）：69.

[18] 任继愈. 中国佛教史 [M]：第三卷. 北京：中国社会科学出版社. 1988：137.

[19] 殷光明. 北凉石塔上的易经八卦与七佛一弥勒造像 [J]. 敦煌学辑刊. 1997（1）：85.

[20] 任继愈. 中国佛教史 [M]：第三卷. 北京：中国社会科学出版社. 1988：644.

[21] 殷光明. 北凉石塔十二因缘经及有关问题 [J]. 敦煌学辑刊. 1996（2）：61.

[22] 南怀瑾. 禅与生命的认知初讲 [J]. 北京：东方出版社. 2009：32.

[23] 殷光明. 北凉石塔十二因缘经及有关问题 [J]. 敦煌学研究. 67.

[24] 丁福保编纂. 佛学大词典 [M]. 北京：文物出版社. 1984.

[25] 殷光明. 北凉石塔十二因缘经及有关问题 [J]. 敦煌学辑刊. 1996（2）：61-68.

[26] 丁福保编纂. 佛学大词典 [M]. 北京：文物出版社. 1984.

[27] 殷光明. 北凉石塔十二因缘经及有关问题 [J]. 敦煌学辑刊. 1996（2）：64.

[28] [29]（梁）僧祐编撰，刘立夫、胡勇译注. 弘明集 [M]：牟子理惑论. 北京：中华书局. 2011：13.

[30] 殷光明. 北凉石塔述论 [J]. 敦煌学辑刊. 1998（1）：100.

[31] 殷光明. 北凉石塔述论 [J]. 敦煌学辑刊. 1998（1）：99-100、101.

[32] 张宝玺. 北凉石塔艺术 [M]. 上海：上海辞书出版社. 2006：43.

[33] 任继愈. 中国佛教史 [M]：第三卷. 北京：中国社会科学出版社. 1988：148.

[34] （宋）范晔撰、（唐）李贤等注. 后汉书 [M]：卷七. 北京：中华书局. 1999：211.

[35] （宋）范晔撰、（唐）李贤等注. 后汉书 [M]：卷七. 北京：中华书局. 1999：727.

[36] （宋）范晔撰、（唐）李贤等注. 后汉书 [M]：卷四十二. 北京：中华书局. 1999：964.

[37] 任继愈. 中国佛教史 [M]：第三卷. 北京：中国社会科学出版社. 1988：138.

[38] 任继愈. 中国佛教史 [M]：第三卷. 北京：中国社会科学出版社. 1988：186.

[39] 任继愈. 中国佛教史 [M]：第三卷. 北京：中国社会科学出版社. 1988：163、169-171、176.

[40] 殷光明. 北凉石塔述论 [J]. 敦煌学辑刊. 1998（1）：101.

[41] 殷光明. 北凉石塔述论 [J]. 敦煌学辑刊. 1998（1）：103.

[42] 殷光明. 北凉石塔述论 [J]. 敦煌学辑刊. 1998（1）：94.

[43] 殷光明. 北凉石塔上的易经八卦与七佛一弥勒造像. 敦煌学辑刊. 1997（1）：85.

[44] 任继愈. 中国佛教史 [M]：第三卷. 北京：中国社会科学出版社. 1988：153.

[45] （北齐）魏收撰. 魏书 [M]：卷一百一十四. 北京：中华书局. 1997：3026、3027.

[46] 殷光明. 北凉石塔述论 [J]. 敦煌学辑刊. 1998（1）：106.

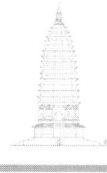

[47] [48] 殷光明. 关于北凉石塔的几个问题——与古正美先生商榷 [J]. 敦煌学辑刊. 1998（1）：69.
[49] 余敦康. 魏晋玄学史 [M]. 北京：北京大学出版社. 2004：456.
[50] 任继愈. 中国佛教史 [M]：第三卷. 北京：中国社会科学出版社. 1988：460.
[51] 殷光明. 北凉石塔上的易经八卦与七佛一弥勒造像 [M]. 敦煌研究. 1997（1）：87、88.
[52] （汉）桓谭著. 新论 [M]. 正经第九. 上海：上海人民出版社. 1967：36.
[53] （北齐）魏收撰. 魏书 [M]. 卷七十二. 北京：中华书局. 1997：1614.
[54] （后晋）刘昫等撰. 旧唐书 [M]：卷二十二. 北京：中华书局. 1975：862.
[55] （先秦）左丘明著，邬国义、胡果文、李晓路撰. 国语译注 [M]：卷三·周语下. 上海：上海古籍出版社. 1994：99.
[56] （汉）班固，（唐）颜师古注. 汉书 [M]：卷十二. 北京：中华书局. 1999：250.
[57] （汉）桓谭著. 新论 [M]. 正经第九. 上海：上海人民出版社. 1967：36.
[58] （东汉）蔡邕. 明堂论 [M]. 全上古三代秦汉三国六朝文：全后汉文卷八十. 北京：中华书局. 1987：903.
[59] （北齐）魏收. 魏书 [M]：卷一百一十四. 北京：中华书局. 1997：3026.
[60] 南怀瑾. 禅与生命的认知初讲 [J]. 北京：东方出版社. 2009：38-39.
[61] （北齐）魏收. 魏书 [M]：卷一百一十四. 北京：中华书局. 1974：3030.
[62] 赵培成. 漫话尊胜寺 [J]. 五台山研究. 1993（2）：18-21.

第二节　嵩岳寺塔塔内平面的形成

嵩岳寺塔塔内平面有十二边形、八边形和圆形三种形状，第一层平面下部为十二边形，上部为圆形，第二至十层平面为八边形，第十层穹窿顶上部九层叠涩平面为圆形。平面从下至上连续转换四种形状，并且与塔外壁形状相异，这在建筑营造上势必会增加施工难度，也不应是为满足生活性功能和结构要求而为之。为何如此，考虑到塔外壁十二边形平面的形成，是由佛教文化和我国传统文化思想影响产生的情况，那么塔内平面的形成也应与此脱不了关系。沿此思路，塔内第一层平面由十二边形向上逐渐转变成圆形，其十二边形平面的形成也应与"十二因缘"有关。"圆"在佛教中有多种意思，但基本都是表达各种圆满，周遍充足，无所缺减之意。再结合本章第四节塔内十层层数为菩萨修行所经历的十个境界的含义，可知塔内第一层平面下部为十二边形，上部的圆形，是表达摆脱十二因缘轮回之苦，达到观真理之智慧，圆满初得圣性和证果的意思，即修完"十地"中第一欢喜地而自悟初成佛道。第二至第十层平面的八边形含义，在北魏之前与"八"相关的佛教概念不太多，上述所提"八正道"与此有密切关系。八正道，又作八圣道，《增一阿含经·一入道品》载："净众生行，除去愁忧，无有诸恼，得大智慧，成泥洹证。所谓当灭五盖，思惟四意止。云何名为一入，所谓专一心，是谓一入。云何为道，所谓贤圣八品道。一名正见，二名正治，三名正业，四名正命，五名正方便，六名正语，七名正念，八名正定，是谓名道。"[1]其他经书中将正治译为正思惟，正方便译为正精进，但基本内容和含义相同，为八种求取涅槃之正道，乃是佛教追求智慧，进入涅槃境界之三十七种修行方法中最能代表佛教修行之实践法门，是"三十七道品"中的八种通向涅槃解脱之正确方法或途径。《佛学大词典》解释："释迦牟尼佛转法轮时，所说离乐欲及苦行之二边，趋向中道者，即指此八正道。"即是在摆脱十二因缘束缚，自悟初成佛道后，继续修此八正道，可证得阿罗汉果。第十层穹窿顶平面由八边形转作圆形封顶，亦是表达修持八正道圆满，最后达到涅槃而成佛之意。

嵩岳寺塔的十二边形、八边形、圆形平面和北凉石塔的八边形平面产生的含义，与早期佛教的社会基础已有所不同，佛教在经过汉魏晋至南北朝，已有了坚实的社会基础，不用再如东汉时期主要依附于神仙思想和魏晋时比附玄学等来维系生存，在十六国和南北朝皇家的支持下，形成了佛、道、儒三家并立，互相争斗的局面，佛教基本是独立自成一体，此时佛教宣传和表达的已是自身的哲理。因此，嵩岳寺塔主体建筑语言要表现的，也变成了融汇我国传统文化，并以佛教经典思想为主的题材。《魏书·世宗纪》载：宣武帝（500~515）"雅爱经史，尤长释氏之义，每至讲论，连夜忘疲。"[2]曾于式乾殿为诸僧、朝臣讲《维摩诘经》，后又亲自主持和笔受有《十地经纶》翻译，可见他是特别注重《维摩诘经》、《十地经纶》这些大乘教的思想，并且北魏朝中重臣如崔光也每为沙门朝贵讲《维摩诘经》、《十地经纶》，营造嵩岳寺塔的逸士冯亮也被令侍讲《十地》，这些大乘佛经在魏晋南北朝影响深远，"成了北魏以致东魏的官学"[3]。《维摩诘经》即《维摩诘所说经》，此经的主人公为在家的大乘佛教居士维摩诘，故而得名，此经是把般若和方便结合为一的经典，其内容是以维摩诘虽为家财万贯的富翁，但他勤于攻读，虔诚修行，能够处相而不住相，对境而不生境，得圣果成就而成佛的故事为例子，说明运用不可思议的不二法门，只要证得佛教义理，居士也能出俗超凡，在享受"资财无量"的世俗生活乐趣中，就能达到涅槃解脱的境界，其经书中内容在521年开凿[4]的龙门石窟莲花洞雕刻题材中就有明确形象表现，如"以《文殊师利问疾品》之故事而创造的文殊师利与维摩诘问答之形象"[5]等。《十地经论》的基本内容是论说菩萨修行成佛所必须经历的十个阶位，是菩萨修习水平不断提高的过程，也是菩萨精神境界不断升华、功德趋向圆满的过程，这样经过十地修行，摆脱"十二因缘"的束缚，人就可以从凡夫的境地到达佛的境地。上述两部经书基本内容都是讲通过修行而解脱成佛，嵩岳寺塔的平面、层数、高度等建筑语言就是表达的这些思想，其详细分析内容详见下述各章节。

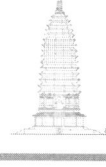

参 考 文 献

[1]（东晋）罽宾三藏瞿昙僧伽提婆译. 增一阿含经[M]：卷五. 中华大藏经. 北京：中华书局. 1987：37.
[2]（北齐）魏收. 魏书[M]：卷九. 北京：中华书局. 1997：215.
[3] 杜继文主编. 佛教史[M]. 南京：江苏人民出版社. 2006：186.
[4][5] 阎文儒、常青著. 龙门石窟研究[M]. 北京：书目文献出版社. 1995：69.

第三节　嵩岳寺塔外部层数和高度的形成

嵩岳寺塔的外部层数是以叠涩檐来划分的，塔体外部共有十六层叠涩檐，但唐·李邕称其为十五层塔，后世也一直沿用此层数的称谓。观其各层叠涩檐的特征，主要区别在于叠涩檐的形制、位置及两檐间的距离，塔体上部是十五层连续密接的叠涩檐，两檐间有低矮的塔身，叠涩和反叠涩组成的塔檐形状明显，最底层（塔基座）"叠涩檐"与其上层（第一层）叠涩檐间有高大的第一层塔身，在位置上与上部十五层檐比较相对独立，形制上虽"叠涩檐"也有叠涩和反叠涩，但反叠涩大部分被倚柱柱础和塔龛须弥座占用，形象和位置上更像是我国传统木构建筑的平坐部分。李邕是从塔整体外观上，将上部十五层塔身和叠涩檐作为一个整体看待，底层塔身和"叠涩檐"未被看成是"塔体"的一部分，应是被看成了塔基座，因此可理解为李邕是从整体外观上将塔称之"十五层塔"。十五层的佛塔在古印度、中亚地区和我国西域古国历史上均未曾出现过，在我国历史上发现的也是最早一座，故认为这是在我国汉地独立发展而形成的一种新塔形，其上部为多层密接的塔檐特征被称之为密檐式塔。这"十五层"的层数和高度隐含的特殊意义需作以下探讨。

一、早期佛塔与我国传统建筑的层数和高度

关于佛塔的层数是否有数量和等级上的差别，以及对应的使用范围或关系，历史文献和佛经中现今均没有查到有明确的规定。据《摩诃僧祇律》载："作塔法者。下基四方，周匝栏楯，圆起二重，方牙四出，上施槃盖，长表轮相。"[1]其塔层数只为两层。同书载："为迦叶佛作精舍，一重二重乃至七重，雕文刻镂，种种彩画。"[2]《法显传》中描述的"祇洹精舍本有七层，后又重建成两层。"[3]说明佛精舍没有单双层的区别，最高为七层，但未知什么情况下用什么样的层数。我国研究佛塔的学人在谈及佛塔层级时，多是拿《魏书·释老志》载"凡宫塔制度，犹依天竺旧状而重构之，从一级至三、五、七、九，世人相承"[4]作引子。北齐·魏收所说我国佛塔是在"天竺旧状"的基础上形成，层数都是单数，最高可达九层。从历史文献的记载可知魏收本非佛教徒，在他编写《魏书》时洛阳城中已有九层高的永宁寺塔，因此这九层之数可能是魏收平生所见佛塔的最高层数，以致认为我国佛塔的层数最高是为九层，此时十五层的嵩岳寺塔其实也已建造完

成。另外,《洛阳伽蓝记》载:"时有西域沙门菩提达摩者,波斯国胡人也。起自荒裔,来游中土。见金盘炫日,光照云表,宝铎含风,响出天外;歌咏赞叹,实是神功。自云年一百五十岁,历涉诸国,靡不周遍,而此寺精丽,阎浮所无也。极佛境界,亦未有此。"[5]是记载西域沙门菩提达摩见到洛阳永宁寺塔时感叹的情景,说明古印度地区无此精美华丽的佛塔。《水经注》又载:"水西有永宁寺……取法代都七级,而又高广之,虽二京之盛,五都之富,利刹灵图,未有若斯之构。"[6]又说明当时除洛阳有木构九层永宁寺塔之外,其他地区是没有如此高大之塔。我国北魏时佛塔的层数,《魏书·释老志》中记载有三级浮图、三级石佛图、五级大寺、五级佛图、七级佛图,《洛阳伽蓝记》中有三级寺、三层浮图、五层浮图、七层浮图、九级浮图(永宁寺塔),以及此时期其他文献中也多记载有三层寺、四层寺、五层寺、六重寺等等。当时五级的佛塔或佛寺已被称为大寺,此层数的佛塔多是由"藩王"以上级别的人物主持建造,七级和九级的佛塔是由皇帝、皇后主持建造,僧侣、官员多是建造三级及以下层数的佛塔,佛塔的层数和规模似是与建塔人的等级相关,并且这些塔的"层数"多是阳数,带有明显的我国传统周易阴阳文化特征。但从《南齐书》记载:"(南朝宋明帝刘彧)帝以故宅起湘宫寺,费极奢侈。以(南朝宋孝武帝刘骏)孝武庄严刹七层,帝欲起十层,不可立,分为两刹,各五层。"[7]以及北魏献文帝天安元年(466)曹天度造的九层千佛石塔[8]和云冈石窟中的九层塔看,对层数的限制好像也没有那么严格。《广弘明集·辩惑篇》载:"杨衒之,元魏末为秘书监,见寺宇壮丽,损费金碧,王公相竞,侵渔百姓,乃撰《洛阳伽蓝记》。"[9]这又说明造塔与当时攀比造塔的现象有关。从上述情况看我国佛塔在层数上,没有人为设置层数等级制度,多层或高塔佛的出现似是与财力、物力以及相互攀比地位的影响有一定关系。

在我国传统建筑的营造上,对于多层或高层建筑的层数,似乎也没有明确的等级规定和要求,并且层数也不尽统一。我国文献中描述这些重要的多层或高层传统建筑时,多是侧重于对高度尺寸的描述记载,在一些礼制或重要建筑的高度尺寸上,有一定的等级限制和象征意义要求,个别礼制建筑在每层的形状或色彩上也隐藏有传统文化寓意,其他均没有见到有等级制度的差别。如明堂建筑有两层和三层的记载,建造两层时,"《礼图》曰:上圆下方;圆法天,方法地。"[10]建造三层时,"下层象四时,各随方色;中层法十二辰,圆盖,盖上盘九龙捧之;上层法二十四气,亦圆盖。"[11]《通典》记载唐朝有"天堂五级,至三级则俯视明堂矣。"[12]但未说明唐代天堂的五级是何等级。以及明代建造的北京天坛大享殿(祈年殿),三层楼阁式建筑,其屋面上层用青色、中层用黄色、下层用绿色的三色琉璃瓦,是分别寓意天、地、万物等。上述礼制建筑的层数基本是根据实际需要而为之,没有等级制度之差别。在高度尺寸上,《明堂月令论》载:"通天屋高八十一尺,象黄钟九九之实。"[13]《管子·轻重戊》载:"虙戏(伏羲)作造六峜(法)以迎阴阳,作九九之数以合天道,而天下化之。"[14]《汉书·扬雄传下》载:"九九大运,与天终始。"[15]等等。"九九八十一"的建筑高度尺寸代表着通天之数,即是我国"数理"文化在建筑高度营造上的应用。《礼记·礼器》载:"有以高为贵者。天子之堂九尺,诸侯七尺,大夫五尺,士三尺。"[16]《五经异义》载:"天子之城高九仞,公候七仞,伯五仞,子男三仞。"[17]等,这些高度尺寸"数理"文化均是封建时期的君臣社会等级制度,在建筑上的延续表现。我国古代礼制建筑在高度尺寸上有等级制度和象征意义两种情况,而在层级数量上未见有等级的规定,仅在每层的形状和色彩上有象征意义。

综上,可知佛教建筑和我国传统建筑在建筑的层数上,没有明确的层级制度规定,仅有形状、色彩上的象征意义。在建筑的高度尺寸上,有明确的等级规定和象征意义。

二、嵩岳寺塔外部层数的形成

嵩岳寺塔为何建造成十五层,其营造的原因和隐含的意义史无记载,并且与我国其他十五层塔隐含的寓意是否相同,亦无见记载说明,带此疑问我们作如下探究。

1. 嵩岳寺塔外部十五层层数的"数理"意义

嵩岳寺塔在层数上与古印度地区和我国北魏及以前的佛塔大不相同,有何意义,设想其是否也如平面的形成一样,隐含了当时流行的佛教哲学和我国传统建筑文化,沿北凉供养小石塔上题记隐含有"报恩、祈福、解脱、成佛"的意匠思路分析,我们发现北魏时期佛教中"十五"的意义,主要是与当时流行的涅槃思想有关。《大般涅槃经·梵行品》载："譬如月光，从初一日至十五日形色光明渐渐增长。月爱三昧亦复如是，令初发心诸善根本渐渐增长，乃至具足大般涅槃，是故复名月爱三昧。……譬如满月，众星中王，为甘露味，一切众生之所爱乐。月爱三昧亦复如是，诸善中王，为甘露味，一切众生之所爱乐，是故复名月爱三昧。"[18]同书《狮子吼菩萨品》又载："何故涅槃独十五日。佛言：……如十五日月无亏盈，诸佛如来亦复如是，入大涅槃无有亏盈，以是义故。"[19]其"十五"之日的基本意义是月无亏盈、月光最亮，众星捧月时人的善心可增长到最大，满月之时"如渴饮甘露，疾至解脱道"[20]，使人能像诸佛如来一样达到无有亏盈的大般涅槃。又《魏书·释老志》载："释迦……乃于拘尸那城娑罗双树间，以二月十五日而入般涅盘。涅盘译云灭度，或言常乐我净，明无迁谢及诸苦累也。"[21]说明北魏人当时认为释迦牟尼在"十五"月圆之日涅槃，象征释迦牟尼摆脱"十二因缘"轮回之苦，在此日成佛。大乘佛教将"涅槃"看成是成佛的标志，也"把成佛作为最高目标"[22]，所以独选十五日涅槃，作为成佛的象征。总之，佛教中的"十五"代表着智德圆满、消除灾患、得到解脱、修得正果、悟道成佛的象征意义。特别是"涅槃"的意义，在北魏宣武帝为诸僧、朝臣讲的《维摩诘经》和令持冯亮讲的《十地》，以及令菩提留支等人在宫中太极紫庭译出的《十地经论》中，都有大量涉及"涅槃"思想的内容和论述，便知包括宣武帝在内的北魏人对"涅槃"之意领会的是不可不深。从上面分析可以看出，嵩岳寺塔外部十五层塔檐的建筑语言，即是以十五层层数的"数理"文化，来表达"法身"如月光一样从初一至十五逐渐增长到最大，像释迦牟尼一样在十五月圆之日摆脱"十二因缘"的轮回之苦，解脱以达到涅槃之意。

在我国的传统文化中，《易纬·乾凿度》曰："阳动而进，阴动而退，故阳以七，阴以八，为象；易一阴一阳，合而为十五，之谓道。阳变七之九，阴变八之六，亦合於十五，则象变之数若一。阳动而进，变七之九，象其气之息也。阴动而退，变八之六，象其气之消也。故太一取其数，以行九宫，四正四维，皆合於十五。"[23]郑玄注曰："太一者，北辰之神名也，居其所曰太一，常行於八卦日辰之间，曰天一，或曰太一。出入所游，息於紫宫之内外，其星因以为名焉。故星经曰：天一、太一，主气之神。行，犹待也。四正四维，以八卦神所居，故亦名之曰宫。天一下行，犹天子出巡狩，省方岳之事，每率则复。太一下行八卦之宫，每四乃还於中央，中央者北神之所居，故因谓之九宫。天数大分，以阳出，以阴入，阳起於子，阴起於午，是以太一下九宫，……行则周矣。上游息於太一天一之宫，而反於紫宫。行从坎宫始，终於离宫。数自太一行之，……此数者合十五，言有法也。"[24]阳变七之九，阴变八之六，易数中以七代表少阳之数，以八代表少阴之数，两者皆为不变之爻，故称其为象，合於十五；六九之数为老阴老阳之象，为可变之爻，故称其为变，亦合於十五；九宫的四正四维纵、横、对角三数之和皆为十五；这一阴一阳，合而为十五，谓之"道"，言有法也。"太一"为北辰之神，北辰即北极星，居天之中心，周有众星绕其旋转，群星拱卫。同书又载："八卦之生物也。"[25]郑玄注曰："八卦生物，谓其岁之八节，每一卦生三气，则各得十五日。……每气两箭，犹是生焉。"[26]气随十五日一转，即十五日一重生。这些是否同北凉小石塔上的八卦、北斗七星、七佛一弥勒、十二因缘等关系一样，与上述佛教中的十五日是众星拱月，具备无有亏盈的大般涅槃之日有比附关系，至此提出，有待进一步研究。

2. 我国其他十五层塔的"数理"意义

我国汉地十五层的佛塔在现存古塔中也并非孤例，距嵩岳寺塔南不远的嵩阳寺（今为嵩阳书院），早在北魏太和八年（484）岁次甲子，就欲要建造一座十五层的砖构千善灵塔，据东魏天平二年立《嵩阳寺伦统碑》载："此山（太室）先来未有塔庙，生禅师欲接引众生、永辞沸镬，拯拔群品，远离炎炉，卜兹福地，创立神场。……于太和八年岁次甲子，建造伽蓝，筑立塔殿布置僧坊，略深梗概。王公卿士，咸发布向之心；凡厥庶民，并欣喜舍之志。司空公裴衍，昔在齐都，钦承师德，愿归中国，为寺檀主，本愿既从，灵归□□。禅师乃构千善灵塔一十五层，始就七级，缘差中止……禅师指麾，成之匪日。禅师背后，虽复名工巧匠，无能陟其险峭。禅师大弟子沙门统伦、艳二法师，并妙思渊赜，神智难量，继轨四依，津□□世，觉萃散藻，灭香氲馥，与诸同志，以师遗功，成兹洪业，分禀□砖，更宁两塔，并各七层，仰副师愿。……内外图写本生泥日，十□尊仪无量亿数。"[27]嵩岳寺东法王寺有唐代早期[28]建造的砖构十五层密檐塔，平面方形，檐间设有假窗，层间佛龛内嵌有浮雕和线刻佛像雕砖。在西安荐福寺寺内，有唐景龙元年（707）道岸律师主持建造荐福塔，即小雁塔，为佛牙舍利塔，原也是砖构十五层密檐式塔，《大荐福寺重修塔记》

载："实景龙中宫人率钱造立。浮图凡一十五级，高三百尺。□祈福之地。……盖此巍然宝塔，实为诸佛无量劫来，薰修妙行，誓愿所成。灵牙舍利悉贮其中，普为一切众生，作大高广福田。……梦现一宝塔，白光亘天。踌躇之间，傍有人云：此洒般若宝塔也。"[29]塔门楣上刻有以莲花、摩尼宝瓶、海石榴、迦陵频迦、莲蕾及诸众鸟、飞天、浮于空中的乐器等图案，其中摩尼宝瓶代表光明、比喻般若菠萝蜜，能除病去毒息灾等，整个画面表现的是一个庄严、清净、平等的佛教极乐安养世界，往生西方净土极乐世界的愿望和精神支[30]。

上述三座塔同嵩岳寺塔一样，都是砖构十五层密檐式佛塔。其北魏千善灵塔，从《嵩阳寺伦统碑》碑文中可以看出，此塔与北凉诸多小石塔一样，是释迦牟尼的"得道"塔，即灵塔，生禅师始要构建十五层，因禅师去世和营造技术等原因未建成，其弟子宏、艳二法师因造塔的技术原因，而改作两座七层塔来完成师傅心愿，并在塔内外绘制释迦牟尼"本生泥日"壁画，在内以"本生"代表释迦牟尼前生的菩萨行事，一生修道过程，在外以"泥日"即涅槃象征释迦牟尼得道成佛，可知原本也是以十五层的"数理"来隐寓"十五"圆月之日释迦牟尼大涅槃成佛，可惜"缘差中止"，而改用在塔内图写"本生"、塔外图写"涅槃"，用"图案"化的方式来表达释迦牟尼修道成佛。另一方面也说明，如嵩岳寺塔平面十二边形、十五层等复杂的高层砖塔，在当时不是一般人能够建造的，必须有足够的财力、人力和营造技术才能完成，这应是唐代以前仅遗留嵩岳寺塔一孤例的原因之一；还有就是"本生图于我国北魏时代即为常见之佛教艺术题材，入唐以后，本生题材一度沉寂"[31]，说明北魏时期"本生涅槃"代表修道成佛的信仰，至唐代"本生"修道的意义不再流行，只剩下"涅槃"成佛和消灾解难，佛塔上表达修道成佛的建筑语言也逐渐消失。小雁塔由唐朝的"宫人"拿钱，道岸律师主持修建，其宫人是"指那些没有名分的宫女，这些人是皇帝的奴婢，命运非常凄惨"[32]，在塔门楣上雕刻摩尼宝瓶、莲花等圣物，来表达除病、去毒、息灾和西方极乐世界，应是这些宫女期待得到的美好愿望。道岸是"唐中宗至武周朝间的佛教律宗大师，为南山律宗开山之祖道宣的弟子"[33]，道宣创造四分律宗的基础《四分律》中就有"十五依处"，《成唯识论》载："云何此依十五处立，一语依处，二领受依处，三习气依处，四有润种子依处，五无间灭依处，六境界依处，七根依处，八作用依处，九士用依处，十真实见依处，十一随顺依处，十二差别功能依处，十三和合依处，十四障碍依处，十五不障碍依处。……所说因缘，必应有果。此果有几，依何处得，果有五种。……习气依处，得异熟果。随顺依处，得等流果。真见依处，得离系果。士用依处，得士用果。所余依处，得增上果。"[34]即十五依处得五果。道岸可能是用十五层塔来象征"十五依处"，让这些宫女们在这"十五依处"作善业，长期修持，以超脱生死流转，得到解脱，最后升入西方极乐世界。从门楣上雕刻的摩尼宝瓶等圣物看，表达也是上述意义，已不是让宫女"修道成佛"的概念。我国自隋统一全国至唐代，比起东晋十六国和南北朝时期，社会政治和人民生活相对稳定，个人颠沛流离、生死难料的环境好转，魏晋南北朝时流行的修道成仙之玄学和修道成佛之佛教思想，不再被社会和人们所需要，皇家贵族和大众百姓已不再渴望自己修道成佛或成仙，而是转向"求神拜佛"祈福，希望未来得到美好的现实生活和死后升入佛国世界的诉求为主，释迦牟尼的修道成佛逐渐退出了历史舞台，因此佛塔上这些"十二因缘"、"十五"日涅槃，代表"修持得道成佛"的寓意也逐渐从塔上消失。而在唐代及以后，多是在佛塔、地宫、舍利函、金棺上雕造绘画"涅槃图"，来表达塔为释迦牟尼的得道塔，或直接用"舍利塔"、"真身宝塔"等文字直接表明为佛塔，这些现象都与我国佛教发展的历史阶段相一致。法王寺塔，从塔上雕刻有佛像可知，其塔是佛塔无疑，现因无历史资料查询，塔层数隐含的意义不敢妄评。

三、塔高度尺寸的"数理"意义

嵩岳寺塔阶基顶至塔刹宝瓶顶间距离为120尺，室外地面至塔刹宝瓶顶间距离为128尺，台座顶至塔刹顶间距离为130尺，塔总高为135尺。此12丈和13丈的竖向尺寸，其寓意不是表达"十二因缘"，或摆脱"十二因缘"轮回之苦的意思，在纵向的塔高上表达的是层级或等级，是象征佛教中的"十二住"和"十三住"之意。《菩萨地持经·次法方便处住品》载："菩萨十二住，摄一切住，一切菩萨行，第十三如来住无上住。云何菩萨十二住，一者种性住；二者解行住；三者欢喜住；四者增上戒住；五者增上意住；六者增上慧住，增上慧住有三种，一者菩提分法相应，二者谛相应，三者缘起生灭相应，菩萨真实观真实智，谓知众生生苦灭苦，是故菩萨于三门三种慧三种住；九者有行有开发无相住；十者无行无开发无相住；十一者无碍住；十二者最上菩萨住。如是十二住，摄一切住，一切菩萨行。如来住者，过一切菩萨住。……如是广说，乃至最上菩萨住当如是知，最上菩萨住次第，净修如来住前，方便如来住，顿得及清净，是为菩萨住如来住差别。"[35]说明一切菩萨住、菩萨行是从第一住至第十二住位阶逐次提高，至第十二住达到菩萨的最高位阶，在上一级便修成如来位阶，即十三住，又作十三行，是菩萨修持完成十二住后成佛的住位，菩萨从"因"至"果"之最高行位，也是超越一切菩萨十二住的最高位阶，为果德圆满、出离清净、施作佛事的佛果究竟地，利益众生之极位。上述《菩萨地持经》由北凉昙无谶译，主要内容是讲大乘菩萨修行之方便，"十二住"和"十三住"是菩萨修行成佛的阶位，与北魏时期流行的摆脱"十二因缘"轮回之苦，而修道成佛的佛教"涅槃"思想是一致的。

塔基座平坐顶至第十五层叠涩檐顶间距离为90尺，即整塔的塔身高度是9丈。"九"为阳爻，被认为是至阳的极数，代表天，术数家以为是人君的象征，指帝王的尊位。《周易·乾》载："九五：飞龙在天，利见大人。《象》曰：飞龙在天，大人造也。用九：见群龙无首，吉。《象》月：用九天德，不可为首也。"[36]震龙时行至第五爻位，处在"天道"正位。《晋书·东海王越传》载："遂裂冠毁冕，幸百六之会；绾玺扬纛，窥九五之尊。"[37]南朝梁·沈约《辩圣论》："若不登九五之位，则其道不行。"[38]唐·孔颖达疏："言九五，阳氣盛至於天，故云'飛龍在天'。此自然之象，猶若聖人有龍德、飛騰而居天位"。《魏书·咸阳王》载："太祖龍飛九五……自陛下龍飛九五。"[39]同书《李业兴传》载："业兴曰：'文王为诸侯之时所化之本国，今既登九五之尊，不可复守诸侯之地，故分封二公。'衍又问：'《干卦》初称'潜龙'，二称'见龙'。至五'飞龙'。初可名为虎。'"[40]同书《礼志三》又载："朕仰惟太祖龙飞九五，初定中原"[41]等等，均是说"九五"是皇帝之位。因此，嵩岳寺塔第一至十五层塔体高9丈的"数理"意义，即是代表北魏宣武帝的皇帝之身。这种象征意义，在北魏部分其他皇家佛塔上也有表现，如北魏洛阳永宁寺塔，熙平元年（516）灵太后所建，底层开间为九间、高九层；北魏龙城思燕佛图，太和年间（485年前后）文成明皇后所建，底层平面开间九间。并且在北魏早就有将皇帝比作如来，使两者混合一体，皇帝即佛，《魏书释老志》载："法果每言，太祖明叡好道，即是当今如来，沙门宜应尽礼，遂常致拜。谓人曰：'能鸿道者人主也，我非拜天子，乃是礼佛耳。'"[41]在北魏文成皇帝时，还有以皇帝的形象来造佛像的记载，《魏书·释老志》载："（兴安元年）是年（452），诏有司为石像，令如帝身。既成，颜上足下，各有黑石，冥同帝体上下黑子。论者以为纯诚所感。兴光元年（454）秋，敕有司于五缎大寺内，为太祖已下五帝，铸释迦立像五，各长一丈六尺。"[42]据多部史书和经书描述释迦牟尼佛身高为"一丈六尺"，如《后汉书·西域传》载："西方有神，名曰佛，其形长六尺而金黄色。"[43]《观佛三昧海经·观四威仪品》："今者道成号释迦文，巨身丈六。"[44]《生经·佛说国王五人经》载："如来世尊，现生释种，弃国捐王，得成佛道，端正无比，色像第一，如星中月，光明超日，体长丈六"[45]等等。嵩岳寺塔塔体第一层层高为16尺，上砌筑八座塔龛，可能就是寓意佛身高一丈六，室外地面至塔刹宝瓶顶间距离是128尺，为8个16尺，是寓意"八相成道"，亦称"八相示现"，为释迦牟尼一生的八个阶段，即降兜率、住胎、出生、出家、降魔、成道、说法、涅盘。《十地经纶》载："入胎，住胎，初生，出家，得佛道，请转法轮，示大涅槃。"[46]塔总高135尺，为15个9尺，可能即是代表宣武帝同释迦牟尼佛一样在"十五日"大涅槃之意。

参 考 文 献

[1] （东晋）天竺三藏佛陀跋陀罗共法显译. 摩诃僧祇律［M］：卷三十三. 中华律藏（第二卷）. 北京：国家图书馆出版社. 2009：267.

[2] （东晋）天竺三藏佛陀跋陀罗共法显译. 摩诃僧祇律［M］：卷三十三. 中华律藏（第二卷）. 北京：国家图书馆出版社. 2009：265.

[3] （东晋）沙门释法显撰，章巽校注. 法显传校注［M］. 上海：上海古籍出版社. 1985：72.

[4] （北齐）魏收撰. 魏书［M］：卷一百一十四. 北京：中华书局. 1974：3029.

[5] （北魏）杨衒之著，杨勇校笺. 洛阳伽蓝记校笺［M］. 北京：中华书局. 2006：13.

[6] （北魏）郦道元著，陈桥驿校证. 水经注校证［M］. 北京：中华书局. 2007：398.

[7] （南梁）萧子显撰. 南齐书［M］：卷五十三. 北京：中华书局. 1972：916.

[8] 史树青. 北魏曹天度造千佛塔［J］. 文物. 1980（1）：68-71.

[9] （唐）释道宣撰. 广弘明集［M］：卷六. 中华大藏经（第六二册）. 北京：中华书局. 1993：1006.

[10] （唐）李延寿撰. 北史［M］：卷六十·列传第四十八. 北京：中华书局. 1974：2145.

[11] （后晋）刘昫等撰. 旧唐书［M］：卷二十二·礼仪二. 北京：中华书局. 1975：862.

[12] （唐）杜佑撰. 通典［M］：卷四十四·礼四·吉礼三. 北京：中华书局. 1988：1228.

[13] （汉）蔡邕撰. 明堂月令论. 汉魏遗书钞［M］. 清嘉庆三年金溪王氏刻本.

[14] 谢浩范、朱迎平译注. 管子全译［M］. 贵阳：贵州人民出版社. 1990：1025.

[15] （汉）班固撰，（唐）颜师古注. 汉书［M］：卷八十七下. 北京：中华书局. 1999：2654.

[16] 陈戍国撰. 礼记校注［M］. 长沙：岳麓书社. 2004：168.

[17] 梁思成著. 营造法式注释（卷上）［M］. 北京：中国建筑工业出版社. 1983：29.

[18] （北凉）天竺三藏昙无谶译. 大般涅槃经［M］：卷第二十. 中华大藏经（第十四册）. 北京：中华书局. 1985：216.

[19] （北凉）天竺三藏昙无谶译. 大盘涅槃经［M］：卷第三十. 中华大藏经（第十四册）. 北京：中华书局. 1985：337.

[20] （姚秦）三藏法师鸠摩罗什. 佛说弥勒成佛经［M］. 上海图书馆藏. 民国元年（1912）刻本.

[21] （北齐）魏收. 魏书［M］：卷一百一十四·志第二十. 北京：中华书局. 1997：3027.

[22] 任继愈主编. 中国佛教史［M］：第三卷. 北京：中国社会科学出版社. 1988：148.

[23]［24］（东汉）郑玄注，常秉义编. 易纬［M］. 乌鲁木齐：新疆人民出版社. 2000：22-23.

[25]［26］（东汉）郑玄注，常秉义编. 易纬［M］. 乌鲁木齐：新疆人民出版社. 2000：24.

[27] （清）王昶. 金石萃编［M］：卷三十中岳嵩阳寺碑. 上海：上海宝善书局石印. 光绪癸巳年（1893）.

[28] 罗哲文著. 中国古塔［M］. 北京：中国青年出版社. 1985：232.

[29] 保全. 从几通碑石看荐福寺、小雁塔的变迁和整修［J］. 考古. 1985（1）：42-47.

[30] 王乐庆. 唐代小雁塔北门楣图像的构图特点与艺术特征［J］. 文博. 2017（5）：70-76.

[31] 丁福保.《佛学大辞典》. 北京：中国书店. 2011.

[32] 王亚荣. 西安大雁塔、小雁塔的历史文化价值［J］. 佛教文化. 1980（5）：27-29.

[33] （宋）赞宁撰，范祥雍点校. 宋高僧传［M］：卷十四. 北京：中华书局. 1987：335.

[34] （唐）三藏法师玄奘译. 成唯识论［M］：卷八. 中华大藏经（第三〇册）. 北京：中华书局. 751-752.

[35] （北凉）印度三藏昙无谶于姑臧译. 菩萨地持经［M］：卷九. 中华大藏经（第二四册）. 1987：526.

[36] 徐子宏著. 周易全译［M］. 贵阳：贵州人民出版社. 1990：6-7.

[37] （唐）房玄龄等撰. 晋书［M］：卷五十九. 北京：中华书局. 2000：1078.

[38] （清）严可均校辑. 全梁文［M］：卷二十九. 全上古三代秦汉三国六朝文. 北京：中华书局. 3117.

[39] （北齐）魏收撰. 魏书［M］：卷二十一上. 北京：中华书局. 1974：535.

[40] （北齐）魏收撰. 魏书［M］：卷八十四. 北京：中华书局. 1974：1863.

[41] （北齐）魏收撰. 魏书［M］：卷一百八之三. 北京：中华书局. 1974：2783.

[42] （北齐）魏收. 魏书［M］：卷一百一十四. 北京：中华书局. 1974：3036.

[43] （宋）范晔. 后汉书［M］：卷八十八. 北京：中华书局. 1999：1976.

[44] （东晋）天竺三藏佛陀跋陀罗译. 观佛三昧海经［M］：卷七. 中华大藏经（第二二册）. 北京：中华书局. 1987：535.

[45] （西晋）三藏竺法护译. 生经［M］：卷三. 中华大藏经（第三四册）. 北京：中华书局. 1988：759.

[46] （元魏）三藏法师菩提留支奉诏译. 十地经论［M］. 卷第十二. 乾隆大藏经（精缩新版）：第八六册：335.

第四节 塔内层数及高度尺寸的形成

一、塔内层数的形成

塔内共十层,其层数的意思,也如同外部十五层的层数"数理"一样,都是为表达最后要达到大涅槃之意,只是内部层数的寓意是要像菩萨一样,通过自身修行来到达大涅槃。塔内十层的层数"数理"与当时宣武帝让冯亮讲的《十地》,以及他主持翻译的《十地经论》中隐含的佛教思想有密切关系。"十地"又称十住,即《大方广佛华严经·十地品》载:"何等为十?一者欢喜地,二者离垢地,三者发光地,四者焰慧地,五者难胜地,六者现前地,七者远行地,八者不动地,九者善慧地,十者法云地。"[1]《大般涅槃经·狮子吼菩萨品》载:"菩萨摩诃萨成就十法,则能明见涅槃无相,至无所有"[2]等,这"十地"是菩萨修行所经历的十个境界,也是修行成佛所必须经历的十个阶位或地位,当时流行的佛经中多是以"十"代表圆满,成就涅槃之意。

其中第一欢喜地,《十地经论》载:"成就无上自利利他行,初证圣处多生欢喜,故名欢喜地。"[3]塔内第一层的平面,从下至上由十二边形逐渐变成圆形,表达的含义即是摆脱"十二因缘"的束缚而涅槃初成佛道,也相当于释迦摩尼在菩提树下思维,摆脱"十二因缘"轮回之苦,自悟初成佛道的意思相同。第十法云地,也称"灌顶",《十地经论》载:"得大法身具足自在故名法云地,如是受法王位,犹如太子于诸王子而得自在,是处有微智障故不自在,对治此障故说佛地。"[4]是讲功德圆满之意,即菩萨到了第十地,也就是圆满成佛的意思,这与塔内第十层穹窿顶上部平面由八边形变成圆形,表达"圆满"的意思也是一致的。

总观"十地",从第一欢喜地到第十法云地,是菩萨修习水平不断提高的过程,也是菩萨精神境界不断升华、功德趋向圆满的过程。塔内第一至十层的平面形状,从下至上依次由十二边形、圆形、八边形、圆形连续变换的建筑语言,表达的即是摆脱"十二因缘"初成佛道,再经过继续修习而最后达到大涅槃的意思。从塔内、外层数表达的涅槃可以看出,塔内是像菩萨一样通过"十"诸法修行达到菩萨道的最高境界,即涅槃;而外部是最后象释迦牟尼一样在"十五"月圆之日达到大涅槃。这种现象不是孤立的,在龙门石窟同时期的古阳洞中也多有表现,如北魏太和七年(4883)的发愿文曰:"'元世父母及弟子等,来身神腾九空,迹登十地',即是表达来世之身,神上升于九种无为之处,行迹登于十地,发愿文还有'令解脱三涂恶道'、'直升佛国'、'智登十地'、'愿令永绝苦因'、'速成正觉'"等等[5],均是祈愿解脱、修道成佛之意。

二、塔内高度尺寸的形成

塔内总高为108.9尺,包括地上和地下两部分。地上为塔内第一层地面至穹窿顶间距离103.5尺,其中塔内第一层地面至第十层穹窿顶底间距离为99尺,第十层穹窿顶高4.5尺,地下为地宫地面至塔内第一层地面间距离5.4尺。第一层地面至第十层穹窿顶底间距离99尺,即是代表"九九八十一"的通天之数。第十层穹窿顶矢高为4.5尺,地宫地面至室内第一层地面间距离为5.4尺,二者之比为5∶6,与天数25、地数30之比5∶6相同,其尺寸即代表天数和地数。穹窿顶叠涩共25层,如用地宫地面至室内第一层地面高度162.0厘米除以砖厚5.4厘米折算,即地宫砖层数为30层,表达的也是天数和地数。塔内部高度尺寸表达的就是我国传统经典文化中的"天地"之数和"通天"之数。《周易·系辞》载:"天数五,地数五,五位相得而各有合,天数二十有五,地数三十。凡天地之数五十有五,以所以成变化而行鬼神也。"[6]《明堂月令论》则有"通天屋高八十一尺,象黄钟九九之实。"[7]表达的即是明堂(通天屋)高度"九九八十一"的通天之数。

第十层叠涩穹窿顶上部圆形平面的叠涩为九层,是寓意"九重天",即修道成仙飞入九重天,表现的是我国古代神仙思想,这与窣堵坡覆钵象征宇宙的寓意相合,与北凉高氏石塔顶盖上刻北斗七星象征"天"的寓意也相同。塔下地宫平面设置成方形,象征"地",这些均是源自我国"天圆地方"的传统思想。《楚辞·天问》曰:"圜则九重。九天之际。"[8]《吕氏春秋·有始》曰:"天地有始,天微以成,地塞以成,天地合和，生之大经也。天有九野。何谓九野？中央曰钧天，东方曰苍天，东北曰变天，北方曰玄天，西北曰幽天，西方曰颢天，西南曰朱天，南方曰炎天，东南曰阳天。"[9]《淮南子·天文训》云："天道曰圆，地道曰方；方者主幽，圆者主明。天地以设，分而为阴阳。天有九重。"[10]《太玄·太玄数》云："九天：一为中天，二为羡天，三为从天，四为更天，五为晬天，六为廓天，七为减天，八为沈天，九为成天。"[11]将顶部做成穹隆象征"天"，下部平面做成方形象征"地"的做法，不但只是表现在塔建筑上，自汉以来早就在墓室顶上绘制日月星象等天象图，以示"天"或宇宙，这种思想在魏晋十六国及南北朝时期发掘的大量墓葬中甚为流行。

总之，嵩岳寺塔的设计思想是利用我国传统文化的象征意义，以塔内外的平面形状、层数、高度尺寸等建筑语言，来表达解脱、修道、成佛的佛教思想。

参 考 文 献

[1]（东晋）天竺三藏佛陀跋陀罗译．大方广佛华严经［M］：卷十九．中华大藏经（第一二册）．北京：中华书局．1985：12-235．

[2]（北凉）天竺三藏昙无谶译．大般涅槃经［M］：涅槃经：卷第三十一．中华大藏经（第一四册）．北京：中华书局．1985：346．

[3][4]（后魏）北印度三藏菩提流支译．十地纶［M］：卷一．中华大藏经（第二六册）．1987：700．

[5] 阎文儒、常青著．龙门石窟研究［M］．北京：书目文献出版社．1995：18-28．

[6] 郭彧译注．周易［M］：系辞上．北京：中华书局．2006：367．

[7]（汉）蔡邕撰．明堂月令论．汉魏遗书钞［M］．清嘉庆三年金溪王氏刻本．

[8] 林家骊译注．楚辞［M］．北京：中华书局．2009：74．

[9] 张双棣、张万彬、殷国光、陈涛译注．吕氏春秋译注［M］．长春：吉林文史出版社．1987：343．

[10] 何宁撰．淮南子集释［M］：卷三．北京：中华书局．1998：169、282．

[11]（汉）杨雄原著，郑万耕校释．太玄校释［M］．北京：北京师范大学出版社．1989：298．

第五节　嵩岳寺塔形制建筑文化渊源和佛教思想的社会基础

一、嵩岳寺塔形制的建筑文化渊源

为何我国古人喜于用"数理"文化来营造建筑呢？这与被我国古人尊为六经之首的《周易》有很大关系，《周易》中"设卦观象明吉凶"、"立象尽意"、"极数定象"的论述，在我国传统思想文化体系和意识形态中占有重要的地位，是"我国儒、释、道三家的源头活水"[1]。《周易·系辞上》曰："圣人设卦，观象系辞焉而明吉凶，刚柔相推而生变化。是故吉凶，失得之象也；悔吝者，忧虞之象也。变化者，进退之象也；刚柔者，昼夜之象也。六爻之动，三极之道也。是故君子所居而安者，《易》之序也；所乐而玩者，爻之辞也。是故君子则观其象而玩其辞，动则观其变而玩其占。是以自天佑之，吉无不利。子曰：'书不尽言，言不尽意．'然则圣人之意，其不可见乎？子曰：'圣人立象以尽意，设卦以尽情伪，系辞焉以尽其言．'"[2]是说天地之道和圣人之意用书文不能透彻的表达，"卦象"才能完全揭视其隐秘的吉凶，出现"吉象"能使人得到上天的保佑，吉祥顺利。何为象呢？《周易·系辞上》解释说："是故夫象，圣人有以见天下之赜，而拟诸其形容，象其物宜，是故谓之象。"[3]即说"象"是象征天下奥妙的形象。《周易·系辞上》又载："参伍以变，错综其数，通其变，遂成天下之文。极其数，遂定天下之象。"[4]是说对这些错综复杂、变化不定的"数"进行推演，通晓了这些数的变化，就能做出关乎天下万物变化的论断。《后汉书·律历志》载："古之人论数也，曰：'物生而后有象，象而后有滋，滋而后有数．'然则天地初形，人物既著，则算数之事生矣。"[5]《艺文类聚·内典下》载：北魏中兴二年（523）定国寺碑序曰："复光华并于日月，术数穷于天地。八卦成象，示之以吉凶。"[6]《清朝续文献通考·度量衡》总结："度者，分、寸、尺、引也，所以度长短也。本起黄钟之长……矩高广之数，阴阳之象也。分者，自三微而成，著可分别也。寸者，忖也。尺者，蒦也。丈者，张也。引者，信也。夫度者，别於分，忖於寸，蒦於尺，张於丈，信於引，引者信天下也。"[7]认为这些"术数"可以决定天下诸事万物。对这些传统文化的传承北魏时也不例外，《魏书·天象》载："夫在天成象，圣人是观，日月五星，象之著者，变常舛度，征咎随焉。然则明晦晕蚀，疾余犯守，飞流欻起，彗孛不恆，或皇灵降临，示谴以戒下，或王化有亏，感达於天路。"[8]同书《律历志》载："大圣通天地之至理，极生民之能事，体妙系於神机，作范留于器象。然则制物成法，故冥赜可寻；推变有因，而化生以验。昔黄帝采竹昆仑之阴，听凤岐阳之下，断自然之物，写自然之音。昔既协矣，黄钟以立；数既生矣，气亦征之。于是乎备数、和声、审度、嘉量、权衡之用，皆出于兹矣"[9]等等。刘徽《九章算术·序》载："昔在包牺氏始画八卦，以通神明之德，以类万物之情，作九九之术以合六爻之变。暨于黄帝神而化之，引而伸之，于是建历纪，协律吕，用稽道原，然后两仪四象精微之气可得而效焉。记称隶首作数，其详未之闻也。按周公制礼而有九数，九数之流，则九章是矣。"[10]《缉古算经·上缉古算经表》载："臣孝通言：臣闻九畴载叙，纪法着于彝伦；六艺成功，数术参于造化。夫为君上者，司牧黔首，布神道而设教，采能事而经纶，尽性穷源，莫重于算。昔周公制礼，有九数之名。窃寻九数，即《九章》是也。其理幽而微，其形秘而约，重句聊измерить测海，寸木可以量天，非宇宙之至精，其孰能与于此者？"[11]等，均说"数"与"神明"、"万物"、"礼制"有关，并且"理幽形秘"，是"宇宙之至精"。

总之，我国古人认为天下万物的奥妙要用"象"才能完全表现清楚其形象，象要用"数"来推演才能确定其变化和吉凶，这些象征吉凶的"吉数"，就是古人们用于包括建筑营造在内各个方面的原因，嵩岳寺塔的营造也继承了这些"数理"文化思想。

二、嵩岳寺塔佛教思想的社会基础

嵩岳寺塔上隐含的"十二因缘"、"十五圆月"等佛教思想内容，是《大般涅槃经》、《十地经论》、《金光明经》、《菩萨地持经》等大乘佛教的核心内容，这些佛经在我国译出和流传有阶段性和延续过程。"《大般涅槃经》由东晋末昙无谶在凉州译出，北魏灭北凉后，凉州僧人多迁至平城，当有人在北魏传习涅槃之学。孝文帝之后，北方佛学昌盛，从魏中叶至隋初，研习《涅槃》者大有人在。北魏后期以来，随着《十地经论》的译出，地论之学盛行一时，但不少地论学者同时也研习《涅槃》。"[12]在《魏书·释老志》中所说"三世佛、三乘、四谛、十二因缘、十二因缘、七佛一弥勒、涅槃、法身二义、因果报应"[13]等，均是《涅槃经》、《十地经》的重要佛教哲学思想，并且北魏多是任用大乘教禅僧为沙门统，以及"宣武帝亲讲《维摩诘经》、请冯亮讲《十地经》、主持翻译《十地经论》"[14]等，都说明《涅槃》、《十地经》、《维摩诘经》等大乘教佛经在北魏时期的流行和重要性。这些经书的内容也应是宣武帝、冯亮、僧暹等人研习佛学的重点，以至嵩岳寺塔的营造表现有大乘佛教摆脱轮回之苦、修道成佛的原因。

这些佛经流行和存在的社会意义在于"南北朝与东晋十六国相比，算是稳定的时期，但南北方战乱仍不断，社会上极度不平等的制度和统治阶级的横征暴敛给广大人民带来了苦难。在这种情况下，佛教以其来世安乐和成佛的教义争取到广大信徒，得到迅速传播。大乘涅槃佛性学说宣称一切众生皆有佛性，皆可成佛，这不仅对于追求长生成仙以及来世安富尊荣的王公贵族具有很强的吸引力，就是对广大中下层人民也是有吸引力的。封建统治阶级提倡涅槃佛性学说，不仅仅是他们自己的宗教信仰，还会给统治阶级带来一定的好处，并对安定封建社会秩序，公共封建统治是有利的"[15]，就是当时大乘佛教思想盛行和这些佛经流行的原因。

参 考 文 献

[1] 郭彧译注. 周易 [M]. 北京：中华书局. 2006：序1.
[2] 徐子宏译注. 周易全译 [M]：系辞上. 贵阳：贵州人民出版社. 1990：351、369.
[3] 徐子宏译注. 周易全译 [M]：系辞上. 贵阳：贵州人民出版社. 1990：356.

［4］ 徐子宏译注. 周易全译［M］：系辞上. 贵阳：贵州人民出版社. 1990：364.

［5］ （宋）范晔撰，（唐）李贤等注. 后汉书［M］：志第一·律历上. 北京：中华书局. 1999：2029.

［6］ （唐）欧阳询撰. 艺文类聚［M］：七十七. 上海：上海古籍出版社. 1965：1313.

［7］ 刘锦藻撰. 清朝续文献通考［M］：卷一百九十一·乐考四·度量衡考. 万有文库（第二集）. 上海：商务印书馆. 1936：9375.

［8］ （北齐）魏收. 魏书［M］：卷一百五. 北京：中华书局. 1974：2333.

［9］ （北齐）魏收. 魏书［M］：卷一百五. 北京：中华书局. 1974：2657.

［10］ 白尚著. 九章算术注释［M］. 北京：科学出版社.1983：1.

［11］ （唐）王孝通撰. 缉古算经［M］. 北京：中华书局.1985.

［12］ 任继愈. 中国佛教史［M］：第三卷. 北京：中国社会科学出版社. 1988：375.

［13］ （北齐）魏收. 魏书［M］：卷一百一十四. 北京：中华书局. 1997：3026、3027.

［14］ （北齐）魏收. 魏书［M］：卷九十·冯亮传. 北京：中华书局. 1997：1931.

［15］ 任继愈. 中国佛教史［M］：第三卷. 北京：中国社会科学出版社. 1988：392-393.

第十四章　嵩岳寺塔设计构图原理分析

魏晋时期伟大的数学家刘徽在《九章算术注》自序中说："事类相推，各有攸归，故枝条虽分而同本幹者，知发其一端而已。又所析理以辞，解体用图。庶亦约而能周，通而不黩，览之者思过半矣。"[1]是讲同类事情的相互推理，都有一个共同的源头，因此树枝生长的虽然很分散，但都长在一个共同的枝干上，可知同类事情的发生都有一个共同的始因。所以说事情的理论分析，要用明确的语言表达出来；空间形体的具体分解，要用明晰的几何图形表现出来。这样众人才能有一个共同的理解，做到简单明了，使人看过以后，就已经懂了一半。其中"析理以辞，解体用图"之句，则可引用到建筑设计构图的原理分析上来，特别是对于今人研究古代建筑实物来说，用这句话作为其设计构图原理分析的"经典"之语是甚为贴切，以图文并茂的方法来解析古代建筑设计构图至为重要。宋代李诚撰《营造法式·总诸作看详》曰："系于经史等群书中检寻考究。至或制度与经传相合，或一物而数名各异，已于前项逐门看详立文外，……系来自工作相传，并是经久可以行用之法，与作谙会经历造作工匠，详悉讲究规矩，比较诸作利害，随物之大小，有增减之法……即别无开具看详因依，其逐作造作名件内，或有须于画图可见规矩者，皆别立图样，以明制度。"[2]是讲建筑设计的制度和文化不但要与经史相合，还要经久可行和讲究规矩，并要根据实际利弊情况作出调整，对于语言文字不易表达清楚的制度，要画图以明制度。因此分析建筑设计构思，"图"与"文"同样重要，甚至更为关键，可一目了然。《嵩山志·图说》中载"左图右史，昔人所尚建章之千门万户，载籍所不能详，披图而了然心目之间，图何可废也。……略志仿佛安能尽其蕴哉，夫盖有不能图者矣。"[3]同样是说图文并茂的重要性，用图更可了然于心。《魏书》记载东魏天平二年（535）在邺城之南选定基址创建新都城时，辛术建议著名儒生李业兴"披图按记，考订是非，参古杂今，折中为制，召画工并所调度，具造新图。"[4]"据此，可知邺城新城是考察史籍和古图，再根据古代传统，结合当代需要，进行规划，然后绘成规划图，经皇帝批准后加以实施。这大约是历史上关于绘制规划设计图然后进行建设的最早记载"[5]。其实古人在单体或群体建筑的设计上，讲究亦同。《史记·秦始皇本纪》载："秦每破诸侯，写放其宫室，作之咸阳北阪上，南临渭，自雍门以东至泾、渭，殿屋复道周阁相属。"[6]说是秦朝将六国的宫殿建筑用测绘制图的方式画下来，在秦的首都咸阳北面的坡地上照样重建。《汉书·郊祀志》载："天子封泰山，泰山东北址古时有明堂处，处险不敞。上欲治明堂奉高旁，未晓其制度。济南人公玉带上黄帝时明堂图。……于是上令奉高作明堂汶上，如带图。"[7]说明建筑图纸不但是建筑营造的基础，更是建筑营造的制度。因此，分析嵩岳寺塔的设计构图原理，也应"析理以辞，解体用图"的方法进行。嵩岳寺塔的设计构思独特、营制优美，是现知佛塔实物中纵无类同、横无可比之建筑，想其必定有内在的设计原则、构图方法和营造规律。惜其设计构图原理在历史上只字未提、片图未留，今又苦于世上形无可比、体无可对的建筑实物，故只能依靠嵩岳寺塔自身的"形状"解体分析。嵩岳寺塔建筑的设计构图，受到当时政治、经济、文化、宗教、场地环境、建筑技术、设计人素养等诸多方面的影响。因此，本次对其设计构图的分析不可能做到面面俱到，现就与设计构图有着密切关系的构图方法、建筑造型艺术、周围环境等谈一点看法。

参 考 文 献

[1] 白尚恕注释. 九章算术注释[M]：刘徽九章算术注原序. 北京：科学出版社. 1983：4.
[2] 梁思成著. 营造法式注释（卷上）[M]. 北京：中国建筑工业出版社. 1983：14.
[3] （清）叶封撰. 嵩山志[M]：卷一. 国家图书馆. 影印清康熙十五年刻本.
[4] （北齐）魏收撰. 魏书[M]：卷八十四. 北京：中华书局. 1974：1862.

[5] 傅熹年主编. 中国古代建筑史 [M]: 第二卷. 北京: 中国建筑工业出版社. 2001: 91.
[6] (汉) 司马迁撰. 史记 [M]: 卷六. 北京: 中华书局. 1959: 239.
[7] (汉) 班固撰, (唐) 颜师古注. 汉书 [M]: 卷二十五下. 北京: 中华书局. 1999: 1030.

第一节　嵩岳寺塔设计构图主控尺寸

嵩岳寺塔由台座、阶基、塔基座、塔身、塔刹等几部分组成，为表述方便，现将台座底至塔刹顶间的距离定义为塔总高，台座顶至塔刹顶间距离定义为塔高，塔阶基顶至塔刹宝瓶顶间距离定义为塔体高，塔基座平坐顶至第十五层塔檐顶（塔刹底）间距离定义为塔身高等。

嵩岳寺塔设计构图原理的分析，应是在造塔目的和寓意的基础上，先找到塔设计构图时的主控尺寸，即设计构图时最先被确定的尺寸。嵩岳寺塔为佛牙舍利塔，代表着佛的崇高形象，表现的是摆脱轮回之苦涅槃成佛的思想。此塔想要在我国以群体著称的传统建筑群中"独占鳌头"，以形体的建筑语言表现出佛的高大形象，最能区别于其他建筑特征的就是塔的体量。在塔的设计构图上，最能控制塔体量的就是塔平面和高度尺寸，即竖向尺寸和水平尺寸。从北魏历史文献中介绍佛塔形象的内容看，多是以塔高尺寸来描述塔的体量，而不是以平面尺寸，如《洛阳伽蓝记》中对北魏洛阳永宁寺的描述为"举高九十丈。有金刹复高十丈，合去地一千尺"[1]。《水经注》中有"自金露桦下至地四十九丈，取法代都七级，而又高广之，虽二京之盛，五都之富，利刹灵图，未有若斯之构"[2]。以及《魏书》中描述的北魏平城永宁寺塔，为"构七级佛图，高三百余尺，基架博敞，为天下第一"[3]等等，均说明塔的高度尺寸代表着塔的体量特征。虽文献中也有同时描述塔高度尺寸和平面尺寸的，但平面尺寸皆处于次要地位。因此，基本可以判定嵩岳寺塔设计构图的主控尺寸是塔的高度，这与嵩岳寺塔主要以竖向尺寸"数理"的建筑语言，来表达佛教和我国传统文化，以及在塔崇高的视觉观感上是一致的。

嵩岳寺塔设计建造者为北魏逸士冯亮，据《魏书》载："冯亮，……少傅览诸书，又笃好佛理。……亮既雅爱山水，又兼巧思，结架岩林，甚得栖游之适，颇以此闻。世宗给其工力，令与沙门统僧暹、河南尹甄琛等，周视嵩高形胜之处，遂造闲居佛寺。林泉既奇，营制又美，曲尽山居之妙。"[4] 可知冯亮从小受到我国传统文化经典、经史理论的教育和熏陶，对当时流行的佛教经典经藏、律藏、论藏有深入的理解，熟知建筑设计的制度和理论，有灵活的营造思路和意匠，能因地制宜的营造建筑，并且崇尚自然，深得建筑与自然山林景观之间配置比例关系的奥妙，宣武帝让其作为嵩岳寺塔设计建造的主持人，也应是深知宣武帝的心思和营造嵩岳寺塔的目的。从嵩岳寺塔选址择基上可以看出，其是按照因地制宜、山环水抱的中国传统建筑风水理论营造的，塔寺居于双溪河内汭高地，后有巍峨嵩岭玉柱峰，左右内有东、西岭，外围是太室山诸峰，前视野开阔，近有青烟岭，远有大、小熊山，周围是小溪环绕的良好建筑风水格局，将塔和寺院完美的融入到了自然环境之中。《葬书》载："千尺为势，百尺为形。势与形顺者，吉。势与形逆者，凶。"[5] 这些风水理论不只是适合于选址择基，对于建筑设计及建筑与自然景观间关系的营造亦适用。《春秋谷梁传·桓公十四年》载："望远者，察其貌而不察其形。"[6] 反之，中观或近观者，应察其形。《康熙字典》解释："形，【说文】象形也，【注】貌，姿体。形，容色。又【韵会】形，体也。【玉篇】形，容也。"[7] 按此可将嵩岳寺塔视为"形"或"容"，背后嵩岭玉柱峰及诸峰视为"势"或"貌"。在嵩岳寺塔与周围环境的关系中，嵩岭玉柱峰为嵩岳寺塔形成远景的主背景，两者之间的比例关系对嵩岳寺塔实际高度尺寸的确定至关重要。嵩岭玉柱峰比嵩岳寺塔院地面高出约73000.0厘米，按北魏营造尺1等于30.0厘米计算，约为2430尺，已经达到了"千尺为势"的状态。从远景的最佳观察距离15000.0～20000.0厘米[8]分析，主观点在距塔东南20000.0厘米左右的小路上，人站在主观点来观察嵩岳寺塔与嵩岭，塔顶和嵩岭顶连线基本在同一视线角度上，在视觉上形成塔与山同高的观感（图14.1.1）。随着观察者沿溪东小路的主观线路走近佛塔，塔顶也随之高出嵩岭，逐渐展现出佛塔高耸的形象，这是利用视觉将佛塔和山体环境巧妙地结合了起来。嵩岳寺塔塔体高120尺、塔高130尺，已是"百尺为形"的状态，适合中观或近观察其形，可以说两者是"势与形顺者"。因此，使嵩岳寺塔成"形"，塔高和嵩岭之间的比例关系，以及当时的建筑技术、材料、经济等原因，是选定嵩岳寺塔高度具体尺寸的重要决定性因素，如塔体高度为表达"十二住"的佛教思想选用120尺，而不是选用12尺或1200尺的主要原因。

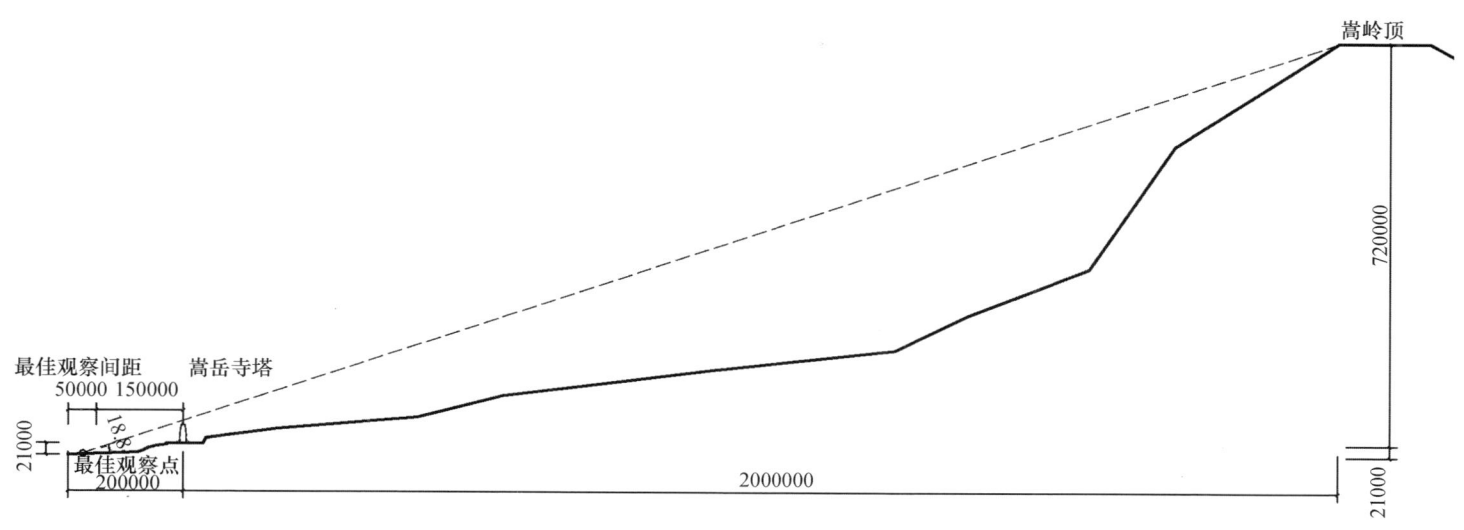

图 14.1.1　嵩岳寺塔与嵩岭玉柱峰的视觉示意图

参 考 文 献

[1] 尚荣译注. 洛阳伽蓝记 [M]. 北京：中华书局. 2012：21.
[2] （北魏）郦道元著，陈桥驿校证 [M]. 水经注校证. 北京：中华书局. 2007：398.
[3] （北齐）魏收. 魏书 [M]：卷一百一十四. 北京：中华书局. 1974：3037.
[4] （北齐）魏收. 魏书 [M]：卷九十. 北京：中华书局. 1974：1931.
[5] （晋）郭璞著. 葬书 [M]. 学津讨原第九集凡十册十. 清嘉庆十年虞山张氏照旷阁刻本.
[6] 承载撰. 春秋谷梁传译注 [M]. 上海：上海古籍出版社. 2004：89.
[7] 汉语大词典编纂处整理. 康熙字典 [M]. 上海：世纪出版集团、汉语大词典出版社. 2002：308.
[8] 赵晓光著. 民用建筑场地设计 [M]. 北京：中国建筑工业出版社. 2004：114.

第二节　嵩岳寺塔整体设计构图

一、嵩岳寺塔设计构图的基本比例框架

从嵩岳寺塔各部分尺寸折算成北魏营造尺的结果可知，塔总高为135尺，塔阶基内切圆直径为45尺，此高度为塔阶基宽的3倍，即塔总高与塔阶基宽之比为3∶1。塔台座底至塔刹宝瓶顶间距128尺，台座边长（塔总宽）为64尺，高为台座宽的2倍，高宽比即为2∶1。塔体高为120尺，塔外第一层塔檐内切圆直径为40尺，其塔体高为塔第一层檐宽的3倍，即塔体高宽比为3∶1。塔基座底至第十五层顶间距离105尺，塔基座和第一层塔身墙体内切圆直径35尺，其高为宽的3倍，即这部分高宽比也为3∶1。塔身高90尺，第六层塔身内切圆直径30尺，其高为宽的3倍，即这部分高宽比也为3∶1。塔台座底至第十五层塔檐顶间距离为113尺，塔基座平坐平面内切圆直径为38尺，两者之比约为3∶1（图14.2.1、图14.2.2）。上述嵩岳寺塔各部分的高宽比总体上保持在3∶1，此比例在嵩岳寺塔上重复出现，必定与我国传统建筑营造的"规律"有直接关系。从嵩岳寺塔整体构成上讲，嵩岳寺塔基座副阶相当于如北魏洛阳永宁寺木塔底层的木框架结构部分，塔基座墙体和上部塔体相当于木塔的夯土台心部分。因此，嵩岳寺塔塔体的高宽比例与木塔的夯土台心比例脱不了关系。《考工记·总论》曰："天有时，地有气，材有美，工有巧，合此四者，然后可以为良。材美工巧，然而不良，则不时，不得地气也。"[1] 是讲在合适的季节时间，适中的气候温度，加之优良精美的材质和精巧娴熟的工艺，将这四方面按照科学的规律结合起来，就可以营造出精良的器物。虽有优良的材质和精巧的工艺，但是两者结合不好，并且也不符合时节和气温的要求，制作的器物也不会精良，即是说造物遵循自然规律，就能造出优良的人造之物，

如不遵循自然规律，就不能造出精良的人造物。嵩岳寺塔的营造也必须遵循这一规律，要想使砖构塔坚固美观，就要考虑塔建造材料的性能和适合的结构选型，以及设计构图的比例关系。我国传统建筑营造是在长期实践经验的基础上形成的，是经实践检验的科学理论体系，嵩岳寺塔3∶1的比例关系，也应是根据同类型建筑长期实践得出的结果。据《周官·考工记》匠人为沟洫载："墙厚三尺，崇三之。"[2] 宋《营造法式》载："《周官·考工记》：匠人为沟洫载，墙厚三尺，崇三之。郑思农注云：高厚以是为率，足以相胜。看详：今来筑墙制度，皆以高九尺，厚三尺为祖。虽城壁与屋墙、露墙，各有增损，其大概皆以厚三尺，崇三之为法，正与经传相合。"[3] 说明宋·李诫在编写《营造法式》中墙体这部分内容时是考经据典，制定出了各种墙体营造的比例制度，并且是按照经史经典述及的高厚比3∶1为基础，并针对不同的墙体作出了适当调整。对于墙体营造来说，我国古代劳动人民经过长期的实践，至迟在周代人们就已经认识到墙体高厚3∶1的基本比例，就足以满足各种墙体整体稳定性和材料性能的要求，至宋代更是将此比例奉为经典。嵩岳寺塔为砌体结构，与版筑或砌筑墙体同属一类建筑物结构体，塔的高宽比也自然就需采用造墙的高厚比作为基础比例。

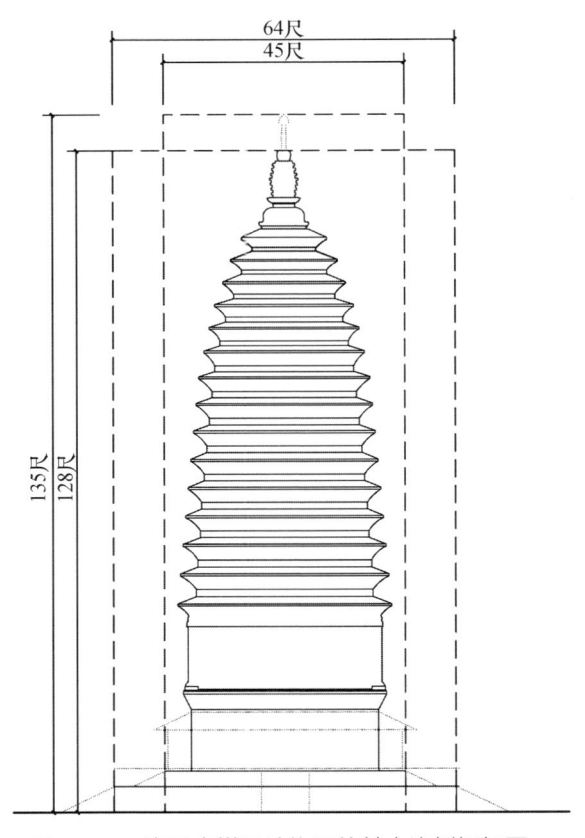 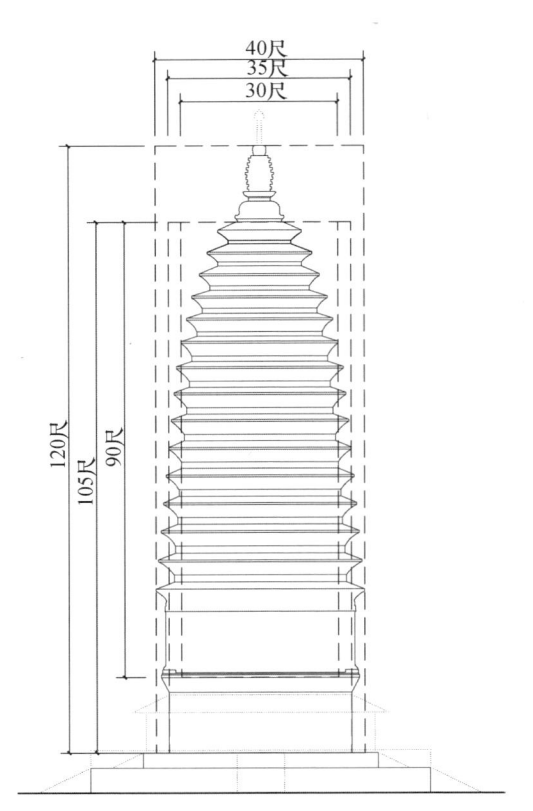

图 14.2.1　嵩岳寺塔设计构图的基本比例框架图一　　　　图 14.2.2　嵩岳寺塔设计构图的基本比例框架图二

二、嵩岳寺塔外轮廓设计构图基本比例框架

嵩岳寺塔塔体外轮廓给人以柔和的曲线外观，以至于人们将其外观描述为抛物线形或炮弹形等等。塔体外轮廓由塔檐外轮廓和塔身墙体外轮廓两部分组成，此次通过对塔体外轮廓设计构图分析，发现塔体塔檐所谓的外轮廓"曲线"，是塔檐间连成四段直线组成的折线，即塔身外轮廓由四段向塔心逐渐内收的直线构成，第一段直线由第一至六层塔檐连成，第二段直线由第六至九层塔檐连成，第三段直线由第九至十二层塔檐连成，第四段直线由第十二至十五层塔檐连成。塔檐外轮廓折线的设计构图是由基本框架和局部调整完成，第一层塔檐内切圆直径即塔体下部总宽为40尺，第十五层塔檐内切圆直径即塔体上部宽为16尺，即塔体下宽为上宽的2.5倍。其塔檐外轮廓的基本构图框架，就是以第一、十五层塔檐内切圆直径作为顶边和底边，由顶边和底边两端点连线组成的梯形，此梯形顶边与底边之比为2∶5（图14.2.3）。据《考工记·匠人为沟洫》载："凡为防，广与崇方，其𥶽三分去一，大防外𥶽。"[4] 即防御之墙断面顶边与底边之比为2∶3（图14.2.4）。《营造法式》载："筑墙之制：每墙厚三尺，则高九尺；其上斜收，比厚减半。……凡露墙，每墙高一丈，则厚减高之半。其上收

面之广，比高五分之一。……凡抽纴墙，高厚同上。其上收面之广，比高四分之一。"[5]规定一般墙体断面顶宽与底宽之比为1：2（图14.2.5），露墙断面墙顶宽与底宽之比为2：5（图14.2.6），抽纴墙断面墙顶宽与底宽之比为1：2（图14.2.7）。从上述各种墙体断面上、下边的比例关系看，嵩岳寺塔塔身顶边与底边之比与露墙断面上下边之比相同，即塔檐外轮廓的基本构图框架是采用了露墙上下边的比例。唯一不同的是第一至十五层塔檐间距离与塔体下部宽之比和露墙的高厚比不同，说明塔体高宽比采用的是墙体3：1的基本比例，塔身上下边的比例采用露墙上下边2：5的比例。如将第一层和十五层塔檐内切圆直径组成的梯形底边下移到塔基座底，顶边上移到塔刹宝瓶顶，即可得到塔外轮廓的基本构图框架，其构图为塔体高120尺：底宽40尺：顶宽16尺等于1.5：0.5：0.2的比例，即是露墙高：断面底边；断面顶边三者的比例关系。无独有偶，塔第六层墙体平面内切圆直径为30尺，即为塔身高的1/3，第十五层墙体平面内切圆直径为12尺，两者之比为2：5，如将两者组成的梯形顶边上移到第十五层顶，底边下移到基座顶，构成的梯形比例亦如塔外轮廓基本构图框架，即塔身高90：塔身底宽30：塔身顶宽12等于1.5：0.5：0.2（图14.2.8）。从上述塔檐、塔墙体的外轮廓设计构图框架比例看，基本可以确定嵩岳寺塔的设计构图框架是借鉴了古代筑造墙体的构图。

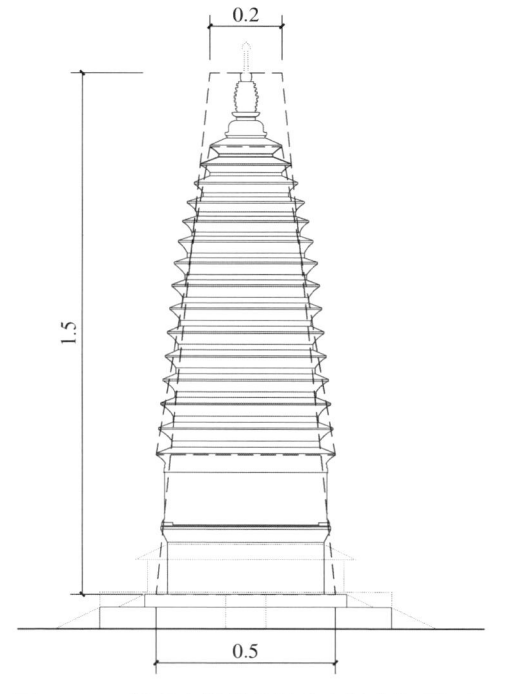

图 14.2.3　嵩岳寺塔塔体外轮廓基本构图框架

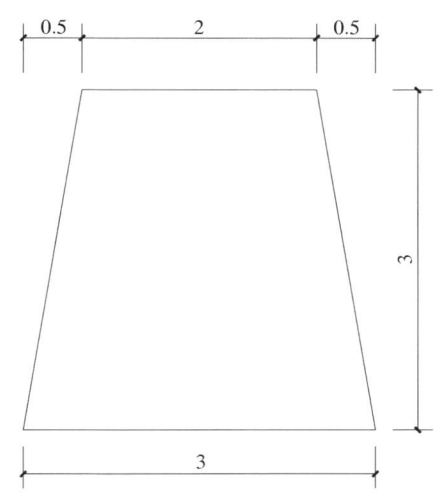

图 14.2.4　防御墙断面比例图

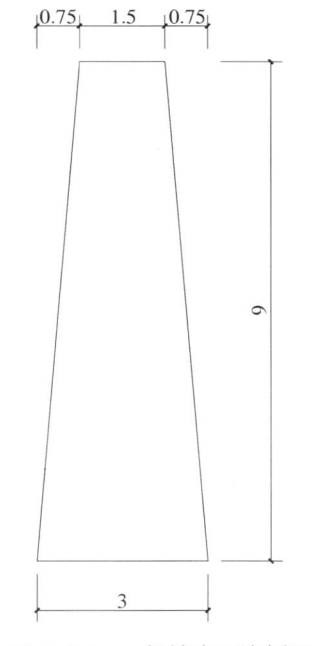

图 14.2.5　一般墙宽面比例图

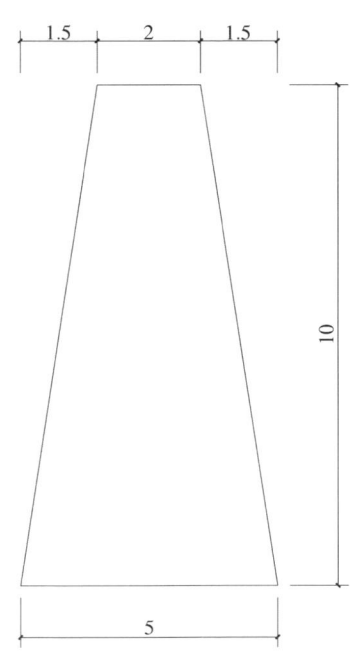

图 14.2.6　露墙断面比例图

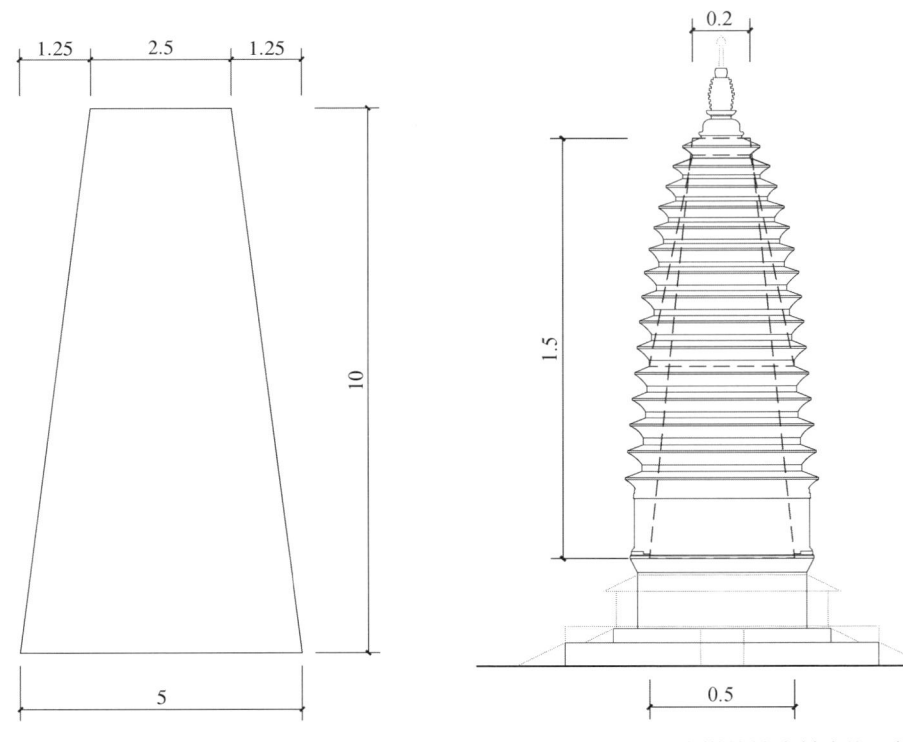

图 14.2.7 抽纴墙断面比例图　　图 14.2.8 嵩岳寺塔外轮廓基本构图框架

参 考 文 献

[1] 张道一注译. 考工记注译 [M]. 西安：陕西人民美术出版社. 2004：10.
[2] 张道一注译. 考工记注译 [M]. 西安：陕西人民美术出版社. 2004：142.
[3] 梁思成著. 营造法式注释（卷上）[M]. 北京：中国建筑工业出版社. 1983：11-12.
[4] 张道一注译. 考工记注译 [M]. 西安：陕西人民美术出版社. 2004：142.
[5] 梁思成著. 营造法式注释（卷上）[M]. 北京：中国建筑工业出版社. 1983：16.

第三节　嵩岳寺塔局部设计构图

一、嵩岳寺塔竖向（高度）设计构图比例

嵩岳寺塔与局部特征体竖向尺度的构图比例关系。嵩岳寺塔总高135尺，塔高130尺，塔体高120尺，台座顶至第十五层塔檐顶105尺，塔身高90尺，塔阶基顶至基座平坐最上一层叠涩底和塔刹砖砌部分高均为15尺，台座、阶基加刹杆部分高15尺。从上述塔各部分高度尺寸可以看出，15尺是塔竖向尺度的模数，如将塔基座、塔刹等特征体高15尺设为A，那么塔总高135尺即为9A，塔体高120尺为8A，台座顶至第十五层塔檐顶间距离105尺为7A，塔身高90尺为6A。塔龛塔身反叠涩顶至覆钵底间距离为9尺，如将塔龛特征体高设为B，那么塔总高135尺就是15B。塔身高90尺为10B，塔内第一层地面至第十层穹隆顶底间距离99尺为11B，台座顶至第十五层塔檐顶108尺为12B。塔基座墙体高、柱础覆盆盆唇至柱头宝珠顶间距离为13尺，如将塔基座墙体特征体高设为C，塔130尺即为10C；倚柱高（柱础底至阑额）和塔龛高（方台底至平头顶）均为12.8尺，如将倚柱和塔龛特征体高设为D，塔台座底至塔刹宝瓶顶为128尺，即为10D等等（图14.3.1、图14.3.2）。上述是塔高度与特征体高度在竖向设计构图上的比例关系，塔高度均是特征体高度的整倍数，这些是嵩岳寺塔整体与局部竖向尺度比例设计的核心部分。

嵩岳寺塔塔体竖向尺度的分隔比例关系。按照塔外观特征，可将塔体高度从下至上分为七段，第一段为塔基座高16尺，第二段为第一层塔体高16尺，第三段为第一层至第六层塔檐间高度28尺，第四段为第六层至九

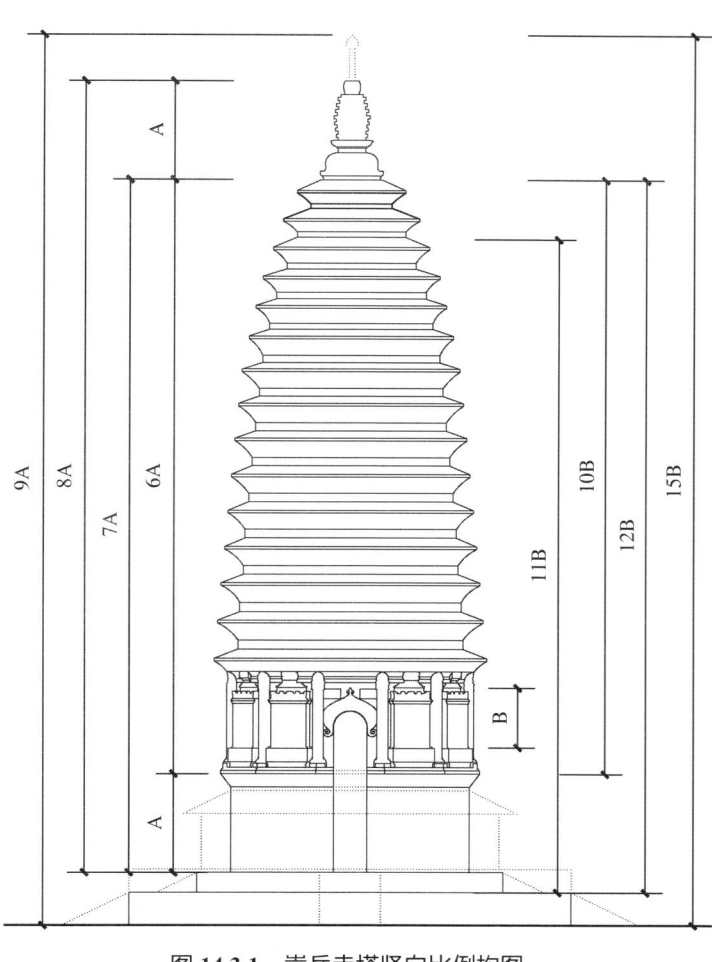

图 14.3.1 嵩岳寺塔竖向比例构图一

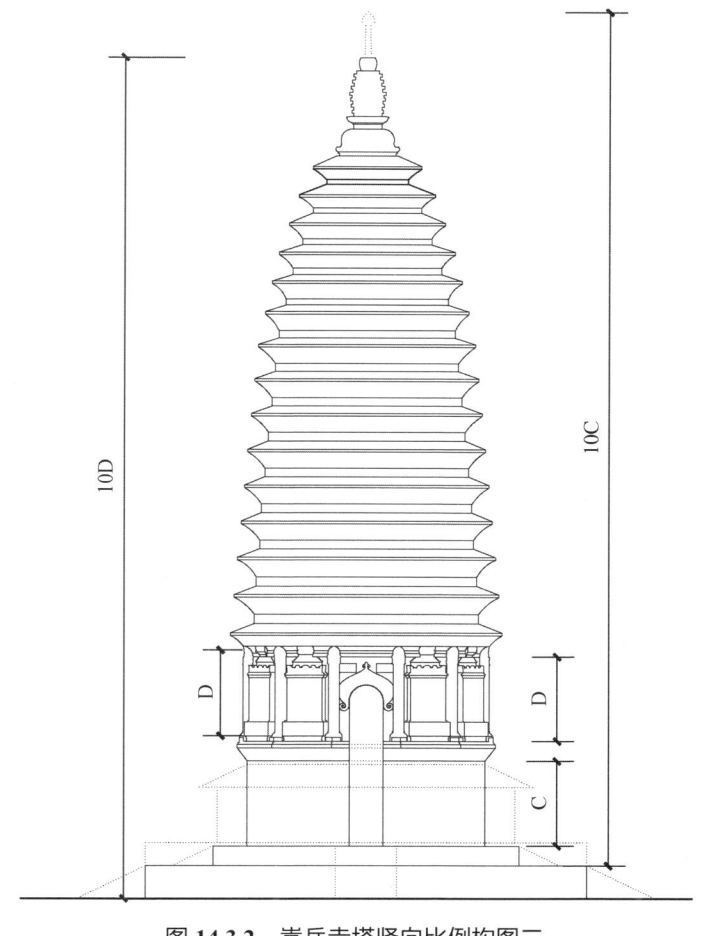

图 14.3.2 嵩岳寺塔竖向比例构图二

层塔檐间高度 16 尺，第五段为第九层至十二层塔檐间高度 14 尺，第六段为第十层至十五层顶间高度 15 尺，第七段为塔刹砖砌筑部分高度 15 尺。从塔体竖向尺度分隔的规律上可以明确看出，塔体高以第六层塔檐为中心分隔点，将塔体上、下各分为 60 尺。从第四、五、六、七段这四段看，上部这 60 尺又均分成了 4 段，因塔体层高有向上逐渐递减的需要，第四、五、六段的高度作了相应的调整，将第五段的 1 尺移借给了第四段，第四段和第五段分别变成了 16 尺和 14 尺，第六段减去第十五层塔檐反叠涩的 2 尺，高度变成 13 尺，这三段的高度即形成了逐层递减的现状高度。第一、二段的高度均为 16 尺，塔台座和阶基高之和为 8 尺，台座底至塔体第一层塔檐间的高度共为 40 尺，可以看出这段高度与塔体第一层塔檐的总宽度相等，其是为形成第一层塔檐下正方形立面的效果而为之，当然也可以看成是塔体均分三分的结果。第一、二段每段的高度也可明显地看出，是第一层塔檐至地面的距离减去塔台座和阶基的高度后，均分的结果。第三段是上述各段高度分配后剩余的高度，自然就形成了（图 14.3.3）。

二、嵩岳寺塔平面设计构图

嵩岳寺塔十二边形平面的设计构图，即塔的水平

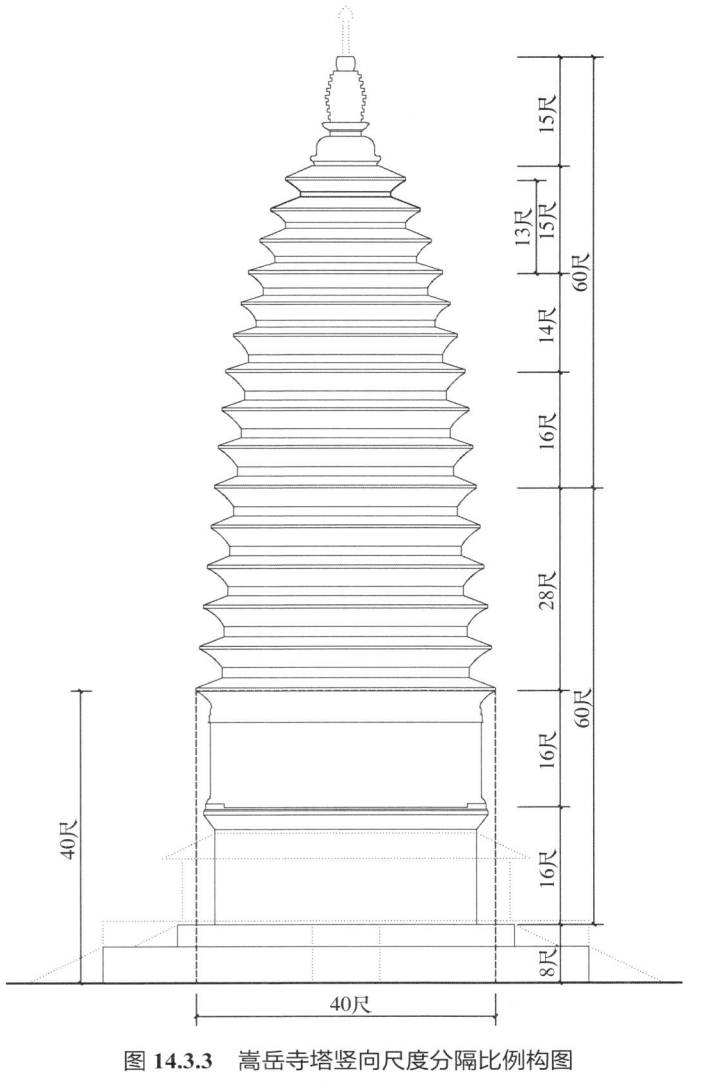

图 14.3.3 嵩岳寺塔竖向尺度分隔比例构图

向设计构图。我国古代建筑的实际应用中，正十二边形基本可被视为圆形的最近似形状，特别是在图形各部分的比例关系上，其周长、直径均可视作相等，所受影响可忽略不计。《周髀算经》载："商高曰：数之法出於方圆。圆径一而周三。"[1]《九章算术·方田》又载："今有园田，周三十步，径十步。"[2] 我国古人早期认为圆周长和直径的比例为3：1，即"周三径一"的关系。同书又载"旧术求圆，皆以周三径一为率。若用之求圆周之数，则周少儿径多。径一周三，理非精密。盖术从简要，略举大纲而言之。"[3] 李淳风注曰古率"周三径一"不是精密的比率，只是为使算法简便，而取其近似值。《营造法式》载："看详：今来诸工作已造之物及制度，以周径为则者，如点量大小，须于周内求径，或于径内求周，若用旧例，以'围三径一，方五斜砌'为据，疏略颇多。……八棱径六十，每面二十有五，其斜六十有五；六棱径八十有七，每面五十，其斜一百。圆径内取方，一百中得七十有一；方内取圆径，一得一。八棱、六棱取圆准此。"[4] 说明六边形、八边形等正多边形的直径，在实际应用上是以内切圆直径为基准，在正多边形内取最大圆径都是"一得一"，即所取圆的直径都是一样的；虽李诫说"'围三径一，方五斜砌'为据，疏略颇多"，但是从所列正多边形直径、边长的数值上看，都是比古率计算值更进一步的近似值，这些取值都如李淳风所说计算起来较简便而用之。嵩岳寺塔平面十二边形直径与内接圆直径相等，周长实际尺寸比内接圆周长略多，但仍可认为是近似值；在建筑营造时为使计算方便，其周长与直径之比亦可选用"周三径一"，这对十二边形平面的周长与直径的比例关系，基本可以忽略不计。所以唐·李邕在形容嵩岳寺塔十二边形平面时说"方丈十二"，即平面周长为十二丈。因此，我们有理由相信嵩岳寺塔平面的十二边形周长，是以内切圆直径为计算基础，按此计算其直径4丈而周长12丈，其比例关系是1：3。

从上述嵩岳寺塔基本比例框架设计构图的分析可以看出，塔外第一层塔檐平面内切圆直径即塔体总宽为40尺，是由塔主控尺寸塔体高120尺，按照古代一般墙体高厚比3：1的比例关系计算所得。因此，嵩岳寺塔第一层塔檐周长等于塔高，即两者之比为1：1（图14.3.4）。发现古塔平面周长与塔高之比为1：1的比例关系此非首次，据《营造法原·杂俎》载："塔之制度：（一）测塔高低，可量外塔盘外阶沿之周围总数，即塔总高数（自葫芦尖至地平）。（二）测塔顶层上檐至葫芦尖高度，可量塔身周围总数即得。（三）例：苏州定慧寺双塔底层尺寸，通转八间，每间靠塔身外墙面阔八尺，外阶沿口一丈八尺八寸，进深一丈四尺五寸。"[5] 可知姚承祖先生在测量古塔的实践过程中，已得知塔总高与外塔盘外阶沿周长之比，塔顶层上檐至葫芦尖高度与塔身周长之比，均是1：1的比例关系。姚先生说外塔盘平面周长与塔总高1：1的比例关系是塔之制度，其与嵩岳寺塔设计构图基本一样，嵩岳寺塔除塔高与第一层塔檐平面间的比例为1：1外，还有如塔总高135尺与塔阶基周长135尺即姚先生所说的外塔盘外阶沿周长之比（图14.3.5），塔基座底至第十五层反叠涩顶间距离105尺与塔基座墙体、第一层塔身平面周长105尺之比

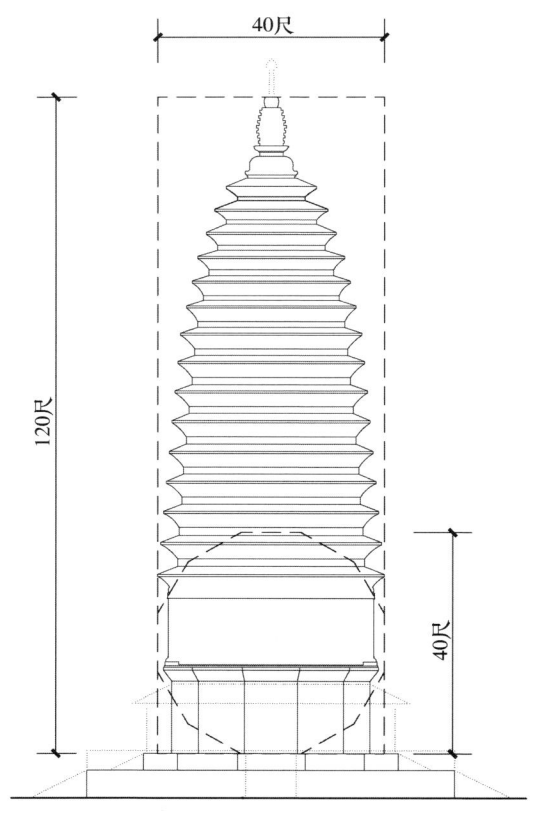

图14.3.4 嵩岳寺塔第一层塔檐周长与塔体高比例关系图

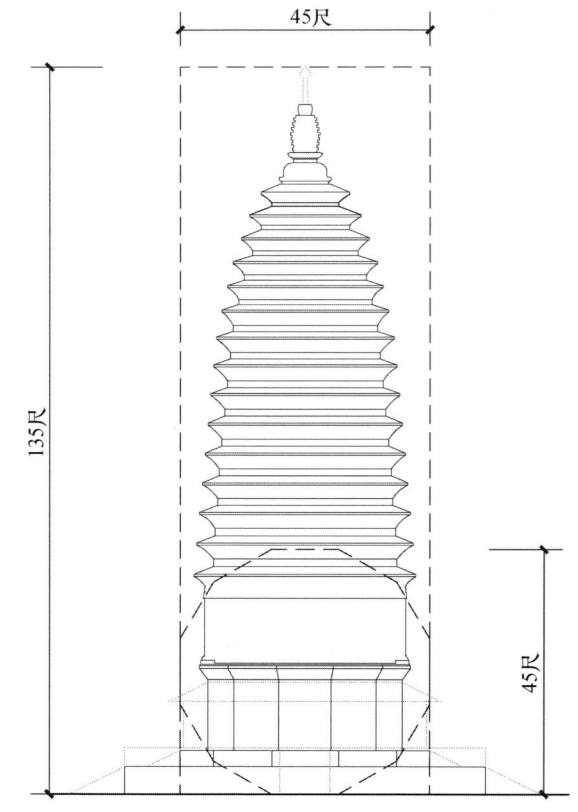

图14.3.5 嵩岳寺塔总高与阶基周长比例关系图

等（图 14.3.6），均是 1∶1 的比例关系。因此，嵩岳寺塔高度与平面周长 1∶1 的比例，及塔高度与塔宽 3∶1 的比例，亦可称为嵩岳寺塔设计构图的"塔之制度"。

三、嵩岳寺塔台座、阶基、基座、第一层塔体、塔门、墙体设计构图

1. 塔台座、阶基、基座、第一层塔体设计构图

塔第一层塔檐以下塔体的整体立面设计构图。塔第一层塔檐最上一层叠涩内切圆直径为 40 尺，即第一层塔体总宽，其尺寸源自塔体高宽 3∶1 的比例关系；第一层塔檐最上层叠涩底边至室外地面间距离为 40 尺，其高度尺寸与第一层塔檐宽比为 1∶1，第一层塔檐以下的塔体形成了正方形立面（第一正方形立面）；说明此部分的立面设计构思，是要营造出高宽比为 1∶1 的正方形立面艺术效果。塔第一层塔檐以下墙体的立面设计构图。塔基座、第一层塔身墙体平面内接圆直径为 35 尺，即塔基座和第一层塔身墙体总宽度，其尺寸源自与台座顶至第十五层塔檐顶间距离 1∶3 的比例关系；第一层塔檐最上层叠涩檐底边至台座顶之间距离为 35 尺，其高度尺寸与塔基座和第一层塔身墙体总宽度比为 1∶1，第一层塔檐以下的墙体形成了正方形立面（第二正方形立面）；说明此部分的立面设计构思，也是要营造出高宽比为 1∶1 的正方形立面艺术效果。台座、阶基立面设计构图。台座宽 64 尺，其尺寸源自与塔台座底至塔刹宝瓶间距离 1∶2 的比例关系；

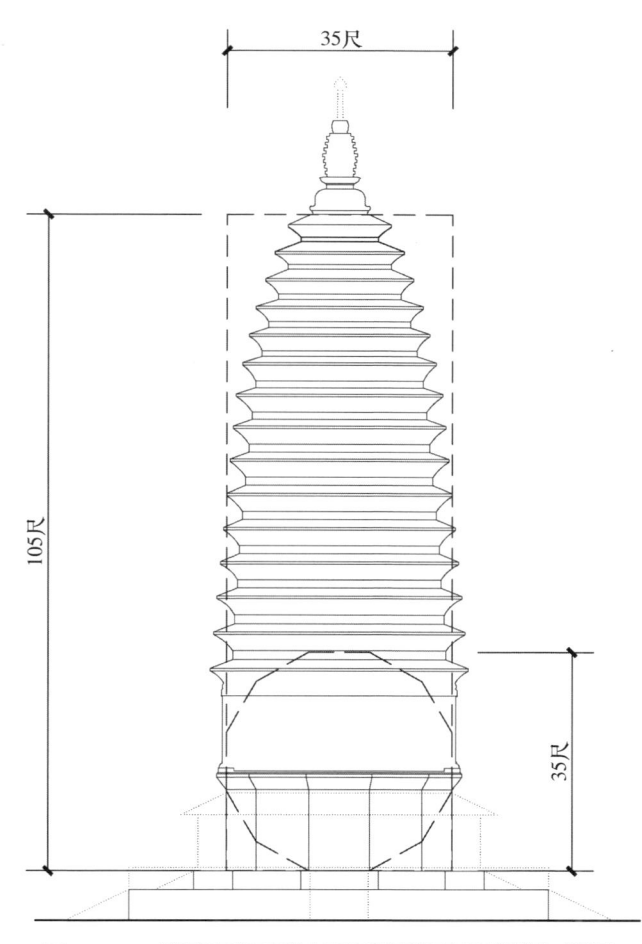

图 14.3.6 塔基座底至第十五层反叠涩顶间距离与塔基座墙体、第一层塔身平面周长比例关系图

台座高 5 尺，其尺寸为第一层塔檐最上层叠涩檐底边至地面间距离，减去第一层塔檐最上层叠涩檐底边至台座顶间距离的结果；台座高宽比为 1∶12.8，约为 1∶13，说明台座的高宽比不是为产生固定比例的立面艺术效果，其高度尺寸由其他重要部分比例关系决定。阶基平面内切圆直径为 45 尺，即阶基宽，其尺寸源自与塔总高 1∶3 的比例关系；阶基高 3 尺；高宽比为 1∶15；阶基高 3 尺，此高度可能是源自先秦时期圣王宫室台明高度的传统文化。据《墨子》载："尧舜堂高三尺。"[6]《考工记·匠人》载："殷人重屋，堂崇三尺。"[7]（图 14.3.7）另外，关于

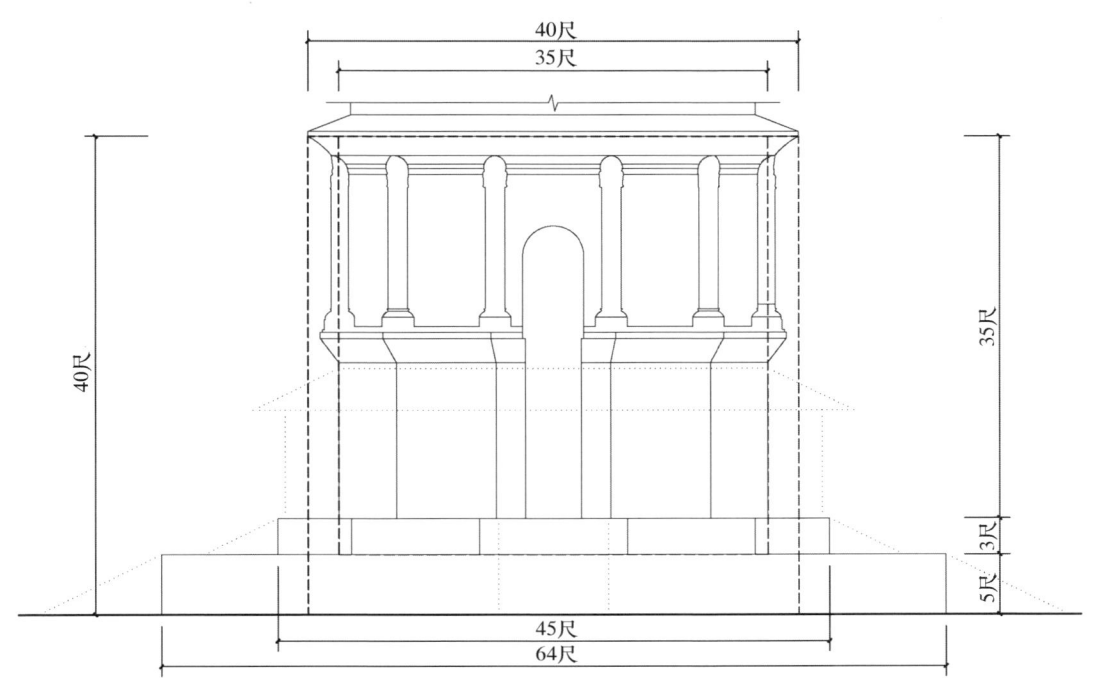

图 14.3.7 嵩岳寺塔台座、阶基、基座、第一层塔体立面构图

台座、塔阶高度分别为5尺和3尺，两者高度是否与古代国运基础的"三五"传统文化有关，待考。《史记·天官书》载："夫天运，三十岁一小变，百年中变，五百载大变；三大变一纪，三纪而大备，此其大数也。为国者必贵三五。上下各千岁，然后天人之际续备。"[8]

塔基座墙体立面设计构图。塔基座墙体平面内切圆直径为35尺，即塔基座墙体总宽，其尺寸源自与塔体高1∶3的比例关系；塔基座高均16尺，是源自塔基座、第一层塔体墙体宽与第一层塔檐最上层叠涩下皮至台座顶间的距离，形成的第二正方形立面高度35尺减去塔阶基高3尺，所得32尺均分的结果。塔基座平坐最上叠涩下皮至阶基顶间距离为15尺，其尺寸源自塔总高的9个15尺；平坐平面内切圆直径38尺，即平坐总宽，是第一层塔檐宽40尺与塔基座墙体宽35尺两端点连线，与塔基座与第一层塔体分界线交点的宽度。塔基座墙体高度13尺，其尺寸源自塔高的10个13尺；"13"是否与"十三住"有关，待考（图14.3.8）。

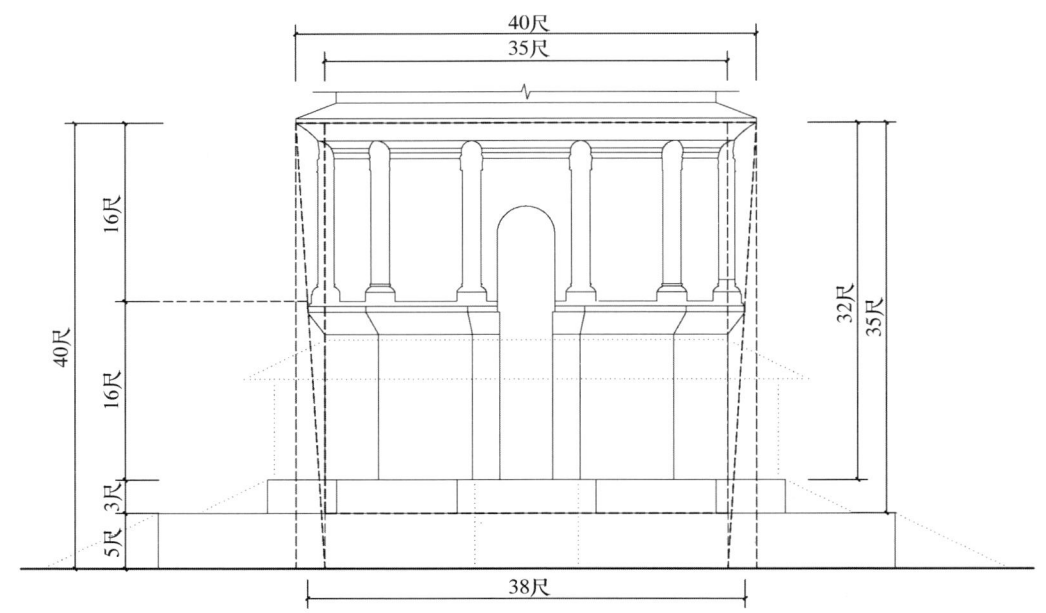

图14.3.8　嵩岳寺塔基座立面构图

2. 塔门和墙体设计构图

塔基座、第一层塔体塔门设计构图。塔门通高24.5尺，其中塔基座门高15尺，第一层塔体门洞高9.5尺，塔基座门宽4.7尺，第一层塔体门洞宽5.1尺。塔基座门高是随塔基座平坐的高度，第一层塔体门洞高9.5尺，其高度尺寸"数理"也是代表"九五"之尊的北魏宣武帝。按《周易·乾》："九五：飞龙在天，利见大人。"[9]其意就是皇帝飞行在天，处于"天道"正位，大有作为。这与李邕形容第一层塔体的八个塔龛为"陵空八相"之意，有异曲同工之妙。塔基座门宽和第一层塔体门宽平均值为4.9尺，为塔门通高的五分之一，即塔门高宽比为1∶5（图14.3.9）。

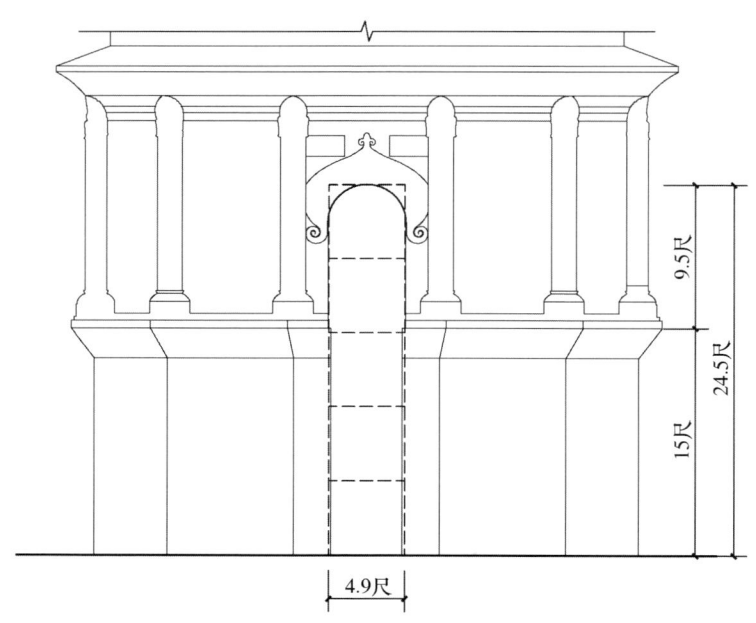

图14.3.9　嵩岳寺塔门比例关系图

塔基座和第一层塔体墙体的设计构图。从塔基座和第一层塔体平面上可以看出，四门洞将塔基座和第一层塔体墙身分成了四个互不相连的独立墙，这部分墙体高即是塔门通高 24.5 尺，塔基座墙体厚 8.25 尺，两者之比为 2.97∶1，约合 3∶1，是采用了古代一般墙体的高厚之比，其比例是结构需要；如按高宽比 1∶3 的比例计算，墙体宽为 8.1667 尺，其 8.25 尺应是调整的结果（图 14.3.10）。

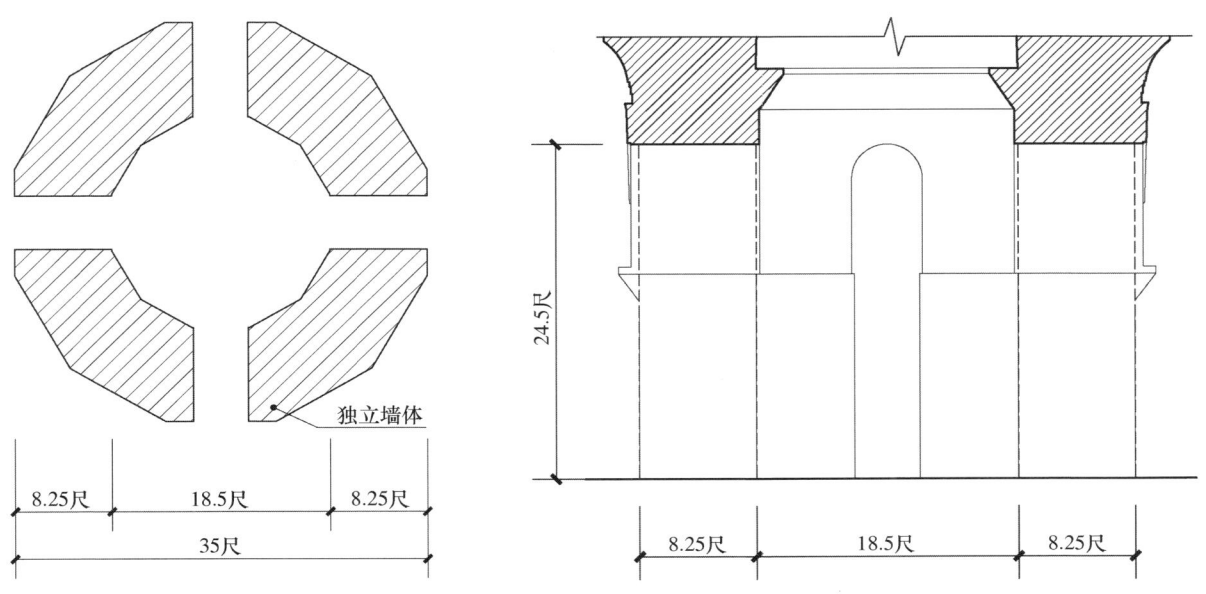

图 14.3.10　嵩岳寺塔基座和第一层塔体墙体比例关系图

四、嵩岳寺塔塔檐设计构图

1. 嵩岳寺塔塔檐外轮廓总体设计构图

嵩岳寺塔十五层塔檐外轮廓的设计构图。因嵩岳寺塔测绘的精确尺寸数据和制图未向外部公布，学者们根据自己所掌握的嵩岳寺塔数据和图纸，对其塔檐外轮廓的形成进行分析，大致有两种观点。第一种观点，认为其外轮廓线是参照我国传统木构建筑中柱头卷杀的方式形成[10]（图 14.3.11、图 14.3.12）。第二种观点，认为其外轮廓线是炮弹形、抛物线或圆锥曲线等（图 14.3.13）。其实上述两种方法形成的塔檐和墙体外轮廓线，虽形

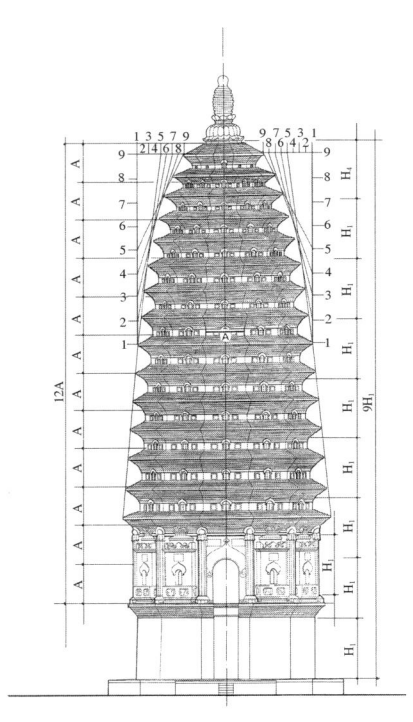

图 14.3.11　河南登封嵩岳寺塔立面分析图
［采自《中国古代城市规划、建筑群布局及建筑设计方法研究（下）》］

图 14.3.12　嵩岳寺塔塔体曲线分析图
（采自《建筑史论文集》2000 年 01 期）

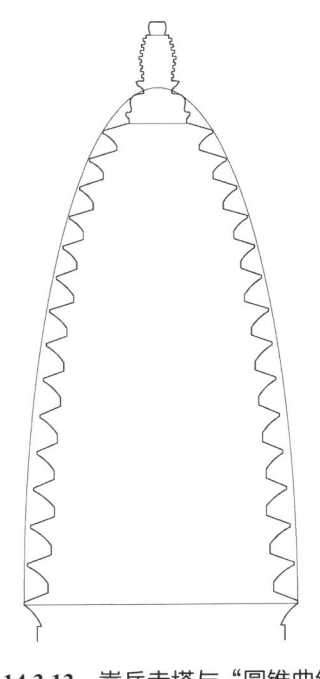

图 14.3.13　嵩岳寺塔与"圆锥曲线"关系示意图

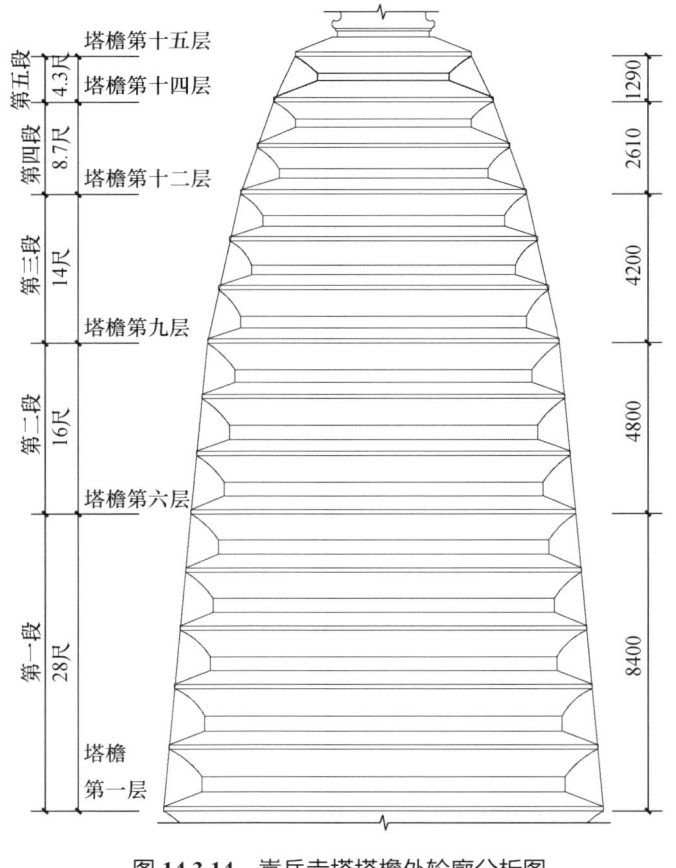

图 14.3.14　嵩岳寺塔塔檐外轮廓分析图

状上与嵩岳寺塔外轮廓有一定的相似性，但都有一定的差别，并不吻合。

我们通过研究发现嵩岳寺塔第一至十五层塔檐的外轮廓并非真正的曲线，而是由五段直线连成的折线，第一段由第一至六层塔檐连线组成，高为 28 尺；第二段由第六至九层塔檐组成，高为 16 尺；第三段由第九至十二层塔檐连线组成，高为 14 尺；第四段由第十二至十四层塔檐连线组成，高为 8.7 尺；第五段有第十四至十五层塔檐连线组成，高为 4.3 尺，其中第四段和第五段高度之和为 13 尺（图 14.3.14）。具体每一段的塔檐高、宽的比例关系详见下述各节。

外观上可以看出塔檐这些分段高度，及每层高度和宽度是从下至上逐步递减，嵩岳寺塔这种外轮廓的设计构图，是为使塔产生稳固、高大、神秘的视觉效果。因人眼视觉的生理原因，观察距观察点不同距离的物体，会出现"近大远小"的视觉差的问题，观赏嵩岳寺塔的主观点多是在塔周围地面，在观察塔顶时需要仰视，将塔每一段和每一层的高度从下至上设计成逐渐递减的密集塔檐，可使正常的近大远小视觉产生更强烈的远端感，在视觉上来增加塔的高度，以达到嵩岳寺塔崇高的形象。随着塔高度的增加，十二边形的塔檐和塔身也逐渐加大内收量，最后汇聚到圆形的塔刹，以致近塔观察看不到塔顶，像是塔顶融入了不可知的上天，以达到佛教神秘和圆满的效果。嵩岳寺塔下部有宽大的台座、基座和高耸的第一层塔体，上部塔体从下至上逐层高度降低和宽度内收，使塔整体上形成下宽上窄、下刚上柔，给人以稳固的观感效果。整体外轮廓上，每层塔檐凸出、墙体内收，使塔檐两端点连成的直线和折线形成外轮廓，是利用塔檐和檐间空间的虚实结合，在视觉上形成柔和的"弧线"观感效果，解决了塔外轮廓出现实墙面形成棱角分明的直线、斜线或折线等生硬呆板的感觉，如塔外轮廓由每层的实体墙面组成，要形成从下向上逐渐内收的效果，其墙面必须做成斜面或每层错落的直线，不可能出现优美的弧线艺术效果。仅嵩岳寺塔塔檐这些高明的外轮廓设计构图和意匠，逸士冯亮就可称得上是"巧思"的设计者，难怪魏收在《魏书》中评价冯亮时用"既雅爱山水，又兼巧思，结架岩林，甚得栖游之适，颇以此闻。……遂造闲居佛寺。林泉既奇，营制又美，曲尽山居之妙。"[11]

2. 嵩岳寺塔塔檐外轮廓第一段设计构图

嵩岳寺塔塔檐外轮廓第一段共五层，为第一至六层塔檐，通高 28 尺。第一层塔檐的标高即室外地面至第一层塔檐间距离为 40 尺，其高度是由与第一层塔檐宽度 1∶1 的比例关系所确定；第六层塔檐标高即室外地面至第六层塔檐间距离为 68 尺，是由塔体高的中分点所确定。第一至二层塔檐间距离即第二层塔体的高度，第二至三层塔檐间距离即第三层塔体的高度，第三至四层塔檐间距离即第四层塔体的高度，第四至五层塔檐间距离即第五层塔体的高度，第五至六层塔檐间距离即第六层塔体的高度，这五层的高度是由塔檐外轮廓第一段通高均分成五份，每份为 5.6 尺，并加适当调整所确定，调整的原则是按照塔层从下至上逐渐降低的规律。第二层塔体高为 5.8 尺，是在塔檐第一段均分尺寸上增加了 0.2 尺；第三层塔体高为 5.7 尺，是在塔檐第一段均分尺寸上增加了 0.1 尺；第四、五、六层塔体高均为 5.5 尺，这三层是在塔檐第一段均分尺寸上各减少了 0.1 尺。从上述层高分析便可看出，各层高度是在塔檐第一段均分尺寸上调整的结果，即第二层塔体高由上部两层调整所得，第三层塔体高是由上部一层调整所得。

第一层塔檐宽 40 尺，是由塔体高的三分之一确定。第六层塔檐宽 35 尺，是由塔身高度的三分之一确定，为第一层塔檐宽的 0.875 倍。第二层塔檐宽 39 尺，为第一层塔檐宽的 0.975 倍；第三层塔檐宽 38 尺，为第一层塔檐宽的 0.95 倍；第四层塔檐宽 37 尺，为第一层塔檐宽的 0.925 倍；第五层塔檐宽 36 尺，为第一层塔檐宽的 0.9 倍；这四层塔檐的宽度，是由第一和第六层塔檐宽度两端连线与各层竖向分隔线交点间的距离确定，保持着每层 1 尺的递减规律，五层共递减 5 尺（图 14.3.15）。上述塔檐外轮廓第一段的设计构图方法，可使这六层塔檐及每层塔檐间的距离总体向上连续逐级递减，保证每层塔檐间不产生突兀的视觉效果。

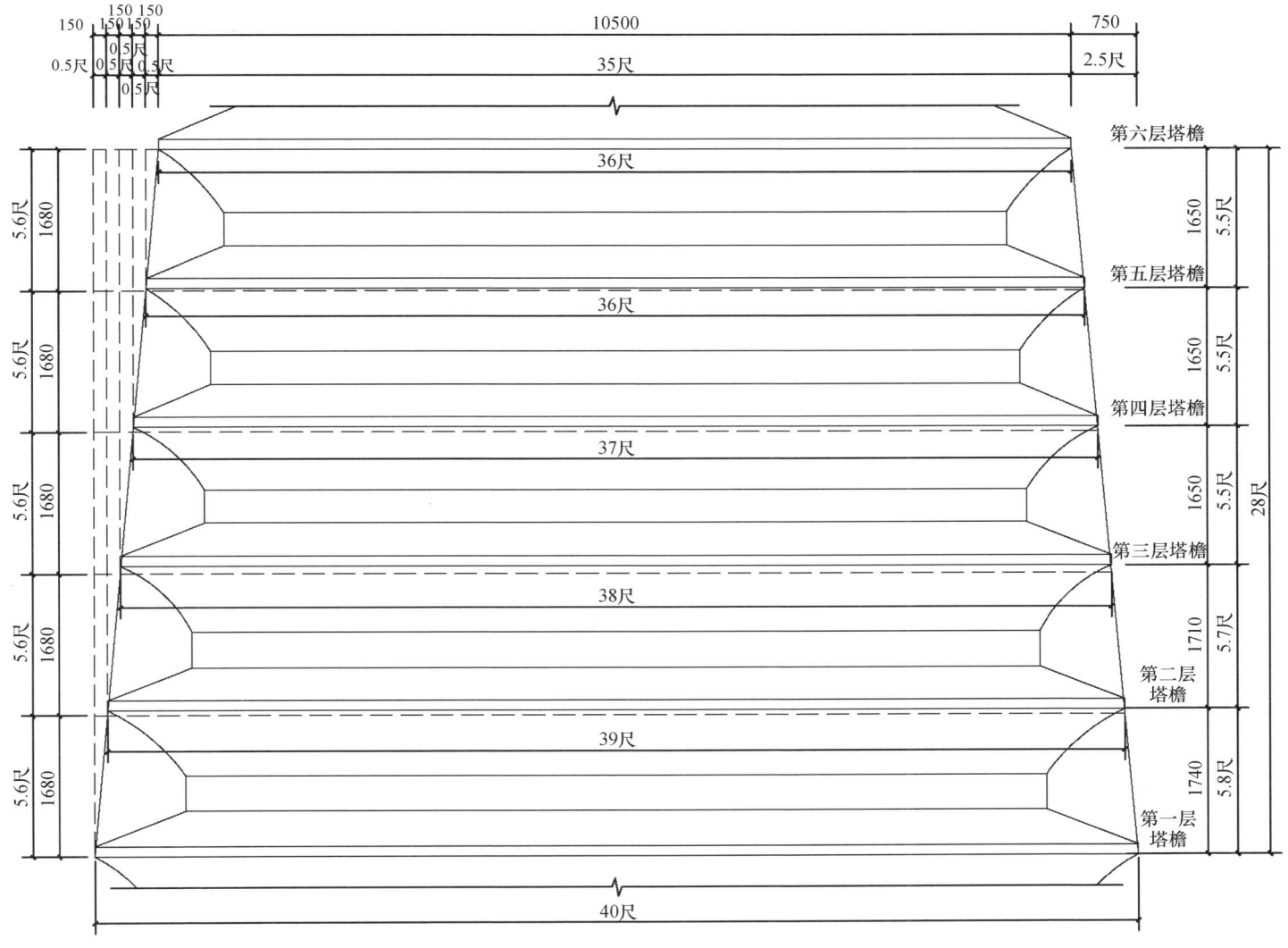

图 14.3.15　嵩岳寺塔塔檐外轮廓第一段比例关系图

3. 嵩岳寺塔塔檐外轮廓第二段设计构图

嵩岳寺塔檐外轮廓第二段共三层，为第六至九层塔檐，通高为 16 尺。第九层塔檐的标高，是根据塔身高上半段 45 尺均分三份 15 尺加第六层塔檐标高，并调整的结果。第六至七层塔檐间距离即第七层塔体的高度，第七至八层塔檐间距离即第八层塔体的高度，第八至九层塔檐间距离即第九层塔体的高度，是由塔檐外轮廓第二段通高均分成三份，加适当调整所确定，每份高为 5.333 尺，约为 5.3 尺。第七层塔体高 5.5 尺，是在塔檐第二段均分尺寸上增加了约 0.2 尺，其高度同塔檐外轮廓第一段的第四、五、六层；第八层高 5.3 尺，是在塔檐外轮廓第二段均分尺寸上适当取整所得；第九层高 5.2 尺，是在塔檐外轮廓第二段均分尺寸上减掉了约 0.1 尺所得，调整的原则也是按照塔层从下至上逐渐降低的规律，其调整方法同塔檐外轮廓第一段各层。

第九层塔檐宽 32 尺，为第一层塔檐宽的 0.8 倍。第八层塔檐宽 33 尺，为第一层塔檐的 0.825 倍；第七层塔檐宽 34 尺，为第一层塔檐的 0.85 倍；这两层塔檐的宽度，是由第六和第九层塔檐宽度两端连线与各层竖向分隔线交点间的距离，构图手法同塔檐外轮廓第一段，每层递减保持着 1 尺的规律，三层共递减 3 尺（图 14.3.16）。

4. 嵩岳寺塔塔檐外轮廓第三段设计构图

嵩岳寺塔塔檐外轮廓第三段共三层，为第九至十二层塔檐，通高 14 尺。第十二层塔檐的标高与第九层塔檐标高确定的方式相同。第九至十层塔檐间距离即第十层塔体的高度，第十至十一层塔檐间距离即第十一层塔体的高度，第十一至十二层塔檐间距离即第十二层塔体的高度，是由塔檐外轮廓第三段通高均分成三份，加适当调整所确定，每份高为 4.667 尺，约为 4.7 尺。第十层塔体高 4.9 尺，是在塔檐外轮廓第三段均分尺寸上增加

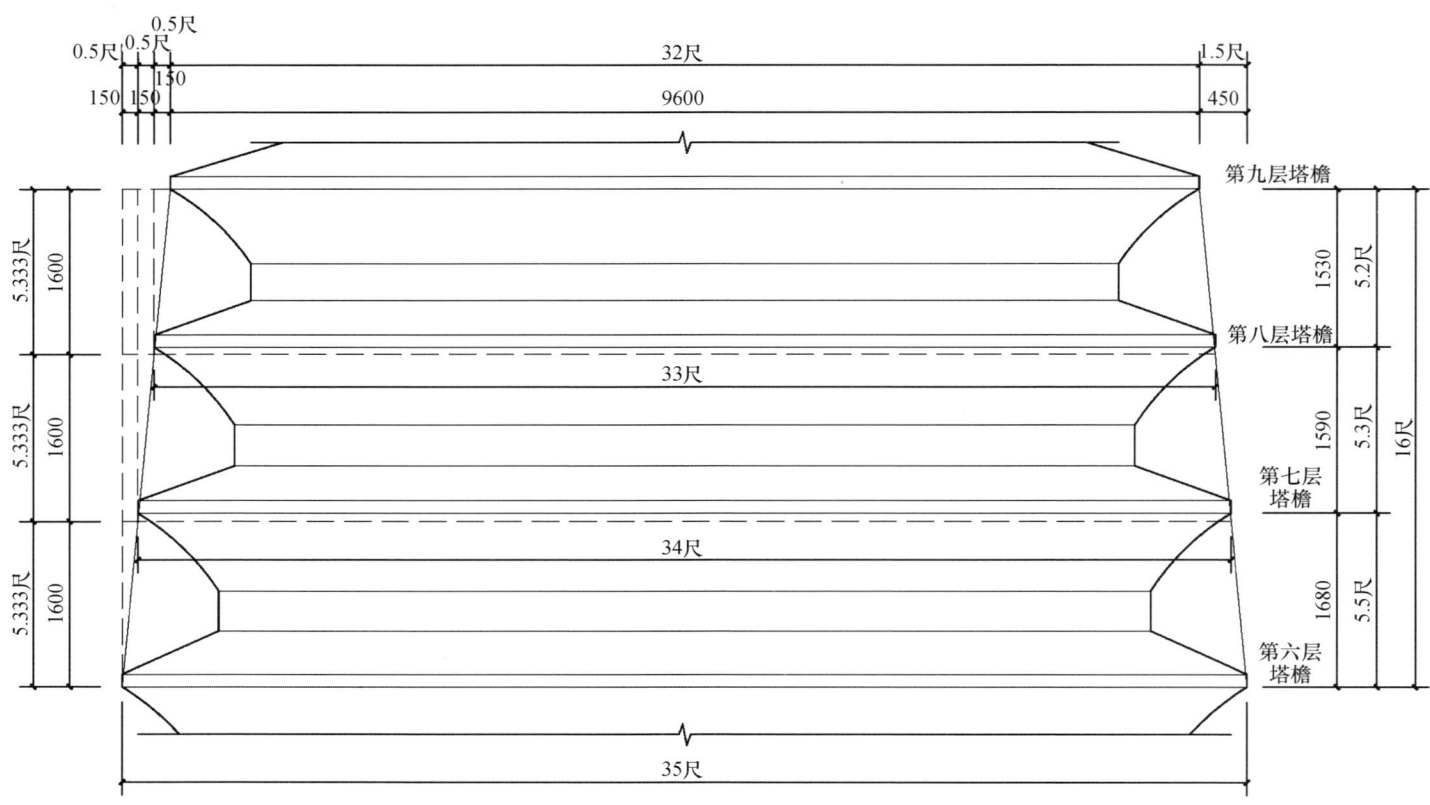

图 14.3.16　嵩岳寺塔塔檐外轮廓第二段比例关系图

了 0.3 尺；第十一层塔体高 4.7 尺，是在塔檐外轮廓第三段均分尺寸的适当取整所得；第十二层塔体高 4.4 尺是在塔檐第三段均分尺寸上减掉了 0.3 尺所得，调整的原则也是按照塔层从下至上逐渐降低的规律，其调整方法同塔檐外轮廓第一、二段各层。

第十二层塔檐宽 26 尺，为第一层塔檐宽的 0.65 倍。第十一层塔檐宽 28 尺，为第一层塔檐宽的 0.7 倍；第十层塔檐宽 30 尺，为第一层塔檐宽的 0.75 倍；这两层塔檐的宽度，是由第九和第十二层塔檐宽度两端连线与各层竖向分隔线交点间的距离，构图手法同塔檐外轮廓第一、二段塔檐，每层递减保持着 2 尺的规律，三层共递减 6 尺（图 14.3.17）。

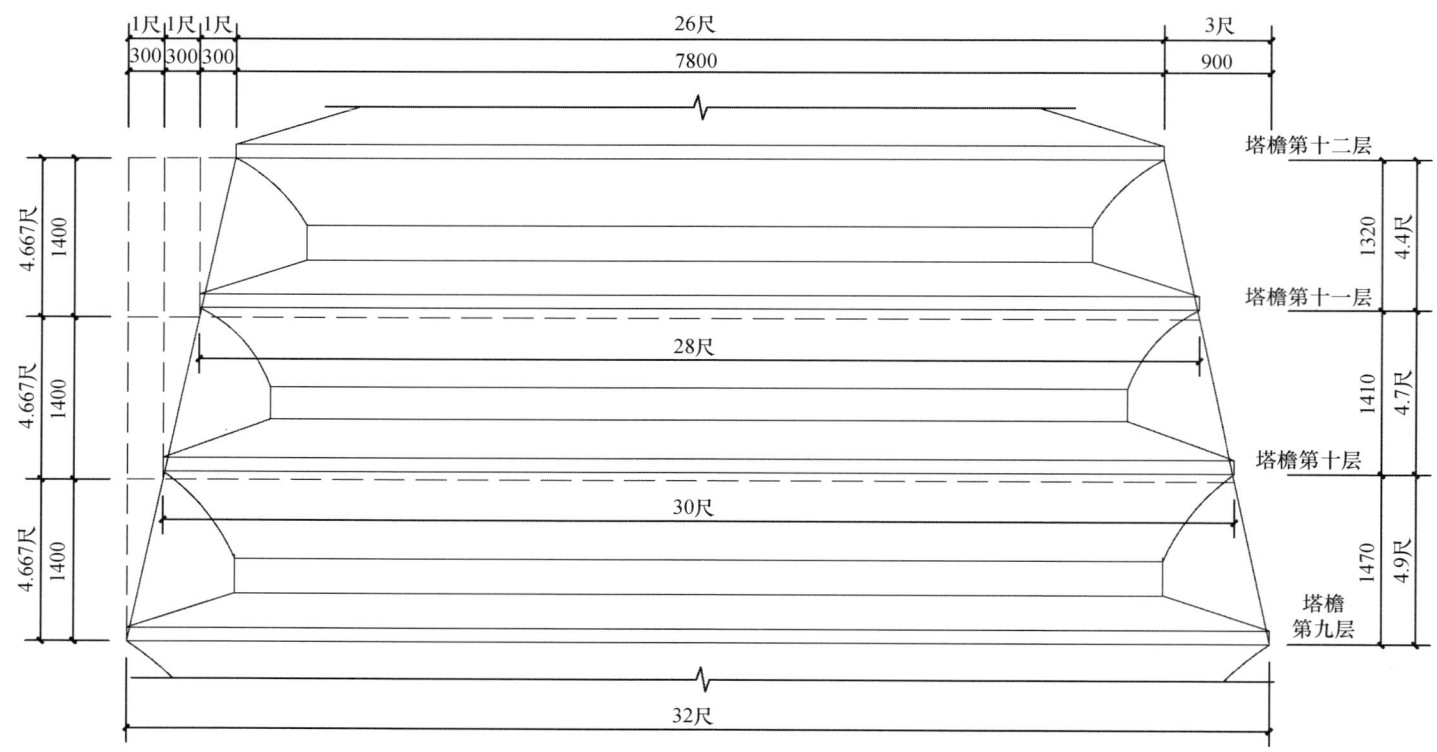

图 14.3.17　嵩岳寺塔塔檐外轮廓第三段比例关系图

5. 嵩岳寺塔塔檐外轮廓第四、五段设计构图

嵩岳寺塔塔檐外轮廓第四段共两层，为第十二至第十四层塔檐，通高8.7尺。第五段共一层，为第十五层，高4.3尺。两段通高13尺。第十二层塔檐标高与第九层塔檐标高确定方式相同，第十五层塔檐标高是由塔身顶高减去第十五层反叠涩高2尺所确定。第十二至十三层塔檐间距离即第十三层塔体的高度，第十三至十四层塔檐间的高度即第十四层塔体的高度，第十四至十五层塔檐间距离即第十五层塔体的高度，是由塔檐外轮廓第四、五段通高均分成三份，加适当调整确定的，每份为4.333尺，约为4.3尺。第十三层塔体高4.4尺，是在塔檐外轮廓第四、五段通高均分尺寸上增加了0.1尺；第十四、十五层塔体高均为4.3尺，是在塔檐第四、五段通高均分尺寸的基础上适当取整所得，其调整方法同前述塔檐外轮廓每段各层。

第十五层塔檐宽16尺，是源自与第一层塔檐宽2：5的比例关系；如按照塔檐外轮廓每段各层塔檐宽度形成的规律，此层塔檐宽度应为17尺，其是被塔檐外轮廓基本比例框架顶宽替换的结果。第十四层塔檐宽20尺，为第一层塔檐宽的0.5倍；第十三层塔檐宽23尺，为第一层塔檐宽的0.575；这两层塔檐宽度是由第十一层塔檐宽与塔檐外轮廓基本框架顶宽两端连线，与各层竖向分隔线交点间的距离，构图手法基本同上述各段塔檐，第十三、十四两层递减保持着3尺的规律，第十五层递减为4尺，三层共递减10尺，如按照第十五层的实际高度，本层递减应是3尺，因此本段每层递减的规律是3尺，三层共递减9尺（图14.3.18）。从上部四段每层塔檐的递减规律可以看出，从下至上每段内收依次为3尺、6尺、9尺，即各段每层内收是1尺、2尺和3尺。

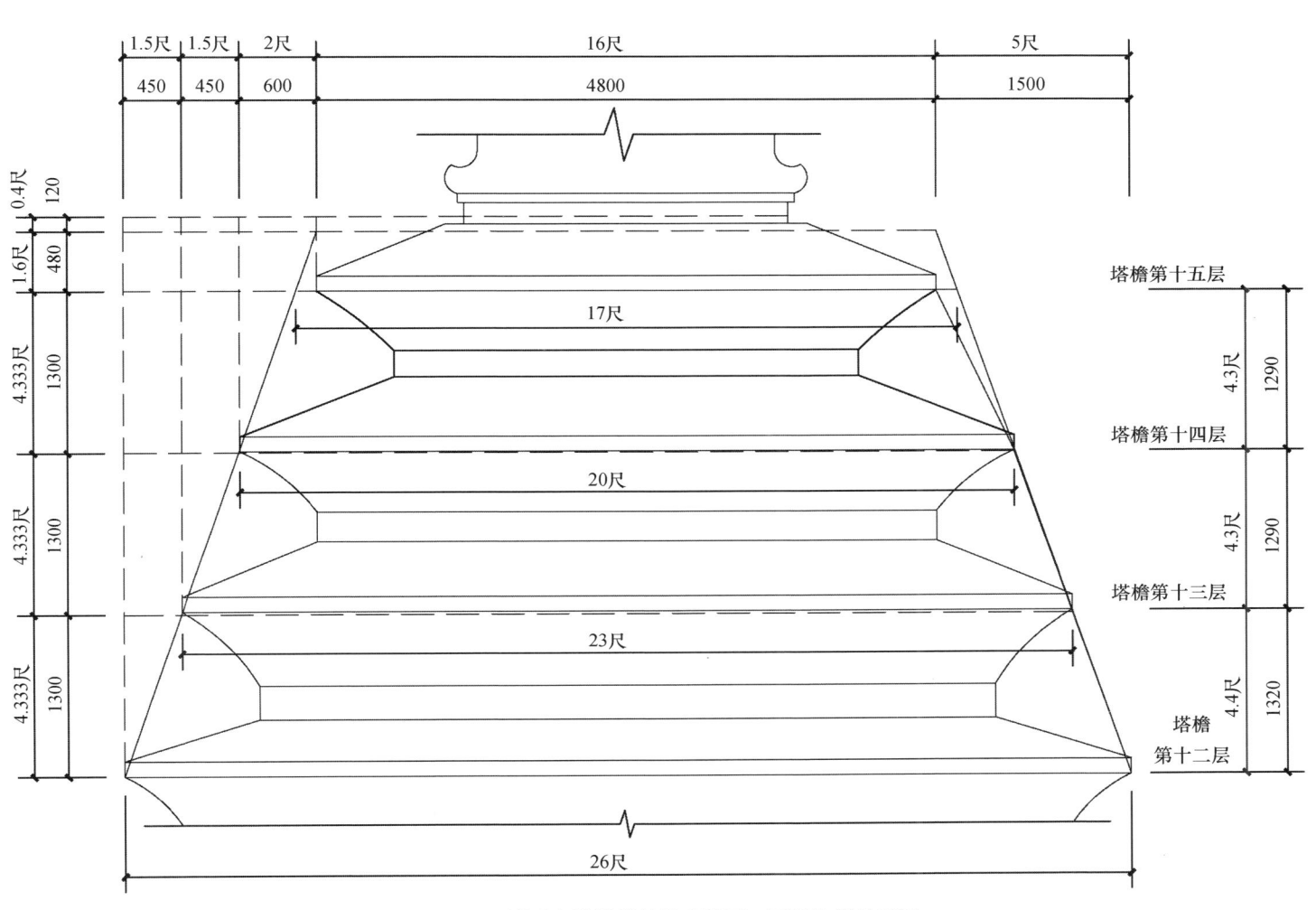

图14.3.18 嵩岳寺塔塔檐外轮廓第四、五段比例关系图

总结，嵩岳寺塔这十五层塔檐外轮廓高度的设计构图，是以塔身高度的中点将塔檐分为上下两部分，下部分为一段，段内再均分为5份，即6层塔檐。上部分均分为三段，每段内再均分为3份，即9层塔檐。其上"9"下"6"的分隔，隐含着我国乾坤、阳阴、天地的传统文化，其概念与塔其他高度表达的传统文化相通。塔檐宽度均是以"整尺"为基本单位，其设计构图规律是塔檐外轮廓底宽由塔体高的三分之一确定，顶宽由底宽的五分之二确定，塔檐外轮廓第一、二段相邻两层塔檐的宽度级差为1尺，第三段相邻两层塔檐的宽度级差为2尺，第四相邻两层塔檐的宽度级差分别为3尺，其最小级差单位为1尺。第一层至九层塔檐宽与第一层塔檐宽度比例分别为 1.00、0.975、0.950、0.925、0.900、0.875、0.850、0.825、0.800，比例级差为 0.025；第九层至十二层塔檐宽与第一层塔檐宽比例分别为 0.800、0.750、0.700、0.650，比例级差为 0.050；第十二层至十四层塔檐宽与第一层塔檐宽比例分别为 0.650、0.575、0.500，比例级差为 0.075；第十四至十五层塔檐宽与第一层塔檐宽比例分别为 0.500、0.400，比例级差为 0.100，形成与第十二至十四层不一样的比例级差，是因第十五层塔檐宽事先被确定和反叠涩高度的影响，如按檐宽 17 尺，与第一层塔檐之比为 0.425，比例极差也为 0.075。上述塔檐的最小比例级差为 0.025。

五、嵩岳寺塔塔刹设计构图

嵩岳寺塔塔刹经过唐代、五代或宋代、1989 年等时期的修缮，现塔刹已不是北魏原构，但从塔刹的形制看每次修缮都应是按原形制重修，外观基本保持着原始形制状态。现塔刹平面圆形，由刹座、覆莲（覆钵）、仰莲座、仰莲、七重相轮、宝瓶等组成，上部刹杆等部分佚失。现就据遗留部分进行分析。

塔刹砖构部分通高 15 尺，其高度是塔总高 9 个 15 尺其中之一，即塔刹砖构部分高度由塔总高确定。塔刹座高 0.5 尺，覆莲高为 3.5 尺，仰莲座高 1.1 尺，仰莲高 0.9 尺，三者之和为 6 尺；七层相轮高 7 尺，宝瓶 2 尺，两者之和为 9 尺。这两部分的高度分隔，亦是上 "9" 下 "6" 的分隔，隐含着我国乾坤、阳阴、天地的传统文化。

塔刹座直径 8.5 尺，为第十五层檐至宝瓶顶间距离 17 尺的 0.5 倍，两者之比为 1:2。覆莲直径 9.3 尺，为第十五层塔檐叠涩底至塔刹宝瓶顶间距离 18.6 尺的 0.5 倍，两者之比为 1:2。仰莲座直径 4 尺，为第十五层塔檐至仰莲顶间距离 8 尺的 0.5 倍，两者之比为 1:2。仰莲直径 6.5 尺，为塔刹座底至相轮顶间距离 13 尺的 0.5 倍，两者之比为 1:2。相轮肚直径 5.5 尺，为覆莲顶至宝瓶顶间距离 11 的 0.5 倍，两者之比为 1:2；相轮顶最小直径 3.3 尺，为仰莲底至宝瓶顶间距离 9.9 尺的三分之一，两者之比为 1:3，其 "9.9" 尺与塔内高度 99 尺 "九九八十一" 的寓意相同（图 14.3.19、图 14.3.20）。

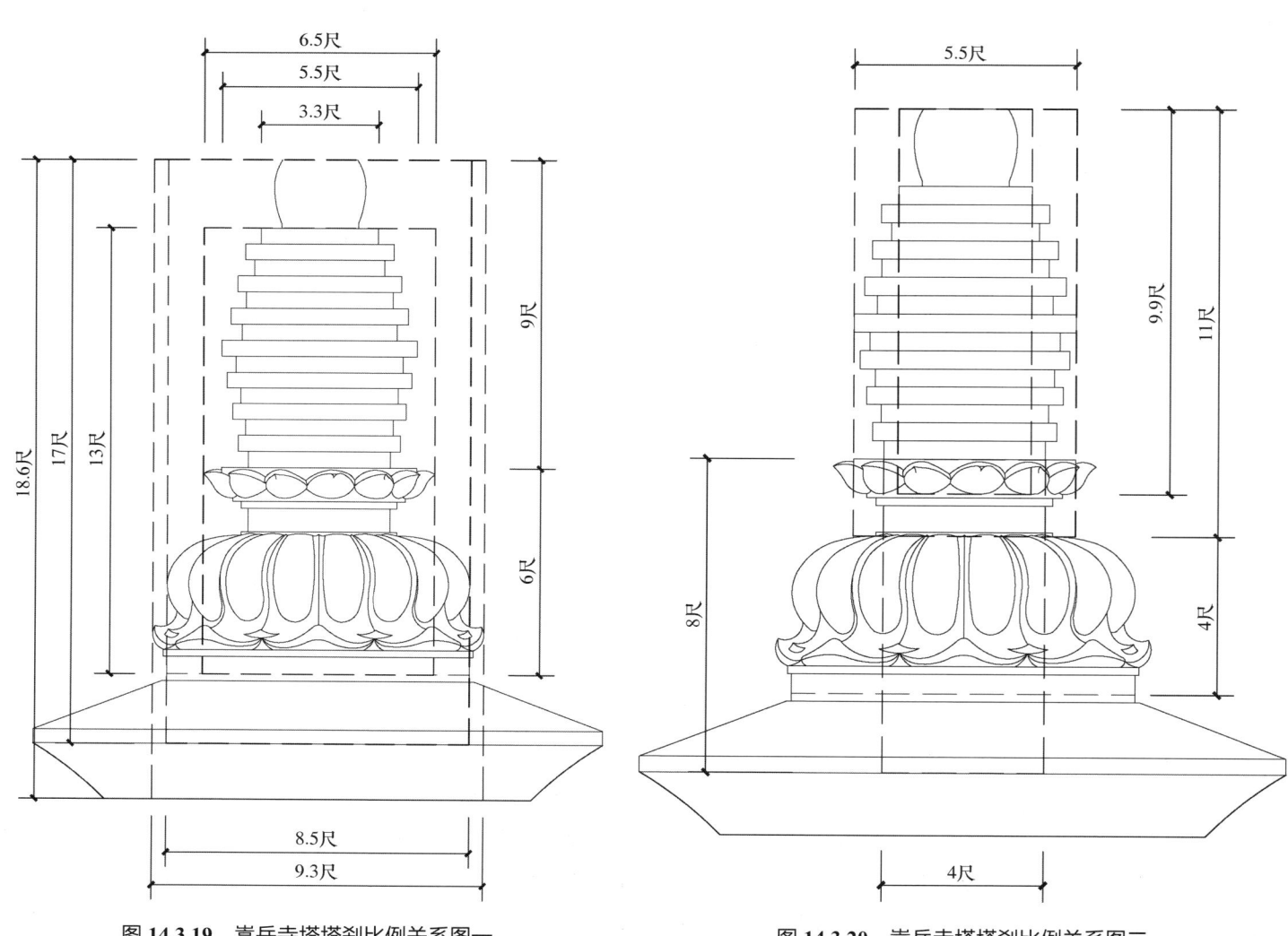

图 14.3.19　嵩岳寺塔塔刹比例关系图一　　　　　图 14.3.20　嵩岳寺塔塔刹比例关系图二

六、嵩岳寺塔倚柱、塔龛设计构图

1. 嵩岳寺塔倚柱设计构图

嵩岳寺塔第一层倚柱由柱础、柱椼、柱身、柱头组成；柱础由础座、覆盆构成；柱身柱头由覆莲、宝珠和项光构成。柱子断面为八边形，内切圆直径即柱径1.6尺，为础座底至第一层塔檐即第一层塔体高16尺的十分之一，两者之比为1∶10；如设柱宽为A，第一层高就为10A，即柱径以第一层塔体高的十分之一取值。础座底至柱头背光顶间距离14.4尺，是柱径的9倍，即为9A。柱础、柱椼、柱身三者通高为12.8尺，是柱径的8倍，即为8A（图14.3.21）。

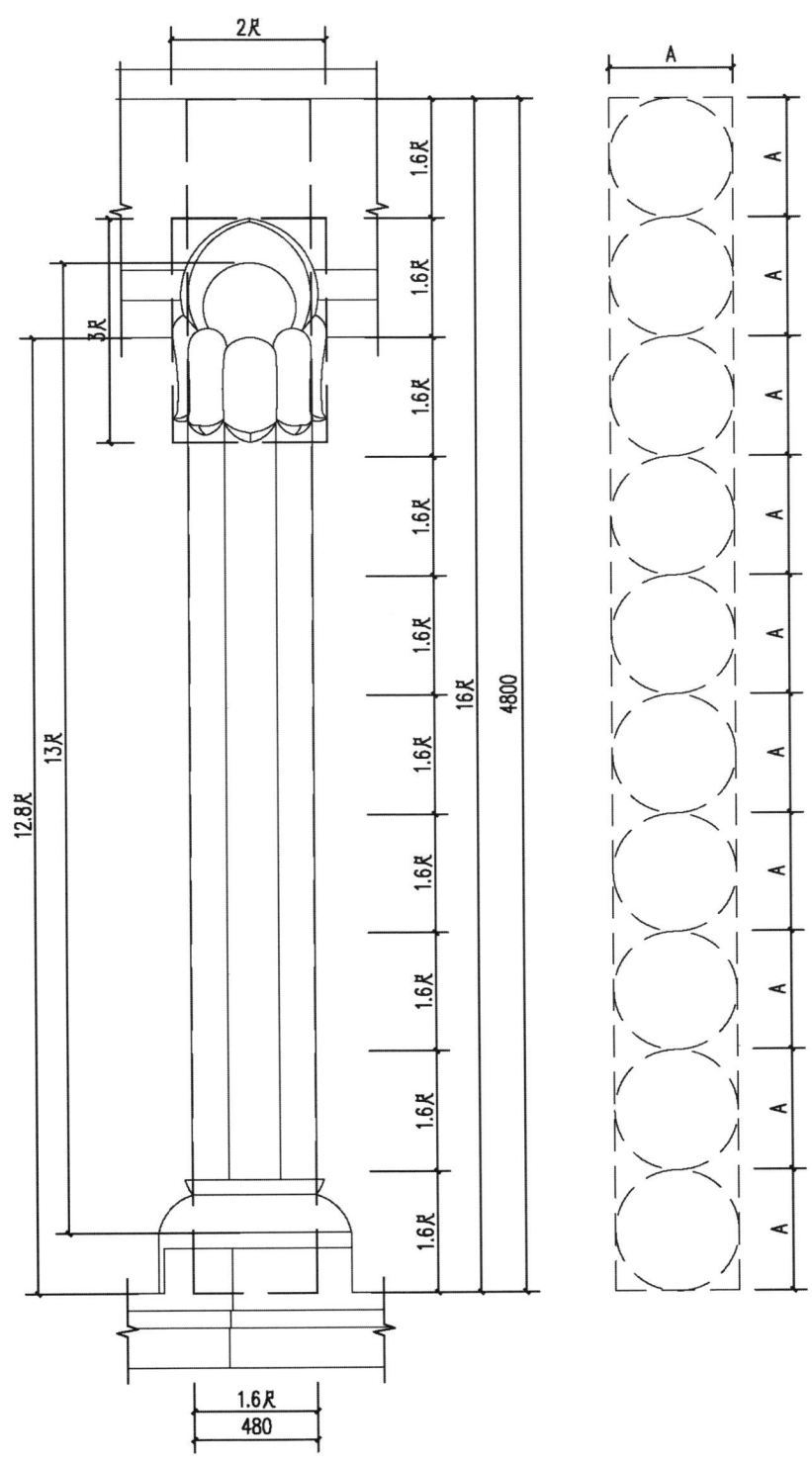

图 14.3.21　嵩岳寺塔倚柱比例关系图

2. 嵩岳寺塔塔龛设计构图

嵩岳寺塔第一层塔龛由须弥座、方座、塔龛身、"山花蕉叶"、覆钵、平头、忍冬花等组成。塔龛通高14.4尺，由塔基座平坐和倚柱高所限定。塔基座平坐至塔龛覆钵顶间距离为14尺，是方座、塔龛檐宽7尺的2倍，即两者之比为1∶2。塔龛身高7尺，与方座、塔龛檐宽之比为1∶1；塔龛身宽6尺，为须弥座底至覆钵间距离12尺的二分之一，即两者之比为1∶2（图14.3.22）。塔基座平坐至塔龛门洞顶间距离为7尺，与塔龛方座宽之比为1∶1；方座顶至塔龛门洞顶距离为2.8尺，门宽为1.4尺，两者之比为2∶1，此塔龛门构图方法同塔门；其门洞顶高度也是须弥座底至覆钵间距离的中分点（图14.3.23）。

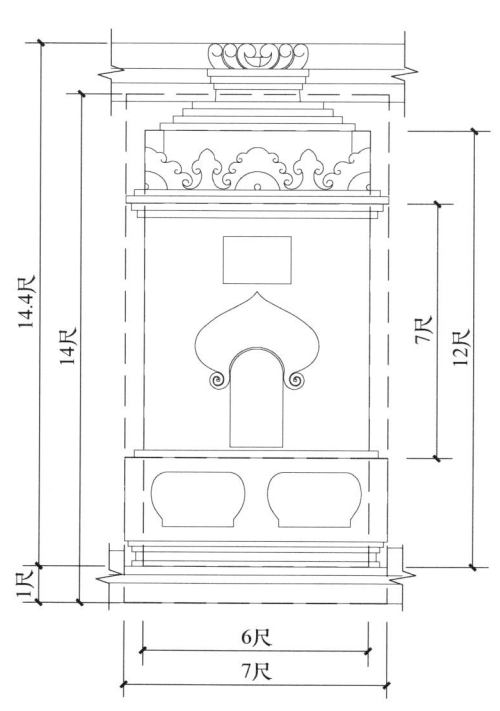
图14.3.22　嵩岳寺塔塔龛比例关系图一

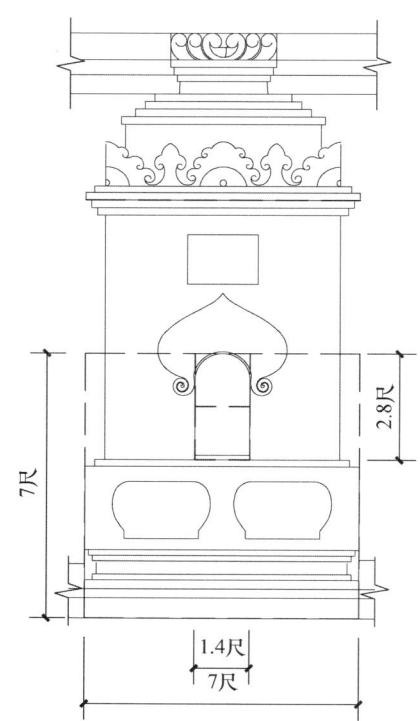
图14.3.23　嵩岳寺塔塔龛比例关系图二

参 考 文 献

[1]（西汉）赵君卿注．周髀算经：卷上．北京：文物出版社．1980年据上海图书馆藏宋嘉定六年本影印版．

[2][3] 白尚恕著．九章算术注释[M]：卷第一．北京：科学出版社．1983：35，37．

[4] 梁思成著．营造法式注释（卷上）[M]．北京：中国建筑工业出版社．1983：12．

[5] 姚承祖原著，张至刚增编，刘敦桢校阅．营造法原．北京：中国建筑工业出版社．1986：85．

[6] 梁思成著．营造法式注释（卷上）[M]．北京：中国建筑工业出版社．1983：35．

[7] 杨天宇撰．周礼译注[M]：冬官考工记．上海：上海古籍出版社．2004：666．

[8]（西汉）司马迁撰．史记[M]：卷二十七．北京：中华书局．1959：1344．

[9] 郭彧译注．周易[M]：易经上．北京：中华书局．2006：7．

[10] 傅熹年著．中国古代城市规划、建筑群布局及建筑设计方法研究（上）[M]．北京：中国建筑工业出版社．2001：188-189．丛文．嵩岳寺塔塔体曲线的研究[J]．建筑史论文集．2000（1）：88-90．

[11]（北齐）魏收．魏书[M]：卷九十．北京：中华书局．1974：1931．